Peter Monadjemi

Windows PowerShell 2.0 – Crashkurs

Peter Monadjemi

Windows PowerShell 2.0 – Crashkurs

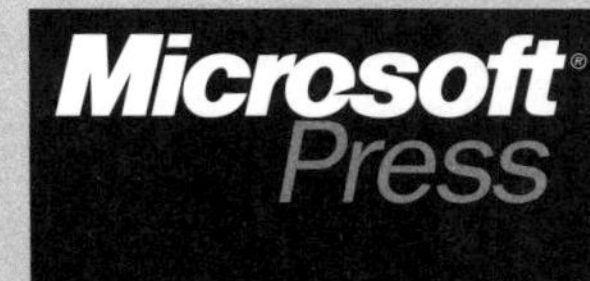

Peter Monadjemi: Windows PowerShell 2.0 – Crashkurs
Microsoft Press Deutschland, Konrad-Zuse-Str. 1, 85716 Unterschleißheim

15 14 13 12 11 10 9 8 7 6 5 4 3 2 1
12 11 10

ISBN 978-3-86645-667-9

Korrektorat: Kristin Grauthoff, Lippstadt
Fachlektorat: Thomas Irlbeck, München
Satz: Silja Brands, Uta Berghoff, ActiveDevelop, Lippstadt (www.ActiveDevelop.de)
Umschlaggestaltung: Hommer Design GmbH, Haar (www.HommerDesign.com)
Gesamtherstellung: Kösel, Krugzell (www.KoeselBuch.de)

Inhaltsverzeichnis

Einleitung

In dieser Einleitung:

Die *Windows PowerShell* ist eine moderne Shell, die Microsoft kostenlos für alle Windows-Versionen ab Windows XP zur Verfügung stellt, und die bei Windows Server 2008 R2 und Windows 7 in der aktuellen Version 2.0 von Anfang an integriert ist. Mit der PowerShell lassen sich sowohl kleine Ad-hoc-Abfragen wie »Liste alle Prozesse auf, die länger als 24 Stunden laufen, und die mehr als 10 MB Arbeitsspeicher belegen« als auch komplexe Skripts, die aus mehreren Hundert Befehlszeilen bestehen, ausführen. Die PowerShell richtet sich damit sowohl an den gelegentlichen Anwender als auch an den viel zitierten Power-User, der mit seinen Skripts ein aus 5.000 und mehr Arbeitsplätzen bestehendes Windows-Netzwerk administrieren möchte.

Die PowerShell wurde im Herbst 2006 in der Version 1.0 freigegeben. Seit Oktober 2009 liegt die Version 2.0 vor, die zahlreiche Verbesserungen in Gestalt erweiterter und zusätzlicher Befehle (Cmdlets) und Operatoren enthält. Die wichtigste Neuerung ist das in der Version 1.0 noch schmerzlich vermisste Remoting (auf der Grundlage von *Windows Remoting* und *WS-Management*), mit dem Befehle und ganze Skripts auf theoretisch beliebig vielen Computern im Netzwerk gleichzeitig ausgeführt werden (dazu muss auf allen diesen Computern die PowerShell 2.0 installiert sein). Mit der Version 2.0 gibt es für das Erstellen von Skripts mit der *PowerShell ISE* einen netten und vor allem flexibel erweiterbaren Editor, sodass PowerShell-Skripter nicht länger auf Notepad angewiesen sind.

Die PowerShell ist ein wenig anders als *Cmd.exe*, Stapeldateien, der *Windows Script Host* und andere Shells wie z.B. *Bash*. Die PowerShell setzt konsequent auf Objekte und eine Objektpipeline. Bei der PowerShell ist wirklich alles ein Objekt. Was sich zunächst nach einer eher akademischen Nuance oder dem üblichen Microsoft-Marketingslang anhören könnte (was es definitiv nicht ist), stellt sich schnell als ein unschätzbarer Vorteil heraus, der PowerShell-Befehle nicht nur einfacher, sondern deutlich logischer macht, als es bei Stapeldateien oder einem WSH-Skript der Fall ist. Hier ein kleines Beispiel: Möchte man alle Freigaben auflisten, in denen das Wort *Skript* vorkommt, erledigt das ein

```
Net Share | Findstr "Skript"
```

unter dem alten Befehlsinterpreter *Cmd.exe* schnell und zuverlässig. Doch was ist, wenn diese Freigaben nicht nur aufgelistet, sondern auch gelöscht werden sollen? Ein

```
Net Share | Findstr "Skript" | Net Share /delete
```

funktioniert (natürlich) nicht, weil der *Net Share*-Befehl dafür nicht ausgelegt ist. Echte Cmd-Profis könnten sich eine Stapeldatei basteln, welche die Aufgabe zuverlässig erledigt, doch würde der Aufwand vermutlich in keinem Verhältnis zum Nutzen stehen. Bei der PowerShell bietet die Objektpipeline eine genauso einfache wie elegante Lösung:

```
Get-WmiObject -Class Win32_Share -Filter "Name like '%skript%'" | Invoke-WmiMethod -Name Delete | Out-Null
```

Dies ist ein typischer PowerShell-Befehl, bei dem über den Pipe-Operator | gleich drei *Cmdlets* (so werden die ausführbaren PowerShell-Befehlsobjekte genannt) verknüpft werden. Zuerst holt das Cmdlet *Get-WmiObject* alle Freigaben, in deren Namen ein *Skript* vorkommt, und übergibt sie anschließend über die Objektpipeline an das folgende *Invoke-WmiMethod*-Cmdlet, das für jedes Objekt dessen *Delete*-Methode aufruft, die das Objekt und damit die Freigabe löscht. Das angehängte *Out-Null*-Cmdlet sorgt lediglich dafür, dass die »Löschbestätigung« verschluckt wird.

Diese Variante mag auf den ersten Blick nicht besonders attraktiv und innovativ wirken, doch steckt dahinter ein großes Potenzial. Es spielt nämlich keine Rolle, ob Freigaben, Prozesse (lokal wie remote), Benutzerkonten in Active Directory oder Postfächer auf einem Exchange Server gelöscht werden sollen, das Prinzip ist stets exakt dasselbe (auch wenn natürlich jedes Mal andere Cmdlets im Spiel sind). Das macht die PowerShell nicht nur flexibler, sondern auch leichter erlernbar.

Was lesen Sie in diesem Buch?

Der *PowerShell-Crashkurs* von *Microsoft Press* soll Sie anhand zahlreicher Beispiele in die faszinierende Welt der PowerShell einführen und deutlich machen, wo die PowerShell für die moderne Systemadministration vorteilhaft eingesetzt werden kann. Im Vergleich zur ersten Auflage wurde das Buch komplett neu geschrieben und sein Inhalt nicht nur auf die Version 2.0 abgestimmt, sondern auch die Themen stärker an das angepasst, was Anwender heutzutage im Praxisalltag an Know-how benötigen.

Manches mag in diesem Buch zunächst ein wenig kompliziert erscheinen, insbesondere die verschiedenen Skripts, die ab Kapitel 7 vorgestellt werden. Das könnte den Eindruck erwecken, dass die PowerShell nichts für Anwender ist, die nur ein paar einfache Aufgaben erledigen, dabei aber nicht zum Hardcoreexperten werden wollen. Hätten sich die Entwickler bei Microsoft nicht etwas mehr Mühe geben und die Dinge etwas einfacher gestalten können? Im Prinzip sicherlich, doch geht Einfachheit bekanntlich immer zu Lasten der Flexibilität und die tendiert bei der PowerShell in einigen Bereichen gegen unendlich. Und was das vermeintlich Komplizierte angeht: Stapeldateien sind teilweise deutlich kryptischer als ihre PowerShell-Pendants. Wer mit einem Batchbefehl wie

```
for /F "tokens=1,* delims= " %%i in (logon.txt) do w32tm /ntte %%i
```

auf Anhieb etwas anfangen kann, gilt als famoser Befehlszeilenguru (auch in den Augen des Autors). Doch um eine solche Befehlszeile verstehen und vor allem selbst erstellen zu können, bedarf es Ausdauer und eines harten Trainings. Bei der *PowerShell* sieht derselbe Befehl wie folgt aus:

```
Get-Content Logon.txt | ForEach-Object { W32tm /ntte $_ }
```

Vielleicht nicht ganz so elegant, aber in jedem Fall deutlich besser lesbar und vor allem nachvollziehbar (auf die Umsetzung der Optionen des *for*-Befehls wurde verzichtet, da diese beim *Get-Content*-Cmdlet keine Rolle spielen). Und das Beste daran: Diesen Befehl werden Sie problemlos selbst hinbekommen, wenn Sie das Buch (gewissenhaft) durcharbeiten. Bei der PowerShell gilt das Motto: Jeder kann zum Experten werden.

Wo gibt es die Beispiele?

In diesem Buch werden über 100 PowerShell-Skripts vorgestellt, die Sie natürlich nicht abtippen müssen. Sie finden sie als Download z.B unter *http://powershellcrashkurs.wordpress.com* oder auf der Verlagswebseite unter *http://www.microsoft-press.de/support.asp*.

Download, Installation und Systemvoraussetzungen

Download und Installation der Beispieldateien werden in Kapitel 2 beschrieben, an dieser Stelle nur so viel: Wer noch nicht mit Windows Server 2008 R2 oder Windows 7 arbeitet, muss die PowerShell 2.0 in Gestalt des *Windows Management Framework* von der Microsoft-Downloadseite herunterladen. Die PowerShell ist aufgrund ihrer eher bescheidenen Größe eine recht anspruchslose Anwendung, die in wenigen Minuten installiert werden kann. Voraussetzung ist das .NET Framework 2.0, das ab Windows Server 2008 und Windows Vista bereits von Anfang an dabei ist. Soll die *PowerShell ISE* benutzt werden (was im Allgemeinen empfehlenswert ist), muss mindestens das .NET Framework 3.0 installiert werden. (.NET 3.5 SP1 wird dann voraussetzt, wenn das Out-GridView-Cmdlet zum Einsatz kommen soll).

KB968929 und KB968930

Die PowerShell 2.0 wird nicht als Anwendung, sondern als Update installiert (die Version1.0 wurde als Hotfix installiert). Die Nummer des Updates, das neben der PowerShell 2.0 auch BITS 4.0 und WinRM 2.0 umfasst, ist KB968929, die für Windows Management Framework Core (ohne BITS 4.0) KB968930 (in der Registry werden die installierten Updates unter dem Schlüssel *HKey_Local_Machine\Software\Microsoft\CurrentVesion\Uninstall* aufgeführt). Der Download besteht aus einer Datei, deren Name vom Betriebssystem, deren Plattform und der Sprache abhängt (für ein deutschsprachiges 32-Bit-XP z.B. WindowsXP-KP968930-x86-DEU.exe).

Die PowerShell lernen

Zum routinierten PowerShell-Anwender, der so schnell Skripts schreibt, wie manche ihre Kurznachrichten ins Handy eintippen können, wird man nicht über Nacht. Das dauert im Allgemeinen eine Weile (ca. 1–2 Jahre). Das Buch soll sowohl Ihr Begleiter beim Kennenlernen der PowerShell-Philosophie sein als auch ein Nachschlagewerk für das Lösen von Alltagsproblemen. Daneben gibt es natürlich noch viele andere Quellen mit PowerShell-Know-how. Angefangen bei der wirklich umfassenden und verständlich geschriebenen PowerShell-Hilfe über die unzähligen Blogs und Webseiten der verschiedenen PowerShell-Gurus bis zum empfehlenswerten *TechNet Script Center,* das unter *http://gallery.technet.microsoft.com/scriptcenter/en-us/* PowerShell-Skripts zu praktisch allen Lebenslagen anbietet.

Eine hervorragende Gelegenheit, das eigene PowerShell-Wissen zu vermehren, ist inzwischen *Twitter* geworden. *Twitter* ist eine faszinierende Technik, die jeder einmal selbst ausprobieren sollte. Das folgende (kleine) PowerShell-Skript durchsucht den Twitter-Space nach Nachrichten, in denen das Wort *PowerShell* als Suchbegriff enthalten ist:

```
function Get-Twitter
($SuchBegriff)
{
  $Wc = New-Object -Type System.Net.WebClient
  $Results =
[Xml]($Wc.DownloadString("http://search.twitter.com/search.atom?rpp=100&page=1&q=$SuchBegriff"))
  $SearchItems = $Results.feed.entry
  $SearchItems
}

Get-Twitter -SuchBegriff PowerShell | Select-Object Title
```

Wenn Sie dieses Buch gewissenhaft durcharbeiten, werden Sie am Ende jedes Detail in diesem Skript verstehen (wenn *das* keine Motivation ist?). Wem das noch zu speziell ist, sollte als Erstes die Webseite der deutschsprachigen PowerShell-Anwendergruppe unter *http://www.powershell-ag.de* aufrufen. Hier lassen sich nicht nur Tutorials herunterladen und in den Foren Fragen stellen, die in der Regel kompetent und freundlich beantwortet werden, auf der Startseite können Sie auch die aktuellen Twitter-Meldungen lesen und sich auf diese Weise einen Eindruck vom Twitter-Phänomen verschaffen.

Kontakt zum Autor

Als »passionierter Schreiberling« freue mich stets über Zuschriften, Lob und natürlich auch Kritik (aber bitte in verträglicher Dosis) zum Buch und beantworte auch gerne Fragen rund um die PowerShell, wenngleich es dafür heutzutage jede Menge Anlaufstellen im Internet gibt. Unter der Adresse *http://powershellcrashkurs.wordpress.com* betreibe ich, bereits seit dem Erscheinen der ersten Fassung des Buchs, einen Blog, in dem es auch aktuelle Informationen und eventuelle Fehlerkorrekturen zu diesem Buch gibt. Hier sind auch die Beispielskripts abrufbar, die in diesem Buch vorgestellt werden.

Als freiberuflicher PowerShell-Trainer führe ich auch Inhousetrainings zu allen Themen rund um die PowerShell durch. Sie erreichen mich unter anderem über *pm@activetraining.de.*

Danksagungen

Es ist wieder einmal Zeit für Danksagungen, die für mich stets eine Herzensangelegenheit und alles andere als eine Formalität sind. Anders als in der ersten Auflage fasse ich mich dieses Mal etwas kürzer (und verzichte auf persönliche Referenzen), zumal es nicht zufällig dieselben Menschen sind, denen ich an dieser Stelle danken möchte. Da wäre zunächst mein Lektor *Florian Helmchen*, dem ich wieder einmal für die angenehme Zusammenarbeit (und wie beim letzten Mal für die Geduld, was den Abgabetermin angeht) danken möchte. *Thomas Irlbeck* hat das Buch wie beim letzten Mal souverän fachlektoriert und dabei noch so manche Unstimmigkeit entdeckt, die ich auch bei mehrmaligem Durchschauen übersehen hatte. Sollten wider Erwarten noch inhaltliche Fehler vorhanden sein, habe ich sie nachträglich wieder eingebaut. Die persönliche Widmung ist für meine Drea. Ohne sie wäre das Buch nicht zustande gekommen.

Esslingen, im Januar 2010

Kapitel 1

Der erste Überblick über die (neue) PowerShell

In diesem Kapitel:

Aller Anfang ist schwer, aller Anfang ist leicht. Je nach Temperament und Lebenseinstellung geht man unterschiedlich an ein neues Thema heran. Die PowerShell ist, je nach Blickwinkel, ein angenehm einfaches und überschaubares oder aber ein enorm vielschichtiges und komplexes Thema, das immer wieder neue Facetten zu bieten hat. Die PowerShell lädt zum Ausprobieren ein, da sie sehr auskunftsfreudig ist (ein *Get-Command* listet z.B. alle verfügbaren Befehle auf), über eine informative und leicht zugängliche Hilfe verfügt (einfach ein »-?« auf den Namen eines Befehls folgen lassen) und eine konsistente Namensgebung aufweist. Diese folgt dem Schema *Verb-Hauptwort*, was das Einprägen und Herleiten der Befehlsnamen ungemein erleichtert (wenn ein *Get-Process* alle Prozesse holt, wie heißt dann der Befehl, der alle Dienste holt? Naheliegenderweise *Get-Service*). Sie können die PowerShell für gelegentliche Ad-hoc-Abfragen benutzen und sich das dazu erforderliche Know-how über die Hilfe, eine Prise Suchmaschine und hoffentlich dieses Buch immer wieder neu aufbauen. Sie können aber auch die tollsten Dinge machen, Skripts schreiben, die Netzwerkressourcen überwachen, Abfragen auf mehreren Servern gleichzeitig durchführen, virtuelle Maschinen einrichten oder Hunderte von Benutzerkonten mit einem Aufruf anlegen, benötigen dafür jedoch ein profundes Know-how, das immer wieder aufgefrischt werden muss. Für die einen ist die PowerShell nur ein Werkzeug unter vielen, für andere ein neues »Lebensabschnittsprojekt«, das ihnen Microsoft unverhofft beschert hat und dem sie viele Stunden am Tag widmen.

In Anspielung an den Kultkinofilm vieler IT-affiner Menschen, Matrix, bietet Ihnen die PowerShell im übertragenen Sinne eine blaue und eine rote Pille. Entscheiden Sie sich für die blaue Pille, stellt sich die PowerShell als eine moderne und leicht zu bedienende Eingabeaufforderung dar, in der sich typische Ad-hoc-Abfragen relativ leicht durchführen lassen. Entscheiden Sie sich dagegen für die rote Pille, präsentiert sich die PowerShell als eine vielschichtige dynamische Scripting-Umgebung mit dem .NET Framework als funktional enorm reichhaltigem Unterbau. Es ist nicht mehr alles ganz so »nice and easy«, man benötigt deutlich länger, um alles zu verstehen, es stehen dafür aber auch ungeahnte Möglichkeiten zur Verfügung (ob man diese benötigt, ist eine andere Frage). Anders als im Film müssen Sie bei der PowerShell die Entscheidung natürlich nicht wirklich treffen, es ist eher eine Frage der Perspektive, die jedes Mal wieder neu gewählt werden kann, und natürlich der (zunehmenden) Erfahrung. Mehr »Power« als bei der PowerShell kann eine moderne Shell vermutlich nicht bieten.

In diesem ersten Kapitel geht es noch nicht um eine systematische Beschreibung der PowerShell und ihrer »Bewohner«, sondern um einen ersten Überblick. Vor allem lernen Sie wichtige Begriffe kennen, die eventuell für Sie neu sind. Wenn Sie am Ende des Kapitels einen Begriff kennen sollten, da er sich, dem sprichwörtlichen roten Faden ähnlich, durch alle Bereiche der PowerShell und folglich auch durch alle Kapitel des Buchs zieht, dann ist es der des *Objekts*.

Am Anfang war das Problem

Kuppeck hatte ein Problem, und das bereits um 9 Uhr morgens. Sein Chef verlangte doch allen Ernstes eine Aufstellung der Webseitenzugriffe sortiert nach Wochentagen. Normalerweise hatte er damit nichts zu tun, doch wie es der Zufall wollte, war der Webadministrator im Urlaub und (was eigentlich höchst ungewöhnlich ist) über keine bekannte Form der Nachrichtenübermittlung erreichbar. Und das Ganze sollte ASAP (eigentlich sogar *asapsts*) erledigt werden, denn um 11 Uhr fand eine wichtige Sitzung mit potenziellen Investoren statt. Um am besten gleich als Chart, unsere Vorstandskollegen haben es nicht so mit Zahlen. *Kuppeck* wusste über die Arbeitsweise eines Webservers zwar gerade einmal so viel, dass er das Verzeichnis mit den Logdateien lokalisieren konnte, aber er hatte vor kurzem bei einem PowerShell-Guru einen Crashkurs zur (relativ) neuen PowerShell belegt und da war zum Glück noch einiges hängen geblieben. Und da er sich seit längst vergangenen Unix-Tagen auch ganz gut mit regulären Ausdrücken auskannte, hatte er bereits eine ungefähre Vorstellung davon, wie er anfangen müsste. Er startete die neue PowerShell ISE, begann mit einem *Select-String*, das die Logdateien mithilfe eines regulären Ausdrucks durchsuchte, was erstaunlich einfach ging, überlegte sich, wie sich das Ergebnis per *Select-Object* zu einem neuen Objekt zusammensetzen ließe, bei dem die gefundene IP-Adresse über eine eigene Property ansprechbar sein würde, wodurch sich die zusammengefassten Objekte anschließend über diese Property per *Group-Object* gruppieren ließen, sodass die gewünschte Statistik schon fast fertig war. Auf den Befehl, der knapp eine Stunde später (er war wie üblich durch nicht zu vermeidende Telefonate abgelenkt worden) fertig war, war er richtig stolz:

```
Select-String -Path C:\Logs\*.log -pattern `
 "^[0-9]{2}:[0-9]{2}:[0-9]{2}\s(?<IP>[0-9]{1,3}\.[0-9]{1,3}\.[0-9]{1,3}\.[0-9]{1,3}).*" | `
   Select-Object @{ Name="Wochentag";Expression={(Get-Date ($_.FileName.SubString(2,6) -replace `
                   '(?<Jahr>[0-9]{2})(?<Monat>[0-9]{2})(?<Tag>[0-9]{2})', `
                   '${Tag}.${Monat}.${Jahr}')).DayOfWeek}}, `
                 @{ Name="IP-Adresse";Expression={$_.Matches[0].Groups["IP"].Value } } | `
   Group-Object WochenTag | Select-Object Name, Count | Sort-Object Count -Descending | `
   Format-Table -Auto
```

Listing 1.1 So kann bei der PowerShell ein Befehl aussehen, der IP-Adressen in Logfiles auswertet und nach Wochentagen gruppiert

Abbildung 1.1 Der Output des Befehls in der Eingabeaufforderung

Da hätte er mit VBScript mindestens einen halben Tag dran gesessen und die Ausgabe hätte bei weitem nicht so übersichtlich tabellarisch ausgesehen. Doch forderte sein Chef nicht ein nettes Diagramm, das er in eine PowerShell-Folie kopieren wollte? Besonders investorenfreundlich war die aktuelle Ausgabe wirklich nicht. Hat die PowerShell 2.0 nicht ein neues Cmdlet bekommen, mit dem sich die Ausgabe in einem Grid anzeigen lässt? Ein

```
Get-Command -noun *grid*
```

beantwortete die Frage sogleich. Es gibt tatsächlich ein *Out-GridView*-Cmdlet, das über den Pipe-Operator einfach nur an das Ende der Befehlskette gehängt werden muss. Nicht schlecht, zumal sich per Mausklick auf die Spaltenköpfe die angezeigten Zeilen auch sortieren lassen, doch *Kuppeck* bezweifelte, dass sein Chef darauf abfahren würde.

Out-GridView

Filter

Kriterien hinzufügen

Name	Count
Wednesday	2.240
Thursday	1.911
Friday	971
Saturday	971
Tuesday	971
Monday	940
Sunday	883

Abbildung 1.2 Der Output des Befehls in einem Grid per *Out-GridView*-Cmdlet

Doch wie um alles in der Welt sollte er mit seinen bescheidenen Programmierkenntnissen ein Diagramm auf den Bildschirm zaubern, in dem die in der Pipeline befindlichen Objekte mit ihren Properties angezeigt werden würden? (Für einen richtigen Programmierer wäre das sicher alles kein Problem). Eine schnelle Webrecherche ergab, dass noch eine letzte Hoffnung bleibt. Diese fand *Kuppeck* in Gestalt eines PowerShell-Add-Ons, mit dem sich beliebige Pipeline-Inhalte optisch überaus attraktiv anzeigen lassen, z. B. als Balkendiagramm oder als Tachometer. Das wäre doch einen Versuch wert, auch wenn es kein Freewaretool ist. Nach dem Download der Trialversion und den üblichen Formalitäten war das Tool installiert und das PowerShell-Snap-In registriert, sodass es über das *Add-PSSnapin*-Cmdlet hinzugefügt werden konnte (ein *Get-Command -PSSnapin <Name des Snap-Ins>* listet die neuen Cmdlets auf). *Kuppeck* war gespannt, denn theoretisch müsste er das neue *Out-Chart*-Cmdlet auf dieselbe Weise an den Befehl hängen, wie er es bereits mit dem *Out-GridView*-Cmdlet probiert hatte:

```
<Befehl> | Out-Chart
```

Zu *Kuppecks* freudiger Überraschung (insgeheim hatte er natürlich mit irgendeiner Fehlermeldung gerechnet) funktionierte es tadellos. Das Chart sah richtig chartmäßig aus, die Auswertung war fertig (er hatte sogar noch Zeit, das Chartfenster per `Alt`+`Druck` in die Zwischenablage und von dort in die PowerPoint-Folie zu kopieren – er war sich nicht ganz sicher, ob sein Chef das hinbekommen hätte), das Tool wurde natürlich lizenziert (auch wenn schicke Diagramme im administrativen Alltag eher die Ausnahme sind) und er war sich sicher, dass er mit der PowerShell noch einige positive Überraschungen erleben würde.[1]

[1] Die Antwort auf die Frage, warum auch unter einem deutschen Windows/PowerShell die Namen der Wochentage auf Englisch angezeigt werden, muss auf ein späteres Kapitel vertagt werden.

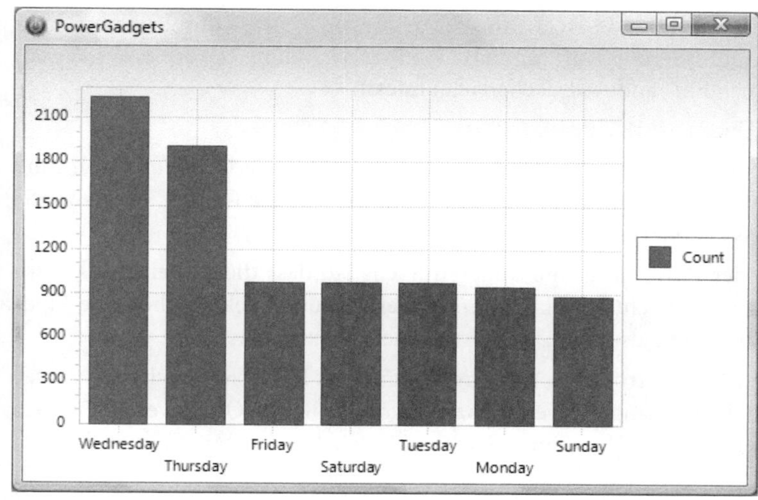

Abbildung 1.3 »With a little help of a Snap-In«, ein externes Cmdlet zeigt die Pipeline-Daten als Diagramm an

Soviel zur Fiktion, zurück zur Wirklichkeit. Haben Sie das »Befehlsungetüm« fehlerfrei abgetippt und getestet (dazu müssen Sie zuvor die Logdateien aus dem Verzeichnis *Beispiele\Logs* aus den zum Download angebotenen Beispielen zu diesem Buch (siehe hierzu in der Einleitung) in ein Verzeichnis kopieren und dessen Pfad anstelle des zu Beginn des Befehls angegebenen Pfades auf *Select-String* folgen lassen), dann herzlichen Glückwunsch! Das war eine besondere Leistung, wenngleich es vollkommen normal ist, wenn es nicht gleich beim ersten Mal klappt, denn die Befehlszeile bietet zahlreiche Möglichkeiten, sich zu vertippen (der unscheinbare Apostroph am Ende einer Zeile ist das Tickzeichen, das bei der PowerShell die Rolle des Zeilenumbruchzeichens spielt und durch ⇧+´ eingegeben wird).

Ging alles gut, werden die in den Logdateien vermerkten Zugriffe nach Wochentagen gruppiert angezeigt. Das geht bereits ein wenig in Richtung *Data Mining*. Alle weiteren Details werden auf die folgenden Kapitel vertagt, in denen die Grundlagen des Umgangs mit der PowerShell vorgestellt werden. Am Ende des Buchs sollte Sie, wenn Sie alle Kapitel gewissenhaft gelesen haben, dieser Befehl nicht mehr »erschrecken«.

Die PowerShell in zehn Minuten

Kein Administrator hat vermutlich die Zeit, ca. 580 Seiten an einem Stück zu lesen. Auch dieses erste Kapitel ist mit ca. 25 Seiten nicht gerade kompakt. Damit niemand sich (im übertragenen Sinne) durch endlose Textwüsten wühlen muss, fasst dieser Abschnitt das Wichtigste, das man zur PowerShell wissen muss, in kurzen Sätzen zusammen:

- Die PowerShell stammt von Microsoft und ist eine Shell für das Ausführen von Programmen, Befehlen und Skripts.
- Die PowerShell gibt es seit Herbst 2006. Die aktuelle Version ist 2.0, die seit Oktober 2009 offiziell ist.
- Die PowerShell 2.0 ist Teil von Windows Server 2008 R2 und Windows 7 und steht für Windows XP, Vista und Windows Server 2003 als Download zur Verfügung. Es gibt sie in einer 32- und einer 64-Bit-Ausführung.

- Die PowerShell gibt es von Microsoft in zwei »Geschmacksrichtungen«: Als Konsolenanwendung (*Powershell.exe*), die in der Eingabeaufforderung läuft, und als (WPF-)Anwendung (*Powershell_ISE.exe*), die einen Editor, Debugger sowie einen Ein- und Ausgabebereich umfasst.
- Die PowerShell setzt auf dem .NET Framework 2.0 auf.
- Bei der PowerShell heißen die eingebauten Befehle *Cmdlets* (ausgesprochen wie *Commandlets*). Eine Liste aller verfügbaren Cmdlets liefert der Befehl *Get-Command -CommandType Cmdlet*. Die PowerShell kann jederzeit um neue Cmdlets erweitert werden.
- Der größte Unterschied zwischen der PowerShell und anderen Shells ist, dass die PowerShell konsequent mit Objekten arbeitet. Ein Cmdlet reicht seinen *Output* in Gestalt von Objekten über eine Pipeline an das nächste Cmdlet weiter und nicht als Text. Das führt zu mehr Flexibilität.
- Die PowerShell spielt auch bei anderen Microsoft-Server-Produkten eine Rolle. Bei Exchange Server 2007 etwa bildet die PowerShell 1.0 die Exchange Server-Verwaltungsshell. Beim SQL Server 2008 ist sie ein optionaler Bestandteil, beim kommenden SharePoint Server 2010 wird sie im Mittelpunkt der Administrationsschnittstelle stehen.
- Inzwischen setzen auch andere Hersteller auf die PowerShell. Das prominenteste Beispiel ist *VMWare*.
- Der erste Einstieg in die PowerShell ist relativ einfach, sodass man sie recht schnell für Ad-hoc-Abfragen einsetzen kann. Wie es weitergeht, hängt von der zur Verfügung stehenden Zeit, dem Engagement, der Motivation und der »Vorbelastung« in Bezug auf andere Shells ab (wer *Perl* oder *Bash* kennt, hat es sehr viel leichter – auch der *Windows Script Host* ist natürlich eine gute Grundlage, da es auch hier um Objekte geht). Insgesamt ist die PowerShell ein relativ vielschichtiges Thema. Zum PowerShell-Guru wird man nicht über Nacht. Es dauert im Allgemeinen eine Weile.[2]

Shell -ne Muschel

Keine Sorge, in der Zwischenüberschrift fehlen keine Buchstaben und der Autor ist auch nicht in einen eher umgangssprachlichen Stil verfallen (auch dann ergäbe der Satz noch keinen rechten Sinn). Die Zwischenüberschrift stellt vielmehr eine Aussage dar: »Shell ungleich Muschel« (*-ne* ist bei der PowerShell der Operator für ungleich).

Das Wort *Shell* steht in dem Zusammenhang, um den es in diesem Buch geht, eher für Hülle und weniger für Muschel (oder gar eine Benzinsorte). Eine Shell hüllte früher die Funktionalität des Betriebssystems ein und machte sie dem fachkundigen Anwender über eine mehr oder weniger ausgefeilte Befehlszeile zugänglich. Die ersten Shells entstanden bereits in den 1970er- und 1980er-Jahren. In Redmond war Muschelsuppe jedoch lange Zeit nicht auf dem Speiseplan zu finden. Mit Windows NT 3.1 wurde im Jahr 1991 *Cmd.exe* als die offizielle Befehlszeilenshell eingeführt[3] und seitdem nicht mehr verändert, was nicht automatisch ein schlechtes Zeichen sein muss (wenn der große Wurf gleich mit der ersten Version gelingt, muss es nicht unbedingt eine Version 2.0 geben).[4] Seit Herbst 2006 existiert mit der Windows PowerShell 1.0 ein inoffizieller »Nachfolger« von *Cmd.exe,* dem, so viel kann bereits vorweggenommen werden, die Zukunft gehört.

---

[2] Mindestens 1–2 Jahre.

[3] Von manchen noch wider oder ohne besseres Wissen, das lässt sich nicht immer so einfach beurteilen, als »DOS-Box« bezeichnet.

[4] Ob es jemals eine offizielle Posix-Shell für Windows NT gab, entzieht sich meiner Kenntnis, wenngleich ich, das sei bei aller Bescheidenheit angemerkt, das weltweit erste Buch zu Windows NT geschrieben hatte.

Drei Dinge gleich vorweg:

- Die PowerShell soll *Cmd.exe*, wenn überhaupt, eher auf die sanfte Tour ablösen, indem in den kommenden Jahren administrative Skripts nicht mehr als Stapeldatei (oder WSH-Skriptdatei) erstellt werden, sondern mit der PowerShell. Im Sinne einer Vereinheitlichung ist es denkbar, dass Stapeldateien, die jahrelang im Einsatz waren, auf die PowerShell umgestellt werden (wenngleich es dafür genauso wenig einen Konverter gibt wie für das Umstellen von WSH-Skriptdateien). *Cmd.exe* dürfte es mit an Sicherheit grenzender Wahrscheinlichkeit auch bei künftigen Windows-Versionen geben, denn es existiert kein Grund, es zu verbannen.
- Die PowerShell ist in erster Linie eine Shell. Jede Exe-Datei, ob *Netstat*, *Ipconfig*, *Ping* oder *Cmd.exe*, kann (natürlich) eins zu eins aufgerufen werden. Auch jede Stapeldatei lässt sich in der PowerShell-Eingabezeile über *Cmd.exe*, jede WSH-Datei über *WScript.exe* bzw. *Cscript.exe* starten. Vertraute Befehle werden daher so aufgerufen wie unter *Cmd.exe*.
- Die PowerShell besitzt keinen *DOS-Kompatibilitätsmodus*. Dass Befehle wie *Dir*, *Type*, *Md* oder *Cd* existieren, liegt ganz einfach daran, dass dies keine Befehle, sondern Aliase (Zweitnamen für PowerShell-Cmdlets) oder Funktionen sind. Die PowerShell ist eine komplette Neuentwicklung. Tabelle 1.1 stellt ein paar dieser vertrauten Namen ihrer »wahren« Bedeutung bei der PowerShell gegenüber.

Alias	Was steckt dahinter?
Dir	Get-ChildItem-Cmdlet
Copy	Copy-Item-Cmdlet
Cat	Get-Content-Cmdlet
Ls	Get-ChildItem-Cmdlet
Man	Get-Help-Cmdlet
Md	MkDir-Funktion
Cd	Set-Location-Cmdlet

Tabelle 1.1 Hinter vertrauten Namen stecken PowerShell-Cmdlets und -Funktionen

In Zukunft zurück zum Keyboard?

Auch wenn es den Anschein haben könnte, leitet die PowerShell keine »Zurück zu den Wurzeln«-, sprich »Zurück zur Befehlszeile«-Bewegung ein. Die Notwendigkeit, Befehle über die Tastatur eingeben zu müssen, ist nur eine Seite der Medaille. Es ist lediglich eine Frage der Zeit, bis nach und nach neue Werkzeuge (nicht nur von Microsoft) auf der Basis der PowerShell erscheinen werden, die eine komfortable grafische Oberfläche (GUI) anbieten und bei denen jede Aktion in der grafischen Oberfläche hinter den Kulissen zur Ausführung von PowerShell-Cmdlets führt. Das neue *Active Directory-Verwaltungscenter* von Windows 2008 R2 ist dafür das beste Beispiel. Der Anwender arbeitet dabei mit einer modernen, aber grundsätzlich vertrauten Oberfläche und muss nichts über die Befehlssyntax eines Cmdlets und andere Dinge wissen. Hinter den Kulissen werden aber PowerShell-Cmdlets ausgeführt. Im Rahmen anderer Microsoft-Server-Produkte wird es Werkzeuge geben, bei denen eine Aktion alternativ über die GUI oder über PowerShell-Befehle durchgeführt werden kann.

Cmdlets statt Befehle

Bei der PowerShell heißen die Befehle *Cmdlets* (ausgesprochen wie *Commandlets*). Ein Cmdlet führt eine Aktion aus und gibt das Ergebnis in Gestalt von Objekten über die Pipeline weiter. Die PowerShell 2.0 verfügt am Anfang über 236 Cmdlets, was sich über ein

```
Get-Command
```

schnell feststellen lässt. *Get-Command* ist ein Cmdlet, das ein oder mehrere Cmdlets (und andere befehlsartige Elemente, etwa Funktionen) »holt«, um sie auszugeben oder weiterzuverarbeiten. Zählen müssen Sie die ausgegebenen Cmdlets nicht, denn dies erledigt das Cmdlet *Measure-Object*. Doch wie werden beide Cmdlets zusammengebracht? Über den Pipe-Operator, der durch den senkrechten Strich symbolisiert wird und bei der PowerShell eine zentrale Rolle spielt. Sie erzeugen ihn mit [AltGr]+[<]. Nach der Eingabe von

```
Get-Command -CommandType Cmdlet | Measure-Object
```

erscheint die folgende Ausgabe im Ausgabefenster der *PowerShell ISE* bzw. in der Eingabeaufforderung:

```
Count    : 236
Average  :
Sum      :
Maximum  :
Minimum  :
Property :
```

Was hat die Ausgabe zu bedeuten? Ganz einfach, *Get-Command* reicht für jeden gefundenen Befehl (hier mittels *-CommandType Cmdlet* auf Cmdlets beschränkt) mithilfe des Pipe-Operators ein Objekt über die Pipeline an das *Measure-Object*-Cmdlet weiter, das die Objekte zählt und ein neues Objekt erstellt, das ausgegeben wird, da die Pipeline-Verarbeitung hier zu Ende ist. Von den insgesamt sechs Property-Membern (mehr zu diesem Begriff in Kürze) besitzt nur das Property-Member *Count* einen Wert (236), der ausgegeben wird.

Das Prinzip der Zusammenarbeit über die Pipeline ist sehr einfach und sobald man es verstanden hat, ergibt sich eine Fülle neuer Möglichkeiten (z. B. bezüglich der Frage, was man alles zählen kann).

Cmdlets und wie man mehr über sie erfährt

Cmdlets sind ein wenig »empfindlicher« als die eventuell vertrauten Befehle der Eingabeaufforderung oder Tools aus dem Windows Resource Kit. Nach Eingabe von *Ping*, *Net* und anderer Befehle ohne weitere Angaben erscheint im Allgemeinen eine Syntaxhilfe, die den Aufruf des Befehls erklärt. Bei der Eingabe eines Cmdlets ohne weitere Parameter wird das Cmdlet entweder gleich ausgeführt oder die Pflichtparameter werden der Reihe nach abgefragt. Eine Hilfe erscheint nicht, was am Anfang eher ein wenig irritierend sein dürfte. Die PowerShell gibt sich in diesem Punkt ein wenig »sperrig«. Man muss sich daher daran gewöhnen, ein Cmdlet mit *-?* aufzurufen, um mehr über das Cmdlet zu erfahren.

Mehr zu den Cmdlets in Kapitel 3.

Alles dreht sich um Objekte

Bei der PowerShell dreht sich alles (und wirklich alles) um Objekte. Ein *Objekt* ist ein Name, der für ein Etwas steht. Diese eher allgemein gehaltene Definition wird im weiteren Verlauf des Buchs und mit zunehmender Erfahrung an Schärfe zunehmen. Praktisch jedes Cmdlet produziert Objekte, die über die Pipeline an das nächste Cmdlet weitergereicht werden. Der Befehl

```
Get-Process
```

ruft das *Get-Process*-Cmdlet auf, welches alle (lokal) laufenden Prozesse auflistet. Für jeden Prozess wird ein *Process*-Objekt produziert und (über ein unsichtbar im Hintergrund wirkendes Cmdlet) mit seinen Eckdaten in der für die PowerShell typischen tabellarischen Form ausgegeben.

Mithilfe von

```
Get-Service
```

werden alle (lokal) laufenden Dienste aufgelistet. Die PowerShell wählt dieses Mal für jeden Dienst ein *ServiceController*-Objekt. Dieses Objekt unterscheidet sich von einem *Process*-Objekt durch seinen »Typ«. Trotzdem wird es von der PowerShell in derselben tabellarischen Form ausgegeben, nur dass dieses Mal weniger »Angaben« erscheinen und die Tabelle damit über weniger Spalten verfügt. Da die Beschreibung einzelner Dienste oft recht umfangreich ist, kann es passieren, dass der Inhalt der Spalte *DisplayName* nicht vollständig angezeigt wird.

Objekte statt Text – ein kleiner, aber bedeutender Unterschied

Viele Anwender benutzen seit vielen Jahren Befehle wie *Ping*, *Ipconfig* oder *Netstat*. Diese Gewohnheit muss man bei der PowerShell nicht aufgeben, zumal es für diese Befehle bei der PowerShell nur selten einen direkten »Nachfolger« gibt (etwa in Gestalt des *Test-Connection*-Cmdlets als Alternative zum *Ping*-Befehl). Scheinbar wird ein solcher Nachfolger auch nicht vermisst, denn was ist an einem Befehl wie *Ipconfig* nicht mehr zeitgemäß? Die gewünschte Information wird geliefert, was kann man mehr erwarten und vor allem: Was könnte ein PowerShell-Cmdlet besser machen? Der entscheidende Unterschied ist, dass ein Befehl wie *Ipconfig* grundsätzlich Text ausgibt, der bei der PowerShell natürlich ebenfalls über die Pipeline weiterverarbeitet werden kann. Optimal ist diese Variante jedoch nicht. Zum einen muss man häufig ein wenig scrollen, um die IP-Adresse im Ausgabetext zu lokalisieren (was im Allgemeinen aber keine unzumutbare Anforderung ist), zum anderen, das ist der entscheidende Punkt, wird über den Pipe-Operator lediglich Text an den nächsten Befehl weitergereicht und keine Objekte. Was das bedeutet, wird deutlich, wenn der Output von *Ipconfig* von einem Cmdlet weiterverarbeitet werden soll.

Soll das Cmdlet mit der IP-Adresse etwas anstellen, müsste es die Position der IP-Adresse innerhalb des ausgegebenen Textes kennen oder, z. B. mithilfe regulärer Ausdrücke, in der Lage sein, sie aus dem Text zu extrahieren. Nicht nur, dass dies ein wenig umständlich wäre, die Lösung wäre eventuell davon abhängig, dass sich die IP-Adresse immer an derselben Position befindet. Ändert sich die Position, wird auf einmal ein ganz anderer Text als IP-Adresse interpretiert und der Befehl läuft aus dem Ruder.

PowerShell-Cmdlets geben über die Pipeline keinen Text weiter, sondern grundsätzlich Objekte. Dass trotzdem Text auf dem Bildschirm erscheint, liegt einfach daran, dass wenn nichts anderes festgelegt wird, der Output eines Cmdlets am Ende unsichtbar in Text konvertiert und ausgegeben wird. Abbildung 1.4 veranschaulicht den sehr wichtigen Unterschied zwischen Text und Objekt.

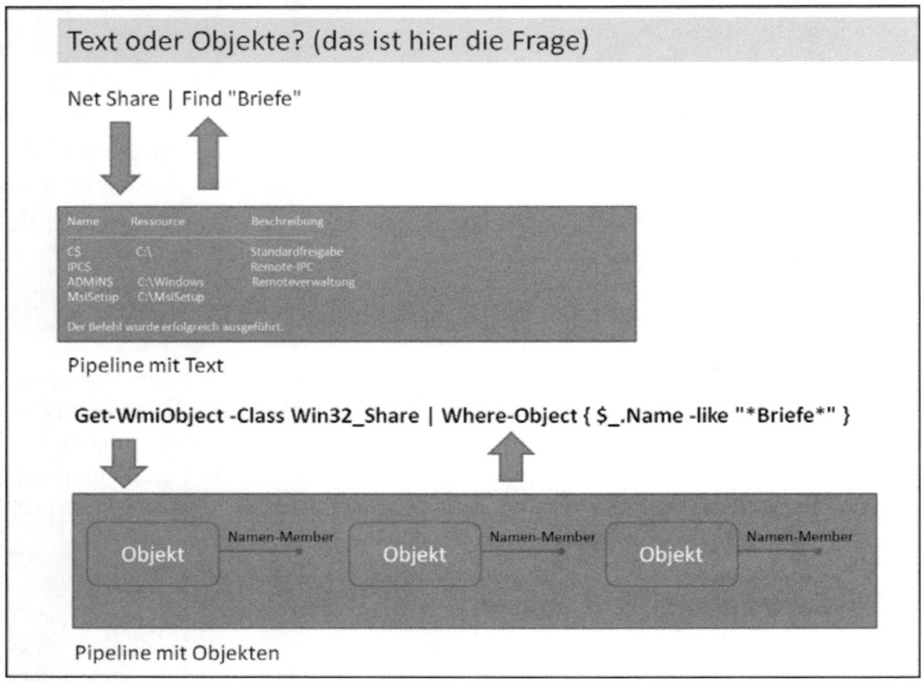

Abbildung 1.4 Die PowerShell gibt über die Pipeline Objekte und keinen Text weiter

Objekte versus Text in der Praxis

Der Umstand, dass ein Cmdlet Objekte und keinen Text über die Pipeline weitergibt, ist keine theoretische Spielerei, sondern wirkt sich konkret in der Praxis aus. Im Unterschied zu reinem Text, der stets unstrukturiert ist, besitzt ein Objekt eine Struktur, die durch so genannte Member abgebildet wird. Diese Member stellen z. B. alle Daten zur Verfügung, die für den Inhalt des Objekts stehen. Hier ein einfaches Beispiel aus der täglichen Praxis. Es geht darum festzustellen, ob ein Computer im Netzwerk erreichbar ist. Klar, dafür gibt es seit ewigen Zeiten den *Ping*-Befehl, das natürlich auch in der PowerShell aufgerufen werden kann. Im Folgenden soll jetzt gezeigt werden, dass die PowerShell mit ihrem *Test-Connection*-Cmdlet die bessere Alternative bietet.

Das *Test-Connection*-Cmdlet arbeitet im Prinzip wie der *Ping*-Befehl, nur dass sein Output in Gestalt von *PingStatus*-Objekten über die Pipeline weitergegeben wird. Möchte man z. B. nur die Antwortzeit des Host wissen, liefert diese Information das *ResponseTime*-Member. Anstatt diese Zahlen aus dem Ausgabetext irgendwie zu extrahieren, gibt ein Aufruf des *Select-Object*-Cmdlets die gewünschte Information zurück:

```
Test-Connection PMServer | Select-Object ResponseTime

                                                  ResponseTime
                                                  ------------
                                                             3
                                                             4
                                                             5
                                                             3
```

Hier ist die typische Arbeitsteilung der PowerShell am Werk. *Test-Connection* liefert ein Objekt, das es über die Pipeline an das nächste Cmdlet weiterreicht, das mit diesem Objekt irgendetwas anstellt (keine Sorge, in Kürze wird es konkreter).

Soll die Ausgabe nach der Antwortzeit sortiert werden, erledigt das der Befehl

```
Test-Connection PMerver | Select-Object ResponseTime | Sort-Object ResponseTime -Descending
```

bzw. wenn weitere Details zum angepingten Server ausgegeben werden sollen:

```
Test-Connection PMServer | Select-Object IPv4Address, StatusCode, ResponseTime | Sort-Object
ResponseTime -Descending
```

Natürlich ist es auch kein Problem, eine beliebige Anzahl an Computern mit einem Aufruf von *Test-Connection* anzupingen:

```
Test-Connection Serverl, Server2, Server3 | Sort-Object ResponseTime -Descending
```

Jetzt wird ebenfalls die Ausgabe nach dem Wert der *ResponseTime*-Property (absteigend) sortiert. Dies ist eine Flexibilität, die aus der konsequenten Verwendung von Objekten resultiert und die mit einer textbasierten Shell (was praktisch auf alle anderen Shells zutrifft) in dieser Form nicht möglich wäre.[5]

Es ist nicht nur kein Problem, sondern durchaus sinnvoll, die zahlreichen im Einsatz befindlichen Befehlszeilentools, etwa jene aus dem *Windows 2000/2003 Resource Kit* im Rahmen der PowerShell aufzurufen und ihren Output durch ein Cmdlet weiterzuverarbeiten. Zum einen gibt es keinen Grund, seit Jahren bewährte Tools nicht mehr einzusetzen, zum anderen bietet die PowerShell für diese Tools keinen direkten Ersatz, da die PowerShell lediglich eine Shell mit einem umfangreichen Befehlssatz ist. Ihre Aufgabe liegt keineswegs darin, einzelne Tools zu ersetzen.

TIPP Eine schöne Übersicht über alle Microsoft Windows Support Tools einschließlich Downloadlinks gibt es unter der folgenden Adresse: *http://www.petri.co.il/download_free_reskit_tools.htm.*

---

[5] Es gibt natürlich zahlreiche »Object Shells« und Skriptsprachen, die mit Objekten arbeiten (z.B. Object Rexx) und auch bei VBScript spielen Objekte eine Rolle und es lassen sich über Klassen sogar neue Objekte definieren, aber es dürfte keine Shell geben, die so konsequent mit Objekten arbeitet und dabei auf einer umfangreichen Klassenbibliothek aufsetzt wie die PowerShell.

Die Rolle der Objektpipeline

Von der PowerShell-Pipeline war bereits mehrfach die Rede. In diesem Abschnitt wird die (Objekt-)Pipeline formal vorgestellt und ihre Arbeitsweise beschrieben. Die Pipeline ist immer dann im Spiel, wenn ein Cmdlet über den Pipe-Operator mit einem nachfolgenden Cmdlet gekoppelt wird. Sie ist eine Art unsichtbare »Zwischenablage« für Objekte, die aber nur für die Dauer der Befehlsausführung existiert (es gibt bei der PowerShell kein Objekt, über das die Pipeline angesprochen werden kann). Ein

```
100, 200, 300
```

legt drei Zahlen in die Pipeline, die anschließend gleich wieder ausgegeben werden, da kein Cmdlet folgt, das die Zahlen weiterverarbeitet. Schließt sich z. B. ein *Measure-Object*-Cmdlet in der Form

```
100, 200, 300 | Measure-Object -Sum -Ave
```

an, werden die Zahlen über die Pipeline an das Cmdlet weitergereicht, das aus ihnen (unabhängig davon, wie viele es sind) die Summe und den Durchschnittswert berechnet. *Sum* und *Ave* sind dabei Parameter des *Measure-Object*-Cmdlets. Das Ergebnis ist wieder ein (neues) Objekt, dessen Member z. B. *Count*, *Sum* und *Average* lauten. Abbildung 1.5 veranschaulicht dieses Pipelineprinzip.

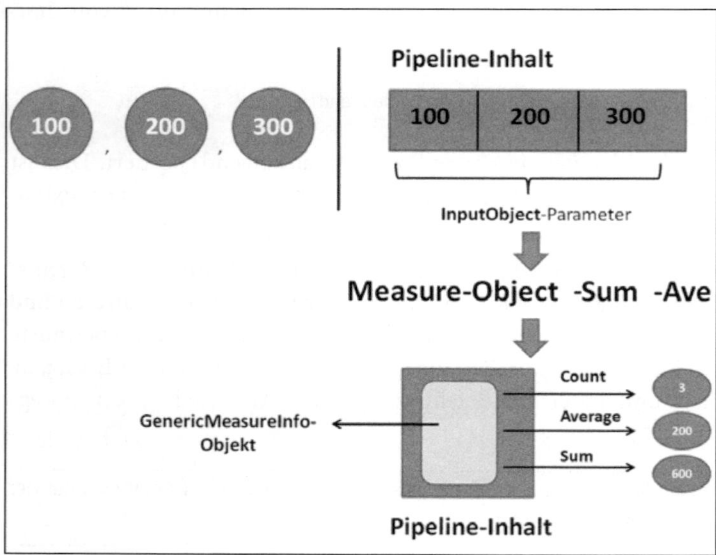

Abbildung 1.5 Das Pipeline-Prinzip bei der PowerShell

Da es so wichtig ist, hier noch einmal die Zusammenfassung der letzten Abschnitte. Der Pipe-Operator | reicht die Objekte, die ein Cmdlet produziert, über die Pipeline an das folgende Cmdlet weiter. Ein *Get-Process* gibt die Objekte, die alle laufenden Prozesse repräsentieren, einfach nur aus. Ein *Get-Process* | reicht sie über die Pipeline weiter. Dieser Befehl ist aber noch unvollständig. Die PowerShell duldet kein »Hamstern« von Objekten, sondern erwartet, dass sie unmittelbar weiterverarbeitet werden (möchte man Objekte für die Dauer einer Sitzung speichern, müssen sie einer Variablen zugewiesen werden. Sollten sie über die Sitzung hinaus gespeichert werden, müssen sie per *Export-Clixml*-Cmdlet in eine XML-Datei serialisiert werden). Auf den Pipe-Operator muss daher etwas folgen, das die Objekte weiterverarbeitet:

```
Get-Process | Sort-Object -Property WS
```

In diesem Fall folgt auf *Get-Process* ein *Sort-Object*-Cmdlet. Es sortiert die von *Get-Process* über die Pipeline weitergereichten Objekte nach dem Wert ihrer *WS*-Property und gibt sie anschließend in der neuen Reihenfolge aus.

Beim Weitergeben von Objekten über die Pipeline können am Ende auch weniger Objekte herauskommen, als hineingesteckt wurden. Der folgende Befehl gibt nur jene *Process*-Objekte aus, deren *WS*-Property größer ist als 50 MB:

```
Get-Process | Where-Object { $_.WS -gt 50MB }
```

Man kann Objekte auch ganz verschwinden lassen, indem auf den Pipe-Operator ein *Out-Null*-Cmdlet folgt. Der folgende Befehl lässt die von *Get-Process* über die Pipeline weitergereichten Objekte »unauffällig« verschwinden:

```
Get-Process | Out-Null
```

Es versteht sich von selbst, dass ein solcher Befehl keine »allzu große« praktische Bedeutung hat. Das *Out-Null*-Cmdlet ist trotzdem sehr praktisch. Es wird immer dann verwendet, wenn der Output eines Befehls nicht ausgegeben werden soll.

Über Umgang mit Objekten

Objekt ist der zentrale Begriff bei der PowerShell. Ein Objekt ist, das wurde im letzten Abschnitt bereits in den Raum gestellt, ein Name, der für ein »Etwas« steht. Dieses Etwas ist z.B. ein Prozess, ein Dienst, ein Eintrag in einem Ereignisprotokoll, ein Cmdlet oder eine Zeichenkette. Im »Universum« der PowerShell gibt es Hunderte von Objekten. Da jederzeit neue Objekte dazukommen können, z.B. durch neue Cmdlets, gibt es keine Referenz, in der alle Objekte aufgelistet sind. Objekte werden durch Cmdlets erzeugt. So legt ein *Get-Process*-Cmdlet für jeden laufenden Prozess ein *Process*-Objekt in die Pipeline. Ein *Get-EventLog -LogName Application* legt für den Eintrag im *Application*-Ereignisprotokoll ein *EventLogEntry*-Objekt in die Pipeline. Da dort unzählige Einträge verzeichnet sind, führt dies dazu, dass Tausende von Objekten desselben Typs in der Pipeline landen.

Objekte besitzen Member

Ein Objekt alleine bringt nicht allzu viel. Beim Umgang mit Objekten geht es praktisch ausschließlich um die *Member*, über die jedes Objekt verfügt. Bei einem *Process*-Objekt sind es z.B. 90 Member, bei einem *EventLogEntry*-Objekt 25 Member. Es gibt verschiedene Sorten von Membern, die in Tabelle 1.2 zusammengestellt sind. Property-Member (oder kurz *Properties*) stehen für bestimmte Merkmale des Objekts. Bei einem *Process*-Objekt sind das z. B. *WorkingSet* (Arbeitsspeicher, den der Prozess belegt) oder *ProcessName* (der Name des Prozesses), bei einem *EventLogEntry*-Objekt z. B. *EntryType* (welche Sorte von Eintrag ist es), *Message* (der Inhalt des Eintrags) oder *TimeWritten* (der Zeitpunkt, an dem der Eintrag geschrieben wurde).

Welche Member ein Objekt besitzt, verrät (meistens) zuverlässig das *Get-Member*-Cmdlet. Ein

```
Get-Process | Get-Member
```

listet alle Member eines *Process*-Objekts auf. Bei *Get-Member* kann zwischen den verschiedenen Membertypen unterschieden werden. Ein

```
Get-Process | Get-Member -MemberType Property
```

listet alle Property-Member auf. Ein

```
Get-Process | Get-Member -MemberType *Property*
```

listet alle Membertypen auf, in denen *Property* im Namen vorkommt. Ein

```
Get-Process | Get-Member -Name *Memory* -MemberType *Property*
```

listet alle Property-Member auf, die das Wort *Memory* enthalten.

HINWEIS In diesem Buch werden die Bezeichnungen nicht ganz konsequent verwendet. Zu Beginn heißt es noch in der Regel *Property-Member* oder *Methoden-Member*. Im weiteren Verlauf des Buchs werden die Begriffe dann zu Properties und Methoden verkürzt.

Member werden über einen Punkt angesprochen

Ein einzelnes Objekt und der Name seines Members werden (nicht nur) bei der PowerShell immer durch einen Punkt getrennt. Doch bislang kamen in den Beispielen noch keine einzelnen Objekte vor. Ein *Get-Process* liefert immer mehrere Objekte, genau wie ein *Get-Service* oder *Get-EventLog -LogName Application*. Die folgenden beiden Befehle führen zu einem Objekt (sofern der *Calc*-Prozess nicht bereits gestartet wurde):

```
Calc
Get-Process Calc
```

Zuerst wird durch Eingabe von *Calc* der Windows-Rechner gestartet. Anschließend wird genau dieser Prozess mit dem *Get-Process*-Cmdlet geholt. Doch da das Objekt gleich danach ausgegeben wird (genauer gesagt die Werte von acht seiner Properties), lässt sich ein Member nicht ansprechen. Das von *Get-Process* geholte Objekt muss daher einer Variablen zugewiesen werden:

```
$P = Get-Process Calc
```

Eine Variable ist allgemein ein Name, der für einen Wert steht, in diesem Fall für den *Calc*-Prozess (in Kapitel 7 werden Variablen offiziell vorgestellt). Über die Variable *$P* können die einzelnen Member angesprochen werden. Ein

```
$P.WS
```

gibt den Wert der *WS*-Property aus. Ein

```
$P.StartTime
```

entsprechend den Wert der *StartTime*-Property. Ein

```
$P.Kill()
```

ruft das *Kill*-Methoden-Member auf – bei Methoden-Membern ist es erforderlich, dass auf den Membernamen stets ein rundes Klammerpaar folgt (dabei darf aber zwischen dem Membernamen und dem Klammerpaar kein Leerzeichen stehen).

TIPP Über das praktische *Group-Object*-Cmdlet lässt sich auch feststellen, wie die verschiedenen Membertypen bei einem Objekt verteilt sind. Ein

```
$P | Get-Member | Group-Object -Property MemberType | Sort-Object -Property Count -Descending
```

gruppiert die Member eines *Process*-Objekts nach ihrem Typ und sortiert sie nach ihrer Häufigkeit. Dabei kommt heraus, dass ein *Process*-Objekt unter anderem 51 Property-, 19 Methoden- und 1 NoteProperty-Member besitzt.

Membertyp	Bedeutung
Property	Steht für ein Merkmal des Objekts.
Methode	Steht für einen Befehl, der mit dem Objekt aufgerufen wird.
NoteProperty	Spezielle Sorte der Property, die lediglich eine Zeichenkette umfasst.
AliasProperty	Kurzname für eine Property mit einem meist längeren Namen.
ScriptProperty	Property, die für einen Skriptblock steht, der mit dem Abruf der Property ausgeführt wird.
Event	Führt zum Auslösen eines Events, wenn ein bestimmter Zustand eintritt.
PropertySet	Fasst mehrere Properties unter einem Namen zusammen.

Tabelle 1.2 Die verschiedenen Sorten von Membern, über die ein Objekt verfügen kann

Die Memberliste ist nicht statisch

Dieser Hinweis ist zu diesem Zeitpunkt noch sehr speziell, aber wichtig. Das Memberset eines Objekts ist nicht statisch. Ein Objekt kann über das *Add-Member*-Cmdlet jederzeit neue Member erhalten.

Das folgende Beispiel fasst zuerst alle Dateien mit der Erweiterung *.Ps1*, die über das *Get-ChildItem*-Cmdlet in die Pipeline gelegt werden, in einer Variablen zusammen:

```
$Ps1Files = Get-ChildItem -Path *.ps1
```

Der nächste Befehl fügt im Rahmen eines *ForEach-Object*-Wiederholungs-Cmdlets zu jedem *FileInfo*-Objekt, das vom *Get-ChildItem*-Cmdlet der Variablen *$Ps1Files* zugewiesen wurde, ein *ScriptProperty*-Member mit dem Namen *AnzahlZeilen* hinzu:

```
$Ps1Files | ForEach-Object {$_ | Add-Member -Name AnzahlZeilen -Value { (Get-Content
$this.FullName).Count } -MemberType ScriptProperty }
```

$this steht innerhalb des Skriptblocks für das Objekt, dessen Member *AnzahlZeilen* ist.

Ein

```
$Ps1Files | Select-Object -Property Name, AnzahlZeilen | Sort-Object -Property AnzahlZeilen -Descending
```

sortiert die Ps1-Dateien nach der Anzahl ihrer Zeilen. Ein

```
$Ps1Files | Select-Object -Property Name, AnzahlZeilen | Group-Object { $_.AnzahlZeilen -gt 100 }
```

unterteilt die Ps1-Dateien in Gruppen mit Dateien, die mehr als 100 Zeilen umfassen und solchen, die weniger als 100 Zeilen aufweisen, sodass dadurch zwei Gruppen entstehen (sofern es mindestens eine Datei gibt, die eine der beiden Kriterien erfüllt).

Sie sehen, durch das Hinzufügen von neuen Properties ergeben sich interessante neue Möglichkeiten. Es versteht sich von selbst, dass das neue Member *AnzahlZeilen* nur dann verfügbar ist, wenn die Objekte über die Variable *$Ps1Files* angesprochen werden. Werden die Dateiobjekte erneut abgerufen, muss auch das Member erneut hinzufügt werden.

HINWEIS Hier eine kleine Aufgabe, die mit der PowerShell gelöst werden soll: Zu allen lokalen Laufwerken soll ihre Kapazität ausgegeben werden. Die Informationen zu einem Laufwerk liefert bei der PowerShell eine kleine WMI-Abfrage (Kapitel 9):

```
Get-WmiObject -Class Win32_LogicalDisk -Filter "DeviceID='C:'" -Property Size
```

Eine Liste aller lokalen Laufwerke erhält man über das *Get-PSDrive*-Cmdlet:

```
Get-PSDrive -PsProvider FileSystem
```

Das zurückgegebene Objekt besitzt zwar eine *Free-*, aber keine Size-Property. Also müssen beide Abfragen kombiniert werden:

```
Get-PSDrive -PsProvider FileSystem | ForEach-Object { $DiskSize = (Get-WmiObject -Class
Win32_LogicalDisk -Filter "DeviceID='$($_.Name):'" -Property Size).Size;"Laufwerk: $($_.Name) - Größe:
$DiskSize" }
```

Hier kommt mit *ForEach-Object* ein Cmdlet vor, das erst in Kapitel 3 an der Reihe ist. Es wiederholt den folgenden Befehlsblock für jedes Laufwerksobjekt, das von *Get-PSDrive* über den Pipe-Operator geliefert wird. Dabei wird *Get-WmiObject* mit den Namen der Laufwerke (A, B, C usw.) aufgerufen, sodass aus dem resultierenden Objekt z. B. die Gesamtgröße berechnet werden kann.

Wunderbar, doch einen kleinen Schönheitsfehler gibt es noch: Die Zahl, welche für die Festplattenkapazität steht, sollte mit einem Tausendertrennzeichen formatiert werden. Diese Aufgabe übernimmt bei der PowerShell der *f*-Operator (der in Kapitel 6 an der Reihe ist):

```
Get-PSDrive -PsProvider FileSystem | ForEach-Object { $DiskSize = (Get-WmiObject -Class
Win32_LogicalDisk -Filter "DeviceID='$($_.Name):'" -Property Size).Size;"Laufwerk: {0} - Größe: {1:n0}
MB" -f $_.Name,($DiskSize/1MB) }
```

Auch bei diesem (relativ umfangreichen) Befehl geht es ausschließlich um die Rolle der Objekte. Die verschiedenen Bestandteile werden in den folgenden Kapiteln vorgestellt.

Objekte statt Text (Teil 2)

Ein weiteres Beispiel soll deutlich machen, welche Vorteile Objekte für die tägliche Adminpraxis bringen können, wenn man bereit ist, sich auf die neuen Regeln einzulassen.

Hier ist eine typische Aufgabenstellung, die es zu lösen gilt. Ein Administrator möchte wissen, ob es eine Freigabe gibt, in der das Wort *Briefe* vorkommt. Kein Problem, dazu benötigt man keine PowerShell, denn diese Information liefert z. B. ein *Net Share* für den lokalen Computer. Da es aber relativ viele Freigaben sind, die teilweise recht ähnlich klingende Namen tragen, hat der Administrator natürlich keine Lust, rauf und runter zu scrollen, um in den Namen nach dem Wort *Briefe* zu suchen. Auch das ist grundsätzlich kein Problem, denn mit dem Befehl *Find* (oder *FindStr*) von Windows lässt sich jener Text durchsuchen, den ein zuvor ausgeführter Befehl dem *Find*-Befehl per Pipe-Operator übergibt. Theoretisch müsste daher ein

```
Net Share | Find "Briefe"
```

jene Zeilen »ausspucken«, in denen das Wort *Briefe* vorkommt. Theoretisch. In der Praxis scheitert der Aufruf dieses Befehls aus der PowerShell heraus an der nüchternen Fehlermeldung »FIND: Parameterformat falsch« (unter *Cmd.exe* funktioniert der Aufruf natürlich). Vielleicht verrät die Parameterliste zu *Find* etwas mehr oder enthält sogar ein Beispiel. Doch ein Find -? liefert ein »Datei nicht gefunden«, ein *Find -h* eine eher nichts sagende *Parameterformat falsch*-Meldung. Erst ein *Find /?* entpuppt sich als Treffer, indem die möglichen Parameter aufgelistet werden (alternativ liefert ein *&$Env:SystemRoot\System32\help <Befehlsname>* die Hilfe zu jedem *DOS-Befehl*). Doch auch die Hilfe gibt keine echten Hilfestellungen, da sie sich nur auf eine Kurzbeschreibung der Parameter beschränkt. Nach ein wenig Probieren ergibt sich, dass dann der Aufruf von *Find* innerhalb der PowerShell-Befehlszeile funktioniert, wenn beiden Anführungsstrichen ein einfacher Apostroph vorausgeht, damit diese von der PowerShell korrekt weitergegeben werden:

```
Net Share | Find `"Briefe`"
```

Deutlich besser zum Durchsuchen von Text ist das mit Windows XP eingeführte *Findstr.exe* geeignet, das mit regulären Ausdrücken arbeitet und bei dem der Trick mit den Apostrophen nicht erforderlich ist:

```
Net Share | Findstr "Briefe"
```

Im obigen Beispiel produziert *Net Share* Text, der von einem anderen Befehl weiterverarbeitet wird. Gibt es dafür keinen PowerShell-Befehl? Am einfachsten lässt sich bei der PowerShell beliebiger Text mit dem universellen *Match*-Operator nach einem Suchbegriff durchsuchen. Der folgende Befehl gibt ebenfalls alle Zeilen aus, in denen das Wort *Briefe* enthalten ist:

```
(Net Share) -Match "Briefe"
```

Das Setzen in runde Klammern ist erforderlich, damit der Text-Output von *Net Share* als Ganzes dem *Match*-Operator zur Verfügung gestellt wird.

Damit wäre die eingangs gestellte Aufgabe (herausfinden, welche Shares einen bestimmten Namen enthalten) doch im Grunde gelöst, oder? Nun, was das Ergebnis angeht schon, doch besonders flexibel ist die Lösung nicht. Denn was ist, wenn man etwas mehr über die gefundenen Shares erfahren oder sie eventuell beenden möchte? Ein

```
(Net Share) -match "Briefe" | Net Share /Delete
```

löscht (natürlich) nicht alle Shares, in denen das Wort *Briefe* vorkommt, da der *Net*-Befehl dafür nicht ausgelegt ist.

Das vorläufige Fazit der kleinen Übung: Auch wenn mit den alten Befehlen unter der neuen PowerShell ebenso einiges möglich ist, stößt man schnell an unüberwindbare Grenzen. Bevor man nun viel Zeit und Ausdauer in Lösungen investiert, die auf den alten Werkzeugen aufsetzen und die höchstens für eine bestimmte Anforderung funktionieren, aber nie universell sind, sollte man sich vollständig auf den neuen Stil der PowerShell einlassen. Sie werden sehen, Sie möchten vermutlich nie mehr zurück zu den alten Tools. Zwar bietet die PowerShell keine Cmdlets zum Umgang mit Shares, aber es gibt eine WMI-Klasse mit dem Namen *Win32_Share*, die praktisch alle Möglichkeiten bietet.

Der folgende Befehl listet erneut alle lokalen Freigaben auf:

```
Get-Wmiobject -Class Win32_Share
Name                        Path                          Description
----                        ----                          -----------
ADMIN$                      C:\Windows                    Remoteverwaltung
C$                          C:\                           Standardfreigabe
DocShare                    C:\Users\Pemo08\Documents
IPC$                                                      Remote-IPC
PsKursNeu                   C:\PsKurs                     Created by PowerShell
```

Nicht schlecht, aber gegenüber dem *Net*-Befehl noch kein allzu großer Fortschritt. Der folgende Befehl zeigt etwas mehr von den Möglichkeiten, indem nur die Shares aufgelistet werden, in denen das Wort *Users* enthalten ist:

```
Get-Wmiobject -Class Win32_Share | Where-Object { $_.Name -like "*users*" }
```

Auch das lässt sich, wie gezeigt, konventionell in Erfahrung bringen. Doch der folgende Befehl sollte endgültig alle (möglichen) Zweifler überzeugen.

Der Befehl

```
Get-WmiObject -Class Win32_Share | Where-Object { $_.Name -like "*Users*" } | Invoke-WmiMethod -Name
Delete | Out-Null
```

löscht tatsächlich alle Freigaben, in denen das Wort *Users* vorkommt, indem für jedes von *Get-WmiObject* zurückgegebene Objekt die *Delete*-Methode aufgerufen wird. Dies ist ein deutlicher Fortschritt gegenüber traditionellen Varianten und ein weiteres Beispiel für den Vorteil, der mit Objekten einhergeht. Nicht nur, dass das Löschen einzelner Freigaben sehr einfach wird, die vom *Get-WmiObject*-Cmdlet zurückgegebenen Informationen über ein einzelnes Share lassen sich beliebig anderweitig weiterverarbeiten. Der Befehl

```
Get-WmiObject -Class Win32_Share | Select-Object -Property Name, Path, Description | Export-Csv -NoType
-Path ShareListe.txt
```

exportiert die Eckdaten über die aktuellen Freigaben per *Export-Csv*-Cmdlet in eine Textdatei.

Ein weiteres Beispiel aus der Praxis – Platz schaffen auf der Festplatte

Die Festplatte des eigenen PCs, vor allem, wenn es eine mobile Variante ist, ist grundsätzlich zu klein. Ein regelmäßiges Aufräumen lässt sich daher im Allgemeinen nicht vermeiden. Über die Dateisuche von Windows Vista wird der vornehme Mantel des Schweigens gehüllt (erst ab Windows 7 wird es wieder besser), doch das Auffinden der größten Dateien sollte die PowerShell auch fertigbringen.

Der folgende PowerShell-Befehl geht das gesamte C:-Laufwerk durch und zeigt alle Dateien an, die größer als 100 MB sind.

```
Get-ChildItem -Path . -Recurse | Where-Object { $_.Length -gt 100MB }
```

Rauschte die Ausgabe etwa ein wenig zu schnell über den Bildschirm? Dann wäre es vernünftig, wenn die PowerShell die Namen, das Datum des letzten Zugriffs und natürlich die Größe der gefundenen Dateien sortiert nach ihrer Größe in eine Textdatei eintragen würde, die man später in Ruhe betrachten kann. Das erledigt der folgende Befehl, der über das *Select-Object*-Cmdlet für jede gefundene Datei ein neues Objekt zusammenbaut, das nur aus den Properties *Name*, *Length* und *LastWriteTime* besteht und das mit den übrigen Objekten, die für jede gefundene Datei angelegt werden, per *Out-File*-Cmdlet in eine Textdatei geschrieben wird:

```
Get-ChildItem -Path C:\Windows\* -rec -ErrorAction SilentlyContinue | Where-Object { $_.Length -gt 100MB
} | Sort-Object Length -Desc | Select-Object -Property Name, Length, LastWriteTime | Out-File -FilePath
BigFileReport.txt
```

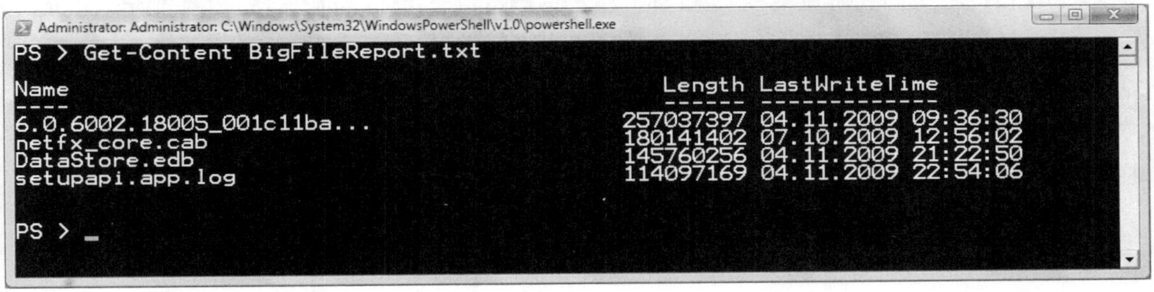

```
Administrator: Administrator: C:\Windows\System32\WindowsPowerShell\v1.0\powershell.exe
PS > Get-Content BigFileReport.txt

Name                                          Length LastWriteTime
----                                          ------ -------------
6.0.6002.18005_001c11ba...                 257037397 04.11.2009 09:36:30
netfx_core.cab                             180141402 07.10.2009 12:56:02
DataStore.edb                              145760256 04.11.2009 21:22:50
setupapi.app.log                           114097169 04.11.2009 22:54:06

PS > _
```

Abbildung 1.6 Der Dateireport verrät, welche Dateien zu groß sind

Theoretisch könnten die Dateien auch gleich gelöscht werden. Dazu muss lediglich ein *Remove-Item*-Cmdlet über den Pipe-Operator angehängt werden.

HINWEIS Um die Dinge am Anfang möglichst einfach zu halten, greift *Get-ChildItem* in dem Beispiel auf den Pfad *C:\Windows* zu. Besser wäre es jedoch, den Windows-Pfad aus der Umgebungsvariablen *SystemRoot* zu holen. Dies erlaubt die PowerShell über das *Env*:-Laufwerk, das alle Umgebungsvariablen zusammenfasst, auf einfache Weise:

```
Get-ChildItem -Path $Env:SystemRoot -rec -ErrorAction SilentlyContinue | Where-Object { $_.Length -gt
100MB } | Sort-Object Length -Desc | Select-Object -Property Name, Length, LastWriteTime | Out-File -
FilePath BigFileReport.txt
```

In der Praxis empfiehlt sich diese Brachialmethode natürlich nicht, denn die eine oder andere Datei könnte wichtig sein. Gelöscht werden können natürlich nur jene Dateien, für die das aktuelle Benutzerkonto die erforderliche Berechtigung besitzt (wer sich also immer als Admin anmeldet…).

Interessiert es Sie eventuell auch, welche »Sorten« von Dateien den meisten Platz belegen? Dazu muss lediglich eine Gruppierung nach der *Extension*-Property einer Datei per *Group-Object*-Cmdlet vorgenommen werden (das Ganze kann aber eine Weile dauern). Der folgende Befehl erledigt genau das:

```
Get-ChildItem -Path $Env:Systemroot -Recurse -ErrorAction SilentlyContinue | Where-Object { $_.Length -
gt 20MB } | Select-Object -Property Name, Length, LastWriteTime, Extension | Group-Object -Property
Extension | Sort-Object -Property Count -Descending
```

```
Administrator: Administrator: C:\Windows\System32\WindowsPowerShell\v1.0\powershell.exe
PS > Get-Childitem -path $Env:Systemroot -rec -ErrorAction SilentlyContinue | Wh
ere-Object { $_.Length -gt 20MB } | Select-Object -Property Name, Length, LastWr
iteTime, Extension | Group-Object -Property Extension | Sort-Object -Property Co
unt -Descending

Count Name                      Group
----- ----                      -----
   12 .dll                      {@{Name=FSharp.Compiler.ni.dll; Length=36104...
    4                           {@{Name=COMPONENTS; Length=31457280; LastWri...
    4 .ttc                      {@{Name=mingliu.ttc; Length=27496184; LastWr...
    3 .log                      {@{Name=setupapi.app.log; Length=114213219; ...
    2 .ngr                      {@{Name=l1031.ngr; Length=36440096; LastWrit...
    2 .pdb                      {@{Name=mfc90d.i386.pdb; Length=25825280; La...
    2 .OLD                      {@{Name=COMPONENTS.OLD; Length=31326208; Las...
    2 .tmp                      {@{Name=SPL5BA0.tmp; Length=33423360; LastWr...
    2 .IMD                      {@{Name=PINTLGT.IMD; Length=66978668; LastWr...
    2 .cab                      {@{Name=netfx_core.cab; Length=180141402; La...
    2 .etl                      {@{Name=ocsetup_install_OEMHelpCustomization...
    1 .CSD                      {@{Name=M1033DSK.CSD; Length=29798100; LastW...
    1 .ttc_b8743970             {@{Name=x86_microsoft-windows-font-truetype-...
    1 .bin                      {@{Name=6.0.6002.18005_001c11ba_blobs.bin; L...
    1 .DATA                     {@{Name=OBJECTS.DATA; Length=29679616; LastW...
    1 .edb                      {@{Name=DataStore.edb; Length=145760256; Las...
    1 .exe                      {@{Name=mrt.exe; Length=25198016; LastWriteT...
    1 .TTF                      {@{Name=ARIALUNI.TTF; Length=23275812; LastW...
```

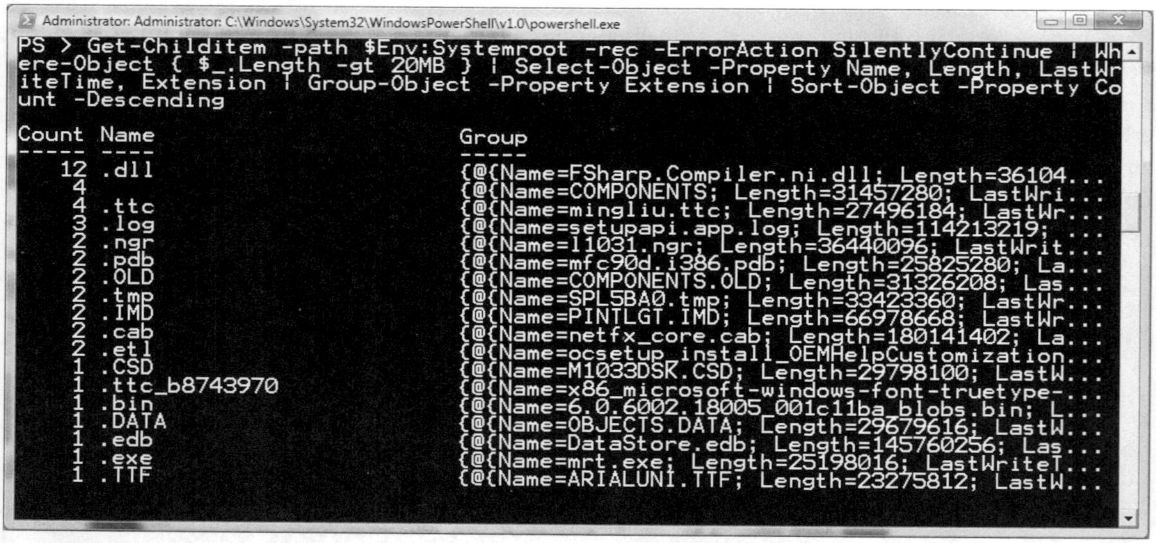

Abbildung 1.7 Die großen Dateien werden nach der Erweiterung der Dateien gruppiert

Kann man nicht, während die Operation läuft, den aktuellen Fortschritt anzeigen lassen? Im Prinzip ja, allerdings muss dazu die Operation in weitere Teilschritte zerlegt werden, wofür sich stets das *ForEach-Object*-Cmdlet anbietet. Mehr dazu in Kapitel 5, wenn es um den Umgang mit Dateien geht. Sehr viel einfacher ist es, die recht lange dauernde Operation als Job zu starten:

```
Start-Job -ScriptBlock { Get-ChildItem -Path $Env:Systemroot -rec -ErrorAction SilentlyContinue | Where-
Object { $_.Length -gt 20MB } | Select-Object -Property Name, Length, LastWriteTime, Extension | Group-
Object -Property Extension | Sort-Object -Property Count -Descending }
```

Die PowerShell kehrt unmittelbar nach Abschicken des Befehls zurück und ist bereit für weitere Eingaben, während der Befehl im Hintergrund ausgeführt wird. Entweder fragt man den aktuellen Zustand der Operation über das *Get-Job*-Cmdlet mit der Job-ID als Parameter regelmäßig ab, oder man wartet mit dem *Wait-Job*-Cmdlet auf die Beendigung, was in diesem Fall aber keinen Vorteil bietet, da die PowerShell dann wieder so lange blockiert wird, bis der Job fertig ist. Da der Job auch ein Ergebnis produziert hat, muss es irgendwann »abgeholt« werden. Das erledigt ein *Receive-Job*-Cmdlet mit der Job-ID als Parameterwert. Mehr zu den Jobs in Kapitel 4.

PowerShell 2.0

Die PowerShell ist inzwischen keine brandneue Angelegenheit mehr. Die Version 1.0 wurde im *Herbst 2006* freigegeben, die Version 2.0 kam als frühe Vorabversion kurze Zeit später und steht seit Ende Oktober 2009 und damit genau drei Jahre später offiziell als freier Download für Windows XP, Windows Server 2003, Windows Server 2008 und Vista zur Verfügung.[6] Und was ist mit Windows 7 und Windows Server 2008 R2? Hier ist die PowerShell 2.0 bereits fest eingebaut. Die PowerShell 2.0 gibt es sowohl in einer 32- als auch in einer 64-Bit-Version mit absolut identischen Merkmalen (es existiert nur *eine* PowerShell 2.0). Dennoch sind Unterschiede vorhanden, da Windows 7 und Windows Server 2008 R2 PowerShell-Module enthalten, die für Windows Server 2003 z. B. nicht verfügbar sind. Aus diesem Grund könnte es den Anschein haben, es gäbe einen unterschiedlichen Befehlsumfang, der von der Betriebssystemversion abhängt.

Sollten Sie noch die Version 1.0 verwenden, spricht eigentlich alles dafür, möglichst bald auf die Version 2.0 umzustellen. Diese ist praktisch hundertprozentig aufwärtskompatibel, es gibt lediglich ein paar kleinere *breaking changes*, die nicht zu vermeiden waren (und die in den *Release Notes* beschrieben werden) und die dazu führen könnten, dass ein im Einsatz befindliches für die PowerShell 1.0 geschriebenes Skript geringfügig modifiziert werden muss.

Das ist der wichtigste Grund für einen Umstieg auf die Version 2.0: Das Remoting ist nur mit der PowerShell 2.0 möglich.

Die wichtigsten Neuerungen der Version 2.0

Dieser Abschnitt ist für jene Leser gedacht, die bereits die Version 1.0 kennen und wissen möchten, welche Neuerungen die Version 2.0 zu bieten hat. Die wichtigsten Neuerungen werden (natürlich) in der PowerShell-Hilfe zusammengefasst – der Aufruf des Themas erfolgt über ein

```
Help about_Windows_PowerShell_2.0
```

6 Vieles von dem, was für die Version 1.0 geplant war, musste aus Zeitgründen auf den Nachfolger verschoben werden, sodass dieser bereits relativ früh zur Verfügung stand.

oder, falls Ihnen das genaue Hilfethema nicht mehr eingefallen wäre, über ein

```
Help about_*2*
```

Da die Hilfe die Neuerungen bereits ausführlich beschreibt, beschränkt sich die folgende Zusammenstellung mehr auf eine Übersicht. Praktisch alle Neuerungen werden in diesem Buch anhand zahlreicher Beispiele vorgestellt.

Die drei wichtigsten Neuerungen in der Version 2.0 sind:

1. Remoting, das heißt die Möglichkeit, einen Befehl oder ein ganzes Skript auf einem beliebigen Computer im Netzwerk ausführen zu können (vorausgesetzt, dort wurde die PowerShell 2.0 installiert). Das Thema Remoting ist in Kapitel 11 an der Reihe.
2. Die PowerShell ISE. Der neue PowerShell-Editor von Microsoft bietet zwar nicht allen erdenklichen Komfort, ist aber eine deutliche Verbesserung gegenüber Notepad (und zudem erweiterbar).
3. Hintergrundjobs. Über die neu eingeführten Jobs lassen sich Befehle asynchron im Hintergrund ausführen, was besonderes bei länger dauernden Vorgängen praktisch ist, da die PowerShell nach dem Start des Jobs sofort für weitere Eingaben bereitsteht, während der gestartete Job vor sich hin »werkelt«.

Darüber hinaus gibt es noch viele nicht ganz so wichtige Neuerungen und Verbesserungen, die in Tabelle 1.3 zusammengestellt sind. Viele der Version 1.0-Cmdlets wurden um Parameter erweitert. Der wichtigste neue Parameter ist *ComputerName*, mit dem sich Cmdlets wie *Get-Process* oder *Get-Service* auch remote ausführen lassen.

Wer als erfahrener PowerShell-Anwender die neue Version erwartungsvoll startet, wird (auch unter Windows 7) zunächst keine Veränderungen feststellen. Optisch hat sich bei der PowerShell in der Eingabeaufforderung nichts geändert. Doch nach den Neuerungen muss man nicht lange suchen. Ein *(Get-Command).Count* liefert die beeindruckende Zahl 419. Doch ganz so viele neue Cmdlets gibt es nicht, denn *Get-Command* umfasst bei der Version 2.0 auch Funktionen und andere Elemente, sodass ein *(Get-Command -CommandType Cmdlet).Count* die wahre Anzahl an Cmdlets liefert, die mit 239 immer noch recht eindrucksvoll ist. Das Argument »Masse ist nicht Klasse« zählt in diesem Zusammenhang ausnahmsweise einmal nur bedingt, da die PowerShell-Entwickler bei Microsoft die Cmdlets gezielt ausgewählt haben, sodass nur wenig dabei ist, was sich nicht auch im Rahmen einer kleinen Funktion erledigen ließe (ein *Get-Random* ist eine Ausnahme von dieser Regel).

Stichwort	Was ist neu?
Active Directory	Mit *[ADSISearcher]* steht ein weiterer Type Accelerator zur Verfügung, mit dem sich Active Directory über LDAP-Filter durchsuchen lässt
Transaktionen	Sofern es der Provider unterstützt, was am Anfang nur beim Registry-Provider der Fall ist, können mehrere Zugriffe im Rahmen einer Transaktion zusammengefasst und am Ende entweder ausgeführt oder rückgängig gemacht werden
.NET-Code einbinden	Über das unscheinbare *Add-Type*-Cmdlet kann beliebiger .NET-Code, z.B. C#-Befehlszeilen, in ein Skript eingebunden werden
Variablendeklaration	Über das *Set-StrictMode*-Cmdlet kann eingestellt werden, ob auch ein Fehler ausgelöst werden soll, wenn eine Variable in einer Zeichenkette angesprochen wird, die nicht zuvor mit einem Wert belegt wurde
Integrierter Debugger	Nicht nur im Rahmen der ISE, auch in einem Skript stehen einfache Debugging-Möglichkeiten über Cmdlets wie *Set-PSBreakpoint* und *Get-PSBreakpoint* zur Verfügung ▶

Stichwort	Was ist neu?
Remoting	Über das neue *Invoke-Command*-Cmdlet können Befehle und ganze Skripts im Netzwerk ausgeführt werden. Über die Cmdlets *New-PSSession* und *Enter-PSSession* lässt sich eine Remoteshell öffnen, in der PowerShell-Befehle auf einem Computer im Netzwerk ausgeführt werden.
Jobs	Über Jobs lassen sich beliebige Befehlsfolgen im Hintergrund ausführen, sodass die PowerShell unmittelbar nach der Eingabe des Befehls auf Eingaben reagieren kann
Module	Über Module lassen sich Funktionen, Cmdlets, Aliase, Variablen usw. auf der Basis von Verzeichnissen in unabhängige und wieder verwendbare Einheiten zusammenfassen. Das Hinzufügen einer solchen Einheit erfolgt über *Import-Module*
WMI-Events	Über das *Register-WmiEvent*-Cmdlet kann ein WMI-Ereignis abonniert werden. Damit lässt sich auf typische WMI-Events reagieren, etwa das Starten eines Prozesses.
WMI	Die WMI-Unterstützung wurde verbessert. Es gibt mit *Remove-WmiObject*, *Set-WmiInstance* und *Invoke-WmiMethod* gleich drei neue Cmdlets. Bei allen WMI-Cmdlets sind neue Parameter verfügbar wie *Authentication* und *EnableAllPrivileges*, mit denen sich der Modus für Authentifizierung und Privilegien explizit angeben lassen.
Ereignisprotokolle	Mit dem neuen *Get-WinEvent*-Cmdlet lassen sich Einträge in Ereignisprotokollen umfassender verarbeiten
Erweiterte Funktionen	Über erweiterte Funktionen lassen sich Cmdlets auch bezüglich Details wie Parameterbindung und Hilfe nachbauen, sodass die Notwendigkeit, Cmdlets in einer .NET-Programmiersprache entwickeln zu müssen, deutlich reduziert wird

Tabelle 1.3 Die wichtigsten Neuerungen der PowerShell 2.0

Active Directory?

Wie sieht es mit der Active Directory-Unterstützung aus, die in der ersten Version aus verschiedenen Gründen noch etwas mager war? Ist diese jetzt zufrieden stellend? Die Antwort müsste in Anlehnung an einen früher beliebten Frage-Antwort-Stil »Im Prinzip ja« lauten, denn es sind erfreulicherweise 76 Cmdlets von Microsoft für den Zugriff auf Active Directory und 25 Cmdlets für den Umgang mit Gruppenrichtlinien verfügbar. Doch wie so oft gibt es einen Haken. Diese Cmdlets existieren nur für Windows Server 2008 R2. Für Windows 7 gibt es im Rahmen der *Remote Server Administration Tools* (RSAT) immerhin noch die Active Directory-Cmdlets als Download.[7] In diesem Fall steht ein Modul mit dem Namen *ActiveDirectory* zur Verfügung, das über ein *Import-Module ActiveDirectory* geladen wird.

Anwender, denen momentan nur Windows Server 2003/2008 zur Verfügung steht, müssen sich womöglich noch ein wenig gedulden oder auf die Cmdlets von *Quest* zurückgreifen, die in diesem Buch in Kapitel 10 vorgestellt werden. Von Haus aus bietet auch die PowerShell 2.0 für den Zugriff auf Active Directory nur den *[ADSI]*-Type Accelerator, der geringfügig überarbeitet wurde (die *PSBase*-Property muss nicht mehr angegeben werden, um auf die Member der zugrunde liegenden *DirectoryEntry*-Klasse zugreifen zu können) und den neuen *[ADSISearcher]*-Type Accelerator für eine Suche in Active Directory. Auch damit lässt sich alles machen, wenngleich bei weitem nicht so komfortabel wie unter Einbeziehung von Cmdlets.

[7] Es wäre möglich, dass sich zu dem Zeitpunkt, an dem Sie diese Zeilen lesen, daran etwas geändert hat.

Die PowerShell als die etwas modernere Shell

Geht bei der PowerShell 2.0 alles von alleine? Das ist leider auch bei der aktuellen Version 2.0 nicht der Fall. Microsoft griff mit der PowerShell das Konzept der Befehlszeilenshells auf, das bereits seit den 1970er-Jahren (!) existiert. Nüchtern betrachtet ist die PowerShell damit ein moderner Aufguss eines alten Konzeptes. Wer die Befehlszeile kennt oder bereit ist, sich einzuarbeiten, wird sich mit der PowerShell schnell anfreunden und deutlich »produktiver« arbeiten als mit anderen Shells. Grundlegende Dinge, etwa der Aufbau einer Befehlszeile, das Aneinanderreihen von Befehlszeilen und die Ablaufsteuerung in einem Skript, werden aber genauso gelöst wie in den frühen Shells der 1970er- und 1980er-Jahre. Für viele anspruchsvollere Aufgaben wie z. B. die Konfiguration eines DNS-Servers oder die Anbindung eines Samba-Servers bietet die PowerShell keinerlei Hilfestellungen (wenngleich dies niemand ernsthaft erwarten würde). Hier muss ein Anwender von Null anfangen und bereits genau wissen, welche Tools und welche Vorgehensweise erforderlich sind und sich eventuell per »Versuch und Irrtum« an eine Lösung herantasten. Die PowerShell stellt für diese Sorte von Aufgaben lediglich den »Klebstoff« zur Verfügung, mit dem sich die Bestandteile der Lösung verbinden lassen.

Auch einfachere Aufgaben erfordern bereits relativ viel Verständnis für die Arbeitsweise eines Shellskripts. Eine Aufgabe wie »Lösche alle Dateien mit der Erweiterung *.Dat* in einem bestimmten Verzeichnis, die länger als 90 Tage nicht angesprochen wurden«, besteht zwar nur aus einem Befehl, dessen Zusammenbauen aber bereits einiges an Erfahrung voraussetzt. Dass für das Löschen ein Befehl wie *Del* (der Alias für das *Remove-Item*-Cmdlet) der erste Kandidat ist, dürfte auch unerfahrenen Anwendern klar sein. Doch wie wird die Bedingung »Letzter Schreibzugriff liegt mehr als 90 Tage zurück« in diesen Befehl eingebaut? Zwar besitzt das *Remove-Item*-Cmdlet einen *Filter*-Parameter, doch dient dieser lediglich dazu, die zu löschenden Dateien anhand ihres Namens zu filtern. Ein

```
Remove-Item -Path *.dat | Where-Object { $_.LastWriteTime -lt (Get-Date).AddDays(-90) }
```

löscht sämtliche Dateien, da zuerst alle Dateien mit der Erweiterung *.dat* gelöscht werden und erst danach bei den nicht mehr vorhandenen Dateien das Datum des letzten Schreibzugriffs geprüft wird. Die richtige Variante lautet vielmehr:

```
Get-ChildItem -Path *.dat | Where-Object { $_.LastWriteTime -lt (Get-Date).AddDays(-90)} | Remove-Item
```

Zuerst werden alle *.Dat*-Dateien von *Get-ChildItem* über die Pipeline an das *Where-Object*-Cmdlet weitergereicht. Dieses gibt nur jene Dateien über die Pipeline weiter, deren letzter Schreibzugriff länger als 90 Tage zurückliegt, was über das *LastWriteTime*-Member abgefragt wird. Diese Dateien werden am Ende der Befehlskette dem *Remove-Item*-Cmdlet zugeführt.

Diese pipelineorientierte Denkweise muss ein erfahrener PowerShell-Anwender drauf haben, sie gilt es also zu lernen. Und dazu sollen die Beispiele in diesem Buch beitragen.

Natürlich ist dieser Ansatz grundsätzlich nicht neu. Auch im Rahmen einer Stapeldatei würde er grundsätzlich ähnlich (wenngleich umständlicher) formuliert werden. Wünschenswert wäre ein Ansatz, bei dem der Anwender diesen »Wunsch« (lösche bestimmte Dateien anhand eines oder mehrerer Kriterien) per Mausklick zusammenstellen kann, ohne die Details der Befehlssyntax kennen zu müssen. Diesen Komfort gibt es bei der PowerShell im Moment noch nicht (das kleine Tool *PowerGUI*, das nicht von Microsoft stammt, geht ein wenig in diese Richtung). Das bedeutet jedoch nicht, dass so etwas nicht möglich wäre. Die PowerShell bietet ein leistungsfähiges Fundament, das in verschiedene Richtungen erweitert werden kann. Sollte es solche Tools in einigen Jahren geben, ob von Microsoft oder einem kleinen Toolhersteller oder als Community-Projekt, werden sie mit Sicherheit auf der PowerShell basieren. Die große Herausforderung der kommenden Jahre besteht aber nicht darin, die vielen kleinen Aufgaben des Adminalltags lediglich ein wenig komfortabler lösen zu können. Sie liegt vielmehr darin, komplexere Arbeitsabläufe, die auf Hunderten oder Tausenden von (virtuellen) Servern durchgeführt werden, wie z.B. ein Deployment oder das Anwenden von Richtlinien, einheitlich zu gestalten. Vor allem in diesem Bereich wird es in naher Zukunft Tools geben, die es erlauben, solche Abläufe komfortabel zu automatisieren. Diese Tools, Sie werden es sich denken, werden sich auf das Fundament der PowerShell stützen.

Die PowerShell für .NET-Entwickler

Hat man es als .NET-Entwickler beim Lernen der PowerShell leichter? Ja und nein. Ja, weil einem Entwickler Begriffe wie Objekte, Member, Collections, Arrays, der Umgang mit Typen (ein wichtiger Aspekt bei der PowerShell) sowie die Befehle zur Ablaufsteuerung (*for*, *if*, *switch* usw.) bereits bestens vertraut sind. Nein, weil die PowerShell neue Konzepte, vor allem die Pipeline, mit sich bringt, zu denen es z.B. bei der .NET-Programmiersprache C# kein Pendant gibt (dafür aber bei der Programmiersprache F#). Entwickler tendieren ferner dazu, alles über den Aufruf von .NET-Funktionen lösen zu wollen und ignorieren den Umstand, dass oft ein Cmdlet die bessere, weil PowerShell-typischere Alternative ist. Daher sind .NET-Entwickler, was den Umgang mit der PowerShell angeht, nur bedingt im Vorteil. Man muss definitiv kein Entwickler sein, um das volle Potenzial der PowerShell ausschöpfen zu können. Im Gegenteil, wer z.B. jahrelange Erfahrung mit der Programmiersprache C# besitzt, muss bei der PowerShell teilweise so stark umdenken, dass es eventuell besser ist, die PowerShell als etwas ganz Eigenes zu betrachten und nicht als eine an C# angelehnte Skriptshell, was sie definitiv nicht ist. Im Gegenteil, die PowerShell-Entwickler haben sich weniger an C# als an Skriptsprachen wie Python oder Perl orientiert.

Ein Aspekt, der in diesem Buch nicht behandelt wird, ist die PowerShell als »Buildwerkzeug« einzusetzen und z.B. die üblichen Schritte beim Erstellen einer Anwendung wie Kompilieren des Quellcodes, Ein- und Auschecken aus einer Versionskontrolle, typische Post-Build-Aktionen usw. durch die PowerShell erledigen zu lassen.

Die PowerShell aus Entwicklersicht

Aus Entwicklersicht ist die PowerShell eine .NET-Anwendung, die aus einer Reihe von Assemblybibliotheken besteht, deren Klassen im Namespace *System.Management.Automation* zusammengefasst werden. Es ist kein Problem, die PowerShell z.B. in einer C#-Anwendung zu hosten. Dazu muss nur ein Verweis auf die Assemblybibliothek *System.Management.Automation.dll* gesetzt werden (die im PowerShell SDK, das Teil des großen Windows SDK ist, enthalten ist).

Der folgende C#-Code führt in einem C#-Programm einen PowerShell-Befehl aus (Sie finden das vollständige Projekt auf der Webseite des Autors). Das Ergebnis wird der Einfachheit halber über das *Out-String*-Cmdlet in einen String umgewandelt, sodass es z.B. in einer TextBox ausgegeben werden könnte:

```
try
{
  string PSCommand = tbPSBefehl.Text;
  Runspace runspace = RunspaceFactory.CreateRunspace();
  runspace.Open();
  Pipeline pipeline = runspace.CreatePipeline();
  pipeline.Commands.AddScript(PSCommand);
  pipeline.Commands.Add("Out-String");
  PSResults = pipeline.Invoke();
  runspace.Close();
```

```
    StringBuilder SB = new StringBuilder();
    foreach (PSObject obj in PSResults)
    {
      SB.AppendLine(obj.ToString());
    }
    tbPSResult.Text = SB.ToString();
}
```

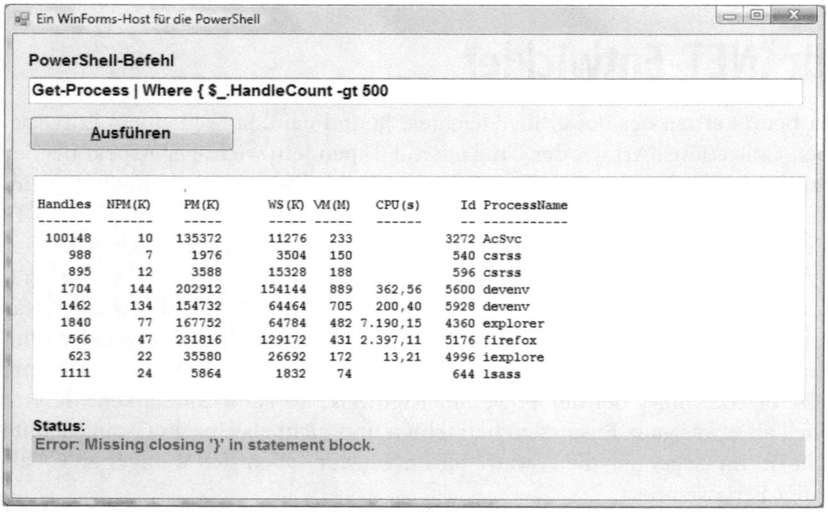

Ein WinForms-Host für die PowerShell

PowerShell-Befehl

Get-Process | Where { $_.HandleCount -gt 500

Ausführen

```
Handles  NPM(K)    PM(K)      WS(K) VM(M)   CPU(s)     Id ProcessName
-------  ------    -----      ----- -----   ------     -- -----------
 100148      10   135372      11276   233            3272 AcSvc
    988       7     1976       3504   150             540 csrss
    895      12     3588      15328   188             596 csrss
   1704     144   202912     154144   889   362,56   5600 devenv
   1462     134   154732      64464   705   200,40   5928 devenv
   1840      77   167752      64784   482 7.190,15   4360 explorer
    566      47   231816     129172   431 2.397,11   5176 firefox
    623      22    35580      26692   172    13,21   4996 iexplore
   1111      24     5864       1832    74             644 lsass
```

Status:

Error: Missing closing '}' in statement block.

Abbildung 1.8 Die PowerShell wird in einer kleinen Windows Forms-Anwendung gehostet

Die PowerShell für andere Plattformen?

Dieses Thema soll zum Schluss der Form halber angesprochen werden. Open Source ist zwar auch in Redmond längst kein Fremdwort mehr und seitdem die Zusammenarbeit mit Novell, das seit der Übernahme der deutschen Suse Linux AG im November 2003 mit Suse Linux Enterprise eine der wichtigsten Unix-Varianten für Unternehmen vertreibt, im November 2006 beschlossen wurde, die eine bessere Interoperabilität zwischen Windows und Suse Linux Enterprise Server zum Ziel hat, ist auch Linux kein Tabuthema mehr, doch eine PowerShell für Linux & Co wird es von Microsoft mit an Sicherheit grenzender Wahrscheinlichkeit »nie« geben, auch wenn sie technisch relativ leicht zu realisieren wäre.[8] Die PowerShell ist eine reine Windows-Angelegenheit.[9] Das heißt aber nicht, dass man auf anderen Plattformen ganz auf die PowerShell-Funktionalität verzichten muss. Es ist kein Problem, die PowerShell über einen SSH- oder Telnet-Client von praktisch jedem Gerät, für das ein solcher Client verfügbar ist (etwa auch von einem Mobiltelefon aus), zu steuern (dazu wird auf Seite der PowerShell aber ein *SSH-Server* benötigt, der nicht von Anfang an dabei ist).

---

8 Sprich in den nächsten 10 Jahren.

9 Sieht man von angefangenen Hobbyprojekten wie MonoShell oder Pash ab, die aufgrund der Komplexität und des individuellen Charakters der PowerShell keine Chance auf Verwirklichung haben.

Wo gibt es mehr? (PowerShell-Know-how)

Wenn die PowerShell ein Popstar wäre, dann wäre sie so etwas wie *Miley Cyrus*. Jung, talentiert, ohne die üblichen Skandale, für alle Altersgruppen attraktiv. Es gibt inzwischen so viele Fanseiten im Internet, dass es praktisch unmöglich ist, eine halbwegs vollständige Übersicht zusammenzustellen. Aufgrund der Effektivität moderner Suchmaschinen wäre eine solche Übersicht auch relativ überflüssig, da man per Suchabfrage in Bruchteilen einer Sekunde in der Regel ein halbes Dutzend Links zu Diskussionsforen und Blogeinträgen findet, in denen genau die Lösung des Problems beschrieben wird, über das man sich gerade den Kopf zerbrechen wollte. Die offizielle Microsoft-Seite zur PowerShell ist

```
http://www.microsoft.com/powershell
```

die auf das *Microsoft TechNet Script Center* verweist (neuerdings mit Werbung). Hier findet man auch die stets lesenswerten »Hey, Scripting Guy«-Artikel, das Script Repository und noch einiges mehr. Eine regelrechte Schatztruhe ist das allgemeine Script Center, in dem es Skripts für alle Lebenslagen gibt, nicht nur zur PowerShell.[10] Und da jeder eigene Skripts hochladen kann, wächst die Skriptsammlung natürlich laufend. Lesenswert ist stets der Blog des PowerShell-Teams bei Microsoft unter der Adresse

```
http://blogs.msdn.com/powershell/
```

Auch der Autor dieses Buchs betreibt einen PowerShell-Blog, die Adresse lautet *http://www.powershell-crashkurs.de.*

Zusammenfassung

Die PowerShell verfolgt gegenüber anderen Shells einen neuen, frischen und überaus viel versprechenden Ansatz. Im Mittelpunkt stehen die Objekte, die von einem PowerShell-Befehlsobjekt, dem Cmdlet, »produziert« und in die Pipeline gelegt werden, sodass sie vom nächsten Cmdlet weiterverarbeitet werden können. Es ist wichtig zu verstehen, dass die PowerShell nichts ablöst und nicht eine bessere Alternative zu vorhandenen Tools sein soll. Jedes einzelne Tool, das seit Jahren im Einsatz ist, kann eins zu eins unter der PowerShell eingesetzt werden. Bei der PowerShell stehen Vereinheitlichung und Erweiterbarkeit im Mittelpunkt. Die wichtigsten Aspekte bei der PowerShell sind die Objekte und die Objektpipeline. Wer die PowerShell wirklich effektiv einsetzen möchte, muss den Umgang mit Objekten und vor allem den zugrunde liegenden Typen verinnerlichen, was aber eine Weile (ca. 1–2 Jahre) dauern kann.

Im nächsten Kapitel geht es um die PowerShell-Formalitäten, bevor in Kapitel 3 der Umgang mit den Cmdlets an der Reihe ist.

[10] Das waren noch Zeiten, als die (scheinbar) einzige Windows Scripting-Seite im Internet jene von Clarence Washington Jr. war.

Kapitel 2

PowerShell-Formalitäten

In diesem Kapitel:

In diesem relativ kurzen Kapitel geht es um Formalitäten, die für Start und Einsatz der PowerShell 2.0 eine Rolle spielen. Dazu gehören die Installation und der Aufruf der PowerShell sowie Einstellungen, welche die Arbeitsweise der PowerShell betreffen. Im Zusammenhang mit den Profile-Skriptdateien werden bereits ein paar PowerShell-Cmdlets und Techniken vorgestellt, die erst in den folgenden Kapiteln offiziell an die Reihe kommen.

Installation und Start

Die gute Nachricht vorweg: Unter Windows Server 2008 R2 und Windows 7 muss die PowerShell nicht installiert werden, sie ist in der Version 2.0 bereits vorhanden. Bei Windows Server 2008 ist sie als Feature, das noch hinzugefügt werden muss, zwar dabei, allerdings noch in der Version 1.0. Doch auch für Anwender von Windows XP, Windows Server 2003, Vista und Windows Server 2008 gibt es eine gute Nachricht, die Installation ist unkompliziert und geht zudem relativ schnell.

Die Systemvoraussetzungen sind ebenfalls schnell beschrieben (und in den Release Notes zum Windows Management Framework enthalten): XP SP3, Vista SP1/SP2, Windows Server 2003 SP2 und Windows Server 2008 (SP1/SP2).

HINWEIS PowerShell 1.0 und 2.0 können auf einem System nicht gemeinsam installiert werden (es kann also nur eine geben).

Das Windows Management Framework

Der PowerShell-Download heißt bei Microsoft nicht *PowerShell 2.0*, sondern (neuerdings) *Windows Management Framework*. Es ist das neue Admin-Paket von Microsoft, zu dem auch die PowerShell gehört. Es umfasst neben der *PowerShell 2.0* auch *Windows Remote Management 2.0* (WinRM) und *Background Intelligent Transfer Service 4.0* (BITS) zum Übertragen von Dateien innerhalb eines Netzwerks.

Downloadformalitäten

Auch wenn es viele Wege gibt, die nach Rom, sprich zur PowerShell-Download-Seite führen, am einfachsten ist es, die allgemeine PowerShell-URL *http://www.microsoft.com/powershell* in den Browser einzugeben, die auf das Microsoft Script Center umleitet, wo wiederum, neben vielen anderen Informationen, auch die Downloadlinks angeboten werden.

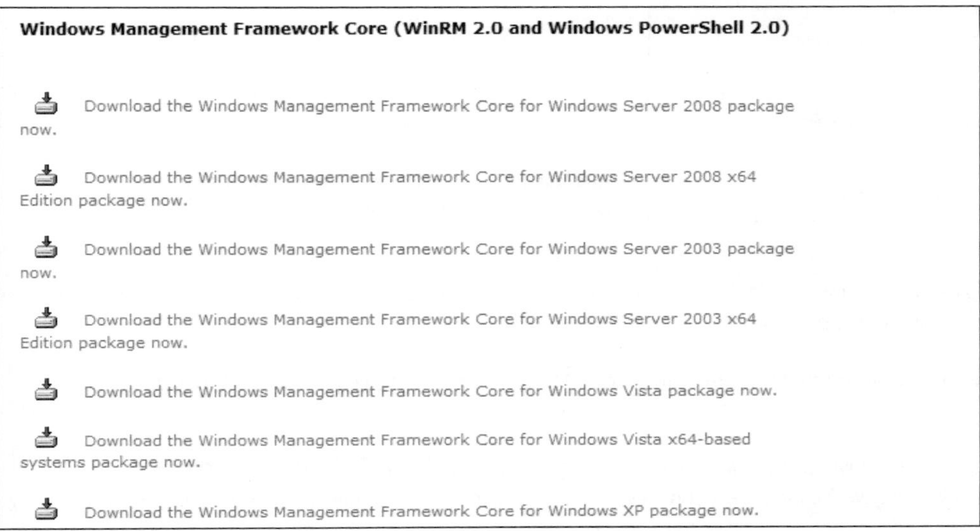

Abbildung 2.1 Auf der Download-Seite steht für jede Windows-Version und für die 32/64-Bit-Versionen eine eigene PowerShell-Version zur Auswahl (richtig übersichtlich ist die Liste nicht)

HINWEIS Unter Windows XP und Windows Server 2003 (R2) muss gegebenenfalls zuerst das .NET Framework 2.0 (genauer gesagt, die .NET Framework 2.0 Laufzeit) installiert werden, auf dem die PowerShell aufsetzt.

Nach erfolgreicher Installation wird die PowerShell über eine Verknüpfung im Startmenü aufgerufen. Sie steht gleich zwei Mal zur Verfügung: Als Windows PowerShell (*PowerShell.exe*) und als Windows PowerShell ISE (*PowerShell_ISE.exe*). Wer die PowerShell etwas einfacher starten möchte, sollte sie an das Startmenü heften oder eine Verknüpfung in der Schnellstartleiste anlegen.

HINWEIS PowerShell und PowerShell ISE sollten unter Vista und Windows 7 explizit als Administrator gestartet werden, da ansonsten für manche Operationen nicht ausreichend Berechtigungen zur Verfügung stehen.

Abbildung 2.2 Unter Windows 7 steht die PowerShell von Anfang an im Startmenü zur Verfügung

Um zu erreichen, dass *PowerShell.exe* automatisch mit administrativen Berechtigungen gestartet wird, muss in den Eigenschaften der Verknüpfung in der Registerkarte *Kompatibilität* die Einstellung *Programm als ein Administrator ausführen* gesetzt sein (diese Einstellung steht nicht nur Verfügung, wenn sich die Exe-Datei in einem *System32*-Unterverzeichnis befindet, sodass die Exe-Datei dafür in ein anderes Verzeichnis kopiert werden muss).

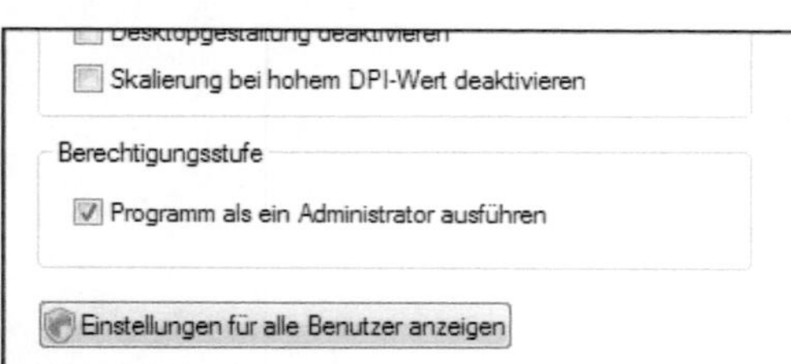

Abbildung 2.3 Diese Einstellung muss gesetzt sein, damit die PowerShell automatisch als Administrator gestartet wird

TIPP Der folgende PowerShell-Befehl liefert ein *$true*, wenn das Benutzerkonto, unter dem die PowerShell gestartet wurde, Mitglied der Administratorengruppe ist:

```
([Security.Principal.WindowsIdentity]::GetCurrent().Groups | Select-Object Value | Out-String) -match
"S-1-5-32-544"
```

In Kapitel 7 wird aus Befehlen wie diesen eine Funktion, sodass ein solcher *XXL-Befehl* etwas handlicher wird (zumal er die hoffentlich legale Abkürzung verwendet, die darin besteht, die Gruppen-SIDs mit der SID der Administratorengruppe zu »matchen«).

Das Basisverzeichnis der PowerShell 2.0

Das Basisverzeichnis der PowerShell ist *%SystemRoot%\System32\WindowsPowerShell\v1.0*. Die PowerShell 2.0 wird im selben Verzeichnis installiert wie die Version 1.0. Es kann auch über die Variable *$PSHome* abgerufen werden.

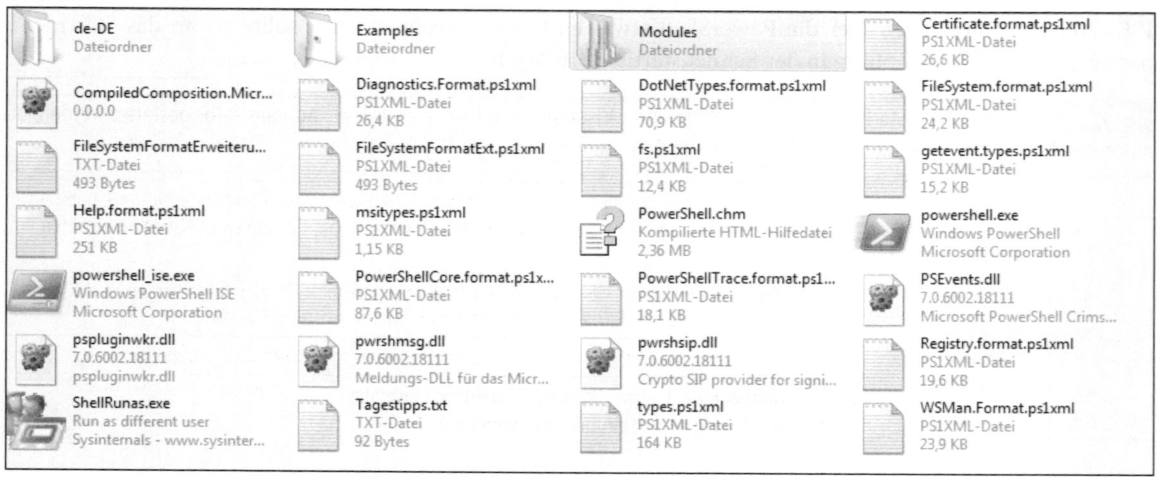

Abbildung 2.4 Der Inhalt des PowerShell-Basisverzeichnisses

Die PowerShell starten

Der PowerShell-Eingabeaufforderungshost ist eine Datei mit dem Namen *PowerShell.exe*. Wie fast jedes Befehlszeilentool besitzt sie eine Reihe von Parametern, die beim Aufruf gesetzt werden können und deren Anzahl mit der Version 2.0 deutlich erweitert wurde. Der Aufruf *PowerShell.exe -NoProfile* startet z. B. die PowerShell, ohne die (eventuell vorhandenen) Profile-Dateien auszuführen. Tabelle 2.1 stellt die wichtigsten Parameter von *PowerShell.exe* zusammen. Diese Liste erhält man auch über den Aufruf von *PowerShell.exe* mit einem »-?«.

HINWEIS Beim Aufruf von *PowerShell.exe* mit Befehlszeilenparametern kommt es auf deren Reihenfolge an. Der *File*-Parameter, der das auszuführende Skript angibt, sollte am Ende aufgeführt werden. Der folgende Aufruf startet die PowerShell und erlaubt dabei die Ausführung von Skripts, auch wenn die Ausführungsrichtlinie dies normalerweise verhindern würde:

```
C:\Windows\System32\WindowsPowerShell\v1.0\powershell.exe -NoProfile -ExecutionPolicy RemoteSigned -File
C:\Pskurs\MessageBoxShow.ps1
```

Befehlszeilenparameter	Was steckt dahinter?
PSConsoleFile	Damit lässt sich eine so genannte Konsole laden, die z.B. geladene Snap-Ins umfasst und die zuvor exportiert wurde (wird relativ selten verwendet)
Version	Erlaubt es, die Version 1.0 oder 2.0 zu laden
NoLogo	Nach dem Start wird kein Copyright-Hinweis angezeigt. Es erscheint lediglich die Eingabeaufforderung.
NoExit	Die PowerShell wird nach Ausführen des angegebenen Befehls oder Skripts nicht wieder beendet (das kann nachträglich über den *Exit*-Befehl geschehen).
Sta	Startet PowerShell.exe im *Single Threaded Apartment*-Modus (und nicht im *Multi Threaded Apartment*-Modus, kurz MTA). Dieser Modus kann eine Rolle spielen, wenn ein PowerShell-Skript ein WinForms- oder WPF-Fenster anzeigen soll und dies ansonsten nicht fehlerfrei funktionieren würde (unter 1.0 war dies noch ein echter »Hack«).
NoProfile	Verhindert, dass ein Profile geladen wird (im Allgemeinen ein wichtiger Parameter)
NonInteractive	Die PowerShell wird gestartet, aber es sind keine interaktiven Eingaben möglich
InputFormat	Legt das Format für Daten fest, welche die PowerShell aus dem Standardeingabegerät lesen soll. Zur Auswahl stehen *Text* und *XML*.
OutputFormat	Legt das Ausgabeformat für den PowerShell-Output fest. Zur Auswahl stehen *Text* und *XML*. Voreingestellt ist Text. XML erlaubt manchmal eine komfortablere Weiterverarbeitung der von einer Abfrage gelieferten Daten.
EncodedCommand	Über diesen Parameter kann der PowerShell eine umfangreiche Befehlszeile zugeführt werden, in der viele Apostrophe und Anführungszeichen enthalten sind, die ansonsten »maskiert« werden müssten
File	Gibt den Pfad der Skriptdatei an, die ausgeführt werden soll (dies ist der wichtigste Parameter)
ExecutionPolicy	Legt die Ausführungsrichtlinie für die PowerShell-Sitzung fest (dies ist ebenfalls ein sehr praktischer Parameter, da unter Angabe von z.B. *RemoteSigned* ein Skript auch dann ausgeführt werden kann, wenn es die Ausführungsrichtlinie ansonsten verhindern würde).
Command	Über diesen Parameter kann ein beliebiger Befehl direkt, als Zeichenkette oder als Befehlsblock angegeben werden, der mit dem Start der PowerShell ausgeführt wird. Wird dabei ein »-«-Zeichen verwendet, wird der Befehl von der Standardeingabe gelesen. Das Resultat wird aber im XML-Format zurückgegeben, sodass sich die Objekte nicht weiterverarbeiten lassen. Falls der Befehl als Zeichenkette angegeben wird, muss der Command-Parameter der letzte Parameter sein.

Tabelle 2.1 Die wichtigsten Parameter für den Start von *PowerShell.exe*

Die PowerShell beenden

Die PowerShell wird offiziell über den *Exit*-Befehl beendet. Dieser Befehl wird in erster Linie in einem Skript benötigt, außerhalb eines solchen – bei manueller Eingabe – kann die PowerShell ja dagegen jederzeit durch das Schließen des Eingabeaufforderungsfensters beendet werden.

Kompatibilität zur Version 1.0

Skripts, die bereits mit der Version 1.0 erstellt wurden, können grundsätzlich ohne Änderungen unter der Version 2.0 ausgeführt werden. Für den relativ unwahrscheinlichen Fall, dass ein Skript eine Variable verwendet, deren Name bei der PowerShell 2.0 ein reservierter Name geworden ist, kann es natürlich zu Problemen kommen. Auch im Zusammenhang mit dem *Ieq*-Operator und dem direkten Zugriff auf die Pipeline hat es ein paar kleinere Änderungen gegeben, die in den Release Notes zum Windows Management Framework beschrieben sind.

Snap-Ins und ihre Cmdlets, die für die PowerShell 1.0 entwickelt wurden (wie z.B. die *Quest*-Cmdlets für den Active Directory-Zugriff), funktionieren genauso mit der Version 2.0.

TIPP Ein Skript kann über die Variable *$PSVersionTable* feststellen, unter welcher PowerShell-Version es läuft (bei der Version 1.0 gab es diese Variable noch nicht, sodass das Vorhandensein dieser Variablen ein Indikator dafür ist, dass das Skript von der PowerShell 2.0 oder höher ausgeführt wird).

Von Version 2.0 zurück zur Version 1.0

Auch der umgekehrte Weg kann eine Rolle spielen. Lassen sich mit PowerShell 2.0 erstellte Skripts unter einer PowerShell 1.0 ausführen? Im Prinzip ja, solange das Skript keine Elemente enthält, die es bei der Version 1.0 noch nicht gibt. Microsoft empfiehlt daher in ein Skript, das mit der Version 2.0 erstellt wurde und das auch unter der Version 1.0 ausgeführt werden könnte, zu Beginn ein *#requires -version 2.0* einzufügen. Dies hat zur Folge, dass wenn das Skript unter der Version 1.0 gestartet wird, ein entsprechender Hinweis erscheint und die Ausführung abgebrochen wird. Unter der Version 2.0 hat dieser Spezialkommentar keine Wirkung.

Die Rolle der Profile-Dateien

Die PowerShell arbeitet mit mehreren Profile-Dateien. Eine Profile-Datei ist eine reguläre Skriptdatei (Erweiterung *.Ps1*), die nach dem Start der PowerShell automatisch geladen wird. Hier werden daher Befehle eingetragen, die nach jedem Start ausgeführt werden sollen. In die Profile-Datei werden z.B. Funktionsdefinitionen aufgenommen oder eine individuelle Begrüßungsmeldung. Über das *Start-Transcript*-Cmdlet kann der *Protokollmodus* eingeschaltet werden, durch den jede Eingabe und deren Ausgaben in eine Textdatei geschrieben werden.

Die Mehrzahlform deutete es bereits an, es können mehrere Profile-Dateien Verwendung finden. Konkret sind es vier Stück, die in Tabelle 2.2 zusammengestellt sind. Es ist eine Profile-Datei für den aktuellen Benutzer und eine für alle Benutzer verfügbar. Dann gibt es eine Profile-Datei für den aktuellen Benutzer für alle PowerShell-Hosts und eine Profile-Datei für alle Benutzer für alle PowerShell-Hosts. Die Eingabeaufforderung, in der *PowerShell.exe* »gehostet« wird, ist nur einer von mehreren Hosts. Die *PowerShell ISE* stellt einen weiteren Host dar, ebenso z.B. *PowerGUI* von *Quest*, das in Kapitel 15 vorgestellt wird (diese Hosts können wiederum ein eigenes Paar an Profile-Dateien ausführen). Theoretisch können daher nach dem Start von *PowerShell.exe* nacheinander 4 (!) Profile-Dateien ausgeführt werden: Die beiden Profile-Dateien für den PowerShell-Host und die beiden Profile-Dateien für alle Hosts, zu denen auch der PowerShell-Host gehört.

Die Profile-Dateien werden in der Hilfe in einem Bereich beschrieben, der über *help about_profile* abgerufen wird.

Profile-Datei	Pfad
Für den aktuellen Benutzer der Microsoft PowerShell	$Env:Userprofile\Documents\WindowsPowerShell\Microsoft.PowerShell_profile.ps1
Für alle Benutzer der Microsoft PowerShell	$Env:Systemroot\System32\WindowsPowerShell\v1.0\Microsoft.PowerShell_profile.ps1
Für den aktuellen Benutzer für alle PowerShell-Hosts	$Env:Userprofile\Documents\WindowsPowerShell\Profile.ps1
Für alle Benutzer für alle PowerShell-Hosts	$Env:Systemroot\System32\WindowsPowerShell\v1.0\Profile.ps1

Tabelle 2.2 Die verschiedenen Profile-Dateisorten und ihre Pfade

Die Variable $Profile

Der Pfad der Profile-Datei für den aktuellen Benutzer und die Windows PowerShell ist in der Variablen *$Profile* enthalten. Diese Variable besitzt eine Eigenheit, die leicht übersehen werden kann (auch wenn sie in der Hilfe erwähnt wird). Auch wenn sie für ein *String*-Objekt steht und damit eine einzelne reguläre Zeichenkette repräsentiert, wurden dem *String*-Objekt von der PowerShell vier zusätzliche *NoteProperty*-Member verliehen, über die alle vier Profile-Pfade abgerufen werden. Ein

```
PS>$Profile | Get-Member -MemberType NoteProperty

   TypeName: System.String

Name                    MemberType   Definition
----                    ----------   ----------
AllUsersAllHosts        NoteProperty System.String AllUsersAllHosts=C:\Window...
AllUsersCurrentHost     NoteProperty System.String AllUsersCurrentHost=C:\Win...
CurrentUserAllHosts     NoteProperty System.String CurrentUserAllHosts=C:\Use...
CurrentUserCurrentHost  NoteProperty System.String CurrentUserCurrentHost=C:\...
```

liefert den »Beweis«, indem über das *Get-Member*-Cmdlet alle *NoteProperty*-Member mit ihrem aktuellen Wert aufgelistet werden (um den vollständigen Pfad zu sehen, muss ein | *Format-List* angehängt werden).

Der Pfad für die Profile-Datei für alle Benutzer des aktuellen Hosts ergibt sich damit über ein *$Profile. AllUsersCurrentHost.*

TIPP Dieser Tipp ist für den Anfang zwar noch viel zu speziell, aber er ist sehr lehrreich, da er deutlich macht, wie flexibel sich Informationen über die PowerShell und ihre Objekte abfragen lassen. Da ein *$Profile | Get-Member -Membertype NoteProperty* die vier *NoteProperty*-Member mit den jeweiligen Pfaden der einzelnen Profildateien auflistet, wäre das doch eine Möglichkeit festzustellen, ob die Dateien auch existieren. Der folgende Befehl macht genau das, indem er im Rahmen eines *ForEach-Object*-Cmdlets für jeden Pfad über das *Test-Path*-Cmdlet im Zusammenspiel mit dem *if*-Befehl feststellt, ob der Pfad existiert und eine entsprechende Meldung ausgibt:

```
# Alle Profile-Verzeichnisse testen
$Profile | Get-Member -Membertype NoteProperty | `
  Select-Object Definition | ForEach-Object {
  $ProfilePfad = ($_.Definition -Split "=")[1]
  if (Test-Path $ProfilePfad)
  { "Vorhanden: $ProfilePfad " }
  else
  { "Nicht vorhanden: $ProfilePfad" }
}
```

Machen Sie sich keine Gedanken, wenn alles im Moment noch ein wenig seltsam erscheint. Das wäre beim Lernen keiner der beliebten Skriptsprachen am Anfang anders. Spätestens nach Kapitel 7 dürften alle Unklarheiten beseitigt sein.

HINWEIS Die PowerShell ISE arbeitet mit ihren eigenen beiden Profile-Dateien für den aktuellen Benutzer (*$Env:UserProfile\Documents\WindowsPowerShell\Microsoft.PowerShellISE_profile.ps1*) und für alle Benutzer der ISE (*$PSHome \Microsoft.PowerShellISE_profile.ps1*).

Die Rolle der Ausführungsrichtlinie

Damit eine nicht signierte Profile-Datei nach dem Start ausgeführt werden kann, muss die Ausführungsrichtlinie der PowerShell die Ausführung von nicht signierten Skripts zulassen. Das kann über den Aufruf von

```
Set-ExecutionPolicy -ExecutionPolicy RemoteSigned
```

erreicht werden. Dieser Befehl muss nur einmalig ausgeführt werden. Er kann allerdings nicht Teil der Profile-Datei sein, da diese (natürlich) nicht ausgeführt werden kann, wenn es die Ausführungsrichtlinie nicht zulässt.

Das Laden der Profile-Datei(en) verhindern

Sollen die Profile-Dateien nach dem Start der PowerShell nicht ausgeführt werden, muss *PowerShell.exe* mit dem Befehlszeilenparameter *NoProfile* aufgerufen werden. Das ist z. B. immer dann sehr praktisch, wenn die PowerShell nur ein Skript ausführen soll oder die PowerShell innerhalb einer PowerShell-Sitzung erneut gestartet wird, aber mit einem anderen Benutzerkonto.

Eine Profile-Datei anlegen

Es ist am Anfang eventuell ein wenig irritierend, dass es weder eine Profile-Datei für den aktuellen Benutzer (und den aktuellen Host) gibt noch das Verzeichnis *WindowsPowerShell* im Benutzerprofil und damit die Variable *$Profile* auf eine nicht existierende Datei in einem nicht existierenden Verzeichnis verweist. Es ist natürlich kein Problem, das Verzeichnis anzulegen, was der folgende PowerShell-Befehl erledigt:

```
Md (Split-Path $Profile) -Force
```

Anschließend kann die Ps1-Datei mit *Notepad $Profile* angelegt werden.

Ein Beispiel für eine Profile-Datei

Auch wenn es (natürlich) keine typische Profile-Datei gibt, soll die folgende Profile-Datei ein paar Anregungen dafür geben, was eine Profile-Datei enthalten kann.

```
Start-transcript $Env:UserProfile/"PowerShellKurs.txt" -Append

# Gibt einen Tipp des Tages aus
function Get-Tagestipp
{
  if (Test-Path $PsHome\Tagestipps.txt)
  {
    $Tipps = Get-Content $PsHome\Tagestipps.txt
    $z = new-object system.random (Get-Date).Millisecond
    return $Tipps[$z.Next(0, $Tipps.Length)]
  }
}
# Prüfen, ob die Benutzerkontensteuerung aktiv ist
function Get-UACStatus
{
  $Status = (get-itemproperty -path HKLM:\Software\Microsoft\Windows\CurrentVersion\Policies\System -
Name EnableLUA).EnableLUA
  if ($Status -eq 1) { return "UAC ist aktiviert."}
  else { return "UAC ist nicht aktiviert." }
}

# Namen des aktuellen Benutzers holen
function Get-UserID
{
  return [System.Security.Principal.WindowsIdentity]::GetCurrent().Name
}

#$MaximumHistoryCount = 100
$env:Path += ";$Env:ProgramFiles\Microsoft SDKs\Windows\v6.0A\Bin"
$Host.PrivateData.ErrorBackgroundColor = "White"
write-host -fore yellow "***********************************************"
write-host -fore yellow "**             Hallo, Pemo                 **"
write-host -fore yellow "** Aktueller User: $(Get-UserID)           **"
$Tt = Get-TagesTipp
if ($Tt -ne $null)
```

```
{
   Write-Host -fore yellow "** $(New-Object System.String ' ', (24-($Tt.Length)))Tipp: $Tt$(New-Object
System.String ' ', (24-($Tt.Length)))**"
}
Write-Host -fore yellow "**$('          Es ist: {0,-10:HH:mm}' -f (get-date))              **"
Write-Host -fore yellow "**                                                    **"
Write-Host -fore yellow "** Aktuelles Verzeichnis: $(gl)          **"
Write-Host -fore yellow "**                                                    **"
Write-Host -fore yellow "******************************************************"

# Individueller Prompt
function prompt
{
'PS ' + $(if ($nestedpromptlevel -ge 1) { '>>' }) + '> '
}

# -----------------------------------------------------------
# Hintergrund der Konsole für Admin-Mode einfärben
# -----------------------------------------------------------
& {
   $WID =[Security.Principal.WindowsIdentity]::GetCurrent()
   $WinPrp = New-Object Security.Principal.WindowsPrincipal($WID)
   $Admin=[Security.Principal.WindowsBuiltInRole]::Administrator
   $IsAdmin=$WinPrp.IsInRole($Admin)
   if ($IsAdmin)
   {
    $Host.UI.RawUI.Foregroundcolor = "White"
    $Host.UI.RawUI.BackgroundColor = "Black"
    $Host.UI.RawUI.WindowTitle = "Administrator: " + $Host.UI.RawUI.WindowTitle
  }
  else
  {
    $Host.UI.RawUI.WindowTitle = "Kein Administrator !!!" + $Host.UI.RawUI.WindowTitle
  }
}

function Info()
{
  $env:UserDomain
  $env:username
  $env:ComputerName
}
```

Auch wenn das Skript recht kompliziert wirken mag, enthält es nur harmlose Befehle, die in den folgenden Kapiteln des Buchs vorgestellt werden. Es weist folgende Bereiche auf:

- Über *function*-Befehle werden eine Reihe von Funktionen definiert, mit denen sich z.B. der aktuelle Zustand der Benutzerkontensteuerung unter Vista und Windows 7 und der Name des aktuell angemeldeten Benutzers abfragen lassen. Diese Funktionen werden nicht innerhalb der Profile-Datei aufgerufen, sie stehen lediglich für den Aufruf innerhalb der PowerShell-Sitzung zur Verfügung.
- Über den Befehl *Start-Transcript* wird die Aufzeichnung gestartet, die alle Eingaben und deren Output umfasst. Wird kein Pfad angegeben, wird die Transskriptdatei unter *%userprofile%\documents* angelegt.

- Je nachdem, ob die PowerShell im Adminmodus gestartet wird, wird eine andere Hintergrund- und Vordergrundfarbe eingestellt und in der Titelleiste erscheint das Wort *Administrator* (was nicht zwingend erforderlich wäre, da dieser Hinweis, genau wie bei der PowerShell ISE auch, automatisch angezeigt wird).
- Es wird ein Banner mit einer mehrzeiligen Begrüßungsmeldung ausgegeben, die unter anderem auch einen »Tipp des Tages« enthält, der jedes Mal (per Zufallszahlengenerator) aus einer Textdatei gelesen wird, die im PowerShell-Home-Verzeichnis enthalten sein muss.
- Es wird ein neuer Prompt definiert.

Alle diese Aktivitäten sind vollkommen freiwillig und dienen in erster Linie der »individuellen Verwirklichung«.

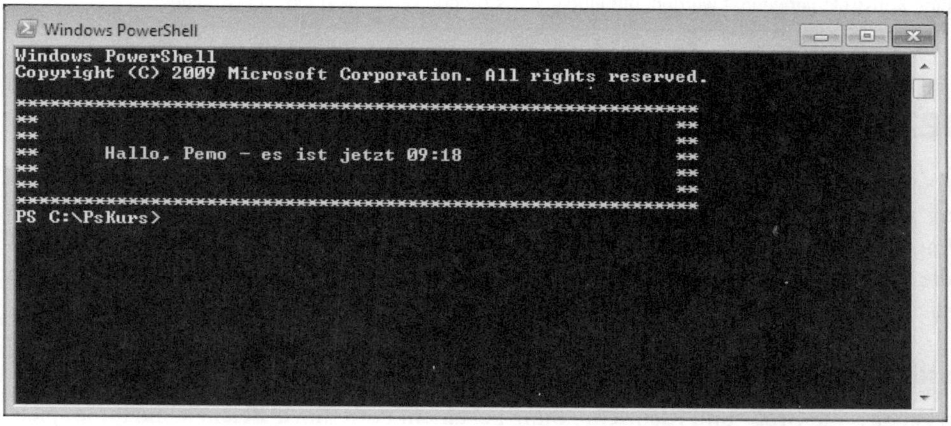

```
Windows PowerShell
Copyright (C) 2009 Microsoft Corporation. All rights reserved.
***************************************************************
**                                                           **
**                                                           **
**      Hallo, Pemo - es ist jetzt 09:18                     **
**                                                           **
**                                                           **
***************************************************************
PS C:\PsKurs>
```

Abbildung 2.5 Die individuell eingerichtete PowerShell zeigt nach dem Start eine individuelle Begrüßungsmeldung an

Das Anlegen einer Protokolldatei (Start-Transcript)

Um die eigenen Aktivitäten mit der PowerShell später nachvollziehen zu können, gibt es die Möglichkeit, über das *Start-Transcript*-Cmdlet eine Aufzeichnung in eine Textdatei zu starten. Dabei werden nicht die ausgeführten Befehle aufgezeichnet, sondern nur die Eingaben des Benutzers und die Antwort der PowerShell (die Transcriptdatei kann daher etwas umfangreicher werden). Über das *Stop-Transcript*-Cmdlet wird die Aufzeichnung wieder beendet. Wird kein Pfad angegeben, legt die PowerShell die Datei im Benutzerprofil an und wählt einen Dateinamen, der mit *PowerShell_transcript* beginnt und auf den das Datum und die Uhrzeit des Aufzeichnungsbeginns folgen.

HINWEIS Enthält die Profile-Datei den Befehl *Start-Transcript*, kommt es bei einem weiteren Start der PowerShell aus der aktuellen Sitzung heraus mit Profile-Datei zu einer Fehlermeldung (die aber harmlos ist), da die Aufzeichnung nicht erneut gestartet werden kann, wenn sie bereits läuft.

HINWEIS Leider enthält das *Start-Transcript*-Cmdlet einen kleinen Bug. Er führt dazu, dass auch bei Verwendung des *ErrorAction*-Parameters mit einem *SilentlyContinue* ein Fehler angezeigt wird, wenn die Aufzeichnung aus irgendeinem Grund nicht gestartet werden kann. Möchte man die Fehlermeldung unterdrücken, muss über den *ErrorAction*-Parameter mit dem Wert *Stop* ein terminierender Fehler ausgelöst werden, der in einem *try-/catch*-Block abgefangen werden kann:

```
try {
 Start-Transcript -Path $TransPfad -Append -ErrorAction Stop }
catch {
 write-host -fore red "Fehler: Transcript-Aufzeichnung konnte nicht gestartet werden.`n" }
```

Das *Stop-Transcript*-Cmdlet, mit dem eine Aufzeichnung beendet wird, führt zu einem Fehler, wenn keine Aufzeichnung läuft. Da auch hier ein *-Error SilentlyContinue* scheinbar keine Wirkung hat und sich nicht feststellen lässt, ob eine Aufzeichnung läuft oder nicht, muss das obige Konstrukt verwendet werden, um eine etwas störende Fehlermeldung zu vermeiden.

Die Eingabezeile der Eingabeaufforderung

Die PowerShell 2.0 kann auf zwei Arten bedient werden: traditionell wie vermutlich jede Shell in einer Eingabeaufforderung mit Eingabeprompt und Tastatureditor. Oder ein wenig neumodisch im Rahmen einer grafischen Umgebung, der ISE, die im nächsten Abschnitt vorgestellt wird. In diesem Abschnitt werden Sie fit für die Eingabeaufforderung gemacht, die zwar konzeptionell noch aus den 1980er-Jahren stammt, mit der man aber auch im Jahre 2010 effektiv arbeiten kann.

Die Groß- und Kleinschreibung spielt keine Rolle

Die wichtigste Regel ist, dass die Groß- und Kleinschreibung bei einem PowerShell-Befehl keine Rolle spielt. Auch zusätzliche Leerzeichen innerhalb einer Befehlszeile sind bedeutungslos.

Die Eingabe ist auch über mehrere Zeilen möglich

Ein Befehl muss nicht komplett in die Befehlszeile eingegeben, sondern kann mittendrin per [↵] umgebrochen und in der nächsten Befehlszeile fortgesetzt werden. Dabei zeigt die PowerShell mit >> einen speziellen Prompt an, der immer dann erscheint, wenn die PowerShell einen Befehl nicht ausführen kann, da er noch nicht komplett eingegeben wurde. Entweder vervollständigt man dann den Befehl oder bricht die Eingabe mit einem [Strg]+[C] ab.

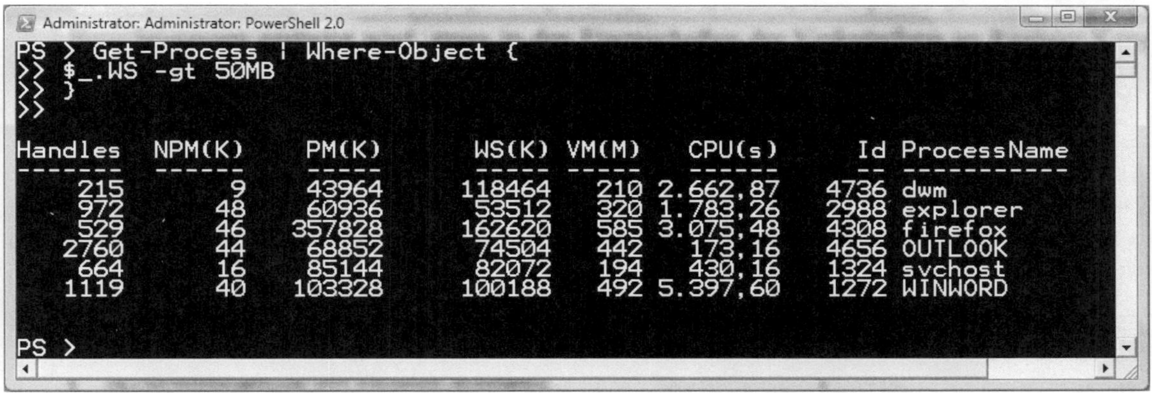

Abbildung 2.6 Die PowerShell wartet auf die Vervollständigung der Eingabe

Umbruch mit Zeilenfortführungszeichen

Ein Befehl kann nicht überall unterbrochen werden. Um der PowerShell zu signalisieren, dass die Eingabe in der nächsten Befehlszeile fortgesetzt wird, gibt es das unscheinbare Tickzeichen `, das per ⇧+´ erzeugt wird.[1]

Der Befehlszeileneditor

Die Eingabeaufforderung bietet einen einfachen Befehlszeileneditor, bei dem sich die Befehlszeile mit den Pfeiltasten editieren lässt. Außerdem können die einzelnen (durch Leerzeichen getrennten) Befehlsbestandteile über Strg+← und Strg+→ angesprungen werden, was sehr praktisch ist. Über F3 wird die zuletzt eingegebene Zeile erneut abgerufen.

TIPP Auf diese nette Einrichtung kommt man vermutlich nur per Zufall: Über ⇆ wird nicht nur erreicht, dass ein eingegebener Cmdlet-Name falls erforderlich vervollständigt (dazu später mehr), sondern auch auf Groß- und Kleinschreibung getrimmt wird, sodass Hauptwort und Verb, wie es sich gehört, groß-, der Rest des Wortes jeweils kleingeschrieben wird.

Kopieren und Einfügen

Texte aus der Zwischenablage können in die Befehlszeile mit der rechten Maustaste eingefügt werden, wenn die entsprechende Einstellung *Einfügemodus* (in den Eigenschaften der Eingabeaufforderung) aktiviert ist. Das ist besonders bei Pfaden sehr praktisch, die aus einem Textfenster oder einer anderen Shell herauskopiert werden. Umgekehrt lassen sich bei aktivierter *Quick-Edit-Modus*-Einstellung Texte im Eingabeaufforderungsfenster markieren und über ↵ in die Zwischenablage kopieren.

TIPP Über das Einfügen mit der rechten Maustaste lassen sich auch komplette Skripts, die z.B. von einer Webseite kopiert wurden, einfügen und ausführen (gegebenenfalls muss der letzte >>-Prompt durch Drücken von ↵ bestätigt werden).

[1] Und in der PowerShell-Hilfe *Gravis*-Zeichen heißt.

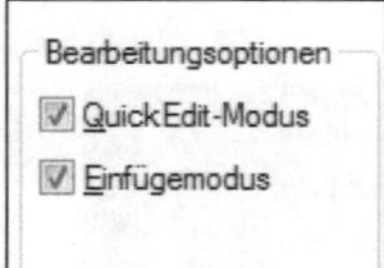

Abbildung 2.7 Diese Einstellungen müssen gesetzt sein, damit ein Kopieren und Einfügen im Eingabeaufforderungsfenster möglich wird

Das ist wichtig: Beachten Sie, dass der Fensterpuffer nicht mehr Zeichen umfassen sollte als die Fensterbreite. Ansonsten existiert ein unsichtbarer rechter Rand und Sie müssen scrollen, um die Zeile vollständig sehen zu können. Das ist generell ungünstig.

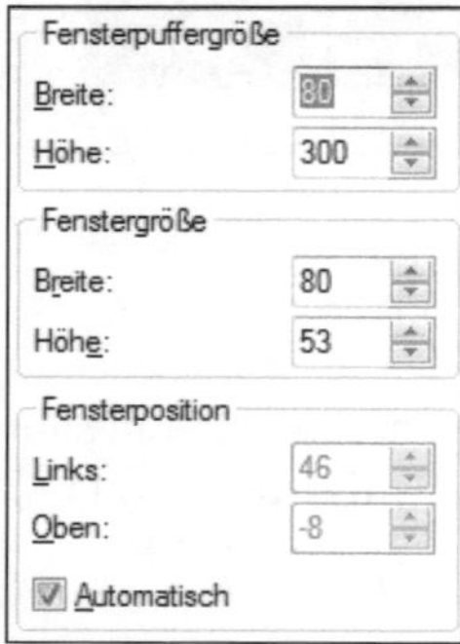

Abbildung 2.8 Der Fensterpuffer sollte nicht breiter als das Fenster sein

Eingegebene Befehle erneut abrufen

In der Eingabeaufforderung wird der Befehlszeilenpuffer über F7 abgerufen. Auf diese Weise kann eine eingegebene Befehlszeile erneut abgerufen werden. Soll eine Befehlszeile nur in die Eingabezeile geholt werden, geschieht dies mit →, soll sie dagegen gleich ausgeführt werden, drücken Sie ↵.

Abbildung 2.9 Über F7 wird der Befehlspuffer der Eingabeaufforderung abgerufen

Autovervollständigung mit ⭾

Das ist beinahe der wichtigste Tipp für das Arbeiten mit der PowerShell-Eingabeaufforderung. Sie müssen sowohl bei Namen von Cmdlets als auch bei Dateipfaden nur jeweils die ersten paar Zeichen eingeben und erreichen durch Drücken von ⭾, dass die Eingabe entweder vervollständigt wird oder die zur Auswahl stehenden Optionen durch erneutes Drücken von ⭾ der Reihe nach ausgewählt werden können. Das ist enorm praktisch, da längere Cmdletnamen und Dateipfade dadurch niemals vollständig eingegeben werden müssen.

Sonderzeichen und ihre Bedeutung

Bei der PowerShell spielt fast jedes Sonderzeichen eine Rolle. Während Zeichen wie der Apostroph, das Dollarzeichen, der Punkt, das Caretzeichen (^), der senkrechte Strich oder die geschweifte Klammer im EDV-Alltag ihr recht tristes Dasein als Satzzeichen fristen oder gar keine Rolle spielen, erhalten diese »Sonderlinge« bei der PowerShell eine neue Daseinsberechtigung.[2] Der Star unter den Sonderzeichen ist natürlich der senkrechte Strich, denn er steht für den Pipe-Operator, der den Outputkanal eines Cmdlets mit dem Inputkanal des folgenden Cmdlets verbindet.

Tabelle 2.3 stellt die wichtigsten Sonderzeichen zusammen, die bei der Eingabe eine Rolle spielen. Die PowerShell-Operatoren werden nicht berücksichtigt.

<table>
<tr><th>Sonderzeichen</th><th>Bedeutung</th></tr>
<tr><td>|</td><td>Pipe-Operator</td></tr>
<tr><td>$</td><td>Leitet eine Variable ein</td></tr>
<tr><td>.</td><td>Führt einen dotsourced-Aufruf einer Skriptdatei aus oder steht für das aktuelle Verzeichnis</td></tr>
<tr><td>..</td><td>Bereichsoperator (z.B. 1..10)</td></tr>
<tr><td>!</td><td>Not-Operator</td></tr>
<tr><td>></td><td>Umleitungsoperator</td></tr>
<tr><td><</td><td>Umleitungsoperator</td></tr>
<tr><td>%</td><td>Alias für das ForEach-Object-Cmdlet</td></tr>
<tr><td>?</td><td>Alias für das Where-Object-Cmdlet</td></tr>
<tr><td>@</td><td>Leitet ein Array oder eine Hashtable ein</td></tr>
<tr><td>{ und }</td><td>Leitet einen Befehlsblock oder eine Hashtable ein bzw. schließt diese(n) wieder ab</td></tr>
<tr><td>(und)</td><td>Leitet einen Ausdruck oder ein Array ein bzw. schließt diesen/dieses wieder ab</td></tr>
<tr><td>[und]</td><td>Leitet den Zugriff auf ein Element eines Arrays oder einer Hashtable ein oder schließt diesen ab</td></tr>
<tr><td>`</td><td>Zeilenfortführung (⇧+´)</td></tr>
<tr><td>,</td><td>Bewirkt, dass ein Array nicht Element für Element, sondern als Ganzes als Parameter übergeben wird ▶</td></tr>
</table>

[2] Interessanterweise sind noch nicht alle Sonderzeichen vergeben. Die Tilde (~) wartet noch auf eine neue Herausforderung.

Sonderzeichen	Bedeutung
;	Trennt zwei Befehle innerhalb derselben Zeile
#	Kommentarzeichen
::	Ermöglicht das Ansprechen eines Shared-Members eines Objekts
^	Über die Variable $^ wird der zuletzt ausgeführte Befehl abgerufen

Tabelle 2.3 Die wichtigsten Sonderzeichen bei der PowerShell und ihre Bedeutung

Escape-Zeichen

Soll ein Sonderzeichen nicht die Bedeutung besitzen, die es normalerweise aufweist, muss es »escaped« werden. Das erledigt das ` (Tickzeichen), das über [⇧]+[´] eingegeben wird und auch die Rolle des Zeilenfortführungszeichens spielt. Ein

```
$Zahl = 123
"Der Wert von $Zahl = $Zahl"
```

gibt *Der Wert von 123 = 123* aus. Soll die erste Variable nicht durch ihren Wert ersetzt werden, muss das $-Zeichen »espaced« werden:

```
"Der Wert von `$Zahl = $Zahl"
Der Wert von $Zahl = 123
```

Ein

```
"Zeile 1 `nZeile 2"
```

gibt *Zeile 1* und *Zeile 2* in zwei Bildschirmzeilen aus, da `n zu einem Zeilenumbruch führt. Ist dies nicht erwünscht, muss dem Tick ein weiteres Tickzeichen vorausgehen, welches das erste Tickzeichen »escaped«:

```
"Zeile 1 ``nZeile 2"
```

Variablen in einer Zeichenkette nicht austauschen

Sollen Variablen in einer Zeichenkette nicht durch ihren Wert ausgetauscht werden (man spricht auch von einer »*Erweiterung*), muss die Zeichenkette lediglich in einfache Apostrophe gesetzt werden. Das ist gleichzeitig das Unterscheidungsmerkmal zwischen Anführungszeichen (») und den einfachen Apostrophen (´).

Zeilenumbruch & Co

In eine Zeichenkette können eine Reihe von Buchstaben mit einer Sonderfunktion eingefügt werden, die z.B. für einen Zeilenumbruch stehen. Damit ein solches Spezialzeichen erkannt wird (Tabelle 2.4), muss ihm ein Tickzeichen ([⇧]+[´]) vorausgehen.

Escape-Zeichenfolge	Bedeutung
`n	Führt zu einem Zeilenumbruch.
`t	Fügt ein [Tab]-Zeichen ein.
`a	Gibt einen Signalton aus (nicht in der ISE).
`b	Fügt ein [←]-Zeichen ein (nicht in der ISE).

Tabelle 2.4 Escape-Sonderzeichen

Die Eingabe von Zahlen

Bei der Eingabe von Zahlen hält die PowerShell ein paar Besonderheiten bereit:

- Das Dezimaltrennzeichen ist der Punkt und nicht das Komma (was im Grunde selbstverständlich ist). Das Komma spielt die Rolle eines Trennzeichens zwischen mehreren Werten, die als ein (Array-)Wert behandelt werden sollen.
- Für Größenangaben in Byte stehen die bekannten Abkürzungen *KB*, *MB*, *GB* und mit der Version 2.0 sogar *TB* und *PB* bereit. Wer z.B. wissen möchte, wie viele CDs auf den neuen Terabyte-Memorystick passen, gibt einfach **1TB/700MB** ein und weiß Bescheid.
- Zahlen im hexadezimalen Format werden in der Form 0x*Zahl* eingegeben, z.B. 0xA (=10)

Individuelle Einstellungen vornehmen

Allzu viel einstellen lässt sich bei der PowerShell nicht, aber es gibt ein paar Kleinigkeiten, die konfiguriert werden können:

- Die Vorder- und Hintergrundfarbe des Host-Fensters
- Die Vorder- und Hintergrundfarbe der verschiedenen Meldungstypen
- Den Eingabeprompt neu gestalten
- Die Umgebungsvariable Path erweitern

Die Vorder- und Hintergrundfarbe des Host-Fensters

Die Vorder- und Hintergrundfarbe des Host-Fensters werden über die Properties des *Host*-Objekts eingestellt, das den gesamten Host repräsentiert. Und wo bekommt man dieses Objekt her? Ganz einfach, es wird von der *$Host*-Variablen der PowerShell geliefert. Ein

```
$Host | Get-Member
```

listet alle Member auf, was bei einem unbekannten Objekt generell eine gute Idee ist. Doch wo werden die Farben eingestellt? Das geschieht über die unscheinbare Property *UI*, die wiederum für ein Objekt steht, dessen noch etwas unscheinbare Property *RawUI* ein weiteres Objekt repräsentiert, das endlich Properties wie *ForegroundColor* und *BackgroundColor* besitzt. Der

```
$Host.UI.RawUI.BackgroundColor = "Cyan"
```

setzt die Hintergrundfarbe auf *hellblau*. Durch ein *Clear-Host* wird das Host-Fenster mit der neuen Farbe neu gestrichen, sprich gelöscht, sodass sich die Änderung sichtbar auswirkt. Als Farbwert stehen nur die 16 Grundfarben zur Auswahl (dazu ein kleiner Tipp: Durch Zuweisen eines Fantasiewertes werden in der Fehlermeldung die erlaubten Namen angezeigt).

Die Titelleiste des Fensters einstellen

Über ein *$Host.UI.RawUI.WindowTitle* erhält das Eingabeaufforderungsfenster einen neuen Titel.

Die folgende Befehlsfolge prüft zunächst, ob der aktuell angemeldete Benutzer ein Mitglied der Administratorengruppe ist, und sollte dies nicht der Fall sein, setzt sie ein *Kein Administrator!!!* vor den Fenstertitel.

```
# -----------------------------------------------------------
# Beispiel 2.1 - Feststellen, ob der aktuelle Benutzer
# Mitglied der Administratorengruppe ist
# -----------------------------------------------------------
$WID =[Security.Principal.WindowsIdentity]::GetCurrent()
$WinPrp = New-Object Security.Principal.WindowsPrincipal($WID)
$Admin=[Security.Principal.WindowsBuiltInRole]::Administrator
$IsAdmin=$WinPrp.IsInRole($Admin)
if (!$IsAdmin) {
  $Host.UI.RawUI.WindowTitle = "Kein Administrator !!!" + $Host.UI.RawUI.WindowTitle
}
```

Listing 2.1 Prüfen, ob der aktuelle Anwender Administrator ist

Auch hier gilt »Keine Panik!«, so kompliziert geht es bei der PowerShell nur in Ausnahmefällen zu. Wer diese Befehlsfolge häufiger benötigt, macht daraus eine Funktion, nennt sie *Check-Admin*, baut sie in die Profile-Datei ein, sodass sie nach jedem Start zur Verfügung steht, und hat es von da an z.B. sehr viel leichter zu prüfen, ob der angemeldete Benutzer ein Admin ist.

Die Größe des Eingabeaufforderungsfensters verändern

Theoretisch lässt sich auch die Größe des Eingabeaufforderungsfensters verändern. Theoretisch deswegen, weil sich das Fenster nur innerhalb der in den Eigenschaften der Eingabeaufforderung vermerkten Größenangabe skalieren lässt. Sie können das Fenster zunächst folglich nur verkleinern. Der folgende Befehl stellt eine neue Fenstergröße ein, die aber die eingestellte Größe nicht überschreiten darf:

```
$Host.UI.RawUI.WindowSize = New-Object -Type System.Management.Automation.Host.Size 50, 50
```

Vorder- und Hintergrundfarbe bei Meldungstypen einstellen

Das Einstellen der Vorder- und Hintergrundfarbe bei einzelnen Meldungstypen ist vor allem für die Fehlermeldung von Bedeutung, da rote Schrift auf schwarzem Hintergrund nicht immer ganz optimal lesbar ist.[3] Der Befehl

```
$Host.PrivateData.ErrorBackgroundColor = "White"
```

setzt die Hintergrundfarbe auf weiß, was den Kontrast etwas verbessert. Welche Farbeinstellungen über *###PrivateData* darüber hinaus möglich sind, verrät ein *$Host.PrivateData | Get-Member.*

Den Eingabeprompt gestalten

Der Eingabeprompt ist der Text, der in der Eingabezeile am linken Rand erscheint. Wird nichts anderes festgelegt, zeigt die PowerShell ein *PS* an, auf das der aktuelle Pfad folgt. Gerade das *PS* ist wichtig, da man an dem Kürzel auf einen Blick erkennen kann, ob die Eingabeaufforderung die PowerShell anzeigt oder *Cmd.exe* (manchmal ist es praktisch, *Cmd.exe* aus der PowerShell heraus zu starten, sodass dasselbe Fenster auf einmal eine andere Shell hostet). Ein kleiner Nachteil bei der Anzeige des aktuellen Pfades ist es, dass der Pfad oft sehr lang ist, sodass mehr als die Hälfte der Eingabezeile durch den Prompt belegt ist. Dieser Umstand, und generell der Wunsch nach einer Individualisierung, sind Gründe dafür, den Prompt zu modifizieren. Das geschieht, indem eine neue Funktion mit dem Namen *Prompt* definiert wird, in der die Ausgabe festgelegt wird. Die *Prompt*-Funktion wird wiederum in einer Profile-Datei untergebracht, damit der neue Prompt nach dem Start der PowerShell aktiv wird.

Einen »vernünftigen« Prompt zu kreieren, ist nicht ganz so einfach, wie es sich anhört. Man muss im Allgemeinen eine Weile probieren, bis der Prompt das gewünschte Aussehen besitzt. Die folgende *Prompt*-Funktion versteht sich daher nur als Empfehlung. Der neue Prompt zeigt den aktuellen Pfad in einer Zeile (in einem vornehmen Dunkelgrau) und darunter die Anzahl der bereits eingegebenen Befehle an, die über die *Id*-Property des letzten über das *Get-History*-Cmdlet abgerufenen Befehls ermittelt wird.

```
# ---------------------------------------------------------------
# Beispiel 2.2 - ein alternativer Prompt
# ---------------------------------------------------------------
function Prompt
{
  $Id = 1
  $HistoryItem = Get-History -Count 1
  if ($HistoryItem)
  { $Id = $HistoryItem.Id + 1 }
  Write-Host -ForeGroundColor DarkGray "`n$(Get-Location)"
  Write-Host -NoNewLine "PS:$ID>"
  $Host.UI.RawUI.WindowTitle = "$(Get-Location)"
  "`b"
}
```

Listing 2.2 Ein alternativer Prompt

[3] Insbesondere dann, wenn der Inhalt mit einem Beamer an eine Wand projiziert wird.

Die Umgebungsvariable Path erweitern

Auch das Erweitern der *Path*-Umgebungsvariablen kann eine sinnvolle Aktion in der Profile-Datei sein, da sich dadurch z.B. Tools (etwa *Installutil.exe*, das für das Registrieren von Snap-Ins benötigt wird) ohne Pfadangabe aufrufen lassen, was im Allgemeinen sehr praktisch ist. Die *Path*-Umgebungsvariable wird bei der PowerShell über das *Environment*-PSDrive-Laufwerk angesprochen. Ein

```
$Env:Path
```

gibt den aktuellen Wert der Variablen aus. Ein

```
$Env:Path += ";$([System.Runtime.InteropServices.RunTimeEnvironment]::GetRunTimeDirectory())"
```

hängt an den Wert der *Path*-Variablen den Pfad der .NET-Laufzeit an, in dem unter anderem auch *Install-Util.exe* enthalten ist. Soll ein festes Verzeichnis angehängt werden, wird alles ein wenig einfacher, da der Verzeichnispfad dann nicht so umständlich abgerufen werden muss:

```
$Env:Path += ";C:\Tools"
```

Diese Erweiterungen gelten aber nur für den Rahmen der PowerShell-Sitzung, sie müssen daher mit jedem Start der PowerShell neu durchgeführt werden.

Hilfe

Die PowerShell ist nicht nur in fast allen Bereichen äußerst selbstauskunftsfreudig, sie umfasst auch eine umfangreiche (deutschsprachige) Hilfe, in der nicht nur alle Cmdlets mit Beispielen beschrieben werden, sondern auch allgemeine Themen wie z.B. der Umgang mit regulären Ausdrücken oder den mit Version 2.0 eingeführten Jobs oder Remote-Sessions.

Eine Kurzbeschreibung zu einem Cmdlet erhält man stets über den *?*-Parameter. Eine ausführlichere Beschreibung zu einem Cmdlet lässt sich über das *Get-Help*-Cmdlet oder die etwas praktischere *Help*-Funktion anfordern. Letztere bietet den kleinen Vorteil, dass sie die oft sehr umfangreichen Texte seitenweise ausgibt (und steht damit für ein *Get-Help <Thema> | More*).

Get-Help bietet einen *Detailed*- und einen *Full*-Parameter, die sich bezüglich ihrer Wirkung nur geringfügig unterscheiden. Während bei *Full* der komplette Hilfetext zu einem Cmdlet angezeigt wird, lässt *Detailed* den Hinweise-Bereich weg, der speziellere Hinweise enthält, die aber im Allgemeinen nicht sehr umfangreich sind, sodass man die Hilfe zu einem Cmdlet über den *Full*-Parameter abrufen sollte.

Hier ein paar Beispiele. Über ein

```
Help About*
```

erhält man eine Liste aller Hilfethemen (insgesamt 89), die praktisch alle Aspekte der PowerShell ausführlich beschreiben.

Über ein

```
Help About_Operator
```

erhält man eine Übersicht über die PowerShell-Operatoren und über

```
Help About_Remoting
```

eine erste Übersicht über die Remoting-Fähigkeiten der neuen Version.

Die Hilfetexte individuell durchsuchen

Die Hilfetexte liegen (natürlich) im Textformat und (natürlich) im XML-Format vor. Es gibt daher vielfältige Möglichkeiten, sie außerhalb von *Get-Help* zu durchsuchen. Da aber auch ein *Get-Help* Objekte über die Pipeline weitergibt, ist es erforderlich, diese über das *Out-String*-Cmdlet vor dem Durchsuchen in Text zu konvertieren.

Die folgende Funktion durchsucht die Cmdlet-Hilfetexte nach einem Stichwort.

```
# ------------------------------------------------------------
# Beispiel 2.3 - Durchsuchen der Hilfe nach einem Stichwort
# ------------------------------------------------------------
function Search-Help
($Begriff)
{
  Get-Command -CommandType Cmdlet | Where-Object {
    Get-Help -Full -Ea SilentlyContinue $_ |
    Out-String | Select-String -Pattern $Begriff }
}
```

Listing 2.3 Durchsuchen der PowerShell-Hilfe nach einem Stichwort

Aufgerufen wird diese Funktion z.B. durch ein »Search-Help -Begriff *Remoting*«, was zur Folge hat, dass die Hilfetexte aller Cmdlets nach dem Wort *Remoting* durchsucht werden und jene, in denen es enthalten ist, namentlich aufgelistet werden.

Hilfethemen drucken

Einzelne Hilfethemen lassen sich natürlich jederzeit über das universelle *Out-Printer*-Cmdlet ausdrucken[4] (sollten Sie sich nicht ganz sicher sein, ob es ein solches Cmdlet überhaupt gibt, mit der Funktion aus dem letzten Abschnitt und ihrem Aufruf mit dem Suchbegriff *Printer* oder über ein *Get-Command -noun Printer* hätten Sie es herausgefunden).

HINWEIS Die verschiedenen Hilfedateien (im RTF-Format), die bei der Version 1.0 dabei waren, gibt es bei der Version 2.0 nicht mehr. Die reguläre Hilfe ist so umfangreich und enthält mit ihren zahlreichen About-Themen auch Einführungen zu allen Kernthemen, sodass ein separates Handbuch nicht mehr benötigt wird. Für alle, die lieber alles in einer Datei zusammengefasst haben möchten, bietet Microsoft (unter *http://www.microsoft.com/downloads)* mit dem *Graphical Help File* eine *Chm*-Datei an, die alle Hilfetexte zusammenfasst.[5]

---

4 Leider ohne Seitenzahlen, sodass sich jemand die Mühe machen sollte und ein Cmdlet oder eine Funktion, die bzw. das etwas mehr Komfort zu bieten hat, entwickeln sollte.

5 Allerdings noch vom November 2007 (und damit noch auf dem Stand der ersten CTP).

Die Integrated Scripting Environment (ISE)

Mit der PowerShell 2.0 gibt es (endlich) auch von Microsoft einen kleinen Editor für PowerShell-Skripts mit dem Namen *Integrated Scripting Environment*, kurz ISE[6]). Die ISE ist, trotz einiger kleinerer Versäumnisse, von denen noch die Rede sein wird, ein nettes und praktisches Programm ohne Spezialfunktionen oder den Komfort, den andere PowerShell-Editoren bieten (oder glauben bieten zu müssen). Der wichtigste Umstand ist, dass die verschiedenen Registerkarten, die sich in der ISE anlegen lassen, nicht einfach nur Eingabebereiche sind, es sind eigene *Ausführungsbereiche* (engl. *runspaces*) für das Skript, das in das Fenster eingegeben wurde. Das bedeutet z.B., dass Variablen, die in dem Skript definiert werden, im Eingabebereich der ISE nach der Ausführung des Skripts zur Verfügung stehen.

Syntaxeinfärbung

Nett ist der Umstand, dass im Editorfenster der ISE die verschiedenen Bestandteile einer Befehlszeile bereits während der Eingabe entsprechend ihrer Bedeutung eingefärbt werden (einstellen kann man die Farbzuordnung anscheinend nicht), und dass sich die Schriftgröße über einen Regler stufenlos regeln lässt.

Integrierter Debugger

Sehr praktisch, wenngleich obligatorisch bei einem Skript-Editor, ist der integrierte Debugger, durch den sich ein Skript Befehl für Befehl ausführen lässt (mehr dazu in Kapitel 8). Etwas weniger praktisch ist die Art und Weise, wie die Inhalte von Variablen während einer Skriptunterbrechung angezeigt werden (unauffälliger geht es kaum), und dass dies stets nach einer gewissen Verzögerung geschieht. Ein wenig gewöhnungsbedürftig, aber bei einem Interpreter nicht anders machbar, ist der Umstand, dass während einer Unterbrechung keine Änderungen am Skriptcode vorgenommen werden können.

Ein- und Ausgabebereich

Die ISE arbeitet mit drei Bereichen, die sich ein- und ausblenden und in ihrer Höhe verschieben lassen:

- Dem Skriptbereich (er steht für einen eigenen Ausführungsbereich)
- Dem Ausgabebereich (er kann durch das »Wischersymbol« in der Symbolleiste gelöscht werden)
- Dem Direktbereich. Hier steht die Eingabezeile der PowerShell (für den aktuellen Ausführungsbereich) zur Verfügung, sodass in der ISE, wie in der Eingabeaufforderung, alle PowerShell-Befehle direkt eingegeben werden können.

Ein wenig seltsam ist, dass bei der ISE wichtige Funktionen fehlen. Dazu gehört der Umstand, dass die beim Verlassen des Editors geladenen Skriptdateien nicht im *Datei*-Menü angeboten werden, sodass man sie sich im ungünstigsten Fall auf der halben Festplatte zusammensuchen muss und eventuell eine Weile dafür

[6] Eine reichlich überladene Abkürzung – von Irish Stock Exchange bis Institut für Sozialethik. Irgendwie erinnert mich die Abkürzung an ISS (International Space Station), was insofern etwas unpassend ist, als dass der schlichte Editor von Weltraumtechnik nicht weiter entfernt sein könnte.

braucht, bis man die Skriptdatei wieder gefunden hat, an der man letzte Woche bis spät in die Nacht gesessen hat (auf der anderen Seite führt der Wegfall solcher Bequemlichkeitsstützen dazu, dass man sich endlich so organisiert, dass man seine Skripts jederzeit wieder finden kann).

TIPP Über [F8] wird nur der aktuell im Editorfenster markierte Text ausgeführt.

Auch eine Druckfunktion wurde vergessen, sodass sich aus der ISE Skripts nicht drucken lassen. Insgesamt ist die ISE ein seltsames Tierchen, insbesondere wenn man berücksichtigt, dass es von Microsoft stammt und der Konzern (mindestens) geschätzte 2–3 Jahre Zeit hatte, sie zu entwickeln. Trotz kleinerer »Kritikpunkte« ist die ISE natürlich ein großer Fortschritt gegenüber Notepad, sodass sich nach einer kurzen Eingewöhnungsphase mit der ISE produktiv arbeiten lässt.[7] Einen zwingenden Grund, die ISE zu benutzen, gibt es allerdings nicht.[8]

HINWEIS Die ISE besitzt eine kleine »Besonderheit«, die zu Irritationen führen kann. Soll eine bereits geladene, in der Zwischenzeit aber außerhalb der ISE geänderte Datei erneut geladen werden, muss die Registerkarte für das Skript erst geschlossen werden.

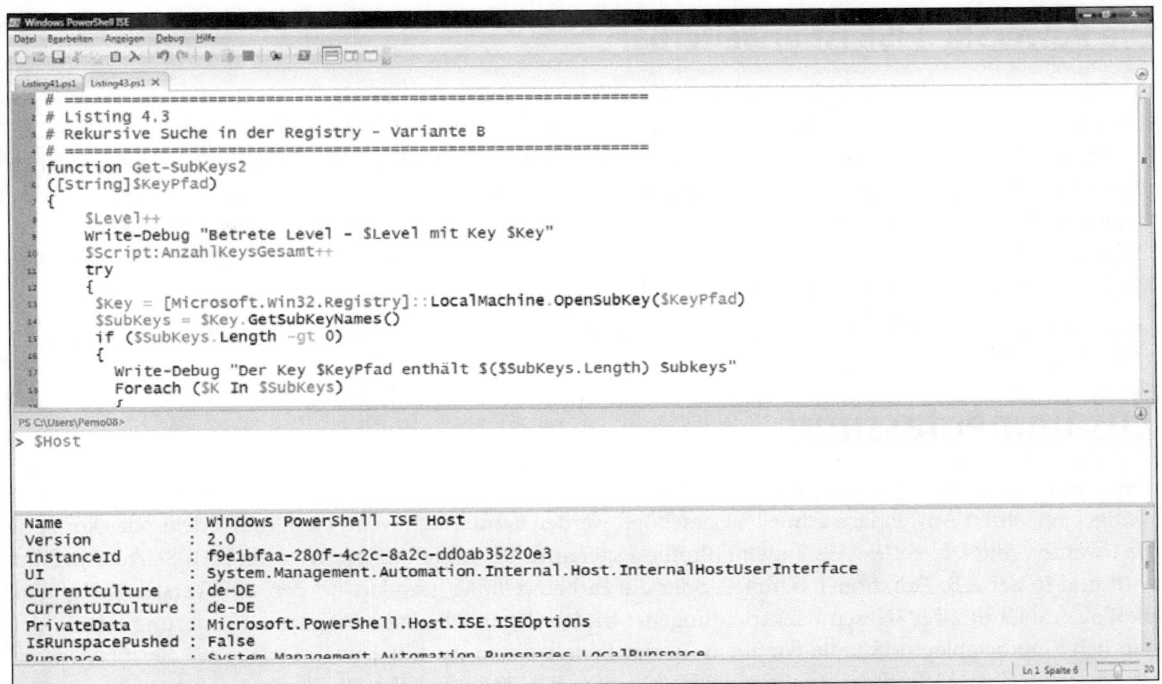

Abbildung 2.10 Der International Scripting Editor (ISE) von Microsoft – klein, funktional noch nicht ganz vollständig, aber vollkommen ausreichend für die meisten Gelegenheiten

---

[7] Es soll bekanntlich sogar richtige Notepad-Fans geben.

[8] Der persönliche Favorit des Autors ist nach wie vor der PowerGUI Script Editor, wenngleich die ISE durchaus ihren Reiz besitzt und fast alle Skripts dieses Buchs mit der ISE umgesetzt wurden.

TIPP Mit dem »Wischersymbol« in der Symbolleiste wird der Ausgabebereich gelöscht.

TIPP Die Suche erlaubt auch die Verwendung regulärer Ausdrücke (wenngleich eingeschränkt, da sich die verschiedenen Regex-Optionen nicht setzen lassen).

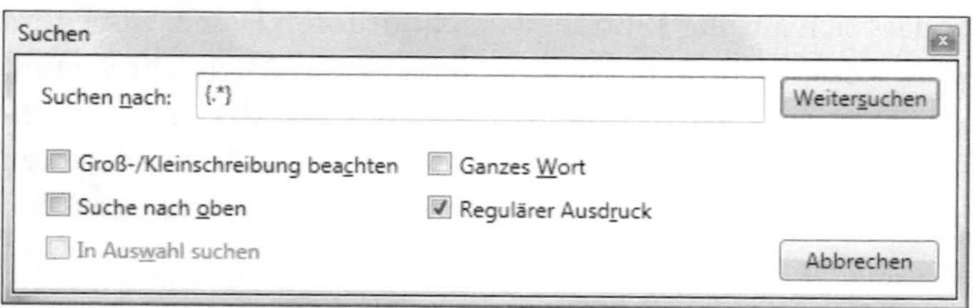

Abbildung 2.11 Bei der Suche in der ISE sind auch reguläre Ausdrücke erlaubt

HINWEIS Bei Windows Server 2008 R2 muss die PowerShell ISE als Feature nachinstalliert werden.

Die PowerShell ISE ist erweiterbar

Zur Ehrenrettung der Microsoft-Entwickler muss allerding angemerkt werden, dass die ISE auf einem Objektmodell basiert und damit (z. B. im Rahmen des Profile-Skripts) sehr flexibel und nahezu beliebig erweiterbar ist. Auf diese Weise lassen sich z. B. die Menüs erweitern (z. B. um eine Auswahlliste der zuletzt geladenen Dateien anbieten zu können) oder es können Templates eingefügt werden, sodass man nicht stets dasselbe Grundgerüst für ein Skript eintippen muss. Im Internet findet man inzwischen eine Fülle von Erweiterungen.[9] Offiziell wird das Objektmodell unter *http://technet.microsoft.com/en-us/library/dd819500.aspx* beschrieben. Ein kleines Beispiel für eine ISE-Erweiterung finden Sie in Kapitel 13.

Insgesamt steckt in der ISE eine Menge Potenzial, es muss allerdings vom Anwender erschlossen werden.

Zusammenfassung

Die PowerShell präsentiert sich als eine moderne Shell ohne Schnörkel und Ösen, deren Potenzial auch von weniger versierten Anwendern schnell ausgeschöpft werden kann. Auch wenn nichts eingestellt oder konfiguriert werden muss, bietet es sich an, eine Profile-Datei anzulegen, die bei jedem PowerShell-Start ausgeführt wird und in der z. B. Funktionen definiert oder die Farbeinstellung geändert werden. Mit Version 2.0 gibt es die PowerShell in zwei »Geschmacksrichtungen«: In der eher nüchternen Eingabeaufforderung und in der deutlich komfortableren ISE, die vor allem für das Erstellen und Ausführen von PowerShell-Skripts gedacht ist. Unter Vista und Windows 7 sollten beide Varianten bei aktivierter Benutzerkontensteuerung grundsätzlich als Administrator gestartet werden.

[9] Dabei muss man leider berücksichtigen, dass die PowerShell-Entwickler das Objektmodell nach (!) der Freigabe der CTP3 noch einmal an einigen Stellen geändert haben, sodass viele der Erweiterungen erst nach einigen Namensanpassungen funktionieren.

Kapitel 3

Cmdlets

In diesem Kapitel:

In diesem Kapitel geht es um das Wichtigste bei der PowerShell, die Cmdlets, die in ersten beiden Kapiteln bereits vorgestellt wurden, sodass sich kleinere Überschneidungen nicht vermeiden lassen. In diesem Kapitel stehen die Formalitäten im Vordergrund, die sich beim Umgang mit Cmdlets ebenfalls nicht ganz verhindern lassen. Dazu gehört vor allem das Prinzip der Parameterübergabe. Außerdem werden die wichtigsten Cmdlets wie *Get-Command*, *Select-Object*, *Where-Object* und *ForEach-Object* vorgestellt.

Cmdlets kennen lernen

In diesem Abschnitt werden die verschiedenen Aspekte beim Umgang mit Cmdlets vorgestellt.

Welche Cmdlets sind an Bord?

Für ein erstes Kennenlernen ist es interessant zu erfahren, wie viele Cmdlets momentan geladen sind, da diese Zahl variabel ist. Die Anzahl der Cmdlets liefert der folgende Befehl:

```
PS>(Get-Command -Commandtype Cmdlet).Count
239
```

Das Setzen in runde Klammern ist erforderlich, damit die Gruppe der Cmdlets als Ganzes behandelt wird. Die angehängte *Count*-Property gibt die Anzahl der Elemente der Gruppe zurück.

Alles über ein Cmdlet erfahren

Im Unterschied zu anderen Shells, bei denen ein Befehl entweder ein »eingebauter Name« oder ein externes Programm ist, ist bei der PowerShell ein Cmdlet ebenfalls ein Objekt (vom Typ *CmdletInfo*). Ein

```
Get-Command -CommandType Cmdlet
```

listet nicht nur scheinbar alle Befehle auf, die derzeit verfügbar sind (das ist nur der sichtbare Nebeneffekt), sondern gibt in erster Linie für jedes vorhandene Cmdlet ein Objekt (vom Typ *CmdletInfo*) über die Pipeline an das *Select-Object*-Cmdlet weiter, wodurch das Auflisten der Cmdlet-Namen resultiert. Wer es mit einem

```
Get-Command -CommandType Cmdlet | Select-Object -Property *
```

probiert, erlebt eine (hoffentlich) positive Überraschung, denn es wird auf einmal sehr viel mehr ausgegeben als nur die Namen der Cmdlets. Neben dem Namen werden Informationen über das Modul oder Snap-In, zu dem das Cmdlet gehört, die Parameter, die Hilfe und noch einiges mehr angezeigt. Das alles sind Property-Member, die ein *CmdletInfo*-Objekt besitzt.

Muss man es am Anfang so genau wissen? Das sicher nicht, doch je schneller man auf den Objektzug aufspringt und die PowerShell als eine Shell sieht, bei der die Objekte im Mittelpunkt stehen, desto schneller lernt man (oder Frau) das Potenzial der PowerShell zu nutzen und sie nicht nur als eine etwas anders gestrickte Shell zu sehen, die von Microsoft kommt.[1]

[1] Vor allem manche Anhänger des Betriebssystems Unix haben damit so ihre (selbst gemachten) Probleme.

Cmdlets nach Snap-Ins gruppieren

Jedes Cmdlet stammt aus einem Snap-In oder einem Modul. Auch wenn es für die Praxis keine Rolle spielt, woher ein Cmdlet stammt, ist es doch interessant und lehrreich, etwas mehr über die Herkunft zu erfahren. Dabei wird deutlich, dass Cmdlets weniger fest eingebaute Befehle, sondern in erster Linie aus verschiedenen PowerShell-Bibliotheken stammende Objekte sind (was auch schon angedeutet wurde).

Der folgende Befehl gruppiert die vorhandenen Cmdlets nach ihren Snap-Ins und sortiert diese absteigend nach der Anzahl der Cmdlets:

```
PS >Get-Command -CommandType cmdlet | Group-Object -Property PsSnap-In | Sort-Object -Property Count -
Descending | Format-Table -Auto

Count Name                             Group
----- ----                             -----
   87 Microsoft.PowerShell.Utility     {Add-Member, Add-Type, Clear-Variable...
   79 Microsoft.PowerShell.Management  {Add-Computer, Add-Content, Checkpoin...
   41 Microsoft.PowerShell.Core        {Add-History, Add-PSSnapin, Clear-His...
   13 Microsoft.WSMan.Management       {Connect-WSMan, Disable-WSManCredSSP,...
   10 Microsoft.PowerShell.Security    {ConvertFrom-SecureString, ConvertTo-...
    4 Microsoft.PowerShell.Diagnostics {Export-Counter, Get-Counter, Get-Win...
    3 PowerShellServer                 {Invoke-PowerShellServerExpression, N...
    2 Microsoft.PowerShell.Host        {Start-Transcript, Stop-Transcript}
```

Die Rolle der Aliase

Viele Cmdlets besitzen einen so genannten *Alias*, der die Rolle eines Kurznamens spielt. Das ist der Grund, warum die PowerShell scheinbar Uralbefehle wie *Del* oder *Type* kennt. Dahinter stecken lediglich Aliase für Cmdlets oder Funktionen, in diesem Fall für die Cmdlets *Remove-Item* und *Get-Content*. Ein

```
Get-Alias
```

listet alle in der aktuellen PowerShell-Sitzung vorhandenen Aliase auf.

Über den *Definition*-Parameter findet man heraus, welche Aliase es für ein Cmdlet (oder eine Funktion) gibt:

```
PS>Get-Alias -definition Where-Object

CommandType     Name                           Definition
-----------     ----                           ----------
Alias           ?                              Where-Object
Alias           where                          Where-Object
```

Das Ergebnis zeigt nicht nur, dass ein Cmdlet mehrere Aliase besitzen kann, sondern dass ein Alias auch ein Sonderzeichen sein kann.

Falls es jemand interessieren sollte, wie viele Aliase es pro Cmdlet gibt, der folgende Befehl findet es heraus, indem er einfach über das *Group-Object*-Cmdlet alle Aliase nach ihrer Definition gruppiert:

```
Get-Alias | Group-Object Definition
```

Interessant. Und welches Cmdlet besitzt die meisten Aliase? Dazu müssen die durch die Gruppierung resultierenden Objekte nach ihrer *Count*-Property sortiert und per *Select-Object*-Cmdlet das letzte (oder erste, je nach Sortierreihenfolge) Objekt herausgefischt werden:

```
PS > Get-Alias | Group-Object Definition | Sort-Object Count | Select-Object -Last 1

Count Name                      Group
----- ----                      -----
    6 Remove-Item               {del, erase, rd, ri...}
```

Die Antwort dürfte manche überraschen, Spitzenreiter ist das *Remove-Item*-Cmdlet mit stolzen sechs Aliasen.

Einen neuen Alias anlegen

Ein Alias wird über das *Set-Alias*-Cmdlet angelegt.

Der folgende Befehl definiert einen Alias für das *Get-Date*-Cmdlet:

```
Set-Alias -Name gd -Value Get-Date
```

Ein Alias kann nicht »parametrisiert« werden, das heißt, es ist nicht möglich, dem Alias Werte zu übergeben, die das Cmdlet erhält, für das der Alias steht. So wäre es z. B. häufig praktisch, wenn sich der Wechsel in ein bestimmtes Verzeichnis (z. B. per *Set-Location C:\Documents and Settings\Administrator\Downloads*) über einen Alias abkürzen ließe. Dafür sind bei der PowerShell Funktionen zuständig, die in Kapitel 7 offiziell an der Reihe sind.

Kleine Nachteile von Aliasen

Aliase besitzen zwei kleine Nachteile: Erstens müssen sie nach jedem PowerShell-Start immer wieder neu angelegt werden. Zweitens verbessern sie nicht gerade die Lesbarkeit eines Befehls. Daher sollten sie nicht übermäßig eingesetzt werden. Wenn ein Skript Aliase verwendet, müssen diese überall dort definiert sein, wo das Skript ausgeführt wird.

Aliase exportieren und importieren

Da ein Alias nur innerhalb einer PowerShell-Sitzung existiert und mit dem Beenden der PowerShell gelöscht wird, gibt es die Cmdlets *Export-Alias* und *Import-Alias*, mit deren Hilfe sich die aktuellen Aliase in eine Textdatei exportieren und in eine andere PowerShell-Sitzung wieder importieren lassen. Eine Alternative ist es, Aliase im Rahmen der Profile-Datei (Kapitel 2) zu definieren, sodass sie mit dem Start der PowerShell automatisch zur Verfügung stehen.

TIPP Eine Liste aller *Alias-Cmdlets* erhält man z. B. über ein *Get-Command -noun Alias*.

Aliase wieder entfernen

Ein Remove-Alias-Cmdlet gibt es nicht. Es wird auch nicht benötigt. Soll ein Alias wieder entfernt werden (wozu es nur selten eine Notwendigkeit geben dürfte), geschieht dies über das *Remove-Item*-Cmdlet auf dem *Alias*-Laufwerk. Auch wenn es sich im Moment noch etwas merkwürdig anhören mag: Aliase werden, wie einige andere PowerShell-Bewohner ebenfalls, über PowerShell-Laufwerke (*PSDrives*) zur Verfügung gestellt.

Der folgende Befehl entfernt den im letzten Abschnitt definierten Alias *gd*:

```
Remove-Item Alias:gd
```

Cmdlets und ihre Parameter

Manche Leser werden sich eventuell fragen, ob der Autor nicht noch ein trockeneres Thema an den Anfang des Buches hätte stellen können, doch ohne Formalitäten geht es nicht und wenn man diese am Anfang behandelt, wird später vieles sehr viel deutlicher. Die Parameter eines Cmdlets sind deswegen ein so wichtiges Thema, weil man damit versteht, wie ein Cmdlet aufgerufen wird.

Hier zuerst eine wichtige Namensregel: Den Parameternamen geht immer ein Bindestrich voraus (niemals ein Schrägstrich).

TIPP Der Name eines Parameters kann soweit abgekürzt werden, wie er im Rahmen des Cmdlets eindeutig bleibt. Beispielsweise kann der *ForegroundColor*-Parameter beim *Write-Host*-Cmdlet mit »f« abgekürzt werden, da es keinen anderen Parameter gibt, der ebenfalls mit einem »f« beginnt. Beim *Get-ChildItem*-Cmdlet darf der *Filter*-Parameter allerdings nur mit »fi« abgekürzt werden, da bei dem Cmdlet noch ein *Force*-Parameter vorhanden ist.

Neben dieser Abkürzungsvariante existiert noch der Aliasname, den es auch bei Parametern gibt. So lautet der Alias für den *ErrorAction*-Parameter z. B. »Ea«.

Parameter sind bei einem Cmdlet fast immer im Spiel, denn in den meisten Fällen wird einem Cmdlet noch etwas mit auf den Weg gegeben. Ein

```
Get-Process S*
```

listet alle Prozesse auf, deren Namen mit einem »S« beginnen. Das »S*« ist dabei ein Argument, das dem *Name*-Parameter zugeordnet wird. Formal müsste *Get-Process* daher wie folgt aufgerufen werden:

```
Get-Process -Name S*
```

Dass der *Name*-Parameter nicht angegeben werden muss, besitzt einen einfachen Grund: Die PowerShell ordnet den Wert »S*« dem *Name*-Parameter anhand seiner Position zu (*Name* ist ein so genannter *Positionsparameter*). Das funktioniert jedoch nicht immer. Ein

```
Stop-Process Calc
```

führt auch dann zu einer »seltsamen« Fehlermeldung, wenn mindestens ein *Calc*-Prozess läuft. Probiert man es dagegen mit einem

```
Stop-Process -Name Calc
```

werden die laufenden Prozesse beendet. Der kleine Unterschied zwischen beiden Aufrufen besteht darin, dass beim zweiten Aufruf dem Prozessnamen der *Name*-Parameter vorangestellt wurde. Ohne diese Angabe versucht die PowerShell, die Zeichenfolge *Calc* dem *Id*-Parameter (dieser spielt die Rolle eines Positionsparameters an der Position 1) zuzuordnen, was natürlich nicht funktionieren kann. Ein

```
Get-Process Calc | Stop-Process
```

führt dagegen problemlos zum Ziel. Hier »angelt« sich das *Stop-Process*-Cmdlet das in der Pipeline befindliche *Process*-Objekt und bindet die ID des Prozesses selbstständig an den *Id*-Parameter. Das ist ein kleiner Komfort, der die PowerShell so leistungsfähig macht. Zu wissen, was hinter den Kulissen passiert, trägt dazu bei, die PowerShell noch ein wenig effektiver einsetzen zu können.

Parametertyp	Bedeutung
Positionsparameter	Einem Positionsparameter kann die PowerShell seinen Wert anhand der Position des Wertes zuordnen. Meistens gibt es ein bis zwei Positionsparameter pro Cmdlet.
Benannte Parameter	Ein benannter Parameter erhält seinen Wert nur dadurch, dass ihm der Parametername vorangestellt wird. Dafür spielt es keine Rolle, an welcher Position er aufgeführt wird.
Switch-Parameter	Ein Switch-Parameter besitzt keinen Wert. Er wird einfach nur aufgeführt und besitzt damit eine Wirkung.
Pflichtparameter	Ein Pflichtparameter muss angegeben werden, damit das Cmdlet aufgerufen werden kann. Wird ein Cmdlet mit Pflichtparametern ohne Parameterwerte aufgerufen, werden die Pflichtparameter der Reihe nach abgefragt.

Tabelle 3.1 Die verschiedenen Parametertypen bei einem Cmdlet

Die Common Parameters

Jedes Cmdlet besitzt einen Satz an Parametern, der unter dem Sammelnamen *Common Parameters* bzw. allgemeiner Parameter zusammengefasst wird. Dazu gehören wichtige Parameter wie *WhatIf* (Operation wird nicht wirklich ausgeführt, sondern nur angezeigt), *Force* (Operation wird erzwungen) oder *ErrorAction* (Festlegen, wie das Cmdlet auf einen Fehler reagiert). Tabelle 3.2 stellt die wichtigsten Parameter zusammen (eine ausführliche Beschreibung gibt es über *help about_common*).

Parameter	Bedeutung
Confirm	Bewirkt, dass in jedem Fall eine Bestätigung angefordert wird, von deren Ergebnis es abhängt, ob die Operation durchgeführt wird
ErrorAction	Gibt an, wie das Cmdlet auf einen Fehler reagiert. Zur Auswahl stehen: *Continue* (Fehler wird angezeigt, Standardeinstellung), *SilentlyContinue* (Fehler wird nicht angezeigt), *Inquire* (Anwender darf entscheiden) und *Stop* (Fehler wird zu einem terminierenden Fehler und die Ausführung der Pipeline-Verarbeitung des Befehls abgebrochen)
ErrorVariable	Gibt eine Variable (ohne vorangestelltes $-Zeichen) an, in die das *ErrorRecord*-Objekt mit den Fehlerinfos eingetragen wird
Force	Bewirkt, dass eine Operation erzwungen wird, die ansonsten nicht durchgeführt worden wäre (z. B. das Überschreiben einer Read-only-Datei)
OutVariable	Gibt eine Variable an, in die das, was das Cmdlet über die Pipeline weitergibt, ebenfalls eingetragen wird ▶

Parameter	Bedeutung
Verbose	Bewirkt, dass das Cmdlet ausführlichere Ausgaben anzeigt, sofern das Cmdlet dies unterstützt
WarningAction	Gibt an, wie das Cmdlet auf eine Warnung reagiert. Entspricht ansonsten dem *ErrorAction*-Parameter
WarningVariable	Ermöglicht, das bei einer Warnung zurückgegebene *Warning*-Objekt in der angegebenen Variablen abzulegen
WhatIf	Bewirkt, dass die Operation nur angezeigt, aber nicht durchgeführt wird

Tabelle 3.2 Die Common Parameters im Überblick

Mehr über einen Parameter erfahren

Zu jedem Parameter gibt es eine Hilfe, die Teil der Hilfe zu dem Cmdlet ist. Sie kann über das *Get-Help*-Cmdlet bzw. die *Help*-Funktion, aber auch einzeln abgerufen werden.

Der folgende Befehl ruft die Hilfe zum *ScriptBlock*-Parameter des *Invoke-Command*-Cmdlets ab:

```
Get-Help Invoke-Command -Parameter ScriptBlock
```

Die wichtigsten Cmdlets

Auch wenn »wichtig« ein relativer Begriff ist, gibt es einen Kern von Cmdlets, die in sehr vielen Situationen eingesetzt werden. Diese Cmdlets werden in Tabelle 3.3 zusammengestellt und in diesem Abschnitt der Reihe nach vorgestellt. Soviel schon einmal vorab: Die drei »wichtigsten« Cmdlets sind *Get-Command*, *Get-Help* und *Get-Member*.

Cmdlet	Was bringt es?
Get-Command	Holt ein oder mehrere Cmdlet-Objekte in die Pipeline
Get-Date	Liefert das aktuelle Datum und die aktuelle Uhrzeit oder ein bestimmtes Datum bzw. das aktuelle Datum mit einer bestimmten Uhrzeit
Get-Help	Ruft die Hilfe zu einem Cmdlet oder einem allgemeinen Thema ab
Get-Member	Listet alle oder bestimmte Member eines Objekts auf
Get-Unique	Entfernt Dubletten aus der Pipeline anhand einer Property
Group-Object	Gruppiert Objekte anhand eines gemeinsamen Kriteriums oder eines Ausdrucks, der ein oder mehrere Property-Member der zu gruppierenden Objekte enthält
Measure-Object	Zählt die Objekte in der Pipeline und bildet die Summe, den Durchschnitt, den größten und den kleinsten Wert einer gemeinsamen Eigenschaft der Objekte in der Pipeline
Out-String	Wandelt die Objekte in der Pipeline in Text um (sodass dieser leichter weiterverarbeitet werden kann)
Select-Object	Baut ein neues Objekt mit ausgewählten Membern eines existierenden Objekts zusammen
Sort-Object	Sortiert die Objekte in der Pipeline anhand eines gemeinsamen Kriteriums oder eines Ausdrucks, der eines oder mehrere Property-Member der zu gruppierenden Objekte enthält
Where-Object	Gibt die Objekte der Pipeline anhand eines Filterkriteriums weiter

Tabelle 3.3 Die wichtigsten Cmdlets im Überblick

Das Get-Date-Cmdlet (kein Alias)

Um das aktuelle Datum und die aktuelle Uhrzeit anzeigen zu können, benötigt man natürlich nicht unbedingt die PowerShell, für den Einstieg ist dieses Cmdlet jedoch bestens geeignet. Der Aufruf von *Get-Date* gibt lediglich das aktuelle Datum und die aktuelle Uhrzeit aus:

```
PS > Get-Date

Dienstag, 3. November 2009 09:54:37
```

Die Ausgabe ist eine harmlose Zeichenkette, doch auch dahinter steckt ein Objekt. Es ist ein *DateTime*-Objekt, das von *Get-Date* bei jedem Aufruf über die Pipeline weitergegeben wird.

Möchte man z.B. nur die Uhrzeit sehen, kommt der *Format*-Parameter des *Get-Date*-Cmdlets ins Spiel, dem ein Formatbezeichner (meistens ein Buchstabe oder eine per Doppelpunkt getrennte Buchstabenfolge) übergeben wird, der das Ausgabeformat bestimmt:

```
PS > Get-Date -Format t
09:55
```

oder

```
PS > Get-Date -Format T
09:55:59
```

oder

```
PS > Get-Date -Format HH:mm:ss:ffff
10:04:24:4240
```

für die Anzeige im *Stunden:Minuten:Sekunden:Millisekunden*-Format.

Auch das Datum lässt sich variieren:

```
PS > Get-Date -Format d
03.11.2009
```

Über den *f*-Operator der PowerShell (Kapitel 6) lässt sich das Datum individuell formatiert in eine Zeichenkette einsetzen:

```
PS > "Heute ist {0:dddd}, der {0:dd}te {0:MM}te im Jahr {0:yyyy}" -f (Get-Date)
Heute ist Dienstag, der 03te 11te im Jahr 2009
```

Kurzes Fazit: Das Verhalten eines Cmdlets wird über seine Parameter gesteuert. Neben dem *Format*-Parameter besitzt *Get-Date* auch einen *Date*-Parameter. Über ihn kann ein bestimmtes Datum als Zeichenkette vorgegeben werden, damit es *Get-Date* als *DateTime*-Objekt zurückgibt.

Der folgende Befehl gibt den 1.1.2009 als *DateTime*-Objekt zurück:

```
PS > Get-Date -Date 1.1.2009

Donnerstag, 1. Januar 2009 00:00:00
```

oder, wenn man generell den 1.1 des aktuellen Jahres erhalten möchte:

```
PS > Get-Date -Date "1.1.$(Get-Date -Format yyy)"

Donnerstag, 1. Januar 2009 00:00:00
```

Was bringt es, ein Datum auf diese Weise zu erhalten, wenn man es genauso gut als Zeichenkette eingeben kann? Die Objektvariante ist für Datumsvergleiche unverzichtbar.

Der folgende Befehl listet alle Dateien im Windows-Verzeichnis auf, die nach einem fixen Datum (in diesem Fall der 1.11.2009) beschrieben wurden, deren Wert ihrer *LastWriteTime*-Property also größer ist als dieses Datum:

```
PS >Get-ChildItem -Path $Env:Systemroot | Where-Object { $_.LastWriteTime -gt (Get-Date 1.11.2009) }

    Verzeichnis: C:\Windows

Mode                LastWriteTime     Length Name
----                -------------     ------ ----
d----        02.11.2009     13:26            inf
d----        02.11.2009     15:47            Prefetch
d----        02.11.2009     13:26            System32
d----        02.11.2009     13:24            Tasks
d----        03.11.2009     09:26            Temp
-a--s        03.11.2009     09:25      67584 bootstat.dat
-a---        02.11.2009     13:20         12 bthservsdp.dat
-a---        03.11.2009     09:59    1959086 WindowsUpdate.log
```

Ohne die Möglichkeit, über *Get-Date* ein beliebiges Datum als *DateTime*-Objekt zu holen, wäre der Vergleich mit der *LastWriteTime*-Property, die ebenfalls ein *DateTime*-Objekt darstellt, deutlich aufwändiger.

Der folgende Befehl führt zu einem falschen Ergebnis, da sich ein *DateTime*-Objekt nicht direkt über den *gt*-Operator mit einer Zeichenkette vergleichen lässt:

```
Get-ChildItem -Path $Env:Systemroot | Where-Object { $_.LastWriteTime -gt "1.11.2009" }
```

Über den Umgang mit Datum und Zeit

Jeder Datums-/Zeitwert ist bei der PowerShell ein Objekt vom Typ *DateTime*. Der Typ umfasst eine Reihe interessanter Methoden-Member, die z. B. über ein *Get-Member -InputObject (Get-Date) -MemberType Method* aufgelistet werden und zu denen z. B. eine Reihe von Add-Methoden-Membern gehören, mit denen sich zu einem Datum Tage, Stunden oder Minuten aufaddieren lassen. Ein

```
(Get-Date).AddDays(1)
```

liefert z.B. das Datum von morgen mit der aktuellen Uhrzeit als *DateTime*-Objekt zurück, ein

```
(Get-Date).AddHours(-3)
```

das Datum/die Uhrzeit von vor 3 Stunden. Damit lassen sich relative Zeitvergleiche durchführen, was häufig eine Rolle spielt.

Der folgende Befehl listet alle Einträge im Application-Ereignisprotokoll auf, die in den letzten 15 Minuten dazugekommen sind:

```
Get-EventLog -LogName Application | Where-Object { $_.TimeWritten -gt (Get-Date).AddMinutes(-15) }
```

Der Trick besteht einfach darin, vom aktuellen Datum/Zeitwert, der von *Get-Date* geliefert wird, per *Add-Minutes* 15 Minuten abzuziehen.

Neu: Das New-TimeSpan-Cmdlet

Bei der PowerShell 2.0 besteht die offizielle Variante der Manipulation von Datums-/Zeitwerten in dem *New-TimeSpan*-Cmdlet, das eine beliebige Zeitspanne erzeugt, die einem Datumswert aufaddiert oder von einem Datumswert abgezogen wird. Ein

```
(Get-Date) - (New-TimeSpan -Hours 3 -Minutes 30)
```

liefert den Datums-/Zeitwert von vor 3 Stunden und 30 Minuten.

Der Befehl, der die Ereignisprotokolleinträge auflistet, sieht mit *New-TimeSpan* wie folgt aus:

```
Get-EventLog -LogName Application | Where-Object { $_.TimeWritten -gt ((Get-Date)-(New-TimeSpan -Minutes 15)) }
```

Grundsätzlich führen beide Varianten zum selben Ergebnis, die Verwendung von *New-TimeSpan* ist etwas PowerShell-typischer, da kein Methoden-Member verwendet wird, das nicht in der PowerShell-Hilfe beschrieben ist und auf das ein PowerShell-Anwender nicht unbedingt von alleine kommen kann.[2]

Das Get-Command-Cmdlet (Alias Gcm)

Das *Get-Command*-Cmdlet holt ein oder mehrere Cmdlet-Objekte in die Pipeline. Das Cmdlet wird weniger für die tägliche Praxis, sondern immer dann benötigt, wenn man etwas mehr über ein bestimmtes Cmdlet in Erfahrung bringen möchte.

Der folgende Befehl listet die Namen aller Parameter des *Get-Command*-Cmdlets auf, indem dieses über *Get-Command* abgerufen wird:

```
Get-Command Get-Command | Select-Object -Expand Parametersets
```

[2] Die PowerShell ist zwar erst 3 Jahre alt, aber schon gibt es Techniken, die etwas aus der Mode kommen.

Was soll das bringen? Die Parameter stehen doch auch in der Hilfe, die sich per *?*-Parameter etwas einfacher abrufen lässt. Sinn und Zweck dieses Befehls ist es (natürlich) weniger, lediglich die Parameter aufzulisten, sondern sie weiterverarbeiten zu können (was mit den über *?* angezeigten Parametern nicht so einfach möglich wäre). Es ist wichtig zu verstehen, dass auch die Parameter Objekte sind, die z. B. Property-Member besitzen.

Der folgende Befehl nutzt diesen Umstand, indem er die Aliasnamen aller Parameter, sofern vorhanden, auflistet:

```
PS>Get-Command Get-Command | Select-Object -Expand Parameters | Select-Object -Expand Values | ForEach-
Object { if ($_.Aliases.Count -gt 0 ) { "Parametername: $($_.Name) - Alias: $($_.Aliases)" } }
Parametername: Module - Alias: PSSnapin
Parametername: CommandType - Alias: Type
Parametername: ArgumentList - Alias: Args
Parametername: Verbose - Alias: vb
Parametername: Debug - Alias: db
Parametername: ErrorAction - Alias: ea
Parametername: WarningAction - Alias: wa
Parametername: ErrorVariable - Alias: ev
Parametername: WarningVariable - Alias: wv
Parametername: OutVariable - Alias: ov
```

Auch wenn man diese Informationen (nicht nur am Anfang) eher selten benötigen dürfte, zeigt dieses Beispiel sehr schön, dass auch ein PowerShell-Cmdlet aus Objekten besteht, die sich alle einzeln abfragen lassen.

Befehle in einer Zeichenkette

Hin und wieder ist ein Cmdlet Teil einer Zeichenkette, es kann zunächst nicht ausgeführt werden. Ein

```
"Das aktuelle Datum: Get-Date"
```

setzt nicht das aktuelle Datum und die Uhrzeit in die Zeichenkette ein, da der PowerShell-Interpreter dieses (natürlich) nicht als solches erkennt. Die Ausgabe lautet vielmehr

```
Das aktuelle Datum: Get-Date
```

Um zu erreichen, dass vor der Ausgabe das Cmdlet ausgeführt und sein Ergebnis in die Zeichenkette eingesetzt wird, muss es in runde Klammern gesetzt werden, denen ein $-Zeichen vorausgeht:

```
PS>"Das aktuelle Datum: $(Get-Date)"
Das aktuelle Datum: 11/03/2009 09:40:43
```

oder, wenn nur das Datum eingesetzt werden soll:

```
PS>"Das aktuelle Datum: $(Get-Date -Format d)"
Das aktuelle Datum: 03.11.2009
```

Das Setzen in runde Klammern ist kein *PowerShell-Hack*, sondern die Standardtechnik, wenn die Reihenfolge der Auswertung verändert werden soll. Der PowerShell-Interpreter wertet zuerst den Inhalt in den runden Klammern aus und setzt ihn danach, bedingt durch das *$*-Zeichen, in die Zeichenkette ein.

Etwas anders sieht es aus, wenn eine Zeichenkette ausschließlich einen PowerShell-Befehl enthält:

```
"Get-Date -format D"
```

Wird die Zeichenkette eingegeben, wird sie (natürlich) eins zu eins wieder ausgegeben. Soll ihr Inhalt dagegen ausgeführt werden, muss das *Invoke-Expression*-Cmdlet vorangestellt werden:

```
PS>Invoke-Expression -Command "get-date -format D"
Dienstag, 3. November 2009
```

Invoke-Expression kommt immer dann ins Spiel, wenn ein Befehl als Zeichenkette vorliegt und ausgegeben werden soll:

```
$Befehl = Read-Host -Prompt "Befehl?"
Invoke-Expression -Command $Befehl
```

In diesem Beispiel nimmt das *Read-Host*-Cmdlet (Kapitel 7) zuerst eine Zeichenkette entgegen. In der zweiten Befehlszeile führt *Invoke-Expression* den in der Zeichenkette enthaltenen Befehl aus.

Das Get-Help-Cmdlet (kein Alias)

Das *Get-Help*-Cmdlet ruft die Hilfe zu einem Cmdlet, einem Parameter oder einem allgemeinen Thema ab. Ein

```
Get-Help -Name Get-Command
```

ruft die Standardhilfe zum *Get-Command*-Cmdlet ab (ein wenig kürzer geht es natürlich per *Get-Command -?*). Neben der Standardhilfe gibt es zu jedem Cmdlet eine ausführlichere und eine vollständige Hilfe, die über die Parameter *Detailed* und *Full* abgerufen werden (*Full* ist stets etwas mehr als *Detailed*). Der Befehl

```
Get-Help -Name Get-Command -Full
```

ruft die vollständige Hilfe zum Cmdlet *Get-Command* ab, die auch Beispiele umfasst. Möchte man nur die Beispiele sehen, erledigt das der *Examples*-Parameter:

```
Get-Help -Name Get-Command -Examples
```

TIPP Die Beispiele sind grundsätzlich vollständig, sodass sie sich per Kopieren/Einfügen in die Zeile mit dem Eingabeprompt einfügen und auf diese Weise ausführen lassen (auch wenn sie aus mehreren Befehlszeilen bestehen).

Die Syntaxbeschreibung zu einem Cmdlet abrufen

Möchte man aber nur die Syntax eines Cmdlets sehen, hilft *Get-Help* nicht weiter, sondern *Get-Command* und dessen *Syntax*-Parameter:

```
PS>Get-Command -Name Get-Command -Syntax
Get-Command [[-ArgumentList] <Object[]>] [-Verb <String[]>] [-Noun <String[]>] [-Module <String[]>]
[-TotalCount <Int32>] [-Syntax] [-Verbose] [-Debug] [-ErrorAction <ActionPreference>]
[-WarningAction <ActionPreference>] [-ErrorVariable <String>] [-WarningVariable <String>]
[-OutVariable <String>] [-OutBuffer <Int32>]
Get-Command [[-Name] <String[]>] [[-ArgumentList] <Object[]>] [-Module <String[]>]
[-CommandType <CommandTypes>] [-TotalCount <Int32>] [-Syntax] [-Verbose] [-Debug]
[-ErrorAction <ActionPreference>] [-WarningAction <ActionPreference>] [-ErrorVariable <String>]
[-WarningVariable <String>] [-OutVariable <String>] [-OutBuffer <Int32>]
```

Kann man sich dafür nicht einen Alias definieren, um die Syntax über einen kurzen Befehlsnamen wie z. B. »?S« abrufen zu können? Das geht nur über den Umweg einer kleinen Funktion (die erst in Kapitel 7 an der Reihe ist), da das, was über den *Value*-Parameter dem *Set-Alias*-Cmdlet übergeben wird, nicht parametrisierbar ist. Wer die Syntaxabfrage unbedingt abkürzen möchte, geht wie folgt vor:

1. Definition einer Funktion, deren Name beliebig ist:

   ```
   function ?SS ($Cmd) {Get-Command -Name $Cmd -Syntax}
   ```

2. Für diese Funktion wird im zweiten Schritt ein Alias definiert:

   ```
   Set-Alias -Name ?S -Value ?SS
   ```

Über den neuen Alias *?S* kann damit die Syntax zu einem Cmdlet abgerufen werden:

```
?S Get-Process
```

Soll der Alias dauerhaft zur Verfügung stehen, muss die Definition in die Profile-Datei der PowerShell (Kapitel 2) eingebaut werden.

Parameterhilfe abrufen

Get-Help kann über sein *Parameter*-Argument auch die Hilfe zu einem Parameter (oder mehreren Parametern) abrufen. Der folgende Befehl zeigt die Beschreibung des *Value*-Parameters des *Set-Alias*-Cmdlets an:

```
Get-Help Set-Alias -Parameter Value
```

Allgemeine Hilfethemen abrufen

Neben den Beschreibungen der einzelnen Cmdlets hat die PowerShell-Hilfe noch einiges mehr an Informationen zu bieten. Diese *About-Themen* (die auch unter dem Schlagwort *Konzeptionelle Hilfe* zusammengefasst sind) werden ebenfalls über *Get-Help* abgerufen, wobei jedem Hilfethema immer ein *about_* vorausgeht. Der folgende Befehl ruft die Informationen zum Thema *Remoting* ab:

```
Get-Help -Name Remoting
```

Achten Sie am Ende des Textes auf die Kategorie *Verwandte Links*, denn hier werden oft weitere Hilfethemen aufgelistet, die ein Thema vertiefen. Auf diese Weise kann man sich recht schnell einen Überblick über ein Themengebiet verschaffen.

Onlinehilfe abrufen

Die Zeiten, in denen die *Onlinehilfe* nur ein anderer Name für die Hilfedatei war, die sich *online* (also auf dem Bildschirm) lesen ließ, sind vorbei. Heute ist eine *Onlinehilfe* eine Hilfe, deren Texte über das Internet abgerufen werden. Daher ist auch die Bedeutung des *Online*-Parameters bei *Get-Help* sonnenklar. Es wird die Hilfe abgerufen, die unter dem Dach von *Microsoft TechNet* im Internet angeboten wird. Durch ein allgemeines *Get-Help -Name <Thema> -Online* wird aber lediglich die URL im Browser angezeigt, die im Hilfethema unter *Verwandte Links* stets aufgeführt wird.[3] Diese Form der Hilfe ist eventuell nicht nur ein wenig übersichtlicher, da sie komplett in einem Fenster angezeigt wird, sie kann im Rahmen der *Community Content*-Funktion auch um (fachliche) Kommentare von (theoretisch beliebigen) PowerShell-Experten der Community angereichert werden, was natürlich eine sehr interessante Funktion ist. Das wäre z. B. der Ort, an dem man etwas über *Workarounds* erfahren könnte, falls ein PowerShell-Cmdlet-Parameter einmal nicht das leisten sollte, was der Name verspricht.

Leider gibt es die Onlinehilfe nur auf Englisch. Das Ändern der Sprache in der Titelleiste der Webseite (oder der »Trick«, in der URL das *en-US* durch ein *de-De* auszutauschen) führt zu nichts.

Das Get-Member-Cmdlet (Alias Gm)

Ein Cmdlet, das zu Beginn relativ uninteressant erscheinen mag, das sich aber schnell zu einem unentbehrlichen Helfer entpuppt, ist das *Get-Member*-Cmdlet. Ein

```
Get-Member -InputObject (Get-Date)
```

ruft die Member zu jenem Objekt auf, das von einem *Get-Date*-Cmdlet über die Pipeline weitergegeben wird. Möchte man nur bestimmte Member sehen, kann dies über den *Name*-Parameter angegeben werden. Der folgende Befehl zeigt nur jene Member an, die mit der Silbe *Add* beginnen:

```
Get-Member -InputObject (Get-Date) -Name Add*
```

Das Eingrenzen auf bestimmte Membertypen ist über den *MemberType*-Parameter möglich. Der folgende Befehl zeigt nur die Methoden-Member des *DateTime*-Objekts an, die entweder mit *Add* oder mit »T« beginnen:

```
Get-Member -InputObject (Get-Date) -MemberType Method -Name Add*,T*
```

---

[3] In der Praxis funktioniert das Prinzip noch nicht, da der an die URL angehängte »möglicherweise auf Englisch«-Zusatz dazu führt, dass die Adresse vom Browser nicht verstanden wird.

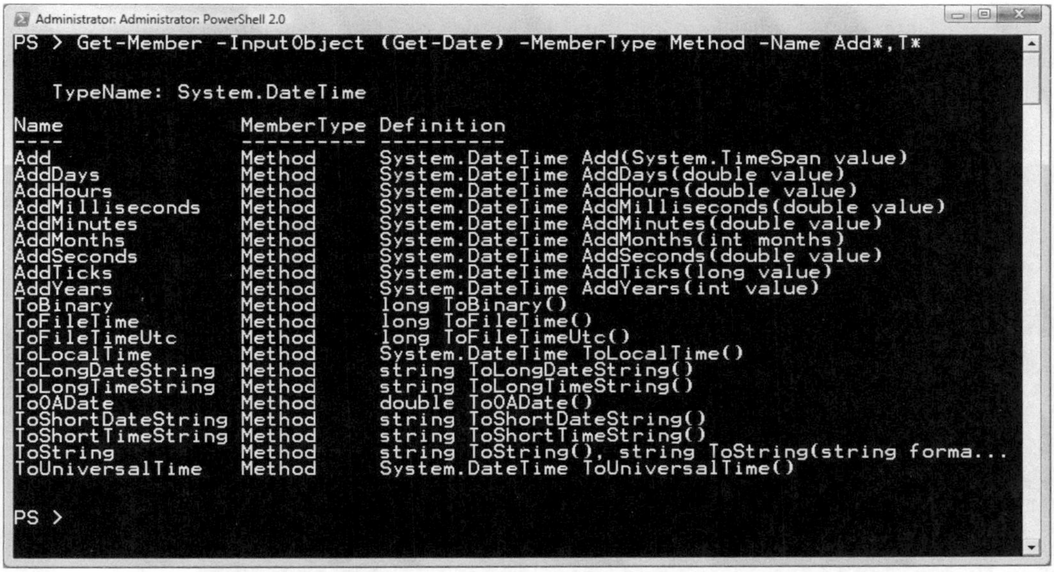

```
Administrator: Administrator: PowerShell 2.0
PS > Get-Member -InputObject (Get-Date) -MemberType Method -Name Add*,T*

   TypeName: System.DateTime

Name                 MemberType Definition
----                 ---------- ----------
Add                  Method     System.DateTime Add(System.TimeSpan value)
AddDays              Method     System.DateTime AddDays(double value)
AddHours             Method     System.DateTime AddHours(double value)
AddMilliseconds      Method     System.DateTime AddMilliseconds(double value)
AddMinutes           Method     System.DateTime AddMinutes(double value)
AddMonths            Method     System.DateTime AddMonths(int months)
AddSeconds           Method     System.DateTime AddSeconds(double value)
AddTicks             Method     System.DateTime AddTicks(long value)
AddYears             Method     System.DateTime AddYears(int value)
ToBinary             Method     long ToBinary()
ToFileTime           Method     long ToFileTime()
ToFileTimeUtc        Method     long ToFileTimeUtc()
ToLocalTime          Method     System.DateTime ToLocalTime()
ToLongDateString     Method     string ToLongDateString()
ToLongTimeString     Method     string ToLongTimeString()
ToOADate             Method     double ToOADate()
ToShortDateString    Method     string ToShortDateString()
ToShortTimeString    Method     string ToShortTimeString()
ToString             Method     string ToString(), string ToString(string forma...
ToUniversalTime      Method     System.DateTime ToUniversalTime()


PS >
```

Abbildung 3.1 *Get-Member* listet die Methoden-Member des *DateTime*-Objekts auf

TIPP Möchte man den Typnamen eines Objekts wissen, erfährt man diesen zwar indirekt über *Get-Member*, ein wenig einfacher geht es mit dem *GetType()*-Member, über das jedes Objekt verfügt (z. B. liefert *(Get-Date).GetType().Name* den Typnamen *DateTime*).

Bei den letzten Beispielen wurde jeweils vom *InputObject*-Parameter Gebrauch gemacht, der einem Cmdlet seinen Input zuführt. Die Alternative besteht natürlich auch bei *Get-Member* darin, den Input über die Pipeline zu speisen. Der folgende Befehl zeigt alle Property-Member eines *Process*-Objekts an, das zuvor per *Get-Process* in die Pipeline gelegt wurde:

```
Get-Process | Get-Member -MemberType *property*
```

Auch wenn *Get-Process* mehrere Dutzend Objekte über die Pipeline weitergibt, zeigt *Get-Member* nur die Member zu einem Objekt an, da alle Objekte vom selben Typ sind. Enthält die Pipeline unterschiedliche Objekttypen, gibt *Get-Member* die Member zu jedem Objekttyp nacheinander aus.

Das folgende Beispiel ist etwas umfangreicher und verwendet Cmdlets, die erst in den folgenden Abschnitten bzw. in Kapitel 9 (WMI) an die Reihe kommen. Es ruft zu jedem Prozess, dessen WS-Wert größer als 50 MB ist, über das *Get-WmiObject*-Cmdlet dessen Besitzer ab und legt beide Objekte (Besitzer und das Objekt, das aus der WMI-Abfrage resultiert) in die Pipeline. Das folgende *Get-Member* gibt dadurch zwei Membersets aus: das des *Process*-Objekts und das des aus der WMI-Abfrage resultierenden *ManagementObject*-Objekts.

```
Get-Process | Where-Object { $_.WS -gt 50MB } | ForEach-Object { $_, (Get-WmiObject -Class Win32_Process
-Filter "ProcessID=$($_.ID)").GetOwner() } | Get-Member
```

Ein

```
1, 1.2 | Get-Member
```

ist eventuell etwas leichter nachzuvollziehen. Mit 1 und 1.2 werden zwei bezüglich ihres Typs unterschiedliche *Objekte* (eine Ganzzahl und eine Zahl mit Nachkommaanteil) über die Pipeline weitergegeben, sodass *Get-Member* zwei Membersets ausgibt.

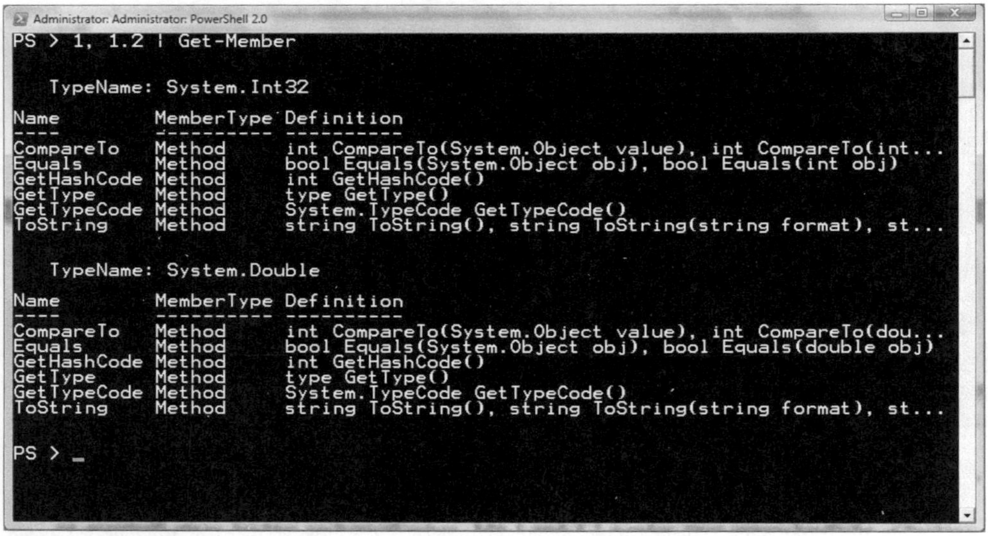

```
Administrator: Administrator: PowerShell 2.0
PS > 1, 1.2 | Get-Member

   TypeName: System.Int32

Name        MemberType Definition
----        ---------- ----------
CompareTo   Method     int CompareTo(System.Object value), int CompareTo(int...
Equals      Method     bool Equals(System.Object obj), bool Equals(int obj)
GetHashCode Method     int GetHashCode()
GetType     Method     type GetType()
GetTypeCode Method     System.TypeCode GetTypeCode()
ToString    Method     string ToString(), string ToString(string format), st...

   TypeName: System.Double

Name        MemberType Definition
----        ---------- ----------
CompareTo   Method     int CompareTo(System.Object value), int CompareTo(dou...
Equals      Method     bool Equals(System.Object obj), bool Equals(double obj)
GetHashCode Method     int GetHashCode()
GetType     Method     type GetType()
GetTypeCode Method     System.TypeCode GetTypeCode()
ToString    Method     string ToString(), string ToString(string format), st...

PS > _
```

Abbildung 3.2 *Get-Member* gibt die Membersets aller in der Pipeline vertretenen Objekttypen nacheinander aus

Das Select-Object-Cmdlet (Alias Select)

Das *Select-Object*-Cmdlet wählt etwas aus. Es wählt von dem Objekt oder den Objekten, die in der Pipeline liegen, eine oder mehrere Properties aus, die zusammen mit ihren Werten einem neuen Objekt verliehen werden. Für jedes Objekt, das sich in der Pipeline befindet, wird damit ein neues Objekt über die Pipeline weitergegeben, das aber nur die ausgewählten Property-Member besitzt.

Das folgende Beispiel listet alle lokalen Prozesse auf, zeigt aber nur den Namen, die Laufzeit und den Wert der *WS*-Property an:

```
Get-Process | Select-Object -Property Name, CPU, WS
```

Dass tatsächlich Objekte über die Pipeline weitergegeben werden, die nur noch drei Member aufweisen (neben den Standardmembern, die ein PowerShell-Objekt immer besitzt), macht ein angehängtes *Get-Member* deutlich:

```
PS>Get-Process | Select-Object -Property Name, CPU, WS | Get-Member

   TypeName: Selected.System.Diagnostics.Process

Name        MemberType   Definition
----        ----------   ----------
Equals      Method       bool Equals(System.Object obj)
GetHashCode Method       int GetHashCode()
GetType     Method       type GetType()
```

```
ToString     Method       string ToString()
CPU          NoteProperty System.Double CPU=3,5412227
Name         NoteProperty System.String Name=AcPrfMgrSvc
WS           NoteProperty System.Int32 WS=4988928
```

Geht es nur darum, die Ausgabe übersichtlicher zu gestalten, bietet sich ein *Format-Table*-Cmdlet an, bei dem sich ebenfalls die Member auswählen lassen, die Teil der Tabelle sein sollen:

```
Get-Process | Format-Table -Property Name, CPU, WS -Auto
```

Select-Object kann noch einiges mehr, als nur Property-Member auszuwählen. Sehr leistungsfähig ist die Möglichkeit, so genannte *berechnete Member* definieren zu können, deren Wert sich durch einen beliebigen Ausdruck oder eine Befehlsfolge berechnen lässt (was bei *Format-Table* aber auch geht).

Beim letzten Beispiel fiel sicher auf, dass bei einigen Prozessen das *CPU*-Member keinen Wert besitzt. Da dies etwas unschön aussieht, definiert *Select-Member* im Folgenden eine *CPU*-Property, deren Wert berechnet wird und sorgt für den Fall, dass *CPU* keinen Wert besitzt, dafür, dass der Wert ***Kein Wert*** angezeigt wird:

```
Get-Process | Select-Object -Property Name, @{Name="CPU";Expression={if($_.CPU -eq $null) { "**Kein
Wert**"}else { $_.CPU }}}, WS
```

Das ist bereits ein etwas umfangreicherer Befehl, bei dem zudem mit den Befehlen *if* und *else* zwei Befehle vorkommen, die erst in Kapitel 7 offiziell vorgestellt werden. Er zeigt aber schon jetzt, was mit *Select-Object* alles möglich ist. Es lassen sich nicht nur Property-Member der in der Pipeline befindlichen Objekte übernehmen, es können auch ganz neue Property-Member definiert werden, deren Name und Wert im Rahmen einer so genannten *Hashtable* (Kapitel 7) festgelegt wird. Der Schlüssel *Name* gibt den Namen der Property an, der Schlüssel *Expression* den Ausdruck, der wie bei der PowerShell stets üblich in geschweifte Klammern gesetzt werden muss. Im obigen Beispiel lautet der Ausdruck `{if($_.CPU -eq $null) { "**Kein Wert**"}else { $_.CPU }}`, wobei über *$_* auf das Pipeline-Objekt Bezug genommen wird, indem dessen *CPU*-Member angesprochen wird. Kompliziert? Im Moment ja, aber am Ende des Buches wird ein Befehl wie dieser sehr viel klarer sein.

Die Anzahl der Pipeline-Elemente eingrenzen

Select-Object bietet eine weitere praktische Eigenschaft: Über die Parameter *First* und *Last* lassen sich die Pipeline-Elemente eingrenzen, was vor allem nach einer Sortierung praktisch ist. Möchte man die fünf auf ihren Speicherbedarf bezogen größten Prozesse erhalten, sortiert man nach der *WS*-Property und lässt sich per *Select-Object* die letzten fünf Objekte ausgeben:

```
Get-Process | Sort-Object -Property WS | Select-Object -Last 5
```

oder, wenn nur die Properties *WS* und *ProcessName* angezeigt werden sollen:

```
PS>Get-Process | Sort-Object -Property WS | Select-Object WS, ProcessName -Last 5

                              WS ProcessName
                              -- -----------
                        26009600 ashServ
                        28901376 svchost
                        35954688 Virtual PC
                        48406528 explorer
                        79024128 svchost
```

Leider gibt die PowerShell die Pipeline-Objekte so an das unsichtbare *Format-Table* weiter, dass die nicht mehr vorhandenen Spalten einfach leer bleiben. Wen das stört, der muss ein explizites *Format-Table* mit dem *Auto*-Parameter anhängen:

```
Get-Process | Sort-Object -Property WS | Select-Object WS, ProcessName -Last 5 | Format-Table -Auto
```

oder, wenn der Wert für *WS* in MB angegeben werden soll:

```
Get-Process | Sort-Object -Property WS | Select-Object ProcessName, @{Name="WS";Expression={"{0:n0} MB"
-f ($_.WS/1MB)}} -Last 5

ProcessName                        WS
-----------                        --
powershell                         77 MB
OUTLOOK                            85 MB
WINWORD                            103 MB
dwm                                121 MB
firefox                            205 MB
```

Interessanterweise ist bei dieser Variante kein *Format-Table* am Ende erforderlich, damit die Spalten nebeneinander platziert werden.

Das Where-Object-Cmdlet (Alias ?)

Das *Where-Objekt*-Cmdlet filtert die Objekte in der Pipeline anhand eines Filterkriteriums, das stets in geschweifte Klammern gesetzt wird (und damit einen Skriptblock darstellt, der theoretisch beliebige PowerShell-Befehle enthalten kann). Es werden nur jene Objekte über die Pipeline weitergegeben, die das Kriterium erfüllen. Das wichtigste Detail in diesem Zusammenhang ist, dass das aktuelle Pipeline-Objekt, wie allgemein üblich, über die Variable *$_* angesprochen wird.

Der folgende Befehl gibt (wieder einmal) nur jene Prozesse über die Pipeline weiter, deren *WS*-Wert größer ist als 50 MB:

```
Get-Process | Where-Object { $_.WS -gt 50MB }
```

gt ist einer der zahlreichen PowerShell-Operatoren, der in diesem Fall für einen *greater than*-Vergleich steht (eine Liste der Operatoren erhält man z. B. über ein *help about_operator*).

Vergleichsoperatoren lassen sich (natürlich) beliebig kombinieren.

Der folgende Befehl listet nur Prozesse auf, deren Name mit »S« beginnt und die mehr als 20 MB belegen:

```
Get-Process | Where-Object { $_.WS -gt 20MB -and $_.ProcessName -like "S*"}
```

Die beiden Bedingungen »WS größer 20 MB« *und* »ProcessName beginnt mit einem S« werden über den *and*-Operator verknüpft. Möchte man alle Prozesse sehen, die entweder einen WS-Wert größer 20 MB besitzen *oder* die mit einem »S« beginnen, muss entsprechend der *or*-Operator zum Einsatz kommen.

Dass auf *Where-Object* nicht nur einfache Vergleiche folgen können, macht das nächste Beispiel deutlich. Es listet alle Dateien mit der Erweiterung *.Ps1* im aktuellen Verzeichnis auf, deren erste Zeile nicht mit einem »#«-Kommentarzeichen beginnt:

```
Get-ChildItem -Path *.ps1 | Where-Object { (Get-Content -Path $_.FullName -TotalCount 1) -notlike "#*" }
```

An diesem Punkt sollten Sie einen Augenblick innehalten und sich die Möglichkeiten durch den Kopf gehen lassen, die aus dieser Flexibilität resultieren oder resultieren könnten. Das *Get-Content*-Cmdlet (Kapitel 6) liest dank des *TotalCount*-Parameters mit dem Wert 1 die erste Zeile aus jener Datei, deren Pfad über *$_.FullName* angegeben wird – *FullName* ist ein Property-Member des *FileInfo*-Objekts, das von *Get-ChildItem* in die Pipeline gelegt wurde. Anschließend wird diese oberste Zeile über den *Notlike*-Operator mit »#*« verglichen. Nur Objekte, für die dieser Vergleich ein *$true* zum Ergebnis hat, werden über die Pipeline weiter transportiert und anschließend ausgegeben.

Auch wenn sich zurecht einwenden lässt, dass man zugunsten einer besseren Les- und Nachvollziehbarkeit eines Befehls bei der PowerShell nicht in den *Perl-Modus* verfallen sollte, wo es ein regelrechter Sport ist, möglichst viel in einer einzigen Zeile unterzubringen, zeigt der Befehl sehr schön, wie flexibel sich Abfragen bei der PowerShell gestalten lassen.

Das Group-Object-Cmdlet (Alias Group)

Das *Group-Object*-Cmdlet gruppiert die Objekte in der Pipeline anhand einer gemeinsamen Property oder eines Ausdrucks.

Der folgende Befehl gruppiert die lokal laufenden Dienste anhand des Wertes ihrer *Status*-Property:

```
PS>Get-Service | Group-Object -Property Status

Count Name                      Group
----- ----                      -----
  111 Running                   {System.ServiceProcess.ServiceController, Sy...
   70 Stopped                   {System.ServiceProcess.ServiceController, Sy...
```

Wie die Ausgabe deutlich macht, ergeben sich so viele Objekte, wie es unterschiedliche Werte bei der *Status*-Property aller durch *Get-Service* in die Pipeline gelegten *ServiceController*-Objekte gibt. Würde ein Dienst über *Suspend-Service* angehalten werden, würde mit *Paused* eine weitere Gruppe hinzukommen.

Wie die Ausgabe auch deutlich macht, besitzen die resultierenden Objekte drei Properties: *Count*, *Name* und *Group*. Der folgende Befehl sortiert die Erweiterungen aller Dateien im aktuellen Verzeichnis nach ihrer Häufigkeit, indem nach der Erweiterung (*Extension*-Property) sortiert wird:

```
Get-ChildItem -Path *.* | Group-Object -Property Extension | Sort-Object -Property Count -Descending
```

Collection-Properties erweitern mit dem ExpandProperty-Parameter

Während die *Count*-Property für die Anzahl der Elemente einer Gruppe und die *Name*-Property für das Merkmal steht, das zur Gruppenbildung geführt hat, bildet die *Group*-Property die Mitglieder der Gruppe ab. Ein

```
Get-Service | Group-Object -Property Status | Where-Object { $_.Name -eq "Stopped" } | Select-Object Group

Group
-----
{System.ServiceProcess.ServiceController, System.ServiceProcess.ServiceContr...
```

listet zwar alle Gruppenelemente der Gruppe der Dienste mit *Status=Stopped* auf, doch die Ausgabe ist nicht sehr übersichtlich. Der Grund dafür ist, dass *Group* für eine Collection, also eine Liste von Objekten steht, die in der Standarddarstellung auf diese Weise angezeigt werden. Möchte man alle Mitglieder der Gruppe mit ihren Standardmembern sehen, muss die Property über den *Expand*-Parameter von *Select-Object* erweitert werden:

```
Get-Service | Group-Object -Property Status | Where-Object { $_.Name -eq "Stopped" } | Select-Object -
Expand Group
```

Gruppieren mit berechneten Spalten

Richtig leistungsfähig wird *Group-Object*, wenn von der Möglichkeit Gebrauch gemacht wird, nach einem Wert zu gruppieren, der aus einem oder mehreren Property-Membern der zu gruppierenden Objekte berechnet wird.

Der folgende Befehl gruppiert alle laufenden lokalen Prozesse nach dem Kriterium *WS -gt 50 MB*:

```
PS>Get-Process | Group-Object -Property { $_.WS -gt 50MB }

Count Name                      Group
----- ----                      -----
  107 False                     {System.Diagnostics.Process (AcPrfMgrSvc), S...
    6 True                      {System.Diagnostics.Process (dwm), System.Di...
```

Wie die Ausgabe zeigt, resultieren genau zwei Gruppen. Die erste Gruppe enthält die Prozesse, die das Kriterium nicht erfüllen, die zweite Gruppe dagegen die Prozesse, die das Kriterium erfüllen.

Der folgende Befehl gruppiert alle Ps1-Dateien im aktuellen Verzeichnis nach dem Wochentag, an dem sie erstellt wurden. Man muss dazu lediglich wissen, dass die CreationTime-Property des von Get-ChildItem zurückgegebenen FileInfo-Objekts, die für den Zeitpunkt steht, an dem die Datei erstellt wurde, ein DateTime-Wert ist, und dass das DateTime-Objekt eine DayOfWeek-Property besitzt, die den Wochentag des Datums abbildet:

```
PS>Get-ChildItem -path *.ps1 | Group-Object -Property { $_.CreationTime.DayOfWeek } | Sort-Object -
Property Count -Desc

Count Name                      Group
----- ----                      -----
   24 Thursday                  {C:\PsKurs\ADBeispiele2.ps1, C:\PsKurs\Daten...
   13 Monday                    {C:\PsKurs\ADFunctions.ps1, C:\PsKurs\FunLib...
   11 Saturday                  {C:\PsKurs\get-dominfo.ps1, C:\PsKurs\get-gc...
   10 Sunday                    {C:\PsKurs\ADModifyGroupMS.ps1, C:\PsKurs\Ha...
    8 Wednesday                 {C:\PsKurs\GameOfLifeV1.ps1, C:\PsKurs\GetPr...
    2 Tuesday                   {C:\PsKurs\DBBeispiel.ps1, C:\PsKurs\EventLo...
    1 Friday                    {C:\PsKurs\CleanFestplatte.ps1}
```

Die Aufstellung ergibt, dass die meisten Skripts an einem Donnerstag erstellt wurden. Auch wenn dies sicherlich in die Kategorie »Informationen, die einen eher weniger interessieren« fällt, zeigt das kleine Beispiel sehr schön, wie einfach sich vorhandene Informationen neu zusammenfassen lassen.

Das Sort-Object-Cmdlet (Alias Sort)

Das *Sort-Object*-Cmdlet (Alias *Sort*) sortiert die Objekte in der Pipeline anhand einer gemeinsamen Property oder eines Ausdrucks.

Der folgende Befehl sortiert die laufenden lokalen Prozesse nach dem Wert ihrer *WS*-Property:

```
Get-Process | Sort-Object -Property WS -Descending
```

Über den *Descending*-Parameter wird in absteigender Reihenfolge sortiert. Auf den *Property*-Parameter können auch mehrere Property-Member folgen, nach denen in der Reihenfolge ihres Auftretens sortiert werden soll. Ein

```
Get-Process | Sort-Object -Property Name, WS -Descending
```

sortiert die laufenden Prozesse zuerst nach ihrem Namen und die namensgleichen Prozesse nach dem Wert ihrer *WS*-Property.

Sortieren mit berechneten Spalten

Auch bei *Sort-Object* gibt es die Möglichkeit, anstelle nach einer festen Property nach einem Wert zu sortieren, der berechnet wird.

Das folgende Beispiel geht von einer kleinen CSV-Datei mit dem Namen *SortBeispiel.csv* aus, die wie folgt aufgebaut ist:

```
Name,MitgliedSeit
AntonA,1.5.2009
Bert,2.5.2008
ChrisC,11.7.2007
```

Das *Import-CSV*-Cmdlet importiert den Inhalt und macht aus jeder Zeile ein Objekt, dessen Property-Member den einzelnen Spalten und ihren jeweiligen Werten entsprechen. Ein

```
Import-CSV -Path SortBeispiel.csv | Sort-Object -Property MitgliedSeit

Name                                    MitgliedSeit
----                                    ------------
AntonA                                  1.5.2009
ChrisC                                  11.7.2007
Bert                                    2.5.2008
```

liest die Datei Zeile für Zeile ein, sodass drei Objekte in die Pipeline gelegt werden, und sortiert die Objekte nach der *MitgliedSeit*-Property. Wie man erkennen kann, allerdings in der falschen Reihenfolge. Der Grund ist schnell gefunden. Wie ein

```
Import-CSV -Path SortBeispiel.csv | Get-Member
```

zeigt, hat das *Import-CSV*-Cmdlet aus der *MitgliedSeit*-Property eine Property vom Typ *String* gemacht:

```
   TypeName: System.Management.Automation.PSCustomObject

Name         MemberType   Definition
----         ----------   ----------
Equals       Method       bool Equals(System.Object obj)
GetHashCode  Method       int GetHashCode()
GetType      Method       type GetType()
ToString     Method       string ToString()
MitgliedSeit NoteProperty System.String MitgliedSeit=1.5.2009
Name         NoteProperty System.String Name=AntonA
```

Da *MitgliedSeit* eine *String*-Property ist, wird sie durch *Sort-Object* auch wie eine Zeichenfolge sortiert. Ein *2.1.2008* ist damit größer als ein *1.2.2009*, da Zeichen für Zeichen verglichen wird.

Abhilfe schafft das Konvertieren des *MitgliedSeit*-Wertes in einen *DateTime*-Wert durch das *Get-Date*-Cmdlet im Rahmen einer berechneten Spalte:

```
PS>Import-CSV -Path SortBeispiel.csv | Sort-Object {Get-Date $_.MitgliedSeit}

Name                                    MitgliedSeit
----                                    ------------
ChrisC                                  11.7.2007
Bert                                    2.5.2008
AntonA                                  1.5.2009
```

Jetzt wird die Property als *DateTime*-Wert behandelt und entsprechend sortiert.

Das Get-Unique-Cmdlet (Alias Gu)

Das *Get-Unique*-Cmdlet entfernt alle Dubletten aus der Pipeline, wobei als Vergleichskriterium eine gemeinsame Eigenschaft herangezogen wird.

Der folgende Befehl listet alle Prozesse auf, wobei dank *Get-Unique* jeder Prozessname nur einmal vertreten ist:

```
Get-Process | Get-Unique
```

Woher weiß *Get-Unique*, welches Kriterium es heranziehen soll? Laut PowerShell-Hilfe orientiert es sich an der Sortierreihenfolge und damit an der Property, nach der sortiert wird, sodass die Pipeline in der Regel vorher sortiert werden sollte:

```
Get-Process | Sort-Object -Property Name | Get-Unique
```

In der Praxis stellt sich allerdings heraus, dass das Sortieren in diesem Fall keinen Einfluss hat (die Prozessliste wird per Default nach dem Prozessnamen sortiert) und dass sich bei einer anderen Sortierreihenfolge kein Unterschied ergibt, sondern immer die mehrfach vorkommenden Prozessnamen entfernt werden. Die bessere Variante ist daher der *Unique*-Parameter des *Sort-Object*-Cmdlets, bei dem immer die Property herangezogen wird, nach der sortiert wird. Der folgende Befehl sortiert die *Process*-Objekte nach dem Wochentag, an dem sie gestartet wurden, und entfernt dabei mehrfach vorkommende Einträge mit demselben Wochentag-Startzeitpunkt:

```
Get-Process | Sort-Object { $_.StartTime.DayOfWeek } -Unique
```

Unterscheidet sich die *StartTime*-Property wirklich durch ihren Wochentag? Der folgende Befehl beweist es:

```
PS>Get-Process | Sort-Object { $_.StartTime.DayOfWeek } -Unique | Select-Object
ProcessName,@{Name="Wochentag";Expression={$_.StartTime.DayOfWeek }}

ProcessName                        Wochentag
-----------                        ---------
System
svchost                            Monday
OUTLOOK                            Tuesday
```

Die PowerShell-Hilfe enthält zu *Get-Unique* ein nettes Beispiel, das ausnahmsweise einmal (beinahe) eins zu eins übernommen werden soll, weil es sehr schön die Möglichkeiten des Cmdlets veranschaulicht. Der folgende Befehl unterscheidet anhand des Typs auf einfache Weise zwischen Dateien und Verzeichnissen im aktuellen Verzeichnis[4]:

```
Get-ChildItem | Sort-Object -Property {$_.GetType()} | Get-Unique -OnType
```

Über den *OnType*-Parameter wird *Get-Unique* angewiesen, den Typ der Objekte als Entscheidungskriterium heranzuziehen, nach dem zuvor bereits sortiert wurde.

Das ForEach-Object-Cmdlet (Alias %)

Das *ForEach-Object*-Cmdlet wiederholt für jedes Objekt in der Pipeline einen Befehlsblock. Dieses Cmdlet ist immer dann sehr praktisch, wenn mit jedem Objekt in der Pipeline eine bestimmte Aktion durchgeführt werden soll. Auf das *ForEach-Object*-Cmdlet folgt ein Befehlsblock, in dem *$_* das aktuelle Pipeline-Objekt repräsentiert.

---

4 Dafür verwendet die Hilfe Aliase für Cmdlets, was aus didaktischen Gründen nicht ganz so optimal ist.

Der folgende Befehl gibt (mithilfe von Cmdlets, die in Kapitel 6 an der Reihe sind) die erste Kommentarzeile aller Ps1-Dateien im aktuellen Verzeichnis aus, sofern die erste Zeile eine Kommentarzeile ist:

```
Get-ChildItem -Path *.ps1 | ForEach-Object `
{ $Zeile = Get-Content -Path $_.FullName -TotalCount 1; if ($Zeile -like "#*") { $Zeile } }
```

Der Befehlsblock, der stets auf *ForEach-Object* folgt, besteht aus zwei Befehlen, die durch ein Semikolon getrennt werden: Zunächst dem Aufruf von *Get-Content*, der die erste Zeile aus der Datei einliest, deren Pfad über *$_.FullName* zur Verfügung gestellt wird, und der Variablen *$Zeile* zuweist. Und des Weiteren dem *if*-Befehl (Kapitel 7), der prüft, ob die Variable *$Zeile* mit einem »#« beginnt. Ist das der Fall, wird die Zeile ausgegeben.

Da der Befehlsblock, der auf *ForEach-Object* folgt, beliebig umfangreich sein kann, bietet es sich an, auch den Namen der Datei auszugeben:

```
Get-ChildItem -Path *.ps1 | ForEach-Object `
{ $Zeile = Get-Content -Path $_.FullName -TotalCount 1; if ($Zeile -like "#*") `
{ "Datei $($_.FullName)`n$Zeile`n`n" } }
```

Über ein »`n« wird jeweils ein Zeilenumbruch in die Ausgabezeichenkette eingefügt.

HINWEIS Die Konvention, jedem Parameterwert seinen Parameternamen voranzustellen, wird beim *ForEach-Object*-Cmdlet nicht fortgesetzt, da der zuständige Parameter *Process* lautet und aus dem Namen, anders als bei den meisten anderen Parametern, die Bedeutung des Parameters nur bedingt hervorgeht. In Kapitel 13, wenn es um die etwas fortgeschritteneren Themen geht, wird deutlich werden, welche Rolle der *Process*-Parameter im Rahmen der Pipeline-Verarbeitung spielt.

Das Out-String-Cmdlet (kein Alias)

Das *Out-String*-Cmdlet wandelt die Objekte in der Pipeline in Text um. Das ist genauso unspektakulär, wie es sich anhört, und wird nur in jenen Situationen benötigt, in denen der Pipeline-Inhalt explizit als Text weiterverarbeitet werden soll.

Die Notwendigkeit für *Out-String* ergibt sich aus dem Umstand, dass man als Anwender nicht immer wissen kann (oder es vielleicht auch nicht so genau wissen möchte), welche Properties man ansprechen muss, um an eine gewünschte Information heranzukommen. Man möchte einfach nur wissen, ob in dem Output, den ein bestimmtes Cmdlet produziert, ein bestimmtes Wort vorkommt.

Wie lässt sich mit einem *$true*/*$false*-Wert feststellen, ob der *Calc*-Prozess läuft? Die »offizielle« Variante

```
@(Get-Process -Name Calc -ErrorAction SilentlyContinue).Length -gt 0
```

ist nicht nur etwas lang, sie ist für die Geringfügigkeit der Frage auch ein wenig zu anspruchsvoll. Warum kann man den *Output* des Cmdlets mit dem *Match*-Operator nicht einfach nach dem Begriff *Calc* durchsuchen? Doch ein

```
(Get-Process) -match "Calc"
```

führt nicht wirklich zu dem gewünschten Resultat, da der Output des Cmdlets kein richtiger Text ist und der *Match*-Operator nur mit Text arbeiten kann. Anstelle eines *$true*/*$false*-Wertes wird der oder werden die laufenden Prozesse aufgelistet. Erst, wenn das *Out-String*-Cmdlet »dazwischengeschaltet« wird, kommt das gewünschte Resultat heraus:

```
(Get-Process | Out-String) -match "Calc"True
```

Objekte sind daher für die Weiterverarbeitung nicht immer optimal. *Out-String* macht aus dem Output von *Get-Process* einen Text, der mit dem *Match*-Operator durchsucht werden kann. Ist das Wort *Calc* irgendwo in dem Text enthalten, resultiert ein *$true*, ansonsten ein *$false*-Wert.

Text als Stream

Normalerweise fasst das *Out-String*-Cmdlet den Objektinhalt der Pipeline zu einer Zeichenkette zusammen. Deren Länge liefert die *Length*-Property:

```
PS>(Get-Process | Out-String).Length
9564
```

Möchte man den Output aber als ein Array von Zeichenfolgen erhalten, muss der *Stream*-Parameter gesetzt werden. Ein *(Get-Process | Out-String -Stream).Length* ergibt jetzt den Wert 121. Die viel kleinere Zahl resultiert aus dem Umstand, dass dieses Mal die Zeilen und nicht die Anzahl der Zeichen gezählt werden.

Die PowerShell-Hilfe beschreibt die Rolle des *Stream*-Parameters sehr gut: »Standardmäßig werden die Zeichenfolgen von *Out-String* gesammelt und als eine einzige Zeichenfolge zurückgegeben. Sie können jedoch mit dem *Stream*-Parameter festlegen, dass *Out-String* die einzelnen Zeichenfolgen nacheinander zurückgibt«.

Das Measure-Object-Cmdlet (Alias Measure)

Das *Measure-Object*-Cmdlet, das bereits in Kapitel 1 zum Einsatz kam, macht mehrere Dinge auf einmal. Es zählt die Objekte in der Pipeline und liefert die Anzahl über die *Count*-Property des resultierenden Objekts. Darüber hinaus kann das Cmdlet die Summe, den Durchschnittswert sowie den größten und den kleinsten Wert der angegebenen Property der Pipeline-Objekte bilden und den oder die Werte ebenfalls über Properties des resultierenden Objekts zur Verfügung stellen.

Der folgende Befehl bildet von der Dateigröße aller Ps1-Dateien im aktuellen Verzeichnis die Summe, den Durchschnittswert, den größten und den kleinsten Wert.

```
PS>Get-ChildItem -Path *.ps1 | Measure-Object -Property Length -Sum -Ave -Min -Max

Count    : 69
Average  : 1115,04347826087
Sum      : 76938
Maximum  : 7222
Minimum  : 0
Property : Length
```

Dass sich wirklich alles messen lässt, was als Zahl vorliegt, macht das nächste Beispiel deutlich, das die größte und kleinste Anzahl an Zeilen bei allen Ps1-Dateien im aktuellen Verzeichnis zurückgibt:

```
PS>Get-ChildItem -Path *.ps1 | Select-Object -Property @{Name="AnzahlZeilen"; Expression={(Get-Content -
Path $_.FullName).Count}} | Measure-Object -Property AnzahlZeilen -Sum -Ave -Min -Max

bCount    : 69
Average   : 23,1594202898551
Sum       : 1598
Maximum   : 168
Minimum   : 0
Property  : AnzahlZeilen
```

Damit ergibt sich auf einen Blick: Im aktuellen Verzeichnis sind 69 Ps1-Dateien vorhanden, von denen die größte Datei 168 Zeilen und die kleinste Datei 0 Zeilen enthält. Die Summe aller Zeilen ist 1.598, der Durchschnittswert 23,159.

Und damit ergibt sich zum Ende des Kapitels gleich eine erste Übungsaufgabe, anhand derer Sie Ihr bis zu diesem Zeitpunkt erworbenes Wissen testen können: Wie lautet ein Befehl, der im aktuellen Verzeichnis alle Ps1-Dateien löscht, die keinen Inhalt besitzen? (Tipp: Verwenden Sie den *WhatIf*-Parameter bei *Remove-Item*, damit die Dateien im ersten Probelauf nicht wirklich gelöscht werden. Man kann ja nie wissen).

Den Pipeline-Inhalt in eine Datei umleiten (Out-File und Tee-Object)

Wie mag wohl ein Cmdlet heißen, das den Pipeline-Inhalt in eine Datei »outputtet«? Sicherlich *Out-File*. Zwingend benötigt wird das *Out-File*-Cmdlet allerdings nicht, denn die Umleitungsoperatoren > und >> besitzen dieselbe Wirkung.

Soll der Pipeline-Inhalt sowohl in eine Datei geschrieben als auch zur Weiterverarbeitung in der Pipeline zur Verfügung stehen, kommt das *Tee-Object*-Cmdlet zum Einsatz. Der zunächst eventuell etwas ungewöhnliche Name hat eine einfache Bedeutung: Der Pipeline-Inhalt wird auf eine Weise aufgesplittet, die einem klassischen T-Stück entspricht.[5]

Der folgende Befehl löscht alle Dateien mit der Größe 0 Bytes im aktuellen Verzeichnis und schreibt die Ausgabe, die *Where-Object* produziert und in die Pipeline legt, in eine Textdatei, sodass sich nachvollziehen lässt, welche Dateien gelöscht wurden:

```
Get-ChildItem | Where-Object { $_.Length -eq 0} | Tee-Object -FilePath DateiListe.txt | Remove-Item
```

Über den *Variable*-Parameter von *Tee-Object* kann der Pipeline-Inhalt auch in eine Variable abgezweigt werden.

[5] Mit einem klassischen Heißgetränk hat der Name also nichts zu tun.

Cmdlets-Fehler

Führt die Ausführung eines Cmdlets zu einem Fehler, wird dieser relativ wortreich angezeigt, wobei die Fehlermeldung einige Details (wie z. B. den Fehlertyp) enthält, die am Anfang eher nebensächlich sind. Eine Fehlermeldung ist eine Meldung, die von der PowerShell in den Fehlerkanal geschrieben und in der Eingabeaufforderung angezeigt wird.

Auf das Thema Umgang mit Fehlern, die bei der Ausführung eines Befehls auftreten, geht Kapitel 8 noch ausführlicher ein, daher an dieser Stelle nur so viel:

- Über den *ErrorAction*-Parameter des Cmdlets kann eingestellt werden, ob der von einem Cmdlet verursachte Fehler angezeigt werden soll (Tabelle 3.2). Über die Variable *$ErrorActionPreference* kann die Voreinstellung für die PowerShell-Sitzung festgelegt werden.
- Alle Fehlermeldungen werden in der Variablen *$Error* gesammelt – der letzte Fehler wird über ein *$Error[0]* abgerufen.

Zusammenfassung

Bei der PowerShell stehen die Cmdlets im Mittelpunkt. Von Anfang an sind bei der PowerShell 2.0 ganze 236 Cmdlets mit dabei, doch die PowerShell ist beliebig durch Snap-Ins und Module erweiterbar, sodass diese Zahl sehr schnell steigen kann (anders als man es vermuten könnte, steht hier Quantität auch für Qualität, da es nicht für jede Kleinigkeit ein Cmdlet gibt). Alleine der kommende SharePoint Server 2010 wird in seiner PowerShell über 500 Cmdlets für die SharePoint-Verwaltung enthalten, die PowerShell eines Exchange Server 2007 ist mit über 450 zusätzlichen Cmdlets ausgestattet. Ein Cmdlet ist jedoch mehr als nur ein Befehlsname. Es ist ein eigenständiges Objekt, das über Member verfügt, die über die Beschaffenheit des Cmdlets Auskunft geben und mit deren Hilfe sich z. B. lässt, welche Parameter ein Cmdlet besitzt. Das sind am Anfang aber eher nebensächliche Details. Für einen angehenden PowerShell-Power-User ist es wichtig, die Bedeutung der wichtigsten Cmdlets zu kennen und mit ihnen zu arbeiten. Und genau darum soll es in den nächsten drei Kapiteln gehen.

Kapitel 4

Ad-hoc-Abfragen lokal und im Netzwerk

In diesem Kapitel:

Eine der Stärken der PowerShell (wie grundsätzlich jeder interaktiven Shell) ist es, das Durchführen von Ad-hoc-Abfragen zu ermöglichen. Eine Ad-hoc-Abfrage ist in diesem Zusammenhang eine typische »Man möchte mal eben wissen…«-Abfrage, die z. B. alle Prozesse, die länger als 24 Stunden laufen und mehr als 20 MB Arbeitsspeicher belegen, alle momentan angehaltenen Dienste oder alle in der letzten Stunde hinzugekommenen Einträge im Ereignisprotokoll zurückgibt. Natürlich muss man es nicht bei einer Abfrage belassen, sondern kann gleichzeitig Aktionen folgen lassen, indem einzelne Prozesse beendet, einzelne Dienste angehalten oder Ereignisprotokolleinträge exportiert und etwa per E-Mail verschickt werden. Geübte PowerShell-Anwender können auf diese Weise komplette administrative Maßnahmen in einem einzigen Befehl zusammenfassen.

Lokal und im Netzwerk

Grundsätzlich kann bei der PowerShell 2.0 jede Aktion sowohl lokal als auch auf einem Computer im Netzwerk ausgeführt werden. Entweder über das universelle *Invoke-Command*-Cmdlet oder über den *ComputerName*-Parameter, den einige Cmdlets, etwa *Get-Process*, besitzen. Auch wenn das Thema PowerShell-Remoting erst in Kapitel 11 an der Reihe ist, zwei Hinweise vorweg:

- Damit das *Invoke-Command*-Cmdlet aktiv werden kann, müssen auf dem Remotecomputer zwei Voraussetzungen erfüllt sein. Erstens müssen die PowerShell 2.0 und WinRM 2.0 installiert sein (beide sind Teil des Management Framework). Zweitens muss das Remoting über das Cmdlet *Enable-PSRemoting* einmalig aktiviert werden.
- Die Remoteausführung über den *ComputerName*-Parameter basiert intern auf WMI. Es ist daher keine Konfiguration auf der Seite des Remotecomputers erforderlich. Außerdem muss dort die PowerShell nicht installiert sein.

TIPP Doch welche Cmdlets bieten einen *ComputerName*-Parameter? Das beantwortet der folgende Befehl:

```
Get-Help * -Parameter ComputerName
```

Jobs

Ein *Job* beschreibt bei der PowerShell einen Befehl oder Befehlsblock, der im »Hintergrund« und damit asynchron ausgeführt wird. Asynchron bedeutet in diesem Zusammenhang, dass die PowerShell den Job startet und unmittelbar danach für weitere Eingaben bereit ist. Jobs sind daher immer dann sehr praktisch, wenn ein Vorgang relativ lange dauert (z. B. eine Suche in der Registry) und die PowerShell-Sitzung dadurch nicht blockiert werden soll.

Ein kleines Beispiel macht den Umgang mit Jobs sehr schnell deutlich.

Der folgende Befehl durchsucht die Namen der Unterschlüssel des Zweiges *HKey_Current_User* der Registry nach dem Wort *PowerShell*:

```
Get-ChildItem -Path HKCU:\Software -Recurse -Include "*PowerShell*" -ErrorAction SilentlyContinue
```

Der Befehl ist einfach und kompakt, doch seine Ausführung dauert etwas länger. Es liegt daher nahe, ihn über einen Job im Hintergrund auszuführen:

```
Start-Job -ScriptBlock { Get-ChildItem -Path HKCU:\Software -Recurse -Include "*PowerShell*" -
ErrorAction SilentlyContinue }

Id              Name            State       HasMoreData     Location
--              ----            -----       -----------     --------
1               Job1            Running     True            localhost
```

Dieser Befehl startet über das *Start-Job*-Cmdlet einen neuen Job, dessen Eckdaten kurz danach ausgegeben werden. Der Job läuft ab jetzt »unsichtbar« und man kann sich anderen Dingen widmen. Möchte man wissen, ob der Job noch läuft, beantwortet diese Frage das *Get-Job*-Cmdlet, das mit der ID des Jobs aufgerufen wird:

```
PS > Get-Job -Id 1
Id              Name            State       HasMoreData     Location
--              ----            -----       -----------     --------
1               Job1            Completed   True            localhost
```

Doch was ist mit dem Ergebnis? Es muss über das *Receive-Job*-Cmdlet mit der Angabe der Job-ID abgeholt werden:

```
Receive-Job -Id 1
```

Auch wenn Jobs erst mit der PowerShell 2.0 eingeführt wurden, steckt dahinter natürlich ein uraltes Konzept aus der Großrechner-EDV.[1] Bei der PowerShell sind Jobs immer dann sehr praktisch, wenn eine Befehlsfolge irgendetwas tun soll und die PowerShell sich gleichzeitig um andere Dinge kümmern oder zur Eingabe zur Verfügung stehen soll. Es können beliebig viele Jobs gestartet werden und ein Job kann auch Remote auf einem anderen Computer im Netzwerk ausgeführt werden. Tabelle 4.1 stellt die (neuen) Job-Cmdlets der PowerShell zusammen. Das Konzept der Jobs wird in der Hilfe unter *help about_jobs* und *help about_Job_Details* ausführlich beschrieben.

Cmdlet	Bedeutung
Get-Job	Holt die Eckdaten zu einem laufenden Job
Receive-Job	Holt das Ergebnis oder aktuelle Zwischenergebnis eines laufenden Jobs
Remove-Job	Entfernt einen Job wieder aus der Jobliste
Start-Job	Startet einen neuen Job. Das Resultat ist ein *Job*-Objekt
Stop-Job	Hält einen laufenden Job an
Wait-Job	Wartet, bis ein laufender Job beendet wurde (damit ist der Vorteil der asynchronen Ausführung wieder aufgehoben)

Tabelle 4.1 Die Cmdlets für den Umgang mit Jobs

[1] Wer denkt da nicht mit etwas Wehmut an das Job Control System einer Cyber 176?

Umgang mit Prozessen

Ein einzelner Prozess wird durch ein *Process*-Objekt repräsentiert, dessen wichtigste Member in Tabelle 4.2 zusammengestellt sind (insgesamt besitzt das Objekt 90 Member, was für ein PowerShell-Objekt relativ viel ist).

Member	Steht für...
ProcessName	Den Namen des Prozesses
WS	Das so genannte *Workingset*. Dies ist ein Begriff aus dem Bereich virtueller Speicherverwaltung, der für die Menge der Arbeitsspeicherseiten steht, die dem Prozesse zugeordnet sind. Er ist die Einheit, die der Speicherbelegung des Prozesses am nächsten kommt.
Id	Die Id des Prozesses
StartTime	Der Zeitpunkt (als *DateTime*-Objekt), an dem der Prozess gestartet wurde

Tabelle 4.2 Die wichtigsten Member des *Process*-Objekts

Laufende Prozesse holen

Alle laufenden Prozesse werden durch das *Get-Process*-Cmdlet geholt. Das Cmdlet ähnelt auf den ersten Blick dem Windows-Tool *Tasklist.exe*, wenngleich es nicht dieselbe Parametervielfalt besitzt, da es bei der PowerShell dafür Cmdlets wie *Where-Object* gibt. Über den *Name*-Parameter kann lediglich die Liste der Prozesse eingegrenzt werden.

Der folgende Befehl listet alle Prozesse mit dem Namen *Svchost* auf:

```
Get-Process -Name Svchost
```

Zur Erinnerung: *Svchost.exe* ist der *Shared Service Host*, in dem mehrere als Dll-Dateien vorliegende Dienste zusammengefasst werden.

Mehr als die Standardplatzhalter *,? und [] sind beim *Name*-Parameter nicht möglich. Ein

```
Get-Process -Name [st]??????
```

listet z.B. alle Prozesse auf, die entweder mit einem »s« oder einem »t« beginnen und deren Name aus sieben Zeichen besteht.

Der folgende Befehl listet alle Prozesse auf, deren Name entweder *Svchost* lautet oder mit einem »S« beginnt:

```
Get-Process -name Svchost, S*
```

Über die beiden Switchparameter *Module* und *FileVersionInfo* werden die von einem Prozess benutzten Module sowie die Programm- und Dateiversion der zugrunde liegenden Exe-Datei ausgegeben.

Über *Get-Process* kann kein Filter gesetzt werden. Möchte man nur Prozesse sehen, die bestimmte Kriterien erfüllen, müssen diese über ein *Where-Object*-Cmdlet angegeben werden.

Der folgende Befehl listet nur Prozesse auf, die länger als 1 Tag laufen und die einen Workingset größer als 20 MB belegen. Beide Bedingungen werden über den *And*-Operator verknüpft:

```
Get-Process | Where-Object { $_.StartTime -lt (Get-Date).AddDays(-1) -and $_.WorkingSet -gt 20MB }
```

Den *Output* formatieren

Am Anfang nimmt man es vermutlich einfach so hin, später fragt man sich vielleicht schon, warum *Get-Process* lediglich die Werte von acht Property-Membern anzeigt, wo doch das zurückgegebene Objekt sehr viel mehr Property-Member besitzt. Die Antwort hat natürlich praktische Gründe. Wenn ein Objekt mehrere Dutzend Property-Member aufweist, können nicht alle Werte (per *Format-Table*) nebeneinander ausgegeben werden.[2] Wer sich davon einmal überzeugen möchte, sollte ein *Get-Process | Format-Table ** ausprobieren. Die PowerShell ordnet jedem Objekt, das ein PowerShell-Cmdlet produzieren kann, ein »Ausgabeformat« zu (das intern über eine Typendefinitionsdatei festgelegt wird und daher auch geändert werden könnte). Das Format legt fest, welche Property-Member angezeigt und ob diese tabellarisch oder untereinander ausgegeben werden. Soviel zur Theorie, doch wie lässt sich die Ausgabe variieren? Dafür gibt es gleich mehrere Möglichkeiten:

- Über ein angehängtes *Select-Object*-Cmdlet, durch das die auszugebenden Property-Member ausgewählt werden.
- Über ein angehängtes *Format-Table*-Cmdlet, durch das ebenfalls die auszugebenden Property-Member ausgewählt werden.
- Über vordefinierte *Views*, die über den *View*-Parameter von *Format-Table* ausgewählt werden. Eine View legt fest, welche Property-Member auf welche Weise ausgegeben werden.

Der folgende Befehl gibt von allen laufenden Prozessen lediglich den Namen, die Id und die Startzeit aus:

```
Get-Process | Format-Table ProcessName, Id, StartTime
```

Der folgende Befehl benutzt die vordefinierte View *StartTime*, um die Ausgabe nach dem Tag der Startzeit gruppiert auszugeben:

```
Get-Process | Format-Table -View StartTime
```

TIPP Welche Views für einen Typ (in diesem Fall *Process*) zur Verfügung stehen, ist in den Typeninformationsdateien hinterlegt, mit denen die PowerShell arbeitet (ein *Get-FormatData -Type System.Diagnostics.Process | Format-List* listet z.B. die so genannten *FormatViewDefinitionen* für den *Process*-Typ auf).

Format-Table kann nicht nur die Werte von vorhandenen Property-Membern ausgeben, der Wert einer Spalte kann auch berechnet werden. Dazu wird anstelle des Namens eines Property-Members ein in geschweifte Klammern gesetzter Ausdruck angegeben, bei dem ein *$_* das Objekt repräsentiert.

Der folgende Befehl gibt zusätzlich zum Prozessnamen, seiner Id und der Startzeit auch die Anzahl der Module aus:

```
Get-Process | Format-Table ProcessName, Id, StartTime, { $_.Modules.Count }
```

[2] Die PowerShell passt noch nicht die Ausgabe an die eingestellte Auflösung an.

Ein wenig störend ist eventuell, dass die Spaltenüberschrift *{$_.Modules.Count}* lautet. Wie sich das ändern lässt, wird im Abschnitt »Eigene Spalten definieren« (Seite 141) gezeigt.

Auf einen gestarteten Prozess warten

Soll die PowerShell auf das Beenden eines Prozesses warten, geschieht das über das *Wait-Process*-Cmdlet.

Der folgende Befehl bewirkt, dass die Programmausführung erst dann fortgesetzt wird, nachdem der gestartete Notepad-Prozess wieder beendet wurde:

```
Start-Process Notepad –PassThru | Wait-Process
```

Der *PassThru*-Parameter ist erforderlich, da *Start-Process* ohne diesen Parameter den gestarteten Prozess nicht über die Pipeline weiterreicht. Damit die PowerShell nicht »ewig« warten muss, gibt es bei *Wait-Process* auch einen *Timeout*-Parameter. Dies ist nicht die einzige Möglichkeit, auf die Beendigung eines Prozesses zu warten, eine Alternative ist der *Wait*-Parameter von *Start-Process*.

Prozesse beenden

Laufende Prozesse werden über das *Stop-Process*-Cmdlet beendet. Doch warum führt ein

```
Stop-Process Calc
```

auch dann zu einer Fehlermeldung, wenn der Rechner läuft? Der Fehler hat einen einfachen Grund. Da kein Parametername angegeben wurde, ordnet die PowerShell dem Namen *Calc* den Id-Parameter zu, da dies der Positionsparameter mit der Position 1 ist, was aber nicht funktionieren kann. Möchte man den Prozess über seinen Namen beenden, muss der *Name*-Parameter explizit angegeben werden:

```
Stop-Process -Name Calc
```

PowerShell-konformer ist es, den Prozess zuerst über *Get-Process* zu holen:

```
Get-Process Calc | Stop-Process
```

TIPP Zu wissen, dass z.B. der *Id*-Parameter ein Positionsparameter mit der Position 1 ist, ist bei der PowerShell kein Insiderwissen, das man sich erst mühevoll erarbeiten muss. Ein *Get-Help Stop-Process -Parameter Id* verrät dieses kleine Detail.

Prozesse starten

Prozesse werden entweder durch Eingabe ihres Namens bzw. Pfades oder über das *Start-Process*-Cmdlet gestartet. Bei der ersten Variante muss beachtet werden, dass wenn sich die Exe-Datei im aktuellen Verzeichnis befindet, ihr ebenfalls ein ».\« vorangestellt werden muss.

Der folgende Befehl startet *Outlook.exe* (sofern vorhanden) und schaltet gleich auf die Kalenderansicht um:

```
Start-Process -FilePath "$Env:ProgramFiles\Microsoft Office\Office12\Outlook.exe" -ArgumentList "/select
outlook:Calendar"
```

Prozesse termingesteuert starten

Soll ein Prozess zu einem bestimmten Zeitpunkt gestartet werden, muss dafür ein Windows-Task angelegt werden. Die Aufgaben-Verwaltung von Windows wird über das Systemprogramm *Schtasks.exe* gestartet. Um die Befehlszeile nicht selbst zusammenbauen zu müssen, gibt es im Rahmen des *PowerShell Packs* (Kapitel 15) ein paar Cmdlets, die einem diese Arbeit abnehmen. Aber auch das Zusammenbauen der Befehlszeile ist keine unlösbare Aufgabe.

TIPP *Schtasks.exe* wird unter *http://support.microsoft.com/kb/814596* beschrieben.

Das folgende Beispiel fasst die Befehle, die zum Aufruf von *Schtasks.exe* zum Anlegen eines neuen Tasks führen, in einer Funktion (mehr zu Funktionen in Kapitel 7) mit dem Namen *Create-ScheduledTask* zusammen, wobei die Funktion aus Platzgründen nicht alle der möglichen Subbefehlszeilenparameter von *Schtasks.exe* und seinem */Create*-Parameter umfasst. Für Funktionsparameter wird ein Standardwert festgelegt, der eingesetzt wird, wenn für den Parameter kein Wert übergeben wird.

```
# -------------------------------------------------------------
# Beispiel 4.1 - Anlegen einer zeitgesteuerten Aufgabe
# -------------------------------------------------------------
function Create-ScheduledTask
([string]$ComputerName = "localhost",
 [string]$RunAsUser = "System",
 [string]$TaskName = "TestTask",
 [string]$Schedule = "Täglich",
 [string]$Days = "SO",
 [string]$StartTime = "00:00",
 [string]$Task)
{
  $CmdLine  = "Schtasks.exe /create /s $ComputerName /ru $RunAsUser "
  $CmdLine += "/tn $TaskName /tr $Task /sc $Schedule /st $StartTime /F"
  Invoke-Expression $CmdLine
  if ($LastExitCode -eq 0)
  { write-host -fore green "Task wurde angelegt." }
  else
  { Write-Host -fore red "Fehler ($LastExitCode) beim Anlegen des neuen Tasks" }
}
```

Listing 4.1 Die Funktion *Create-ScheduledTask* legt einen neuen Task an

Aufgerufen wird die Funktion wie folgt:

```
Create-ScheduledTask -Task "`"PowerShell -File 'C:\PsKurs\HalloSkript.ps1' -NoExit`"" -TaskName PmTask -
Schedule Einmal -StartTime 11:50
```

Der Aufruf legt einen neuen Task an, der über den Start von *PowerShell.exe* ein PowerShell-Skript in einem festgelegten Verzeichnis startet (die kleine Anführungszeichenakrobatik mit dem Escapen der inneren Anführungsstriche ist erforderlich, da *-File* ansonsten als Parameter von *Schtasks.exe* erkannt wird). Das PowerShell-Fenster wird dabei nicht sichtbar, da die PowerShell nach dem Ausführen des Skripts gleich wieder beendet wird.

Die Besitzer eines Prozesses auflisten

Das *Process*-Objekt besitzt war sehr viele Member – ein Member, das den Namen des Besitzers des Prozesses angibt, ist aber leider nicht dabei. Aus irgendwelchen Gründen wurde diese Information weggelassen. Möchte man den Besitzer eines Prozesses abfragen, muss man auf das *Get-WmiObject*-Cmdlet und die WMI-Klasse *Win32_Process* ausweichen und das *GetOwner*-Member für jedes zurückgegebene Objekt aufrufen. Geliefert wird ein Objekt, dessen Member *Domain* und *User* für den Namen des Besitzers des Prozesses stehen.

Der folgende Befehl zeigt zu jedem laufenden Prozess dessen Besitzer an:

```
Get-WmiObject -Class Win32_Process | ForEach-Object { $_ | Select-Object Name,
@{Name="Besitzer";Expression={$O = $_.GetOwner();"$($O.Domain)\$($O.User)"} } }
```

Der Befehl ist absichtlich etwas umfangreicher, da über *Select-Object* ein neues Objekt mit zwei Property-Membern gebildet wird: dem Namen, der direkt über die *Name*-Eigenschaft des von *Get-WmiObject* zurückgegebenen Objekts vom Typ *ManagementObject* übernommen wird, und dem Besitzer, der im Rahmen einer durch eine *Hashtable* (Kapitel 7) gebildeten Property aus dem Aufruf des *GetOwner*-Members und der *Domain*- sowie der *User*-Property des von diesem Aufruf zurückgegebenen Objekts gebildet wird. Erstaunlich, wie viele Objekte involviert sind und welcher Aufwand betrieben werden muss, um eine so einfache Abfrage durchführen. Mit der Eingabe von *Tasklist /V* wäre man deutlich schneller am Ziel. Bei solchen Vergleichen muss aber immer berücksichtigt werden, dass Befehle wie *Tasklist*, so praktisch sie im Einzelfall auch sind, stets einen Textoutput produzieren, der sich nicht so flexibel weiterverarbeiten lässt, wie es bei Objekten der Fall ist.

Der Umgang mit Diensten

Jeder Windows-Dienst wird durch ein Objekt vom Typ *ServiceController* repräsentiert (seine Wirkung entspricht einem Aufruf von *Sc.exe -Query*). Tabelle 4.3 enthält die wichtigsten Member des Objekts, das mit nur 32 Membern deutlich weniger Member besitzt als das *Process*-Objekt.

Dienste auflisten

Der folgende Befehl listet alle Dienste auf, in deren Anzeigenamen das Wort *Microsoft* vorkommt:

```
Get-Service | Where-Object { $_.DisplayName -like "*Microsoft*" }
```

Der folgende Befehl listet alle Dienste auf, die momentan nicht laufen:

```
Get-Service | Where-Object { $_.Status -ne "Running" }
```

Der folgende Befehl gruppiert alle Dienste nach ihrem aktuellen Status:

```
Get-Service | Group-Object Status
```

Neben den definierten Statuuuus[3] *Running*, *Stopped* und *Paused* kann es auch Zwischenzustände geben, wie z.B. *StopPending*, was bei einer Abfrage entsprechend berücksichtigt werden muss. Es ist daher unter Umständen günstiger, mit dem *ne*-Operator zu prüfen, ob der Status nicht einem bestimmten Wert, z.B. *running*, entspricht.

Nicht alle Dienste können angehalten und fortgesetzt werden. Der folgende Befehl listet alle Dienste auf, die sich anhalten und fortsetzen lassen:

```
Get-Service | Where-Object { $_.CanPauseAndContinue }
```

Weitere Details zu einem Dienst auflisten

Wird nichts anderes festgelegt, gibt *Get-Service* nur den Status, den Namen und den Anzeigenamen (*DisplayName*-Property) aus. Über ein

```
Get-Service | Select *
```

erhält man alle Eigenschaften eines Dienstes. Über ein

```
Get-Service | Select-Object Name, Status, can*
```

bekommt man Namen, Status sowie den Wert aller *Can*-Eigenschaften, etwa *CanPauseAndContinue*.

PowerShell oder Sc.exe?

Erfahrene Administratoren, welche die Befehlszeile seit vielen Jahren kennen, werden sich von Cmdlets wie *Get-Service* nicht so leicht beeindrucken lassen, denn schließlich gibt es mit dem Systemtool *Sc.exe* ein Tool, das im Grunde keine Wünsche offen lässt. Was spricht dagegen, dieses Tool weiterhin zu benutzen, zumal das Ausgabeformat bei *Get-Service*-Cmdlets nicht besonders übersichtlich ist? Dies ist eine grundsätzliche Frage, die sich für befehlszeilenerfahrene Anwender beim ersten Kennenlernen der PowerShell öfter stellen dürfte. Die Antwort auf diesen (etwas konstruierten) Einwand lautet immer: Spezielle Tools sind für eine spezielle Aufgabe gut, sie lassen sich aber nicht so gut im Verbund einsetzen. *Sc.exe* ist z.B. sehr praktisch, da es alle Merkmale eines Dienstes in einer Klammer zusammenfasst:

```
SERVICE_NAME: slsvc
DISPLAY_NAME: Softwarelizenzierung
        TYPE               : 10  WIN32_OWN_PROCESS
        STATE              : 4  RUNNING
                                (STOPPABLE, NOT_PAUSABLE, ACCEPTS_SHUTDOWN)
```

Das kann die PowerShell natürlich auch, allerdings ist der Aufwand dafür verhältnismäßig groß. Der folgende Befehl gibt neben dem Namen und dem Status eines Dienstes auch aus, ob der Dienst angehalten, ob er nach dem Anhalten fortgesetzt und ob er beendet werden kann. Die letzten drei Angaben werden in einer runden Klammer durch eigene Begriffe, die an den *Sc.exe*-Befehl angelehnt wurden, dargestellt:

---

[3] Hoffentlich halbwegs korrekte Mehrzahlform von »Status«.

```
Get-Service | Select Name, @{Name="Aktionen"; `
 Expression={$Res="(";$Res+=if($_.CanStop){"STOPPABLE,"} else
 {"NOT_STOPPABLE,"};$Res+=if($_.CanPauseAndContinue){"PAUSABLE,"} else `
 {"NOT_PAUSABLE,"};$Res+=if($_.CanShutDown){"ACCEPTS_SHUTDOWN"} else `
 {"IGNORES_SHUTDOWN"};$Res+=")";$Res}},Status | Format-Table -auto
```

Es funktioniert, aber für ein »mal eben ausprobieren« ist der Befehl eindeutig etwas zu lang (der enthaltene *if*-Befehl, der eine *True/False*-Entscheidung in Abhängigkeit vom Wert der jeweiligen Properties *CanStop*, *CanPauseAndContinue* und *CanShutDown* durchführt, wird in Kapitel 7 vorgestellt, wenn es um das Thema Skripts geht). Falls man diesen Aufwand wirklich betreiben möchte, sollte der Befehl in einem Skript und dort wiederum in einer Funktion untergebracht werden, sodass sich der Befehl wie ein Cmdlet aufrufen lässt. Auch dazu mehr in Kapitel 7.

Auflisten aller abhängigen Dienste – der Umgang mit Collection-Membern

Das Auflisten aller abhängigen Dienste ist eine gute Gelegenheit, den Umgang mit Membern, die eine Collection als Wert besitzen, zu veranschaulichen. Ein Property-Member kann entweder für einen Wert oder für mehrere Werte stehen. Mehrere Werte werden bei der PowerShell im Allgemeinen zu einer *Collection* (zu Deutsch *Sammlung*) zusammengefasst, sodass diese Member folgerichtig *Collection-Member* heißen.

HINWEIS Die Anzahl der Mitglieder einer Collection liefert dessen *Count*-Property.

Der Befehl

```
Get-Service | Select-Object Name, DependentServices
```

listet zu jedem Dienst auch seine abhängigen Dienste auf. Die Ausgabe der Member ist aber nicht sehr schön, da die PowerShell Collection-Member in geschweiften Klammern zusammenfasst und nur die ersten Objekte einzeln aufführt und die restlichen Member durch drei Punkte andeutet. Auch eine Listenformatierung über ein *Format-List*-Cmdlet ändert daran nichts.

Möchte man per *Select-Object*-Cmdlet alle Mitglieder einer Collection-Property sehen, muss der Property nicht der *Property*-Parameter (der in der Regel weggelassen wird), sondern der *ExpandProperty*-Parameter vorangestellt werden.

Der folgende Befehl soll die *Name*-Property eines Dienstes regulär, die *DependentServices*-Property aber erweitert ausgeben:

```
Get-Service | Select-Object -Property Name -ExpandProperty DependentServices
```

Diese Variante funktioniert nicht, da die von *ExpandProperty* erweiterten Objekte ebenfalls eine *Name*-Property enthalten. Man muss sich daher die Mühe machen und die *Name*-Property des Dienstes umbenennen, indem die Property über eine Hashtable (Kapitel 7) neu zusammengesetzt wird:

```
Get-Service | Select-Object -Property @{Name="Dienst";Expression={$_.Name}} -ExpandProperty
DependentServices
```

Doch auch diese Variante ist nicht sehr befriedigend, da dieselbe Sorte von Objekt expandiert angezeigt wird, die bereits durch *Select-Object* ausgegeben wird, sodass sie von der PowerShell in einer Tabelle zusammengefasst wird. Da der übergeordnete Dienst nicht mehr angezeigt wird, lässt sich nicht mehr erkennen, was der Dienst ist und was seine abhängigen Dienste sind.

Möchte man eine übersichtliche Ausgabe, die zu jedem Dienst seine abhängigen Dienste auflistet und bei jenen Diensten, die keine abhängigen Dienste besitzen, eine entsprechende Meldung beinhaltet, muss man etwas mehr Aufwand betreiben.

Der folgende Befehl gibt zu jedem Dienst die Anzahl seiner abhängigen Dienste aus. Dabei besteht die Property *Abh.Dienste* aus einem kleinen Skript, das diese Anzahl zuerst einer Variablen zuweist und danach in einem *if-else*-Befehl in Abhängigkeit des Umstandes, ob diese Variable den Wert 0 besitzt oder nicht, der Property eine von zwei Texten zuweist. Es findet daher keine direkte Ausgabe der Zeichenkette statt. Die Ausgabe der Zeichenkette erfolgt vielmehr dergestalt, dass sie als Wert des Property-Members angezeigt wird.

```
Get-Service | Select-Object Name, @{Name="Abh.Dienste"; `
 Expression={$AnzahlAbhDienste = $_.DependentServices.Count; `
 if($AnzahlAbhDienste -eq 0) { "Keine abhängigen Dienste"} `
 else { "$AnzahlAbhDienste abhängige Dienste"}}}
```

Sollen die abhängigen Dienste namentlich einzeln aufgeführt werden, muss ein *ForEach-Object*-Cmdlet zum Einsatz kommen (das ist generell die beste Variante), in dem die Collection der abhängigen Dienste durchlaufen und der Name jedes Dienstes einzeln ausgegeben wird. In dieser Variante ist es auch möglich, über das *Write-Host*-Cmdlet bei der Ausgabe etwas Farbe ins Spiel zu bringen:

```
# -----------------------------------------------------------
# Beispiel 4.2 - Dienste mit ihren abhängigen Dienste einzeln auflisten
# -----------------------------------------------------------
Get-Service | ForEach-Object { Write-Host -Fore green "Dienst: $($_.Name)";
$AnzahlAbhDienste=$_.DependentServices.Count;if ($AnzahlAbhDienste -eq 0) { write-host "Keine abhängigen
Dienste"} else { Write-Host "Abhängige Dienste"; $_.DependentServices | ForEach-Object { Write-Host -
Fore yellow  "--- $($_.Name)" };Write-Host -Fore magenta "$AnzahlAbhDienste abhängige(r) Dienst(e)" }
Write-Host}
```

Listing 4.2 Dienste mit ihren abhängigen Diensten einzeln auflisten

Das ist alles ein einziger PowerShell-Befehl, wenngleich ein relativ umfangreicher. Es versteht sich von selbst, dass sobald ein Befehl diese Dimension erreicht hat, man daraus ein Skript machen sollte. Was in Kapitel 7 auch geschehen wird.

HINWEIS Dem *ExpandProperty*-Parameter kann nur der Name einer Property (der Platzhalter enthalten darf) übergeben werden. Anders als beim *Property*-Parameter kann es kein Skriptwert sein (dies geht aus der Syntaxbeschreibung auch hervor).

Member	Bedeutung
RequiredServices (AliasProperty)	Steht für eine Collection mit den Diensten, von denen dieser Dienst abhängig ist (Abkürzung für die *ServicesDependedOn*-Property)[4]
CanPauseAndContinue (Property)	*$true*, wenn der Dienst angehalten und wieder fortgesetzt werden kann
CanStop (Property)	*$true*, wenn der Dienst beendet werden kann
DependentServices (Property)	Steht für eine Collection mit Diensten, die von diesem Dienst abhängig sind
DisplayName (Property)	Der (ausführliche) Anzeigename des Dienstes
ServiceName (Property)	Der Name des Dienstes
Status (Property)	Der aktuelle Status des Dienstes

Tabelle 4.3 Die wichtigsten Member des *ServiceController*-Objekts

Einen Dienst anhalten

Ein Dienst wird über das *Suspend-Service*-Cmdlet angehalten.

Der folgende Befehl hält den (von seiner Bedeutung eher harmlosen) TAPI-Dienst an:

```
Suspend-Service -Name Tapisrv
```

Einen Dienst beenden

Ein Dienst wird über das *Stop-Service*-Cmdlet beendet.

Der folgende Befehl beendet den TAPI-Dienst:

```
Stop-Service -Name TapiSrv
```

Einen Dienst fortsetzen

Ein angehaltener Dienst wird über das *Resume-Service*-Cmdlet wieder fortgesetzt.

Der folgende Befehl setzt alle Dienste fort, die momentan angehalten sind:

```
Get-Service | Where-Object { $_.Status -eq "Paused" } | Resume-Service
```

Dienste anhand einer Liste prüfen

Angenommen, Sie möchten feststellen, ob eine Gruppe von Diensten läuft oder nicht läuft. Statt jeden Dienst einzeln zu prüfen, wäre es praktisch, wenn dafür ein Aufruf genügen würde. Dazu müssten die Namen der Dienste in einer kleinen Textdatei enthalten sein, die im Folgenden *Dienstliste.txt* heißt. Als

---

[4] Bei der man doch glatt wieder das Schulwörterbuch aus dem Schrank ziehen oder bei Leo nachschauen muss, um herauszufinden, was noch einmal der Unterschied zwischen *Dependent* und *DependedOn* war.

Nächstes liest das *Get-Content*-Cmdlet die Textdatei Zeile für Zeile ein und übergibt die Namen (in Gestalt eines Arrays) über den Pipe-Operator an das *ForEach-Object*-Cmdlet, das für jeden Namen einen Befehlsblock ausführt, der das *Get-Service*-Cmdlet mit dem Namen aus der Pipeline aufruft:

```
Get-Content Dienstliste.txt | ForEach-Object { Get-Service $_ }
```

Das wäre theoretisch bereits alles. In der Praxis möchte man im Allgemeinen etwas mehr. Beispielsweise eine kleine Zusammenfassung, die am Ende ausgibt, wie viele Dienste laufen und wie viele nicht. Außerdem soll es möglich sein, dass ein Dienstname in der Liste nicht berücksichtigt wird, wenn ihm ein #-Zeichen vorausgeht. Auf diese Weise ergibt sich ein kleines Tool, das über einen längeren Zeitraum eingesetzt werden kann.

Der folgende Befehl ist bereits etwas umfangreicher und nimmt verschiedene PowerShell-Elemente wie Variablen und den *if*-Befehl vorweg, die erst in Kapitel 7 vorgestellt werden. Der Befehl liest die Namen von Diensten aus einer Textdatei mit dem Namen *Dienstliste.txt* und prüft für jeden Dienst, ob dieser läuft oder nicht. Dienstnamen, denen ein # vorausgeht, werden nicht berücksichtigt. Da die laufenden Dienste mitgezählt werden, wird am Ende ein Hinweis ausgegeben, falls nicht alle Dienste laufen. Die wichtigste Kleinigkeit am Rande ist, dass das Semikolon zwei Befehle trennt (es ist also alles eine Befehlszeile):

```
$AnzahlDienste=$AnzahlRunning=0;Get-Content Dienstliste.txt | ForEach-Object { if ($_ -notlike "#*") {
$D = Get-Service $_ | Select-Object DisplayName, Status; $D; $AnzahlDienste++; if ($D.Status -eq
"Running") { $AnzahlRunning++} } }; if($AnzahlDienste -ne $AnzahlRunning) { Write-Host -back red -fore
white "Nicht alle Dienste laufen!" }
```

Das Ergebnis sieht wie folgt aus:

```
DisplayName                                                          Status
-----------                                                          ------
COM+-Ereignissystem                                                  Running
Remoteprozeduraufruf (RPC)                                           Running
Remoteregistrierung                                                  Stopped
Server                                                               Running
Windows-Verwaltungsinstrumentation                                   Running
WMI-Leistungsadapter                                                 Stopped
Arbeitsstationsdienst                                                Running
Nicht alle Dienste laufen!
```

Auch wenn es eventuell den sportlichen Ehrgeiz beflügelt, möglichst viele Befehle in eine Befehlszeile zu packen, alleine aus eigenem Interesse sollte man daraus mithilfe der *PowerShell ISE* ein kleines Skript machen, in dem jeder Befehl in einer eigenen Zeile untergebracht wird. Darum wird es ebenfalls in Kapitel 7 gehen.

Ein kurzer Ausflug in die Praxis

Montagmorgen, der VMWare-Server startet nicht. Die Fehlermeldung ist wie üblich kurz, knapp und kryptisch: »There was a problem connection – 511 vmware-service is not running«. Der Kollege, der dafür zuständig ist, ist nicht erreichbar. Man muss kein VMWare-Experte sein, um auch als Laie darauf zu kommen, dass irgendein VMWare-Dienst nicht läuft. Doch welcher? Mit der PowerShell findet man es heraus.

Der folgende Befehl listet alle Dienste, in denen die Silbe *VM* enthalten ist, mit ihrem Status auf:

```
Get-Service -Name *VM*
```

Das Ergebnis ist viel versprechend, von insgesamt fünf VMWare-Diensten läuft der Dienst *VMServerdWin32* nicht. Es gibt verschiedene Möglichkeiten, ihn zu starten. Beispielsweise über das *Start-Service*-Cmdlet, auf das der Name des zu startenden Dienstes folgt. Oder, indem einfach alle nicht laufenden VM-Dienste über die Pipeline an das *Start-Service*-Cmdlet weitergegeben werden.

Der folgende Befehl startet alle nicht laufenden Dienste, in deren Name ein *VM* enthalten ist:

```
Get-Service -Name *VM* | Where-Object { $_.Status -ne "running" } | Start-Service
```

Der VMWare-Dienst gibt ein paar Warnungen aus, mehr passiert nicht. Ein erneuter Aufruf von *Get-Service* bestätigt, dass der Dienst gestartet wurde. Der VMWare-Server lässt sich wieder starten, der Montagmorgen ist gerettet.

Natürlich hätte sich die Aufgabe auch mit dem Windows-Befehl *Sc.exe* lösen lassen (bei der PowerShell 2.0 muss die Dateierweiterung folgen, da ansonsten der Alias *Sc* bevorzugt wird), doch bei weitem nicht so elegant. Gerade für Anwender, die nur gelegentlich Systemaufgaben erledigen, ist der Umgang mit den Windows-Systemtools eine gewisse Herausforderung, zumal es hier keine Objektpipeline gibt, durch welche die Dienste, die der erste Befehl zurückgibt, zur Weiterverarbeitung an den folgenden Befehl weitergereicht werden könnten.

Einzelne Eigenschaften eines Dienstes ändern

Über das *Set-Service*-Cmdlet werden einzelne Eigenschaften eines Dienstes, wie z.B. die Beschreibung geändert.

Der folgende Befehl gibt dem *AudioSrv*-Dienst eine neue Beschreibung und einen neuen Anzeigenamen:

```
Set-Service -Name AudioSrv -Display "Super-Audio" -Description "Dienst, der in sphärische Klangwelten
entführt"
```

Was genau liefert Get-Service?

Als PowerShell-Neuling nimmt man es am Anfang einfach hin, dass ein Cmdlet wie *Get-Service* irgendetwas liefert, bei dem man auf einen Blick erkennen kann, dass es schon irgendwie passt. Später möchte man es genauer wissen, spätestens dann, wenn eine gesuchte Information nicht dabei ist. Ein *Get-Service* gibt mit *Status*, *Name* und *DisplayName* lediglich drei Angaben zurück, genauer, die Werte dreier Properties. Hinter jeder Zeile steckt ein *ServiceController*-Objekt, das noch etwas mehr zu bieten hat.

Alle für jeden Service zur Verfügung stehenden Properties erhält man über ein

```
Get-Service | Select-Object *
```

Der * steht für alle Properties und wird dem *Property*-Parameter zugeordnet, der dazu (als Positionsparameter) nicht namentlich aufgeführt werden muss. Der Befehl macht deutlich, dass es insgesamt acht Properties sind, die ein *ServiceController*-Objekt besitzt, mehr gibt es leider nicht.

Wer z.B. in Erfahrung bringen möchte, unter welchem Benutzerkonto ein Dienst läuft, kommt mit *Get-Service* nicht weiter und muss (wieder einmal) auf WMI ausweichen (mehr dazu in Kapitel 9), wo die *Win32_Service*-Klasse etwas auskunftsfreudiger ist.

Ein

```
Get-WmiObject -Class Win32_Service | Select-Object *
```

zeigt deutlich mehr Eigenschaften für einen Dienst an, insgesamt sind es 25. Mit dabei ist auch die *StartName*-Eigenschaft, die (obwohl der Name nicht ganz passend gewählt wurde) den Namen des Benutzerkontos als String zurückgibt.

Theoretisch müssten sich *Get-Service* und *Get-WmiObject* doch so kombinieren lassen, dass man sich mit *Get-Service* einen Dienst *holt* und *Get-WmiObject* fehlende Informationen wie den Benutzerkontennamen liefert. Das gemeinsame »Bindeglied« ist der Dienstname.

Theoretisch geht bekanntlich alles, praktisch könnte es wie folgt aussehen:

```
Get-Service AudioSrv | Select Name, @{
Name="Konto";Expression={([WMI]"Win32_Service.Name='AudioSrv'").StartName}}
```

Mit dem *[WMI] Type Accelerator*, der eine WMI-Instanz anhand des Klassennamens und einer Key-Property liefert, wird ein Element aus Kapitel 9 vorweggenommen, in dem WMI im Detail vorgestellt wird.

Die Zugriffsberechtigungen eines Dienstes in Erfahrung bringen

Die Zugriffsberechtigungen, die es auch bei einem Windows-Dienst gibt, liefern weder *Get-Service* noch WMI. Hier bleibt im Allgemeinen wohl nur der Aufruf von *Sc.exe* in der Form *Sc.exe sdshow AudioSrv*, der in diesem Fall den *Security Descriptor* des Dienstes *AudioSrv* zurückgibt, oder das universelle Security-Befehlszeilentool *Subinacl*. Das *Get-ACL*-Cmdlet der PowerShell hilft hier nicht weiter, da es sich nur auf Verzeichnisse, Dateien und Registry-Schlüssel bezieht. Wer die Möglichkeit, die *Access Control List* (ACL) bei einem Dienst abfragen und setzen zu können, nutzen möchte, findet in der .NET-Klassenbibliothek (und dort bei den Klassen im Namespace *System.Security.AccessControl*) die erforderlichen Funktionen. Eine Warnung gleich vorweg: Es ist nicht gerade trivial, diese Funktionen auf einen Windows-Dienst anzuwenden.

Einen neuen Dienst einrichten

Über das *New-Service*-Cmdlet kann ein Dienst, der bislang nur als Datei vorliegt, registriert werden, sodass er sich spätestens beim nächsten Systemstart in die Liste der Dienste einreiht. Diese Form der Registrierung kommt im Allgemeinen nur für Eigenentwicklungen infrage, die regulären Windows-Dienste sollten bzw. können nicht auf diese Weise hinzufügt werden.

Der folgende Befehl wird daher in erster Linie der Form halber vorgestellt, da Sie ihn nur mit einem Nicht-Windows-Dienst (in diesem Fall findet der fiktive Dienst *PemoService* Verwendung) ausprobieren können.

```
New-Service -Name PemoService -BinaryPathName %SystemRoot%\System32\PemoService.exe -k
LocalServiceNetworkRestricted -DisplayName "Pemo-Service" -StartupType Automatic
```

Der alternative Aufruf mit *Sc.exe* sähe wie folgt aus:

```
Sc.exe create PemoService binPath= "C:\Windows\System32\PemoService.exe" type=share start=Auto
DisplayName="Pemo-Service"
```

In beiden Fällen können auch abhängige Dienste angegeben werden, was in beiden Beispielen aber nicht geschah.

Ein (kurzer) Blick hinter die Kulissen

Die Windows-Dienste werden in der Registry im Schlüssel *HKEY_LOCAL_MACHINE\SYSTEM\CurrentControlset\Services* aufgeführt. Hier sind für jeden Dienst Angaben wie *DisplayName* und *Start* (Starttyp) hinterlegt.

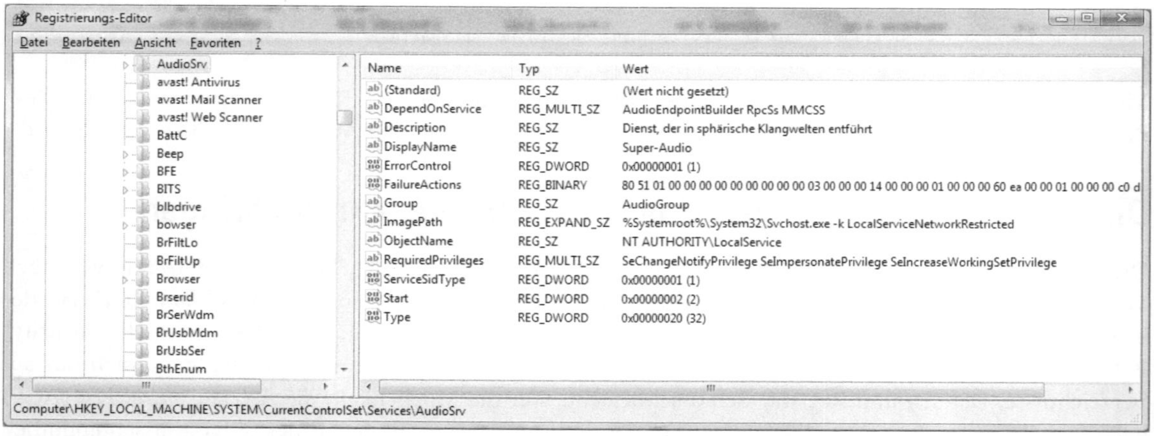

Abbildung 4.1 Der Registry-Editor zeigt die Details des Audio-Dienstes an

Einen Dienst entfernen

Soll ein Dienst komplett von einem System verschwinden, erledigt das die *Delete*-Methode jenes Objekts, das von einem *Get-WmiObject Win32_Service* geliefert wird. Es versteht sich von selbst, dass dies keine alltägliche Anforderung ist und daher nur durchgeführt werden sollte, wenn der Dienst wirklich vom System entfernt werden soll.

Der folgende Befehl entfernt den (eher fiktiven) Dienst *PemoDienst*.

```
(Get-Wmiobject Win32_Service -filter "Name='PemoDienst'").Delete()
```

Der Umgang mit dem Ereignisprotokoll

Ein Eintrag in einem Ereignisprotokoll wird durch ein *EventLogEntry*-Objekt repräsentiert. Die PowerShell stellt insgesamt 17 (!) Cmdlets für den Umgang mit Ereignisprotokollen zur Verfügung (Tabelle 4.4).

Neuerungen bei Vista

Mit Windows Vista wurde das Windows-Ereignisprotokoll grundlegend erweitert. Neben den klassischen Windows-Protokollen gibt es Dutzende von Anwendungs- und Dienstprotokollen, die auf Protokolldateien mit der Erweiterung *.Evtx* basieren. Im Rahmen der neuen Ereignisanzeige lassen sich Filter im XML/XPath-Format definieren und Einträge, die in ein Ereignisprotokoll geschrieben werden, können Aktionen wie das Versenden einer E-Mail auslösen, indem sie mit einer Aufgabe verknüpft werden. Für den Umgang mit diesen neuen Möglichkeiten stellt die PowerShell das *Get-WinEvent*-Cmdlet zur Verfügung.

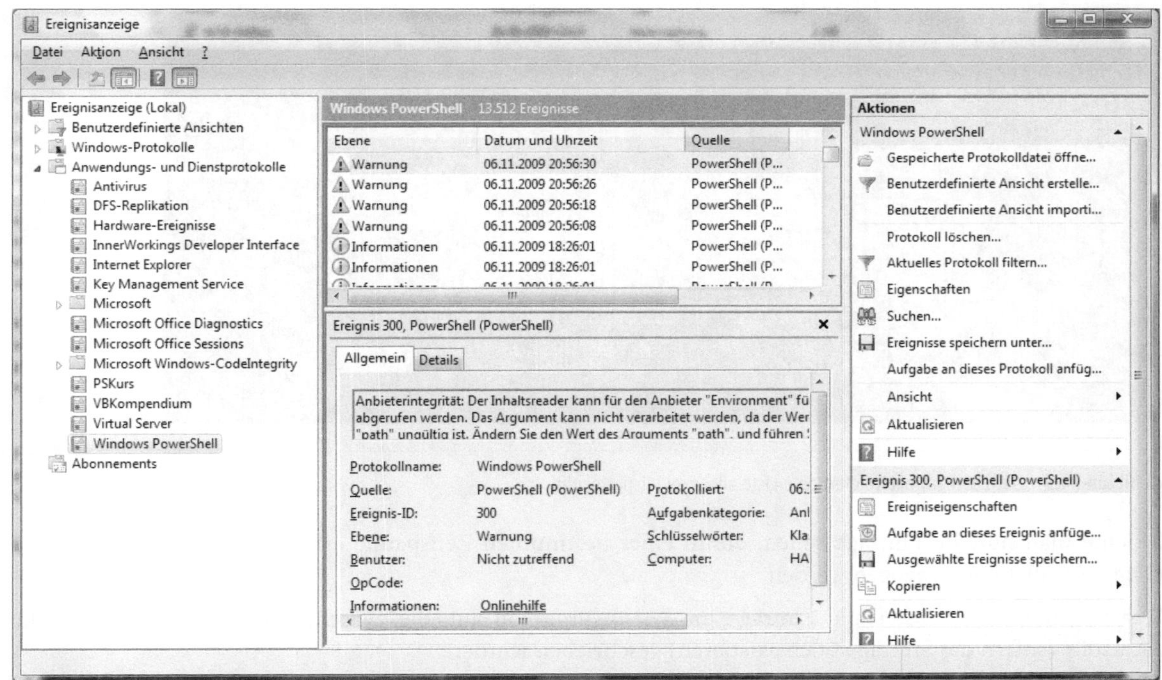

Abbildung 4.2 Die mit Vista eingeführte Ereignisanzeige der Windows-Verwaltung

TIPP Um Änderungen, die in der PowerShell durchgeführt wurden, auch in der Ereignisanzeige zu sehen, muss diese geschlossen und wieder geöffnet werden.

Ereignisprotokolleinträge anzeigen

Das *Get-EventLog*-Cmdlet holt alle Einträge des angegebenen Protokolls.

Der folgende Befehl listet alle Einträge des *Anwendung*-Protokolls auf:

```
Get-EventLog -LogName Application
```

Es muss der Originalname angegeben werden (also nicht *Anwendung*).

Sehr praktisch ist der *Newest*-Parameter, mit dem die Anzahl auf die letzten *n* Einträge begrenzt wird.

Die Namen aller vorhandenen Ereignisprotokolle liefert der *List*-Parameter:

```
Get-EventLog -List
```

```
Administrator: Administrator: PowerShell 2.0
PS > Get-Eventlog -list

  Max(K) Retain OverflowAction        Entries Log
  ------ ------ --------------        ------- ---
  10.240      0 OverwriteAsNeeded         177 Antivirus
  20.480      0 OverwriteAsNeeded       7.828 Application
  15.168      0 OverwriteAsNeeded           0 DFS Replication
  20.480      0 OverwriteAsNeeded           0 HardwareEvents
     512      7 OverwriteOlder              6 InnerWorkings Developer Interface
     512      7 OverwriteOlder              0 Internet Explorer
  20.480      0 OverwriteAsNeeded           0 Key Management Service
  16.384      0 OverwriteAsNeeded          32 ODiag
  16.384      0 OverwriteAsNeeded       2.446 OSession
  20.480      0 OverwriteAsNeeded       8.815 Security
  20.480      0 OverwriteAsNeeded         196 System
     512      7 OverwriteOlder             10 VBKompendium
  16.384      0 OverwriteAsNeeded         458 Virtual Server
  15.360      0 OverwriteAsNeeded      12.933 Windows PowerShell
     512      7 OverwriteOlder             10 WPSKurs
     512      7 OverwriteOlder          4.550 WPSKursMittwoch
     512      7 OverwriteOlder              0 WPSLog

PS >
```

Abbildung 4.3 Der *List*-Parameter liefert eine Liste aller Ereignisprotokolle

Möchte man nur die Einträge sehen, die in einer bestimmten Zeitspanne erfolgt sind, muss das *Where-Object*-Cmdlet herangezogen werden.

Der folgende Befehl listet alle Einträge im *System*-Protokoll auf, die zwischen dem 1.5.2009 und dem 31.5.2009 (sofern die Einträge noch existieren) geschrieben wurden:

```
Get-EventLog -logName System | Where-Object { $_.TimeWritten -gt (Get-Date 1.5.2009) -And $_.TimeWritten
-lt (Get-Date 31.5.2009) }
```

Der folgende Befehl gibt alle Einträge zurück, die in den letzten 2 Stunden in das *System*-Protokoll geschrieben wurden:

```
Get-EventLog -LogName System | Where-Object {$_.TimeWritten -gt (Get-Date).AddHours(-2) }
```

Der Grund, warum der *gt*- und nicht der *ge*-Operator verwendet wird, ist einfach der, dass es sehr unwahrscheinlich ist, dass es einen Eintrag gibt, dessen Zeitpunkt, an dem er geschrieben wurde, auf die Sekunde genau mit dem aktuellen Zeitpunkt minus 2 Stunden übereinstimmt.

Cmdlet	Was macht es?
Clear-EventLog	Löscht den Inhalt eines Ereignisprotokolls
Get-EventLog	Holt einen oder mehrere Einträge aus dem Ereignisprotokoll
Limit-EventLog	Begrenzt die Größe eines Ereignisprotokolls und das Alter seiner Einträge
New-EventLog	Legt ein neues Ereignisprotokoll oder eine Ereignisquelle an
Remove-EventLog	Entfernt ein Ereignisprotokoll komplett (ohne eine Bestätigung einzuholen – da dies auch mit den Standardereignisprotokollen funktioniert, sollte man dieses Cmdlet nur mit Bedacht einsetzen)
Show-EventLog	Ruft die Windows-Ereignisanzeige auf und zeigt die Einträge des angegebenen Ereignisprotokolls auf dem angegebenen Computer an
Write-EventLog	Schreibt einen Eintrag in ein Ereignisprotokoll

Tabelle 4.4 Die Cmdlets für den Zugriff auf das Ereignisprotokoll

Member	Bedeutung
EntryType (Property)	Der Typ des Eintrags (z.B. Information)
Message (Property)	Der Meldungstext
TimeWritten (Property)	Der Zeitpunkt, zu dem der Eintrag geschrieben wurde

Tabelle 4.5 Die wichtigsten Member eines *EventLogEntry*-Objekts

Einen Eintrag schreiben

Das Schreiben eines Eintrags übernimmt (natürlich) das *Write-EventLog*-Cmdlet. Es ist ein weiteres Beispiel dafür, wie sich aus der allgemeinen Namensregel Verb-Hauptwort der Name eines Cmdlets herleiten lässt.

Der folgende Befehl schreibt einen Eintrag vom Typ *Warnung* in das *Application*-Protokoll und gibt dabei als Quelle den Namen *PSSkript* an (der aber noch keine Bedeutung besitzt).

```
Write-EventLog -LogName Application -Source "PSSkript" -EntryType Warning -EventID 1000 -Message
"Temperatur im Serverraum hat kritischen Wert überschritten"
```

Doch dieser Befehl wird in der Form noch nicht funktionieren. Der Grund ist, dass die PowerShell beim Schreiben auch den Namen einer Quelle (engl. *source*) erwartet. Sollte die Quelle noch nicht existieren, muss sie zuvor über das *New-EventLog*-Cmdlet für ein Ereignisprotokoll angelegt werden.

Der folgende Befehl legt im Ereignisprotokoll *Application* eine Quelle mit dem Namen *PSSkript* an.

```
New-EventLog -Source PSSkript -LogName Application
```

Sollte das Ereignisprotokoll ebenfalls noch nicht existieren, wird es mit dem Aufruf angelegt.

Jetzt kann der obige *Write-EventLog*-Befehl ausgeführt werden. Ein

```
Get-EventLog -LogName Application -Source PSSkript
```

listet den geschriebenen Eintrag auf.

TIPP Der folgende Befehl schreibt einen Eintrag in das *Application*-Protokoll, ohne dass eine Quelle angegeben werden muss. Er greift dazu direkt auf die Klasse *EventLog* der .NET-Klassenbibliothek zu und verwendet eine Variante des *WriteEntry*-Members, bei dem nur der Name des Protokolls und die Nachricht angegeben werden müssen:

```
[System.Diagnostics.EventLog]::WriteEntry("Anwendung", "So geht es auch")
```

oder, wenn auch der Eintragstyp angegeben werden soll:

```
[System.Diagnostics.EventLog]::WriteEntry("Application", "Vorsicht, irgendetwas stimmt nicht",
[System.Diagnostics.EventLogEntryType]::Warning)
```

Auch wenn grundsätzlich nichts dagegen spricht, die .NET-Klassen (Kapitel 13) direkt einzusetzen, sollten, wann immer es möglich ist, die PowerShell-Cmdlets verwendet werden.

Das Löschen eines Ereignisprotokolls

Alle Einträge eines Ereignisprotokolls werden über das *Clear-EventLog*-Cmdlet gelöscht.

Der folgende Befehl löscht alle Einträge im System-Ereignisprotokoll.

```
Clear-EventLog -LogName System
```

Auch dieser Komfort ist nicht so selbstverständlich, wie er erscheinen mag, denn bei der PowerShell 1.0 musste man noch das *Clear*-Member der *EventLog*-Klasse der .NET-Klassenbibliothek bemühen (*(Get-EventLog System).Clear()*), was in der PowerShell-Hilfe natürlich nicht dokumentiert war.[5]

Das Get-WinEvent-Cmdlet als moderne Alternative

Die Zeiten ändern sich bekanntlich, was gestern noch der Standard war, kann heute bereits veraltet sein. Nicht direkt veraltet, aber zumindest nicht mehr ganz optimal geeignet ist das *Get-EventLog*-Cmdlet. Der Grund ist, dass mit Windows Vista das Ereignisprotokollmodell erheblich erweitert wurde und es neben den Standardereignisprotokollen viele neue Ereignisprotokolltypen gibt, die alle nicht per *Get-EventLog* angesprochen werden können.[6] Für die neuen Protokolltypen, wie auch für die alten, gibt es bei der PowerShell 2.0 das *Get-WinEvent*-Cmdlet. Ein

[5] Früher war also nicht immer alles besser.

[6] Das ist die Erklärung dafür, warum in der Ereignisanzeige auf einmal alles so anders aussieht.

```
Get-WinEvent -ListLog * | Format-Table -Auto
```

gibt davon einen Vorgeschmack, indem es alle Ereignisprotokolle auflistet, die von *Get-WinEvent* angesprochen werden können. Zu den neuen Möglichkeiten gehört auch, dass Evtx- und Evt-Protokoll- und Backupdateien direkt über ihren Dateipfad angesprochen werden können.

Get-WinEvent kann nicht nur die vielen neuen Ereignisprotokolltypen ansprechen und in einer Abfrage mehrere Ereignisprotokolle berücksichtigen, sondern bietet auch die Möglichkeit, Filter auf der Basis der XML-Abfragesprache *XPath* zu definieren.

Das folgende Beispiel verwendet eine Abfrage im XML-Format, um alle Einträge im *PSKurs*-Protokoll zu erhalten, deren EventID größer als 1000 ist (die Operatoren > und < müssen durch entsprechende XML-Entitäten, z. B. < für < ersetzt werden).

```
# ---------------------------------------------------------------
# Beispiel 4.3 - Eventlog-Abfrage mit XML-Abfrage
# ---------------------------------------------------------------
$XPathQuery = @"
<QueryList>
  <Query Id="0" Path="PSKurs">
    <Select Path="PSKurs">*[System[Provider[@Name='PSKurs'] and (EventID &gt;1000)]]</Select>
  </Query>
</QueryList>
"@

Get-WinEvent -LogName PsKurs -FilterXPAth $XPathQuery
```

Listing 4.3 *Eventlog*-Abfrage per XML

Die Empfehlung lautet daher, ab Vista *Get-WinEvent* anstelle von *Get-EventLog* zu verwenden.

Der Zugriff auf die Registry

Die Registry galt früher (zu Zeiten von Windows NT 4.0 und Windows 98) als das Allerheiligste von Windows, ein dunkler Ort mit vielen Geheimnissen, an dem das Setzen eines nicht dokumentierten Parameters Funktionen freischaltet, die Microsoft dem Anwender absichtlich vorenthalten will, und an dem jeder Fehltritt (sprich eine Änderung) das System in den Abgrund reißen kann. Dann kam das Zeitalter der Aufklärung und heute weiß man, dass die Registry lediglich aus ein paar Dateien besteht, in denen Werte in einer aus Zweigen (Schlüsseln) gebildeten Hierarchie abgelegt werden, bei der jeder Schlüssel eine beliebige Anzahl an Unterschlüsseln und Einträgen umfassen kann und jeder Eintrag genau einen Wert besitzt, wobei für den Wert unterschiedliche Typen (*REG_SZ* für eine Zeichenkette, *REG_DWORD* für einen Binärwert fester Größe, *REG_BINARY* für einen Binärwert variabler Größe usw.) infrage kommen. Die Registry wird mit der Windows-Installation angelegt und bei jeder Konfigurationsänderung durch das Betriebssystem, eine Anwendung oder den zuständigen Gerätetreiber aktualisiert. Da die Registry auch dynamische Konfigurationsdaten enthält, die laufend aktualisiert werden, finden jede Sekunde Dutzende, wenn nicht Hunderte von Registry-Zugriffen statt, die sich mit einem Tool wie *RegMon* (das als Teil der *SysInternals*-Tools inzwischen in den *Process Monitor* integriert wurde) sehr schön visualisieren lassen.

Bearbeitet wird die Registry mit *Regedit.exe* und mit dem Befehlszeilentool *Reg.exe*, das z. B. zum Durchsuchen der Registry gut geeignet ist.

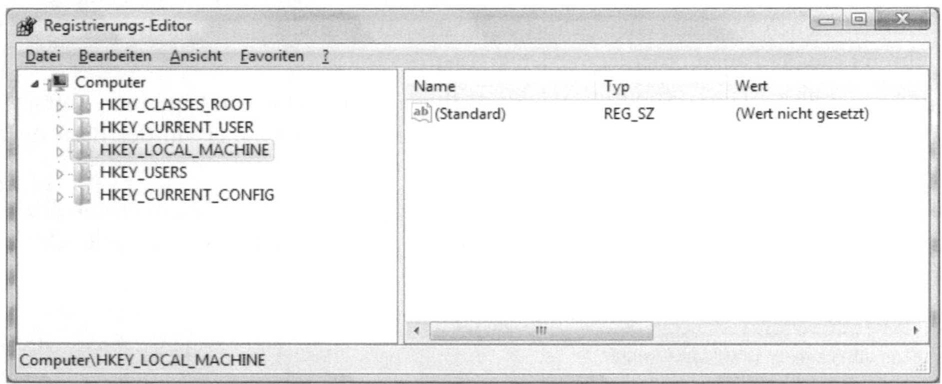

Abbildung 4.4 Der Registry-Editor *RegEdit* zeigt die Hauptschlüssel an

TIPP Über ein *Get-Command Reg*.exe* erhält man alle Registry-Tools aufgelistet. Wie ist das möglich? Ganz einfach, *Get-Command* durchsucht dazu lediglich alle Verzeichnisse, die in der *Path*-Umgebungsvariablen zusammengefasst sind.

Der Registry-Provider der PowerShell

Bei der PowerShell wird die Registry über einen Provider angesprochen, was Vorteile, aber auch kleinere Nachteile hat. Der Vorteil ist, dass dieselben Cmdlets, die für den Umgang mit Dateien benutzt werden, auch für den Umgang mit der Registry Verwendung finden – es gibt daher keine Registry-Cmdlets. Ein kleiner Nachteil ist, dass das Weiterarbeiten der Daten, die z. B. ein *Get-ItemProperty* zurückgibt, etwas mühsam ist. Insbesondere die hierarchische Suche nach einem Schlüssel, Eintrag oder Wert ist etwas umständlich und langsam. Mit *[Microsoft.Win32.Registry]* gibt es eine Alternative zu den Cmdlets, die am Ende des Abschnitts kurz vorgestellt wird.

Der Registry-Provider und seine Laufwerke

Der Registry-Provider definiert von Anfang die Laufwerke *HKLM:* und *HKCU:* für die beiden wichtigsten Schlüssel der Registry. Das bedeutet natürlich nicht, dass sich die übrigen Schlüssel nicht ansprechen lassen. Es muss lediglich über das *New-PSDrive*-Cmdlet ein neues PSDrive angelegt werden.

Der folgende Befehl definiert ein PSDrive mit dem Namen *HKC* für den Schlüssel *HKey_Classes_Root*:

```
New-PsDrive -Root Registry::HKey_Classes_Root -Name HKC -PSProvider Registry
```

Geht es nur darum, auf die übrigen Zweige zugreifen zu können, gibt es noch einen einfacheren Weg: das Ansprechen des Registry-Providers direkt über ein »Registry::«:

```
Cd Registry::
```

Anschließend befindet man sich auf der obersten Ebene des Registry-Providers und kann die einzelnen Zweige wie Laufwerke ansprechen.

```
Administrator: Administrator: PowerShell 2.0
PS > cd registry::
PS > dir

    Hive:

SKC  VC Name                           Property
---  -- ----                           --------
  7   0 HKEY_LOCAL_MACHINE             {}
 13   2 HKEY_CURRENT_USER              {Software\Microsoft\VisualStudio\9.0\...
594   1 HKEY_CLASSES_ROOT              {EditFlags}
  2   0 HKEY_CURRENT_CONFIG            {}
  6   0 HKEY_USERS                     {}
  0   2 HKEY_PERFORMANCE_DATA          {Global, Costly}

PS > _
```

Abbildung 4.5 Über den Registry-Provider kann jeder Zweig wie ein Laufwerk angesprochen werden

Schlüssel auflisten

Alle Unterschlüssel eines Schlüssels werden über das *Get-ChildItem*-Cmdlet aufgelistet.

Der folgende Befehl listet alle Unterschlüssel des Schlüssels *HKey_Local_Machine\Software\Microsoft\Windows NT\CurrentVersion* auf:

```
Get-ChildItem "HKLM:\Software\Microsoft\Windows NT\CurrentVersion"
```

Wegen des Leerzeichens im Namen muss der ganze Pfad in Anführungszeichen (oder Apostrophe) gesetzt werden.

Die Einträge eines Schlüssels auflisten

Die Einträge eines Schlüssels werden vom Registry-Provider als Properties geführt. Sie werden mit dem *Get-ItemProperty*-Cmdlet aufgelistet. Als Verwandte dieses Cmdlet gibt es einen ganzen Satz von *ItemProperty*-Cmdlets, mit denen sich ein Eintrag anlegen (*New-ItemProperty*), entfernen (*Remove-ItemProperty*), ändern (*Set-ItemProperty*), kopieren (*Copy-ItemProperty*), verschieben (*Move-ItemProperty*) und umbenennen (*Rename-ItemProperty*) lässt.

Der folgende Befehl listet alle Einträge des *CurrentVersion*-Schlüssels auf.

```
Get-ItemProperty -Path "HKLM:\Software\Microsoft\Windows NT\CurrentVersion"
```

Die Ausgabe sieht ganz viel versprechend aus, doch wie kommt man an einen einzelnen Eintrag heran? Hier offenbart sich ein kleiner Nachteil des Registry-Providers. Da über das *Get-ItemProperty*-Cmdlet ein Objekt (vom Typ *PSCustomObject*) geholt wird, das alle Einträge als Property-Member besitzt, ist es nicht ganz so einfach, wie es sein könnte, die gelieferten Einträge weiterzuverarbeiten.

Grundsätzlich ist der Zugriff auf einen Eintrag über seinen Namen einfach:

```
$ProdID = (Get-ItemProperty -Path "HKLM:\Software\Microsoft\Windows NT\CurrentVersion").ProductID
```

Die etwas naheliegendere Variante

```
Get-ItemProperty -Path "HKLM:\Software\Microsoft\Windows NT\CurrentVersion" -Name ProductID
```

liefert nicht den einzelnen Wert, sondern ein *PsCustomObject*, bei dem die *ProductID* nur eine von mehreren Properties ist. Ein reines *Get-RegValue-Cmdlet* wäre oft etwas praktischer.

Das ist zum Glück kein Problem, über eine kleine Funktion (das Thema kommt in Kapitel 7 an die Reihe) lässt sich das relativ einfach realisieren:

```
# -------------------------------------------------------------
# Beispiel 4.4 - Registry-Eintrag lessen
# -------------------------------------------------------------
function Get-RegValue
($RegKey, $Eintrag)
{
  (Get-ItemProperty -Path $RegKey -Name $Eintrag).$Eintrag
}
```

Listing 4.4 Die Funktion gibt den Wert eines Registry-Eintrags zurück

Der Aufruf

```
Get-RegValue "HKLM:\Software\Microsoft\Windows NT\CurrentVersion" -Eintrag ProductID
```

liefert nur die ProductID als Zeichenkette.

Einen neuen Schlüssel anlegen

Für das Anlegen eines neuen Schlüssels ist (natürlich) das *New-Item*-Cmdlet zuständig.

Der folgende Befehl legt den Schlüssel *PemoSoft* unter *HKey_Local_Machine\Software* an:

```
New-Item -Path HKLM:\Software\PemoSoft
```

Die erforderlichen Berechtigungen natürlich stets vorausgesetzt (die sich per *Get-Acl* abfragen und per *Set-Acl* auch ändern lassen – beide Cmdlets werden in Kapitel 5 vorgestellt).

Der folgende Befehl legt unter dem Schlüssel *HKey_Local_Machine\Software\PemoSoft* einen weiteren Unterschlüssel an:

```
New-Item -Path HKLM:\Software\PemoSoft\PSCrashKurs
```

TIPP Soll der frisch angelegte Schlüssel nicht angezeigt werden, muss ein *Out-Null*-Cmdlet angehängt werden.

Einen Schlüssel entfernen

Das Entfernen eines Schlüssels übernimmt (natürlich) das *Remove-Item*-Cmdlet.

Der folgende Befehl entfernt den Schlüssel *PemoSoft* unter *HKey_Local_Machine\Software*:

```
Remove-Item -path HKLM:\Software\PemoSoft
```

Enthält der Schlüssel Unterschlüssel, muss das Entfernen bestätigt werden. Auf diese Weise wird die Wahrscheinlichkeit minimiert, dass ein ungeschickter oder übermotivierter Anwender »die halbe« Registry löscht.

Einen neuen Eintrag anlegen

Für das Anlegen eines neuen Eintrags ist das *New-ItemProperty*-Cmdlet zuständig. Der Typ des Eintrags wird über den optionalen *Type*-Parameter (als Alias für *PropertyType*) festgelegt. Zur Auswahl stehen *String*, *ExpandString*, *Binary*, *DWord*, *MultiString*, *QWord* und *Unknown*. Wird kein Typ angegeben, wird *String* verwendet.

Der folgende Befehl legt im Schlüssel *PSCrashKurs* den Eintrag *AnzahlSeiten* an und gibt ihm den Wert 500:

```
New-ItemProperty -Path HKLM:\Software\PemoSoft\PSCrashKurs -Name AnzahlSeiten -Value 500
```

Einen Eintrag vom Typ REG_DWORD anlegen

Wird nichts anderes festgelegt, wird ein Wert vom Typ *REG_SZ* angelegt. Bei allen übrigen Typen muss dieser explizit über den *Type*-Parameter angegeben werden.

Der folgende Befehl legt im Schlüssel *PSCrashKurs* den Eintrag *DWert* als *REG_DWORD*-Typ an:

```
New-ItemProperty -Path HKLM:\Software\PemoSoft\PSCrashKurs -Name DWert -Value 1 -Type DWord
```

Feststellen, ob die Benutzerkontensteuerung (UAC) aktiv ist

Ob die Benutzerkontensteuerung unter Vista oder Windows 7 aktiv ist, lässt sich schnell über eine Registry-Abfrage feststellen.

Der folgende Befehl gibt den aktuellen UAC-Status aus:

```
$Status = (Get-ItemProperty -path HKLM:\Software\Microsoft\Windows\CurrentVersion\Policies\System -Name
EnableLUA).EnableLUA
```

Feststellen, ob die PowerShell installiert ist

Festzustellen, ob auf einem System die PowerShell installiert ist, geht am zuverlässigsten (und sicher auch am schnellsten) durch Abfragen eines Registry-Eintrags.

Der folgende Ausdruck gibt ein *$true* zurück, wenn die PowerShell installiert ist, ansonsten ein *$false*:

```
((Get-ItemProperty -Path Registry::HKEY_LOCAL_MACHINE\SOFTWARE\Microsoft\PowerShell\1 -Name Install -
ErrorAction SilentlyContinue).Install -ne $null)
```

Das Besondere an diesem Befehl ist, dass der HKLM-Schlüssel zur Abwechslung einmal über seinen vollständigen Namen angesprochen wird, was voraussetzt, dass dem Pfad der *PSProvider*-Name vorangestellt wird.[7]

Einen Eintrag vom Typ REG_MULTI_SZ anlegen

Anders als ein *REG_SZ*-Wert umfasst ein *REG_MULTI_SZ*-Wert, der Name deutet es bereits an, mehrere Zeichenketten.

Der folgende Befehl legt unter *PSCrashkurs* einen Eintrag *Autoren* an, dem zwei Autorennamen zugeordnet werden:

```
New-ItemProperty -Path HKLM:\Software\PemoSoft\PsCrashkurs -Name Autoren -Value @("Ernie", "Bert") -Type
MultiString
```

Der »Trick« besteht einfach darin, mehrere Werte als Array zu übergeben, was über die Arrayschreibweise bei der PowerShell erreicht wird, bei der die kommagetrennten Werte in runde Klammern gesetzt werden und ein @-Zeichen vorangestellt wird.

Einen Eintrag vom Typ REG_EXPAND_SZ anlegen

Ein *Expanded String* ist ein Eintrag, der Umgebungsvariablen in der Schreibweise *%Variable%* enthält.

Der folgende Befehl schreibt einen *Expanded String*-Eintrag in den Schlüssel *PSCrashkurs*:

```
New-ItemProperty -Path HKLM:\Software\PemoSoft\PSCrashkurs -Name SamplesPath -Value
"%ProgramFiles%\PemoSoft" -Type ExpandString
```

Der folgende Befehl liest den Wert des Eintrags, wobei die Umgebungsvariable automatisch erweitert wird:

```
Get-ItemProperty -Path HKLM:\Software\PemoSoft\PSCrashkurs -Name SamplesPath
```

Einen Binäreintrag lesen und schreiben

Eine weitere Eintragskategorie, die eher selten vorkommt, ist *REG_BINARY*. Während ein *REG_DWORD*-Eintrag immer auf 4 Byte beschränkt ist (und ein *REG_QWORD*-Wert entsprechend auf 8), kann die Anzahl der Bytes bei einem *REG_BINARY*-Eintrag variieren.

Der folgende Befehl schreibt einen aus vier Zahlen bestehenden Binärwert in den Eintrag *BinWert*:

```
Set-ItemProperty -Path HKLM:\Software\PemoSoft\PsCrashKurs -Name BinWert -Value 15, 0x10, 0xA, 12 -Type Binary
```

Die vier Zahlen werden dabei absichtlich einmal als Dezimalzahlen (15 und 12) und das andere Mal explizit als Hexadezimalzahlen (0x10 und 0xA) angegeben. Das *Set-ItemProperty*-Cmdlet macht es einem sehr einfach, da dem *Value*-Parameter auch ein Array von Byte- oder Stringwerten übergeben werden kann. Anders als bei VBScript muss man sich keine Gedanken machen, wie der Wert richtig aufgeteilt wird.

---

[7] Irgendwie habe ich das Gefühl, dass dieser Befehl noch eine »Besonderheit« besitzt.

Der folgende Befehl gibt die einzelnen Bytes des *REG_BINARY*-Eintrags *BinWert* nacheinander aus:

```
(Get-ItemProperty -Path HKLM:\Software\PemoSoft\PSCrashKurs -Name BinWert).BinWert
```

HINWEIS Dank des *Type*-Parameters muss die Zahlenfolge nicht explizit als *Byte*-Array deklariert werden:

```
Set-ItemProperty -Path HKLM:\Software\PemoSoft\PsCrashKurs -Name BinWert -Value ([Byte]10,20,30) -Type Binary
```

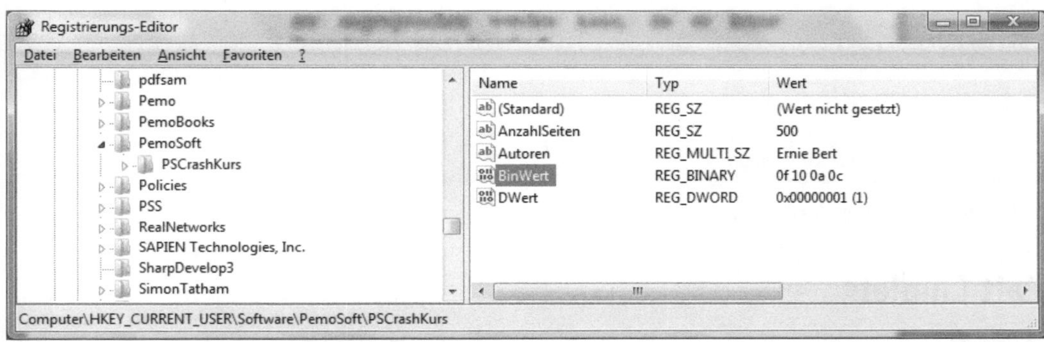

Abbildung 4.6 Ein Registry-Eintrag hat einen Binärwert erhalten

Einen Schlüssel verschieben

Das *Move-Item*-Cmdlet, das auf einem PSDrive vom Typ *FileSystem* ein Verzeichnis samt Inhalt von A nach B verschiebt, verschiebt bei einem Registry-Laufwerk einen Schlüssel samt aller Unterschlüssel und deren Einträge und Werte.

Der folgende Befehl verschiebt den Schlüssel *HKLM:\Software\PemoSoft* samt aller eventuell vorhandenen Unterschlüssel und deren Einträge in den Schlüssel *HKCU:\Software*:

```
Move-Item -Path HKLM:\Software\PemoSoft -Destination HKCU:\Software
```

Den Standardwert eines Schlüssels ansprechen

Zum Schluss soll eine Frage beantwortet werden, die eher wie ein nebensächliches Detail erscheinen mag, die aber bei der PowerShell und ihren allgemein gehaltenen Item-Cmdlets gar nicht so einfach zu beantworten ist. Wie wird der Standardeintrag eines Schlüssels angesprochen? Der Trick besteht darin, für den Eintragsnamen anstelle von *(Standard)* den Namen *(Default)* zu verwenden.

Der folgende Befehl setzt den Standardwert des Schlüssels *PSCrashKurs*.

```
Set-ItemProperty -Path HKCU:\Software\PemoSoft\PSCrashKurs -Name "(Default)" -Value "Der Standardwert ist 42"
```

Der folgende Befehl gibt den Inhalt des Standardwertes wieder aus:

```
Get-ItemProperty -Path HKCU:\Software\PemoSoft\PSCrashKurs -Name "(Default)"
```

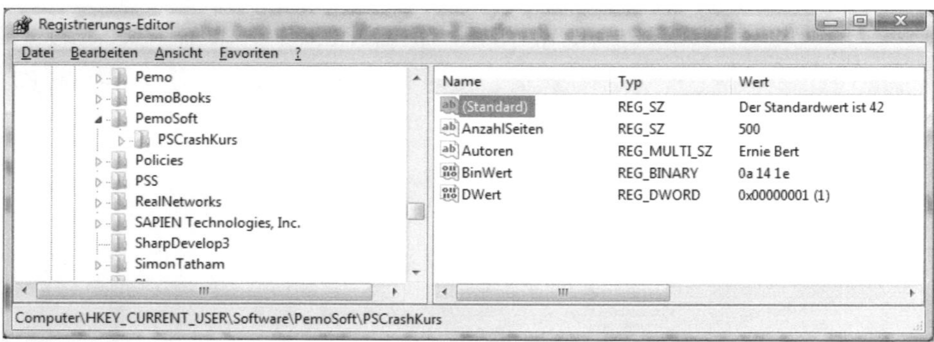

Abbildung 4.7 Der Standardwert eines Schlüssels wurde gesetzt

Aliase statt Cmdlets

Die vielen Anwendern bestens vertrauten Aliase wie *Dir*, *Copy* oder *Del* funktionieren natürlich auch mit den Registry-Laufwerken. So legt auch ein *Md HKLM:\Software\PemoSoft* einen neuen Schlüssel an, den ein *Del HKLM:\Software\PemoSoft* wieder löscht. Vorsicht vor dem *Force*-Parameter im Zusammenhang mit *Md* bzw. *New-Item*. Er überschreibt den Schlüssel unabhängig seines vorherigen Inhalts.

Feststellen, ob ein Schlüssel existiert

Möchte man lediglich prüfen, ob ein Schlüssel oder Eintrag existiert, erledigt dies zuverlässig das *Test-Path*-Cmdlet.

Auch der folgende Befehl prüft, ob die PowerShell installiert ist:

```
Test-Path -Path HKLM:\Software\Microsoft\PowerShell\1
```

Mit dem Rückgabewert eines Get-Item arbeiten (das RegistryKey-Objekt)

Bislang wurden Schlüssel lediglich mit *Get-Item* oder *Get-ChildItem* geholt, aber nicht weiterverarbeitet. Dabei lässt sich mit dem zurückgegebenen Objekt einiges anfangen. Ein

```
$R = Get-Item -Path HKCU:\Software\PemoSoft\PSCrashKurs
```

holt erneut einen Schlüssel, weist das resultierende Objekt aber dieses Mal einer Variablen zu. Ein *Get-Member* verrät, dass das Objekt vom Typ *RegistryKey* (einer Klasse im Namespace *Microsoft.Win32*) einiges zu bieten an (Tabelle 4.6). Für bestimmte Aufgabenstellungen, etwa um herauszubekommen, wie viele Unterschlüssel oder Einträge ein Schlüssel besitzt, ist dieses Objekt enorm praktisch. Ein kleiner Vorteil ist auch, dass die *GetSubKeyNames*-Methode die Namen der Unterschlüssel als *String*-Array zurückgibt und nicht als Collection, was zum einen die Weiterverarbeitung der Namen ein wenig vereinfacht und zum anderen die Geschwindigkeit etwas steigern dürfte. Ein

```
$R.GetValueNames()
```

liefert die Namen aller Einträge als Array, das sich z.B. mit dem *ForEach*-Befehl (der in Kapitel 7 an der Reihe ist) durchlaufen lässt, um die Namen einzeln auszugeben:

```
ForEach($Eintrag In $R.GetValueNames()) { $Eintrag }
```

Member	Bedeutung
GetSubKeyNames (Methode)	Gibt die Namen der Unterschlüssel als Array zurück
GetValue (Methode)	Holt den Wert eines Eintrags
GetValueKind (Methode)	Gibt den Typ eines Eintrags zurück
GetValueNames (Methode)	Gibt die Namen aller Einträge eines Schlüssels als Array zurück
SubKeyCount (Property)	Gibt die Anzahl der Unterschlüssel zurück
ValueCount (Property)	Gibt die Anzahl der Einträge eines Schlüssels zurück

Tabelle 4.6 Die wichtigsten Member von *RegistryKey*

Suchen in der Registry

Wie wird in der Registry nach einem Schlüssel gesucht? Ganz einfach, (natürlich) über das *Get-ChildItem*-Cmdlet mit seinem *Recurse*-Parameter. Wer sich mit dem Prinzip des Dir-Befehls und seiner Platzhalter aus der Eingabeaufforderung auskennt, weiß bereits schon genug, um Suchabfragen in der Registry durchführen zu können. Ein

```
Dir Hklm:\Software\Microsoft\*Power* -rec
```

listet alle Schlüssel auf, in denen das Wort *Power* enthalten ist (*SKC* steht dabei für *Sub Key Count*, also Anzahl der Unterschlüssel, und *VC* entsprechend für *Value Count*, das heißt die Anzahl der Werte des Schlüssels). Möchte man z.B. jene Schlüssel lokalisieren, unter denen die PowerShell-Snap-Ins aufgehängt sind, führt der folgende Versuch zunächst zu keinem Resultat:

```
Dir Hklm:\Software\Microsoft\*snap* -rec
```

Der Grund ist, dass es keinen direkten Unterschlüssel des *Microsoft*-Schlüssels gibt, der das Wort *Snap-In* enthält. Der Suchname muss vielmehr über den *Include*-Parameter angegeben werden:

```
Dir Hklm:\Software\Microsoft -include *snap* -rec
```

Jetzt wird der komplette Unterschlüssel durchsucht, was sich bereits daran erkennen lässt, dass in den nächsten Minuten nicht mehr viel passiert. Es ist daher empfehlenswert, die Suche möglichst einzugrenzen.

Genauso einfach wie das Lokalisieren von Schlüsseln lässt sich auch das Löschen erledigen.

Der folgende Befehl löscht ein Snap-In, in dem sein Registry-Schlüssel gelöscht wird:

```
Del Hklm:\Software\Microsoft\PowerShell\1\PowerShellSnapins\PMSkriptSnapin
```

Die übliche Warnung sollten Sie dabei stets im Geiste mitlesen. Wer mit der PowerShell noch am Anfang steht, sollte unbedingt die ersten Gehversuche unter der Obhut des *WhatIf*-Parameters absolvieren.

Der folgende Befehl gibt alle Schlüssel aus, in deren Namen das Wort *Visual Studio* vorkommt. Dabei wird die Suche nacheinander in den Zweigen *HKey_Local_Machine* und *HKey_Current_User* durchgeführt.

```
Get-ChildItem -Path HKLM:\Software, HKCU:\Software -Recurse -Include "*Visual Studio*"
```

Diese Variante besitzt einen Vorteil und einen Nachteil. Der Vorteil ist, dass sie sehr einfach ist. Ein Nachteil liegt darin, dass sie (natürlich) sehr lange dauert und es keine Möglichkeit gibt, die Zwischenergebnisse gleich weiterzuverarbeiten oder einen Fortschritt anzuzeigen. Auch wenn es nahe liegend ist, sie als Job (mehr dazu im Abschnitt »Jobs« auf Seite 106) zu starten, optimal ist diese Variante nicht.

Bei einer etwas komfortableren Suche muss man sich die Mühe machen und die Einträge der von *Get-ChildItem* gelieferten Schlüssel im Rahmen einer *ForEach-Object*-Wiederholung einzeln ansprechen, um sie mit dem Suchwert zu vergleichen und um gegebenenfalls über das *Write-Progress*-Cmdlet einen Fortschritt anzuzeigen.

Das folgende Beispiel durchsucht einen Registry-Key mit allen seinen Unterschlüsseln. Was sich zunächst trivial anhören mag, besitzt in der Praxis seine Eigenheiten, die aus fehlenden Zugriffsberechtigungen auf einige Schlüssel (manche Schlüssel sind nur dem *System*-Konto zugänglich), seltsamen Schlüsselnamen (z.B. *mshelp://help/?id=escalation*) und der enormen Größe der Registry resultieren. Das folgende Skript stellt daher nur einen Rohansatz dar, mit dem sich die Namen aller Schlüssel und ihrer Unterschlüssel durchlaufen lassen. Damit die Suche besser nachvollzogen werden kann, werden über das *Write-Debug*-Cmdlet »Zwischenergebnisse« ausgegeben.

```
# -------------------------------------------------------------
# Beispiel 4.5 - Die Unterschlüssel eines Schlüssels auflisten
# -------------------------------------------------------------

function Get-SubKeys
([String]$Key)
{
    $Level++
    Write-Debug "Betrete $Level mit Key $Key"
    $Script:AnzahlKeysGesamt++
    $SubKeys = Get-ChildItem -LiteralPath "Registry::$Key" -ErrorAction SilentlyContinue | Select-Object Name
    if (!$?)
    {  Write-Host -fore red "Fehler beim Zugriff auf $Key"  }
    else
    {
     if ($SubKeys -ne $null)
      {
      Write-Host "Der Key $Key enthält $($SubKeys.Count) Subkeys"
```

```
      $SubKeys | Foreach {
       if ($_.Name -notlike "*\Classes*")
       { Get-SubKeys -Key $_.Name }
      }
    }
  }
  $Level--
  Write-Debug "Verlasse $Level"
}
```

Listing 4.5 Einfache Suche in der Registry

```
Aufgerufen wird das Skript aus
```

Listing 4.5 z. B. wie folgt:

```
$DebugPreference = "Continue"
$Level = 0
$AnzahlKeysGesamt = 0
$StartKey = "Registry::HKey_Local_Machine\Software"
Get-SubKeys $RegKey.Name
Write-Host -fore green "$AnzahlKeysGesamt Keys gefunden."
```

Zuerst wird durch Setzen von *$DebugPreference* auf *Continue* dafür gesorgt, dass über *Write-Debug* geschriebene Meldungen ausgegeben werden. Anschließend werden die Variablen *$Level* und *$AnzahlKeysGesamt* initialisiert und die Variable *$StartKey* mit dem Pfad des Schlüssels belegt, bei dem die Suche beginnen soll. Dieser wird der Funktion *Get-SubKeys* übergeben, wodurch die Suche gestartet wird. Am Ende wird die Anzahl der gefundenen Schlüssel ausgegeben.[8]

Die Suche mit [Microsoft.Win32]::RegistryKey

Es wurde bereits angedeutet, dass der Zugriff auf die Registry-Schlüssel mit dem *RegistryKey*-Objekt, das z. B. von einem *Get-Item* zurückgegeben wird, aber auch direkt angelegt werden kann, ein wenig einfacher ist. Im Folgenden wird eine Alternative zum letzten Beispiel durchgeführt, das ebenfalls alle Unterschlüssel eines Schlüssels auflistet.

Das folgende Beispiel beinhaltet die Funktion *Get-SubKeys2*, die ebenfalls alle Unterschlüssel eines Schlüssels auflistet, dabei aber das *RegistryKey*-Objekt verwendet. Eine Warnung vorweg: Das komplette Durchlaufen des Schlüssels *HKey_Local_Machine* dauert im *Debugmodus*, das heißt, wenn die Variable *$DebugPreference* den Wert *Continue* besitzt und die Debugmeldungen ausgegeben werden, »ewig«. Die *$DebugPreference*-Variable sollte daher zu Beginn den Wert *SilentlyContinue* erhalten. Möchten Sie die Arbeit der Funktion durch Kontrollmeldungen verfolgen, geben Sie der Variablen den Wert *Continue* (Sie können das Skript jederzeit, z. B. über Strg+C, abbrechen).[9]

---

8 Beim Durchsuchen von *HKey_Local_Machine* sind dies bereits über 2.000 Schlüssel, wobei der sehr umfangreiche Classes-Unterschlüssel ausgelassen wird.

9 Diese Variante findet in *HKey_Local_Machine* 168.495 Schlüssel, was der Wahrheit etwas näher kommen dürfte.

```
# --------------------------------------------------------------
# Beispiel 4.6 - Die Unterschlüssel eines Schlüssels auflisten
# --------------------------------------------------------------

function Get-SubKeys2
([String]$KeyPfad)
{
    $Level++
    Write-Debug "Betrete Level - $Level mit Key $Key"
    $Script:AnzahlKeysGesamt++
    try
    {
     $Key = [Microsoft.Win32.Registry]::LocalMachine.OpenSubKey($KeyPfad)
     $SubKeys = $Key.GetSubKeyNames()
     if ($SubKeys.Length -gt 0)
     {
       Write-Debug "Der Key $KeyPfad enthält $($SubKeys.Length) Subkeys"
       Foreach ($K In $SubKeys)
       {
        if ($K -ne "Classes")
        { Get-SubKeys2 -KeyPfad "$KeyPfad\$K" }
       }
     }
     $Key.Close()
     $Level--
     Write-Debug "Verlasse Level - $Level"
    }
    catch
    { "Fehler beim Zugriff auf Schlüssel $KeyPfad" }
}
```

Listing 4.6 Das Auflisten von Unterschlüsseln über das *RegistryKey*-Objekt

Aufgerufen wird die Funktion wie folgt:

```
$DebugPreference = "SilentlyContinue"
$Level = 0
$AnzahlKeysGesamt = 0
$StartKey = "Software"
Get-SubKeys2 $StartKey
Write-host -fore green "$AnzahlKeysGesamt Keys gefunden."
```

Wie vorhin erwähnt, wird die PowerShell-Variable *$DebugPreference* zu Beginn auf den Wert *SilentlyContinue* gesetzt, da die Funktion mit Kontrollmeldungen sehr, sehr lange braucht.

Umgang mit Registry-Berechtigungen

Beim Thema Registry-Berechtigungen gibt es im Vergleich zum Thema »Zugriffsberechtigungen bei Dateien und Verzeichnissen«, das in Kapitel 5 an der Reihe ist, keine grundsätzlichen Unterschiede. Das *Get-ACL*-Cmdlet liefert die aktuellen Zugriffsberechtigungen für einen Registry-Schlüssel, über das *Set-ACL*-Cmdlet wird die Zugriffsberechtigung erweitert oder reduziert.

TIPP Nicht jeder erfahrene Windows-Anwender dürfte das Befehlszeilentool *SubinACL* kennen, mit dem sich Berechtigungen für praktisch alle NT-Objekte (unter anderem Registry-Schlüssel, Freigaben und auch Dienste) abfragen und setzen lassen und mit dem sich auch der Besitzer relativ einfach festlegen lässt. Es steht im Microsoft-Downloadbereich zur Verfügung (wenn das Windows Server Resource Kit bereits installiert ist, wird es in das Verzeichnis *%programfiles%\Windows Resource Kits\Tools* installiert).

Der folgende Befehl gibt die aktuellen Zugriffsberechtigungen für den Schlüssel *PSCrashkurs* aus:

```
Get-ACL HKCU:\Software\PemoSoft\PSCrashkurs | Format-List
```

Der folgende Befehl leistet Vergleichbares, setzt aber das *Access*-Member und den *Wrap*-Parameter von *Format-Table* (er sorgt dafür, dass der Inhalt einer Spalte umgebrochen wird, falls er die Spaltenbreite überschreitet) ein. Die Ausgabe wird nach Zugriffsberechtigungen sortiert und fällt daher etwas übersichtlicher aus:

```
(Get-Acl HKCU:\Software\PemoSoft\PSCrashkurs).Access | Format-Table -wrap
```

Wie es in Kapitel 5 erläutert wird, ist das Setzen einer Zugriffsberechtigung etwas aufwändiger, da das Security-Objekt, das dem *Set-ACL*-Cmdlet übergeben wird, erst zusammengebaut werden muss, was bereits etwas Erfahrung im Umgang mit der PowerShell voraussetzt.

HINWEIS Die möglichen Berechtigungsstufen für einen Registry-Schlüssel sind: *QueryValues*, *SetValue*, *CreateSubKey*, *EnumerateSubKeys*, *Notify*, *CreateLink*, *Delete*, *ReadPermissions*, *WriteKey*, *ExecuteKey*, *ReadKey*, *ChangePermissions*, *TakeOwnership* und *FullControl*.

Das folgende Beispiel ist bereits ein Skript, auch wenn Skripts offiziell erst in Kapitel 7 an die Reihe kommen. Da ein Skript aber nichts anderes ist als eine Folge von Befehlen, die in einer Textdatei abgelegt werden und mit dem Start des Skripts der Reihe nach ausgeführt werden, spielt dieser Umstand für die Betrachtung keine direkte Rolle.

Die Befehlsfolge fügt über den Aufruf des *AddAccessRule*-Members an den Schlüssel *HKCU:\Software\PemoSoft* eine *ReadKey*-Berechtigung für den Benutzer *Haribo08\Pemo08* an (dieser Name muss natürlich genauso angepasst werden, ebenso der Name des Schlüssels):

```
# -----------------------------------------------------------
# Beispiel 4.7 - Registry-Schlüssel-Berechtigung hinzufügen
# -----------------------------------------------------------

$Key = "HKCU:\Software\PemoSoft"
$ACL = Get-ACL -Path $Key
$RegPerm = "HARIBO08\Pemo08", "ReadKey", "None", "None", "Allow"
$NewACLRule = New-Object System.Security.AccessControl.RegistryAccessRule $RegPerm
$ACL.SetAccessRule($NewACLRule)
Set-Acl -Path $Key -ACLObject $ACL -ErrorAction SilentlyContinue
if ($?)
{ Write-Host -fore green "Berechtigungen wurde aktualisiert." }
else
{ Write-Host -fore red "Berechtigungen konnten nicht gesetzt werden." }
```

Listing 4.7 Hinzufügen einer Zugriffsberechtigung zu einem Registry-Schlüssel

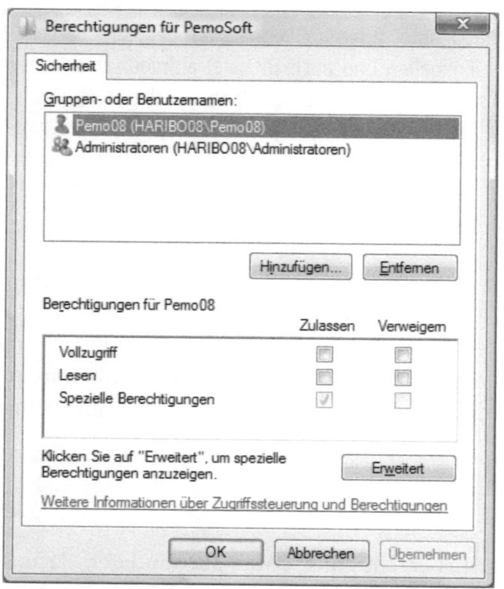

Abbildung 4.8 Die Berechtigungen des Registry-Schlüssels wurden erweitert

Das nächste Beispiel entfernt über den Aufruf des *RemoveAccessRule*-Members eine Zugriffsberechtigung für einen Registry-Schlüssel (Benutzername und Schlüsselpfad müssen entsprechend angepasst werden):

```
# -------------------------------------------------------------
# Beispiel 4.8 - Registry-Key-Berechtigung entfernen
# -------------------------------------------------------------

$Key = "HKCU:\Software\PemoSoft"
$ACL = Get-ACL -Path $Key
$RegPerm = "HARIBO08\Pemo08","ReadKey","None", "None", "Allow"
$ACLRule = New-Object System.Security.AccessControl.RegistryAccessRule $RegPerm
$ACL.RemoveAccessRule($ACLRule)
Set-Acl -Path $Key -ACLObject $ACL -ErrorAction SilentlyContinue
if ($?)
{ Write-Host -fore green "Berechtigungen wurden aktualisiert." }
else
{ Write-Host -fore red "Berechtigungen konnten nicht gesetzt werden." }
```

Listing 4.8 Entfernen einer Zugriffsberechtigung von einem Registry-Schlüssel

Das nächste Beispiel ist insofern sehr praktisch, da es zeigt, wie einfach sich Berechtigungen auch auf alle Unterschlüssel eines Schlüssels übertragen lassen. Das Skript setzt die Berechtigung *Full Control* für den Benutzer *Lokaler Dienst* für den angegebenen Schlüssel und alle seine Unterschlüssel:

```
# -------------------------------------------------------------
# Beispiel 4.9 - Berechtigungen für einen Registry-Key
# -------------------------------------------------------------
try
{
  $RegKey = "HKCU:\Software\Pemo"
  $RegACL = Get-ACL -Path $RegKey
  $InheritModus = [System.Security.AccessControl.InheritanceFlags]"ContainerInherit,ObjectInherit"
```

```
  $PropagationModus = [System.Security.AccessControl.PropagationFlags]"None"
  $AcRule = New-Object -Type System.Security.AccessControl.RegistryAccessRule "Lokaler
Dienst","FullControl", ` $InheritModus, $PropagationModus, "Allow"
  $RegACL.AddAccessRule($AcRule)
  $RegACL | Set-ACL
  "Berechtigung wurde gesetzt."
}
catch
{
 "Berechtigung konnte nicht gesetzt werden ($_)."
}
```

Listing 4.9 Berechtigungen für einen Registry-Schlüssel setzen

Remotezugriff auf die Registry

Zum Abschluss dieses vielseitigen Abschnitts ein Thema, das nicht so exotisch ist, wie es sich zunächst anhören könnte. Was in RegEdit & Co möglich ist, sollte natürlich auch in der PowerShell möglich sein – der Remotezugriff auf die Registry. Grundsätzlich gibt es dafür zwei Varianten:

- Der Aufruf von *Get-ChildItem* & Co im Rahmen von *Invoke-Command* oder in einer Remotesession. In diesem Fall wird der Registry-Zugriff lokal durchgeführt und das Ergebnis zurückgeschickt.
- Über das *OpenRemoteBaseKey*-Methodenmember von *RegistryKey*. Dies ist ein echter Remotezugriff, der mit der PowerShell nichts zu tun hat (und auch nicht voraussetzt, dass die PowerShell auf dem Remotesystem installiert ist).

Im Folgenden wird lediglich die zweite Variante vorgestellt.

Das folgende Skript listet die Einträge und deren Wert oder Typ (falls es kein String ist) eines Schlüssels in der Registry des angegebenen Computers auf (Voraussetzung ist, dass auf dem Remote-Computer der Remoteregistrierung-Dienst läuft).

```
# ------------------------------------------------------------
# Beispiel 4.10 - Remote-Zugriff auf die Registry
# ------------------------------------------------------------
# Remotezugriff auf die Registry

$RegPfad = "Software\Microsoft\Windows NT\CurrentVersion"
$Server = "<Servername>"
$HKey = [Microsoft.Win32.RegistryHive]::LocalMachine
$RemoteKey = [Microsoft.Win32.RegistryKey]::OpenRemoteBaseKey($HKey,$Server)
$SubKey = $RemoteKey.OpenSubKey($RegPfad)
Write-Host "Die Einträge von $RegPfad:"
ForEach($ValName In $SubKey.GetValueNames())
{
  $ValTyp = $SubKey.GetValueKind($ValName)
  Switch ($ValTyp)
  {
    "string" {  Write-Host "--> $ValName ($($SubKey.GetValue($ValName)))" }
     default {  Write-Host "--> $ValName (Typ: $ValTyp)" }
  }
}
```

Listing 4.10 Remotezugriff auf die Registry

Die Ergebnisse einer Abfrage anzeigen

Das Ergebnis einer Abfrage führt bei der PowerShell grundsätzlich zu Objekten, die über die Pipeline an das nächste Cmdlet weitergereicht oder am Ende der Pipeline in der Konsole bzw. im Ausgabebereich der *PowerShell ISE* ausgegeben werden. Die Art der Ausgabe (Anzahl der Spalten, tabellarische Ausgabe oder Listenausgabe usw.) hängt dabei vom Typ des Objekts ab.

HINWEIS Dieser Hinweis ist für den Einstieg noch etwas zu speziell. Vielleicht hat sich der eine oder andere Leser über den Umstand gewundert, dass die PowerShell z. B. bei *Get-Process* von den 67 Property-Membern nur 8 anzeigt. Wo wird festgelegt, dass genau diese acht Member ausgegeben werden? Dieses Wo ist eine so genannte Typeninformationsdatei mit dem Namen *Types.ps1xml* im PowerShell-Home-Verzeichnis (per *Notepad $pshome/types.ps1Xml* kann sie angezeigt werden). Theoretisch lassen sich diese Informationen editieren und aktualisieren, wenngleich dies nur etwas für erfahrene Anwender und selten erforderlich ist.

Das Format-Table-Cmdlet

Das *Format-Table*-Cmdlet führt eine Standardausgabe durch, die immer dann zweckmäßig ist, wenn relativ wenige Spalten involviert sind. *Format-Table* ist immer dann eine Alternative zu *Select-Object*, wenn es nur darum geht, die Ausgabe zu reduzieren. *Format-Table* besitzt eine Reihe interessanter Parameter, die natürlich alle in der Hilfe beschrieben werden.

Der folgende Befehl listet alle Prozesse auf, gibt aber nur den Namen des Prozesses, die Anzahl seiner Module und die Startzeit des Prozesses aus:

```
Get-Process | Format-Table Name, @{ Name="Anzahl Module";Expression={$_.Modules.Count}},
@{Name="Startzeit";Expression={"{0:hh:mm}" -f $_.StartTime } }
```

Möchte man die Ausgabe nach der Anzahl der Module sortieren, muss dies vor (!) der Ausgabe durch *Format-Table* geschehen, da sich das, was *Format-Table* über die Pipeline weiterreicht, nicht mehr sortieren lässt.

```
Get-Process | Sort-Object { $_.Modules.Count } -Descending | Format-Table Name, @{ Name="Anzahl
Module";Expression={$_.Modules.Count}}, @{Name="Startzeit";Expression={"{0:hh:mm}" -f $_.StartTime } } -Auto
```

So »kompliziert« muss die Ausgabe mit *Format-Table* natürlich nicht sein, aber wenn *Format-Table* z. B. die Möglichkeit bietet, den Wert einer Spalte zu berechnen, sollte man diese Möglichkeit auch nutzen, da sich dadurch die Ausgabe individueller und damit meist besser an eine Anforderung anpassen lässt.

TIPP Der *Auto*-Parameter sorgt dafür, dass sich die Spaltenbreite automatisch an den benötigten Platz einer Spalte anpasst. Der *Wrap*-Parameter hat zur Folge, dass der Wert einer Spalte ausgeschrieben (und dabei umgebrochen) wird.

Gruppieren der Ausgabe

Format-Table bietet durch seinen *GroupBy*-Parameter die Möglichkeit, die Ausgabe nach einer Spalte zu gruppieren, was zur Folge hat, dass für jeden Wert, der durch die Gruppierung entstanden ist, eine eigene Tabelle angezeigt wird. Wichtig ist allerdings auch hier, dass die Pipeline bereits nach der Property sortiert wurde, nach der gruppiert werden soll.

Der folgende Befehl gruppiert die lokalen Dienste nach dem Wert ihrer *Status*-Property:

```
Get-Service | Sort-Object -Property Status | Format-Table -GroupBy Status
```

Gegenüber dem *Group-Object* ist der Output von *Format-Table* besser formatiert, aber nicht ganz so übersichtlich.

Eigene Spalten definieren

Kleinigkeiten, wie Spaltenbreite oder Ausrichtung, lassen sich bei *Format-Table* scheinbar nicht einstellen. Doch nur scheinbar, denn es besteht die Möglichkeit, eine Spalte komplett neu zu definieren und dabei Merkmale wie Ausrichtung oder Formatierung festzulegen. Grundlage ist eine so genannte *Hashtable* (die offiziell in Kapitel 7 vorgestellt wird), über die alle diese Details mithilfe entsprechender vordefinierter Schlüssel festgelegt werden (Tabelle 4.7 stellt die vorhandenden Schlüssel zusammen, die bis auf *Expression* aber alle optional sind).

Schlüssel	Bedeutung
Expression	Legt den anzuzeigenden Wert fest, der auch berechnet sein kann
Format	Legt das Format für den anzuzeigenden Wert fest (es werden die üblichen Formatbezeichner verwendet)
Alignment	Bestimmt die Ausrichtung der Spalte
Width	Breite der Spalte in Zeichen
Label	Name der Spalte

Tabelle 4.7 Die verschiedenen Schlüssel für die Formatierung einer Spalte

Das folgende Beispiel gibt neben dem Namen des Prozesses bei der Startzeit lediglich die Uhrzeit aus.

```
Get-Process | Format-Table Name,
@{Expression="StartTime";Label="Startzeit";Alignment="Center";Format="hh:mm"} -Auto
```

Das folgende Beispiel deutet etwas mehr von den Möglichkeiten an, indem für jeden Prozess, dessen *WS*-Property einen Wert besitzt, der kleiner als 1 MB ist, bei der Ausgabe der *WS*-Property ein »kleiner 1 MB« erscheint. Dem *Expression*-Schlüssel wird dazu keine Zeichenkette, sondern ein in geschweifte Klammern gesetzter Skriptblock zugewiesen. In diesem kann eine beliebige Befehlsfolge ausgeführt werden, die zu dem Ergebnis führt, das in die Spalte eingesetzt wird.

```
Get-Process | Format-Table Name, @{Expression={if ($_.WS-lt1MB){'kleiner 1MB'}else {
$_.WS}};Label="Workingset";Format="n0";Width=10} -Auto
```

Das Format-List-Cmdlet

Das *Format-List*-Cmdlet wird relativ selten eingesetzt. Es ist immer dann praktisch, wenn eine Property für eine Collection steht, deren Mitglieder jeweils in einer Zeile und damit vollständig ausgegeben werden sollen.

Der folgende Befehl gibt die Zugriffsberechtigungen für ein Verzeichnis in einer Liste aus:

```
Get-ACL -Path $Env:Systemroot | Format-List
```

Oft ist *Format-List* die einzige Möglichkeit, den vollständigen Wert einer Property einzusehen. Der Befehl

```
Dir function:more | Select-Object Definition
```

sollte die Definition der *Mode*-Funktion anzeigen, deutet diese jedoch aus Platzgründen nur an. Erst mit einem *Format-List*-Cmdlet gibt es die vollständige Definition zu sehen:

```
Dir function:more | Select-Object Definition | Format-List
```

Einfache Ausgabe mit Format-Wide

Geht es einem nur darum, den Wert einer bestimmten Eigenschaft in einer möglichst kompakten Form auf den Bildschirm zu bekommen, ist das *Format-Wide*-Cmdlet meistens die etwas bessere Wahl. Es verzichtet auf alle Schnörkel und zeigt lediglich eine Eigenschaft an.

Der folgende Befehl stellt die Namen der laufenden Prozesse in vier Spalten dar:

```
Get-Process | Sort-Object Name | Format-wide Name -Column 4
```

Fensterausgaben mit Out-GridView

Das *Out-GridView*-Cmdlet gibt den Pipeline-Inhalt in einem so genannten Grid (*Gitternetz*) aus, das in einem eigenen Fenster angezeigt wird. Dies ist die komfortabelste Form der Ausgabe, welche die PowerShell, ohne dass zusätzliche Erweiterungen hinzugefügt werden müssten, zu bieten hat.

Der folgende Befehl gibt die Namen der 10 Prozesse, die den meisten Arbeitsspeicher belegen, in einem GridView aus:

```
Get-Process | Sort-Object WS -Descending | Select-Object Name, WS, HandleCount, CPU -First 10 | Out-GridView
```

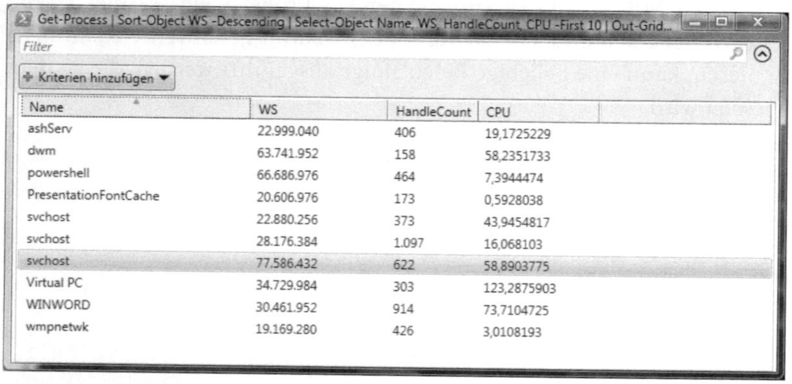

Get-Process | Sort-Object WS -Descending | Select-Object Name, WS, HandleCount, CPU -First 10 | Out-Grid...

Filter

Kriterien hinzufügen

Name	WS	HandleCount	CPU
ashServ	22.999.040	406	19,1725229
dwm	63.741.952	158	58,2351733
powershell	66.686.976	464	7,3944474
PresentationFontCache	20.606.976	173	0,5928038
svchost	22.880.256	373	43,9454817
svchost	28.176.384	1.097	16,068103
svchost	77.586.432	622	58,8903775
Virtual PC	34.729.984	303	123,2875903
WINWORD	30.461.952	914	73,7104725
wmpnetwk	19.169.280	426	3,0108193

Abbildung 4.9 Die Ausgabe in einem *GridView*

HINWEIS Das *Out-GridView*-Cmdlet setzt bereits das .NET Framework 3.5 voraus und nicht das .NET Framework 2.0 wie der Rest der PowerShell. Unter Windows XP und Windows Server 2003/2008 muss diese Komponente nachinstalliert werden.

Abfrageergebnisse exportieren

Soll das Ergebnis einer Abfrage dauerhaft gespeichert werden, muss es exportiert werden. Neben dem schlichten Export in eine Textdatei bietet die PowerShell noch das CSV- und das HTML-Format an. Auch der Export in das universelle XML-Format ist theoretisch möglich.

Export in das Textformat

Einen »Export in das Textformat« erlaubt die PowerShell in Gestalt des *Out-File*-Cmdlets, das den Pipeline-Inhalt in eine Textdatei schreibt. Der kleine Unterschied zu den Umleitungsoperatoren > und >> (Anhängen an den Dateiinhalt) besteht unter anderem in der Möglichkeit, den Zeichensatz auszuwählen (die Voreinstellung ist Unicode).

Der folgende Befehl schreibt die Verteilung der Dateierweiterungen im Windows-Verzeichnis in eine Textdatei im ASCII-Format (wodurch sie nur halb so groß wird):

```
Get-ChildItem $Env:SystemRoot\System32 | Group-Object Extension | Sort-Object Count -Descending | Out-
File WinExtVerteilung.txt -Encoding ASCII
```

Export in das CSV-Format

Das CSV-Format (*Comma Separated Value*) ist ein in der IT-Welt nach wie vor beliebtes Import- und Exportformat. Eine CSV-Datei stellt eine Textdatei mit Spalten und Zeilen dar, in der alle Spalten durch Kommas (oder ein anderes Trennzeichen) getrennt sind. Das CSV-Format ist immer dann praktisch, wenn eine tabellarische Ausgabe gespeichert werden soll. Als Importformat wird es z.B. für das Anlegen von Benutzerkonten in Active Directory verwendet, bei dem die Daten der anzulegenden Konten in einer CSV-Datei enthalten sind. Für den Export in das CSV-Format stellt die PowerShell das *Export-CSV*-Cmdlet zur Verfügung. Das Besondere an diesem Cmdlet ist, dass die zu exportierenden Daten stets Objekte sind, die für den Export in ein Textformat konvertiert werden müssen. Dies bedeutet konkret, dass die Werte aller ihrer Property-Member exportiert werden, sofern diese aus einfachen Werten bestehen. Member, die für eine Collection stehen, werden nicht exportiert (es wird lediglich der Typname der Collection exportiert).

Der folgende Befehl exportiert eine Liste aller lokalen Dienste in eine CSV-Datei:

```
Get-Service | Select-Object Name,DisplayName,Status| Export-CSV Dienstliste.csv -Delimiter ";" -
NoTypeInformation
```

Damit nicht alle Properties exportiert werden, werden die zu exportierenden Properties ausgewählt. Der *NoTypeInformation*-Parameter bewirkt, dass in die erste Zeile keine Typinformation geschrieben wird. Über den *Delimiter*-Parameter wird als Trennzeichen das Semikolon festgelegt, was den nicht unbedeutenden kleinen Vorteil besitzt, dass die exportierte Datei anschließend direkt mit Microsoft Excel geladen werden kann, was sich per *Invoke-Item*-Cmdlet im Allgemeinen am einfachsten bewerkstelligen lässt:

```
Invoke-Item -Path Dienstliste.csv
```

Wäre das Trennzeichen ein Komma, müsste es in der Datei mit dem *Replace*-Operator vor dem Laden gegen ein Semikolon ausgetauscht werden.

	A	B	C
1	Name	DisplayName	Status
2	AcPrfMgrSvc	Ac Profile Manager Service	Running
3	AcrSch2Svc	Acronis Scheduler2 Service	Running
4	AcSvc	Access Connections Main Service	Stopped
5	AEADIFilters	Andrea ADI Filters Service	Running
6	AeLookupSvc	Anwendungserfahrung	Running
7	ALG	Gatewaydienst auf Anwendungsebene	Stopped
8	AppHostSvc	Anwendungshost-Hilfsdienst	Running
9	Appinfo	Anwendungsinformationen	Running
10	AppMgmt	Anwendungsverwaltung	Stopped
11	ApRunSvc	Alps Application Launcher Service	Running
12	aspnet_state	ASP.NET State Service	Stopped

Abbildung 4.10 Die exportierte *CSV*-Datei wird in Excel angezeigt

Export in das HTML-Format

Ein Export-HTML-Cmdlet gibt es nicht, dafür ein *ConvertTo-Html*-Cmdlet, das den Pipeline-Inhalt in eine einfache HMTL-Struktur konvertiert. Diese lässt sich anschließend in eine Datei exportieren und im Browser angezeigen. Über die Parameter *Head*, *Title* und *Body* kann die HTML-Struktur beeinflusst werden und über den *CssUri*-Parameter ist es sogar möglich, eine CSS-Vorlagendatei zuzuordnen.

Der folgende Befehl exportiert eine Liste der lokalen Dienste in das HTML-Format:

```
Get-Service | Select-Object Name,DisplayName,Status| ConvertTo-HTML -Title "Dienste-Status-Report -
$(Get-Date -Format D)" | Out-File Dienstreport.html
```

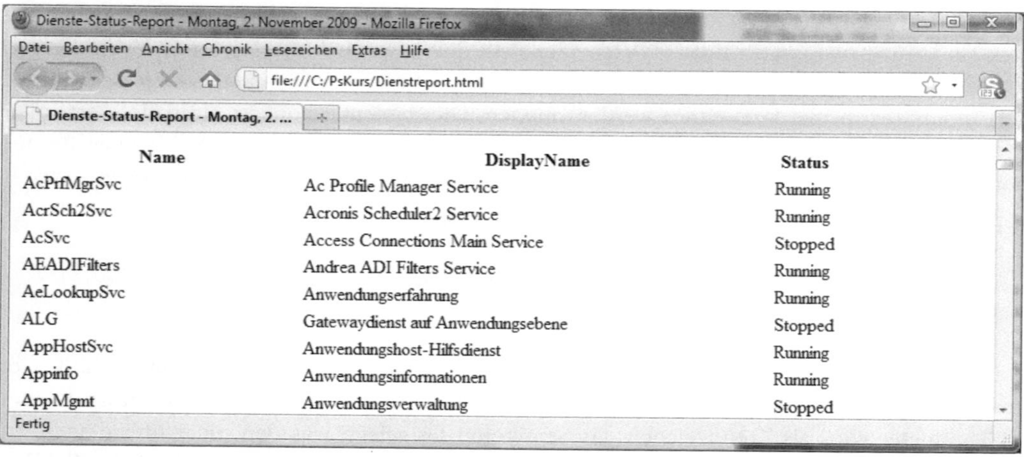

Name	DisplayName	Status
AcPrfMgrSvc	Ac Profile Manager Service	Running
AcrSch2Svc	Acronis Scheduler2 Service	Running
AcSvc	Access Connections Main Service	Stopped
AEADIFilters	Andrea ADI Filters Service	Running
AeLookupSvc	Anwendungserfahrung	Running
ALG	Gatewaydienst auf Anwendungsebene	Stopped
AppHostSvc	Anwendungshost-Hilfsdienst	Running
Appinfo	Anwendungsinformationen	Running
AppMgmt	Anwendungsverwaltung	Stopped

Abbildung 4.11 Das Ergebnis des HTML-Exports

Export in das XML-Format

Das XML-Format (mehr dazu in Kapitel 6) ist wie das CSV-Format ein beliebtes Zwischenformat in der IT-Welt. Im Unterschied zum CSV-Format kann ein Element im XML-Format beliebig verschachtelt sein, sodass es sich vor allem für die Speicherung strukturierter Daten sehr gut eignet. Die PowerShell bietet zwar kein Export-XML-Cmdlet, aber mit dem *Export-Clixml*-Cmdlet eine Alternative, die weitgehend dasselbe erreicht (die Abkürzung *CLI* steht in diesem Zusammenhang für *Common Language Infrastructure* und bezieht sich auf den Umstand, dass es hier um .NET Framework-Objekte geht). Der entscheidende Unterschied ist, dass *Export-Clixml* keinen direkten Export durchführt, sondern ein PowerShell-Objekt in das XML-Format »serialisiert«, das heißt seinen Inhalt im XML-Format darstellt, was einem XML-Format bereits sehr nahe kommt. Die Hauptdaseinsberechtigung von *Export-Clixml* besteht darin, ein Objekt (genauer gesagt, seinen Zustand) so zu speichern, dass es später über das *Import-Clixml*-Cmdlet wieder geladen werden kann.

Ein sehr einfaches Beispiel soll die Arbeitsweise des *Export-Clixml*-Cmdlets veranschaulichen. Gegeben sei ein selbst definiertes Objekt (vom Typ *PSCustomObject*, dem einfachsten Objekttyp bei der PowerShell), das über zwei Member-Properties verfügt: *P1* und *P2*, welche die Werte 1000 und 2000 besitzen:

```
$O = New-Object -Type PSCustomObject -Property @{P1=1000; P2=2000}
```

Der folgende Befehl exportiert das Objekt in das XML-Format:

```
$O | Export-Clixml -Path Test.xml
```

Die entstandene XML-Datei ist wie folgt aufgebaut:

```
<Objs Version="1.1.0.1" xmlns="http://schemas.microsoft.com/powershell/2004/04">
  <Obj RefId="0">
    <TN RefId="0">
      <T>System.Management.Automation.PSCustomObject</T>
      <T>System.Object</T>
    </TN>
    <MS>
      <I32 N="P2">2000</I32>
      <I32 N="P1">1000</I32>
    </MS>
  </Obj>
</Objs>
```

Das Beispiel macht deutlich, dass beim Exportieren in das CLI-XML-Format einige Formalismen mitgespeichert werden. Die beiden Properties *P1* und *P2* mit ihren Werten sind lediglich ein kleiner Teil der Datei. Statt vom Exportieren spricht man in diesem Zusammenhang daher auch vom »Serialisieren« der Objekte.

Der Sinn und Zweck des Serialisierens ist, dass aus dem gespeicherten XML per *Import-Clixml*-Cmdlet wieder ein Objekt gemacht werden kann:

```
$P = Import-Clixml -Path Test.xml
```

$P steht danach für ein neues Objekt, das über die Properties *P1* und *P2* verfügt, welche die Werte 1000 und 2000 besitzen. Nach diesem Schema lässt sich theoretisch jedes Objekt speichern und später wieder einlesen (theoretisch, weil sich nicht jede Collection serialisieren lässt).

Abfrageergebnisse visualisieren

Die bisherigen Ausgabevarianten waren allesamt ein wenig nüchtern, was im administrativen Alltag in den allermeisten Fällen kein Problem sein dürfte. Kommt es auf die Optik bei einer Ausgabe an, müssen Cmdlets, die nicht von Anfang an Teil der PowerShell sind, herangezogen werden. Eine attraktive, wenngleich nicht kostenlose Sammlung von insgesamt sechs Cmdlets bieten die *PowerGadgets* von *Software Fx*, von denen in diesem Buch in Kapitel 1 bereits kurz die Rede war. Für die Ausgabe von beliebigen Pipeline-Daten gibt es die Cmdlets *Out-Chart* und *Out-Gauge*. Der folgende Befehl stellt erneut die Speicherbelegung der 10 Prozesse dar, die den meisten Speicherplatz belegen, dieses Mal aber in einem attraktiven Balkendiagramm:

```
Get-Process | Sort-Object WS -Descending | Select-Object Name, WS, HandleCount, CPU -First 10 | Out-Chart
```

Das Schöne an diesem Beispiel ist nicht nur die Optik, sondern die Leichtigkeit, mit der sich »wildfremde« Cmdlets über die Pipeline verbinden lassen. Das *Out-Chart*-Cmdlets weiß nichts über die Objekte, die sich in der Pipeline befinden, welche Properties sie besitzen usw. Aber es kann diese Informationen abfragen und auf der Grundlage der gesammelten Informationen relativ genau jene Properties auswählen, die in dem Diagramm angezeigt werden sollen. Ob es um Prozesse und ihre Eckdaten oder die Belegung von Mailboxen bei einem Exchange Server geht, spielt dabei keine Rolle.

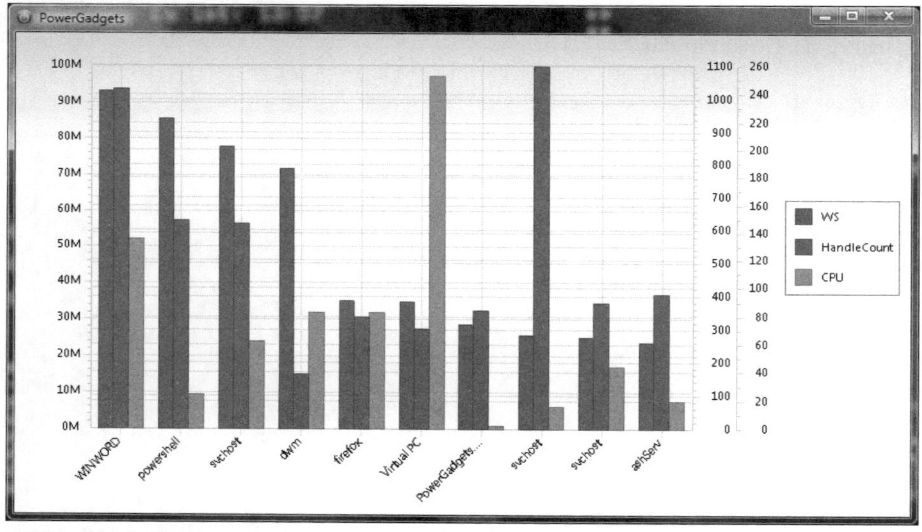

Abbildung 4.12 Die Speicherbelegung der 10 Prozesse, die den meisten Speicher belegen, wird mit dem *Out-Chart*-Cmdlet der *PowerGadgets* angezeigt

Zusammenfassung

Ad-hoc-Abfragen sind, neben dem Ausführen von Skripts, der zweite große Einsatzbereich der PowerShell. Ob diese Abfragen lokal oder im Netzwerk ausgeführt werden, spielt bei der PowerShell 2.0 keine Rolle mehr. Länger dauernde Abfragen können als Job im Hintergrund ausgeführt werden. Ob es um Abfragen der laufenden Prozesse, Dienste, der Einträge im Ereignisprotokoll oder der Registry geht, alle Abfragen werden nach demselben Schema ausgeführt, was das Einarbeiten in diese unterschiedlichen Bereiche deutlich erleichtert.

Kapitel 5

Umgang mit Dateien, Verzeichnissen und Laufwerken

In diesem Kapitel:

Der Umgang mit Dateien und Verzeichnissen ist nach wie vor das tägliche Brot von Administratoren und Systembetreuern. Irgendetwas muss immer von A nach B kopiert oder verschoben werden. Auch wenn schon vor vielen Jahren angedacht (Stichwort: *Cairo* und natürlich W*inFS*) und immerhin als Prototyp ausgeliefert, ist ein *objektorientiertes Dateisystem*, bei dem Daten einfach abgelegt und anhand ihrer Charakteristika (z.B. *Aktuelles Ereignisprotokoll von Server 123*) angesprochen werden, noch nicht einmal in Ansätzen erkennbar (was auch einiges über die Notwendigkeit einer solchen Ablage aussagt). Wir werden daher auch die nächsten zehn Jahre mit einem NTFS-Dateisystem leben, das in Laufwerke und Verzeichnisse organisiert ist. In diesem Kapitel geht es um die Arbeitsabläufe, die beim Umgang mit Dateien und Verzeichnissen in der Praxis mit der PowerShell eine Rolle spielen – vom Anlegen, Kopieren und Verschieben von Dateien und Verzeichnissen bis zum Thema Abfragen und Setzen von Dateiattributen und Zugriffsberechtigungen.

Alles ist ein Item (oder die Rolle der Provider)

Wer die Liste der PowerShell-Cmdlets betrachtet, wird sich eventuell darüber wundern, dass es keine Cmdlets gibt, in denen Begriffe wie *File* oder *Directory* vorkommen. Und wer sich anschaut, für was Aliase wie *Copy* oder *Del* stehen, stellt fest, dass dahinter Cmdlets mit allgemeinen Namen wie *Copy-Item* und *Remove-Item* stecken. Der Grund, warum bei der PowerShell alles ein Item ist, liegt darin, dass Ablagen, zu denen auch das Dateisystem gehört, über so genannte *Provider* angesprochen werden, für die stets derselbe Satz von Cmdlets zuständig ist. Von Anfang an gibt es etwa ein halbes Dutzend Provider, zu denen neben Providern für das Dateisystem auch Provider für die Registry, die Umgebungsvariablen, die Aliase oder die *WSMan*-Konfiguration gehören (Tabelle 5.3 auf Seite 149 stellt alle Provider zusammen). Jeder Provider ermöglicht einen Zugriff auf seine Ablage über denselben Satz von Item-Cmdlets wie *Copy-Item*, *Move-Item* oder *Remove-Item*. Da nicht jede Ablage gleich ist und zwischen flachen und hierarchischen Ablagen unterschieden wird, hängen die Möglichkeiten eines Item-Cmdlets auch vom Typ der Ablage ab (beim Anlegen eines Registry-Schlüssels über das *New-Item*-Cmdlet spielt z.B. der *ItemType*-Parameter keine Rolle). Tabelle 5.1 stellt alle Item-Cmdlets vor.

Unter dem *FileSystem*-Provider ist ein Item eine Datei oder ein Verzeichnis, unter dem *Registry*-Provider ist ein Item immer ein Registry-Schlüssel und unter dem *Environment*-Provider ist ein Item stets ein Objekt vom Typ *DictionaryEntry*. Tabelle 5.2 stellt verschiedene Item-Typen und die dahinter stehenden PowerShell- respektive .NET Framework-Typen vor.

Cmdlet	Aufgabe
Clear-Item	Löscht den Inhalt eines Items (aber nicht einer Datei, das würde ein *Set-Content -Path <Dateipfad> -Value $null* erledigen, was zu einer Datei mit 0 Bytes Größe führt – ein *Remove-Item* wäre die bessere Wahl)
Copy-Item	Kopiert ein Item von A nach B
Get-ChildItem	Holt alle Items eines Containers
Get-Item	Holt ein Item (etwa, um seine Eigenschaften ändern zu können)
Invoke-Item	Ruft die Anwendung auf, die mit der Dateierweiterung verknüpft ist
Move-Item	Verschiebt ein Item (oder benennt es um)
New-Item	Legt ein neues Item an ▶

Cmdlet	Aufgabe
Remove-Item	Löscht ein Item
Rename-Item	Gibt einem Item einen neuen Namen
Set-Item	Ändert eine Eigenschaft eines vorhandenen Items

Tabelle 5.1 Die verschiedenen Item-Cmdlets arbeiten mit allen Providern

Item	Typ
Datei	*FileInfo (System.IO.FileInfo)*
Registry-Schlüssel	*RegistryKey (Microsoft.Win32.RegistryKey)*
Umgebungsvariable	*DictionaryEntry (System.Collections.DictionaryEntry)*
Variable	*PSVariable (System.Management.Automation.PSVariable)*
Verzeichnis	*DirectoryInfo (System.IO.DirectoryInfo)*

Tabelle 5.2 Verschiedene Items und ihre Typen

Provider und Laufwerke auflisten

Eine Übersicht über alle Provider liefert das *Get-PSProvider*-Cmdlet. Jeder Provider stellt für den Zugriff auf die Ablage eines oder mehrere (*PSDrive-*)Laufwerke zur Verfügung. Eine Übersicht über alle vorhandenen Laufwerke liefert das *Get-PSDrive*-Cmdlet. Möchte man nur die Laufwerke eines bestimmten Providers sehen, gibt es dafür den *PSProvider*-Parameter.

Der folgende Befehl listet nur die *FileSystem*-Laufwerke auf:

```
Get-PSDrive -PSProvider FileSystem
```

Der Output zeigt, dass die PowerShell für jedes physische Laufwerk ein PSDrive mit dem Laufwerksnamen als Namen angelegt hat, sodass dieselbe Art von Zugriff über den Laufwerksnamen angeboten wird wie unter *Cmd.exe*. Generell kann ein PSDrive-Name aber beliebig lang sein und wird stets mit einem Doppelpunkt abgeschlossen.

Ablage/Provider	Was steckt dahinter?
Alias	Alle in der PowerShell-Sitzung definierten Aliase (PSDrive Alias:)
Cert	Alle lokal installierten Zertifikate (PSDrive Cert:)
Environment	Die Umgebungsvariablen (PSDrive Env:)
FileSystem	Die Laufwerke des Dateisystems (für jedes Laufwerk wird ein PSDrive mit dem Namen des Laufwerks definiert)
Function	Alle in der PowerShell-Sitzung definierten Funktionen (PSDrive Function:)
Registry	Die Hauptschlüssel der Registry (für die Hauptzweige *HKey_Local_Machine* und *HKey_Current_User* wird jeweils ein PSDrive mit den Namen HKLM: und HKCU: definiert) ▶

Ablage/Provider	Was steckt dahinter?
Variable	Alle in der PowerShell-Sitzung definierten Variablen (PSDrive Variable:)
WSMan	Die WSMan-Konfiguration des lokalen Computers und aller per *Connect-WSMan*-Cmdlet hinzugefügten Computer (PSDrive WSMan:)

Tabelle 5.3 Die PowerShell-Provider auf einen Blick

Allgemeines über die Item-Cmdlets

Ein Vorteil der mit den Item-Cmdlets einhergehenden Verallgemeinerungen ist natürlich, dass es zwischen den Cmdlets wichtige Gemeinsamkeiten gibt, die für alle Provider gleichermaßen gelten.

Die Rolle der Item-Aliase

Der Umstand, dass es mit *dir* einen Alias für *Get-ChildItem* gibt, kann am Anfang für ein wenig Verwirrung sorgen, da dies den Anschein erwecken könnte, die PowerShell-Entwickler hätten sich von nostalgischen Gefühlen leiten lassen und ein paar vertraute *DOS-Befehle* eingebaut. Das ist natürlich nicht der Fall, denn es handelt sich genau wie bei *cd*, *copy*, *del*, *type* oder *cat* lediglich um Aliase für Cmdlets oder Funktionen. Ein *dir /ad* (Auflisten aller Unterverzeichnisse) funktioniert daher genauso wenig wie ein *dir /q* (Auflisten der Besitzer einer Datei), wenngleich dies manchmal ganz praktisch wäre. Aber zum einen kann man sich diese Funktionalitäten meist mit relativ wenig Aufwand über eine Funktion nachbauen (an die Besitzer einer Datei kommt man über das *Get-Acl*-Cmdlet heran, z.B. *(get-acl $Env:SystemRoot\Win.ini).Owner*), zum anderen ist es wie gezeigt überhaupt kein Problem, der alte *dir*-Befehl über *Cmd.exe* aufzurufen.

Wie lässt sich herausfinden, welche Aliase für ein Cmdlet momentan (es können jederzeit neue Aliase definiert und vorhandene Aliase gelöscht werden) existieren? Beispielsweise so:

```
Get-Alias | Where-Object { $_.Definition -eq "Get-ChildItem" }
```

Noch einfacher geht es über den *Definition*-Parameter des *Get-Alias*-Cmdlets, den man leicht übersehen kann und der ein weiteres Mal die Erfahrungsregel bestätigt, dass es zu einer (einfachen) Lösung meistens noch eine gibt, die noch etwas einfacher ist:

```
Get-Alias -definition Get-ChildItem
```

Und welches Cmdlet besitzt derzeit die meisten Aliase? Diese enorm wichtige Frage beantwortet der folgende Befehl, der von dem praktischen *Group-Object*-Cmdlet Gebrauch macht, welches die Aliase nach ihren Definitionen gruppiert und das Resultat über die Pipeline an das *Sort-Object*-Cmdlet weiterreicht, welches die Gruppen nach ihrem Namen sortiert:

```
Get-Alias | Group-Object Definition | Sort-Object Count | Select-Object -Last 1
```

Es stellt sich heraus, dass *Remove-Item* ganze sechs Aliase besitzt. Oder, wenn es ausschließlich um den Namen des Cmdlets mit den meisten Aliasen geht:

```
(Get-Alias | Group-Object Definition | Sort-Object Count | Select-Object -Last 1).Name
```

Oder, wenn man die einzelnen dazugehörigen Cmdlets sehen möchte:

```
Get-Alias | Group-Object Definition | Sort-Object Count | Select-Object -Last 1 | Select-Object -Exp Group
```

In diesem Beispiel sorgt der *ExpandProperty*-Parameter von *Select-Object* dafür, dass die Gruppe Element für Element in die Pipeline gelegt wird.

Und welche Cmdlets besitzen keinen Alias? Diese Frage ist nicht ganz so einfach zu beantworten, da ein *Get-Command* mit einem *Get-Alias* irgendwie kombiniert werden muss. Versuchen Sie einmal selbst, diese kleine Herausforderung zu lösen, denn dies ist eine gute Gelegenheit, Ihre bisher erworbenen PowerShell-Kenntnisse anzuwenden.

Eine mögliche Lösung könnte wie folgt aussehen:

```
Get-Command -Commandtype Cmdlet | Where-Object { !(Get-Alias -definition $_.Name -ErrorAction
SilentlyContinue) }
```

War doch gar nicht so schwer, wenn man sich darauf besinnt, bei der PowerShell alles so einfach wie möglich zu halten. Ein Abzählen (durch ein Setzen in runde Klammern und das Anhängen von *.Count*) ergibt, dass es 136 Cmdlets ohne und nur 103 Cmdlets mit einem Alias gibt.

Die Parameter WhatIf und Confirm

Damit eine Verzeichnis- oder Dateioperation bei unsachgemäßer Ausführung nicht zu Frust, Verdruss und traumatischen Erlebnissen führt (etwa, wenn wichtige Dateien durch ein falsches Löschkriterium gelöscht werden), besitzen alle Cmdlets, die einen Zustand verändern, mit *WhatIf* und *Confirm* zwei nützliche Parameter. Während *WhatIf* eine Operation nicht durchführt, sondern nur eine Meldung ausgibt, welche die Operation beschreibt, die ohne *WhatIf* durchgeführt worden wäre, verlangt der *Confirm*-Parameter grundsätzlich eine Bestätigung, was ansonsten nicht immer der Fall ist. *WhatIf* ist als Sicherheitsgurt auch für geübte PowerShell-Anwender nützlich, da man sich bei umfangreicheren Befehlen nie ganz sicher sein kann, wie sie sich tatsächlich auswirken. *WhatIf* prüft allerdings nicht, ob die Operation tatsächlich durchgeführt werden kann (etwa, wenn beim Kopieren die Schreibberechtigungen für das Zielverzeichnis fehlen).

HINWEIS Über die Variablen *$WhatIfPreference* und *$ConfirmPreference* kann für die Dauer der PowerShell-Sitzung eingestellt werden, wie sich Cmdlets bezüglich des *WhatIf*- und des *Confirm*-Parameters verhalten, wenn dieser nicht angegeben wird.

Der Parameter Force

In manchen Fällen behält sich die PowerShell vor, eine Löschoperation durchzuführen, z.B. wenn es sich um eine Datei mit gesetztem *ReadOnly*-Attribut handelt. In diesem Fall hilft sanfte Gewalt in Gestalt des *Force*-Parameters. Ein wenig kurios ist, dass ein *Get-ChildItem* versteckte Dateien erst dann findet, wenn der *Force*-Parameter gesetzt wird.[1]

---

[1] Das kann z.B. dazu führen, dass man eine Weile nach Dateien sucht, von denen man schwören würde, dass es sie gibt.

Die Rolle des LiteralPath-Parameter

Viele Item-Cmdlets (aber nicht alle) besitzen einen *LiteralPath*-Parameter als Alternative zum stets vorhandenen *Path*-Parameter. Bei *LiteralPath* wird alles wörtlich genommen. Die Sonderzeichen, z.B. jene, die Platzhalter symbolisieren, besitzen keine Wirkung, sondern werden als reguläre Zeichen interpretiert. *LiteralPath* wird daher immer dann herangezogen, wenn ein Pfad oder Dateiname Sonderzeichen enthält, diese aber nicht als solche interpretiert werden sollen.

Eine Datei heißt (aus welchen Gründen auch immer) *Events[Mo-Di].log*. Der Anwender möchte sie löschen, da ihn der Name (aus verständlichen Gründen) etwas stört. Ein

```
Remove-Item Events[Mo-Di].log
```

führt nur scheinbar zu einem Erfolg, denn die Datei wird nicht gelöscht. Wegen der falsch interpretierten Platzhalter gibt es aber auch keine Fehlermeldung. Erst mit dem *LiteralPath*-Parameter (anstelle des *Path*-Parameters) klappt es:

```
Remove-Item -LiteralPath Events[Mo-Di].log
```

Das Umbenennen per *Rename-Item* klappt in diesem Fall nicht, da es hier keinen *LiteralPath*-Parameter gibt. Interessant ist, dass auch ein

```
Get-Item -LiteralPath Events[Mo-Di].log | Rename-Item -newname EventsMoDi.log
```

nicht funktioniert, auch wenn *Get-Item* die Datei in die Pipeline legt.

Die Lösung ist einfacher, als man sich es vermutlich vorstellt: *Move-Item* tut es beim Umbenennen auch und hier gibt es auch einen *LiteralPath*-Parameter[2]:

```
Move-Item -literalpath Events[Mo-Di].log -destination EventsMoDi.log
```

Transaktionen

Mit der PowerShell 2.0 wird ein Konzept eingeführt, das bislang eher eine Domäne der Groß-EDV war: die *Transaktionen*. Eine Transaktion fasst mehrere Operationen unter einem Dach zusammen. Am Ende wird die Transaktion entweder *committed*, wodurch alle Operationen tatsächlich ausgeführt werden, oder sie wird durch einen *Rollback* rückgängig gemacht, was zur Folge hat, dass das System wieder in seinen ursprünglichen Zustand versetzt wird. Der Vorteil einer Transaktion ist, dass bei mehrstufigen Operationen immer sichergestellt ist, dass entweder alle Operationen fehlerfrei ausgeführt werden oder gar keine Operation durchgeführt wird und das System damit niemals in einem undefinierten Zustand verbleibt. Die für Transaktionen zuständigen Cmdlets sind in Tabelle 5.4 zusammengestellt. Transaktionen müssen vom Provider unterstützt werden, was momentan nur beim Registry-Provider der Fall ist.

---

[2] Kurioserweise hatte sich das PowerShell-Team bereits für die Version 1.0 entschuldigt, aus Zeitgründen bei *Rename-Item*, anders als bei den übrigen Cmdlets, keinen *LiteralPath*-Parameter eingefügt zu haben – *http://sandbox.manning.com/thread.jspa?messageID=62599*. Kurios deswegen, weil *Rename-Item*, genau wie *Get-Acl*, auch bei der PowerShell 2.0 noch keinen *LiteralPath*-Parameter besitzt.

Der Befehl

```
Get-Psprovider | Where-Object { $_.Capabilities -match "trans" }
```

listet alle Provider auf, die Transaktionen unterstützen (was trotzdem nicht mehr als den Registry-Provider ergibt).

Cmdlet	Bedeutung
Complete-Transaction	Bestätigt eine Transaktion durch ein *Commit*
Get-Transaction	Holt die aktuell laufende Transaktion
Start-Transaction	Startet eine Transaktion
Undo-Transaction	Macht die angefangene Transaktion rückgängig
Use-Transaction	Fügt einen Befehlsblock der aktiven Transaktion hinzu

Tabelle 5.4 Cmdlets für den Umgang mit Transaktionen

Der Umgang mit Laufwerken

Für den Umgang mit Laufwerken stehen offiziell nur die wenigen Eckdaten zur Verfügung, die ein *PSDrive* als Property-Member zur Verfügung stellt. Ein *Get-PSDrive C | Select-Object ** (der Laufwerksname ist »C« und nicht »C:«) macht deutlich, dass dies nur die Properties *Used* und *Free* sind, die den belegten und freien Speicherplatz angeben (mehr muss man im Allgemeinen auch nicht über ein Laufwerk wissen).

Der folgende Befehl berechnet aus den beiden Properties *Free* und *Used* die Gesamtgröße des Laufwerks und gibt sie als Property eines neuen Objekts zurück:

```
Get-PSDrive C | Select-Object @{Name="Summe";Expression={$_.Used+$_.Free}}
```

Möchte man mehr über ein Laufwerk wissen, gibt es zwei Möglichkeiten: WMI (Kapitel 9) und die Klasse *DriveInfo* aus der .NET Framework-Klassenbibliothek (Kapitel 13).

Laufwerksabfragen per WMI

WMI enthält die Klassen *Win32_LogicalDisk* und *Win32_DiskPartition*. Während eine Instanz von *Win32_LogicalDisk* ein Laufwerk repräsentiert, steht eine Instanz von *Win32_DiskPartition*, der Name legt es nahe, für eine Partition auf einem Laufwerk.

Ein

```
Get-WmiObject -Class Win32_LogicalDisk
```

listet alle lokalen Laufwerke auf:

```
DeviceID     : C:
DriveType    : 3
ProviderName :
FreeSpace    : 1457582080
Size         : 64020803584
VolumeName   : SW_Preload
```

usw.

Über den *ComputerName*-Parameter von *Get-WmiObject* lassen sich auch die Laufwerke von Computern im Netzwerk ansprechen.

TIPP Selbst erfahrene PowerShell-Anwender kennen die wichtigsten WMI-Klassen nicht auswendig. Doch wozu gibt es den *List*-Parameter bei *Get-WmiObject*? Ein *(Get-WmiObject -list) -match "Disk"* listet z.B. alle Klassen auf, in denen das Wort *Disk* vorkommt.

Laufwerksabfragen per DriveInfo

Neben den WMI-Klassen steht einem PowerShell-Befehl mit der .NET Framework-Klassenbibliothek eine zweite, ebenfalls sehr umfangreiche Klassenbibliothek zur Verfügung. Hier wird ein Laufwerk durch eine Klasse mit dem Namen *DriveInfo* repräsentiert. Doch wie wendet man die Klasse an? Die Eingabe von *DriveInfo* bringt (natürlich nichts). Das Geheimnis besteht darin, dass aus der Klasse per *New-Object*-Cmdlet eine Instanz gemacht und dabei der Laufwerksname angegeben wird.

Der folgende Befehl legt eine neue *DriveInfo*-Instanz an (dem Klassennamen muss stets der Namespace, in diesem Fall *System.IO*, vorangestellt werden), wobei deutlich wird, dass dieses Objekt deutlich mehr Informationen über das Laufwerk zur Verfügung stellt:

```
(New-Object System.IO.DriveInfo C:)

Name               : C:\
DriveType          : Fixed
DriveFormat        : NTFS
IsReady            : True
AvailableFreeSpace : 1457033216
TotalFreeSpace     : 1457033216
TotalSize          : 64020803584
RootDirectory      : C:\
VolumeLabel        : SW_Preload
```

Eine Möglichkeit, *DriveInfo*-Instanzen für alle lokalen Laufwerke zu erhalten, gibt es auch. Der Befehl lautet

```
[System.IO.DriveInfo]::GetDrives()

Name               : C:\
DriveType          : Fixed
DriveFormat        : NTFS
IsReady            : True
```

```
AvailableFreeSpace : 1457078272
TotalFreeSpace     : 1457078272
TotalSize          : 64020803584
RootDirectory      : C:\
VolumeLabel        : SW_Preload

Name               : D:\
DriveType          : CDRom
DriveFormat        :
```

usw.

Wundern Sie sich nicht über die neue Schreibweise, bei der Namespace und Klassenname zur Abwechslung in eckige Klammern gesetzt werden und der Membername auf einen Doppeldoppelpunkt folgt. Die Hintergründe werden in Kapitel 13 erhellt.

Laufwerksabfragen per FileSystemObject

Das gute, alte *FileSystemObject*-Objekt des *Windows Script Host* (WSH) kann natürlich auch von der PowerShell angesprochen werden, wenngleich es dazu nur selten eine echte Notwendigkeit geben dürfte.

Der folgende Befehl listet ebenfalls alle lokalen Laufwerke auf und gibt deren Eckdaten aus:

```
(New-Object -com Scripting.FileSystemObject).Drives
```

Oder mit dem *f*-Operator hübsch formatiert:

```
(New-Object -com Scripting.FileSystemObject).Drives | ForEach-Object { if ($_.IsReady) { "Laufwerk: {0}
- Freier Platz: {1:n0} Bytes" -f $_.DriveLetter, ($_.FreeSpace ) } }
```

Der *If*-Befehl, der in Kapitel 7 an der Reihe ist, sorgt dafür, dass nur jene Laufwerke angesprochen werden, die bereit sind.

Das aktuelle Verzeichnis

Für jedes Laufwerk gibt es ein aktuelles Verzeichnis, das über das *Get-Location*-Cmdlet abgerufen wird und das sich auch dann nicht ändert, wenn man vorübergehend auf ein anderes Laufwerk (über *cd* oder, wenn man nicht den Alias verwenden möchte, über ein *Set-Location*) wechselt.

Das aktuelle Verzeichnis sichern und wiederherstellen

Ein Skript sollte nicht das aktuelle Verzeichnis »verstellen«. Es ist daher üblich, das aktuelle Verzeichnis zu Beginn eines Skripts oder einer Befehlsfolge über das *Push-Location*-Cmdlet auf einen internen Stapel zu legen, um es später über das *Pop-Location*-Cmdlet durch Herunternehmen von dem Stapel wiederherstellen zu können. Dieses Sichern des aktuellen Verzeichnispfades, das sich auch beliebig verschachteln lässt, ist immer dann praktisch, wenn das aktuelle Verzeichnis einen längeren Verzeichnispfad besitzt, den man am Ende nicht wieder eintippen möchte, um zu diesem Verzeichnis zurückzugelangen.

UNC-Pfade

Anstelle eines regulären, lokalen Pfades kann jederzeit ein so genannter UNC-Pfad einer Freigabe eingesetzt werden.

Der folgende Befehl kopiert alle Dateien mit der Erweiterung *.Ps1* in die Freigabe *\\Server01\Ps1Skripts*:

```
Copy-Item -Path *.ps1 \\Server01\Ps1Skripts
```

Der folgende Befehl macht einen UNC-Pfad zum aktuellen Verzeichnis:

```
CD \\Server01\Ps1Skripts
```

Der folgende Befehl listet über PowerShell-Remoting die Freigaben auf einem Netzwerkcomputer auf, indem der *Net Share*-Befehl per *Invoke-Command* dort ausgeführt wird:

```
Invoke-Command -Scriptblock { net share } -Computer Server01 -Credential Administrator
```

Netzwerklaufwerke auflisten

Um eine Liste aller lokalen Netzwerklaufwerke zu erhalten, gibt es mehrere Möglichkeiten:

- Über die WMI-Klasse *Win32_MappedLogicalDisk*
- Über die WMI-Klasse *Win32_LogicalDisk* (mit einem *-Filter* "*DriveType=4*")
- Über ein Auflisten des Registry-Keys *HKCU\Network* (nur dauerhafte Verknüpfungen)
- Über das *WScript.Network*-Objekt und seine *EnumNetworkDrives*-Methode

Der folgende Befehl listet alle lokalen Netzwerklaufwerke über eine kleine Registry-Abfrage auf, die deswegen ein wenig umfangreicher ist, da die Ausgabe »hübsch« erfolgen soll:

```
Get-ChildItem Hkcu:\\Network | Select-Object @{Name="Laufwerk";Expression={$_.PSCHildName}},
@{Name="Remotepfad";Expression={$_.GetValue("RemotePath")}}

Laufwerk                                Remotepfad
--------                                ----------
Y                                       \\Haribo09\2009
Z                                       \\Haribo09\PsKursNeu
```

Ein wenig einfacher geht es per WMI, das in Kapitel 9 vorgestellt wird:

```
Get-WmiObject -Class Win32_MappedLogicalDisk | Select-Object Name, ProviderName
```

oder

```
Get-WmiObject -Class Win32_LogicalDisk -Filter "DriveType=4" | Select Name, ProviderName
```

WICHTIG Unter Windows Vista scheint die Abfrage sowohl über *Win32_LogicalDisk* als auch über *Win32_MappedLogicalDisk* nicht zu funktionieren. Unter Windows XP und Windows Server 2003 funktioniert es.

Neue Laufwerke anlegen

Die Liste der *PSDrive*-Laufwerke ist jederzeit über das Cmdlet *New-PSDrive* erweiterbar. Das ist z. B. immer dann praktisch, wenn ein längerer lokaler Verzeichnispfad oder Registry-Schlüssel durch einen Kurznamen angesprochen werden soll.

Der folgende Befehl legt für den PowerShell-Registry-Schlüssel ein neues Laufwerk mit dem Namen *PsKey* an:

```
New-PSDrive -Name PsKey -Root HKLM:\SOFTWARE\Microsoft\PowerShell -PSProvider Registry
```

Ein *dir PsKey:* listet danach die Unterschlüssel auf, ein *dir pskey:1\PowerShellSnapins* die Einträge für die installierten Snap-Ins und ein *cd PsKey:* schaltet auf das Laufwerk um.

Der Umgang mit Dateien

Eine Datei wird bei der PowerShell durch ein Objekt vom Typ *FileInfo* repräsentiert. Dies ist insofern bedeutend, dass dadurch auch alle Member definiert werden, die ein *Get-Item <Dateiname>* liefert. Tabelle 5.5 stellt die wichtigsten Member eines *FileInfo*-Objekts zusammen. Interessant sind dabei vor allem die *Attributes*-Property, die für die Attribute der Datei (oder des Verzeichnisses) steht, und jene Properties, die den Zeitpunkt des letzten Zugriffs auf die Datei abbilden. Damit lässt sich z. B. ein Touch-Befehl realisieren, mit dem sich der Zeitpunkt des letzten Zugriffs einer Datei auf ein bestimmtes Datum bzw. einen bestimmten Zeitpunkt setzen lässt (in Kapitel 7 wird ein solcher Befehl in Gestalt einer Funktion vorgestellt).

Member	Bedeutung
Attributes-Property	Steht für alle Attribute wie *ReadOnly*, *System* oder *Hidden*
BaseName-Property	Liefert nur den Dateinamen ohne Pfad und Erweiterung
CreationTime-Property	Zeitpunkt, an dem die Datei oder das Verzeichnis angelegt wurde
Exists-Property	*True*, wenn die Datei oder das Verzeichnis existiert
FullName-Property	Der vollständige Pfad der Datei oder des Verzeichnisses
IsReadOnly-Property	*True*, wenn das *ReadOnly*-Attribut der Datei gesetzt ist
LastAccessTime-Property	Zeitpunkt des letzten Zugriffs
LastWriteTime-Property	Zeitpunkt des letzten Schreibzugriffs
Length-Property	Die Größe der Datei in Bytes
VersionInfo-Property	Liefert die Dateiversionsnummer der Datei (sofern vorhanden)

Tabelle 5.5 Die wichtigsten Member des *FileInfo*-Objekts

Operationen mit Platzhaltern

Datei- und Verzeichnisnamen können mit Platzhaltern ausgestattet werden. Ein * steht für alle folgenden Zeichen bis zum nächsten Zeichen oder dem Ende des Namens. Über [] können einzelne oder mehrere Zeichen angegeben werden, die wahlweise vorhanden sein müssen, damit ein Name das Kriterium erfüllt. Tabelle 5.6 stellt die erlaubten Platzhalter zusammen. Allzu groß ist die Auswahl nicht. Reguläre Ausdrücke sind in einem Namen nicht zugelassen. Dennoch ist es natürlich kein Problem, z.B. die Auswahl der zu kopierenden Dateien mithilfe eines regulären Ausdrucks zu treffen, indem alle Dateien per *Get-ChildItem* geholt und deren Namen z.B. im Rahmen einer *ForEach-Object*-Wiederholung mit dem *Match*-Operator geprüft werden.

Der folgende Befehl kopiert alle Dateien mit der Erweiterung .Ps1, die mit einem »S«, »T« oder »Z« beginnen, in das Verzeichnis *C:\Ps1Backup*:

```
Copy-Item -Path [STZ]*.ps1 -Destination C:\Ps1Backup
```

Platzhalter	Bedeutung
*	Steht für alle folgenden Zeichen
?	Steht für ein beliebiges Zeichen
[]	Ermöglicht die Auswahl eines oder mehrerer Zeichen

Tabelle 5.6 Die möglichen Platzhalter für Dateinamen

Der Umgang mit Verzeichnissen

Ein Verzeichnis wird bei der PowerShell durch ein Objekt vom Typ *DirectoryInfo* repräsentiert. Dieses Objekt unterscheidet sich von einem *FileInfo*-Objekt nur durch wenige Properties. Es gibt eine *Parent*- und eine *Root*-Property, die bei einem *FileInfo*-Objekt fehlen. Ein *FileInfo*-Objekt besitzt dagegen die Properties *Directory*, *DirectoryName*, *IsReadOnly* und *Length*, die bei einem *DirectoryInfo*-Objekt nicht vorhanden sind.

Zwischen Dateien und Verzeichnissen unterscheiden

Ein Verzeichnis ist aus der Sicht der PowerShell ein Item in einem Container, der von einem PSDrive des *FileSystem*-Providers zur Verfügung gestellt wird.

Der folgende Befehl listet alle Unterverzeichnisse im aktuellen Verzeichnis auf. Als Unterscheidungsmerkmal wird die Property *PSIsContainer* herangezogen:

```
Get-ChildItem | Where-Object { $_.PSIsContainer }
```

Eine Alternative ist das Abfragen der *Mode*-Property, die bei einem Verzeichnis mit einem »d« beginnt:

```
Get-ChildItem | Where-Object { $_.Mode -Like "d*" }
```

Geht es einem nur um das Auflisten, nicht um die Weiterverarbeitung, ist ein *cmd /c dir /s* eventuell etwas kürzer.

TIPP Dass es auch bei der PowerShell Abkürzungen gibt, macht der Befehl *dir | ? { $_.PSIsContainer }* deutlich, der ebenfalls alle Unterverzeichnisse im aktuellen Verzeichnis auflistet. Er entspricht dem vorletzten Befehl, nur dass er konsequent von Aliasen Gebrauch macht.

Die Größe aller Dateien in einem Unterverzeichnis feststellen

Wie lässt sich die Größe aller Dateien in einem Unterverzeichnis feststellen? Wer bei der PowerShell noch am Anfang steht und eventuell VBScript oder eine andere Skriptsprache kennt, würde eventuell den traditionellen Schleifenansatz probieren:

```
dir | ForEach-Object { $Summe += $_.Length }
```

Gegen diese Variante spricht grundsätzlich nichts, nur dass es eine etwas kürzere Variante gibt, die das *Measure-Object*-Cmdlet verwendet:

```
dir | Measure-object -property length -sum
```

Die Anzahl der Dateien in allen Unterverzeichnissen feststellen

Falls Sie schon immer wissen wollten, wie viele Dateien sich im Windows-Verzeichnis befinden, beantwortet diese Frage der folgende Befehl:

```
(Get-ChildItem -path $Env:Systemroot -Recurse).Count
```

Ein *dir %SystemRoot% /s* listet zwar auch alle Dateien auf, doch ist hier das Zählen nicht ganz so einfach.

Zugriffsberechtigungen berücksichtigen

Der Umstand, dass alle Item-Cmdlets einen *Credential*-Parameter besitzen, bedeutet nicht, dass damit die für den Zugriff auf ein Verzeichnis eventuell erforderlichen Berechtigungen übergeben werden können. Zum einen hat dieser Parameter beim *FileSystem*-Provider keine Bedeutung, zum anderen funktioniert NTFS nicht auf diese Weise. Die für den Zugriff auf eine Datei oder ein Verzeichnis erforderlichen Berechtigungen werden durch das Benutzerkonto bestimmt, unter dem der Zugriff durchgeführt wird. Möchte man daher mit anderen Berechtigungen auf ein Verzeichnis zugreifen, müsste die PowerShell (z. B. über das *Start-Process*-Cmdlet) mit der entsprechenden Anmeldeinformation gestartet werden.

Umgang mit Pfaden

Der Umgang mit Pfaden bedeutet z. B. festzustellen, ob ein Pfad existiert, oder den Verzeichnis- oder Dateinamen aus einem Pfad zu extrahieren. Die PowerShell bietet auch dazu eine Reihe von Path-Cmdlets, die in Tabelle 5.7 zusammengestellt sind. Diese Cmdlet sind, wie alle Item-Cmdlets auch, prinzipiell unabhängig vom Provider und funktionieren daher mit einem Verzeichnispfad prinzipiell gleich wie mit einem Registry-Schlüssel.

Feststellen, ob ein Pfad existiert

Das *Test-Path*-Cmdlet ist sehr praktisch, da sich mit seiner Hilfe feststellen lässt, ob ein als Zeichenkette existierender Pfad existiert. Das Cmdlet gibt entsprechend einen *$true-/$false*-Wert zurück.

TIPP *Test-Path* testet stets einen absoluten Pfad. Der Test eines relativen Pfads ist etwas aufwändiger. Ein Blogeintrag von *Joel (Jaykul) Bennet* stellt einen Vorschlag für eine Find-Path-Funktion vor (*http://huddledmasses.org/powershell-find-path*).

Verknüpfen von Verzeichnis- und Dateinamen zu einem Pfad

Ebenfalls sehr praktisch ist das *Join-Path*-Cmdlet, denn es kombiniert einen Verzeichnispfad und einen Teilpfad zu einem bezüglich seiner Schreibweise korrekten Gesamtpfad. Dabei kommt es vor allem darauf an, dass das providerspezifische Trennzeichen eingefügt wird.

Der folgende Befehl kombiniert einen Laufwerksnamen und einen Verzeichnispfad zu einem gültigen Gesamtpfad, wobei der kleine Komfortgewinn darin besteht, dass das »\«-Trennzeichen automatisch eingefügt wird, falls es fehlen sollte:

```
Join-Path -path C: -ChildPath Skripts
```

Der Umstand, dass der folgende Aufruf, bei dem der Laufwerksbuchstabe am Ende bereits einen umgekehrten Schrägstrich aufweist, in denselben Pfad konvertiert wird wie für den Fall, bei dem dies nicht zutrifft, ist der eigentliche Vorteil des Cmdlets gegenüber einer Stringverknüpfung:

```
Join-Path -path C:\ -ChildPath Skripts
```

Heraustrennen von Verzeichnis- und Dateinamen aus einem Pfad

Auch das *Split-Path*-Cmdlet ist sehr praktisch, da es den Verzeichnisnamen und Dateinamen aus einem Verzeichnispfad heraustrennt.

Der folgende Befehl trennt den Pfadnamen aus dem Pfad der Datei, die über ein *Get-Item* übergeben wird. Auf diese Weise lässt sich das Verzeichnis einer Datei abfragen:

```
Split-Path (Get-Item Test.ps1)
```

Der folgende Befehl trennt über den *Leaf*-Parameter den Dateinamen von seinem Pfad:[3]

```
Split-Path -Path "C:\Dokumente und Einstellungen\Administrator\Eigene Dateien\Skripts\TestSkript.ps1" -
Leaf
```

Bei einem Dateiobjekt, das zuvor z. B. über ein *Get-Item* geholt wurde, ist das Aufsplitten von Verzeichnispfad und Dateiname nicht erforderlich, da es hier mit *FullName* und *Name* entsprechende Property-Member gibt, welche diese Angaben enthalten.

Cmdlet	Bedeutung
Test-Path	Liefert einen $true/$false-Wert, wenn das über den *Path*-Parameter übergebene Verzeichnis existiert
Convert-Path	Spielt dann eine Rolle, wenn der Provider eigene Konventionen für die Schreibweise eines Pfades verwendet (z. B. heißt ein Registry-Pfad HKLM:\Software und nicht HKey_Local_Machine\Software). *Convert-Path* konvertiert den Pfad der Providerschreibweise in die reguläre Schreibweise.
Join-Path	Macht aus zwei Bestandteilen eines Pfades einen gültigen Pfad. Dabei geht es aber nur um die gültige Syntax, es wird nicht geprüft, ob der Pfad existiert. ▶

3 Es ist eine der größten Errungenschaften von Vista, dass es leerzeichenlose Benutzerprofilpfade eingeführt hat.

Cmdlet	Bedeutung
Resolve-Path	Gibt die alle möglichen Pfade zurück, die sich aus einer (gültigen) Kombination aus Pfad-, Dateiname und Platzhalter bilden lassen (ein *Resolve-Path* [ST]*.ps1 gibt z.B. die Pfade aller Ps1-Dateien im aktuellen Verzeichnis aus, deren Dateinamen mit einem »S« oder »T« beginnen)
Split-Path	Teilt einen Pfad in seine Bestandteile auf

Tabelle 5.7 Die verschiedenen Cmdlets für den Umfang mit Providerpfaden

Standardoperationen mit Dateien und Verzeichnissen

In diesem Abschnitt werden die typischen Operationen wie Anlegen, Kopieren, Verschieben, Umbenennen und Löschen von Dateien und Verzeichnissen an kleinen Beispielen vorgestellt.

Dateien anlegen

Dateien und Verzeichnisse sind aus der Sicht der PowerShell lediglich »Items«, die vom *FileSystem*-Provider verwaltet werden. Eine Datei wird über das *New-Item*-Cmdlet angelegt, wobei über den *ItemType*-Parameter *File* angegeben wird, dass eine Datei angelegt werden soll.

Der folgende Befehl legt eine Datei mit dem Namen *Dienstliste.txt* im aktuellen Verzeichnis an:

```
New-Item -Path Dienstliste.txt -ItemType File
```

TIPP Existiert eine Datei bereits, führt *New-Item* zu einem Fehler. Soll die Datei in jedem Fall neu angelegt werden, muss der *Force*-Parameter gesetzt werden.

Soll eine Textdatei bereits mit einem Inhalt angelegt werden, erledigt das das *Add-Content*-Cmdlet:

```
Add-Content -Value "WMI-Leistungsadapter","Server","Arbeitsstationendienst" -Path Dienstliste.txt
```

Für einen PowerShell-Neuling mag es am Anfang ein wenig verwirrend sein, dass es manchmal mehrere Cmdlets gibt, die scheinbar Ähnliches leisten. Da gäbe es noch das *Out-File*-Cmdlet, das ebenfalls Text in eine Datei schreibt. Der Unterschied zu *Set-Content* besteht in erster Linie darin, dass Letzteres von jedem Provider zur Verfügung gestellt wird und daher nicht nur den Inhalt von Dateien setzt, sondern z.B. auch von Registry-Einträgen, Variablen oder Aliasen. Das *Out-File*-Cmdlet ist lediglich eine Alternative zum Umleitungsoperator >, der einfach den Textoutput eines Cmdlets in eine Datei umleitet. Über den *Append*-Parameter kann erreicht werden, dass der neue Inhalt an den vorhandenen Inhalt angehängt wird. In diesem Fall gibt es nur scheinbar eine Überschneidung.

Mehrere Dateien auf einmal anlegen

Was einmal geht, geht bei der PowerShell stets auch mehrfach bzw. beliebig oft. Sollen statt einer Datei z. B. 100 oder 1.000 Dateien angelegt werden, muss ein Cmdlet wie *New-Item* lediglich entsprechend oft ausgeführt werden. Während bei vielen anderen Skriptsprachen ein Schleifenbefehl eingesetzt werden würde, kommt es bei der PowerShell lediglich darauf an, dass sich entsprechend viele Elemente in der Pipeline befinden.

Der folgende Befehl legt 1.000 Dateien an, deren Namen dem Schema "Datei*nnnn*.txt" folgen, wobei *nnnn* für die fortlaufende Nummer steht.

```
1..1000 | ForEach-Object { New-Item -ItemType File -Path ("Datei{0:0000}.txt" -f $_) }
```

Das Einsetzen der fortlaufend erhöhten Zahl, die im Rahmen von *ForEach-Object* durch *$_* repräsentiert wird, übernimmt der *f*-Operator. Und damit dieser nicht als Parameter des *New-Item*-Cmdlets interpretiert wird, wird das Ganze in runde Klammern gesetzt.

Soll das angelegte Dateiobjekt nicht gleich wieder ausgegeben werden, muss ein *Out-Null*-Cmdlet angehängt werden, das den Output »verschluckt«:

```
1..1000 | ForEach-Object { New-Item -ItemType File -Path ("Datei{0:0000}.txt" -f $_) } | Out-Null
```

HINWEIS Es ist natürlich nicht so, dass das Anlegen vieler Dateien anhand eines gemeinsamen Kriteriums für den Dateinamen in einem Rutsch in anderen Skriptsprachen nicht möglich wäre. Selbst die uralten Stapeldateien bieten diese Möglichkeit. Die folgenden beiden Befehlszeilen, die im Rahmen einer Textdatei mit der Erweiterung *.Bat* oder *.Cmd* von *Cmd.exe* ausgeführt werden, sorgen dafür, dass zehn Ordner (*Ordner1*, *Ordner2* usw.) angelegt werden:

```
set max=10
for /l %%z in (1,1,%max%) do md Ordner%%z
```

So etwas mag eine mehr als ausreichende Lösung sein, die auf Jahre ihren Zweck erfüllt. Sie ist aber unflexibel, schwer (wenn überhaupt) erweiterbar und zudem außer für absolute Insider nicht nachvollziehbar.

Verzeichnisse anlegen

Auch Verzeichnisse werden per *New-Item* angelegt, nur dass für *ItemType* »Directory« übergeben wird.

Der folgende Befehl legt ein neues Unterverzeichnis im Verzeichnis *C:\PsKurs* an:

```
New-Item -Path C:\PsKurs\Backup -ItemType Directory
```

TIPP Dieser Tipp kann sprichwörtlich Gold wert sein. Soll ein ganzer Unterverzeichnisbaum angelegt werden, muss beim Aufruf von *New-Item* nur der *Force*-Parameter gesetzt werden. Dadurch werden auch alle aufgeführten Unterverzeichnisse angelegt, die dem anzulegenden Verzeichnis vorausgehen (auf diese Weise lässt sich nach der Installation der PowerShell oder PowerShell ISE die Profile-Datei über ein *New-Item -ItemType File -Path $Profile -Force* anlegen).

TIPP Es ist interessant, dass *md* kein Alias für das *New-Item*-Cmdlet ist, sondern für die Funktion *MkDir*, die aber im Kern auch nichts anderes macht, als ein *New-Item* mit *-ItemType Directory* aufzurufen.

Ein Element in einem Container ansprechen mit Get-Item (Alias gi)

Die Aufgabe des universellen *Get-Item*-Cmdlets ergibt sich bereits aus seinem Namen: Es holt ein Item und gibt es über die Pipeline weiter, wobei das Item über den *Path*-Parameter festgelegt wird. Welche Sorte von Item über die Pipeline weitergegeben wird hängt natürlich davon ab, auf welche Sorte von PSDrive der Pfad verweist.

Der folgende Befehl holt eine Datei (und damit ein *FileInfo*-Objekt):

```
Get-Item -Path $Env:Systemroot\Win.ini
```

Der nachstehende Befehl holt einen Registry-Schlüssel (und damit ein *RegistryKey*-Objekt):

```
Get-Item -Path HKLM:\Software\Microsoft\Windows
```

Den Inhalt eines Containers auflisten mit Get-ChildItem (Aliase dir, gci und ls)

Das *Get-ChildItem*-Cmdlet wurde in diesem Kapitel schon sooft verwendet, dass es an der Zeit ist, es formal vorzustellen. Seine Aufgabe ist es, die Items, die ein Container enthält, über die Pipeline weiterzugeben. Der Containertyp hängt vom Typ des *PSDrive*-Laufwerks ab, auf welches das Cmdlet angewendet wird. Bei einem *FileSystem*-PSDrive ist es (natürlich) ein Verzeichnis. Da auch ein *Get-Item*-Cmdlet den Inhalt eines Containers über die Pipeline weitergibt, wenn beim *Path*-Parameter Platzhalter eingesetzt werden, stellt sich die Frage, wie sich beide Cmdlets unterscheiden. Im Wesentlichen liegt der Unterschied im *Recurse*-Parameter von *Get-ChildItem*, durch den auch die Untercontainer des Containers durchsucht werden.

Der folgende Befehl soll alle Verzeichnisse im Benutzerprofil nach Ps1-Dateien durchsuchen und diese ausgeben:

```
Get-ChildItem -Path $Env:userprofile\*.ps1 -Recurse
```

Doch werden wirklich auch alle Unterverzeichnisse durchsucht? Leider nicht, trotz *Recurse*-Parameter beschränkt sich die Suche auf das angegebene Verzeichnis. Der Grund ist, dass der *Recurse*-Parameter nur dann Wirkung haben kann, wenn über den *Path*-Parameter auf einen Container (Verzeichnis) verwiesen wird, nicht aber, wenn eine Dateiangabe enthalten ist. [Platzhalter * und ? im Containernamen (Verzeichnisnamen) können aber verwendet werden.] Nur Container können rekursiv durchsucht werden. Die Lösung, auf die man erst einmal kommen muss, besteht darin, die Erweiterung *.Ps1* über den *Include*-Parameter festzulegen.

Die folgende Suche erfolgt wirklich rekursiv:

```
Get-ChildItem -Path $Env:userprofile -Include *.ps1 -Recurse
```

Interessanterweise beginnt die PowerShell in diesem Modus mit der Suche, ohne aber die ersten Ergebnisse »auszuspucken«. Offenbar wird intern eine Ergebnisliste zusammengebaut. Folgt auf *Include* ein *.*, werden die Ergebnisse ohne Verzögerung ausgegeben.

Parameter	Bedeutung
Exclude	Legt fest, welche Namensfragmente (z. B. Dateierweiterungen) bei der Suche nicht berücksichtigt werden sollen
Filter	Alternative zum *Include*-Parameter, um die zu suchenden Dateien einzuschränken. Microsoft empfiehlt die Verwendung dieses Parameters als Alternative zur Angabe eines Platzhalters beim *Path*-Parameter aus Performancegründen.
Force	Erzwingt den Zugriff auf versteckte Dateien und Systemdateien ▶

Parameter	Bedeutung
Include	Legt fest, welche Namensfragmente (z. B. Dateierweiterungen) bei der Suche berücksichtigt werden sollen
Path	Legt den Pfad des Containers fest
Recurse	Unterverzeichnisse werden mitberücksichtigt

Tabelle 5.8 Die wichtigsten Parameter von *Get-ChildItem*

Den Inhalt eines Containers gruppieren

Eine interessante Variante, den Inhalt eines Containers aufzulisten, ergibt sich über das *Group-Object*-Cmdlet. Es erlaubt es, den Inhalt des Containers nach beliebigen Kriterien zu gruppieren. Wie wäre es z. B. mit einem Befehl, der die Dateien in einem Verzeichnis nach den Monaten gruppiert, in denen sie erstellt wurden?

Der folgende Befehl gruppiert und sortiert alle Ps1-Dateien nach dem Monat, an dem sie angelegt wurden:

```
Get-ChildItem -Path *.ps1 | Group-Object { $_.CreationTime.Month } | Sort-Object Name -Descending
```

Doch wenn Sie diese Variante ausprobieren, werden Sie feststellen, dass falsch sortiert wird, denn die Property *Name* wird als Zeichenkette behandelt, sodass eine »9« größer ist als eine »10«.

Der folgende Befehl sortiert richtig, indem die Property über ein *[int]* in einen Integer »getypecasted« wird:

```
Get-ChildItem -Path *.ps1 | Group-Object { $_.CreationTime.Month } | Sort-Object {[int]$_.Name} -
Descending
```

Dateien und Verzeichnisse kopieren mit Copy-Item (Alias cp)

Für das Kopieren von Dateien und Verzeichnissen ist das *Copy-Item*-Cmdlet zuständig.

Der folgende Befehl kopiert alle Dateien mit der Erweiterung *.Ps1* in das Verzeichnis *C:\Ps1Backup*:

```
Copy-Item -path *.ps1 -Destination C:\Ps1Backup
```

Doch was ist, wenn das Zielverzeichnis nicht existiert? Dann werden sämtliche Dateien der Reihe nach in eine Datei, die dem Verzeichnisnamen entspricht, kopiert (und diese Datei jeweils immer wieder überschrieben), was nicht viel bringt. Das Zielverzeichnis müsste daher über ein *md C:\Ps1Backup* zuvor angelegt werden.

Der folgende Befehl prüft mithilfe des *if*-Befehls (Kapitel 7) und des *Test-Path*-Cmdlets vor dem Kopieren, ob das Zielverzeichnis existiert und legt es gegebenenfalls an:

```
if (!(Test-Path C:\Ps1Backup)) { md C:\Ps1Backup | Out-Null };Copy-Item -path *.ps1 -Destination
C:\Ps1Backup
```

Auch wenn es nicht zwingend notwendig ist, werden beide Befehle durch ein Semikolon getrennt in derselben Zeile untergebracht.

Anzahl der kopierten Dateien zählen

Ein *Copy-Item* gibt nicht an, wie viele Dateien kopiert wurden. Ein kleiner Trick, diese Zahl zu erhalten, besteht darin, den *PassThru*-Parameter zu setzen. Dadurch werden die kopierten Dateien zurück in die Pipeline gelegt und können anschließend gezählt werden.

Der folgende Befehl weist die Anzahl der kopierten Ps1-Dateien einer Variablen zu:

```
$AnzahlKopiert = (Copy-Item *.ps1 C:\Ps1Backup -PassThru).Count
```

Das Zielverzeichnis vom Dateinamen abhängig machen

Dies ist bereits eine etwas anspruchsvollere Aufgabe. Alle Ps1-Dateien eines Verzeichnisses sollen in Abhängigkeit ihres ersten Buchstabens in dazu anzulegende Verzeichnisse kopiert (oder verschoben) werden, deren Verzeichnisname mit dem ersten Buchstaben der jeweiligen Ps1-Datei beginnt. Die Lösung besteht darin, von der Möglichkeit Gebrauch zu machen, dass als Gruppierungskriterium ein beliebiger Ausdruck infrage kommt, also z.B. auch der erste Buchstabe eines per *Get-ChildItem* geholten Dateinamens. Dazu muss man lediglich wissen, dass man diesen ersten Buchstaben z.B. per *$_.Name[0]* erhält. Da der Buchstabe aber ein Klein- oder Großbuchstabe sein kann, wird er durch ein dazwischengeschaltetes *ToUpper*-Member zuerst in einen Großbuchstaben konvertiert.

Der folgende Befehl löst die Aufgabe souverän, wenngleich er wieder einmal ein wenig umfangreich geworden ist und insgesamt fünf (!) Cmdlets kombiniert werden müssen:

```
Get-ChildItem *.ps1 | Group-Object { $_.Name.ToUpper()[0] } | `
ForEach-Object { $D = New-Item -Name "$($_.Name)_Skripts" -ItemType Directory -Force; $_.Group | `
ForEach-Object { Copy-Item -Path $_ -Destination $D.FullName } }
```

Parameter	Bedeutung
Destination	Gibt das Zielverzeichnis an
Container	Bewirkt, dass die Verzeichnisstruktur beim Kopieren erhalten bleibt (muss allerdings nicht gesetzt werden, wenn der *Recurse*-Parameter verwendet wird). Damit lässt sich ein Verzeichnis mit Unterverzeichnissen in ein noch nicht existierendes Verzeichnis kopieren.
Filter	Alternative zum *Include*-Parameter, um die zu kopierenden Dateien einzuschränken. Microsoft empfiehlt die Verwendung dieses Parameters als Alternative zur Angabe eines Platzhalters beim *Path*-Parameter aus Performancegründen.
Force	Bewirkt, dass eine existierende Zieldatei überschrieben wird
PassThru	Das kopierte Item wird nach dem Kopieren wieder in die Pipeline gelegt
Recurse	Unterverzeichnisse werden mitkopiert

Tabelle 5.9 Die wichtigsten Parameter von *Copy-Item*

Kopieren im Netzwerk per BITS

Sollen Dateien im Netzwerk kopiert werden, gibt es dafür zwei Möglichkeiten: Existiert das Zielverzeichnis als Freigabe, muss für das Zielverzeichnis bei *Copy-Item* lediglich der UNC-Pfad angegeben werden. Existiert keine Freigabe, gibt es theoretisch keine Möglichkeit, ein beliebiges Zielverzeichnis anzusprechen. Mit dem *Background Intelligent Transfer Service* (BITS) ist aber eine sehr elegante, wenn auch wenig bekannte Variante verfügbar, beliebige Dateien in einem Netzwerk asynchron komfortabel von A nach B zu kopieren. Diese Möglichkeit wird in Kapitel 12 vorgestellt.

Kurzer Ausflug zu Robocopy

Wer häufiger Dateien auf eine intelligente Art und Weise kopieren muss, sollte sich das Befehlszeilentool *Robocopy* anschauen, das u.a. im *Windows 2003 Resource Kit* enthalten ist (*Robocopy.exe* sollte sich in *%SystemRoot%\System32* befinden). Es kopiert sowohl einzelne Dateien als auch Verzeichnisse mit ihren Unterverzeichnissen, wobei dank zahlreicher Befehlszeilenparameter festgelegt werden kann, unter welchen Bedingungen eine Datei kopiert wird (z.B. lassen sich zu alte oder zu große Dateien vom Kopieren ausnehmen). *Robocopy* eignet sich vor allem für das Kopieren sehr großer Mengen an Dateien. Ein Merkmal des Tools ist, dass es sehr zuverlässig und gewissenhaft arbeitet. Am Ende wird eine kleine Statistik ausgegeben, die angibt, wie viele Dateien in welcher Zeit kopiert wurden.

Verschieben mit Move-Item (Alias mv)

Für das Verschieben ist das *Move-Item*-Cmdlet zuständig. Es ist auch eine Alternative zum *Rename-Item*, das nicht ganz so flexibel ist, wie es sein könnte.

Der folgende Befehl verschiebt alle Ps1-Dateien aus dem aktuellen Verzeichnis, die älter als 30 Tage sind, in das Verzeichnis *C:\Ps1Backup*:

```
Get-ChildItem -Path *.ps1 | Where-Object { $_.CreationTime -lt (Get-Date).AddDays(-30) } | Move-Item -
Destination C:\Ps1Backup
```

Anders als man es zunächst vermuten könnte, wird das *Move-Item*-Cmdlet nicht an den Anfang gestellt. Vielmehr werden die zu verschiebenden Dateien zunächst mit *Get-ChildItem* geholt, mit *Where-Object* weiterverarbeitet und dann *Move-Item* zum Verschieben übergeben. Bei der PowerShell muss man häufig »anders herum« denken.

HINWEIS Ein Problem im Zusammenhang mit *Move-Item* ist, dass wenn das Ziel eine Datei ist, alle Dateien in diese Datei »verschoben« werden, was natürlich einen Haufen von Fehlermeldungen zur Folge hat.

Parameter	Bedeutung
Destination	Gibt das Zielverzeichnis an
Filter	Alternative zum *Include*-Parameter, um die zu verschiebenden Dateien einzuschränken
Force	Bewirkt, dass eine existierende Zieldatei überschrieben wird
PassThru	Das verschobene Item wird nach dem Verschieben wieder in die Pipeline gelegt

Tabelle 5.10 Die wichtigsten Parameter von *Move-Item*

Umbenennen mit Rename-Item (Alias ren)

Das Umbenennen von Dateien und Verzeichnissen übernimmt das *Rename-Item*-Cmdlet.

Der folgende Befehl benennt alle Ps1-Dateien im Verzeichnis *C:\Ps1Backup* um, wobei an die Erweiterung ein *.Backup* angehängt wird:

```
Get-ChildItem -path C:\Ps1backup\*.ps1 | Rename-Item -newname { $_.Name + ".Backup" }
```

Der Befehl macht eine Einschränkung des *Rename-Item*-Cmdlets deutlich, die sich bei näherer Betrachtung aber leicht umgehen lässt. Weder der *Path-* noch der *NewName*-Parameter erlauben Platzhalter, was die Einsatzmöglichkeiten zunächst deutlich einschränkt. Im Zusammenspiel mit *Get-ChildItem* und der Möglichkeit, für den *NewName*-Parameter einen Befehlsblock angeben zu können, relativiert sich die Einschränkung aber schnell wieder.

Parameter	Bedeutung
Path	Gibt das umzubenennende Element (Datei oder Verzeichnis) an
NewName	Gibt den neuen Namen an
PassThru	Das umbenannte Item wird nach dem Umbenennen wieder in die Pipeline gelegt

Tabelle 5.11 Die wichtigsten Parameter von *Rename-Item*

Umbenennen mit System

Möchte man eine Vielzahl von Dateien nach einem bestimmten »Schema« umbenennen, ist es am besten, dafür das *ForEach-Object*-Cmdlet zu verwenden, anstatt mit Platzhaltern, regulären Ausdrücken und anderen Tricks den Zielnamen zusammenzubauen.

Das folgende Beispiel stammt nicht aus dem administrativen Alltag, sondern eher aus dem privaten Bereich und wird z.B. nach jeder Familienfeier oder jedem Urlaub aktuell, wenn es wieder einmal darum geht, »Hunderte von Bildern« mit Namen wie *Img3279.jpg* in einen etwas aussagekräftigeren Namen umzuwandeln. Der folgende Befehl verleiht allen Jpg-Dateien im aktuellen Verzeichnis einen Namen, der mit einem Wort (in diesem Fall *U2Gelsenkirchen09*) beginnt und mit einer fortlaufenden Nummer endet:

```
$Anzahl=0;Get-ChildItem *.jpg | ForEach-Object { Rename-Item -path $_.FullName -newname
("U2Gelsenkirchen09_{0:000}.jpg" -f $Anzahl);$Anzahl++ }
```

Mit *Get-ChildItem* (alle Dateien holen), *ForEach-Object* (Pipeline durchlaufen) und *Rename-Item* (Umbenennen der aktuellen Datei) spielen drei Cmdlets zusammen. Der neue Name wird mit dem *f*-Operator gebildet, da man mit ihm sehr einfach erreichen kann, dass die Nummer immer aus drei Ziffern besteht, wobei fehlende Ziffern durch Nullen ergänzt werden. Damit er nicht als Parameter von *Rename-Item* interpretiert wird, muss der ganze Ausdruck in Klammern gesetzt werden. Und damit die Variable *$Anzahl* bei jedem Aufruf mit 0 beginnt, wird ihr Wert am Anfang in einem eigenen Befehl auf 0 gesetzt.

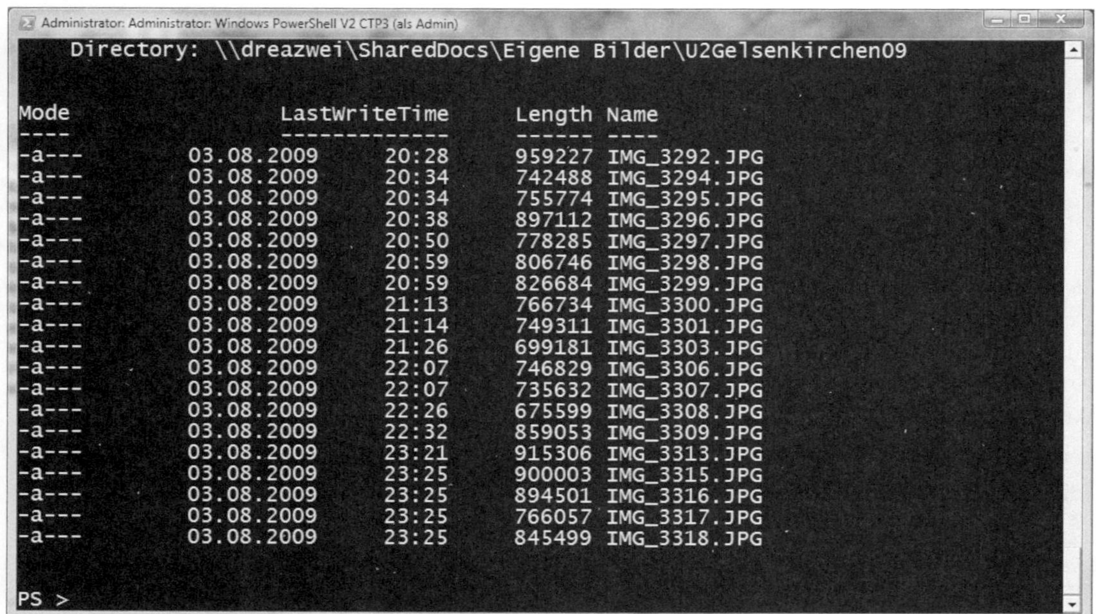

```
Administrator: Administrator: Windows PowerShell V2 CTP3 (als Admin)
    Directory: \\dreazwei\SharedDocs\Eigene Bilder\U2Gelsenkirchen09


Mode                LastWriteTime     Length Name
----                -------------     ------ ----
-a---        03.08.2009     20:28     959227 IMG_3292.JPG
-a---        03.08.2009     20:34     742488 IMG_3294.JPG
-a---        03.08.2009     20:34     755774 IMG_3295.JPG
-a---        03.08.2009     20:38     897112 IMG_3296.JPG
-a---        03.08.2009     20:50     778285 IMG_3297.JPG
-a---        03.08.2009     20:59     806746 IMG_3298.JPG
-a---        03.08.2009     20:59     826684 IMG_3299.JPG
-a---        03.08.2009     21:13     766734 IMG_3300.JPG
-a---        03.08.2009     21:14     749311 IMG_3301.JPG
-a---        03.08.2009     21:26     699181 IMG_3303.JPG
-a---        03.08.2009     22:07     746829 IMG_3306.JPG
-a---        03.08.2009     22:07     735632 IMG_3307.JPG
-a---        03.08.2009     22:26     675599 IMG_3308.JPG
-a---        03.08.2009     22:32     859053 IMG_3309.JPG
-a---        03.08.2009     23:21     915306 IMG_3313.JPG
-a---        03.08.2009     23:25     900003 IMG_3315.JPG
-a---        03.08.2009     23:25     894501 IMG_3316.JPG
-a---        03.08.2009     23:25     766057 IMG_3317.JPG
-a---        03.08.2009     23:25     845499 IMG_3318.JPG


PS >
```

Abbildung 5.1 Vorher herrscht das Namenschaos

```
Administrator: Administrator: Windows PowerShell V2 CTP3 (als Admin)
    Directory: C:\Users\Pemo08\testbilder


Mode                LastWriteTime     Length Name
----                -------------     ------ ----
-a---        03.08.2009     20:28     959227 U2Gelsenkirchen09_000.jpg
-a---        03.08.2009     20:34     742488 U2Gelsenkirchen09_001.jpg
-a---        03.08.2009     20:34     755774 U2Gelsenkirchen09_002.jpg
-a---        03.08.2009     20:38     897112 U2Gelsenkirchen09_003.jpg
-a---        03.08.2009     20:50     778285 U2Gelsenkirchen09_004.jpg
-a---        03.08.2009     20:59     806746 U2Gelsenkirchen09_005.jpg
-a---        03.08.2009     20:59     826684 U2Gelsenkirchen09_006.jpg
-a---        03.08.2009     21:13     766734 U2Gelsenkirchen09_007.jpg
-a---        03.08.2009     21:14     749311 U2Gelsenkirchen09_008.jpg
-a---        03.08.2009     21:26     699181 U2Gelsenkirchen09_009.jpg
-a---        03.08.2009     22:07     746829 U2Gelsenkirchen09_010.jpg
-a---        03.08.2009     22:07     735632 U2Gelsenkirchen09_011.jpg
-a---        03.08.2009     22:26     675599 U2Gelsenkirchen09_012.jpg
-a---        03.08.2009     22:32     859053 U2Gelsenkirchen09_013.jpg
-a---        03.08.2009     23:21     915306 U2Gelsenkirchen09_014.jpg
-a---        03.08.2009     23:25     900003 U2Gelsenkirchen09_015.jpg
-a---        03.08.2009     23:25     894501 U2Gelsenkirchen09_016.jpg
-a---        03.08.2009     23:25     766057 U2Gelsenkirchen09_017.jpg
-a---        03.08.2009     23:25     845499 U2Gelsenkirchen09_018.jpg


PS >
```

Abbildung 5.2 Hinterher sieht alles ein wenig geordneter aus

Umbenennen mit Varianten

Rename-Item kann ein wenig mehr, als es den Anschein haben könnte. Wie bei vielen Cmdlets lässt sich auch hier, z. B. für den *NewName*-Parameter, anstelle eines Namens ein Befehlsblock angeben. Damit ist es möglich, den neuen Namen sehr flexibel festzulegen.

Der folgende Befehl tauscht die »7« im Dateinamen gegen eine »77« aus:

```
Get-ChildItem Datei07?.dat | Rename-Item -newname { $_.Name -replace "7","77" }
```

Der Befehl nutzt den Umstand, dass auf den *NewName*-Parameter auch ein Befehlsblock folgen kann, in dem der alte Name durch *$_* repräsentiert wird.

Der folgende Befehl hängt ein *.bak* an alle Dateien mit der Erweiterung *.dat* an, bei denen eine 9 im Namen vorkommt:

```
Get-ChildItem Datei09?.dat | Rename-Item -NewName {$_.name + '.bak'}
```

Wie erhält man den Wochentag, an dem eine Datei angelegt wurde? Ein

```
Get-ChildItem | Select $_.CreationTime
```

liefert das komplette Datum mit Uhrzeit. Jeder Wert, der durch den Befehl in die Pipeline gelegt wird, ist ein *DateTime*-Objekt, das unter anderem eine *DayOfWeek*-Property besitzt, die für den Wochentag steht. Doch wie kommt man an diesen Wert heran? Ein

```
Get-ChildItem | Select CreationTime.DayOfWeek
```

funktioniert leider nicht, auch wenn es logisch erscheint.

Hier wird es bei der PowerShell etwas umständlicher, denn auf *Select-Object* muss ein Befehlsblock folgen, in dem *$_* für den aktuellen (*DateTime*-)Wert steht:

```
Get-ChildItem | Select {$_.CreationTime.DayOfWeek }
```

Das Festlegen eines Namens ist optional, aber sinnvoll, da der Name der neuen Property ansonsten ein wenig seltsam anmutet.

Der folgende Befehl entspricht dem letzten Befehl, nur dass dieses Mal der Name des über *Select-Object* angelegten Property-Members den Namen *Wochentag* erhält:

```
Get-ChildItem | Select-Object @{Name="Wochentag"; Expression={$_.CreationTime.DayOfWeek }}
```

Und woher weiß man, dass es bei einem Datum so etwas wie *DayOfWeek* gibt (die Groß- und Kleinschreibung spielt keine Rolle)? Die Antwort auf diese eher rhetorische Frage werden Sie in diesem Buch noch öfter lesen. Sie lautet stets: Nimm *Get-Member*, denn dieses Cmdlet listet alle Member auf, die ein Objekt besitzt. Ein

```
Get-Date | Get-Member
```

gibt alle Member des *DateTime*-Objekts aus, das ein *Get-Date* in die Pipeline legt.

Lassen Sie sich von der Fülle der Member nicht abschrecken, zumal alle eine einfache Bedeutung besitzen.

Sind Sie nur an den Property-Membern interessiert, lautet der Befehl wie folgt:

```
Get-Date | Get-Member -MemberType property
```

Damit wird alles ein wenig überschaubarer und man erkennt auf einen Blick, dass ein *DateTime*-Objekt unter anderem ein *DayOfWeek*-Member besitzt.

Gibt es auch eine Beschreibung zu den einzelnen Membern? Im Prinzip ja, allerdings nicht im Rahmen der PowerShell-Hilfe, sondern der Dokumentation der .NET Framework-Klassenbibliothek. Dazu ein kleiner Geheimtipp, der vertraulich bleiben sollte: Versuchen Sie es einmal mit einer bekannten Suchmaschine. In der Regel führt bereits die Eingabe des Membernamens dazu, dass der erste Eintrag auf die Beschreibung des Members in der .NET-Dokumentation verweist. Und wenn Sie das Wörtchen *PowerShell* hinzufügen, finden Sie meistens auch ein Beispiel.

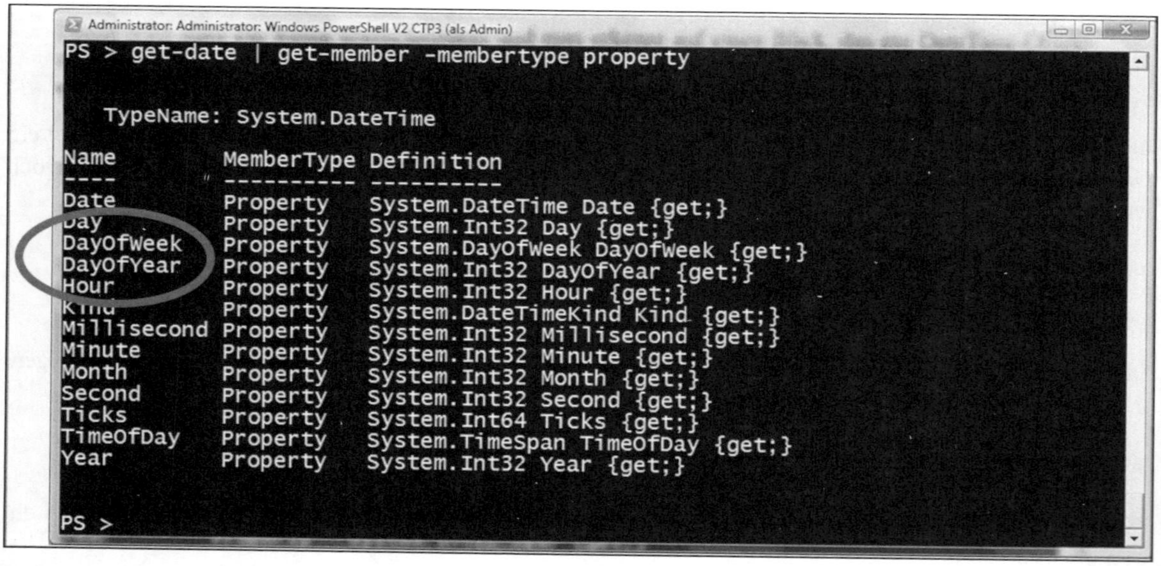

```
Administrator: Administrator: Windows PowerShell V2 CTP3 (als Admin)
PS > get-date | get-member -membertype property


   TypeName: System.DateTime

Name        MemberType Definition
----        ---------- ----------
Date        Property   System.DateTime Date {get;}
Day         Property   System.Int32 Day {get;}
DayOfWeek   Property   System.DayOfWeek DayOfWeek {get;}
DayOfYear   Property   System.Int32 DayOfYear {get;}
Hour        Property   System.Int32 Hour {get;}
Kind        Property   System.DateTimeKind Kind {get;}
Millisecond Property   System.Int32 Millisecond {get;}
Minute      Property   System.Int32 Minute {get;}
Month       Property   System.Int32 Month {get;}
Second      Property   System.Int32 Second {get;}
Ticks       Property   System.Int64 Ticks {get;}
TimeOfDay   Property   System.TimeSpan TimeOfDay {get;}
Year        Property   System.Int32 Year {get;}


PS >
```

Abbildung 5.3 *Get-Member* verrät, welche Properties ein *DateTime*-Objekt besitzt

Löschen mit Remove-Item (Alias rm)

Für das (endgültige) Löschen von Dateien und Verzeichnissen gibt es das Cmdlet *Remove-Item*.

Der folgende Befehl löscht alle Dateien mit der Erweiterung *.bak* im aktuellen Verzeichnis:

```
Remove-Item -Path *.bak
```

Wann erfolgt eine Bestätigung?

Die PowerShell löscht ohne Angaben des *Recurse*-Parameters keine kompletten Verzeichnisse ohne Bestätigung.

Der folgende Befehl löscht dank des *Recurse*-Parameters das komplette Verzeichnis *C:\Ps1Backup* samt Inhalt ohne Rückfrage:

```
Remove-Item C:\Ps1Backup -Recurse
```

Parameter	Bedeutung
Force	Löscht auch schreibgeschützte Dateien
Recurse	Bewirkt, dass auch Unterverzeichnisse mit ihrem Inhalt gelöscht werden

Tabelle 5.12 Die wichtigsten Parameter von *Remove-Item*

Die Rolle der ConfirmPreference-Variablen

Über die Variable *ConfirmPreference* kann eingestellt werden, in welchem Umfang eine Bestätigung bei bestimmten Operationen erfolgt. Durch sie wird der Bestätigungslevel für diese Operationen eingestellt. Die infrage kommenden Einstellungen sind *None*, *Low*, *Medium* und *High*. Welche Wirkung eine Einstellung besitzt, hängt von der Art der Operation ab. Bestätigungsanforderungen, z.B. für das Löschen, aber auch das Anlegen einer neuen Datei, erscheinen automatisch bei den Einstellungen *Low* und *Medium* und nicht bei *High* (wie man es eventuell vermuten könnte). Wann eine Bestätigung angefordert wird, hängt vom jeweiligen Cmdlet ab, sodass sich die Auswirkungen der einzelnen Einstellungen nicht verallgemeinern lassen. Die zur Auswahl stehenden Optionen lauten stets *Die nächste Aktion ausführen*, *Alle folgenden Aktionen im Rahmen des Befehls ausführen*, *Die nächste Aktion nicht ausführen*, Keine der folgenden *Aktionen ausführen*, *Die Befehlsausführung anhalten* und *Hilfe zu den Optionen anzeigen*.

Bei der Einstellung *High* erscheint nur in kritischen Situationen, wie dem Löschen eines Verzeichnisses mit Inhalt, eine Bestätigungsanforderung. Wird der (Switch-)Parameter *Confirm* gesetzt, muss die Aktion eines Cmdlets immer bestätigt werden.

TIPP Falls Sie sich die infrage kommenden Werte für Variablen, denen ein Wert einer Konstantenliste zugewiesen werden kann, schlecht merken können, es gibt einen einfachen und allgemeinen Trick, sie angezeigt zu bekommen. Weisen Sie der Variablen einen Fantasiewert zu, werden in der Fehlermeldung alle Werte der Konstantenliste angegeben. Der offizielle Weg besteht dagegen aus zwei Schritten:

1. Herausfinden des Namespaces, in dem sich die Konstantenliste befindet:

   ```
   $ConfirmPreference.GetType().FullName
   ```

   Das *FullName*-Member gibt den vollständigen Namen des Typs der Variablen an, der über das *GetType*-Member zuvor geholt wurde.

2. Ausgeben aller Namen über das *GetNames*-Member der *System.Enum*-Klasse:

   ```
   [System.Enum]::GetNames([System.Management.Automation.ConfirmImpact])
   ```

   [System.Enum]::GetNames() führt zum Aufruf des *GetNames*-Members, dem der Typ jener Konstantenliste übergeben wird, dessen Namen geliefert werden sollen.

Dateien suchen

Gleich vorweg, ein *Search-Item*-Cmdlet gibt es nicht, denn für diese Aufgabe ist das *Get-ChildItem*-Cmdlet mit seinem *Recurse*-Parameter im Zusammenspiel mit dem *Where-Object*-Cmdlet zuständig. Mit diesem Duo lässt sich jede Datei lokalisieren, auch wenn es eine Weile dauern kann (doch wofür gibt es Jobs?).

Der folgende Befehl listet alle *Exe*-Dateien im *Programme*-Verzeichnis und seinen Unterverzeichnissen auf:

```
Get-ChildItem -path $env:programfiles -Include *.exe -Recurse
```

Der folgende Befehl bildet die Summe der Größen aller dieser *Exe*-Dateien, was naturgemäß eine Weile dauern kann:

```
Get-ChildItem -Path $env:programfiles -Include *.exe -Recurse | Measure-Object -Property Length -Sum
```

Der folgende Befehl kam in diesem Buch bereits an anderer Stelle vor. Er listet alle Dateien in einem Verzeichnis auf, die größer als 100 MB sind:

```
Get-ChildItem -Path $env:programfiles -Recurse | Where-Object { $_.Length -gt 100MB }
```

Rekursives Suchen als Job

Wer häufiger Dateien suchen muss, möchte eventuell nicht jedes Mal einige Minuten zuschauen müssen (wenngleich man die Zeit für andere Dinge nutzen könnte, aber wer macht das schon?). Gerade bei rekursiven Suchvorgängen bietet es sich an, diese als Job zu starten. Die PowerShell-Eingabeaufforderung kehrt dann unmittelbar nach dem Abschicken des Befehls wieder zurück und man kann in der gewonnenen Zeit neue Skripts schreiben, sich mit der PowerShell-Hilfe beschäftigen, ein gutes Buch lesen oder ein wenig relaxen und vieles mehr. Über *Get-Job* erfährt man, ob der Job noch läuft. Zwischenergebnisse oder das Endresultat holt man sich über *Receive-Job* ab.

Der folgende Befehl entspricht dem letzten Befehl, nur dass dieser dieses Mal per *Invoke-Command* als Job gestartet wird. Dabei muss der Computername auch dann angegeben werden, wenn der Befehl lokal ausgeführt wird. Außerdem sorgt der *ErrorAction*-Parameter dafür, dass keine Fehlermeldungen in die Rückgabemenge aufgenommen werden.

```
Invoke-Command -ScriptBlock { Get-ChildItem -Path $env:programfiles -Recurse -Ea SilentlyContinue |
Where-Object { $_.Length -gt 100MB } } -AsJob -Computer LocalHost
```

Denken Sie beim Abrufen des Resultats über *Receive-Job* daran, dass sich die Ergebnisse nur einmalig holen lassen. Möchten Sie das Ergebnis z. B. in eine Textdatei exportieren, sollten Sie das beim ersten Aufruf erledigen.

Suchen über mehrere Laufwerke

Auch die Suche über mehrere Laufwerke ist kein Problem. Man muss die Suche über ein Laufwerk lediglich für jedes Laufwerk wiederholen. Das Holen aller Laufwerke über ein *Get-PSDrive* hat den Nachteil, dass auch jene Laufwerke geholt werden, die nicht bereit sind, z. B. weil kein Datenträger vorhanden ist, oder gar nicht durchsucht werden sollen. Das Einfachste ist es daher, die Namen der zu durchsuchenden Laufwerke in einer Variablen einzutragen.

Das folgende Beispiel besteht aus mehreren Befehlen und ist damit bereits ein kleines Skript. Es durchsucht alle Laufwerke, deren Namen in der Variablen *$DriveListe* enthalten sind, nach Dateien mit der Erweiterung *.Jpg*, die im Januar erstellt wurden (dies ist natürlich eine rein willkürliche Bedingung). Damit die Suche nicht die PowerShell für Minuten blockiert, wird jede Suche als eigener Job gestartet.

```
# -----------------------------------------------------------
# Beispiel 5.1 - Alle Laufwerke nach einer Datei durchsuchen
# -----------------------------------------------------------
$DriveListe = @("C","E","F","H","J")
$DriveListe | ForEach-Object {
   "Durchsuche Laufwerk $_`:\"
   Invoke-Command -ScriptBlock { `
   Get-ChildItem -Path $_:\ -Include *.jpg -Recurse |
   Where-Object { $_.CreationTime.Month -eq 1 } } -AsJob -ComputerName .
}
```

Listing 5.1 Durchsuchen aller Laufwerke nach einer Datei

Der Ersatz für dir /s

Der Umstand, dass vertraute *Cmd.exe*-Befehle über Aliase scheinbar auch bei der PowerShell zur Verfügung stehen, bringt am Anfang nicht nur Vorteile, sondern führt nicht selten zu ein wenig Irritationen. Dazu eine kleine Übung: Gesucht ist der Aufenthaltsort der Datei *Winrm.vbs*. Wer *Cmd.exe* kennt und sich bereits ein wenig mit der PowerShell beschäftigt hat, würde erwarten, dass der folgende Befehl bei der PowerShell die Suche im aktuellen Verzeichnis beginnt und in allen Unterverzeichnissen fortsetzt:

```
dir Winrm.vbs -Recurse
```

Immerhin ist dies (scheinbar) die direkte Übersetzung eines *dir Winrm.vbs /s*. Doch statt eines Dateifundorts produziert der PowerShell-Befehl eine genauso lästige wie (scheinbar) unerklärliche Fehlermeldung. Was ist an einem *dir Winrm.vbs -recurse* so falsch, dass ein »Get-ChildItem : Der Pfad "C:\Winrm.vbs" kann nicht gefunden werden, da er nicht vorhanden ist.« das Ergebnis ist? Der Hintergrund ist zum Glück relativ einfach und die Fehlermeldung erklärt den Grund auch sehr genau. Da beim Aufruf von *Get-ChildItem* dem Dateinamen kein Parametername vorangestellt wurde, ordnet die PowerShell den Dateinamen dem *Path*-Parameter zu, der jedoch das zu durchsuchende Verzeichnis erwartet. Da eine Datei nicht durchsucht werden kann, resultiert ein Fehler. Ganz so einfach geht es daher nicht. Damit es funktioniert, muss bei Verwendung von *Recurse* der Dateiname über den *Include*-Parameter angegeben werden, da dadurch klar wird, dass nach dieser Datei gesucht wird. Anders als *Cmd.exe* ist die PowerShell auch etwas empfindlicher, was das Durchsuchen von Verzeichnissen mit fehlenden Berechtigungen angeht. Hier ist eine Fehlermeldung die Folge, auch wenn die Suche danach fortgesetzt wird. Möchte man diese Fehlermeldungen nicht erhalten, muss zusätzlich der *ErrorAction*-Parameter mit einem *SilentlyContinue* gesetzt werden:

```
dir -Include winrm.vbs -Recurse -ErrorAction SilentlyContinue
```

TIPP Der *ErrorAction*-Parameter wird häufig durch seinen Alias *ea* abgekürzt.

Aus dem kleinen Beispiel lassen sich zwei Lehren ziehen: Erstens ist bei der PowerShell nicht alles einfacher. Zweitens kann das Vorhandensein der aus *Cmd.exe* bekannten Aliase wie *dir* am Anfang ein wenig »verwirrend« sein.

Die Meinung des Autors dazu: *Get-ChildItem* ist nicht gerade ein Glanzstück der PowerShell. Die Frage, wann ein Suchmuster über den *Path*-Parameter und/oder alternativ über die Parameter *Filter* oder *Include* angegeben wird, ist genauso verwirrend (nicht nur für Anfänger) wie der Umstand, dass es mit *Get-Item* ein nahezu identisches Cmdlet gibt, das in vielen Fällen mit einem Platzhalter alternativ eingesetzt werden kann. Der wichtigste Unterschied ist, dass *Get-Item* nicht über einen *Recurse*-Parameter verfügt.

Hier ein weiteres Beispiel für das etwas »seltsame« Verhalten von *Get-ChildItem* aus der Praxis. Das *Invoke-Item*-Cmdlet lädt die angegebene Datei mit jenem Programm, das mit der Dateierweiterung verknüpft ist. Wenn man Pech hat (das ist natürlich immer relativ), öffnet der folgende Befehl die Xml-Datei nicht im Internet Explorer, sondern in Word:

```
Invoke-Item ACLReport.xml
```

Kein Problem, dann ruft man den Internet Explorer eben direkt auf, doch bei Eingabe von

```
IExplore ACLReport.xml
```

behauptet die PowerShell doch glatt, *IExplore.exe* nicht zu kennen. Offenbar befindet sich die Datei nicht im Suchpfad der *Path*-Variablen, was sich schnell nachprüfen lässt:

```
$env:path -split ";" | ForEach-Object { if ((Get-Item (Join-Path $_ IExplore.exe) -ErrorAction
SilentlyContinue) -ne $null) { Write-Host -fore yellow "Iexplore.exe befindet sich in $_";break}}
```

Offenbar ist *IExplore.exe* tatsächlich nicht im Suchpfad enthalten. Doch wo befindet sich die Datei? In irgendeinem Unterverzeichnis von *C:\Programme* bzw. allgemein *$Env:Programfiles*. Ein Aufruf von *Get-ChildItem* sollte es herausfinden. Doch ein

```
Get-ChildItem "C:\Program Files\*iexplore.exe" -Recurse
```

führt zunächst zu keinem Ergebnis. Bei *Cmd.exe* wäre dank *dir /s* alles ganz einfach:

```
dir "C:\Program Files\*iexplore.exe" /s
```

Das Problem bei *Get-ChildItem* ist, dass man es nicht als Eins-zu-eins-Nachfolger des *dir*-Befehls betrachten darf und dass der *Recurse*-Parameter nur dann eine Wirkung besitzt, wenn der *Path*-Parameter auf einen Container (Verzeichnis) verweist, nicht aber, wenn eine Dateiangabe enthalten ist. (Platzhalter * und ? im Containernamen (Verzeichnisnamen) können aber verwendet werden.) Nur Container können rekursiv durchsucht werden.

Die richtige Variante lautet daher:

```
Get-ChildItem -Path $env:programfiles -Include iexplore.exe -Recurse
```

Damit ergibt sich, dass sich *IExplore.exe* im Verzeichnis *C:\Program Files\Internet Explorer* verbirgt (was natürlich alles andere als eine sensationelle Entdeckung ist). Der folgende Befehl hängt dieses Verzeichnis an die *Path*-Variable für die aktuelle PowerShell-Sitzung an:

```
$Env:Path += ";C:\Program Files\Internet Explorer"
```

So elegant geht das bei der PowerShell. Jetzt klappt es auch mit dem Aufruf von *IExplore.exe*, ohne dass der Verzeichnispfad vorangestellt werden muss. Allerdings erwartet *IExplore.exe* den absoluten Pfad der zu ladenden Datei.

Die Anzahl der gefundenen Dateien erhalten (oder: der OutVariable-Parameter)

Weder *Get-Item* noch *Get-ChildItem* geben am Ende eine Statistik aus. Möchte man z.B. die Anzahl der gefundenen Dateien angezeigt bekommen, bestehen dafür mehrere Möglichkeiten. Ein

```
@(Get-ChildItem *.ps1).Length
```

gibt zwar die Anzahl aus (der @ sorgt dafür, dass aus dem Ergebnis ein Array gemacht wird und dadurch immer eine *Length*-Property existiert), aber die gefundenen Dateien werden nicht mehr angezeigt. Das Ergebnis erst einer Variablen zuzuweisen und diese anschließend auszugeben und danach die Anzahl zur Ausgabe zu bringen, ist aber eventuell ein wenig zu umständlich. Am kürzesten geht es über den *OutVariable*-Parameter, den viele Cmdlets besitzen und über den der Output eines Cmdlets zusätzlich einer Variablen zugewiesen wird, deren Wert anschließend ausgegeben wird. Ein

```
Get-ChildItem *.ps1 -OutVariable Res;"$(@($Res).Length) Dateien gefunden."
```

zeigt am Ende die Anzahl der gefundenen Dateien an.

Suche mit Fortschrittsanzeige (das Write-Progress-Cmdlet)

Ein kleiner Nachteil von *Get-ChildItem* ist, dass die Operation mit dem *Recurse*-Parameter *atomar* ausgeführt wird und es keine Möglichkeit gibt, während der Suche weitere Operationen ausführen. Soll z.B. die Suche mit einer Fortschrittsanzeige untermalt werden, was gerade bei längeren Suchoperationen sinnvoll ist, kommt man mit *Get-ChildItem* alleine nicht zum Ziel. In diesem Fall wird es gleich deutlich umfangreicher, da es sich anbietet, eine Funktion zu definieren, die sich selbst aufruft, Variablen mitgeführt werden und in das Ganze die Fortschrittsanzeige per *Write-Progress*-Cmdlet eingebaut werden muss.

Listing 5.2, das im Grunde nicht viel mehr macht, als eine Verzeichnisstruktur zu durchsuchen, dabei aber den Fortschritt der Operation anzeigt (und bei Ausführung in der PowerShell ISE auch abgebrochen werden kann, was bei *Get-ChildItem* mit *Recurse*-Parameter alleine ebenfalls nicht geht), ist daher bereits ein komplettes Skript, dessen Bestandteile erst in Kapitel 7 und 8 vorgestellt werden. Sehen Sie es im Moment in erster Linie als Motivationshilfe, um am Ball zu bleiben.

Schön und gut, doch wie wird das Skript aufgerufen? Auch wenn das Thema erst in Kapitel 7 an der Reihe ist, könnte der Aufruf eines Skriptes einfacher nicht sein, da lediglich der komplette Pfad oder, wenn es sich im aktuellen Verzeichnis befindet, der Name der Skriptdatei eingegeben werden muss, der ein ».\« oder ein ». .\« vorangestellt wird (die zweite Aufrufvariante bewirkt, dass alle im Skript definierten Funktionen auch nach dem Aufruf zur Verfügung stehen). Im Folgenden wird davon ausgegangen, dass sich das Skript *Listing51.ps1* im aktuellen Verzeichnis befindet. Dann wird es wie folgt aufgerufen:

```
. .\Listing51.ps1
```

Zwischen dem ersten und dem zweiten Punkt muss ein Leerzeichen folgen. Da am Ende des Skripts die Funktion *DirRec* aufgerufen wird, sollte damit die Suche gestartet werden.

Das folgende Beispiel stellt erneut ein bereits etwas umfangreicheres PowerShell-Skript dar, das aus einer Funktion *DirRec* besteht, mit dessen Hilfe ein Verzeichnis rekursiv durchsucht und dabei kontinuierlich der Fortschritt angezeigt wird. Alle Bestandteile dieses Skripts werden in Kapitel 7 vorgestellt.

```
# ------------------------------------------------------------
# Beispiel 5.2 - Rekursive Suche mit Write-Progress
# ------------------------------------------------------------

function DirRec
($Pfad, $Suchmuster)
{
 Get-ChildItem -Path $Pfad\$Suchmuster -Name -outvariable Res
 $Script:Treffer += @($Res).Count
 Get-ChildItem -Path $Pfad -ErrorAction SilentlyContinue | Where-Object { $_.PSIsContainer } | `
  ForEach-Object { Write-Debug "Durchsuche $($_.FullName)"
                   $Script:Anzahl++
                   if ($Anzahl -eq 100) { $Script:Anzahl = 0 }
                   write-progress -Activity ("Suche läuft... {0} Dateien gefunden" -f $Treffer) -Status
"Bitte Geduld..:" -PercentComplete $Anzahl
                   DirRec -Pfad $_.FullName\$Suchmuster }
}

$Anzahl = 0
$Treffer = 0
DirRec -Pfad $Env:Programfiles -Suchmuster *.vbs
Write-Host "$Treffer Dateien gefunden."
```

Listing 5.2 Rekursive Dateisuche mit Fortschrittsbalken

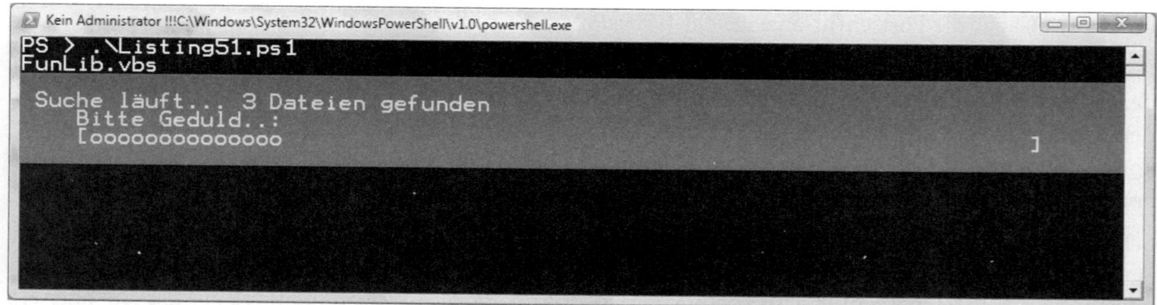

Abbildung 5.4 In der Eingabeaufforderung wird der Fortschritt durch kleine o-Zeichen angezeigt

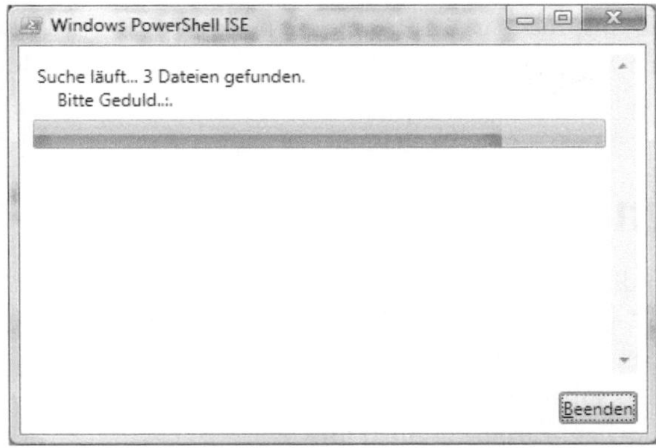

Abbildung 5.5 In der ISE wird der Fortschrittsbalken in einem eigenen Fenster angezeigt

Mitprotokollieren der Suche

Get-ChildItem fertigt natürlich kein Protokoll seiner Suche an. Möchte man z.B. eine Liste aller Ordner erhalten, die durchsucht wurden, lässt sich dies relativ einfach realisieren, indem der Name bzw. Pfad jedes gefundenen Ordners über das *Out-File-* oder *Add-Content*-Cmdlet in eine Datei geschrieben wird.

Der folgende Befehl sucht ausgehend vom aktuellen Verzeichnis nach allen Dateien, die größer als 100 MB sind, sortiert sie nach ihrer Größe und schreibt im Rahmen von *ForEach-Object* den Verzeichnispfad der Datei zusammen mit ihrer Größe in eine Datei mit dem Namen *BigFiles.txt*:

```
Get-ChildItem -Path . -Recurse | Where-Object { $_.Length -gt 100MB } | Sort-Object Length -Desc |
ForEach-Object { Add-Content -Path BigFiles.txt -Value ("Pfad: {0} - Größe: {1:n0} Bytes" -f
$_.FullName, $_.Length) -force }
```

Dateien aufräumen mit der PowerShell

Die Suchfunktion von Windows Vista ist leider eine mittlere Katastrophe. Es ist auch für einen geübten Anwender relativ schwierig bis unmöglich, mal eben alle Dateien zu finden, die z.B. größer als 100 MB sind.[4] Zum Glück gibt es die PowerShell, mit der sich eine Aufräumaktion schneller durchführen lässt.

Der nachfolgende Befehl löscht alle Dateien, die größer als 100 MB sind (damit der Befehl keinen Schaden anrichten kann, folgt auf *Remove-Item* der *WhatIf*-Parameter, der entfernt werden muss, wenn die Dateien tatsächlich gelöscht werden sollen). Dabei werden weder die gelöschten Dateien angezeigt, noch erfolgt am Ende eine Zusammenfassung. Sollte sich eine Datei nicht löschen lassen, z.B. aufgrund fehlender Berechtigungen, erscheint zwar eine Fehlermeldung, die Operation wird aber fortgesetzt, da es sich um einen nicht abbrechenden Fehler handelt.

```
Get-ChildItem -Path . -Recurse | Where-Object { $_.Length -gt 100MB } | Remove-Item -WhatIf
```

---

[4] Der Autor entschuldigt sich für die »Polemik« (möglicherweise habe ich auch nur die zuständige Einstellung nicht gefunden), möchte es aber trotzdem so deutlich formulieren. Mit Windows 7 wird es zum Glück wieder besser, da sich hier das Suchattribut (z.B. *Größe*) aus einer Liste auswählen lässt.

Lässt sich die Windows-Suche auch von der PowerShell ansprechen? Im Prinzip nein, da es sich um verschiedene Ebenen des Betriebssystems handelt. Was sich aber z. B. anzeigen lässt, ist das Suchendialogfeld von Windows.

Der Umgang mit (Zip-)Archiven

Die PowerShell besitzt doch sicherlich irgendwelche Cmdlets, mit denen sich zumindest Zip-Archive lesen und schreiben lassen? Leider nein. Auch nicht in der Version 2.0? Ebenfalls negativ. Das mag ein wenig verwundern, hängt aber sicherlich mit der vielfach in den Blogeinträgen des PowerShell-Teams propagierten *To ship is to choose*-Philosophie zusammen, nach der, sobald ein Auslieferungstermin steht, alle überflüssigen Features, die man nicht mehr rechtzeitig fertig stellen würde, entfallen müssen.[5]

HINWEIS Vermutlich wusste man im PowerShell-Team, dass es kurz nach der Freigabe der PowerShell 2.0 ein *PowerShell Pack* mit über 800 Funktionen geben würde, zu dem auch ein *FileSystem*-Modul gehört, das wiederum eine *Copy-ToZip*-Funktion enthält, mit der sich Dateien in einem Zip-Archiv zusammenfassen lassen. Mehr dazu in Kapitel 15.

Mit den Cmdlets *Write-Zip*, *Write-Tar*, *Write-GZip* und *Write-BZip2*, die alle Teil der *PowerShell Community Extensions* (Kapitel 15) sind, lassen sich immerhin Zip-Archive schreiben, was das Lesen angeht, ist hier ebenfalls (noch) nichts dabei.[6] Ein *Get-ChildItem* kann mit einem Archiv nichts anfangen. Die einfachste Lösung besteht momentan darin, auf jene Cmdlets zurückzugreifen, welche die Firma */n software* als Bestandteil ihrer *NetCmdlets* zur Verfügung stellt.[7] Auch wenn im Folgenden kein Leser zum Kauf einer Software animiert werden soll, soll exemplarisch gezeigt werden, wie schnell sich eine fehlende Funktionalität über ein Snap-In zur PowerShell hinzufügen lässt:

1. Download der 30-Tage-Testversion der *NetCmdlets*. Das dauert einige Minuten, je nachdem, ob eine Registrierung erforderlich ist (bei einer langsamen Internetverbindung dauert es etwas länger).
2. Installation. Klicken Sie dabei das Häkchen weg, welches das Laden der Net-Cmdlets über die Profile-Datei bewirkt. Dauer: ca. 1 Minute.
3. Hinzufügen der neuen Cmdlets über ein *Add-PSSnapin NetCmdlets*. Die PowerShell muss dazu nicht geschlossen werden. Dauer: unter 1 Minute.

Damit steht nach wenigen Minuten ein *Read-Zip*-Cmdlet zur Verfügung, das den Inhalt eines Zip-Archivs auflistet:

```
Read-Zip Buchbeispiele.zip | Sort-Object Size -Desc | More
```

Natürlich wäre eine frei verfügbare Erweiterung etwas sympathischer. Auch hier gibt es mehrere Möglichkeiten, die aber alle mit zusätzlicher Arbeit verbunden sind, wie z. B. das Einbeziehen der Befehlszeilenversion eines frei verfügbaren Tools, etwa *7-Zip* (*http://sourceforge.net/projects/sevenzip/*):

---

[5] Ganz schlüssig ist diese Philosophie für mich allerdings nicht, zumal man (also Microsoft) die ganzen Extras z. B. im Rahmen eines *Feature Packs*, das nicht offiziell unterstützt wird, zusammenfassen könnte.

[6] Angeblich sollte das Read-Zip-Cmdlet schon längst fertig sein.

[7] Diese sind zwar nicht kostenlos, aber relativ preiswert – weitere Informationen unter *http://www.nsoftware.com/powershell*.

```
&"7za" l VB9KompBeispiele.zip
```

Der kleine Nachteil ist natürlich, dass solche Befehle nur Text ausspucken, sodass sich die Dateien nicht einfach per *Sort-Object* nach ihrer Größe sortieren lassen. Ein wenig kurios ist ferner, dass der Dateiname *7za.exe* in Anführungszeichen gesetzt und dem Ganzen ein *&* vorangestellt werden muss, da die PowerShell anscheinend Probleme mit Programmdateien hat, die mit einer Zahl beginnen, denen nicht der komplette Pfad vorangestellt werden muss. Es geht daher nichts über ein Cmdlet, das Objekte produziert, die über die Pipeline weitergegeben werden können (ob das Cmdlet in C# entwickelt wurde oder sich dahinter lediglich eine Funktion verbirgt, spielt für die Nützlichkeit keine Rolle).

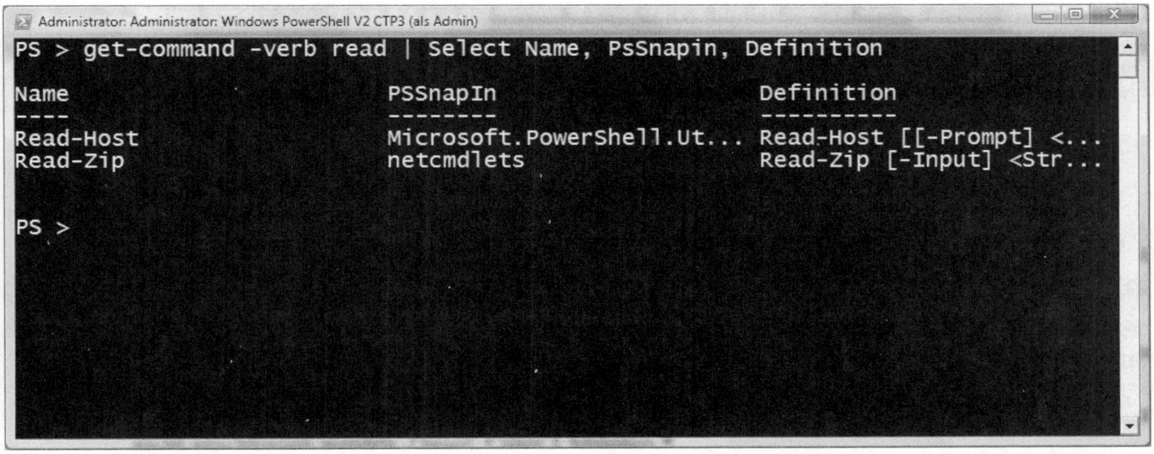

```
Administrator: Administrator: Windows PowerShell V2 CTP3 (als Admin)
PS > get-command -verb read | Select Name, PsSnapin, Definition

Name                    PSSnapIn                    Definition
----                    --------                    ----------
Read-Host               Microsoft.PowerShell.Ut...  Read-Host [[-Prompt] <...
Read-Zip                netcmdlets                  Read-Zip [-Input] <Str...


PS >
```

Abbildung 5.6 Eben war es noch nicht da – durch die Installation der *NetCmdlets* von */n software* kam unter anderem ein *Read-Zip*-Cmdlet hinzu

Der Umgang mit Dateiattributen

Jede Datei und jedes Verzeichnis besitzt eine Reihe von Attributen, wie z.B. *ReadOnly* oder *System*. Alle Attribute werden in einem (32- oder 64-Bit-)Wert kombiniert, sodass jedes Attribut durch ein einzelnes Bit repräsentiert wird. Zum Glück muss man allerdings nicht wie bei anderen Skriptsprachen mit einzelnen Bits hantieren, denn dank der Konstantenliste (Enum) *System.IO.FileAttributes* und ihrer Konstanten und einigen logischen Operatoren wird das Abfragen und vor allem das Setzen von Dateiattributen angenehm einfach.

Dateiattribute zuweisen

Die Attribute einer Datei oder eines Verzeichnisses werden über die *Attributes*-Eigenschaft gesetzt, die vom Typ *System.IO.FileAttributes* ist, einer Konstantenliste im Namespace *System.IO*.

Der folgende Befehl gibt zur Übersicht die Namen aller Konstanten der Konstantenliste aus.

```
[System.IO.FileAttributes] | Get-Member -Static -Membertype property
```

Oder etwas kürzer:

```
[System.Enum]::GetNames([System.IO.FileAttributes])
```

Wie bei jeder Konstantenliste erlaubt die PowerShell auch in diesem Fall, dass die Werte in Gestalt von Zeichenketten zugewiesen werden können.

Der folgende Befehl setzt das *ReadOnly*-Attribut einer Datei:

```
(Get-Item Test.txt).Attributes = "ReadOnly"
```

Genauso einfach ist es, mehrere Attribute auf einmal zuzuweisen. Die Attribute müssen lediglich per Komma getrennt aufgeführt werden.

Der folgende Befehl setzt sowohl das *ReadOnly*- als auch das *Hidden*-Attribut einer Datei.

```
(Get-Item Test.txt).Attributes = "ReadOnly","Hidden"
```

Beim Zugriff über *Get-Item* muss ab jetzt der *Force*-Parameter gesetzt werden, da die Datei ansonsten als Systemdatei *nicht gefunden* wird.

HINWEIS Dies ist ein angenehmer Kontrast zum *Attrib*-Befehl von Windows, bei dem die Reihenfolge, in der die Attribute gesetzt werden, eine Rolle spielt. Selbstverständlich können die Attribute nach wie vor auch über diesen Befehl abgefragt und gesetzt werden.

Der folgende Befehl liefert die Attributwerte als Konstantenliste vom Typ *FileAttributes*:

```
(Get-Item -force Test.txt | Select-Object Attributes).Attributes
```

Möchte man die Werte als Zeichenkette erhalten, muss der Wert per *ToString()*-Methode, die es bei jedem Objekt gibt, in eine Zeichenkette konvertiert werden, die anschließend per *Split*-Methode separiert werden kann:

```
(Get-Item -force Test.txt | Select-Object Attributes).Attributes.ToString().Split(",")
```

Konstanten einer Konstantenliste sind ganze Zahlen

Der Umstand, dass hinter jeder Konstanten einer Konstantenliste eine ganze Zahl steht, wird vor allem bei den Datei- und Verzeichnisattributen deutlich, denn um einer Datei z.B. das *Archiv*-Attribut zu verleihen, genügt auch der folgende Befehl, welcher der *Attributes*-Eigenschaft den korrespondierenden Wert 1 zuweist:

```
(Get-Item -force test.txt).Attributes = 32
```

Die Verwendung der Konstantennamen dient daher lediglich einem kleinen Komfortgewinn und vor allem einer besseren Lesbarkeit des Befehls.

HINWEIS Die Werte, die in einer Konstantenliste stehen, müssen PowerShell-Anwender nicht interessieren. Wer sich dennoch für einzelne Werte interessiert, findet diese z.B. im Rahmen der .NET Framework-Referenz oder in Werkzeugen wie Visual Studio – dort im Objektbrowser.

Möchte man den Wert einer Konstanten erhalten, geschieht dies am einfachsten durch die Konvertierung der Konstanten in eine Zahl:

```
[int][System.Diagnostics.EventLogEntryType]::Warning
2
```

Das ist auch der Grund, warum der Befehl

```
$DebugPreference = Continue
```

so nicht funktionieren kann, da *$DebugPreference* vom Typ *ActionPreference* ist und *Continue* für den PowerShell-Interpreter als Name keinen Sinn ergibt.

Ob der Typ einer PowerShell-Variablen eine Konstantenliste (Enumeration) ist, lässt sich über ein

```
$DebugPreference.GetType().IsEnum
```

herausfinden.

Die Namen der einzelnen Konstanten liefert ein

```
[System.Enum]::GetNames($DebugPreference.GetType())
```

Einzelne Dateiattribute gezielt setzen/zurücksetzen

Der kleine Komfortgewinn, der bei den Datei- und Verzeichnisattributen durch die Verwendung von Konstanten einhergeht, entbindet den Anwender nicht von der etwas kniffligen Frage, wie sich einzelne Attribute so setzen lassen, dass eventuell vorhandene Attribute nicht davon beeinflusst werden.

Der folgende Befehl setzt zwar das *ReadOnly*-Attribut der Datei, alle eventuell gesetzten anderen Attribute werden dadurch aber zwangsläufig zurückgesetzt:

```
(Get-Item -Force Test.txt).Attributes = "ReadOnly"
```

Der Trick, der natürlich keiner ist, da die Attribute am Ende nur Bitwerte in einem 32-Bit-Wort sind, besteht darin, den aktuellen Wert mit dem zu setzenden Wert auf Basis einer logischen Verknüpfung so zu verknüpfen, dass die übrigen Bits davon nicht verändert werden. Für diesen Zweck gibt es die Oder-Verknüpfung, die bei der PowerShell der *Bor*-Operator durchführt.

Der folgende Befehl setzt bei der Datei erneut das *ReadOnly*-Attribut, lässt aber alle bereits gesetzten Attribute unverändert. Zuerst werden die aktuellen Attribute, damit es übersichtlich bleibt, in einer Variablen abgelegt:

```
$Atr = (Get-Item -Force Test.txt).Attributes
```

Jetzt wird das *ReadOnly*-Attribut durch Kombination mit dem aktuellen Attribut neu zugewiesen:

```
Get-Item -force test.txt).Attributes = $Atr -bor "ReadOnly"
```

Kann dieser Befehl funktionieren? Natürlich nicht, denn auch bei der PowerShell kann ein Zahlenwert (nichts anderes ist der Inhalt der Variablen *$Atr*, wie es ein *$Atr.Value__* verrät) nicht mit einer Zeichenkette logisch verknüpft werden.

Der Wert des *ReadOnly*-Attributs muss vielmehr formal über die Konstantenliste abgerufen werden:

```
(Get-Item -force test.txt).Attributes = $Atr -Bor [System.IO.FileAttributes]::ReadOnly
```

Ein wenig kürzer ist es natürlich, den Konstantenwert durch seinen Zahlwert zu ersetzen:

```
(Get-Item -Force Test.txt).Attributes = $Atr -Bor 1
```

Auch wenn diese Variante aufgrund ihrer Kürze vermeintlich attraktiver ist, wird sie nicht empfohlen, da sie die Lesbarkeit des Befehls deutlich herabsetzt.

Während das zerstörungsfreie Zuweisen von einzelnen Attributwerten dank des *Bor*-Operators relativ einfach durchgeführt werden kann, sieht es beim Zurücksetzen eines Attributs scheinbar anders aus. Wenn nicht bekannt ist, welche Attribute eine Datei besitzt, wie kann dann z.B. das *ReadOnly*-Attribut unabhängig seines Zustands zurückgesetzt werden, ohne dass dies die anderen eventuell gesetzten Attribute beeinflusst? Auch in diesem Fall kommt die Logik zu Hilfe, genauer, ein logischer Operator, der in der Lage ist, ein Bit gezielt auf 0 zu setzen, ohne die übrigen Bits zu beeinflussen. Dieser Operator ist der (vermutlich eher unbekannte) *Bxor*-Operator, der eine logische Exklusiv-Oder-Verknüpfung durchführt. Die zugrunde liegende Regel ist sehr einfach: Wie jeder Bitoperator verknüpft auch dieser Operator zwei Bits, wobei das Ergebnisbit immer dann 1 ist, wenn die beiden Bits verschieden sind. Ein

```
4 -bxor 3
```

ergibt 7. Warum? Weil 4 als Bitzahl als 100 und 3 als 011 geschrieben werden und damit alle drei Ergebnisbits gesetzt werden, da alle drei Bitpaare unterschiedlich sind. Das Ergebnis ist 111 und damit 7.

Kurze Verständnisfrage. Was ergibt ein *10 -bxor 4*? Das Resultat ist 1010 verknüpft mit 0100 und damit 1110 und damit 14.

Damit ist die Arbeitsweise des Operators klar, jetzt muss geklärt werden, wie sich ein Bit gezielt zurücksetzen lässt, ohne dass die anderen Bits dadurch beeinflusst werden. Ausgegangen wird von der Zahl 13, also 1101. In dieser Zahl soll das Bit Nr. 2 (die Nummerierung beginnt bei 0) zurückgesetzt werden, sodass 1001 (9) resultiert. Bit Nr. 2 besitzt aufgrund seiner Position den Wert 4 ($2^1 = 4$). Eine *Bxor*-Verknüpfung mit 4 hat damit den folgenden Effekt:

```
1101 (13)
xor
0100 (4)
=
1001 (9)
```

Übertragen auf die Datei- und Verzeichnisattribute, deren Werte ebenfalls nur 2er-Potenzen sind, sieht die Angelegenheit genauso aus. Soll ein Attribut zurückgesetzt werden, ohne dass die übrigen Attribute davon beeinflusst werden, muss die *Attributes*-Eigenschaft mit dem Wert des Attributs, das zurückgesetzt werden soll, unter Zuhilfenahme des *Bxor*-Operators verknüpft werden.

Der folgende Befehl setzt das *ReadOnly*-Attribut einer Datei gezielt zurück:

```
$Ar = (Get-Item -Force Test.txt).Attributes
(Get-Item -Force Test.txt).Attributes = $Ar -Bxor [System.IO.FileAttributes]::Readonly
```

Der Umgang mit Datei- und Verzeichnisberechtigungen

Jede Datei und jedes Verzeichnis besitzt einen Satz von Berechtigungen, der festlegt, welcher Benutzer oder welche Gruppe auf welche Weise auf das Objekt zugreifen kann.

Allgemeines zum Thema Zugriffsberechtigungen

Wer sich zum ersten Mal mit dem Thema Zugriffsberechtigungen beschäftigt, hat eventuell falsche Vorstellungen davon, auf welche Weise diese Berechtigungen verwaltet werden. Wer an eine Liste denkt, in der die Namen der Benutzer/Gruppe mit den jeweiligen Berechtigungen enthalten sind, liegt damit schon einmal gar nicht so falsch. Jede Datei bzw. jedes Verzeichnis, die bzw. das im Folgenden als Objekt bezeichnet wird, besitzt einen *Security Descriptor* (SD). Er setzt sich aus drei Bestandteilen zusammen:

- **Security Identifier** (SID) – dies ist eine lange Zahlenreihe variabler Länge. Sie identifiziert ein Benutzerkonto oder eine Benutzergruppe. Vordefinierte Benutzergruppen besitzen einen stets gleichen, kurzen SID.
- **Discretionary Access Control List** (DACL) – sie enthält die einzelnen Zugriffsberechtigungen als eine Liste von *Access Control Entries* (ACEs). Dies ist der für die Zugriffsberechtigungen wichtigste Bestandteil.
- **System Access Control List** (SACL) – hier geht es um die Überwachungseinstellungen, die seltener eine Rolle spielen. Dieser Aspekt wird in diesem Buch auch nicht behandelt.

TIPP Eine Aufstellung der SIDs der wichtigsten Benutzerkonten gibt es unter http://support.microsoft.com/Default.aspx?id=243330.

Im Mittelpunkt der folgenden Betrachtungen steht die DACL, die im Folgenden lediglich als ACL bezeichnet wird. Die *Access Control List* enthält für jede Berechtigung einen *Access Control List*-Eintrag, kurz ACE (Access Control List Entry). Er ordnet einem Benutzer oder einer Gruppe eine Berechtigung zu, die entweder erteilt (*allow*) oder verweigert (*deny*) wird.

Die Rolle der Vererbung

Sowohl bei der Vergabe von Berechtigungen als auch bei der Frage, welche effektiven Berechtigungen ein Verzeichnis oder eine Datei besitzt, spielt das Prinzip der Vererbung von Berechtigungen eine zentrale Rolle. Wird nichts anderes festgelegt, erben ein Verzeichnis oder eine Datei die Berechtigungen des Verzeichnisses, in dem das Objekt angelegt wird. Sie erhalten damit einen Satz von Berechtigungen, der nicht explizit vergeben werden muss. Wird in diesem Verzeichnis eine weitere Datei oder ein weiteres Verzeichnis angelegt, erbt das neue Objekt die Berechtigungen des Containers, zu denen auch jene Berechtigungen gehören, welche dieser Container wiederum von seinem Container geerbt hat, sodass dieser ebenfalls von Anfang an über einen Satz an Berechtigungen verfügt, der nicht mehr vergeben werden muss. Diese Einrichtung ist mehr als sinnvoll, da es ein unnötiger Aufwand wäre, wenn z. B. für jedes neue Verzeichnis erst einmal alle Standardberechtigungen hinzugefügt werden müssten. Außerdem ist es sinnvoll, dass ein Ordner auf einer unteren Ebene, was seine Zugriffberechtigungen angeht, genauso restriktiv ist wie die Ordner auf den höheren Ebenen. Grundsätzlich ist es aber kein Problem, die geerbten Berechtigungen zu modifizieren oder ganz wegzunehmen. In diesem Fall kann es passieren, dass ein Ordner auf einmal gar keine Zugriffsberechtigungen mehr besitzt, da er ursprünglich nur vererbte Berechtigungen aufwies, die auf einmal alle verschwunden sind. Die Folge ist, dass der Ordner nur noch durch seinen Besitzer angesprochen werden kann.

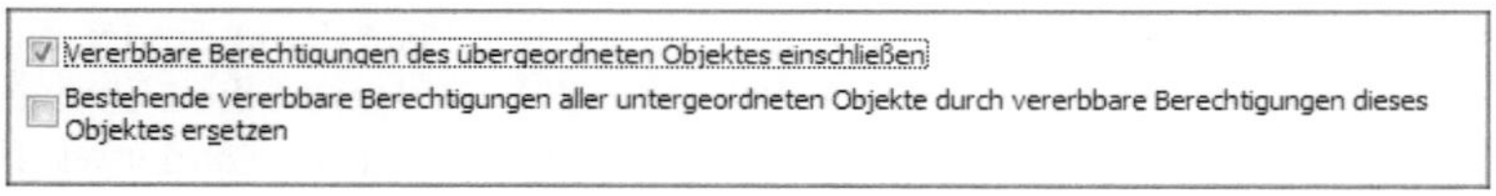

Abbildung 5.7 Für jedes Objekt kann eingestellt werden, ob es die Berechtigungen seines Containers übernehmen soll

Zugriffsberechtigungen setzen

Die Zugriffsberechtigungen für ein Verzeichnis und eine Datei werden in der Registerkarte *Sicherheit* des Eigenschaftendialogfelds eingestellt. Das Dialogfeld verdient nicht gerade das Prädikat »Intuitiv erfassbare Benutzerführung«. So benötigt man drei Mausklicks (*Erweitert*, *Bearbeiten* und noch einmal *Bearbeiten*), um die Berechtigung für einen Benutzer einsehen oder verändern zu können. Mancher Umweg ist aber auch gewollt, da es nicht zu einfach sein soll, mal eben eine Zugriffsberechtigung herauszunehmen, weil dies unter Umständen bedeuten kann, dass ein Ordner nicht mehr geöffnet werden kann. Die Windows-Hilfe beschreibt den Umgang mit Zugriffsberechtigungen übrigens sehr ausführlich (dazu ein kleiner Tipp: Sie lässt sich auch komplett ausdrucken).

Auf der Ebene der Befehlszeile gibt es seit vielen Jahren Tools wie *Cacls.exe* oder das mit Windows Server 2003 eingeführte *ICacls.exe*, mit denen man nach einer kurzen Eingewöhnungsphase recht gut und effektiv arbeiten kann. Wem das *Set-Acl*-Cmdlet der PowerShell, das im nächsten Abschnitt an der Reihe ist, daher ein wenig zu kompliziert ist, kann auf eines dieser bewährten Tools zugreifen.

TIPP Eine Beschreibung zu *ICacls.exe* finden Sie unter *http://support.microsoft.com/kb/919240/de.*

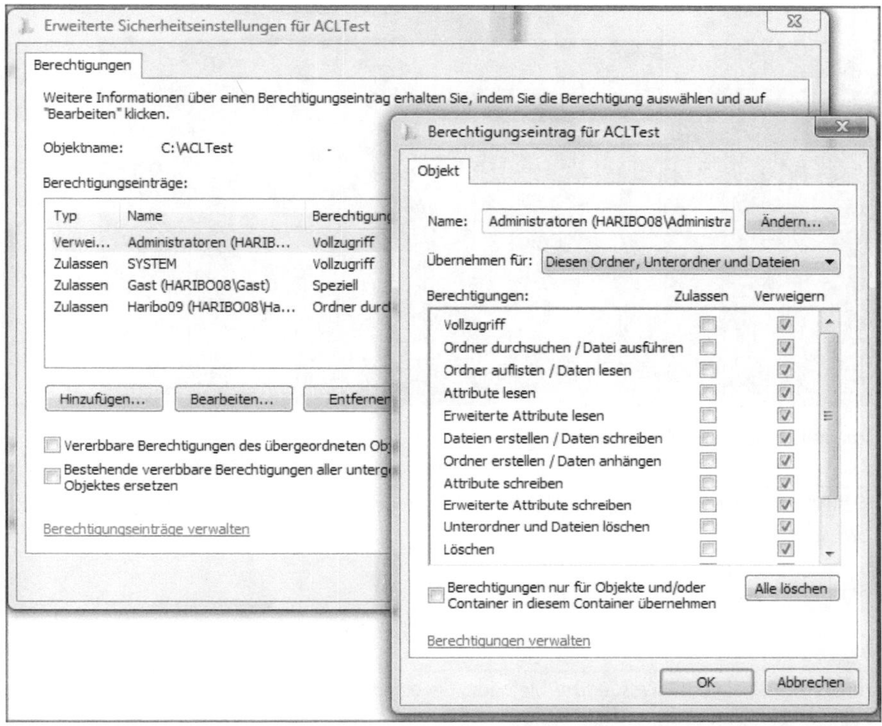

Abbildung 5.8 Die Zugriffsberechtigungen werden in der Registerkarte Sicherheit im Eigenschaftendialogfeld eingestellt

Die Cmdlets Get-Acl und Set-Acl (keine Aliase)

Für das Lesen von Zugriffsberechtigungen bietet die PowerShell die beiden Cmdlets *Get-Acl* und *Set-Acl*. Dabei ist das *Get-Acl*-Cmdlet für das Abfragen zuständig, *Set-Acl* entsprechend für das Setzen. *Get-Acl* liefert neben den Berechtigungen auch den Besitzer des Objekts. Welche Sorte von Security-Objekt *Get-Acl* zurückgibt, hängt vom Typ des Objekts ab. Bei einer Datei ist es ein *FileSecurity*-Objekt, bei einem Verzeichnis entsprechend ein *DirectorySecurity*-Objekt. Beide leiten sich von der allgemeineren *FileSystemSecurity*-Klasse ab. Das zurückgegebene Objekt wird von der PowerShell um ein paar Note- und ScriptProperties wie *Access*, *Group* und *Sddl* angereichert, mit deren Hilfe sich bestimmte Aktionen wie das Auflisten der Berechtigungen etwas einfacher durchführen lassen. Tabelle 5.13 stellt die wichtigsten Member des Security-Objekts zusammen.

Der folgende Befehl gibt die Berechtigungen des Ordners *ACLTest* aus. Da die Ausgabe etwas umfangreicher ist, sollte sie mit *Format-List* formatiert werden:

```
Get-Acl ACLTest | Format-List
```

Möchte man nur die Berechtigungen eines bestimmten Benutzers erhalten, muss die *IdentityReference*-Property der einzelnen *AccesRule*-Properties abgefragt werden.

```
Get-Acl ACLTest | Select-Object -Expand Access | Where-Object { $_.IdentityReference -like "*Haribo09*" }
```

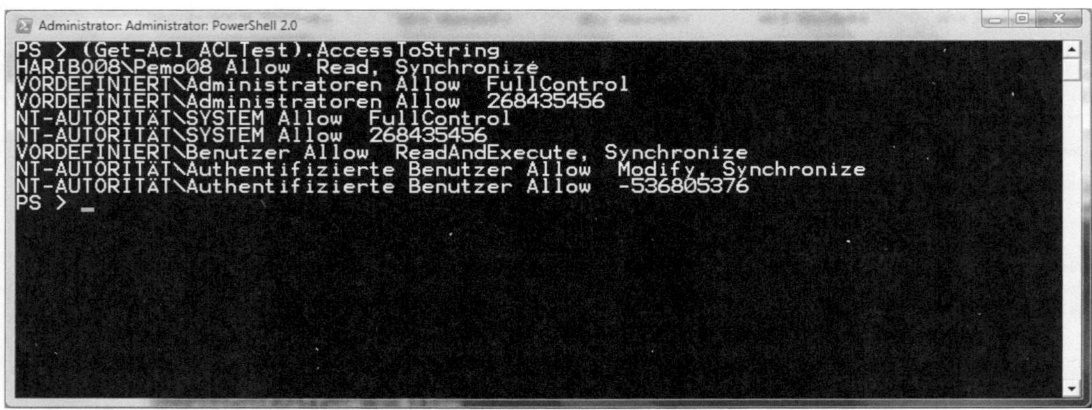

Abbildung 5.9 *Get-Acl* zeigt die Sicherheitseinstellungen eines Ordners an

TIPP Eine deutlich übersichtlichere Aufstellung der vorhandenen Zugriffsberechtigungen liefert die von der PowerShell ebenfalls hinzugefügte *AccessToString*-Property:

```
(Get-Acl ACLTest).AccessToString
```

HINWEIS Eine Alternative zu *Get-Acl* ist die *GetAccessControl*-Methode, die ein Objekt besitzt, das von einem *Get-Item* in Verbindung mit einer Datei oder einem Verzeichnis zurückgegeben wird.

Member	Bedeutung
Access-NoteProperty	Fasst die vorhandenen *AccessRule*-Properties, von denen jede eine einzelne Berechtigung repräsentiert, in einer Collection zusammen und erleichtert damit den Zugriff auf die einzelnen Regeln
Group-NoteProperty	Steht für die Gruppe, zu welcher der Besitzer des Objekts gehört
Owner (NoteProperty)	Steht für den Besitzer des Objekts. Diese Eigenschaft kann nur gelesen werden
Sddl (NoteProperty)	Steht für den Security Descriptor in der SDDL-Schreibweise
AddAccessRule (Methode)	Fügt eine Zugriffsberechtigung hinzu
GetAccessRules (Methode)	Liefert alle Zugriffsberechtigungen (über die *Access*-Property geht es einfacher)
PurgeAccessRule (Methode)	Entfernt eine Zugriffsberechtigung. Im Unterschied zu *RemoveAccessRule* werden nur die Berechtigungen eines bestimmten Users entfernt
RemoveAccessRule (Methode)	Entfernt eine Zugriffsberechtigung
SetAccessRule (Methode)	Ändert eine vorhandene Zugriffsberechtigung
AccessToString (ScriptProperty)	Liefert nur die Zugriffsberechtigungen in Gestalt einer Zeichenkette

Tabelle 5.13 Die wichtigsten Member des von der PowerShell erweiterten *Security*-Objekts

HINWEIS Der Aufruf von *Get-Acl* setzt ebenfalls Berechtigungen für den aufrufenden Benutzer voraus, die nicht zwangsläufig vorhanden sind. Möchte man die Berechtigungen trotzdem einsehen, ist es am einfachsten, über den Windows-Befehl *Takeown.exe* den Besitz für die Datei oder das Verzeichnis zu übernehmen und anschließend *Get-Acl* erneut auszuführen.

Eine übersichtlichere Form von Get-Acl

Da es auf die Dauer etwas lästig ist, den Output von *Get-Acl* jedes Mal per *Format-List* nachformatieren zu müssen, wird im Folgenden eine kleine Funktion vorgestellt, die dafür etwas besser geeignet ist. Zudem beschränkt sie sich auf einen bestimmten Benutzer, dessen Berechtigungen aufgelistet werden.

Die Funktion *Get-AclUser* gibt die Berechtigungen eines bestimmten Benutzers für das angegebene Verzeichnis oder die angegebene Datei aus:

```
# ------------------------------------------------------------
# Beispiel 5.3 - Auflisten der Berechtigungen eines Benutzers
# ------------------------------------------------------------
function Get-AclUser
{
 param([string]$UserName, [string]$Pfad)
 if (!(Test-Path $Pfad))
 { Write-Host -fore red "$Pfad ist kein gültiger Pfad";return }
 $ACLs = Get-Acl $Pfad | Select-Object -exp Access | Where-Object { $_.IdentityReference -like
"*\$UserName" }
 $Allows = @($ACLs | Where-Object { $_.AccessControlType -eq "Allow" })
 $Denys = @($ACLs | Where-Object { $_.AccessControlType -eq "Deny" })
 Write-Host -fore Green "Berechtigungen vom Typ 'Zulassen' für $Pfad"
 $Allows | ForEach-Object { ">$($_.FileSystemRights)" }
 Write-Host -fore Green "$($Allows.Count) Berechtigung(en)."
 Write-Host -fore Magenta "Berechtigungen vom Typ 'Verweigern' für $Pfad"
 $Denys | ForEach-Object { ">$($_.FileSystemRights)" }
 Write-Host -fore Magenta "$($Denys.Count) Berechtigung(en)."
}

Get-Acluser -UserName Admin* -Pfad C:\Windows
```

Listing 5.3 Die Berechtigungen eines Benutzers etwas komfortabler auflisten

Das Set-Acl-Cmdlet

Für das Setzen oder besser gesagt Hinzufügen einer weiteren Berechtigung ist das *Set-Acl*-Cmdlet zuständig. Neben einem *Path*-Parameter besitzt es einen *AclObject*-Parameter, dem ein Wert vom Typ *SecurityObject* übergeben wird. Diesen Parameterwert stellt man im Allgemeinen nicht zusammen, sondern holt ihn über *Get-Acl*, fügt Berechtigungen hinzu oder entfernt welche und weist am Ende das resultierende *SecurityObject* der Datei oder dem Verzeichnis erneut über *Set-Acl* zu.

Dass das Hinzufügen einer Berechtigung alles andere als kompliziert sein muss, macht das erste Beispiel deutlich. Die Einfachheit resultiert aus dem Umstand, dass alle Angaben als Zeichenketten übergeben werden können. Verzeichnispfad und Benutzername müssen natürlich (stets) angepasst werden.

```
# ------------------------------------------------------------
# Beispiel 5.4 - ein einfaches Beispiel für Set-Acl
# ------------------------------------------------------------
$Pfad = $env:userprofile+"\ACLTest"
$ACL = Get-Acl $Pfad
$Perm = "HARIBO08\Administrator","Read","Allow"
$NewRule = New-Object System.Security.AccessControl.FileSystemAccessRule $Perm
$ACL.SetAccessRule($NewRule)
```

```
Set-Acl -Path $Pfad -AclObject $ACL -ErrorAction SilentlyContinue
if ($?)
{ Write-Host -Fore green "Berechtigungen wurden aktualisiert." }
else
{ Write-Host -Fore red "Berechtigungen konnten nicht gesetzt werden." }
```

Listing 5.4 Ein einfaches Beispiel für Set-Acl

Berechtigungen etwas komfortabler setzen

Auf die Dauer ist auch der Umgang mit *Set-Acl* ein wenig umständlich. Im Folgenden wird ein kleines Skript vorgestellt, welches das Einstellen der wichtigsten Angaben wie Benutzername, Zugriffsmodus, Pfad und Vererbung etwas komfortabler erlaubt.

Das folgende Skript enthält die Funktion *Set-CustACL*, die das Hinzufügen einer Berechtigung für ein Verzeichnis vereinfacht.

```
# ---------------------------------------------------------------
# Beispiel 5.5 - Setzen der Zugriffsberechtigungen für einen Ordner
# Folgende Parameter werden benötigt:
# 1) Benutzerkonto
# 2) Art der Berechtigung - Lesen/Schreiben/Keine
# 3) Ordnerpfad
# Die Zugriffssteuerung ist Allow
# ---------------------------------------------------------------

function Set-CustAcl
{
  param ([string]$Benutzer, [string]$Zugriffsmodus, [string]$Pfad, [bool]$Vererbung=$false)
  [string]$AcMode = "None"
  switch ($Zugriffsmodus)
  {
    "Lesen"     { $AcMode = "Read" }
    "Schreiben" { $AcMode = "Write" }
    "Keine"     { $AcMode = "None" }
  }
  $ACL = Get-Acl $Pfad -ErrorAction SilentlyContinue
  if (!$?)
  { Write-Host "$Pfad gibt es nicht - Funktion wird beendet";return }
  # Soll Regel an Unterordner und Dateien weitervererbt werden?
  # Propagation soll keine Rolle spielen
  if (!$Vererbung)
  {
   $Perm = "$Env:UserDomain\$Benutzer", $AcMode, "None", "None", "Allow"
  }
  else
  {
   $Perm = "$Env:UserDomain\$Benutzer", $AcMode, "ObjectInherit,ContainerInherit", "None", "Allow"
  }
  $ACRule = New-Object -Type System.Security.AccessControl.FileSystemAccessRule $Perm
  $ACL.SetAccessRule($ACRule)
  $ACL | Set-Acl $Pfad # -ErrorAction SilentlyContinue
```

```
  if ($?)
  { Write-host -Fore green "Zugriffsberechtigungen wurden ergänzt." }
  else
  { Write-host -Fore yellow "Es gab leider ein Problem beim Setzen der Zugriffsberechtigungen."}
}
```

Listing 5.5 Komfortableres Setzen der Zugriffsberechtigung

Aufgerufen wird die Funktion *Set-CustAcl* wie folgt:

```
Set-CustAcl -Benutzer Administrator -Zugriffsmodus Lesen -Pfad ACLTest
```

oder

```
Set-CustAcl -Benutzer Administrator -Zugriffsmodus Lesen -Pfad ACLTest -Vererbung $false
```

Berechtigungen kopieren

Geht es darum, dass z. B. alle Dateien in einem Verzeichnis einen bestimmten Satz an Berechtigungen erhalten sollen, ist es am einfachsten, diesen für die Musterdatei mithilfe des Windows-Explorers einzustellen und per *Set-Acl* an die übrigen Dateien zu verteilen.

Der folgende Befehl verteilt alle Berechtigungen einer Datei an alle Dateien im aktuellen Ordner und seinen Unterverzeichnissen:

```
Get-ChildItem -Path . -Include Test*.txt -Recurse | ForEach-Object { Get-Acl SecBeispiel.txt | Set-Acl -
path $_ }
```

TIPP Auch *Set-Acl* besitzt einen *WhatIf*-Parameter, sodass sich feststellen lässt, welche Dateien von der Änderung betroffen sind (ob die Berechtigungen aufgrund notwendiger Berechtigungen gesetzt werden dürfen, wird dabei aber nicht geprüft).

Den Besitzer eines Objekts abfragen und setzen

Jedes Objekt (Datei, Verzeichnis usw.) weist einen Besitzer (engl. *owner*) auf. Normalerweise ist es jenes Benutzerkonto, unter dem das Objekt erstellt wurde. Da der Besitzer z. B. eines Verzeichnisses bestimmte Berechtigungen besitzt bzw. diese Berechtigungen erforderlich sind, bestimmte Operationen durchzuführen, kann es notwendig sein, ein Objekt *in Besitz* zu nehmen (engl. *take ownership*), das heißt zum neuen Besitzer des Objekts zu werden. Was in der grafischen Oberfläche einer Einstellung bedarf, lässt sich im Rahmen der PowerShell leider nicht ganz so einfach durchführen, insbesondere dann, wenn der neue Besitzer ein beliebiges Benutzerkonto sein soll.

Den Namen des Besitzers eines Objekts abzufragen ist sehr einfach, denn diese Information liefert die *Owner*-Eigenschaft des von *Get-Acl* zurückgegebenen *Security*-Objekts.

Der folgende Befehl gibt den Besitzer des aktuellen Verzeichnisses zurück:

```
(Get-Acl -Path .).Owner
```

TIPP Möchte man nur den Namen des Benutzers erhalten, sollte man den (neuen) *Split*-Operator benutzen, der sich auch in eine per *Write-Host* ausgegebene Zeichenkette einfügen lässt:

```
"Besitzer: $(((Get-Acl -Path .).Owner -split '\\')[1])"
```

Den Besitzer eines Objekts setzen

Ein *Set-Owner*-Cmdlet gibt es leider nicht, weder bei der PowerShell 2.0 noch im Rahmen der PowerShell Community Extensions 1.2.[8] Was dagegen existiert, ist die *SetOwner*-Methode bei der *FileSystemSecurity*-Klasse, auf die jenes Objekt basiert, das durch *Get-Acl* geliefert wird. Der Aufruf dieser Methode ist im Prinzip sehr einfach. Im Prinzip deswegen, weil das Setzen des neuen Besitzers bei Vista, Windows 7 und Windows Server 2008 nur mit dem eigenen Benutzerkonto und der Administratoren-Gruppe funktioniert. Bei jedem anderen Benutzerkonto ist eine Fehlermeldung vom Typ »Die Sicherheits-ID darf nicht der Besitzer dieses Objekts sein.« die Folge.

Das folgende Beispiel demonstriert, wie sich der Besitzer eines Verzeichnisses (der Pfad muss daher angepasst werden) auf die Gruppe *Administratoren* ändern lässt.

```
# -------------------------------------------------
# Beispiel 5.6 - einen neuen Besitzer setzen
# Funktioniert in dieser Form aber nur für
# akuellen Benutzer und Administratoren-Gruppe
# -------------------------------------------------
$DateiPfad = $env:userprofile+"\ACLTest"
$ACL = (Get-Acl $DateiPfad)
$NewOwnerName = "Administratoren"
$NewOwnerAccount = New-Object Security.Principal.NTAccount($NewOwnerName)
# Benutzerobjekt überprüfen
$NewOwnerSid = $NewOwnerAccount.Translate([System.Security.Principal.SecurityIdentifier])
$ACL.SetOwner($NewOwnerAccount)
Set-Acl -Path $DateiPfad -AclObject $ACL
```

Listing 5.6 Ändern des Besitzers eines Verzeichnisses

Eine Frage der Privilegien

Führen Sie das Beispiel aus dem letzten Abschnitt mit einem anderen als dem eigenen Benutzerkonto und dem Administratoren-Gruppenkonto aus, ist die besagte Fehlermeldung die Folge. Der Grund ist, dass für eine *Take Ownership*-Operation die erforderlichen Privilegien *SeRestorePrivilege* und gegebenenfalls auch *SeTakeOwnershipPrivilege* (wenngleich dies nur selten eine direkte Rolle zu spielen scheint) fehlen. Dieses Privileg dem aktuellen Prozess nachträglich zu erteilen, ist bei der PowerShell nicht so einfach, wie es sein könnte, da hierfür keine »Einrichtung« im Rahmen der .NET-Klassenbibliothek vorhanden ist. Es gibt zwei Alternativen:

- WMI
- Die PowerShell Community Extensions 1.1/1.2 (mehr dazu in Kapitel 15)

---

8 Wie es der Antwort auf eine entsprechende Frage in einer Diskussionsgruppe zu entnehmen war, ist dies für eine kommende Version geplant.

Die zweite Variante ist die deutlich einfachere Variante, sodass sie zuerst vorgestellt wird.

Die Vorgehensweise sieht wie folgt aus:

1. Installieren der *PSCX* und Laden des Snap-Ins über *Add-PSSnapin PSCX*. Damit steht die Klasse *TokenPrivilege* für den Aufruf mit *New-Object* zur Verfügung. Der Aufruf von

   ```
   $TokPriv = New-Object Pscx.Interop.TokenPrivilege "SeRestorePrivilege", $true
   ```

   legt ein *Privileg*-Objekt mit aktiviertem Privileg an.

2. Das Token wird im zweiten Schritt über das *Set-Privilege-Cmdlet* der PSCX dem aktuellen Prozess verliehen:

   ```
   Set-Privilege $TokPriv
   ```

Jetzt sollte sich jeder Benutzer zum aktuellen Besitzer machen lassen.

HINWEIS Damit das Ganze funktioniert, muss die PowerShell unter Vista und Windows 7 im Administratormodus gestartet werden. Sonst resultieren »seltsame« Fehlermeldungen.

Das folgende Beispiel entspricht dem letzten Beispiel, nur dass es die für andere Benutzer als dem aktuellen und der Administratorengruppe erforderlichen Privilegien vorher setzt und dabei auch prüft, ob das PowerShell Community Extensions-Snap-In geladen wurde und, sollte dies nicht der Fall sein, es über *Add-PSSnapin* nachlädt (der Nachteil ist, dass dies jedes Mal ein paar Sekunden dauert).

```
# -------------------------------------------------------------
# Beispiel 5.7 - einen neuen Besitzer für ein Verzeichnis setzen
# Setzt die PowerShell Community Extensions 1.1/1.2 voraus
# -------------------------------------------------------------
# Ist nur einmal erforderlich
Write-Host -fore yellow "Prüfe auf PSCX - bitte etwas Geduld..."
if ((Get-PSSnapin | Where-Object { $_.Name -eq "PSCX" }) -eq $null) {
# Versuch, sie nachzuladen
  Add-PSSnapin -Name PSCX -ErrorAction SilentlyContinue
  if ($?)
  { Write-Verbose "Die PSCX wurden nachgeladen" }
  else
  { Write-Host -fore red "PSCX konnten nicht geladen werden - Skript wird beendet";break}
}
$TokPriv = New-Object Pscx.Interop.TokenPrivilege "SeRestorePrivilege", $true
Set-Privilege $TokPriv
$DateiPfad = $Env:Userprofile+"\ACLTest"
$ACL = (Get-Acl $DateiPfad)
$NewOwnerName = "Pemo09"
$NewOwnerAccount = New-Object Security.Principal.NTAccount($NewOwnerName)
# Benutzerobjekt überprüfen
$NewOwnerSid = $NewOwnerAccount.Translate([System.Security.Principal.SecurityIdentifier])
$ACL.SetOwner($NewOwnerAccount)
Set-Acl -Path $DateiPfad -AclObject $ACL -ErrorAction SilentlyContinue
if ($?)
{ Write-Host -fore green "Besitzer für $DateiPfad wurde auf $NewOwnerName gesetzt". }
else
{ Write-Host -fore red "Besitzer konnte nicht auf $NewOwnerName gesetzt werden." }
```

Listing 5.7 Neuen Besitzer für ein Verzeichnis setzen

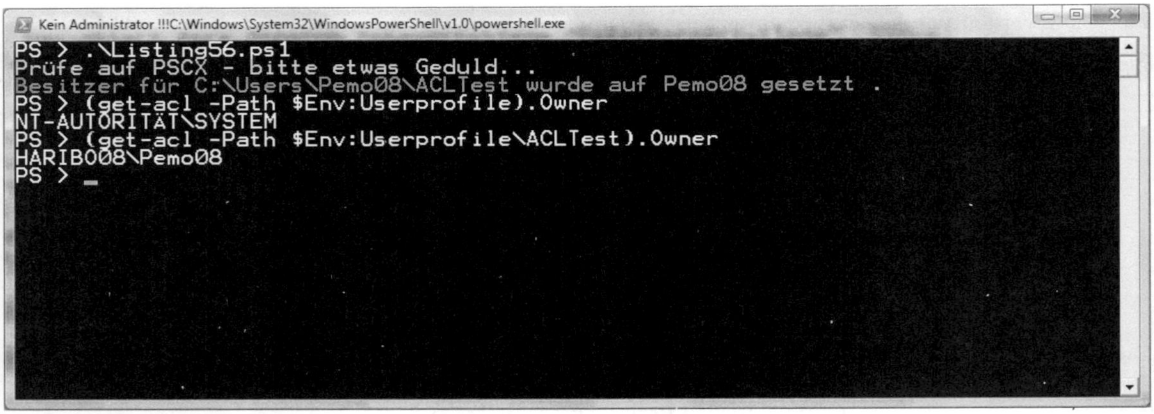

```
Kein Administrator !!!C:\Windows\System32\WindowsPowerShell\v1.0\powershell.exe
PS > .\Listing56.ps1
Prüfe auf PSCX - bitte etwas Geduld...
Besitzer für C:\Users\Pemo08\ACLTest wurde auf Pemo08 gesetzt .
PS > (get-acl -Path $Env:Userprofile).Owner
NT-AUTORITÄT\SYSTEM
PS > (get-acl -Path $Env:Userprofile\ACLTest).Owner
HARIBO08\Pemo08
PS > _
```

Abbildung 5.10 Ein Verzeichnis hat einen neuen Besitzer erhalten

Privilegien per WMI setzen

Stehen die *PowerShell Community Extensions* aus irgendeinem Grund nicht zur Verfügung oder sollen sie nicht eingesetzt werden, kommt für das Setzen der Privilegien WMI als Alternative infrage, wobei diese Variante etwas »komplizierter« ist, da die beiden WMI-Security-Klassen *Win32_SecurityDescriptor* und *Win32_Trustee* involviert sind, die eventuell ein wenig arg kompliziert erscheinen, was sie natürlich nicht sind.[9]

Das folgende Skript setzt den Besitzer eines Verzeichnisses per WMI. Eine Warnung gleich vorweg. Dieses Skript ist bereits sehr fortgeschritten, was den Einsatz verschiedener Elemente angeht. Ein solches Skript (ohne Unterstützung durch Mr. Google oder Mr. Bing) erstellen zu können, setzt bereits sehr viel Erfahrung im Umgang mit WMI und der PowerShell voraus. Betrachten Sie das Beispiel daher in erster Linie als ein »So, geht's«-Beispiel. Die dahinter stehende Theorie kommt erst in den folgenden Kapiteln an die Reihe.

```
# ---------------------------------------------------------------
# Besitzer via WMI setzen
# ---------------------------------------------------------------
function Set-OwnerWMI
($UserName, $Pfad)
{
 if (!(Test-Path $Pfad)) {Write-Warning "Ungültiger Pfad"}
 else {
  # Pfad muss für WMI ein wenig angepasst werden
  $Pfad = $Pfad.Replace("\", "\\")
  $SD = ([WMIClass]"Win32_SecurityDescriptor").CreateInstance()
  $Trustee = ([WMIClass]"Win32_Trustee").CreateInstance()
  $SID = (New-Object Security.Principal.NtAccount
$UserName).Translate([Security.Principal.SecurityIdentifier])
  [byte[]] $SIDArray = ,0 * $SID.BinaryLength
  $SID.GetBinaryForm($SIDArray,0)
```

9 Ein indirekter Dank daher an Vadims Podans, dessen Blog-Einträge stets sehr informativ sind und der sich auch die Mühe macht, die MSDN-Dokumentation um PowerShell-Beispiele zu erweitern.

```
    $Trustee.Name = $UserName
    $Trustee.SID = $SIDArray
    $SD.Owner = $Trustee
    $SD.ControlFlags="0x8000"
    $wPrivilege = Get-WmiObject -Class Win32_LogicalFileSecuritySetting -Filter "Path='$Pfad'"
    $wPrivilege.psbase.Scope.Options.EnablePrivileges = $true
    $Ret = $wPrivilege.SetSecurityDescriptor($SD)
    if ($Ret.ReturnValue -eq 0)
    { Write-Host "Setzen des Besitzers auf $UserName war erfolgreich."}
    else
    { Write-Host "Fehler beim Setzen des neuen Besitzers - Fehlercode: $($Ret.ReturnValue)" }
  }
}
```

Listing 5.8 Setzen eines Besitzers per WMI

Aufgerufen wird die Funktion *Set-OwnerWMI* z. B. wie folgt:

```
Set-OwnerWMI -UserName Administrator -Pfad $Env:UserProfile\ACLTest
```

HINWEIS Sollte beim Ausführen des Skripts der Fehler *1307* resultieren, kann es daran liegen, dass die PowerShell bzw. ISE nicht explizit als Administrator gestartet wurde.

Das Tool Takeown.exe

Geht es nur darum, dass der aktuelle Benutzer den Besitz einer Datei oder eines Verzeichnisses übernehmen soll, ist das Befehlszeilentool *Takeown.exe*, das Teil von Windows Server 2003/2008, Vista und Windows 7 ist, die einfachste Variante.

Umgang mit Freigaben

Für den Umgang mit (Netzwerk-)Freigaben (also für die gemeinsame Nutzung von im Netzwerk freigegebenen Verzeichnissen) gibt es auch bei der PowerShell 2.0 keine Cmdlets und Funktionen. Das ist kein allzu großes Manko, da der Umgang mit Freigaben relativ einfach ist.

Freigaben auflisten

Für das Auflisten der lokalen Freigaben gibt es zwei Varianten:

- Der *Net Share*-Befehl
- Die WMI-Klasse *Win32_Share*

Der folgende Befehl listet alle vorhandenen Freigaben auf:

```
Net Share
```

Oft ist das bereits vollkommen ausreichend. Soll das Ergebnis aber weiterverarbeitet werden, ist der Aufruf per WMI (das Thema ist in Kapitel 9 an der Reihe) deutlich komfortabler:

```
Get-WmiObject -Class Win32_Share
```

Auch wenn der Output nahezu identisch erscheinen mag, der kleine, aber bedeutende Unterschied ist wieder einmal, dass hier Objekte im Spiel sind.

Der folgende Befehl listet alle Freigaben auf, die für mehr als 10 Benutzer eingerichtet wurden:

```
Get-WmiObject -Class Win32_Share | Where-Object { $_.MaximumAllowed -gt 10 }
```

Sollen diese Freigaben entfernt werden, muss lediglich ein *Invoke-WmiMethod*-Cmdlet angehängt werden, das die *Delete*-Methode des Share-Objekts aufruft:

```
Get-WmiObject -Class Win32_Share | Where-Object { $_.MaximumAllowed -gt 10} | Invoke-WmiMethod -Name
Delete -WhatIf
```

Der *WhatIf*-Parameter sorgt in diesem Beispiel dafür, dass die Freigabe nicht wirklich gelöscht wird.

Freigaben anlegen

Das Anlegen einer Freigabe könnte einfacher nicht sein, ein *Net Share <Freigabename>=<Pfad der Freigabe>* genügt.

Der folgende Befehl legt die Freigabe *PsKurs* für das Verzeichnis *C:\PsKurs* an und legt die maximale Anzahl an Benutzern auf 12 fest:

```
Net Share PsKurs=C:\PsKurs /Users:12
```

Über den folgenden Befehl wird die Freigabe gezielt angesprochen und das resultierende Objekt einer Variablen zugewiesen:

```
$Sh = Get-WmiObject -Class Win32_Share -Filter "Name='PsKurs'"
```

Zugriffsberechtigungen bei Freigaben

Auch Freigaben besitzen Zugriffsberechtigungen, doch leider lassen sie sich nicht per *Get-Acl* abfragen und per *Set-Acl* setzen. Es muss auch hier WMI einspringen, das mit *Win32_LogicalShareSecuritySetting* eine Klasse besitzt, die für die Sicherheitseinstellung einer Freigabe steht. Da für die Lösung bereits eine höhere Dosis WMI benötigt wird, Funktionen mit Parametern ins Spiel kommen und insgesamt bereits ein relativ großes Skript resultiert, wird das Thema auf Kapitel 9 verschoben, in dem es um WMI geht.

Die Abfrage des Security Descriptors kann wie folgt aussehen:

```
$SD = (Get-WmiObject -Class Win32_LogicalShareSecuritySetting -Filter "Name='<Name der
Freigabe>'").GetSecurityDescriptor().Descriptor
```

Bereits dieser Befehl deutet an, dass die Lösung ein wenig umfangreicher wird.

Zusammenfassung

Bei der PowerShell werden (fast) alle Datei- und Verzeichnisoperationen mithilfe eines einheitlichen Satzes von Cmdlets durchgeführt, die vom *FileSystem*-Provider zur Verfügung gestellt werden. Einheitlich deswegen, weil ein *Copy-Item*-Cmdlet *beliebige* Elemente kopieren kann und nicht auf genau eine Art von Elementen fixiert ist. Wenn der Befehl z.B. mit einem Laufwerk durchgeführt wird, das vom *FileSystem*-Provider bereitgestellt wird, sind es *Dateien*, die kopiert werden. Es können aber auch z.B. *Registry-Schlüssel* (samt Unterschlüsseln) sein. Letzteres ist dann der Fall, wenn das Cmdlet auf ein Laufwerk angewendet wird, das vom Registry-Provider zur Verfügung gestellt wird.

Kapitel 6

Umgang mit Text

In diesem Kapitel:

Umgang mit Text hört sich nicht gerade spannend an, doch geht es natürlich in diesem Kapitel nicht um Prosa, Poesie und Versmaß, sondern um das Auswerten jenes Textes, der z. B. in Ereignisprotokollen enthalten ist. Besteht die Aufgabenstellung z. B. darin, dass einige MB an Logdateien gezielt nach Einträgen durchsucht werden sollen, ist die PowerShell dafür das ideale Werkzeug. In diesem Kapitel steht daher auch eine praxisorientierte Einführung in den Umgang mit regulären Ausdrücken auf dem Plan, die nicht nur bei der PowerShell die Grundlage für die gesamte *Textverarbeitung* darstellen. Reguläre Ausdrücke sind nur scheinbar nichts für PowerShell-Anfänger. Wer als angehender PowerShell-Anwender mit einer Konstruktion *^TCP\s+(?<Port>[0-9]{2,5})\s+[0-9]{1,3}\.* konfrontiert wird, verspürt in der Regel kein allzu großes Verlangen, mehr über die Geheimnisse dieser etwas seltsamen Konstruktionen (dabei war dies noch ein relativ einfacher regulärer Ausdruck) zu erfahren – am Ende dieses Abschnitts wissen Sie, was sich dahinter verbirgt und werden ähnliche Ausdrücke bereits an kleinen Beispielen angewendet haben. Das Kapitel beginnt mit einem eher harmlosen Thema, dem allgemeinen Umgang mit Textdateien.

Zahlen und Datumsangaben formatieren

Formatieren hat in diesem Zusammenhang nichts mit der Festplatte zu tun, sondern bedeutet im ursprünglichsten Sinne des Begriffs »etwas in eine Form« bringen. Konkret geht es darum, dass Zahlen und Datums-/Zeitangaben auf eine bestimmte Art und Weise (in einem bestimmten) Format in eine Zeichenkette eingefügt werden. Dies erledigt bei der PowerShell der *f*-Operator. Der Operator wirkt am Anfang eventuell ein wenig sperrig, ist aber wie fast alles bei der PowerShell sehr einfach gestrickt. Ausgangspunkt ist in der Regel eine Zeichenkette, in die etwas eingesetzt werden soll.

Der folgende Befehl fragt zunächst über das *Get-PSDrive*-Cmdlet den freien Speicherplatz auf Laufwerk C: ab und weist das Resultat einer Variablen zu. Diese Variable soll anschließend im Rahmen einer Zeichenkette ausgegeben werden:

```
$Frei = (Get-PSDrive C).Free
PS > "Freier Platz auf Laufwerk C: $Frei"
Freier Platz auf Laufwerk C: 906027008
```

In diesem Beispiel wird die Zahl unformatiert eingesetzt, was unter anderem zur Folge hat, dass die Zahl keine Tausendertrennzeichen erhält. Soll die Zahl formatiert aufgenommen werden, muss in die Zeichenkette anstelle der Variablen ein Formatierungsplatzhalter integriert werden, der aus einer in geschweiften Klammern gesetzten Zahl besteht. Diese beginnt bei 0, kann maximal 9 betragen und deren Position gibt an, welche Werte der *f*-Operator an welche Stelle innerhalb der Zeichenkette einfügt:

```
PS > "Freier Platz auf Laufwerk C: {0}" -f $Frei
Freier Platz auf Laufwerk C: 906027008
```

Doch warum sieht die Zahl immer noch so aus wie im letzten Beispiel? Weil zwar der *f*-Operator zum Einsatz kam, aber noch keine Formatierungsanweisung. Diese wird in Gestalt einer Buchstaben-/Zahlenkombination in den Platzhalter hinter einen Doppelpunkt eingefügt:

```
"Freier Platz auf Laufwerk C: {0:n0}" -f $Frei
Freier Platz auf Laufwerk C: 906.027.008
```

Der *Formatierungsbezeichner* n:0 steht für *Numerischer Wert mit 0 Nachkommastellen*. Es gibt eine ganze Reihe solcher Buchstaben, die der *f*-Operator als Formatierungsanweisungen erkennt, von denen die wichtigsten in Tabelle 6.1 zusammengestellt sind (eine vollständige Liste finden Sie leider nicht in der PowerShell-Hilfe, sondern in der Referenz zum .NET Framework, auf dem die PowerShell aufsetzt).

Im nächsten Beispiel soll die Ausgabe dahingehend erweitert werden, dass aus der Größe des belegten Speichers die Laufwerksgröße und die Belegung in Prozent berechnet und alle drei Angaben über den *f*-Operator in die Zeichenkette eingesetzt werden.

Zuerst werden drei Variablen mit Werten belegt:

```
$Frei = (Get-PsDrive C).Free
$Belegt = (Get-PsDrive C).Used
$Gesamt = $Frei + $Belegt
```

Anschließend werden die beiden Variablen in eine Zeichenkette formatiert eingesetzt:

```
"Auf Laufwerk C: sind {0:n0} Bytes von {1:n0} Bytes belegt ({2:p})" -f $Belegt, $Gesamt,
($Belegt/$Gesamt)
```

Die Reihenfolge der Platzhalter muss nicht aufsteigend sein. Genauso kann ein Platzhalter auch mehrfach vorkommen.

Bislang wurden die Größenangaben in Byte ausgegeben, MB wäre etwas praktischer. Das lässt sich nicht über einen Formatierungsbezeichner, sondern einfach durch Division des einzusetzenden Wertes erreichen:

```
"Auf Laufwerk C: sind {0:n0} MB von {1:n0} MB belegt ({2:p})" -f
($Belegt/1MB),($Gesamt/1MB),($Belegt/$Gesamt)
Auf Laufwerk C: sind 60.191 MB von 61.055 MB belegt (98,59%)
```

Zum Schluss soll auch die aktuelle Uhrzeit in die Zeichenkette eingesetzt werden. Vor allem für die Datums-/Uhrzeitformatierung existieren eine Vielzahl von Formatierungsbezeichnern, die aber auch alternativ dem *Format*-Parameter des *Get-Date*-Cmdlets übergeben werden können:

```
"Um {3:HH:mm} sind auf Laufwerk C: {0:n0} MB von {1:n0} MB belegt ({2:p})" -f
($Belegt/1MB),($Gesamt/1MB),($Belegt/$Gesamt), (Get-Date)
Um 11:48 sind auf Laufwerk C: 60.191 MB von 61.055 MB belegt (98,59%)
```

```
Administrator: Administrator: PowerShell 2.0
PS > $Frei = (Get-PsDrive C).Free
PS > $Belegt = (Get-PsDrive C).Used
PS > $Gesamt = $Free + $Belegt
PS > "Um {3:HH:mm} sind auf Laufwerk C: sind {0:n0} MB von {1:n0} MB belegt ({2:
p})" -f ($Gesamt/1MB),($Belegt/1MB),($Belegt/$Gesamt), (Get-Date)
Um 11:49 sind auf Laufwerk C: sind 61.056 MB von 60.192 MB belegt (98,59%)
PS >
```

Abbildung 6.1 Der *f*-Operator setzt Zahlen und Datums-/Zeitwerte formatiert in Zeichenketten ein

Formatierungszeichen	Bedeutung
c (oder C)	Währungsformat
d	Kurzes Datumsformat (Tag.Monat.Jahr vierstellig)
D	Langes Datumsformat (z. B. Montag, 21. Dezember 2009)
ddd	Wochentag kurz (z. B. *Mo*)
dddd	Wochentag lang
e (oder E)	Wissenschaftliche Darstellung einer Zahl
HH	Stunden im 24-Stunden-Format
hh	Stunden im 12-Stunden-Format
mm	Minuten
MM	Monat als Zahl
MMM	Monat kurz (z. B. *Dez*)
MMMM	Monat voll ausgeschrieben
n	Numerischer Wert mit Nachkommastellen, die Anzahl an Nachkommastellen folgt direkt hinter dem »n«, z. B. »n2« für 2 Nachkommastellen
p (oder P)	Prozentangabe
s	Datum und Zeit, getrennt durch den Buchstaben »T«: Jahr-Monat-TagTStunde:Minute-Sekunde
ss	Sekunden
t	Kurzes Zeitformat (Uhrzeit:Stunde)
T	Langes Zeitformat (Uhrzeit:Stunde:Sekunde)
x (oder X)	Als Hexadezimalzahl
Y	Monat voll ausgeschrieben und Jahr vierstellig
yy	Jahreszahl zweistellig
yyyy	Jahreszahl vierstellig

Tabelle 6.1 Wichtige Formatierungszeichen für den *f*-Operator

Textdateien lesen und schreiben

Für das Lesen von Textdateien gibt es das *Get-Content*-Cmdlet (die Aliase sind *type*, *cat* und *gc*). Es legt den Inhalt einer Textdatei als ein Array von *String*-Objekten in die Pipeline. Das Cmdlet besitzt eine Reihe interessanter Parameter, wie z. B. *TotalCount*, über den sich die Anzahl der Zeilen festlegen lässt, die eingelesen werden sollen.

Der folgende Befehl gibt den Inhalt einer Datei Zeile für Zeile aus. Für jede Zeile wird ein *String*-Objekt über die Pipeline weitergegeben:

```
Get-Content -Path $Env:SystemRoot\Win.ini
```

Der folgende Befehl liest lediglich die erste Zeile der Datei:

```
Get-Content -Path $Env:SystemRoot\Win.ini -TotalCount 1
```

Möchte man eine bestimmte Zeile lesen, ist dies ebenfalls kein Problem, da sich die eingelesenen Zeilen über die Arrayschreibweise, also mit einem eckigen Klammerpaar, das den Index des anzusprechenden Wertes enthält, auch einzeln ansprechen lassen.

Der folgende Befehl liest nur die vierte Zeile:

```
(Get-Content -Path $Env:SystemRoot\Win.ini)[3]
```

Das Lesen der letzten Zeile der Datei ist auch möglich, allerdings nicht ganz so elegant, da der Dateiinhalt erst einer Variablen zugewiesen werden muss, um die Anzahl der Elemente erhalten zu können:

```
$Zeilen = (Get-Content -Path $Env:SystemRoot\Win.ini);$Zeilen[$Zeilen.Length-1]
```

Doch die PowerShell bietet einen kleinen Trick, den auch erfahrene PowerShell-Anwender nicht unbedingt kennen. Über einen negativen Index kann die Zählweise am Dateiende begonnen werden.

Der folgende Befehl liest die letzte Zeile der Datei *Win.ini* ein:

```
(Get-Content -Path $Env:SystemRoot\Win.ini)[-1]
```

HINWEIS Spielt der Zeichensatz eine Rolle, kommt der *Encoding*-Parameter ins Spiel.

Der folgende Befehl liest eine ASCII-Datei, das heißt, jedes Zeichen wird als 8-Bit-ASCII-Zeichen behandelt:

```
Get-Content -Path $Env:SystemRoot\Win.ini -Encoding ASCII
```

Sollte die Datei Umlaute und ß enthalten, werden diese jetzt nicht richtig dargestellt.

Lesen von Binärdateien

Get-Content kann auch Binärdateien lesen (also Dateien, deren Inhalt nicht als Text interpretiert werden soll). In diesem Fall wird jedes einzelne Byte als Zahlencode zurückgegeben und nicht als Zeichen interpretiert. Dazu muss über den *Encoding*-Parameter lediglich *Byte* angegeben werden.

Der folgende Befehl gibt die ersten beiden Bytes einer Bmp-Datei im *Hexformat* aus:

```
Get-Content -Path Bild.bmp -Encoding Byte -Totalcount 2 | ForEach-Object { "{0:x}" -f $_ }
```

Oder

```
Get-Content -Path Zahlen.bin -Encoding Byte -Totalcount 2 | ForEach-Object { "{0:x}" -f $_ }
```

TIPP Die *PowerShell Community Extensions* (Kapitel 15) bieten mit dem *Format-Hex*-Cmdlet eine nette Möglichkeit, um den Inhalt einer (Binär-)Datei im Stile eines Hex-Editors auszugeben.

Get-Content liest nicht nur Dateien

Bei der Betrachtung von *Get-Content* & Co darf nicht vergessen werden, dass die Cmdlets nicht nur Dateien lesen und schreiben, sondern jedes Element, dessen Provider diese Funktionalität bietet. Ein *Get-Content function:more* gibt z. B. den Inhalt der more-Funktion zurück.

Textdateien schreiben

Für das Schreiben einer Textdatei gibt es mit *Set-Content* und *Add-Content* gleich zwei Cmdlets. Während *Set-Content* eine Datei immer neu anlegt, fügt *Add-Content* etwas hinzu. Existiert die Datei nicht, wird sie angelegt, sodass *Add-Content* das *Set-Content*-Cmdlet in vielen Fällen ersetzen kann.

Der folgende Befehl geht alle Ps1-Dateien im aktuellen Verzeichnis durch und schreibt dabei deren Dateinamen und den Zeitpunkt, an dem die jeweilige Datei angelegt wurde, in eine Textdatei mit dem Namen *Ps1Liste.txt*:

```
Get-ChildItem -Path *.ps1 | Select-Object -Property Name, CreationTime | Set-Content -Path Ps1Liste.txt
```

Doch wurden wirklich die Dateinamen geschrieben? Der Dateiinhalt sieht wie folgt aus:

```
PS > Get-Content Ps1liste.txt
@{Name=ADBeispiele2.ps1; CreationTime=10.09.2009 10:24:38
@{Name=ADFunctions.ps1; CreationTime=31.08.2009 21:18:35}
@{Name=ADModifyGroupMS.ps1; CreationTime=13.09.2009 16:26:09}
```

usw.

Das ist die typische Schreibweise für den Fall, dass ein Objekt in Text umgewandelt wurde, der dann in die Datei geschrieben wurde. Der Grund ist klar, *Select-Object* erzeugt für jede Datei ein neues Objekt, das die Property-Member *Name* und *CreationTime* erhält.

Möchte man die Werte der Property-Member als reinen Text erhalten, muss das *Out-String*-Cmdlet dazwischengeschaltet werden:

```
Get-ChildItem -Path *.ps1 | Select-Object -Property Name | Out-String | Set-Content -Path Ps1Liste.txt
```

Doch auch diese Darstellung ist noch nicht perfekt, da die Objektdarstellung lediglich in Text konvertiert wurde und die Property-Spalte *Name* der Liste vorangestellt wird.

Soll es wirklich nur darum gehen, dass die Dateinamen in eine Textdatei geschrieben werden, muss die *Name*-Property per *ForEach-Object*-Cmdlet für jedes Objekt geschrieben werden, wofür sich natürlich das *Add-Content*-Cmdlet anbietet:

```
Get-ChildItem -Path *.ps1 | Select-Object -Property Name | ForEach-Object { Add-Content -Path
Ps1Liste.txt -Value $_.Name }
```

Manche Dinge sind aufgrund der Tatsache, dass bei der PowerShell alles ein Objekt ist, ein wenig umständlicher, als sie sein könnten.

Dateien zusammenfügen mit Add-Content (Alias ac)

Das *Add-Content*-Cmdlet kann auch dazu benutzt werden, Dateien zusammenzubauen, indem der Inhalt einer Datei oder mehrerer Dateien in eine Datei eingefügt wird.

Der folgende Befehl fügt alle Ps1-Dateien im aktuellen Verzeichnis in eine Datei mit dem Namen *Ps1Total.txt* ein:

```
Add-Content -Path Ps1Total.txt -Value (Get-Content -Path *.ps1)
```

Der Befehl fasst damit den Inhalt aller Skriptdateien des aktuellen Verzeichnisses in einer einzigen Datei zusammen. Natürlich wäre es ganz schön, wenn der Name jeder Datei vorangestellt werden würde.

Dazu muss etwas mehr Aufwand betrieben werden, indem per *Get-ChildItem*-Cmdlet zunächst alle Ps1-Dateien geholt und einem *ForEach-Object*-Cmdlet übergeben werden. Dabei wird zuerst der Pfad der Datei und anschließend ihr Inhalt per *Get-Content* in die Pipeline gelegt:

```
Add-Content -Path Ps1Total.txt -Value (Get-ChildItem -Path *.ps1 | ForEach-Object { "****
$($_.FullName)";Get-Content -Path $_})
```

Den Inhalt einer Datei löschen

Über das *Clear-Content*-Cmdlet wird der Inhalt einer Datei gelöscht, ohne dass die Datei selbst gelöscht wird. Das Resultat ist eine Datei mit 0 Byte Größe.

Umgang mit CSV-Daten

Eine CSV-Datei ist eine Textdatei in einem besonderen Format. Die erste Zeile enthält die Namen aller Spalten, die folgenden Zeilen jeweils pro Spalte einen Wert. Die einzelnen Spalten sind durch Kommas getrennt (daher auch der Name), wenngleich auch andere Trennzeichen infrage kommen. Eingelesen wird eine CSV-Datei durch das *Import-CSV*-Cmdlet (über den *Delimiter*-Parameter wird ein anderes Trennzeichen als das Komma festgelegt).

Der folgende Befehl importiert den Inhalt der CSV-Datei mit dem Namen *ADUserDaten.csv*, deren Inhalt in Abbildung 6.2 zu sehen ist (und die absichtlich ein paar kleinere Fehler enthält):

```
Import-CSV -Path ADUserDaten.csv

Name                    EMail                   EintrittsDatum
----                    -----                   --------------
AntonA                  AntonA@localhost.de     3.1.1959
BertB                   BertB@locahost.de       12.7.1964
ChrisC                  ChrisC@localhost        5.5.1973
DieterD                                         1.8.1978
ErikF                   ErfikF@localhost.de     22.10.1959
```

Das Cmdlet gibt aber nicht die einzelnen Zeilen über die Pipeline weiter, sondern erzeugt für jede Zeile ein eigenes Objekt, das die Spaltennamen als Property-Member besitzt, deren Werte den aktuellen Spaltenwerten entsprechen. Das macht die Weiterverarbeitung der eingelesenen Daten sehr einfach.

Der folgende Befehl macht deutlich, dass für jede Spalte ein *NoteProperty*-Member hinzugefügt wird:

```
Import-CSV -Path ADUserDaten.csv | Get-Member -MemberType NoteProperty

   TypeName: System.Management.Automation.PSCustomObject

Name           MemberType   Definition
----           ----------   ----------
EintrittsDatum NoteProperty System.String EintrittsDatum=3.1.1959
EMail          NoteProperty System.String EMail=AntonA@localhost.de
Name           NoteProperty System.String Name=AntonA
```

Damit lässt sich der Inhalt z. B. nach der Property *EintrittsDatum* sortieren:

```
Import-CSV -Path ADUserDaten.csv | Sort-Object -Property EintrittsDatum

Name                    EMail                   EintrittsDatum
----                    -----                   --------------
DieterD                                         1.8.1978
BertB                   BertB@locahost.de       12.7.1964
ErikF                   ErfikF@localhost.de     22.10.1959
AntonA                  AntonA@localhost.de     3.1.1959
ChrisC                  ChrisC@localhost        5.5.1973
```

Doch, oh Schreck, die Reihenfolge der Eintrittsdaten ist anscheinend völlig durcheinander geraten. Nun, es wurde zwar sortiert, allerdings wurden die Datumswerte als Zeichenfolgen behandelt. Aus diesem Grund ist ein *5.5.1973* größer als ein *1.8.1978*.

Damit richtig sortiert wird, muss der *String*- in einen *DateTime*-Wert konvertiert werden, was sich bei *Sort-Object* problemlos erreichen lässt, indem als Property-Wert ein berechneter Wert angegeben wird:

```
Import-CSV -Path ADUserDaten.csv | Sort-Object -Property { Get-Date $_.EintrittsDatum}

Name                    EMail                   EintrittsDatum
----                    -----                   --------------
AntonA                  AntonA@localhost.de     3.1.1959
```

```
ErikF                       ErfikF@localhost.de         22.10.1959
BertB                       BertB@locahost.de           12.7.1964
ChrisC                      ChrisC@localhost            5.5.1973
DieterD                                                 1.8.1978
```

Das *Get-Date*-Cmdlet sorgt dafür, dass aus der Zeichenfolge ein *DateTime*-Wert wird.

Der folgende Befehl gibt nur die Spalten aus, die eine E-Mail-Adressen enthalten, und zeigt, wie praktisch es ist, dass die Spalteninhalte als Properties angesprochen werden können.

```
Import-CSV -Path ADUserDaten.csv | Where-Object { $_.EMail -ne "" } | Sort-Object -Property { Get-Date
$_.EintrittsDatum}
```

Wie sich auch die ungültigen E-Mail-Adressen herausfischen lassen, wird im Abschnitt »Reguläre Ausdrücke in 10 Minuten« (Seite 209) gezeigt, wenn es um das Thema reguläre Ausdrücke geht.

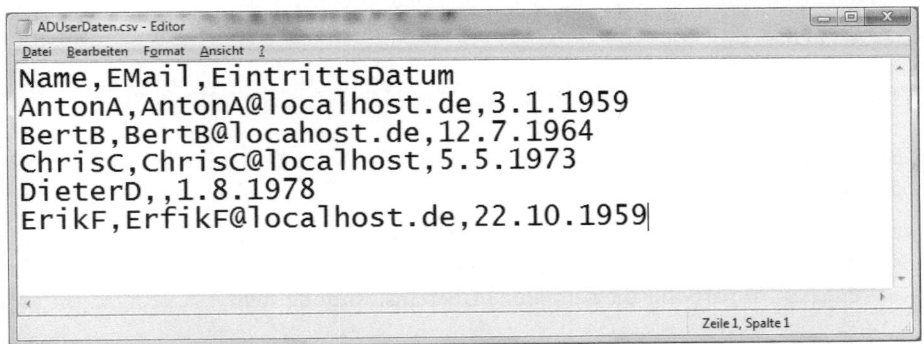

Abbildung 6.2 Der Inhalt der Datei *ADUserDaten.csv*

Texte und Textdateien durchsuchen mit Select-String

Texte fallen im administrativen Alltag in vielen Situationen an, etwa beim Aufruf des beliebten *Netstat*-Befehls. Ein *Netstat --o* zeigt z.B. zu allen aktuellen Netzwerkverbindungen den dazugehörigen Prozess nur über seine Prozess-ID an. Möchte man auch den Namen des Prozesses sehen, müsste man diese ID irgendwie aus der PID-Spalte herausschneiden, um z.B. über *Get-Process* an die restlichen Prozessdaten heranzukommen. Dieses Irgendwie sind immer reguläre Ausdrücke, mit deren Hilfe sich beliebige Texte anhand von Mustern durchsuchen lassen. Eine von mehreren Möglichkeiten, einen regulären Ausdruck bei der PowerShell zur Wirkung kommen zu lassen, besteht in dem *Select-String*-Cmdlet.

Dass dies alles andere als kompliziert sein muss, beweist der folgende Befehl:

```
(netstat -o) | Select-String -Pattern "3312"
```

Es werden nur die Zeilen zurückgegeben, in denen (irgendwo) *3312* vorkommt. Falls dies eine Prozess-ID war, werden damit nur die Verbindungen dieses Prozesses aufgelistet. Doch was ist, wenn die Zahl Teil einer Portnummer ist? Ganz so einfach geht es daher nicht, zumal der *Output* des *Netstat*-Befehls bereits ein wenig umfangreicher ist:

```
netstat -o

Aktive Verbindungen
  Proto  Lokale Adresse          Remoteadresse          Status           PID
  TCP    192.168.2.107:49240     72.5.124.55:http       SCHLIESSEN_WARTEN    1328
```

usw.

Gesucht ist ein regulärer Ausdruck, der in jeder Zeile wirklich nur die Prozess-ID und keine andere Zahl herausfischt. Die Herausforderung besteht also darin, den Aufbau einer Zeile so durch einen regulären Ausdruck abzubilden, dass die Prozess-ID über eine eigene Gruppe angesprochen wird.

Der folgende Befehl leistet genau das:

```
(netstat -o) | Select-String -Pattern "(?<Prot>[A-Z]+)\s+[0-9.:]+\s+.+\s+[A-Z_]+\s+(?<PID>[0-9]+)"
```

Der reguläre Ausdruck ist bereits ein wenig anspruchsvoller. Daher werden seine Bestandteile in Tabelle 6.2 noch einmal zusammengestellt.

Schön und gut, es werden (erneut) die Zeilen ausgegeben, in denen eine PID vorkommt, doch was ist mit der PID selbst? Dazu muss man wissen, dass *Select-String* für jede Übereinstimmung ein *MatchInfo*-Objekt in die Pipeline legt, dessen *Matches*-Property für die gefundene Übereinstimmung steht.

Bestandteil des regulären Ausdrucks	Bedeutung
(?<Prot>[A-Z]+)	Definiert eine Gruppe mit dem Namen *Prot* (für *Protokoll*, wenngleich die Gruppennamen frei gewählt werden könnten), die alle Großbuchstaben bis zum nächsten Nicht-Großbuchstaben zusammenfasst
\s+	Steht für ein oder mehrere Leerzeichen bis zum nächsten Zeichen, das kein Leerzeichen ist
[0-9.:]+	Steht für eine oder mehrere Ziffern oder einen Doppelpunkt bis zum nächsten Zeichen, das keine Ziffer oder Doppelpunkt ist
\s+	Steht für ein oder mehrere Leerzeichen bis zum nächsten Zeichen, das kein Leerzeichen ist
.+	Steht für beliebige Zeichen bis zum nächsten Leerzeichen (das vereinfacht den Ausdruck ein wenig)
\s+	Steht für ein oder mehrere Leerzeichen bis zum nächsten Zeichen, das kein Leerzeichen ist
[A-Z]+	Steht für einen oder mehrere Großbuchstaben bis zum nächsten Zeichen, das kein Großbuchstabe ist
\s+	Steht für ein oder mehrere Leerzeichen bis zum nächsten Zeichen, das kein Leerzeichen ist
(?<PID>[0-9]+)	Bildet eine Gruppe mit dem Namen *PID* aus allen Ziffern, die auf das letzte Leerzeichen folgen

Tabelle 6.2 Die einzelnen Elemente des regulären Ausdrucks

Der folgende Befehl greift auf die *Matches*-Property zu, indem über ein *Select-Object*-Cmdlet für jede Übereinstimmung ein neues Objekt erzeugt wird, dessen PID-Property den Wert der Match-Gruppe *PID* besitzt:

```
(netstat -o) | Select-String -Pattern "(?<Prot>[A-Z]+)\s+[0-9.:]+\s+.+\s+[A-Z]+\s+(?<PID>[0-9]+)" |
Select-Object @{Name="PID"; Expression={$_.Matches[0].Groups["PID"].Value }}
PID
---
5300
3312
3312
3312
3312
```

Soll auch die IP-Adresse mit dabei sein, muss eine weitere Gruppe eingebaut werden:

```
(netstat -o) | Select-String -Pattern "(?<Prot>[A-Z]+)\s+(?<IP>[0-9.:]+)\s+.+\s+[A-Z]+\s+(?<PID>[0-9]+)"
| Select-Object @{Name="IP-Adresse";Expression={$_.Matches[0].Groups["IP"].Value}},
@{Name="PID";Expression={$_.Matches[0].Groups["PID"].Value }}

IP-Adresse                             PID
----------                             ---
10.10.4.140:51588                      5300
127.0.0.1:51025                        3312
127.0.0.1:51026                        3312
127.0.0.1:51029                        3312
127.0.0.1:51030                        3312
127.0.0.1:52676                        0
```

Das sieht doch schon einmal sehr gut aus. Und wo bleibt der Name des Prozesses?

Kein Problem, alles was noch fehlt, ist eine weitere Spalte, in der die PID einem *Get-Process* übergeben und der Prozessname als Wert eingesetzt wird:

```
(netstat -o) | Select-String -Pattern "(?<Prot>[A-Z]+)\s+(?<IP>[0-9.:]+)\s+.+\s+[A-Z]+\s+(?<PID>[0-9]+)"
| Select-Object @{Name="IP-Adresse";Expression={$_.Matches[0].Groups["IP"].Value}},
@{Name="PID";Expression={$_.Matches[0].Groups["PID"].Value}},
@{Name="Prozess";Expression={$PrID=$_.Matches[0].Groups["PID"].Value;(Get-Process | Where-Object { $_.ID
-eq $PrID}).Name }}
```

Auch wenn der Befehl bereits recht lang geworden ist, zeigt er sehr schön, wie flexibel sich das Resultat eines regulären Ausdrucks weiterverarbeiten lässt.

Das Select-String-Cmdlet im Detail

Das *Select-String*-Cmdlet ist das PowerShell-Pendant des Unix-Befehls *grep* (das allerdings nicht so leistungsfähig ist) und vergleichbarer Befehle, die sich seit vielen Jahren bewährt haben.[1] Grundsätzlich spricht nichts dagegen, eine Suche mit eventuell vertrauten Befehle wie *FindStr* durchzuführen, das ebenfalls

[1] Ob der Name des Cmdlets besonders passend ist, ist eine andere Frage.

reguläre Ausdrücke unterstützt, doch bietet *Select-String*, wie alle Cmdlets, den oft (aber nicht) entscheidenden Vorteil, dass für jede Übereinstimmung kein Text, sondern Objekte entstehen. Bei *Select-String* ist es ein *MatchInfo*-Objekt, das für jede gefundene Übereinstimmung in die Pipeline gelegt wird. Tabelle 6.3 stellt die wichtigsten Member von *MatchInfo* zusammen. Auch wenn Member-Properties wie *FileName* und *LineNumber* nur im Zusammenhang mit Textdateien eine Rolle spielen, hat es grundsätzlich keine Bedeutung, woher der Text stammt, den *Select-String* durchsuchen soll.

Member	Bedeutung
Filename (Property)	Name der Datei, in der die Übereinstimmung gefunden wurde
Line (Property)	Zeile, in der die Übereinstimmung gefunden wurde
LineNumber (Property)	Zeilennummer der Zeile, in der die Übereinstimmung gefunden wurde
Matches (Property)	Collection mit *Match*-Objekten, von denen jedes weitere Details über die gefundene Übereinstimmung enthält
Path (Property)	Verzeichnispfad der Datei, in der die Übereinstimmung gefunden wurde

Tabelle 6.3 Die wichtigsten Member des *MatchInfo*-Objekts

Das *Select-String*-Cmdlet besitzt eine Reihe interessanter Parameter, die in Tabelle 6.4 zusammengestellt sind.

Dass der Umgang mit *Select-String* bei Verwendung des *SimpleMatch*-Parameters sehr einfach sein kann, macht das folgende Beispiel deutlich, das alle Ps1-Dateien im aktuellen Verzeichnis nach dem Wort *#requires -version 2.0* durchsucht:

```
Select-String -Path *.ps1 -SimpleMatch "Requires -version 2.0"
```

Kann man nicht davon ausgehen, dass zwischen *version* und *2.0* immer nur genau ein Leerzeichen folgt, ist es ratsamer, einen regulären Ausdruck zu verwenden:

```
Select-String -Path *.ps1 -Pattern "Requires -version\s+ 2.0"
```

Jetzt werden alle Zeilen gefunden, in denen auf *version* ein oder mehrere Leerzeichen, die durch den Platzhalter *\s* repräsentiert werden, folgen. Das »+« steht für *mehrfach, aber mindestens einmal*. Der Umgang mit regulären Ausdrücken muss daher nicht kompliziert sein.

Möchte man den Text erhalten, der zur Übereinstimmung geführt hat, führt der Weg zu ihm über die *Matches*-Property, die für ein *Match*-Objekt steht, dessen *Groups*-Property die Gruppe der Übereinstimmungen repräsentiert, deren *Value*-Property für die Übereinstimmung steht. Oder alles in einem PowerShell-Befehl ausgedrückt:

```
Select-String -Path *.ps1 -Pattern "Requires -version\s+2.0" | Select-Object -Property
@{Name="Übereinstimmung";Expression={$_.Matches[0].Groups[0].Value }}
```

Parameter	Bedeutung
Pattern	Gibt den regulären Ausdruck an
SimpleMatch	Wird verwendet, wenn der Text nach einem festen Begriff durchsucht werden soll
Quiet	Bewirkt, dass anstelle eines *MatchInfo*-Objekts nur ein *$true/$false*-Wert zurückgegeben wird
List	Bewirkt, dass mit der ersten Übereinstimmung abgebrochen wird
Context	Legt die Anzahl an Zeilen fest, die vor und nach der Übereinstimmung mit ausgegeben werden sollen
NotMatch	Gibt die Zeilen aus, die nicht mit dem Muster übereinstimmen
AllMatches	Bewirkt, dass in einer Zeile nach weiteren Übereinstimmungen gesucht wird

Tabelle 6.4 Wichtige Parameter beim *Select-String*-Cmdlet

Reguläre Ausdrücke in 10 Minuten

Ein regulärer Ausdruck ist eine Zeichenkette, bei der reguläre Zeichen mit so genannten *Metazeichen* kombiniert werden, die z. B. für eine Zeichengruppe, eine Anzahl an Zeichen oder eine Anweisung an die auswertende *Regex*-Engine stehen. Wer sich bereits mit den Platzhaltern der Eingabeaufforderung * und ? auskennt, besitzt schon ein Gefühl dafür, wie (sehr einfache) *Muster* formuliert werden. Ein

```
Get-ChildItem -Path Log*.log
```

gibt alle Dateien zurück, die mit *Log* beginnen, und auf die ein *.Log* am Ende folgt. Ein

```
Get-ChildItem -Path Logfile?.log
```

liefert alle Dateien, bei denen auf *Logfile* noch genau ein beliebiges Zeichen folgt. Reguläre Ausdrücke setzen auf dem Platzhalterprinzip auf, bieten allerdings deutlich mehr Möglichkeiten, wenngleich ein regulärer Ausdruck alles andere als kompliziert sein muss.

Möchte man die Logdatei eines Webservers nach dem Wort *Error* durchsuchen, genügt dazu der reguläre Ausdruck *Error*. Dadurch werden bereits alle Zeilen gefunden, in denen das Wort *Error* vorkommt. Möchte man dagegen die Zeilen ermitteln, in denen eine IP-Adresse oder ein Datum enthalten ist, wird es etwas komplizierter, denn es gibt sehr viele Kombinationen, die mit einer IP-Adresse oder einem Datum gebildet werden können. Hier kommen die Metazeichen ins Spiel, die z. B. alle Zeichen repräsentieren, die ein Buchstabe oder eine Ziffer sind.

Der reguläre Ausdruck *\w\w:\w\w* »matcht« die Zeichenkette *Error um 08:12 – Status 100*, da es irgendwo in der Zeichenkette eine Folge *Ziffer Ziffer Doppelpunkt Ziffer Ziffer* gibt. Das Metazeichen *\w* steht für einen Buchstaben oder eine Ziffer. Die Zeichenfolge *Error um 8:12* führt mit diesem regulären Ausdruck dagegen nicht zu einem Match, da die Uhrzeit nur einstellig angegeben wird. Allerdings ergibt auch ein *Error um aa:bb* einen Match, da *\w* für eine Ziffer oder einen Buchstaben steht. Besser wäre daher der folgende reguläre Ausdruck *[0-9][0-9]:[0-9][0-9]*. Darf die Uhrzeit ein- oder zweistellig sein, lässt sich das natürlich ebenfalls im regulären Ausdruck berücksichtigen. Ein *[0-9]{1,2}:[0-9][0-9]* matcht sowohl eine *08:12* als auch eine *8:12*.

Bislang wurde in der Zeichenkette die erste Uhrzeit gematcht. Wie wird der Fall gelöst, dass die Uhrzeit mehrfach vorkommt? Ein

```
"Error um 12:12 und 14:14 - Status: 100" -match "[0-9]{1,2}:[0-9][0-9]"
```

matcht nur die erste Uhrzeit. Das Zusammenfassen zu einer Gruppe und die Angabe des +-Quantifizierers bringt ebenfalls nichts, da dieser Operator nur angibt, dass die Übereinstimmung mindestens einmal vorkommen muss. Auch der von *Perl* bekannte Parameter /G, der eine globale Suche innerhalb der Zeichenkette durchführt, hat keine Wirkung. Doch die PowerShell hat beim Thema reguläre Ausdrücke noch etwas mehr zu bieten, z.B. den *[Regex]*-Type Accelerator, der für ein *Regex*-Objekt der .NET-Klassenbibliothek (Kapitel 13) steht.

Das *Matches*-Methoden-Member von *Regex* führt eine globale Suche durch:

```
[Regex]::Matches("Error um 12:12 und 14:14 - Status: 100", "[0-9]{1,2}:[0-9][0-9]")

Groups   : {12:12}
Success  : True
Captures : {12:12}
Index    : 9
Length   : 5
Value    : 12:12

Groups   : {14:14}
Success  : True
Captures : {14:14}
Index    : 19
Length   : 5
Value    : 14:14
```

Statt *$true/$false* wird für jede Übereinstimmung etwas mehr ausgegeben. Neben einem *Success*-Property-Member, das für jeden Match den Wert *$true* besitzt, gibt es das *Groups*-Member, das die gefundenen Übereinstimmungen enthält.

Der folgende Befehl gibt die gefundenen Uhrzeiten aus:

```
[Regex]::Matches("Error um 12:12 und 14:14 - Status: 100", "[0-9]{1,2}:[0-9][0-9]") | Select-Object
@{Name="Uhrzeit";Expression={ $_.Groups[0].Value } }
```

Oder, falls man nur die Uhrzeit und kein Objekt erhalten möchte, das ein Member besitzt, welches für die Uhrzeit steht:

```
[Regex]::Matches("Error um 12:12 und 14:14 - Status: 100", "[0-9]{1,2}:[0-9][0-9]") | ForEach-Object {
$_.Groups[0].Value }
```

Mehr dazu im Abschnitt »Reguläre Ausdrücke bei der PowerShell« (Seite 213), wenn der *[Regex]*-Type Accelerator offiziell vorgestellt wird.

Ein wenig Theorie

Muss leider sein. Doch da der PowerShell-Crashkurs keine umfassende Einführung in die teilweise recht komplex wirkende Thematik der regulären Ausdrücke geben kann, beschränken sich die folgenden Erläuterungen lediglich auf einen ersten Überblick. Die Beispiele begnügen sich mit dem Herausfiltern von IP-Adressen, Uhrzeitangaben und anderen Details aus Logdateien und, weil dies der Klassiker ist, dem Herausfischen von E-Mail-Adressen, z. B. aus einer Webseite, die per *System.Net.WebClient* und dessen *DownloadString*-Methode zuvor heruntergeladen wurde, sodass ihr Inhalt als Zeichenkette vorliegt, die wie jede andere Zeichenkette auch behandelt wird.

Reguläre Ausdrücke sind weder eine Erfindung von Microsoft, noch sind sie ein Produkt der IT/EDV-Neuzeit. Wie jeder bei *Wikipedia* nachlesen kann,[2] stammt die zugrundeliegende Theorie bereits aus den 1950er-Jahren. Reguläre Ausdrücke wurden (vermutlich) durch den Perl-Erfinder *Larry Wall* wieder entdeckt und haben sich über die Unix-Schiene rasch verbreitet. Microsoft sprang (wieder einmal) relativ spät auf den Zug auf und bietet mit der *Regex*-Klasse (Namespace *System.Text.RegularExpressions*) eine leistungsfähige Implementierung einer traditionellen so genannten *NFA-Engine*[3] (basierend auf einem *Nondeterministic Finite Automation*-Algorithmus) als Teil der .NET-Klassenbibliothek an, die auch von der PowerShell verwendet wird. Einen offiziellen Standard für reguläre Ausdrücke gibt es nicht, lediglich gewisse Quasistandards, die z. B. durch die sehr weit verbreitete Skriptsprache *Perl* gesetzt wurden. Microsoft kocht in diesem Punkt ein eigenes Süppchen, doch unterscheidet sich der .NET/PowerShell-Regex-Dialekt von den gängigen *Regex-Dialekten* oft nur in Details, die zudem für alltägliche Abfragen häufig keine Rolle spielen. Dazu gehört z. B., dass Optionen, welche die Arbeitsweise der Regex-Engine betreffen, nicht, wie es z. B. bei Perl *üblich* ist, durch Metazeichen gesetzt werden, sondern im Rahmen eines weiteren Parameters vom Typ *RegexOptions* beim Aufruf der *Match*- und *Matches*-Methode der *Regex*-Klasse.

Die PowerShell-Hilfe gibt unter *About_Regular_Expressions* eine gute Übersicht, in der vor allem die Metazeichen zusammengestellt werden. Mehr muss man für die ersten Schritte mit regulären Ausdrücken nicht wissen.

TIPP Eine kurze Einführung (allerdings auf Englisch) gibt es unter der Adresse *http://www.codeproject.com/KB/dotnet/regextutorial.aspx*. Sie verspricht einen vollständigen Überblick in ca. 30 Minuten.

Die Rolle der Zeichengruppen

Über Zeichengruppen werden, der Name verrät es bereits, die Zeichen zu einer Gruppe zusammengefasst, mit denen die Zeichenkette, die durchsucht werden soll, Zeichen für Zeichen »gematcht« wird (bei regulären Ausdrücken ist, sofern es nicht anders festgelegt wird, das Zeilenumbruchzeichen eine natürliche Grenze). Tabelle 6.5 stellt die wichtigsten Zeichengruppen zusammen. Das Metazeichen *\w* kam bereits bei einigen Beispielen vor. Es steht für einen Buchstaben oder eine Ziffer (und auch für einzelne Sonderzeichen wie den Unterstrich – weitere Feinheiten können über die *Options*-Property der *Regex*-Klasse festgelegt werden). Es

---

[2] Eine solide Einführung gibt unter anderem das Buch »Mastering Regular Expressions« von *Jeffrey E. F. Friedl*, einem der Standardwerke zum Thema.

[3] Diesen Begriff müssen Sie sich nicht merken. Der Autor erwähnt ihn auch eher der Vollständigkeit halber.

ist wichtig zu verstehen, dass reguläre Ausdrücke am Anfang nicht »logisch« erscheinen müssen (es aber natürlich sind). So bedeutet ein *\W* nicht, dass damit auf Großbuchstaben geprüft wird, sondern, dass auf alle Zeichen außer Buchstaben geprüft wird. Ein "*ABC*" *-match* "*\W+*" liefert daher ein *$False*, ein "*ABC*" *-match* "*\w+*" entsprechend ein *$true*.

Zeichengruppe/Metazeichen	Steht für...
.	Jedes Zeichen
\w	Ein einzelnes alphanumerisches Zeichen (Buchstabe oder Ziffer)
\d	Eine einzelne Ziffer
\s	Ein Leerzeichen (bzw. allgemein Whitespace, zu denen auch Tabulator und New Line gehören)
[a-z]	Einen Kleinbuchstaben (sofern auf Groß- und Kleinschreibung unterschieden wird)
[A-Z]	Einen Großbuchstaben (sofern auf Groß- und Kleinschreibung unterschieden wird). Dies ist lediglich ein Beispiel für eine Menge, erlaubt wäre z.B. auch [A-C]
[0-9]	Eine Ziffer. Auch das ist nur ein Beispiel für eine Menge
\p{C}?	Jedes »Sonderzeichen«
^	Vergleich beginnt am Anfang der Zeichenfolge
$	Vergleich endet mit dem Ende der Zeichenfolge
\b	Vergleich beginnt bzw. endet an einem Wortanfang
\W	Ein nicht alphanumerisches Zeichen (z.B. Whitespace)

Tabelle 6.5 Die wichtigsten Zeichen für Zeichengruppen und Metazeichen für einzelne Zeichen

Die Rolle der Quantifizierer

Ein Quantifizierer gibt an, wie oft ein Zeichen oder eine Zeichengruppe vorkommen muss, damit ein Match resultiert. Tabelle 6.6 stellt die wichtigsten Quantifizierer zusammen. Der am häufigsten eingesetzte Quantifizierer ist das +, da es für »mindestens einmal vorhanden« steht.

Quantifizierer	Wie oft muss Zeichen/Zeichengruppe vorkommen?
*	Eine beliebige Anzahl oft
+	Mindestens einmal
?	Kein Mal oder einmal
{n}	Genau *n* Mal
{n,}	Mindestens *n* Mal
{n,m}	Mindestens *n* Mal, aber maximal *m* Mal

Tabelle 6.6 Die wichtigsten Quantifizierer-Zeichen

Reguläre Ausdrücke bei der PowerShell

Die PowerShell bietet insgesamt vier Gelegenheiten, bei denen reguläre Ausdrücke ins Spiel kommen:

- Das *Select-String*-Cmdlet
- Die Operatoren *Match*, *NotMatch*, *Replace* usw.
- Der *[Regex]*-Type Accelerator
- Der direkte Umgang mit der *Regex*-Klasse der .NET-Klassenbibliothek

Das Select-String-Cmdlet

Das *Select-String*-Cmdlet wurde im Abschnitt »Texte und Textdateien durchsuchen mit Select-String« (Seite 205) ausführlich vorgestellt. Es wird daher lediglich der Vollständigkeit halber noch einmal aufgeführt. Es spielt seine Stärken immer dann aus, wenn mehrere (theoretisch beliebig viele und auch sehr große) Textdateien durchsucht werden sollen, ist aber auch für beliebigen Text geeignet. Jeder Treffer wird durch ein PowerShell-*MatchInfo*-Objekt repräsentiert.

Der Match-Operator

Das *Select-String*-Cmdlet unterscheidet sich vom *Match*-Operator dadurch, dass es im Allgemeinen für das Durchsuchen von Textdateien eingesetzt wird, während der *Match*-Operator eine einzelne Zeile prüft. Der *Match*-Operator gibt neben einem *$true*/*$false*-Wert auch das *Match*-Ergebnis zurück. Nach jedem erfolgreichen, einzelnen Match wird das Match-Resultat in Gestalt einer Hashtable (Kapitel 7) in der Variablen *$Matches* abgelegt. Lieferte der *Match*-Operator ein *$False*, enthält die Variable keinen Wert (bzw. der alte Wert bleibt bestehen). Der *Match*-Operator besitzt eine Reihe von »Verwandten«, wie *NotMatch* oder *CMatch* (bei Letzterem wird die Groß-und Kleinschreibung unterschieden), die in Tabelle 6.7 zusammengestellt werden.

Der *Match*-Operator ist vor allem in Alltagssituationen sehr praktisch. Angenommen, es soll geprüft werden, ob ein Argument mit einem Namen aus einer Liste von Namen übereinstimmt. Die Liste von Namen lautet *Rot*, *Grün* und *Blau*. Traditionell müsste man sich eine Lösung basteln, indem man die Werte z. B. in einem Array zusammenfasst, das in einer Schleife durchsucht wird. Mit dem *Match*-Operator sind solche Befehlskonstruktionen überflüssig. Ein

```
"Blau" -match "(Rot|Grün|Blau)"
```

liefert ein *$true*, da sich der Name in der Liste befindet, ein

```
"Blua" -match "(Rot|Grün|Blau)"
```

entsprechend ein *$false*, wobei es auf die Groß- und Kleinschreibung nicht ankommt. Ganz perfekt ist der reguläre Ausdruck noch nicht, denn auch ein *Rotor* wird gematcht. Die Lösung besteht darin, zusätzlich anzugeben, dass der Match immer beim ersten Buchstaben beginnt und mit dem letzten Buchstaben abschließt:

```
"Blau" -match "^(Rot|Grün|Blau)$"
```

Damit steht ein kleines Werkzeug zur Verfügung, mit dem sich mit minimalem Aufwand prüfen lässt, ob der Wert eines Arguments mit einem Namen aus einer Liste von Namen übereinstimmt.

Operator	Bedeutung
CMatch	Wie *Match*, nur dass explizit zwischen Groß- und Kleinschreibung unterschieden wird
NotMatch-Operator	Liefert *$true*, wenn kein Match gefunden wurde
iMatch	Wie *Match*, nur dass explizit nicht (!) zwischen Groß- und Kleinschreibung unterschieden wird. Hat dieselbe Wirkung wie *Match* und dient lediglich der besseren Lesbarkeit eines Befehls.
iNotMatch	Wie *NotMatch*, nur dass explizit nicht zwischen Groß- und Kleinschreibung unterschieden wird. Hat dieselbe Wirkung wie *NotMatch* und dient lediglich der besseren Lesbarkeit eines Befehls.

Tabelle 6.7 Die verschiedenen Varianten des *Match*-Operators

Der Replace-Operator

Der *Replace*-Operator tauscht im einfachsten Fall eines oder mehrere Zeichen gegen andere Zeichen aus. Er kann aber auch mit einem regulären Ausdruck gefüttert werden, um die zu ersetzenden Zeichen ausfindig zu machen. Das, durch was die einzelnen Matches ersetzt werden sollen, folgt bei *Replace* auf das zweite Komma. Über Ziffern, die in geschweifte Klammern platziert werden, wird auf die Matches Bezug genommen.

Der folgende Befehl entfernt doppelte Leerzeichen in einer Datei, die anschließend unter einem neuen Namen (und ohne doppelte Leerzeichen) gespeichert wird.

```
(Get-Content Blanks.txt) -replace ' {2,}',' '| Set-Content NoBlanks.txt
```

Der [Regex]-Type Accelerator

Die flexibelste Variante beim Einsatz von regulären Ausdrücken bei der PowerShell bietet der *[Regex]*-Type Accelerator. Er kürzt den Zugriff auf die Klasse *Regex* im Namespace *System.Text.RegularExpression* ab, indem man statt *[System.Text.RegularExpression.Regex]* einfach *[Regex]* schreiben kann. Wenn man sich mit dem *Get-Member*-Cmdlet anschauen möchte, welche Member *[Regex]* zur Verfügung stellt, was generell eine gute Idee ist, dann liefert ein

```
[Regex] | Get-Member
```

zwar »unendlich« viele Namen, doch keines der Member gehört zur *Regex*-Klasse (die Hintergründe werden in Kapitel 13 beleuchtet).

Setzt man bei *Get-Member* dagegen den *Static*-Parameter, erhält man auf einmal die wahren Member:

```
[Regex] | Get-Member -Static

   TypeName: System.Text.RegularExpressions.Regex

Name              MemberType Definition
----              ---------- ----------
CompileToAssembly Method     static System.Void CompileToAssembly(System.Tex...
Equals            Method     static bool Equals(System.Object objA, System.O...
```

```
Escape            Method    static string Escape(string str)
IsMatch           Method    static bool IsMatch(string input, string patter...
Match             Method    static System.Text.RegularExpressions.Match Mat...
Matches           Method    static System.Text.RegularExpressions.MatchColl...
ReferenceEquals   Method    static bool ReferenceEquals(System.Object objA,...
Replace           Method    static string Replace(string input, string patt...
Split             Method    static string[] Split(string input, string patt...
Unescape          Method    static string Unescape(string str)
CacheSize         Property  static System.Int32 CacheSize {get;set;}
```

Es wird deutlich, dass es mit *IsMatch*, *Match* und *Matches* gleich drei Methoden-Member für einen Vergleich mit einem regulären Ausdruck gibt.

Die IsMatch-Methode

Die *IsMatch*-Methode wird mit dem zu durchsuchenden Text und dem Muster aufgerufen und gibt einen *$true/$false*-Wert zurück.

Das folgende Beispiel geht von einer Logdatei aus, in der eine Zeile eine IP-Adresse enthalten kann. Der reguläre Ausdruck für eine IP-Adresse wird in einer Variablen abgelegt:

```
$RegexMuster = "[0-9]{1,3}\.[0-9]{1,3}\.[0-9]{1,3}\.[0-9]{1,3}"
```

Der nächste Befehl untersucht jede Zeile der Datei mit der *IsMatch*-Methode:

```
(Get-Content -Path Logfile_2801_1918.log) | ForEach-Object { [Regex]::IsMatch($_, $RegexMuster) }
```

Die *IsMatch*-Methode dient generell dazu, festzustellen, ob eine Textzeile eine Übereinstimmung enthält.

Gegenüber dem *Match*-Operator bietet sie keinen Vorteil, sodass dieser aus Gründen der besseren Nachvollziehbarkeit eines Befehls stets vorgezogen werden sollte:

```
(Get-Content -Path Logfile_2801_1918.log) | ForEach-Object { $_ -Match $RegexMuster }
```

Die Match- und die Matches-Methode

Match oder *Matches*, das ist hier die Frage, denn *[Regex]* stellt neben einer *Match*- auch eine *Matches*-Methode zur Verfügung. Der Unterschied liegt beim Rückgabewert. *Match* gibt ein *Match*-Objekt zurück (die Namensübereinstimmung ist rein zufällig), *Matches* eine ganze *MatchCollection*, also mehrere *Match*-Objekte. Damit ist auch klar, worin sich beide unterscheiden: *Match* findet jeweils die nächste Übereinstimmung, *Matches* dagegen alle Übereinstimmungen auf einmal.

Der folgende Befehl findet nur die erste Übereinstimmung in der Logdatei:

```
[Regex]::Match((Get-Content -Path Logfile_2801_1918.log), $RegexMuster)
```

Möchte man alle weiteren Übereinstimmungen finden, muss der Befehl so oft wiederholt werden, wie die *Success*-Property des zurückgegebenen *Match*-Objekts den Wert *$true* liefert, und jeweils über das *NextMatch*-Methoden-Member den nächsten Match holen:

```
$M = [Regex]::Match((Get-Content Logfile_2801_1918.log), $RegexMuster)
while ($M.Success)
{ $M.Value ; $M = $M.NextMatch() }
```

Der *while*-Befehl ist ein typischer Skriptbefehl, der in Kapitel 7 an der Reihe ist.

ACHTUNG Warum funktioniert die folgende Wiederholung nicht?

```
while ($M.Sucess)
{ $M.Value ;  $M = $M.NextMatch() }
```

Klar, dass Member heißt *Success* und nicht *Sucess*. Dies sind kleine Flüchtigkeitsfehler, die einem schnell unterlaufen können. Die PowerShell zeigt in diesem Fall aber keinen Fehler an, sondern tut so als gäbe es ein solches Member, das aber, da es es nicht gibt, stets einen *$null*-Wert liefert, was wiederum zur Folge hat, dass scheinbar keine Übereinstimmungen gefunden werden.

Ein wenig einfacher geht es mit der *Matches*-Methode, die gleich alle Matches liefert:

```
[Regex]::Matches((Get-Content logfile_2801_1918.log), $RegexMuster)
```

Regex-Optionen

Sowohl bei *Match* als auch bei *Matches* kann jeweils als dritter Parameter ein Wert vom Typ *RegexOptions* übergeben werden, über den die Arbeitsweise der Regex-Engine beeinflusst wird. *RegexOptions* ist eine Konstantenliste (im Namespace *System.Text.RegularExpression*), die für eine Reihe von Konstanten steht, welche die einzelnen Optionen darstellen.

Die Namen der einzelnen Konstanten der Konstantenliste *RegexOptions* kann man sich auch selbst auflisten:

```
[System.Enum]::GetNames([System.Text.RegularExpressions.regexOptions])
None
IgnoreCase
Multiline
ExplicitCapture
Compiled
Singleline
IgnorePatternWhitespace
RightToLeft
ECMAScript
CultureInvariant
```

Man erhält auf diese Weise zwar nur die Namen und natürlich keine Erklärungen, aber oft genügt bereits der Name, um zu wissen, was sich dahinter verbergen könnte.

Weitere Beispiele aus der Praxis

Zum Abschluss dieses hoffentlich interessanten Abschnitts sollen ein paar kleinere Beispiele aus der Praxis einmal mehr deutlich machen, dass reguläre Ausdrücke keine Exoten sind, sondern so oft wie möglich eingesetzt werden sollten.

Windows-Umgebungsvariablen ersetzen

Reguläre Ausdrücke sind auch im Kleinen praktisch. Ein Beispiel von vielen ist die typische Schreibweise von Pfaden, die Windows-Umgebungsvariablen enthalten, z. B.:

```
%SystemRoot%\System32\WindowsPowerShell
```

Wie lässt sich der Name der Umgebungsvariablen heraustrennen, sodass ihr Wert eingesetzt werden könnte? Eine von mehreren Möglichkeiten ist es, auch dafür einen regulären Ausdruck zu verwenden:

Der folgende Befehl trennt mithilfe von *[Regex]* aus einer Umgebungsvariablen in der klassischen *%Variable%*-Schreibweise den Namen der Variablen heraus:

```
$EnvVar = "%userprofile%\Documents"
[Regex]::Match($EnvVar,"%(?<Var>[a-z]+)%").Groups["Var"].Value
```

Oder, ein wenig einfacher, indem keine Gruppe definiert wird:

```
[Regex]::Match($EnvVar,"%([a-z]+)%").Groups[1].Value
```

Logdateien auswerten

Ihre Stärken spielen reguläre Ausdrücke immer dann aus, wenn aus großen, regelmäßig strukturierten Textmengen einzelne Schnipsel herausgefischt werden sollen. Ein klassisches Beispiel ist das Durchsuchen von Logdateien, z. B. nach IP-Adressen. Die folgenden Beispiele gehen von einer fiktiven Logdatei mit dem Namen *Logfile.log* aus, die (ausschnittsweise) wie folgt aufgebaut ist:

```
****************************************************************
Statusprotokoll vom 14.11.2009 15:02:00
****************************************************************

Nr       Server         IP-Adresse      Status    Meldung    Datum
00000    Server_1000    192.241.9.255    Error    Festplatte voll    12.11.2009
00001    Server_1001    168.123.9.255    Error    CPU aus dem Takt    13.11.2009
00002    Server_1001    167.200.9.255    Error    Schnittstellle macht schlapp    13.11.2009
00003    Server_1000    192.244.9.255    Error    GPU viel zu heiß    13.11.2009
00004    Server_1002    208.242.9.255    Error    Festplatte dreht zu hoch    13.11.2009
00005    Server_001A     10.10.9.255    Error    Kapazität erschöpft    13.11.2009
00006    Server_1000    192.241.9.255    Error    Unknown Error    13.11.2009
00007    Server_2005    202.228.9.255    OK    Alles ok    13.11.2009
00008    Server_1007    188.232.255    Error    Drive too full    13.11.2009
00009    Server_1000    192.100.3.255    OK    Alles ok    14.11.2009
```

usw.

Es ist eine typische Logdatei, wie sie auf den Festplatten der Server zu Tausenden vorkommen, und die zudem relativ einfach aufgebaut ist, da sie aus einer festen Anzahl an Spalten besteht, deren Struktur relativ simpel ist (die Betonung liegt stets auf relativ). Auch wenn es für das Auswerten solcher Logdateien komfortable Werkzeuge gibt (wie z. B. *LogParser* von Microsoft), mit einem regulären Ausdruck geht es oft ein wenig einfacher und vor allem schneller. Es ist eine der Stärken der PowerShell, dass sich solche Auswertungen mit minimalem Aufwand durchführen und sich die Ergebnisse auf vielfältige Weise weiterverarbeiten lassen.

Möchte man alle Zeilen erhalten, in denen das Wort *Error* vorkommt, könnte der Befehl wie folgt aussehen:

```
(Get-Content -Path Logfile.log) | ForEach-Object { if ($_ -Match "Error") { $_ }}
```

Erst werden alle Zeilen über die Pipeline dem *ForEach-Object*-Cmdlet zugeführt, anschließend wird bei jeder Zeile mit dem *Match*-Operator geprüft, ob sie das Wort *Error* enthält, das heißt, ob in Verbindung mit diesem Wort ein Match resultiert. Ist dies der Fall, liefert der Operator ein *$true*, sodass die Zeile ausgegeben wird.

Ein »wenig« kürzer ist der folgende Befehl, der zum exakt selben Ergebnis führt:

```
(Get-Content -Path Logfile.log) -match "Error"
```

Der *Match*-Operator kann daher nicht nur Text, sondern z. B. auch ein ganzes Textarray verarbeiten.

Möchte man die Anzahl der Übereinstimmungen erhalten, liefert diese der folgende Befehl:

```
((Get-Content -Path Logfile.log) -Match "Error").Count
```

Der *Match*-Operator liefert bei genau einem Vergleichswert einen *$true*/*$false*-Wert, bei mehreren Vergleichswerten werden die Übereinstimmungen zurückgegeben.

Die Einfachheit hat aber auch ihre Nachteile. Es wird jede Zeile gefunden, in der irgendwo ein *error* vorkommt, z. B. auch im Wort *Errorlevel*. Es ist daher sinnvoll, auf Wortgrenzen zu prüfen, was das Metazeichen *\b* bewirkt. Ein

```
(Get-Content -Path Logfile.log) -Match "\bError\b"
```

liefert nur jene Zeilen, in denen *Error* als eigenes Wort vorkommt (wenngleich dies bezogen auf die Logdatei aus dem Beispiel keinen Unterschied macht).

Möchte man als Nächstes nur jene Einträge erhalten, in denen neben *Error* ein bestimmtes Datum (z. B. *12.12.2009*) vorkommt, muss der reguläre Ausdruck erweitert werden. Ein Blick in die Logdatei zeigt, dass auf *Error* erst ein paar Leerzeichen, dann ein beliebiges Wort und dann noch einmal Leerzeichen folgen. Ein regulärer Ausdruck, der das berücksichtigt, könnte wie folgt aussehen:

```
\bError.+\b12\.12\.2009\b
```

Dieses Mal wird nur auf ein *Error* am Wortanfang geprüft. Danach dürfen beliebige Zeichen (signalisiert durch den Punkt) mindestens einmal, aber beliebig oft vorkommen, worauf irgendwann eine »12« an einem Wortanfang folgen muss. Der Punkt muss (oder besser sollte) über das \--Zeichen »escaped« werden, damit er als Punkt und nicht als Metazeichen, das für ein beliebiges Zeichen steht, interpretiert wird. Am Ende soll das Datum ein abschließendes Wort sein, also wird noch einmal ein *\b* am Ende gesetzt. Dieses Beispiel zeigt, wie schnell man bei regulären Ausdrücken von einem ganz einfachen zu einem bereits etwas anspruchsvolleren Ausdruck gelangt.

Bislang waren das aber alles nur Spielereien, im Folgenden soll die Logdatei richtig ausgewertet werden. Konkret, zu jeder Error-Meldung sollen Servername, IP-Adresse und Datum geliefert werden. Ein regulärer Ausdruck, der das leistet, könnte wie folgt aussehen:

```
(?<Nr>[0-9]{5})\s+(?<Server>\w+)\s+(?<IP>[0-9]{1,3}\.[0-9]{1,3}\.[0-9]{1,3}\.[0-
9]{1,3})\s+Error\s+(?<Msg>[\w ]+)\s+(?<Datum>[0-9]{2}\.[0-9]{2}\.[0-9]{4})
```

Das ist schon ein ganz schöner Brocken, allerdings ist der Ausdruck eher lang als kompliziert. Da die Nummer des Eintrags, der Name des Servers, die IP-Adresse, das Wort *Error*, die Meldung selbst und das Datum alle einzeln gematcht werden sollen, wird es zwangsläufig etwas länger. Im folgenden Beispiel kommt der Ausdruck zum Einsatz.

Das folgende Beispiel geht davon aus, dass sich die zu untersuchende Logdatei unter dem Namen *Logfile.log*« im Unterverzeichnis *Logs* in jenem Verzeichnis befindet, in dem die Skriptdatei ausgeführt wird (die Skriptdatei bildet den absoluten Pfad mithilfe von *$MyInvocation.MyCommand.Path* und den Cmdlets *Join-Path* und *Split-Path*).

```
# -------------------------------------------------------------
# Beispiel 6.1 - Logfile-Auswertung mit eigenem Objekt pro Match
# -------------------------------------------------------------
$LogfilePfad = Join-Path -Path (Split-Path -Path $MyInvocation.MyCommand.Path -Parent) -ChildPath
Logs\Logfile.log
$RegMuster = "(?<Nr>[0-9]{5})\s+(?<Server>\w+)\s+(?<IP>[0-9]{1,3}\.[0-9]{1,3}\.[0-9]{1,3}\.[0-
9]{1,3})\s+Error\s+(?<Msg>[\w ]+)\s+(?<Datum>[0-9]{2}\.[0-9]{2}\.[0-9]{4})"
$MatchListe = @()
Get-Content $LogfilePfad | Foreach-Object {
    $M = [Regex]::Match($_, $RegMuster)
    if ($M.Success)
    {
        $Mo = New-Object PsObject
        $Mo | Add-Member -Name "Datum" -MemberType Noteproperty -Value $M.Groups["Datum"].Value
        $Mo | Add-Member -Name "IP" -MemberType Noteproperty -Value $M.Groups["IP"].Value
        $Mo | Add-Member -Name "Server" -MemberType Noteproperty -Value $M.Groups["Server"].Value
        $Mo | Add-Member -Name "Meldung" -MemberType Noteproperty -Value $M.Groups["Msg"].Value
        $MatchListe += $Mo
    }
}

$MatchListe
```

Listing 6.1 Durchsuchen von Logdateien mithilfe regulärer Ausdrücke

Das Schöne ist, dass die Treffer für jede Zeile jeweils mithilfe des *New-Object*-Cmdlets in einem neuen Objekt zusammengefasst werden, das die Property-Member *Datum*, *IP*, *Server* und *Meldung* besitzt. Folglich lassen sich die Objekte nicht nur auf die PowerShell-typische Weise tabellarisch ausgeben, sondern z. B. auch gruppieren.

Der folgende Befehl gruppiert die gefundenen Zeilen nach der IP-Adresse und erlaubt so eine schnelle Beantwortung der Frage, welche IP-Adresse die meisten Meldungen generiert hat:

```
$MatchListe | Group-Object -Property IP | Sort-Object -Property Count -Desc
```

Das ist wirklich eine sehr flexible Art und Weise, mit dem Resultat eines regulären Ausdruckvergleichs umzugehen.

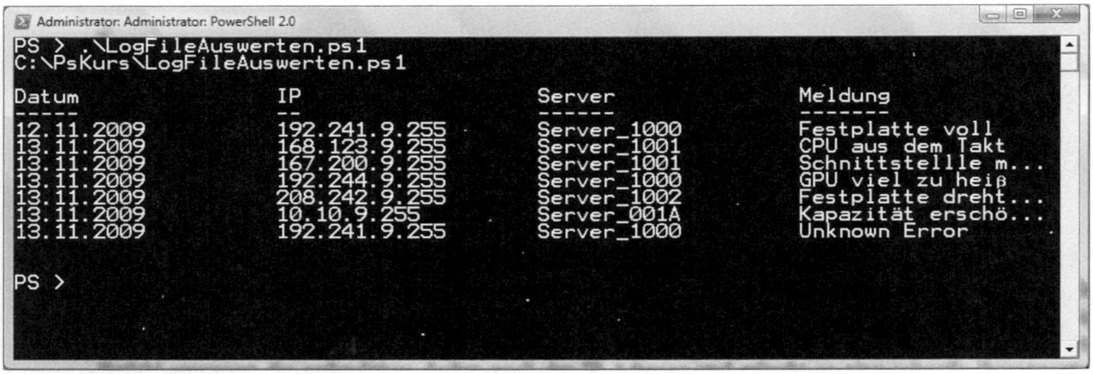

```
Administrator: Administrator: PowerShell 2.0
PS > .\LogFileAuswerten.ps1
C:\PsKurs\LogFileAuswerten.ps1

Datum            IP                 Server          Meldung
-----            --                 ------          -------
12.11.2009       192.241.9.255      Server_1000     Festplatte voll
13.11.2009       168.123.9.255      Server_1001     CPU aus dem Takt
13.11.2009       167.200.9.255      Server_1001     Schnittstellle m...
13.11.2009       192.244.9.255      Server_1000     GPU viel zu heiß
13.11.2009       208.242.9.255      Server_1002     Festplatte dreht...
13.11.2009       10.10.9.255        Server_001A     Kapazität erschö...
13.11.2009       192.241.9.255      Server_1000     Unknown Error

PS >
```

Abbildung 6.3 Logfile-Auswertung mithilfe eines (relativ großen) regulären Ausdrucks

Dateiabfragen mit regulären Ausdrücken

Reguläre Ausdrücke eignen sich auch bei Dateiabfragen, da sie die vielen Anwendern seit Jahrzehnten bestens vertrauten Platzhalter * und ? ergänzen. Zwar unterstützen die Parameter von Cmdlets wie *Get-ChildItem* keine regulären Ausdrücke, aber es ist natürlich kein Problem, z. B. den *Match*-Operator in einem *Where*-Filter einzusetzen. Damit ergeben sich grundsätzlich dieselben Möglichkeiten, als wenn reguläre Ausdrücke direkt eingesetzt werden könnten.

Der folgende Befehl listet alle Dateien auf, die mit einer alphanumerischen Zeichenfolge beginnen und deren Name mit einer zweistelligen Ziffer vor der Erweiterung endet:

```
Get-ChildItem -Path *.* | Where-Object { $_.Name -Match "^\w+[0-9]{2}"}
```

Der folgende Befehl listet alle Ps1-Dateien auf, deren Name mit *Skript* beginnt und in dem danach irgendwann eine »42« oder »43« folgt.

```
Get-ChildItem -Path *.* | Where-Object { $_.Name -Match "^Skript.*4[23]\w+.ps1"}
```

Effektives Ersetzen mit dem Replace-Operator

Auch der *Replace*-Operator arbeitet mit regulären Ausdrücken, sowohl was das Finden des zu ersetzenden Ausdrucks angeht als auch bei der Angabe, durch was die gefundene Textpassage ersetzt werden soll. Dabei stellt sich natürlich die Frage, wie auf das Bezug genommen wird, was »gematcht« wurde. Die Antwort ist genauso einfach wie elegant: Der *Replace*-Operator spricht die gefundenen Übereinstimmungen mit dem Metazeichen *k* entweder über einen Index oder einen zuvor festgelegten Namen an.

Der folgende Befehl tauscht doppelte Worte (also das *die* in *Die die PowerShell*) gegen das (einfache) gematchte Wort aus und entfernt damit das doppelte Wort.

```
$Text = "Der der doppelte Nutzen, ist ist ein Vorteil"
$Text -Replace "(?<Wort>\b\w+\b)\s+\k'Wort'", '${Wort}'
Der doppelte Nutzen, ist ein Vorteil
```

Die exakte Schreibweise ist am Anfang ein wenig gewöhnungsbedürftig, insbesondere der Umstand, dass das auszutauschende Wort bei der PowerShell in einfache Apostrophen gesetzt werden muss. Abgesehen vom Metazeichen *\k* enthält der Ausdruck aber nichts Neues.

E-Mail-Adressen ausfiltern

Das Herausfiltern von E-Mail-Adressen ist im administrativen Alltag kein Zeitvertreib, sondern besitzt durchaus eine »strategische« Bedeutung. Sicher gibt es irgendwo eine Richtlinie, die besagt, dass HTML-Seiten oder vielleicht auch Skripts keine E-Mail-Adressen enthalten dürften. Oder man möchte mit möglichst wenig Aufwand alle E-Mail-Adressen zusammenstellen, die sich auf den HTML-Seiten im Intranet befinden. Mithilfe eines regulären Ausdrucks ist das grundsätzlich kein Problem. In der Praxis besteht die Herausforderung eher darin, dass eine E-Mail-Adresse heutzutage relativ viele Nuancen enthalten kann und der reguläre Ausdruck, der für alle denkbaren Kombinationen passt, anscheinend noch nicht erfunden wurde. Der folgende reguläre Ausdruck ist für den Hausgebrauch bzw. für kleinere Beispiele oder in einem bestimmten Kontext, wo nur ein bestimmter Typ von E-Mail-Adresse vorkommen kann, ganz gut geeignet, aber nicht für einen universellen Einsatz:

```
(?<EMail>([\w|-|.]+)*@([\w-]+\.)+[a-z]{2,4})
```

Das folgende Skript lädt den Inhalt einer Webseite über die Klasse *WebClient* der .NET-Klassenbibliothek (Kapitel 12) und gibt die darin enthaltenen E-Mail-Adressen aus. Als regulärer Ausdruck wird ein Ausdruck verwendet, der auf den ersten Blick nicht einladend wirkt, der aber dank eines kleinen Tools, das im nächsten Abschnitt vorgestellt wird, in Nullkommanix hergestellt wird.

```
# -----------------------------------------------------------
# Beispiel 6.2 - E-Mail-Adressen aus einer Webseite herausfischen
# -----------------------------------------------------------
$Url = "http://www.activetraining.de/ActiveTraining/ActiveTrainingDefault.aspx"
$WC = New-Object -Type System.Net.Webclient
$Html = $WC.DownloadString($Url)
$RegMuster = "(?<EMail>([a-zA-Z0-9_\-\.]+)@((\[[0-9]{1,3}\.[0-9]{1,3}\.[0-9]{1,3}\.)|(([a-zA-Z0-9\-
]+\.)+))([a-zA-Z]{2,4}|[0-9]{1,3}))"
$EMailMatches = [Regex]::Matches($Html, $RegMuster)
"Anzahl Treffer: $($EMailMatches.Count)"
"Gefundende E-Mail-Adressen:"
$EMailMatches | Foreach-Object { $_.Groups["EMail"].Value }
```

Listing 6.2 Das Skript extrahiert mithilfe eines regulären Ausdrucks E-Mail-Adressen aus einer Webseite

TIPP Der »offizielle« reguläre Ausdruck für E-Mail-Adressen (laut *Expresso*) ist:

```
([a-zA-Z0-9_\-\.]+)@((\[[0-9]{1,3}\.[0-9]{1,3}\.[0-9]{1,3}\.)|(([a-zA-Z0-9\-]+\.)+))([a-zA-Z]{2,4}|[0-9]{1,3})
```

Expresso hilft

»Trinken Sie einmal einen Espresso«. So könnte man die Zwischenüberschrift zwar verstehen, gemeint ist aber ein kleines und nützliches Tool mit dem Namen *Expresso* der (sicherlich) sehr kleinen Softwarefirma *UltraPico* für das Ausprobieren und Erlernen des Umgangs mit regulären Ausdrücken. Es kann unter *http://www.ultrapico.com/Expresso.htm* heruntergeladen werden.

Expresso bietet drei Modi:

- Einen Text-Modus. Sie geben im Fenster *Regular Expression* einen regulären Ausdruck ein, der auf den Text im Fenster *Sample Text* angewendet wird. Der eingegebene reguläre Ausdruck wird im Fenster *Regex Analyzer* während seiner Eingabe analysiert und in seine Bestandteile zerlegt. Das Resultat wird im Fenster *Search Results* angezeigt.
- Einen Design-Modus. Auf dieser Registerkarte kann der reguläre Ausdruck über Auswahlboxen zusammengestellt werden. Man muss also dazu die Spezialzeichen nicht kennen, sondern wählt diese indirekt aus.
- Eine Expression Library. In diesem Modus steht eine Auswahl an fertigen Ausdrücken zur Verfügung, die per Doppelklick in das *Regular Expression*-Fenster übernommen wird.

Über [F5] wird der Ausdruck ausgewertet und das Ergebnis angezeigt.

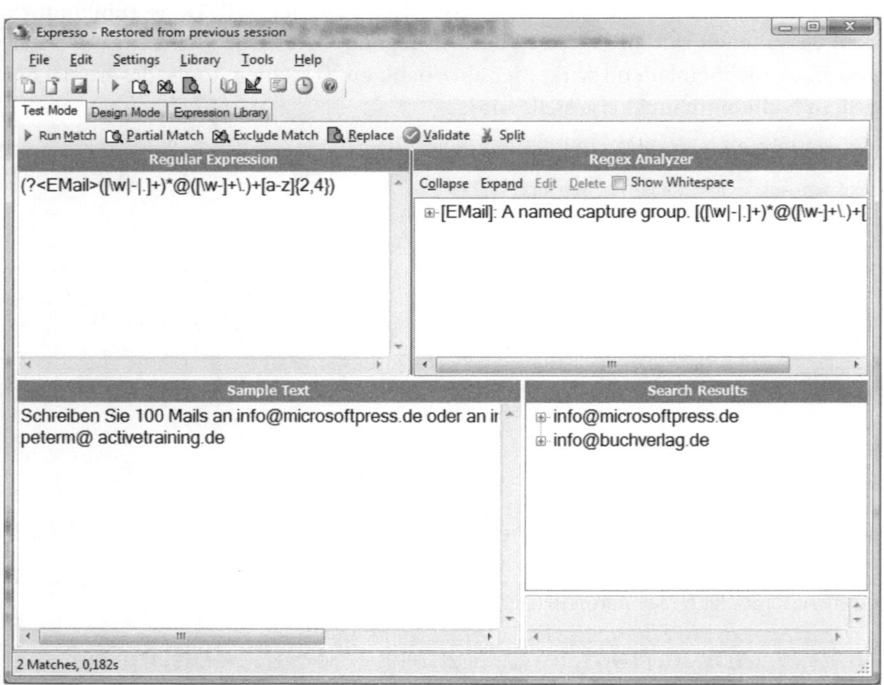

Abbildung 6.4 Expresso hilft beim Ausprobieren regulärer Ausdrücke

Die String-Operatoren Join und Split

Mit der PowerShell 2.0 sind mit *Split* und *Join* zwei neue Operatoren dazugekommen, die die String-Member weitestgehend überflüssig machen. Gerade der unscheinbare *Split*-Operator kann eine ganze Menge. Nicht nur, dass er mit regulären Ausdrücken arbeitet, über einen Skriptblock kann festgelegt werden, unter welcher Bedingung ein Trennzeichen zur Trennung führen soll. Unter *about_split* wird er in der Hilfe ausführlich beschrieben.

Das folgende Beispiel geht von einer Textdatei (*ServerStatus.txt*) mit Zeilen aus, die jeweils mit einem *Servername* beginnen:

```
"Server1:Der Server ist vollkommen überlastet"
"Server2:Der Server macht seltsame Geräusche."
"Server3:Alles läuft rund wie immer."
```

Der folgende Befehl fügt mithilfe des *Split*-Operators die Namen der Server per Komma getrennt zusammen:

```
((Get-Content ServerStatus.txt) -split "`"(\w+).*" | Where-Object { $_ -ne "" })-join ","
Server1,Server2,Server3
```

Das *Where*-Object-Cmdlet ist leider erforderlich, da die Leerzeilen, die von *split* zurückgegeben werden, nicht berücksichtigt werden sollen.

Der *Join*-Operator tut was der Name verspricht, er fügt mehrere Zeichenketten zu einer Zeichenkette zusammen.

Der folgende Befehl fügt die Namen aller Ps1-Dateien im aktuellen Verzeichnis mit einem Semikolon als Trennzeichen zusammen.

```
(Get-Childitem *.ps1 | Foreach-Object { $_.Name }) -join ";
```

Das etwas umständliche Zwischenschalten des *Foreach-Object*-Cmdlets muss leider sein, da der *Join*-Operator keine Objekte verknüpfen kann, die ansonsten über die Pipeline übergeben werden würden. Es ist ganz »witzig«, dass beim Zurückgreifen auf das gute, alte Cmd.exe dieser Umweg nicht notwendig ist, da hier von Anfang nur Text »gepiped« wird:

```
(cmd /c dir *.ps1 /b) -join ";"
```

Der folgende Befehl gibt die Namen der Wochentage jeweils durch ein Semikolon getrennt zurück.

```
(1..7 | ForEach-Object { "{0:dddd}" -f (get-date -day $_) }) -join ";"
Sonntag;Montag;Dienstag;Mittwoch;Donnerstag;Freitag;Samstag
```

Die String-Klasse und ihre Member

Jede Zeichenkette ist ein Objekt der *String*-Klasse. Warum ist das wichtig? Weil die *String*-Klasse zahlreiche Member besitzt, mit deren Hilfe sich Zeichenketten z. B. durchsuchen, in Klein- oder Großbuchstaben umwandeln oder anderweitig verarbeiten lassen. Es ist daher für die Praxis von Vorteil, einige der in Tabelle 6.8 zusammengestellten Methoden der *String*-Klasse zu kennen. Natürlich gibt es Überschneidungen zu PowerShell-Operatoren. So sollte die *Split*-Methode nicht mehr unbedingt eingesetzt werden (wenngleich nichts dagegen spricht), da es dafür seit Version 2.0 den *Split*-Operator gibt. Eine Liste aller Methoden-Member erhält man z. B. über ein "" | *Get-Member -membertype Method.*

Dass bei der PowerShell auch Zeichenketten ein Objekt darstellen, machen ein paar einfache »Experimente« mit einem String deutlich. Ein *$PSHome* steht zunächst einmal für das Verzeichnis, in dem sich *Powershell.exe* befindet. Ein

```
$PSHome.Length
```

gibt die Anzahl der Zeichen in der Zeichenkette aus. Ein

```
$PSHome.LastIndexOf("\")
```

zeigt die Position des letzten »\«-Zeichens an. Ein

```
$PSHome.SubString($PSHome.LastIndexOf("\")+1)
```

liefert alle Zeichen nach dem letzten »\«-Zeichen und ein

```
$PSHome.SubString(0,$PSHome.LastIndexOf("\"))
```

alle Zeichen bis zum letzten »\«-Zeichen. Wenn es um Positionsangaben innerhalb einer Zeichenkette geht, besitzt das erste Zeichen immer den Index 0. Ein

```
$PSHome.SubString(0,$PSHome.LastIndexOf("\")).ToLower()
```

wandelt alle Zeichen in Kleinbuchstaben um.

Diese kleinen Beispiele machen deutlich, dass der Umgang mit Zeichenketten bei der PowerShell unkompliziert ist.

Methoden-Member	Bedeutung
EndsWith	Gibt $*true* zurück, wenn der String mit der angegebenen Zeichenfolge endet
IndexOf	Gibt die Position eines Teilstrings in einem größeren String zurück (oder -1, wenn der Teilstring nicht enthalten ist)
LastIndexOf	Entspricht *IndexOf*, nur dass die Suche am Ende der Zeichenkette beginnt
PadLeft	Fügt am linken Rand Leerzeichen ein
PadRight	Fügt am rechten Rand Leerzeichen ein
Replace	Tauscht Zeichen aus ▶

Methoden-Member	Bedeutung
Split	Zerlegt die Zeichenkette anhand eines oder mehrerer Trennzeichen
StartsWith	Gibt *$true* zurück, wenn der String mit der angegebenen Zeichenfolge beginnt
SubString	Trennt Zeichen aus der Zeichenkette heraus
ToCharArray	Liefert alle Zeichen des Strings als ein Array von *Char*-Objekten
ToLower	Wandelt alle Zeichen in Kleinbuchstaben um
ToUpper	Wandelt alle Zeichen in Großbuchstaben um
Trim	Schneidet zu Beginn und am Ende die Leerzeichen ab

Tabelle 6.8 Interessante Methoden-Member beim *String*-Objekt

Umgang mit XML-Daten

Die *Extensible Markup Language* (XML) ist ein allgemeines, standardisiertes Textformat, im dem nicht nur unter Windows viele Konfigurationsdaten vorliegen. Die *XML-Verarbeitung* der PowerShell basiert auf dem *[Xml]*-Type Accelerator und den Klassen (Typen), die in der .NET-Klassenbibliothek im Namespace *System.Xml* zusammengefasst werden.

XML-Daten über den [Xml]-Type Accelerator einlesen

Damit sich PowerShell-Anwender ohne Entwickler-Know-how und Spezialkenntnisse nicht mit diesen, teilweise recht »sperrig« wirkenden Klassen beschäftigen müssen, gibt es den Type Accelerator *[Xml]*, der den Umgang mit XML-Daten nicht nur vereinfacht, sondern PowerShell-typisch zur Verfügung stellt. Er wandelt einen XML-Text, der z.B. zuvor über ein *Get-Content* eingelesen wurde, in ein PowerShell-Objekt um (das sich von der .NET-Klasse *XmlDocument* ableitet), über dessen Property-Member die einzelnen XML-Elemente angesprochen werden. Ein kleines Beispiel wird das im Folgenden veranschaulichen.

Gegeben sei eine kleine XML-Datei mit dem Namen *InventarDaten.xml*, die wie folgt aufgebaut ist:

```
<Inventur>
 <OS>
  <Version>6.1</Version>
  <SP>SP2</SP>
 </OS>
 <Hardware>
   <Festplatte ID="1000">
     <Bezeichnung>Seagate 200</Bezeichnung>
     <ErfasstAm>01.02.2008</ErfasstAm>
     <Zeitwert>50</Zeitwert>
   </Festplatte>
   <Festplatte ID="1001">
     <Bezeichnung>Seagate 250</Bezeichnung>
     <ErfasstAm>01.02.2009</ErfasstAm>
     <Zeitwert>150</Zeitwert>
   </Festplatte>
```

```
    <Festplatte ID="1002">
      <Bezeichnung>Seagate 290X</Bezeichnung>
      <ErfasstAm>01.05.2009</ErfasstAm>
    </Festplatte>
  </Hardware>
</Inventur>
```

Wer XML kennt, weiß natürlich, dass die Namen der verschiedenen XML-Elemente keine echte Bedeutung besitzen, sie können beliebig gewählt werden. Ein XML-Dokument muss lediglich ein paar einfache Grundregeln erfüllen:

- Es darf nur ein Stammelement geben (in diesem Fall *<Inventur>*).
- Die Groß- und Kleinschreibung wird unterschieden.
- Zu jedem öffnenden Element muss es ein abschließendes Element geben (z. B. *<Inventur>* und *</Inventur>*) oder (*<Inventur/>*, wenn das Element keinen Inhalt besitzt, in diesem Fall ersetzt diese Schreibweise das öffnende und das schließende Element).
- Ein öffnendes und ein schließendes Element eines anderen Elements dürfen sich nicht überkreuzen (auf ein *<Festplatte>* und ein *<ErfasstAm>* darf z. B. kein *</Festplatte>*, sondern es muss erst ein *</ErfasstAm>* folgen).
- Die Werte von Attributen müssen in Anführungszeichen gesetzt werden (z. B. *ID="1002"*).

Der folgende Befehl liest den Inhalt der Datei ein:

```
$Inventar = [Xml](Get-Content -Path InventarDaten.xml)
```

Über die Variable *$Inventar* stehen danach die einzelnen XML-Elemente zur Verfügung. Ein

```
$Inventar.Inventur.OS
```

listet die Elemente des *OS*-Elements auf. Ein

```
$Inventar.Inventur.Hardware
```

entsprechend die Elemente unterhalb des *<Hardware>*-Elements. Ein

```
$Inventar.Inventur.Hardware.Festplatte

ID                            Bezeichnung                   ErfasstAm
--                            -----------                   ---------
1000                          Seagate 200                   01.02.2008
1001                          Seagate 250                   01.02.2009
1002                          Seagate 290X                  01.05.2009
```

listet alle *<Festplatte>*-Elemente mit ihrem Inhalt auf. Ein

```
$Inventar.Inventur.Hardware.Festplatte | Where-Object { $_.ID -eq "1000" }
```

greift gezielt auf einen Knoten über seinen Attributwert zu.

Der folgende Befehl addiert den Zeitwert aller Festplatten zusammen und bildet den Durchschnittswert:

```
$Inventar.Inventur.Hardware.Festplatte | Measure-Object -Property Zeitwert -Sum -Ave

Count    : 2
Average  : 100
Sum      : 200
Maximum  :
Minimum  :
Property : Zeitwert
```

Dabei spielt es keine Rolle, wenn ein *<Festplatte>*-Element kein Unterelement *<Zeitwert>* besitzt.

Natürlich müssen XML-Dateien bzw. allgemein XML-Daten nicht mithilfe des *[Xml]*-Type Accelerators in ein PowerShell-Objekt konvertiert werden, sie können auch auf andere Art und Weise weiterverarbeitet werden (z. B. direkt über die Klassen der .NET-Klassenbibliothek oder spezielle Cmdlets oder Funktionen). Der kleine Komfortgewinn bei der PowerShell besteht jedoch darin, dass beim Einlesen eines XML-Dokuments für jeden Knoten eine Property angelegt wird, sodass sich die Elemente sehr elegant ansprechen lassen.

XML-Daten aktualisieren

Auch das Aktualisieren von XML-Daten ist problemlos möglich. Der folgende Befehl erhöht den Zeitwert aller Festplatten um 10%:

```
$Inventar.Inventur.Hardware.Festplatte | Where-Object { $_.Zeitwert -ne $null } | ForEach-Object {
$_.Zeitwert = [String]([Double]$_.Zeitwert + [Double]$_.Zeitwert * .1) }
```

Dass diese Zuweisung etwas umfangreicher wurde, liegt daran, dass der *Zeitwert*-Property nur ein Stringwert zugewiesen werden darf, die Berechnung aber mit Zahlenwerten erfolgen muss, damit die Zeichenketten nicht einfach nur aneinandergehängt werden. Das Konvertieren von Zeichenfolgen in Zahlenwerte übernimmt z. B. der *[Double]*-Typ, das Zurückverwandeln eines Zahlenwertes in eine Zeichenkette entsprechend ein *[String]*.

Soll das geänderte XML wieder in eine Datei zurückgeschrieben werden, erledigt dies das *Save*-Methoden-Member jenes (*XmlDocument*-)Objekts, das durch das Einlesen mit *[Xml]* entstanden ist:

```
$Inventar.Save("Inventardaten.xml")
```

HINWEIS Beim Aufruf von Methoden-Membern der .NET-Klassen, die einen Pfad erwarten, muss dieser im Allgemeinen absolut angegeben werden.

Das ConvertTo-XML-Cmdlet

Seit der PowerShell 2.0 ist das Exportieren von (theoretisch beliebigen) Objekten in XML dank des *ConvertTo-XML*-Cmdlets sehr einfach geworden.

TIPP Das Cmdlet wird im Microsoft Script Center unter *http://www.microsoft.com/technet/scriptcenter/topics/winpsh/converttoxml.mspx* beschrieben.

Als Anschauungsbeispiel soll wieder einmal *Get-Process* herhalten. Der folgende Befehl schreibt die Eckdaten aller lokal laufenden Prozesse in eine XML-Datei.

```
(Get-Process | ConvertTo-Xml).Save("Prozliste.xml")
```

Dann wollen wir uns das Ergebnis doch einmal näher anschauen. Es stellt sich heraus, dass *Prozliste.xml* nicht im aktuellen Verzeichnis angelegt wurde, sondern irgendwo anders.

Beim nächsten Versuch wird daher der Pfad des aktuellen Verzeichnisses »relativ absolut« angegeben:

```
(Get-Process | ConvertTo-Xml).Save("$(gl)\Prozliste.xml")
```

Der nächste Befehl lädt die XML-Datei mit dem Internet Explorer, der als XML-Betrachter bereits seit der Version 5.0 eine gute Figur macht:

```
Start-Process $Env:Programfiles"\Internet Explorer\iexplore.exe" -ArgumentList "$(gl)\Prozliste.xml"
```

Das sieht doch bereits sehr vernünftig aus. Beschränkt man sich bei den Objekten nur auf bestimmte Properties und lässt die Typinformation weg, wird es sogar richtig übersichtlich:

```
(Get-Service | Select-Object Name, DisplayName, Status | ConvertTo-Xml -
NoTypeInformation).Save("Dienstliste.xml")
```

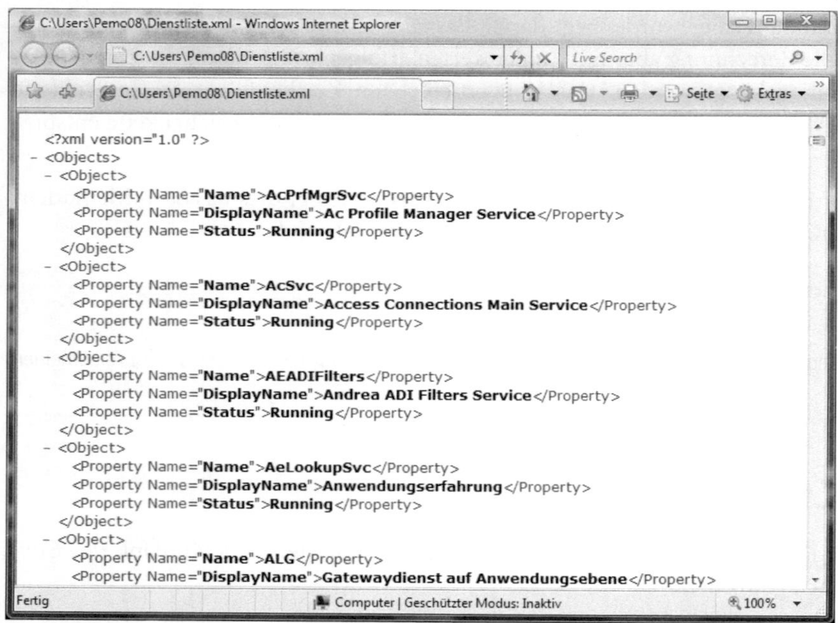

Abbildung 6.5 Die Eckdaten über alle lokal laufenden Dienste im XML-Format

Ereignisprotokoll-Einträge im XML-Format auswerten

Auf Wunsch exportiert Windows den Inhalt eines Ereignisprotokolls ins XML-Format. Das ist eine hervorragende Gelegenheit, die Flexibilität der PowerShell in diesem Punkt unter Beweis zu stellen. Gegeben sei der XML-Export des Application-Ereignisprotokolls, der in die Datei *ApplicationLog.xml* exportiert wurde.

Ein

```
$LogDaten = [xml](Get-Content -Path ApplicationLog.xml)
```

importiert den gesamten XML-Inhalt. Ein *$LogDaten* führt zu

```
xml                                     Events
---                                     ------
version="1.0" encoding="utf-8" stand... Events
```

und gibt damit an, dass der Stammknoten *Events* heißt. Ein

```
$LogDaten.Events
```

listet jede Menge *Event*-Objekte auf. Ein

```
$LogDaten.Events.Event | Get-Member -MemberType Property
```

liefert:

```
TypeName: System.Xml.XmlElement#http://schemas.microsoft.com/win/2004/08/eve
nts/event#Event

Name      MemberType Definition
----      ---------- ----------
EventData Property   System.Xml.XmlElement EventData {get;}
System    Property   System.Xml.XmlElement System {get;}
xmlns     Property   System.String xmlns {get;set;}
```

Und ein

```
$LogDaten.Events.Event[0].System
```

gibt schließlich die Details zu einem einzelnen Event aus:

```
Provider      : Provider
EventID       : EventID
Level         : 2
Task          : 0
Keywords      : 0x80000000000000
TimeCreated   : TimeCreated
EventRecordID : 72544
Channel       : Application
Computer      : HARIBO08
Security      : Security
```

Damit dürfte in etwa klar sein, wie z. B. ein Befehl aussehen muss, der z. B. nur Eventdetails zu bestimmten Events zurückgibt. Etwa wie folgt:

```
$Logdaten.Events.Event | Where-Object { $ID = $_.System.EventID.InnerText;$ID -ge 1000 -and $ID -lt 1035 }
```

Hundertprozentig intuitiv ist diese Vorgehensweise allerdings nicht, da man z. B. nur über *InnerText* (eine Property eines einzelnen Elements, die für den Inhalt eines Elements steht) an den Textinhalt des Elements herankommt. Außerdem liefert dieser Befehl nur die XML-Elementnamen, nicht deren Inhalte.

Möchte man z. B. den Text einer Meldung sehen (sofern dies Information beim Speichern der Ereigniseinträge ausgewählt wurde), erledigt dies der folgende Befehl, der dazu das *RenderingInfo*-Element einbezieht:

```
$Logdaten.Events.Event | Where-Object { $ID = $_.System.EventID.InnerText;$ID -ge 1000 -and $ID -lt 1035
}| Select-Object { $_.RenderingInfo.Message }
```

Trotzdem zeigt auch dieses Beispiel sehr schön, wie sich beliebige XML-Daten sehr flexibel mit der PowerShell weiterverarbeiten lassen.

Die Cmdlets Export-Clixml und Import-Clixml

Die beiden Cmdlets *Export-Clixml* und *Import-Clixml* sind zwei Exoten unter den Cmdlets, die aber in speziellen Situationen sehr nützlich sein können. Anders als man es vermuten könnte, exportiert *Export-Clixml* keine Daten in das XML-Format, das Cmdlet speichert vielmehr ein komplettes Objekt im XML-Format ab, sodass es später per *Import-Clixml* wieder »zurückgeholt« werden kann. Bei diesen Cmdlets geht es in erster Linie darum, den *Zustand* eines Objekts zu speichern, sodass es später wieder mit seinen internen Daten neu angelegt werden kann. Dass dabei XML als Speicherformat gewählt wird, ist nahe liegend, aber nur ein Nebeneffekt.

Doch warum sollte man ein Objekt speichern? Ganz einfach, um es genau in dem Zustand wieder zurückzubekommen, in dem es ursprünglich vorlag. Der Begriff *Zustand* (engl. *state*) beschreibt dabei die Werte seiner Eigenschaften (die Methoden spielen für den Zustand keine Rolle, da sie nicht mit Werten belegt werden können).

Der folgende Befehl stellt eine kleine »Statistik« über die lokal laufenden Dienste zusammen, indem neben dem Zeitpunkt die Anzahl der laufenden und nicht laufenden Dienste zusammengestellt wird:

```
# -----------------------------------------------------------
# Beispiel 6.3 - Objekt bilden, das die Anzahl der laufenden/nicht laufenden Dienste als Properties enthält
# -----------------------------------------------------------
$Dienste = Get-Service | Group-Object -Property Status
$DiensteStatistik = New-Object PsObject
$DiensteStatistik | Add-Member -Name Datum -MemberType NoteProperty -Value (Get-Date)
$DiensteStatistik | Add-Member -Name AnzahlRunning -MemberType NoteProperty -Value $Dienste[0].Count
$DiensteStatistik | Add-Member -Name AnzahlStopped -MemberType NoteProperty -Value $Dienste[1].Count
```

Listing 6.3 Aus der Anzahl der laufenden und nicht laufenden Dienste wird ein Objekt gebildet

Der nächste Befehl speichert das Objekt in einer XML-Datei:

```
$DiensteStatistik | Export-CliXml -Path DiensteStatistik.xml
```

Wird die PowerShell-Sitzung beendet und später erneut gestartet, macht der folgende Befehl aus dem XML wieder ein richtiges Objekt:

```
$NeueDiensteStatistik = Import-CliXml -Path DiensteStatistik.xml
```

Zusammenfassung

Der Umgang mit Text ist bei der PowerShell relativ komfortabel. Für das Durchsuchen von Text mithilfe regulärer Ausdrücke gibt es das *Select-String*-Cmdlet, den *Match*-Operator und seine Verwandten sowie den *[Regex]*-Type Accelerator. Anders als bei manchen anderen Skriptsprachen können reguläre Ausdrücke aber nur in diesen Situationen und nicht überall eingesetzt werden (einen Pattern-Parameter gibt es nur bei *Select-String*). Wer Zeichenketten zerlegen und zusammensetzen möchte, dem bietet die PowerShell die Operatoren *Split* und *Join*. Möchte man z. B. die Länge einer Zeichenkette feststellen, alle Buchstaben der Zeichenkette in Groß- oder Kleinbuchstaben umwandeln, einen Teil einer Zeichenkette abtrennen oder feststellen, ob eine Teilzeichenkette in einer Zeichenkette enthalten ist, benötigt man dazu die Methoden-Member eines *String*-Objekts.

Kapitel 7

PowerShell-Skripts

In diesem Kapitel:

Ein PowerShell-Skript ist eine gewöhnliche Textdatei mit der Erweiterung *.Ps1*, die eine oder mehrere Befehle (oder Kommentarzeilen) enthält, die mit dem Aufruf des Skripts nacheinander ausgeführt werden. Erstellt werden PowerShell-Skripts entweder mit dem (neuen) PowerShell-Skript-Editor von Microsoft oder mit einem beliebigen Editor. Es ist wichtig zu verstehen, dass ein Skript keine Befehle enthält, die nicht auch direkt über die Tastatur eingegeben werden könnten. PowerShell-Skripts werden interpretiert (einen Compiler gibt es nicht und auch keine Möglichkeit, Skripts zu verschlüsseln oder auf eine andere Weise vor neugierigen Blicken zu schützen). Skripts kommen immer dann zum Einsatz, wenn ein oder mehrere Befehle »in einem Rutsch« ausgeführt werden sollen oder eine *Ablauflogik* zugrunde liegt (nach dem Motto »Führe einen Befehl nur dann aus, wenn eine bestimmte Bedingung erfüllt ist«). PowerShell-Skripts werden ausgeführt, indem der Name bzw. Pfad der Skriptdatei eingegeben wird. Soll mit dem Start der PowerShell ein bestimmtes Skript ausgeführt werden, gibt es dafür den *File*-Parameter bei *Powershell.exe*. Ein Doppelklick auf eine Ps1-Datei hat aus Sicherheitsgründen keine Wirkung bzw. führt nicht dazu, dass die Skriptdatei ausgeführt wird.

Was man für den Anfang wissen muss

PowerShell-Skripts (erfolgreich) erstellen zu können, setzt keine speziellen Fähigkeiten voraus, schon gar nicht muss man Entwickler (Programmierer) sein, über ein Vordiplom in Informatik oder einen MCITP-Titel verfügen. Jeder, der schon einmal zwei aufeinanderfolgende PowerShell-Befehle zur Ausführung gebracht hat, hat damit auch ein kleines PowerShell-Skript erstellt. Sobald man sich dabei ertappt, per Semikolon Befehl an Befehl zu hängen, um alles das, was ein PowerShell-Befehl leisten soll, in dem berühmten »Einzeiler« unterzubringen, sollte man dafür aus Gründen der Übersichtlichkeit besser ein Skript verwenden, das mit der *PowerShell ISE* in wenigen Minuten erstellt ist. Die frohe Botschaft »jeder kann skripten« muss aber gleich wieder ein wenig relativiert werden. Jeder kann skripten, die Frage ist nur, ob es auch jeder tun sollte. Skripts sind dazu da, aus mehreren Schritten bestehende Abläufe so zusammenzufassen, dass sie automatisch (z.B. zeitgesteuert) oder per Doppelklick (auf eine Verknüpfung auf *PowerShell.exe*) ausgeführt werden können und damit dem Anwender Zeit sparen (was immer gut ist), Abläufe zu automatisieren (auch dagegen kann man im Allgemeinen nichts einwenden) oder erst Abläufe möglich zu machen, die ohne das Skript nicht möglich wären. Das klassische Beispiel ist ein Skript, das Benutzerkonten anlegt, deren Daten z.B. aus einer CSV-Datei stammen. Während es einige Active Directory-Tools gibt, die einen solchen Bulk-Import mit einem Aufruf erledigen (dazu wird kein Skript benötigt), besitzen solche Tools im Allgemeinen keine Flexibilität, was Abweichungen vom Schema F betrifft. Was ist, wenn die Rohdaten aus der CSV-Datei nicht »sauber« sind und z.B. einzelne Felder leer sind? Wie verhält es sich, wenn einzelne Benutzerkonten anhand ihrer Abteilung auf bestimmte OUs (*Organizational Units*) verteilt werden sollen? Die Liste ließe sich beliebig fortsetzen. In all diesen Fällen ist ein herkömmliches Tool überfordert, da sich hier im Allgemeinen die Arbeitsweise nicht verändern lässt. Bei einem Skript kann man Befehl für Befehl festlegen, was in Abhängigkeit bestimmter Rahmenparameter passieren soll. Ein Skript kann an die gewünschten Erfordernisse im Detail angepasst werden, sodass am Ende ein spezialisiertes Tool entsteht, das zu 100% den Wünschen des Anwenders gerecht wird. Das hört sich alles wunderbar an, gibt es auch irgendwelche Nachteile? Die gibt es natürlich und es wichtig sie zu kennen:

- Ein Skript zu erstellen, das genau das tut, was es tun soll, kostet relativ viel Zeit. Der Zeitaufwand darf daher nicht unterschätzt werden. Mal eben ein kleines Skript »einhacken«, das anschließend eine aus mehreren Teilschritten bestehende Aufgabe souverän umsetzt, ist nur etwas für erfahrene PowerShell-Anwender.

- Man muss zwar kein Entwickler (Programmierer sein), man muss aber bereit sein, sich mit der typischen Logik eines Computerprogramms anzufreunden und in der Lage sein, einfache logische Zusammenhänge zu verstehen
- Die PowerShell bietet keinerlei Hilfestellungen für das Erstellen von Skripts. Wie der Schriftsteller, der den nächsten Bestseller zu schreiben beabsichtigt, mit einem weißen leeren Blatt beginnen muss, beginnt auch jedes PowerShell-Skript mit einem leeren Editorfenster. Assistenten, die beim Skripten ein wenig unter die Arme greifen, gibt es nicht.

Die wichtigsten Voraussetzungen, die ein PowerShell-Skripter mitbringen oder sich im Laufe der Zeit aneignen muss, sind Geduld und Ausdauer. Man darf bei den ersten Schwierigkeiten, der üblichen Fülle an Fehlermeldungen und scheinbar nicht nachvollziehbaren Seiteneffekten, die beim Ausführen eines Skripts »hin und wieder« auftreten, nicht gleich aufgeben, sondern sollte bereit und in der Lage sein, sich an einem Problem sprichwörtlich »festzubeißen« und sich nicht eher zufrieden geben, bis das Skript die gestellte Aufgabe erfüllt. Auch darf man keine Scheu davor zu haben, ein Skript mit dem Debugger der PowerShell ISE Schritt für Schritt durchzugehen, um etwaige Fehler aufzuspüren.

Und noch eine Voraussetzung wird verlangt, die heutzutage leider nicht mehr ganz so hoch im Kurs zu stehen scheint: Disziplin. Wer diszipliniert an die Sache herangeht, versieht ein Skript mit »ordentlichen« Kommentaren, gibt Variablen »sprechende« Namen, fasst Variablendeklarationen (auch wenn es nicht zwingend erforderlich ist) zu Beginn des Skripts zusammen, versieht das Skript, dort wo es sinnvoll ist, mit einer Fehlerbehandlung, schreibt eventuell Einträge in das Ereignisprotokoll, anhand derer sich das Ausführverhalten des Skripts aus der Ferne nachvollziehen lässt, und strukturiert es allgemein so, dass es für Außenstehende nachvollziehbar wird.

Dies ist generell ein wichtiger Aspekt für ein erfolgreiches und vor allem produktives Skripten: die Nachhaltigkeit. Da in einem Skript im Allgemeinen sehr viel Arbeit steckt (und damit Zeit, die das Unternehmen durch das Gehalt des Skriptautors bezahlt), sollte die Nachhaltigkeit ein wichtiges Ziel sein. Nachhaltigkeit bedeutet in diesem Zusammenhang, dass das Skript möglichst lange seinen Dienst erfüllt, dass es, sofern dies eine Rolle spielt, leicht anpassbar ist und z. B. nicht so konstruiert wurde, dass nur sein Erfinder seine Funktionsweise versteht.

HINWEIS Um produktiv PowerShell-Skripts mit vertretbarem Zeitaufwand erstellen zu können, braucht man im Durchschnitt mindestens sechs bis neun Monate Erfahrung im Umgang mit der PowerShell.

Skripts erstellen

Die Antwort auf die Frage »Wie erstelle ich ein Skript?« lässt sich in einem Satz zusammenfassen: »Starte den Editor und fang an, die einzelnen Befehle einzutippen«. Als Editor tut es im einfachsten Fall natürlich Notepad, doch da Microsoft der PowerShell 2.0 einen kleinen Skript-Editor mit dem Namen *PowerShell ISE* spendiert hat, sollte dieser natürlich die erste Wahl sein.

HINWEIS Diesen Hinweis werden Sie in diesem Buch an verschiedenen Stellen lesen. Dass die PowerShell 2.0 von der ISE begleitet wird (die allerdings .NET 3.5 voraussetzt und daher eventuell nicht auf jedem System zur Verfügung steht), bedeutet nicht, dass es keine (besseren) Alternativen gibt. Eine gute Alternative, die auch der Autor empfiehlt, ist der *PowerGUI Script Editor*.

Sicherheitseinstellungen für die Skriptausführung

Wer vor Elan und Enthusiasmus auf einer frisch installierten PowerShell sein erstes PowerShell-Skript eintippt und zur Ausführung bringt, erlebt in der Regel eine herbe Enttäuschung: Es geht nicht. Stattdessen ist eine wortreiche Fehlermeldung die Folge, in der Worte wie *kann nicht geladen werden* und *Security* auftauchen. Die Erklärung ist, dass aus Sicherheitsgründen die Ausführungsrichtlinie der PowerShell nur die Ausführung von digital signierten Skriptdateien zulässt. Da das Signieren einer Skriptdatei aber für den Anfang etwas aufwändig wäre, behilft man sich damit, dass man die Ausführungsrichtlinie so setzt, dass auch nicht signierte Skriptdateien ausgeführt werden können. Das erledigt der Befehl

```
Set-ExecutionPolicy RemoteSigned
```

Wird die Eingabeaufforderung mit »J« bestätigt, müssen von jetzt an nur noch Skripts signiert sein, die von einer *Remote Location* wie einem Netzwerklaufwerk oder aus dem Internet stammen (die Datei besitzt ein internes NTFS-Flag, anhand dessen die PowerShell die Herkunft erkennen kann).

Das Cmdlet *Set-ExecutionPolicy* setzt die Ausführungsrichtlinie, das Cmdlet *Get-ExecutionPolicy* fragt die aktuelle Einstellung ab.

Sollte auch der obige Befehl mit einer Fehlermeldung quittiert werden, liegt dies daran, dass die PowerShell nicht explizit als Administrator gestartet wurde. Da die Ausführungsrichtlinie in der Registry im Schlüssel *HKLM\Software\Microsoft\PowerShell\1\ShellIds\Microsoft.PowerShell* vermerkt wird, geht es nicht ohne administrative Berechtigungen.

Die Ausführungsrichtlinie als Gruppenrichtlinien-Template verteilen

Das bedeutet natürlich nicht, dass ein Administrator sich zu jedem Arbeitsplatz begeben und dort den Registry-Eintrag ändern muss (ein PowerShell-Skript kann diese Aufgabe nicht übernehmen, denn es kann vor der Änderung nicht ausgeführt werden – das typische »Henne-Ei-Problem«). In einer Domäne wird die Ausführungsrichtlinie am einfachsten über die Gruppenrichtlinien verteilt – Microsoft stellt ein entsprechendes Template als Download zur Verfügung.

Die folgende Anleitung beschreibt stichwortartig, wie die Vorlage verteilt wird:

1. Download des ADM Templates. Das »Administrative Templates for Windows PowerShell« steht unter *http://www.microsoft.com/downloads* in Gestalt der Datei *admFiles_PowerShell.msi* zur Verfügung.
2. Installation der MSI-Datei. Das Ausführen der MSI-Datei führt dazu, dass die Datei *PowerShellExecutionPolicy.adm* im Verzeichnis *%Programfiles%\Microsoft Group Policy* abgelegt wird.
3. Aufruf der *Gruppenrichtlinienverwaltung* (*Group Policy Management*) – dahinter steckt *Gpmc.msc* in *%SystemRoot%\System32*. Alternativ können die Gruppenrichtlinien zur Domäne auch in der *Active Directory-Benutzer und -Computer-Konsole* bearbeitet werden.
4. Anlegen eines neuen Gruppenrichtlinienobjekts innerhalb der Domäne in der Kategorie *Gruppenrichtlinienobjekte*, indem der Zweig mit der rechten Maustaste angeklickt, der Eintrag *Neu* ausgewählt und der Name (z. B. *PsPolicy*) festgelegt wird
5. Bearbeiten des neuen Objekts durch Anklicken mit der rechten Maustaste und Auswahl von *Bearbeiten*. Es öffnet sich der *Gruppenrichtlinienobjekt-Editor*

6. Importieren der Vorlage. Gruppenrichtlinien können bekanntlich sowohl für den Computer als auch für einen Benutzer wirksam sein. Diese Vorlage soll benutzerspezifisch sein. Durch Anklicken des Eintrags *Administrative Vorlage* im Zweig *Benutzerkonfiguration* und Auswahl von *Vorlagen hinzufügen/entfernen* im Kontextmenü kann eine Vorlage hinzugefügt werden. Über *Hinzufügen* wird die Adm-Datei aus ihrem Verzeichnis ausgewählt.
7. Festlegen der Einstellung. Die neue Policy steht sowohl unter *Computerkonfiguration* als auch unter *Benutzerkonfiguration* im Zweig *Administrative Vorlagen/Windows Components/Windows PowerShell* zur Verfügung. Nach Auswahl der Vorlage wird in der rechten Fensterhälfte die Einstellung, sie heißt *Turn on Script Execution,* angezeigt. Ihr aktueller Zustand ist *Nicht konfiguriert.*

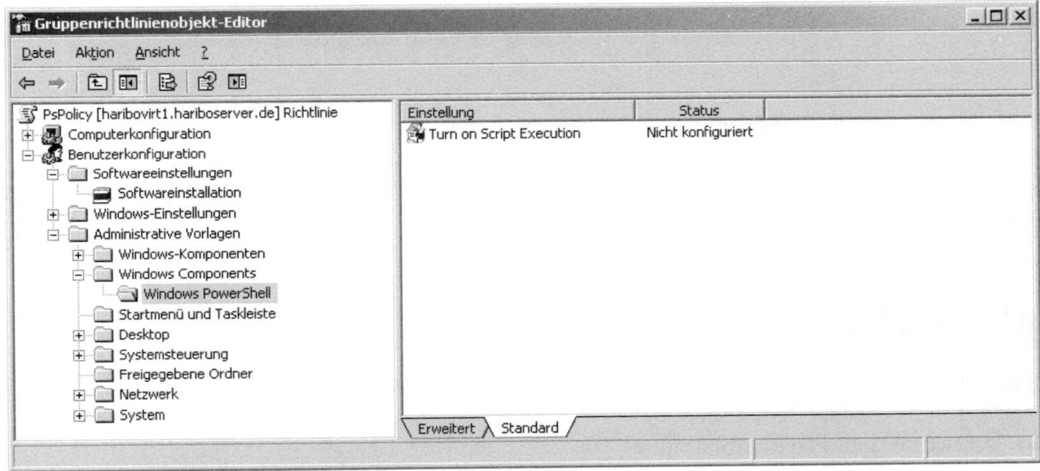

Abbildung 7.1 Die *Turn on Script Execution Policy* wurde hinzugefügt

Nach Auswahl der Richtlinie wird sie über den Eintrag *Eigenschaften* im Kontextmenü des Eintrags (oder den Link) konfiguriert. Es erscheint ein Dialogfeld, in dem die Optionen *Nicht konfiguriert, Aktiviert* und *Deaktiviert* zur Verfügung stehen. Die Einstellung muss auf *Aktiviert* gesetzt und aus der Auswahlliste z.B. *Allow local scripts and remote signed scripts* ausgewählt werden. Die Einstellung wird mit *OK* bestätigt.

Der Gruppenrichtlinienobjekt-Editor kann damit wieder geschlossen werden.

8. Zuordnen des *GPOs* (*Group Policy Objects*) zu einem Verzeichniselement. Das GPO mit der konfigurierten Richtlinie existiert. Jetzt muss das GPO noch mit der Domäne verknüpft werden, sodass die Richtlinie mit dem Anmelden eines Benutzers aktiv wird. Dazu wird der Eintrag für die Domäne mit der rechten Maustaste angeklickt und *Vorhandenes Gruppenrichtlinienobjekt verknüpfen* gewählt. Aus der Dialogbox *Gruppenrichtlinienobjekt auswählen* wird die Richtlinie ausgewählt. Durch Bestätigen mit *OK* wird sie mit der Domäne verknüpft.

Die Gruppenrichtlinie wird mit dem nächsten Anmelden aktiv.

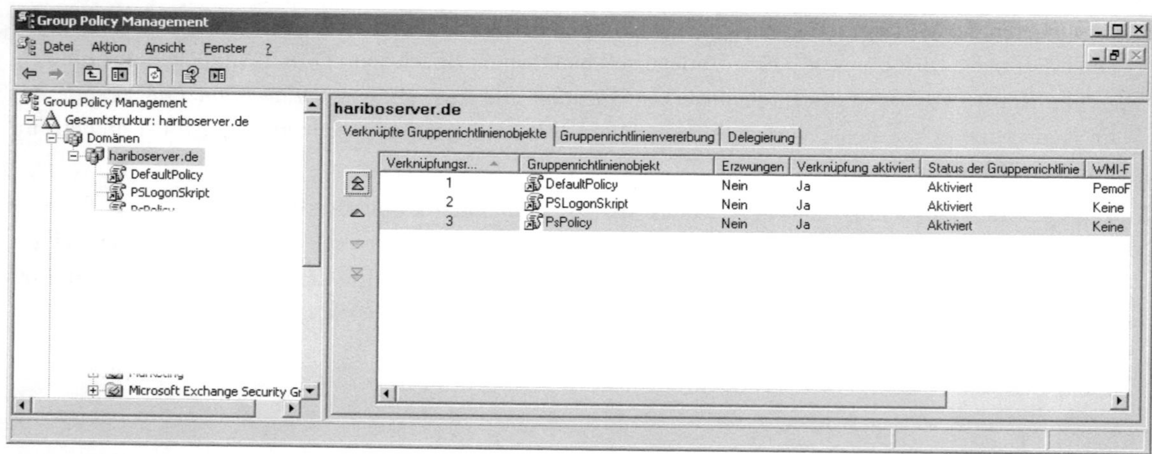

Abbildung 7.2 Die neue Richtlinie wurde mit der Domäne verknüpft und ist aktiv

HINWEIS Ab Windows Server 2003 kann eine neue oder geänderte Gruppenrichtlinie über das Befehlszeilentool *Gpupdate* übernommen werden.

Skripts starten

Einen speziellen Befehl für den Aufruf eines Skripts gibt es nicht, ein Skript wird durch Eingabe seines Pfades »aufgerufen«, sodass sein Inhalt Befehl für Befehl ausgeführt wird. Befindet sich das Skript im aktuellen Verzeichnis, gibt es eine Abkürzung:

```
.\Skriptname.ps1
```

Der unscheinbare Punkt vor dem Backslash steht für das aktuelle Verzeichnis. Die Dateierweiterung *.Ps1* muss nicht zwingend angegeben werden, der guten Ordnung halber sollte man sie aber nicht weglassen. Wer unbedingt will, kann sogar auf den Punkt und den Schrägstrich verzichten, wenn der Punkt in die *Path*-Variable aufgenommen wurde. In diesem Fall genügt zur Ausführung nur der Name der Skriptdatei.

TIPP Wer Aufgaben gerne mit einem Minimum an Aufwand erledigt, wird sich über den folgenden Tipp freuen: Die Autovervollständigung per ↹ funktioniert auch bei der Ausführung von Skriptdateien. Man gibt die ersten Zeichen des Dateinamens ein und drückt ↹, woraufhin der Pfad vervollständigt wird.

Ansonsten muss der komplette Pfad vorangestellt werden:

```
C:\PsKurs\Skriptname.ps1
```

Der Doppelklick auf eine Ps1-Datei hat keine Folgen, da der Dateityp absichtlich nicht registriert wird. Möchte man ein PowerShell-Skript trotzdem per Doppelklick oder nach jedem Windows-Start starten, indem das Skript z. B. im Autostart-Ordner abgelegt wird, geschieht dies über den Aufruf von *Powershell.exe*, bei dem der Pfad der auszuführenden Skriptdatei über den Parameter *File* übergeben wird (bei der PowerShell 1.0 war dafür der Parameter *C* zuständig).

Die folgende Befehlszeile startet das Skript *TestSkript.ps1* im Verzeichnis *C:\Admin\Eigene Dateien\PsSkripts* (es wurde absichtlich ein Verzeichnispfad gewählt, in dessen Name ein Leerzeichen vorkommt):

```
Powershell -NoProfile -NoLogo -File "C:\Admin\Eigene Dateien\PsSkripts\TestSkript.ps1"
```

Der optionale Parameter *NoProfile* sorgt dafür, dass keine Profiledatei geladen wird (was im Allgemeinen auch sinnvoll ist).

HINWEIS Enthält der Verzeichnispfad z.B. ein Leerzeichen, muss er komplett in Anführungszeichen gesetzt werden.

Der folgende Aufruf führt einen Befehl aus und beendet die PowerShell anschließend wieder:

```
Powershell NoProfile -c { $Anzahl = (Get-Service | Where-Object { $_.Status -ne
"Running"}).Count;"$Anzahl Dienste laufen nicht"}
```

Skripts *dot sourced* starten

Ein Skript wird durch Voranstellen eines weiteren Punktes, dem ein Leerzeichen folgen muss, *dot sourced* gestartet. Der Unterschied ist bedeutend, denn dadurch bleiben alle in dem Skript definierten Funktionen und Variablen auch nach Beenden des Skriptes verfügbar.

Der folgende Befehl startet den Aufruf von *TestSkript.ps1* dot sourced:

```
. .\TestSkript.ps1
```

Alle in der Skriptdatei definierten Funktionen und Variablen stehen auch nach Beendigung des Skripts zur Verfügung.

HINWEIS Bei Skripts, die innerhalb der *PowerShell ISE* ausgeführt werden, spielt die Unterscheidung zwischen *dot sourced* und nicht *dot sourced* keine Rolle, da jedes Skript in seinem eigenen *Runspace* (und damit dot sourced) ausgeführt wird und die Funktionen und Variablen ihre Gültigkeit nach Beendigung des Skripts nicht verlieren.

Skripts zeitgesteuert starten

Diese Möglichkeit steht für jede Anwendung bekanntlich über die Aufgabenplanung von Windows zur Verfügung. Möchte man ein PowerShell-Skript zeitgesteuert starten (z.B. jeden Montag um halb acht), geschieht dies, indem für *Powershell.exe* eine Aufgabe angelegt und das Skript über den *File*-Parameter angegeben wird.

TIPP Zwar lassen sich neue Aufgaben in der Aufgabenverwaltung seit Windows Vista relativ einfach anlegen, indem diese über eine einfache XML-Struktur definiert werden, doch ist es grundsätzlich natürlich kein Problem, das zuständige Programm *Schtasks.exe* direkt aufzurufen, sodass es z.B. möglich ist, auf diese Weise eine Aufgabe für das Starten eines PowerShell-Skripts im Rahmen eines (PowerShell-)Skripts anzulegen.

Das folgende Beispiel zeigt eine Funktion *Create-ScheduledTask*, die eine neue Aufgabe für den Start einer PowerShell-Skriptdatei zu einem bestimmten Zeitpunkt oder in einem bestimmten Intervall anlegt.

```
# ---------------------------------------------------------------
# Beispiel 7.1 - Anlegen einer Aufgabe
# ---------------------------------------------------------------
function Create-ScheduledTask
([string]$ComputerName = "localhost",
 [string]$RunAsUser = "System",
 [string]$TaskName = "TestTask",
 [string]$Schedule = "Daily",
 [string]$Days = "SO",
 [string]$StartTime = "13:40",
 [string]$Task)
{
  $CmdLine  = "schtasks.exe /create /s $ComputerName /ru $RunAsUser "
  $CmdLine += "/tn $TaskName /tr $Task /sc $Schedule /st $StartTime /F"
  Invoke-Expression $CmdLine
  if ($LastExitCode -eq 0)
  { Write-Host -fore green "Task wurde angelegt." }
  else
  { Write-Host -Fore White –Back red "Fehler ($LastExitCode) beim Anlegen des neuen Tasks" }
}
```

Listing 7.1 Anlegen einer Aufgabe

Da *Invoke-Expression* zum Aufruf von *Schtasks.exe* führt, wird über die Variable *$LastExitCode* (und nicht über *try/catch*) geprüft, ob das Anlegen möglich war oder ob das Programm einen Rückgabewert ungleich 0 zurückgab. Aufgerufen wird die Funktion wie folgt:

```
Create-ScheduledTask -Task "`"PowerShell -file 'C:\PsKurs\TestSkript.ps1' -NoExit`"" -TaskName PSTask2
```

Eine Liste aller angelegten Aufgaben liefert die folgende Funktion:

```
# ---------------------------------------------------------------
# Beispiel 7.2 - Aufgaben auflisten
# ---------------------------------------------------------------
function Get-ScheduledTask
([string]$ComputerName = "localhost")
{
  $CmdLine = "schtasks.exe /query /s $ComputerName"
  Invoke-Expression $CmdLine
}
```

Listing 7.2 Auflisten aller angelegten Aufgaben

Wird nichts anderes angegeben, werden die Aufgaben auf dem lokalen Computer aufgelistet.

Der Vollständigkeit halber wird im Folgenden die Funktion *Remove-ScheduledTask* vorgestellt, die einen vorhandenen Task wieder entfernt:

```
# ---------------------------------------------------------------
# Beispiel 7.3 - Entfernen einer Aufgabe
# ---------------------------------------------------------------
function Remove-ScheduledTask
(
  [string]$ComputerName = "localhost",
  [string]$TaskName = "TestTask"
)
{
  if ((Get-ScheduledTask) -match $TaskName)
  {
    if ((Read-Host -Prompt "Task '$Taskname' auf Computer $ComputerName entfernen (j/n)") -eq "j")
    {
     $CmdLine = "Schtasks.exe /delete /s $ComputerName /tn $TaskName /F"
     Invoke-Expression $CmdLine
     if ($LastExitCode -eq 0)
     { Write-Host -Fore green "Task wurde entfernt." }
     else
     { Write-Host -Fore red "Fehler ($LastExitCode) beim Entfernen des neuen Tasks" }
   }
  }
  else
  { Write-Host -Fore White –Back Red "Der Task $TaskName existiert nicht auf $ComputerName." }
}
```

Listing 7.3 Entfernen einer Aufgabe

TIPP Wäre es nicht praktisch, Funktionen wie *Create-ScheduledTask* usw. zu Cmdlets oder besser Modulen zusammenzufassen, sodass sie z.B. per *Import-Module* geladen werden könnten? Das wäre es mit Sicherheit. Und da es so nahe liegend ist, steht ein solches Modul bereits zur Verfügung, und zwar im Rahmen des von Microsoft veröffentlichten »Windows 7 Resource Kit PowerShell Pack« (Download unter *http://code.msdn.microsoft.com/PowerShellPack*). Es enthält unter anderem ein *TaskScheduler*-Modul mit einer *New-Task*-Funktion.

Skripts mit einem anderen Benutzerkonto starten

Das Wechseln des *Sicherheitskontextes*, also das Ausführen eines Befehls mit einem anderen Benutzerkonto, ist auch bei der PowerShell 2.0 nur dann möglich, wenn dies das Cmdlet explizit zulässt. Ansonsten muss *Powershell.exe* über das *Start-Process*-Cmdlet mit Angabe der Kombination aus Benutzername und Kennwort über ein *PsCredential*-Objekt gestartet werden.

Der folgende Befehl startet das Applet zur Anzeige des Datum und der Uhrzeit unter einem anderen Benutzerkonto.

```
Start-Process -FilePath Control -Argumentlist TimeDate.cpl -Credential Administrator
```

TIPP Möchte man die Eingabe von Benutzername und Kennwort nicht bei jedem Aufruf bestätigen müssen, legt man über das *Get-Credential*-Cmdlet ein *PSCredential*-Objekt an, dem beide Angaben zugewiesen werden:

```
$Cred = Get-Credential
```

Alternativ kann das *PSCredential*-Objekt über das *New-Object*-Cmdlet auch direkt angelegt werden:

```
$Cred = New-Object -Type System.Management.Automation.PsCredential Administrator, $SecPw
```

$SecPw steht für das erforderliche Kennwort als *SecureString*, das z. B. zuvor über das *Read-Host*-Cmdlet mit dem *AsSecureString*-Parameter eingelesen wurde (mehr zum Thema *SecureString* in Kapitel 14).

Kurze Einführung in PowerShell Script

In diesem Abschnitt werden die verschiedenen Befehle von *PowerShell Script* vorgestellt, die in erster Linie für den Einsatz in einem Skript gedacht sind. Offiziell gibt es den Begriff *PowerShell Script* nicht, da es nicht sinnvoll ist, künstlich zwischen der direkten Ausführung eines Befehls über den Eingabeprompt und der Ausführung desselben Befehls im Rahmen eines Skripts zu trennen. In diesem Kapitel umschreibt der Begriff *PowerShell Script* jedoch alle jene Befehle, die in erster Linie in Skripts eingesetzt werden.

Kommentarzeilen

Ein Kommentar ist ein beliebiger Text in einer Befehlszeile, der bei der Ausführung ignoriert wird. Er wird mit einem #-Zeichen eingeleitet, das sich irgendwo innerhalb der Befehlszeile befinden kann. Alle Zeichen ab dem #-Zeichen werden ignoriert.

Ab der Version 2.0 der PowerShell sind auch mehrzeilige Kommentarzeilen erlaubt. Sie werden durch ein <# eingeleitet und durch ein #> wieder beendet.

Kommentare dienen ab der PowerShell 2.0 auch dazu, die Hilfetexte für ein Skript oder eine Funktion festzulegen, die danach z. B. über *Get-Help* abgerufen werden. Alle Details sind ausführlich in der Hilfe beschrieben, die über *Help about_comment* angefordert wird.

Eingaben entgegennehmen

Für das Entgegennehmen von Eingaben während der Skriptausführung bietet die PowerShell lediglich das *Read-Host*-Cmdlet. Es besitzt zwei Parameter: *Prompt* und *AsSecure*. Während über *Prompt* (optional) der Text der Eingabeaufforderung folgt, kann über *AsSecure* festgelegt werden, dass die Eingabe als *SecureString* zurückgegeben wird – in diesem Fall erfolgt die Eingabe außerdem verdeckt, was bei der Eingabe von Kennwörtern ganz praktisch ist.

Der folgende Befehl nimmt ein Kennwort über die Tastatur entgegen:

```
$Pw = Read-Host -Prompt "Kennwort?" -AsSecure
```

Die Variable *$Pw* steht für einen *SecureString*, der überall dort eingesetzt werden kann, wo ein *SecureString* als Parameter erwartet wird. Über einen kleinen Umweg, der in Kapitel 14 beschrieben wird, kann der *SecureString* auch wieder lesbar gemacht werden.

HINWEIS Die Zeichenkette eines *SecureString* wird benutzer- und maschinenbezogen kodiert und kann daher nur vom Benutzer, der den *SecureString* angelegt hat, wieder gelesen werden. Es ist also nicht möglich, den *SecureString* in eine Datei zu speichern und diese auf einem anderen Computer oder unter einem anderen Benutzerkonto wieder einzulesen.

HINWEIS Ein direktes Pendant zur InputBox-Funktion von VBScript gibt es nicht. Wie sich unter Zuhilfenahme des Tools *PrimalForms* mit wenig Aufwand komfortable Eingabedialoge erstellen lassen, wird in Kapitel 15 gezeigt.

Variablen

Eine Variable ist ein (beliebiger) Name, der für einen (beliebigen) Wert steht und immer mit einem $-Zeichen beginnt (das $-Zeichen ist aber nicht Bestandteil des Namens). Variablen werden bei der PowerShell nicht »deklariert«, sondern mit der ersten Eingabe bekannt gemacht.

Der folgende Befehl führt die Variable *$AnzahlUser* im Skript ein und initialisiert sie mit dem Wert 0:

```
$AnzahlUser = 0
```

Ohne die Initialisierung wäre der Typ der Variablen so lange unbestimmt, wie ihr kein Wert zugewiesen wurde (solange besitzt die Variable noch den Spezialwert *$null*).

Für Leser, die bislang VBScript eingesetzt haben, wirkt es sicher ungewohnt, dass sich auch mehrere Variablen auf einmal in einem einzigen Befehl mit einem Wert belegen lassen. Der folgende Befehl weist den Variablen *$AnzahlDienste* und *$AnzahlDiensteRunning* den Wert 0 zu:

```
$AnzahlDienste = $AnzahlDiensteRunning = 0
```

Alle Variablen werden von der PowerShell durch den *Variable*-Provider und das gleichnamige Laufwerk verwaltet. Ein

```
Get-ChildItem Variable:
```

listet daher alle Variablen mit ihren aktuellen Werten auf. Ein

```
Remove-Item Variable:AnzahlUser
```

entfernt die zuvor angelegte Variable wieder, wenngleich es dazu im Allgemeinen keinen Grund gibt und derselbe Effekt auch mit dem Cmdlet *Clear-Variable* erreicht werden kann.

```
Clear-Variable AnzahlUser
```

HINWEIS Auch bei Variablennamen spielt die Groß- und Kleinschreibung keine Rolle – aus Gründen der besseren Lesbarkeit wird in dem Buch und in den Beispielen die *CamelCase*-Notation verwendet, bei welcher der erste Buchstabe eines Hauptworts jeweils großgeschrieben wird – diese Schreibweise sorgt dafür, dass Variablennamen, die sich aus mehreren Hauptwörtern zusammensetzen, besser lesbar sind.[1] Niemals (und wirklich niemals) sollte ein Variablenname nur aus Großbuchstaben bestehen. Das würde gegen sämtliche Konventionen und Benimmregeln verstoßen.

Variablen und ihr Typ

Jede Variable besitzt einen (Daten-)Typ, der im Allgemeinen durch die erste Wertzuweisung festgelegt wird. In der Regel muss man sich über den Typ einer Variablen keine Gedanken machen – dies ist eher etwas für die erfahreneren PowerShell-Anwender. Dennoch ist es wichtig, zumindest in Grundzügen darüber Bescheid zu wissen. Der Typ einer Variablen legt fest, welche »Sorte« von Daten in der Variablen abgelegt werden können. Zur Auswahl stehen unter anderem *Int32* (ganze Zahl, 32 Bit breit), *Byte* (ganze Zahl, 8 Bit breit), *Char* (ein Zeichen, Unicode), *Single* (Zahl mit Nachkommaanteil, einfach genau) oder *String* (Zeichenkette). Insgesamt gibt es bei der PowerShell etwa zwei Dutzend dieser Grunddatentypen, wenngleich jede Klasse (der .NET-Klassenbibliothek) wiederum einen eigenen Typ darstellt, sodass theoretisch zigtausend unterschiedliche (Daten-)Typen existieren.

Datentyp	Steht für
Byte	Ein Byte (8 Bit)
Char	Ein Zeichen (Unicode)
DateTime	Datum und Uhrzeit
Int	Ganze Zahl
Int32	Ganze Zahl (32 Bit)
Int64	Ganze Zahl (64 Bit)
Single	Zahl mit Nachkommaanteil
String	Zeichenkette

Tabelle 7.1 Die wichtigsten Datentypen bei der PowerShell

Als typische Skriptsprache ist es der PowerShell egal, welche Sorte von Wert in einer Variablen gespeichert wird. Es ist daher kein Problem, einer Variablen nacheinander vollkommen verschiedene Sorten von Werten zuzuweisen:

```
$Var = 1000
$Var = "Glatteisgefahr im Serverraum"
$Var = 22 / 7
$Var = New-Object -Type System.Random (Get-Date).MilliSecond
$Var = get-date
$Var = { $Anzahl = (Get-Service | Where { $_.Status -ne "Running" }).Count;"$Anzahl Dienste laufen nicht"}
```

[1] Raten Sie einmal, woher diese Schreibweise ihren Namen erhielt – hier finden Sie eine ausführliche Beschreibung eines Prinzips, das sich in einem Satz bereits ausreichend beschreiben lässt – *http://de.wikipedia.org/wiki/CamelCase*.

Die Variable *$Var* enthält nacheinander unterschiedliche Sorten von Werten. Von einer einfachen Zahl über eine Objektreferenz bis zu einem Skriptblock kann der Variablen alles zugewiesen werden. Ihr Datentyp passt sich stets entsprechend an.

Einen Datentyp erzwingen (das Type Casting)

Es gibt Situationen, in denen ist es nicht egal, welchen Datentyp eine Variable besitzt. In diesem Fall muss ein bestimmter Datentyp erzwungen werden. Dieser Vorgang wird *Casting* (oder *Type Casting*) genannt. Dazu wird der Typ in eckige Klammern gesetzt und der Variablen vorangestellt.

Der folgende Befehl erzwingt, dass *$Anzahl* einen Datentyp vom Typ *Int* erhält:

```
[int]$Anzahl = Read-Host -Prompt "Anzahl?"
```

Die Notwendigkeit für dieses Casting zu erklären, ist am Anfang gar nicht so leicht, da es nur auf den ersten Blick sinnvoll erscheint. Zum einen erhält die Variable *$Anzahl* auch ohne das Casting den Datentyp *Int*:

```
$Anzahl = Read-Host -Prompt "Anzahl?"
```

Zum anderen führt die Eingabe von etwas, das sich nicht in eine ganze Zahl casten lässt, zu einem Fehler, was ohne das Casting nicht passieren würde.

Warum macht man sich dann mit dem Casting das Leben unnötig schwer? Wäre es nicht besser, die Theorie Theorie sein zu lassen? Theoretisch ja, aber es gibt nun einmal Situationen, in denen das Casting notwendig ist. Zunächst ein sehr einfaches Beispiel. Es sollen zwei Zahlen addiert werden, die zuvor per *Read-Host*-Cmdlet entgegengenommen wurden:

```
$Op1 = Read-Host -Prompt "1. Wert?"
$Op2 = Read-Host -Prompt "2. Wert?"
$Summe = $Op1 + $Op2
```

Welchen Wert wird *$Summe* wohl besitzen, wenn Sie bei der ersten Abfrage 100 und bei der zweiten 200 eingeben? Doch sicher den Wert 300. Weit gefehlt, der Wert ist 100200, was deutlich macht, dass die PowerShell beide Eingaben als Zeichenketten behandelt und einfach nur zusammengefügt hat. Kein Wunder, denn niemand hat der PowerShell gesagt, dass sie beide Werte als Zahlen interpretieren soll. Ein Type Casting kann dies erreichen:

```
$Summe = [int]$Op1+$Op2
```

Der PowerShell genügt es bereits, dass die Variable *$Op1* vom Typ *Int* (Integer) ist, um den Wert von *$Op2* ebenfalls in einen *Integer* zu konvertieren. Doch hätte das Casting nicht besser bereits bei *Read-Host* erfolgen sollen? Das kommt darauf an. Es ist entscheidend, wann die Operation durchgeführt wird. Im obigen Beispiel folgt die Addition unmittelbar auf die Eingabe, sodass es keine Rolle spielt, wo gecastet wird. Wird die Operation in einem umfangreichen Skript aber erst mittendrin oder am Ende durchgeführt, würde auch der Fehler erst mittendrin bzw. am Ende angezeigt werden, was oft nicht optimal ist, da unter Umständen bereits eine Vielzahl an Befehlen mit falschen Werten ausgeführt wurden. Es empfiehlt sich daher, möglichst früh zu prüfen, ob eine Variable den richtigen Typ besitzt. Am besten bereits bei der Eingabe.

HINWEIS Für einige Typennamen gibt es Abkürzungen bzw. Alternativnamen. Für *[int]* kann auch *[int32]* oder *[int64]* verwendet werden, je nachdem, wie groß eine Zahl werden soll. Für *[double]* kann *[float]* geschrieben werden.

Type Casting und Fehlerbehandlung

Natürlich ist es ein wenig lästig, wenn eine falsche Eingabe (die oft auch erfahrenen Anwendern unterlaufen kann) gleich zu einer Fehlermeldung führt. Das Skript wird zwar dadurch nicht abgebrochen, aber es muss im Allgemeinen vorzeitig beendet werden, da es keinen Sinn ergibt, wenn es mit unpassenden Werten weiterläuft. In diesem Fall wäre es wünschenswert, wenn statt einer PowerShell-Fehlermeldung ein allgemeiner Hinweis erfolgen würde und die Eingabe wiederholt werden könnte. Auch wenn das Thema Fehlerbehandlung erst in Kapitel 8 an der Reihe ist, hier bereits ein Beispiel, das zeigt, wie man generell vorgehen kann.

Die folgenden Befehlsfolgen führen dazu, dass die Skriptausführung erst dann fortgesetzt wird, wenn eine Zahl eingegeben wurde. Ansonsten wird ein entsprechender Hinweis ausgegeben:

```
# ------------------------------------------------------------
# Beispiel 7.4 - es muss eine Zahl eingegeben werden
# ------------------------------------------------------------
$EingabeOk = $False
while (!$EingabeOk)
{
  try
  {
   [int]$Zahl = Read-Host -Prompt "Zahl?"; $EingabeOk=$true
  }
  catch
  { Write-Host -Fore red "Bitte eine Zahl eingeben" }
}
Write-Host -Fore green "Die Eingabe ist $Zahl"
```

Listing 7.4 Die Eingabe einer Zahl erzwingen

In diesem Beispiel kommt das Befehlspaar *try/catch* im Zusammenspiel mit einer *while*-Schleife zum Einsatz. Der Fehler, den eine unpassende Eingabe hervorruft, wird durch den *try*-Befehl abgefangen.

Zeichenketten (Strings)

Eine *Zeichenkette* (engl. *string*) ist eine Gruppe von (beliebigen) Zeichen, die entweder in Anführungszeichen oder einfachen Apostrophen eingerahmt sind. *Serverraum* ist ein Beispiel für eine Zeichenkette. Zeichenketten werden entweder ausgegeben, als Parameterwert einer Funktion übergeben oder einer Variablen zugewiesen. Hinter einer Zeichenkette steckt stets ein *String*-Objekt. Erwarten ein Cmdlet oder eine Funktionen einen Parameter vom Typ *String*, muss dieser nur dann in Anführungszeichen gesetzt werden, wenn die Zeichenkette ein Leerzeichen, ein Komma oder ein anderes Zeichen enthält, das bei der PowerShell eine eigene Bedeutung besitzt.

Die Funktion *Out-Reverse* erwartet einen String als Parameter und gibt diesen in umgekehrter Reihenfolge wieder aus:

```
# -------------------------------------------------------------
# Beispiel 7.5 - ein Beispiel für String-Übergabe an eine Funktion
# -------------------------------------------------------------

function Out-Reverse
($Textstring)
{
  for ($i=$TextString.Length-1;$i-ge0;$i--)
  {
    $NeuString += $TextString.SubString($i,1)
  }
  $NeuString
}
```

Listing 7.5 Stringübergabe an eine Funktion

Wird dem Parameter eine Zeichenkette ohne Spezialzeichen übergeben, können Anführungszeichen oder Apostrophe entfallen:

```
Out-Reverse -Textstring Sonne
```

Enthält die Zeichenkette z.B. ein Leerzeichen, muss sie in Anführungszeichen oder Apostrophe gesetzt werden, da ansonsten nur die Zeichen bis zum ersten Trennzeichen übergeben werden würden:

```
Out-Reverse -Textstring 'Sonne und Regen'
```

Anführungszeichen und Apostrophe unterscheiden sich durch eine wichtige Kleinigkeit. Variablen und Ausdrücke werden innerhalb einer Zeichenkette, die in Apostrophe gesetzt ist, nicht erweitert. Ein

```
"Heute ist: $(Get-Date -Format dddd)"
```

führt zur Ausgabe des aktuellen Wochentages, ein

```
'Heute ist: $(Get-Date -Format dddd) '
```

gibt die Zeichenkette lediglich eins zu eins aus.

Here-Zeichenfolge

Ein kleiner Nachteil von Zeichenketten ist, dass es ein wenig knifflig wird, wenn sie selbst wieder Anführungszeichen enthalten, was hin und wieder vorkommen kann. Die folgende Zuweisung mag die PowerShell nicht, da die Zeichenkette weitere Anführungszeichen enthält:

```
$Tipp = "Probieren Sie einmal ein "Format-Table -Wrap" aus"
```

Zwar kann man die Anführungszeichen mit einem Tickzeichen escapen:

```
$Tipp = "Probieren Sie einmal ein `"Format-Table -Wrap`" aus"
```

auf die Dauer ist dieses Maskieren von Anführungszeichen aber etwas umständlich. Eine Lösung bieten die so genannten *Here-Zeichenfolgen* (engl. *here strings*). Diese dienen dazu, beliebig lange Texte in einem Skript unterbringen zu können, wobei es keine Rolle spielt, ob diese zwischendrin Anführungszeichen enthalten. Eine Here-Zeichenfolge wird durch ein @" (oder @') eingeleitet und ein paar Zeilen später durch ein "@ (oder '@) wieder beendet:

```
$Tipp = @"
Probieren Sie einmal ein "Format-Table -Wrap" aus
"@
```

Der »Trick« besteht darin, dass auf das einleitende @" (oder @') in der Zeile nichts mehr folgen darf und dass das abschließende "@ (oder '@) am linken Rand der Zeile stehen muss. Ansonsten sind seltsame Fehlermeldungen die Folge.

Geht es nur darum, dass eine Zeichenkette über mehrere Zeilen frei eingegeben werden soll, wird eine Here-Zeichenfolge nicht unbedingt benötigt, denn auch eine reguläre Zeichenfolge kann beliebig unterbrochen und in der nächsten Zeile fortgesetzt werden.

Dazu ein Beispiel: Die folgenden Zeilen definieren eine Zeichenfolge, die sich über mehrere Zeilen erstreckt und einer Variablen zugewiesen wird:

```
$Aussichten = "
Sonne,
Regen und
Sonnenschein
"
```

Dabei muss allerdings berücksichtigt werden, dass durch den Zeilenumbruch auch ein Zeilenumbruchzeichen in die Zeichenkette eingefügt wird.

TIPP Here-Zeichenfolgen werden in der PowerShell-Hilfe nur am Rande erwähnt. Die folgende »Suchfunktion für Arme« durchsucht alle About-Themen nach einem Suchbegriff, in diesem Beispiel *here-Zeichenfolge*, und gibt die Namen der About-Themen aus, in denen der Suchbegriff vorkommt. Da die Suche etwas länger dauert, wird per *Write-Progress*-Cmdlet ein Fortschritt angezeigt:

```
$Suchwort = 'here-zeichenfolge';Get-Help about_* | ForEach-Object { Write-Progress -Activity "Durchsuche
die Hilfe" -Status "Durchsuche $($_.Name)"; if ((get-help $_.Name) -match $Suchwort) { $_.Name } }
```

TIPP Im Zusammenhang mit Zeichenketten ist es manchmal ganz interessant zu erfahren, welche Zeichencodes eine Zeichenkette enthält. Der folgende Befehl gibt über die *ToCharArray()*-Methode eines *String*-Objekts jedes Zeichen (als *Char*-Objekt) einzeln aus und konvertiert es per *[int]* in eine Zahl, die über den *f*-Operator als Hexadezimalzahl ausgegeben wird. Dadurch werden die *ASCII-Codes* der Zeichen dargestellt:

```
$Tipp.ToCharArray() | ForEach-Object { "{0:x2}" -f [int]$_ }
```

Variablen und ihr Gültigkeitsbereich (Scope)

Jede Variable besitzt einen Gültigkeitsbereich (engl. *scope*), der festgelegt, in welchem Bereich des Skripts die Variable gültig ist. Es gibt globale, lokale und private Variablen. Außerdem kann der Gültigkeitsbereich relativ zur aufrufenden Ebene festgelegt werden. Da dieses Thema bereits Erfahrung im Umgang mit der PowerShell voraussetzt, wird es in Kapitel 13, wenn es um die fortgeschritteneren Themen geht, ausführlich vorgestellt.

Fehler bei nicht deklarierten Variablen

Ein kleiner Nachteil des relativ freizügigen Umgangs bei der PowerShell mit Variablen ist, dass es keine falsch geschriebenen Variablennamen geben kann, da ein solcher Name einfach zu einer neuen Variablen führt. Manchmal möchte man erreichen, dass dies nicht möglich ist. Ein direktes Pendant zu *Option Explicit* von VBScript gibt es bei der PowerShell nicht. Es wird mit dem *Set-PSDebug*-Cmdlet und seinem *Strict*-Parameter aber eine Variante angeboten, die dem nahe kommt. Wird der Befehl ausgeführt, führt das Abfragen einer Variablen, die keinen Wert besitzt, zu einem Fehler. Eine Zuweisung an die Variable hat zum Ergebnis, dass damit eine neue Variable entsteht, die anschließend auch abgefragt werden kann. Variablen müssen damit zwar nicht explizit deklariert werden, ihnen muss vor der ersten Verwendung lediglich ein Wert zugewiesen werden, was im Allgemeinen auch sinnvoll ist, da die Variable ansonsten überflüssig wäre. Über *Set-PSDebug -Off* wird dieses Verhalten wieder abgeschaltet.

Arrays (Arrayvariablen)

Arrays haben, genauso wenig wie Variablen, nicht direkt etwas mit PowerShell-Skripts zu tun, da sie natürlich wie alles andere auch außerhalb einer Skriptdatei eingesetzt werden, doch liegt es nahe, im Anschluss an die Variablen die Arrays vorzustellen. Eine Arrayvariable, oder einfach nur ein Array, ist eine Variable, die für einen oder mehrere Werte steht. Damit lassen sich mehrere Werte unter einem Namen zusammenfassen.

Arrays werden durch ein Klammernpaar definiert, dem ein @ vorausgeht.

Der folgende Befehl fasst ein paar Zahlen in einem Array zusammen:

```
$Zahl = @(10, 20, 30)
```

Die PowerShell ist auch bei Arrays großzügig, da es bereits genügt, mehrere Werte durch Kommas getrennt zusammenzufassen. Auch der folgende Befehl legt ein Array an:

```
$Zahl = 10, 20, 30
```

Die Anzahl der Elemente in einem Array liefert stets die *Length*-Property (bzw. die *Count*-Property, die als Alias-Property ebenfalls zur Verfügung steht).

Die einzelnen Elemente werden über ihren Index angesprochen, der stets in eckige Klammern gesetzt wird. Der Index ist eine Positionsnummer, die stets bei 0 beginnt und bis zu *Length-1* reicht. Der Befehl

```
$Zahl[0]
```

liefert daher das erste Element im Array, der Befehl

```
$Zahl[1]
```

das zweite und der Befehl

```
$Zahl[-1]
```

stets das letzte Element, unabhängig davon, wie groß das Array ist. Dass auch negative Zahlen für den Index erlaubt sind, stellt eine Kleinigkeit dar, auf die man nicht unbedingt von alleine kommen dürfte, die aber einmal mehr beweist, dass die PowerShell auch im Kleinen sehr flexibel ist.

Selbstverständlich kann einzelnen Elementen innerhalb des Arrays jederzeit ein neuer Wert zugewiesen werden:

```
$Zahl[1] = 22
```

Möchte man mit einem leeren Array beginnen, in das im Laufe der Zeit Werte eingetragen werden, wird die Variable wie folgt definiert:

```
$Zahlen = @()
```

$Zahlen steht für ein leeres Array, das noch keinen Inhalt besitzt (die *Length*-Eigenschaft liefert den Wert 0). Ein Element wird über den +=-Operator hinzugefügt:

```
$Zahlen += 100
$Zahlen += 200
$Zahlen += 300
$Zahlen += 400
```

Das Entfernen eines Elements über -= funktioniert jedoch nicht. Der einfachste Weg, ein Element aus einem Array zu entfernen, besteht darin, das Array in zwei Teilarrays aufzuteilen, in denen das zu entfernende Element nicht enthalten ist, und daraus ein neues Array zu machen.

Der folgende Befehl geht von einem Array *$Zahlen* mit den Werten 100, 200, 300 und 400 aus und entfernt daraus die Zahl 300:

```
$Zahlen = $Zahlen[0..1], $Zahlen[3]
```

In diesem Beispiel kommt der praktische Bereichsoperator .. zum Einsatz, über den die Arrayelemente 0 und 1 angesprochen werden.

Der Bereichsoperator ist auch für den Fall sehr praktisch, wenn alle Elemente eines Arrays mit einem bestimmten Wert vorbelegt werden sollen. Natürlich geht auch die klassische Variante:

```
for($i=0;$i-lt$Zahlen.Length;$i++) { $Zahlen[$i] = 1234 }
```

Gegen die Variante mit der *for*-Schleife (die später in diesem Kapitel noch näher beleuchtet wird; siehe Abschnitt »Schleifen mit dem for-Befehl« auf Seite 260) ist überhaupt nichts einzuwenden. Außer, dass sie vielleicht ein wenig PowerShell-untypisch ist. Etwas eleganter ist die folgende Variante:

```
0..($Zahlen.Length-1) | % { $Zahlen[$_] = 1234 }
```

Keine Sorge, % ist kein geheimer Spezialoperator, sondern lediglich der offizielle Alias für das *ForEach-Object*-Cmdlet (würde man es ausschreiben, wäre es eventuell nicht mehr ganz so elegant).

Feststellen, ob ein Wert in einem Array enthalten ist

Auch wenn es zunächst etwas seltsam erscheinen mag, aber der einfachste Weg festzustellen, ob ein Array einen bestimmten Wert enthält, bietet der *Match*-Operator. Der folgende Befehl matcht die Zahl 200 in dem Array *$Zahlen*:

```
$Zahlen -Match 200
```

Anstatt eines *$true/$false*-Wertes wie sonst üblich, wird der gematchte Werte zurückgegeben. Da der Match z.B. auch mit 20 oder 2 funktioniert, ist diese Variante nicht geeignet, wenn es um die exakte Übereinstimmung geht.

Ein Array mit einer festen Größe anlegen

Hin und wieder soll ein Array von Anfang an bereits eine feste Größe besitzen. Das ist generell kein Problem. Dazu muss aber unbedingt per *New-Object*-Cmdlet ein neues Array explizit angelegt werden (wobei die zu verwendende Schreibweise nicht gerade intuitiv ist).

Der folgende Befehl legt ein Array mit 12 Elementen vom Typ *String* an:

```
$Monate = New-Object -Type String[] 12
$Monate.Length
12
```

Jetzt kann den einzelnen Elementen des Arrays ein Wert zugewiesen werden:

```
$Monate[0] = "Januar"
$Monate[1] = "Februar"
$Monate[2] = "März"
$Monate[3] = "April"
$Monate[4] = "Mai"
$Monate[5] = "Juni"
$Monate[6] = "Juli"
$Monate[7] = "August"
$Monate[8] = "September"
$Monate[9] = "Oktober"
$Monate[10] = "November"
$Monate[11] = "Dezember"
```

Natürlich muss niemand so umständlich ein Array befüllen, dessen einzelne Elemente in einer so einfachen Beziehung zueinander stehen. Der folgende Befehl belegt das Array *$Monate* ebenfalls mit den Monatsnamen von Januar bis Dezember:

```
1..12 | Foreach-Object { $Monate += "{0:MMMM}" -f (Get-Date 1.$_.2010) }
```

Damit es funktioniert, muss die PowerShell aber wissen, dass *$Monate* keine gewöhnliche Variable, sondern eine Array-Variable ist:

```
$Monate = @()
```

Dieser Befehl definiert ein leeres Array.

Möchte man feststellen, ob z. B. der Name *Okt* im Array enthalten ist, liefert der Befehl

```
$Monate -Match "Okt"
```

die Antwort, in dem entweder der vollständige Name des Monats oder nichts zurückgegeben wird.

Die Position des Elements erhält man auf diese Weise natürlich nicht. Hier muss erneut die *IndexOf*-Methode der einem Array zugrundeliegenden *Array*-Klasse zum Einsatz kommen:

```
[System.Array]::IndexOf($Monate, "Oktober")
```

Ganz optimal ist diese Variante nicht, da sie nicht mit den Mitteln der PowerShell, sondern des darunter liegenden .NET Framework realisiert wurde. Wäre es nicht sehr viel einfacher, dass Array mit dem *Match*-Operator oder dem *Select-String*-Cmdlet zu durchsuchen, da es nur Text enthält? Im Prinzip ja, doch da die Position des Wertes gesucht wird, ist es mit einem einfachen Vergleich nicht getan.

Dazu ein Beispiel: Der folgende Befehl gibt die Position eines Elements in seinem Array mit Textelementen aus. Dazu muss der Arrayinhalt aber zuerst per *Out-String*-Cmdlet in Text umgewandelt werden, der anschließend mit dem *Split*-Operator in einzelne Zeilen zerlegt wird, sodass das *Select-String*-Cmdlet eine Zeilennummer angeben kann, die der Nummer des Elements entspricht:

```
(($Monate | Out-String) -split "`n" | Select-String "Oktober").LineNumber -1
```

TIPP Wie lässt sich feststellen, ob eine Variable ein Array oder eine »normale« (skalare) Variable ist? Zum Beispiel für die *Count*-Property, die es nur bei einem Array gibt. Ein *$Variable.Count –eq $null* liefert *$true*, wenn die Variable kein Array ist. Ein anderer Vergleich ist *$Variable –is [System.Array]*, was *$true* ergibt, wenn die Variable ein Array ist.

Hashtables

Eine *Hashtable* (ausgesprochen wie *häschtäjbel*) entspricht einem Array, nur dass nicht einzelne Werte, sondern stets Schlüssel-Wert-Paare gespeichert werden. Der Schlüssel, hinter dem ein beliebiger Wert steht, ist dazu da, den dazugehörigen Wert anzusprechen. Der zunächst etwas ungewöhnlich klingende Name rührt von dem Umstand, dass über den Schlüssel ein so genannter *Hash-Wert* gebildet wird, über den der Wert auf kürzestem Weg angesprochen wird, was bei sehr großen Hashtables (mehrere Hunderttausend Elemente und mehr) in einem Geschwindigkeitsvorteil resultiert. Auch der Wert einer Hashtable wird mit einem @ eingeleitet, allerdings folgt ein Paar geschweifter Klammern. Innerhalb der geschweiften Klammern werden die einzelnen Schlüssel-Wert-Paare durch Semikolons getrennt. Hashtables werden von der

PowerShell an zwei Stellen verwendet: Erstens für die Definition eigener Member bei *Select-Object*. Zweitens für die Definition einer eigenen Spalte im Rahmen von *Format-Table*. Darüber hinaus sind Hashtables immer dann sehr praktisch, wenn Werte so gespeichert werden sollen, dass sie über einen assoziierten Schlüssel (bei dem es sich um ein beliebiges Objekt handeln kann) ansprechbar sein sollen.

Der folgende Befehl definiert eine Hashtable *OS*, die mit *Name* und *Version* zwei Schlüssel enthält, denen per =-Zeichen Werte zugewiesen werden:

```
$OS = @{Name="Windows 8";Version="6.1.5"}
```

Die Eingabe von *$OS* führt zu folgender Ausgabe:

```
$Os

Name                           Value
----                           -----
Name                           Windows 8
Version                        6.1.5
```

Anders als bei einem Array werden die einzelnen Werte nicht über einen Index, sondern über ihren Schlüssel angesprochen:

```
$OS["Name"]
Windows 8
```

Möchte man aus irgendeinem Grund doch die einzelnen Werte (oder Schlüssel) über einen Index ansprechen, muss die Hashtable einfach als Array behandelt werden:

```
@($OS.Values)[0]
Windows 8
```

Die Anzahl der Elemente liefert wie bei einem Array die *Count*-Property.

Eine Hashtable ist eine interessante Datenstruktur, mit der sich einiges anstellen lässt.

Der folgende Befehl zählt die Anzahl der Dateierweiterungen im aktuellen Verzeichnis, indem für jede Erweiterung ein Eintrag in einer Hashtable angelegt wird, der mit jeder weiteren Datei mit dieser Erweiterung um eins erhöht wird:

```
Get-ChildItem -Path . | ForEach-Object { $Ext = $_.Extension; $ExtHash[$Ext] +=1}
```

Doch ganz so einfach geht es anscheinend nicht, denn dieser Befehl führt zu »jeder Menge« Fehlermeldungen. Der Grund ist natürlich klar. Woher soll die PowerShell wissen, dass *$ExtHash* für eine Hashtable stehen soll, denn die Variable wurde noch nicht einmal angelegt. Zuerst muss eine leere Hashtable erstellt werden, was der folgende Befehl leistet:

```
$ExtHash = @{}
```

Jetzt führt der Befehl zu folgendem Resultat:

```
$ExtHash

Name                           Value
----                           -----
.ps1                           108
.xml                           6
.htm                           1
.ini                           1
.html                          2
```

usw.

Dann müsste der folgende Befehl doch die Ausgabe nach dem Wert von *Value* sortieren:

```
$ExtHash | Sort-Object -Property Value
```

Leider ist dies nicht der Fall, denn *Value* ist keine Property der Hashtable, sondern nur eine von der PowerShell gewählte Spaltenüberschrift, und *$ExtHash* steht nur für ein einziges Objekt, die Hashtable selbst. Sortieren lassen sich die Werte:

```
$ExtHash.Values | Sort-Object
```

oder die Schlüssel

```
$ExtHash.Keys | Sort-Object
```

aber nicht beides zusammen.

Wünscht man wirklich eine nach Schlüsseln sortierte Hashtable, ist der Aufwand etwas größer. Der folgende Befehl legt eine neue Hashtable an und kopiert die nach dem Schlüssel sortierten Elemente in die neue Hashtable:

```
$ExtListe = @(); $ExtHash.Keys | Sort-Object | ForEach-Object { $ExtListe+= @{$_=$ExtHash[$_] } }
```

Das Sortieren nach den Werten der Hashtable ist auf diese Weise nicht möglich, da über den Wert nicht der Schlüssel angesprochen werden kann. Es gibt aber einen kleinen Trick, auf den man aber erst einmal kommen muss. Wer sich mit *Get-Member* die Member einer Hashtable betrachtet, entdeckt womöglich die unscheinbare *CopyTo*-Methode, mit der sich die Hashtable in ein Array kopieren lässt, das aber erst einmal angelegt werden muss. Anschließend stehen in dem Array Objekte zur Verfügung, die eine *Name*- und *Value*-Property besitzen.

Der folgende Befehl sortiert die Hashtable nach dem Wert:

```
$ExtAr = New-Object -Type Object[] $ExtHash.Count
$ExtHash.CopyTo($ExtAr, 0)
$ExtAr | Sort-Object -Property Value -Desc
```

Ein wenig einfacher kommt man auch ohne Hashtable zum selben Resultat, indem man einfach das *Group-Object*-Cmdlet anwendet:

```
Get-ChildItem -Path . | Group-Object -Property Extension | Select-Object -Property Name, Count | Sort-
Object -Property Count -Descending
```

Es gibt bei der PowerShell praktisch immer mehrere Wege, die zum Ziel führen. Welche Variante man verwendet, ist zweitranging, solange das Ergebnis stimmt, der Aufwand nicht zu groß ist und der Lösungsweg für andere (halbwegs) nachvollziehbar bleibt.

Die Rolle des Befehlsblocks

Für alle PowerShell-Befehle, die eine Entscheidung treffen oder Befehle wiederholen, spielt der *Befehlsblock* eine zentrale Rolle. Ein Befehlsblock (auch Skriptblock genannt) ist eine Folge von Befehlen, die in geschweifte Klammern gesetzt werden. Auf der obersten Ebene eines Skripts muss der Befehlsblock nicht explizit definiert werden, auch wenn dies möglich wäre.

Ein

```
{
  Befehl1
  Befehl2
  Befehl3
}
```

definiert in einem Skript einen Befehlsblock, der aus drei Befehlen besteht. Damit dieser Befehlsblock ausgeführt wird, muss ihm entweder ein &-Zeichen oder das *Invoke-Command*-Cmdlet vorangestellt werden:

```
Invoke-Command -ScriptBlock {
  Befehl1
  Befehl2
  Befehl3
}
```

Es ist interessant und ein weiteres Beispiel für die Flexibilität der PowerShell, dass auch ein Befehlsblock einer Variablen zugewiesen werden kann:

```
$Cmd = { Get-Process; Get-Service }
```

Ausgeführt wird der Befehlsblock auf die beschriebene Weise, z. B. durch Voranstellen eines &:

```
&$Cmd
```

Befehlsblöcke zu definieren, bringt zunächst keine Vorteile, außer, dass sie einen eigenen Gültigkeitsbereich für Variablen darstellen (mehr dazu in Kapitel 13) und einer Funktion als Parameter übergeben werden können. Das *Invoke-Command*-Cmdlet, mit dem Remotebefehle ausgeführt werden, erwartet entweder den Pfad einer Skriptdatei oder einen Skriptblock als Parameter. Bei den Entscheidungs- und Schleifenbefehlen der PowerShell ist ein Befehlsblock die Einheit, die von dem jeweiligen Befehl ausgeführt wird.

Entscheidungen mit dem if-Befehl

Eine Entscheidung ist eine der elementarsten Aktivitäten bei der Ausführung eines Skripts. Soll ein Befehlsblock nur dann ausgeführt werden, wenn ein Wert oder Ausdruck den Wert *$true* ergibt, wird dem Befehlsblock der *if*-Befehl vorangestellt, auf den der in Klammern gesetzte Ausdruck folgt.

Im folgenden Beispiel wird mithilfe des *Test-Path*-Cmdlets geprüft, ob ein Verzeichnispfad, der in einer Variablen enthalten ist, existiert. Der zurückgegebene *$true/$false*-Wert wird im Rahmen des *if*-Befehls ausgewertet:

```
if (!(Test-Path $DirPfad))
{ Write-Host -Fore red "Der Verzeichnispfad $DirPfad existiert nicht." }
```

Leider ist die PowerShell in diesem speziellen Fall ein wenig umständlicher als andere Skriptsprachen. Da der *$true/$false*-Wert, den das *Test-Path*-Cmdlet liefert, über den !-Operator umgedreht werden soll, muss das Ganze noch einmal in runde Klammern gesetzt werden.

Der else-Befehl für den Alternativzweig

Soll auch etwas passieren, wenn der auf den *if*-Befehl folgende Ausdruck keinen *$true*-Wert ergibt, kommt der *else*-Befehl zum Einsatz, der dem Befehlsblock vorausgeht, der ausgeführt werden soll, wenn die Bedingung nicht erfüllt ist.

Das folgende Beispiel gibt für den Fall, dass ein Pfad existiert, die Anzahl der Dateien in dem Verzeichnis aus.

```
# ------------------------------------------------------------
# Beispiel 7.6 - ein Beispiel für if und else
# ------------------------------------------------------------
$DirPfad = $Env:SystemRoot+"\System32"
if (!(Test-Path $DirPfad))
{ Write-Host -Fore red "Der Verzeichnispfad $DirPfad existiert nicht." }
else
{ "Anzahl Dateien in $DirPfad`: $((get-childitem $DirPfad).count)." }
```

Listing 7.6 Ein Beispiel für die Befehle *if* und *else*

Das Beispiel enthält über den *else*-Befehl hinaus zwei subtile Details, die weniger erfahrene PowerShell-Anwender am Anfang häufig nicht kennen. Da *$Env:SystemRoot* den Inhalt der Umgebungsvariablen als Zeichenkette liefert, wird über den +-Operator der zweite Teil des Pfades angehängt, sodass ein Gesamtpfad resultiert. Da auf die Anzahl der Dateien (aus optischen Gründen) ein Doppelpunkt folgen soll, muss dieser mit dem Tickzeichen ` »escaped« werden, damit er nicht als Sonderzeichen behandelt wird. Ansonsten würde weder die Variable *$DirPfad* noch der Doppelpunkt ausgegeben werden. Nicht ganz intuitiv dürfte auch die runde Klammerung in der Zeichenkette um *Get-ChildItem* mit dem vorangehenden *$*-Zeichen sein. Sie bewirkt, dass *Get-ChildItem* zwar ausgeführt, das Ergebnis aber nur in der Pipeline gehalten wird, sodass am Ende per *Count*-Property die Summe gebildet werden kann.

Eine Frage der Logik

Es gibt natürlich keinen Grund, dass der *if*-Zweig für den Fall zuständig ist, dass der Pfad nicht existiert. Ein wenig logischer wäre es andersherum:

```
$DirPfad = $Env:SystemRoot+"\System32"
if (Test-Path $DirPfad)
{ "Anzahl Dateien in $DirPfad`: $((Get-ChildItem $DirPfad).Count)." }
else
{ Write-Host -Fore red "Der Verzeichnispfad $DirPfad existiert nicht." }
```

Dadurch vereinfacht sich die Abfragelogik ein wenig, da der !-Operator nicht mehr benötigt wird. Im Allgemeinen prüft der *if*-Befehl auf einen zu erwartenden positiven Ausgang, der *else*-Befehl übernimmt den Part, der aktiv wird, wenn die Bedingung wider Erwarten nicht erfüllt ist.

Mehrfachentscheidung mit dem elseif-Befehl

Soll auf den *else*-Befehl gleich wieder eine *if*-Entscheidung folgen, werden beide Befehle zum *elseif*-Befehl zusammengezogen.

Das folgende Beispiel prüft zuerst, ob eine Datei *UserDaten.csv* existiert und anschließend, ob eine Datei *UserDaten.txt* existiert.

```
# -------------------------------------------------------------
# Beispiel 7.7 - ein Beispiel für den elseif-Befehl
# -------------------------------------------------------------
$Dateiname = "UserDaten"
if (Test-Path $Dateiname".csv")
{ Write-Host -Fore yellow "Csv-Datei existiert." }
elseif (Test-Path $Dateiname".txt")
{ Write-Host -Fore green "Txt-Datei existiert." }
else
{ Write-Host -Fore White –Back Red "Weder Txt- oder Csv-Datei existiert." }
```

Listing 7.7 Ein Beispiel für den *elseif*-Befehl

Mehrfachentscheidungen über den switch-Befehl

Sobald mehrere Entscheidungen kombiniert werden sollen, bietet sich dafür der *switch*-Befehl an, der zudem erstaunlich leistungsfähig ist, da er z.B. auch Vergleiche auf der Grundlage regulärer Ausdrücke durchführen kann.

Das erste Beispiel soll lediglich das Prinzip veranschaulichen und findet sich in ähnlicher Form auch in der PowerShell-Hilfe. Nach der Eingabe einer Schulnote (1-6) wird eine entsprechende Bewertung ausgegeben:

```
# -------------------------------------------------------------
# Beispiel 7.8 - ein einfaches Beispiel für den switch-Befehl
# -------------------------------------------------------------
$Note = Read-Host "Note? (1-6)"
switch ($Note)
```

```
{
 1 { "Das war sehr gut!"}
 2 { "Das war gut!" }
 3 { "Nicht schlecht" }
 4 { "Das ist noch verbesserungsfähig" }
 5 { "Schade, das könnte besser sein" }
 6 { "Leider nicht so gut - woran liegt's?" }
 default { "Bitte nur eine Zahl zwischen 1 und 6 eingeben." }
}
```

Listing 7.8 Ein Beispiel für den *switch*-Befehl

Das Beispiel ist simpel, aber bereits sehr effektiv, denn mithilfe von *if*- und *elseif*-Befehlen wäre es ein wenig umfangreicher geworden. Doch der *switch*-Befehl kann noch einiges mehr. Da wäre z. B. die Möglichkeit, beliebige Ausdrücke vergleichen zu können. Dazu muss man lediglich wissen, dass der zu prüfende Ausdruck über *$_* zur Verfügung steht.

Das folgende Beispiel entspricht dem letzten Beispiel, nur dass dieses Mal ein Bereich geprüft wird:

```
# --------------------------------------------------------------
# Beispiel 7.9 - ein weiteres Beispiel für den switch-Befehl
# --------------------------------------------------------------
$Note = Read-Host "Note? (1-6)"
switch ($Note)
{
 { $_ -ge 1 -and $_ -le 2 } { "Gute Leistung!"}
 { $_ -ge 3 -and $_ -le 4 } { "Alles noch im grünen Bereich"}
 { $_ -ge 5 -and $_ -le 6 } { "Noch verbesserungsfähig"}
 default { "Bitte nur eine Zahl zwischen 1 und 6 eingeben." }
}
```

Listing 7.9 Ein weiteres Beispiel für den *switch*-Befehl

Der Klassiker unter den Beispielen für *switch*-ähnliche Befehle ist natürlich eine uhrzeitabhängige Begrüßung, die bei einem Loginskript heutzutage selbstverständlich sein sollte.[2]

```
# --------------------------------------------------------------
# Beispiel 7.10 - Zeitabhängige Begrüßung dank dem switch-Befehl
# --------------------------------------------------------------
switch ((get-date).Hour)
{
  { $_ -ge 5 -and $_ -lt 11 } { $Greet = "Guten Morgen"}
  { $_ -ge 11 -and $_ -lt 17 } { $Greet = "Guten Tag" }
  { $_ -ge 17 -and $_ -lt 23 } { $Greet = "Guten Abend" }
  default { $Greet = "Gute Nacht" }
}
Write-Host -fore green "$Greet - es ist jetzt $(Get-Date -format `"HH:mm`")"
```

Listing 7.10 Ein weiteres Beispiel für den *switch*-Befehl (Teil 2)

[2] Vorsicht, leichte Ironie.

Was leicht übersehen werden kann, ist der Umstand, dass die Anführungszeichen, über die dem Formatparameter das Format mitgeteilt wird, in diesem Beispiel über das `-Zeichen escaped werden, damit sie bereits Teil einer Zeichenkette sind.

switch mit regulären Ausdrücken

Richtig leistungsfähig wird der *switch*-Befehl, wenn reguläre Ausdrücke als Vergleichswerte zum Einsatz kommen, da sich dadurch sehr flexible Abfragemöglichkeiten ergeben. Damit der *switch*-Befehl weiß, dass der Vergleich anhand eines regulären Ausdrucks durchgeführt wird, kommt der *Regex*-Parameter zum Einsatz.

Das folgende Beispiel zählt, wie oft bestimmte Logdateien in einem Verzeichnis vorkommen, indem ein Mustervergleich mit dem Dateinamen durchgeführt wird. Es wird davon ausgegangen, dass der Name einer Logdatei dem allgemeinen Muster *PsLogs_DDMM_JJJJ.log* folgt, wobei *DD* für die Tageszahl, *MM* für die Monatszahl und *JJJJ* für die Jahreszahl steht. Zuerst wird eine Arrayvariable mit 12 Plätzen angelegt (mehr zu den Arrayvariablen im Abschnitt »Arrays (Arrayvariablen)« auf Seite 249), damit für jeden Monat eine Zählvariable vorhanden ist. Dann geht das *Get-ChildItem*-Cmdlet alle Dateien mit der Erweiterung *.Log* durch (an dieser Stelle können noch keine regulären Ausdrücke eingesetzt werden, ansonsten wäre der *switch*-Befehl überflüssig), und im Rahmen des *ForEach-Object*-Cmdlets wird jeder Dateiname über den folgenden *switch*-Befehl geprüft. Enthält ein Dateiname eine der (willkürlich herausgegriffenen) Monatszahlen 01, 02, 03, 06, 09 oder 10, wird die entsprechende Variable in dem Array *$MonatsLogs* per ++-Operator um eins erhöht. Auch die folgende Ausgabe hat es in sich. Es soll erreicht werden, dass der Wert für alle 12 Variablen des Arrays *$MonatsLogs* im Stile von *Anzahl Logs im Monat Januar: 0, Anzahl Logs im Monat Februar: 1* usw. ausgegeben wird. Auch wenn sich die Zeichenkette Stück für Stück zusammenbauen ließe – wobei generell die Frage geklärt werden müsste, wie sich aus einer Zahl von 1 bis 12 der entsprechende Monatsname ableiten lässt –, geht es deutlich eleganter mit dem *f*-Operator:

```
# --------------------------------------------------------------
# Beispiel 7.11 - switch-Befehl mit regulären Ausdrücken
# --------------------------------------------------------------
# Allgemeines Muster:
# PsLogs_1410_2009.log
$Monatslogs = new-object 'Byte[]' 12
get-childitem Logs\*.log | ForEach-Object {
 switch -regex ($_.Name)
 {
  "PsLogs_[0-9]{2}01_200[0-9]\.log" { $MonatsLogs[0]++}
  "PsLogs_[0-9]{2}02_200[0-9]\.log" { $MonatsLogs[1]++}
  "PsLogs_[0-9]{2}03_200[0-9]\.log" { $MonatsLogs[2]++}
  "PsLogs_[0-9]{2}06_200[0-9]\.log" { $MonatsLogs[5]++}
  "PsLogs_[0-9]{2}09_200[0-9]\.log" { $MonatsLogs[8]++}
  "PsLogs_[0-9]{2}10_200[0-9]\.log" { $MonatsLogs[9]++}
 }
}
for ($i=0;$i-le$Monatslogs.Length-1;$i++)
{
  Write-Host "Anzahl Logs im Monat $(`"{0:MMMM}: {1}`" -f (Get-Date 1.$($i+1).2000),$MonatsLogs[$i])"
}
```

Listing 7.11 Der *switch*-Befehl mit regulären Ausdrücken

Schleifenbefehle

Ein Schleifenbefehl sorgt dafür, dass ein Befehlsblock eine bestimmte Anzahl oft ausgeführt und damit wiederholt wird. Eine solche Wiederholung heißt auch *Programmschleife* oder einfach nur *Schleife*. Die PowerShell bietet nicht nur einen, sondern gleich vier Schleifenbefehle, von denen die *do*-Schleife noch zweifach variiert werden kann, sodass sich insgesamt fünf Schleifenvarianten ergeben, was für den Alltagsgebrauch mehr als genug sein sollte. Tabelle 7.2 stellt die einzelnen Schleifenvarianten zusammen, was hoffentlich die Übersichtlichkeit verbessert.

Schleifenbefehl	Bedeutung	Beispiel

for	Wiederholt einen Befehlsblock eine festgelegte Anzahl oft	`for ($i=0;$i-lt 10;$i++)`
		`{`
		
		`}`

while	Wiederholt einen Befehlsblock solange ein Ausdruck den Wert *$true* besitzt	`while ($PsSize -lt 1MB)`
		`{`
		
		`}`

do	Wiederholt einen Befehlsblock ebenfalls solange ein Ausdruck den Wert *$true* besitzt, der am Ende des Befehlsblocks einem *while*- oder *until*-Schlüsselwort folgt. Im Unterschied zur *while*-Schleife wird der Befehlsblock dadurch mindestens einmal ausgeführt.	`do`
		`{`
		`"Durchlauf Nr. $i";  $i++`
		`}`
		`while ($i -lt 5)`
		oder
		`do`
		`{`
		`"Durchlauf Nr. $i";  $i++`
		`}`
		`until ($i -eq 5)`

foreach	Wiederholt einen Befehlsblock für jedes Element in einem Array oder einer Collection	`$AdRes = $ADS.FindAll()`
		`foreach($r in $AdRes)`
		`{`
		`$r.Name`
		`}`

Tabelle 7.2 Die verschiedenen Schleifentypen bei der PowerShell

Schleifen mit dem for-Befehl

Die gebräuchlichste Form der Wiederholung bietet die *for*-Schleife, durch die ein Befehlsblock so oft wiederholt wird, wie der Wert einer Variablen, die bei jedem Durchlauf verändert (typischerweise erhöht) wird, die Abbruchbedingung nicht erfüllt.

Der folgende Befehl gibt 10 Meldungen untereinander aus:

```
# -----------------------------------------------------------
# Beispiel 7.12 - ein Beispiel für den for-Befehl
# -----------------------------------------------------------
for($i=1; $i-le10; $i++)
{ Write "Durchlauf $i " }
```

```
Durchlauf 1
Durchlauf 2
Durchlauf 3
Durchlauf 4
Durchlauf 5
Durchlauf 6
Durchlauf 7
Durchlauf 8
Durchlauf 9
Durchlauf 10
```

Listing 7.12 Ein Beispiel für den *for*-Befehl

Anders als bei Skriptsprachen im Allgemeinen üblich wird die *for*-Schleife nicht benötigt, wenn es lediglich darum geht, nur Werte zu produzieren oder einen Befehlsblock zu wiederholen. Ein 1..10 legt z.B. die Zahlen von 1 bis 10 in die Pipeline, sodass das letzte Beispiel mit dem *ForEach-Object*-Cmdlet, das einen Befehlsblock so oft wiederholt, wie Objekte in der Pipeline vorhanden sind, auch ein wenig unkonventioneller gelöst werden könnte:

```
1..10 | ForEach-Object { "Durchlauf Nr. $_ " }
```

Der folgende Befehl legt (scheinbar) 100 Dateien an, wobei der aktuelle Schleifenwert mithilfe des universellen *f*-Operators per Formatierung in den Dateinamen eingebaut wird.

```
# ---------------------------------------------------------------
# Beispiel 7.13 - Dateien anlegen in einer for-Schleife
# ---------------------------------------------------------------
for($i=1;$i-lt100;$i++)
{ New-Item -Path ("Datei{0:000}.demo" -f $i) -ItemTime File }for($i=1;$i-lt100;$i++)
{ New-Item -Path ("Datei{0:000}.demo" -f $i) -ItemType File }
```

Listing 7.13 Viele Dateien auf einmal anlegen mit dem *for*-Befehl

Doch werden wirklich 100 Dateien angelegt?

Auch hier gibt es mit dem Bereichsoperator im Zusammenspiel mit dem *ForEach-Object*-Cmdlet, das sich mit dem Alias % recht kompakt abkürzen lässt, eine eventuell etwas elegantere Alternative:

```
1..100 | % { New-Item -Path ("Datei{0:000}.demo" -f $_) -ItemType File }
```

Dieses Mal werden genau 100 Dateien angelegt.

Es ist typisch für die PowerShell, dass auch für den *for*-Befehl keine künstlichen Grenzen existieren. Ein

```
for($a=""; $a -ne "J")
{ $a = read-host  }
```

wiederholt die Eingabe so lange, bis ein »J« eingegeben wird. Dieses Mal gibt es keine Zählvariable, die bei jedem Durchlauf erhöht wird. Das lässt sich zwar eleganter, weil besser »lesbar«, mit dem *while*-Befehl erreichen, doch mit dem *for*-Befehl funktioniert es, wenn man unbedingt möchte, auch.

Die folgende *for*-Schleife gibt die Namen der Monate und die Anzahl der Tage pro Monat aus, indem die Variable *$i* von 1 bis 12 gezählt wird (das Jahr 2000 wird dabei nur rein willkürlich gewählt, da *Get-Date* irgendein Jahr erwartet, um zusammen mit dem Monat und dem Tag ein Datum zu bilden):

```
# ---------------------------------------------------------------
# Beispiel 7.14 - ein weiteres Beispiel für die for-Schleife
# ---------------------------------------------------------------
for($i=1;$i-le12;$i++)
{
  "Der {0:MMMM} hat {1} Tage" -f (get-date 1.$i.2000),
   [System.DateTime]::DaysInMonth(2000, $i)
}
```

Listing 7.14 Ein weiteres Beispiel für den *for*-Befehl

Andere Zählschritte

Die Zählvariable muss bei der *for*-Schleife nicht in Einerschritten erhöht werden, das ist lediglich die gebräuchlichste Variante. Die (optionale) Schleifenvariable kann natürlich beliebig erhöht oder verringert werden.

Die folgende Zählschleife zählt zur Abwechslung einmal in Schritten zu 1 MB.

```
# ---------------------------------------------------------------
# Beispiel 7.15 - for-Schleife mit Zählbereich in MB
# ---------------------------------------------------------------
for($Mem=1MB; $Mem-le64MB; $Mem = $Mem + 1MB)
  { "{0:n0} Bytes" -f $Mem }
```

Listing 7.15 Ein *for*-Befehl mit anderer Zählweite

Die Ausgabe sieht wie folgt aus:

```
1.048.576 Bytes
2.097.152 Bytes
3.145.728 Bytes
4.194.304 Bytes
```

usw.

Über den *f*-Operator wird die Ausgabe der Zahlen mit Tausendertrennzeichen formatiert.

Wiederholungen mit der while-Schleife

Soll ein Befehlsblock so lange wiederholt werden, wie eine Bedingung, die zu Beginn des Befehlsblocks geprüft wird, *$true* ist, muss dem Befehlsblock der *while*-Befehl vorangestellt werden, auf den der Bedingungsausdruck wie üblich in runden Klammern folgt.

Das folgende Beispiel nimmt über das *Read-Host*-Cmdlet von der Tastatur eine Zeichenkette entgegen und wiederholt die Eingabe so lange, bis es sich um eine Zahl handelt. Da es bei der PowerShell dafür leider kein Cmdlet oder einen Operator gibt, muss ein wenig weiter ausgeholt werden, indem die *TryParse*-Methode des Typs *System.Int32* verwendet wird, der die zu konvertierende Zeichenkette und eine Variable übergeben wird, in die die Zahl, sofern eine Konvertierung möglich war, eingetragen wird - diese Variable muss über *[ref]* als Referenz übergeben werden, was bei der PowerShell eine recht seltene Konstruktion ist (bei vielen Beispielen lernen Sie immer noch ein wenig mehr dazu). War die Konvertierung erfolgreich, gibt *TryParse* einen *$true*-Wert zurück, ansonsten einen *$false*-Wert. Auch wenn der Zusammenhang nicht allzu kompliziert ist, ist das natürlich bereits eine etwas fortgeschrittenere Technik.

```
# -------------------------------------------------------------
# Beispiel 7.16 - ein Beispiel für die while-Schleife
# -------------------------------------------------------------
$EingabeOK = $False
$Zahl = 0
while (!$EingabeOK)
{
  $Eingabe = Read-Host -prompt "Anzahl? (1-10)"
  $EingabeOK = [System.Int32]::TryParse($Eingabe, [ref]$Zahl)
}
"Die Eingabe: $Zahl"
```

Listing 7.16 Ein Beispiel für den *while*-Befehl

TIPP Sobald man eine Befehlsfolge häufiger benötigt, liegt es nahe, sie in einer Funktion zusammenzufassen und diese eventuell in der Profile-Datei abzulegen, sodass diese nach jedem Start der PowerShell automatisch zur Verfügung steht.

Eine solche *Test-Numeric*-Funktion könnte wie folgt aussehen:

```
# -------------------------------------------------------------------------------------
# Beispiel 7.17 - Testen auf eine Zahl mit TryParse
# -------------------------------------------------------------------------------------
function Test-Numeric
([string]$StringPara)
{
  $Zahl = 0
  if ([System.Int32]::TryParse($StringPara, [ref]$Zahl))
  { return $Zahl }
  else { return -1 }
}
```

Listing 7.17 Testen auf eine Zahl mit *TryParse*

Der Aufruf der Funktion sieht wie folgt aus:

```
Test-Numeric -StringPara Guggelhupf # Gibt -1
Test-Numeric -StringPara 1234           # Gibt 1234
Test-Numeric -StringPara 5000           # Gibt 5000
```

Wiederholungen mit der do-Schleife

Genau wie die *while*-Schleife wiederholt auch eine *do*-Schleife den Befehlsblock so oft, wie eine Prüfbedingung erfüllt ist (bzw. – als Variante – so lange, *bis* eine Abbruchbedingung erfüllt ist). Im Unterschied zu *while* wird die Abbruchbedingung am Ende des Befehlsblocks geprüft, sodass dieser daher mindestens einmal durchlaufen wird. Die Abbruchbedingung kann mit *while* (der Ausdruck legt eine Bedingung fest, die erfüllt sein muss, damit die Schleife wiederholt wird) oder *until* (ist die Bedingung erfüllt, wird die

Schleife abgebrochen) definiert werden. Welche Variante gewählt wird, ist in erster Linie eine Frage des Geschmacks, außerdem kann sich durch Wahl des passenden Befehlswortes eine geringfügig verbesserte Lesbarkeit ergeben.

Zeit für das Lieblingsbeispiel nahezu aller Buchautoren, der Zinsrechnung. Wer findet, dass dies mit Problemstellungen aus dem administrativen Alltag relativ wenig zu tun hat, sollte bedenken, was man alles auf diese Weise berechnen kann - etwa, wann eine Serverplatte bei kontinuierlichem Beschreiben voll ist und daher ausgetauscht werden muss, wie sich gewonnene Wetteinsätze im Kollegenkreis vermehren, wenn sie angelegt werden, oder wie lange es noch bis zum verdienten Ruhestand dauert. Das folgende Beispiel berechnet, nach wie vielen Monaten eine Festplatte voll ist, wenn ihr Inhalt jeden Monat um z. B. 7.5% wächst:

```
# ------------------------------------------------------------
# Beispiel 7.18 - ein Beispiel für die do-Schleife
# ------------------------------------------------------------
$Verbose = $true
$Zuwachs = 7.5
$FestplatteMaxKap = 50MB
$StartBelegung = 25MB
$FestplatteCurKap = $StartBelegung
$Jahre = 0
do
{
   $FestplatteCurKap *= 1 + $Zuwachs/100
   $Jahre++
   if ($Verbose)
   { Write-Host -Fore yellow "Kapazität nach $Jahre Jahren: $('{0:n2} MB' -f $FestplatteCurKap)" }}
while ($FestplatteCurKap -lt $FestplatteMaxKap)
Write-Host -Fore green "In $Jahre Jahren ist die Festplatte voll"
```

Listing 7.18 Ein Beispiel für den *do*-Befehl

Wiederholungen mit der foreach-Schleife

Die *foreach*-Schleife ähnelt nicht nur namentlich dem *ForEach-Object*-Cmdlet. Beide wiederholen einen Befehlsblock so oft, wie ein Behälter Objekte enthält. Während bei *ForEach-Object* der Behälter die vom ausgehenden Cmdlet über die Pipeline weitergegebenen Objekte sind, ist es beim *foreach*-Befehl eine beliebige Collection oder ein beliebiges Array. Bei der *foreach*-Schleife wird außerdem das jeweils aktuelle Element über die definierte Schleifenvariable angesprochen (und nicht über *$_*).

Das folgende Beispiel sucht über eine einfache Active Directory-Abfrage alle Computerkonten der aktuellen Domäne und gibt deren Namen aus. Im Mittelpunkt steht der *foreach*-Befehl, mit dem die Ergebniscollection durchlaufen wird – das Thema Active Directory ist in Kapitel 10 an der Reihe.

```
# ------------------------------------------------------------
# Beispiel 7.19 - ein Beispiel für foreach
# ------------------------------------------------------------
$ADS = [ADSISEARCHER]"(objectCategory=Computer)"
$ErgListe = $ADS.FindAll()
foreach($Erg In $ErgListe)
{
  $Erg.Properties.name
}
```

Listing 7.19 Ein Beispiel für den *foreach*-Befehl

Wie die Variable heißt, die beim *foreach*-Befehl bei jedem Durchlauf für das jeweils nächste Objekt in der Collection steht, spielt natürlich keine Rolle.

Der folgende Befehl bildet die Summe der Zahlen von 1 bis 100 und gibt sie anschließend aus:

```
$summe=[int]0;foreach($z in @(1..100)) { $Summe +=$z };$Summe
```

Warum foreach auch bei leeren Variablen mindestens einmal durchlaufen wird

Wenn man im Laufe seiner Karriere als PowerShell-Guru eine Erfahrung macht, dann ist es die, dass sich die PowerShell nicht immer so verhält, wie man es auch als erfahrenerer Anwender vermuten würde. Hier eine Kostprobe. Enthält die Variable *$Liste*, die eine Collection darstellt, keinen Inhalt, würde man erwarten, dass die folgende Schleife auch nicht durchlaufen wird:

```
foreach ($L in $Liste) { Write-Host "Der Wert von `$L ist $L" }
```

Das ist allerdings nicht der Fall, die Schleife wird einmal durchlaufen. Die Erklärung für dieses zunächst seltsame Verhalten liegt (offenbar) darin, dass auch der *$null*-Wert einen Wert darstellt und die Variable damit nicht wirklich leer ist. Möchte man erreichen, dass die Schleife in diesem Fall nicht durchlaufen wird, muss man die zu durchlaufende Variable vorübergehend in ein Array konvertieren:

```
foreach ($L in $Liste+=@()) { Write-Host "Der Wert von `$L ist $L" }
```

Jetzt wird die Schleife kein einziges Mal durchlaufen. Enthält *Liste* dagegen ein Array (*$Liste = 10, 20, 30*), wird sie so oft durchlaufen, wie Elemente enthalten sind.

Funktionen

Eine Funktion ist bei der PowerShell nicht mehr als ein Befehlsblock, der über den *function*-Befehl mit einem Namen und gegebenenfalls auch mit Parametern versehen wurde, sodass der Befehlsblock über seinen Namen und mit Argumenten aufgerufen werden kann. Mit Funktionen im mathematischen Sinne haben die PowerShell-Funktionen (natürlich) nichts zu tun. Auch der Unterschied zu einem Skript ist nicht allzu groß. Auch ein Skript ist eine Befehlsfolge, die einen Namen besitzt, und in dem zu Beginn Parameter definiert werden können. Ein Skript kann beliebig viele Funktionen enthalten, sodass eine Funktion die perfekte (und im Grunde auch einzige) Möglichkeit darstellt, PowerShell-Befehle (innerhalb eines Skripts) unter einem Namen zusammenzufassen, sodass sie mehrfach verwendet werden können.

HINWEIS Funktionen sind der Weg, wenn es darum geht, Befehlsfolgen unter einem Namen zusammenzufassen, sodass diese über den Namen der Funktion ausgeführt werden. Durch ihre Parameter bieten sie die Möglichkeit, der Befehlsfolge Werte mit auf den Weg zu geben, was bei einem Alias nicht geht.

Funktionen ohne Parameter

Eine Funktion ohne Parameter ist lediglich ein Befehlsblock, der durch den *function*-Befehl einen Namen erhalten hat.

Die folgende Funktion *Summe* addiert die Größen aller Dateien im aktuellen Verzeichnis auf:

```
# ------------------------------------------------------------
# Beispiel 7.20 - Funktion ohne Parameter
# ------------------------------------------------------------
Function Get-SumFiles
{
  $Summe = 0
  Get-ChildItem -Path . | ForEach-Object {
   $Summe += $_.Length }
  $Summe
}
```

Listing 7.20 Eine harmlose Funktion ohne Funktionsparameter

Aufgerufen wird die Funktion wie folgt:

```
Get-SumFiles
```

Ist die Funktion mit ihrer Arbeit fertig, wird der Wert der Variablen *$Summe* über die Pipeline ausgegeben. Alternativ hätte der Wert auch einer Variablen zugewiesen werden können:

```
$Summe = Get-SumFiles
```

Funktionen mit Parametern

Im Allgemeinen besitzt eine Funktion einen oder mehrere Parameter, mit deren Hilfe sich die Arbeitsweise der Funktion beeinflussen lässt und über die Werte übergeben werden können, mit denen die Funktion arbeiten soll. Die Funktionsparameter sind Variablen, die zu Beginn der Funktion angegeben werden. Es gibt zwei Varianten, um die Parameter der Funktion festzulegen. Erstens: Die Namen der Parameter folgen auf den Namen der Funktion in einem runden Klammerpaar. Zweitens: Die Namen der Parameter folgen im Befehlsblock der Funktion auf den *param*-Befehl in einem runden Klammernpaar. Beide Varianten unterscheiden sich nur in der Syntax, nicht in ihrer Bedeutung. Da die zweite Variante auch verwendet wird, wenn die Parameter für ein Skript definiert werden, führt ihre Verwendung zu der oft wünschenswerten Vereinheitlichung.

HINWEIS Mit den erweiterten Funktionen, die mit der PowerShell 2.0 eingeführt wurden, gibt es eine Fülle an Möglichkeiten, einen Funktionsparameter mit zusätzlichen Informationen auszustatten (z.B. einen Hilfetext, der den Parameter beschreibt, sodass sich über den Aufruf mit -? die übliche Hilfe abrufen lässt). Diese werden in Kapitel 8 vorgestellt.

Variante 1: Funktionsparameter folgen auf den Funktionsnamen

```
# ------------------------------------------------------------
# Beispiel 7.21 - Funktion mit Parameter
# ------------------------------------------------------------
Function Get-SumFilesA
($Extension)
```

```
{
  $Summe = 0
  Get-ChildItem -Path . -Filter $Extension| ForEach-Object {
   $Summe += $_.Length }
  "($($MyInvocation.MyCommand.Name)) Größe aller Dateien mit der Erweiterung $Extension`: {0:n0} Bytes"
-f $Summe}
```

Listing 7.21 Eine Funktion mit Funktionsparameter

Aufgerufen wird die Funktion wie folgt:

```
Get-SumFilesA -Extension *.ps1
```

Variante 2: Funktionsparameter mit dem param-Befehl definieren

```
# ---------------------------------------------------------------
# Beispiel 7.22 - Funktion mit Parameter und param-Befehl
# ---------------------------------------------------------------
Function Get-SumFilesB
{
  param($Extension)
  $Summe = 0
  Get-ChildItem -Path . -Filter $Extension| ForEach-Object {
   $Summe += $_.Length }
  "($($MyInvocation.MyCommand.Name)) Größe aller Dateien mit der Erweiterung $Extension`: {0:n0} Bytes"
-f $Summe}
```

Listing 7.22 Eine Funktion mit Funktionsparameter und *param*-Befehl

Aufgerufen wird die Funktion auf die exakt gleiche Weise wie bei Variante A:

```
Get-SumFilesB -Extension *.xml
```

Quiz: Warum führt der folgende Befehl nicht zur Ausgabe der Erweiterung innerhalb der Zeichenkette?

```
"Größe aller Dateien mit der Erweiterung $Extension: $Summe"
```

Antwort: Weil der Doppelpunkt stört und mit dem `-Zeichen espaced werden muss.

Die folgende Funktion findet große Dateien. Um den Umgang mit der Funktion einfach zu halten, müssen Startverzeichnis und Mindestgröße nicht übergeben werden, für die Parameter werden Standardwerte eingesetzt.

```
# ---------------------------------------------------------------
# Beispiel 7.23 - Die Funktion findet große Dateien
# ---------------------------------------------------------------
function Get-BigFiles
($StartDir="C:\",
 $MinSize=10MB)
```

```
{
    Get-ChildItem -Path $StartDir\*.* -ErrorAction SilentlyContinue -Recurse | Where-Object { `
     $_.Length -gt $MinSize }
}
```

Listing 7.23 Die Funktion sucht Dateien mit einer Mindestgröße

Aufgerufen wird die Funktion wie folgt:

```
Get-BigFiles -StartDir $Env:UserProfile -MinSize 5MB
```

Mit dem Break-Befehl eine Funktion vorzeitig verlassen

Soll eine Funktion einfach nur verlassen werden, ohne dass ein Wert in die Pipeline gelegt wird, übernimmt dies der *break*-Befehl.

Die folgende Funktion berechnet erneut die Summe der Größen aller Dateien in einem Verzeichnis, bricht aber ab, wenn ein als Parameter festgelegtes Limit überschritten wurde.

```
# ------------------------------------------------------------
# Beispiel 7.24 - Funktion mit Break-Befehl vorzeitig beenden
# ------------------------------------------------------------

Function Get-SumFilesC
($Extension = "*.ps1",
  $Limit = 100KB)
{
  $Summe = 0
  Get-ChildItem -Path . -Filter $Extension| ForEach-Object {
   $Summe += $_.Length
   if ($Summe -gt $Limit) { break}
  }
  "($($MyInvocation.MyCommand.Name)) Größe aller Dateien mit der Erweiterung $Extension`: {0:n0} Bytes"
-f $Summe}
```

Listing 7.24 Ein Beispiel für den *break*-Befehl

Aufgerufen wird die Funktion wie folgt:

```
Get-SumFilesC -Limit 25KB -Extension *.ps1
```

Doch, Moment, richtig zu funktionieren scheint die Variante nicht, denn es wird kein Wert ausgegeben. Kein Wunder, denn der *break*-Befehl führt dazu, dass nicht nur der *if*-Befehlsblock und der umgebende *foreach*-Befehlsblock, sondern die ganze Funktion verlassen wird. Und es wird zuvor kein Wert in die Pipeline gelegt. Um eine Ausgabe zu erzielen, muss ein entsprechender Befehl dem *break*-Befehl vorausgehen:

```
if ($Summe -gt $Limit) { "Limit überschritten (um $($Summe-$Limit) Bytes)";break}
```

Mit dem return-Befehl einen Ausgangspunkt definieren

Normalerweise endet die Funktion mit dem letzten Befehl des Befehlsblocks. Soll die Funktion vorzeitig beendet werden und dabei einen Wert zurückgeben, wird dieser Wert mit dem *return*-Befehl festgelegt.

Die folgende Funktion zählt offiziell von 1 bis 30, doch über einen per Zufallszahlengenerator bestimmten Grenzwert wird die Zählschleife mithilfe des *return*-Befehls vorher abgebrochen:

```
# --------------------------------------------------------------
# Beispiel 7.25 - Beispiel für return
# --------------------------------------------------------------
function Demo-Return
 ($Min = 0,
 $Max = 30)
{
  $Limit = Get-Random -Minimum $Min -Maximum $Max
  for($i=0;$i-lt$Max;$i++)
  {
   if ($i -eq $Limit)
   { "Abbruch beim Schleifenwert $i"; return $i }
  }
  "Fertig beim Schleifenwert $i"
}
```

Listing 7.25 Ein Beispiel für den *return*-Befehl

Aufgerufen wird die Funktion wie folgt:

```
Demo-Return
```

HINWEIS Der Befehl *return* verlässt offiziell lediglich den Befehlsblock, in dem er enthalten ist, sodass ein *return*-Befehl innerhalb einer Funktion nicht immer bedeuten muss, dass dadurch auch die Funktion verlassen wird.

HINWEIS Ein wenig kurios ist auch, dass sämtliche Werte, die in die Pipeline gelegt werden, ob direkt oder indirekt über den *return*-Befehl, zusammen zurückgegeben und z. B. einer Variablen zugewiesen werden.

Auch das folgende Beispiel veranschaulicht den *return*-Befehl als eine Möglichkeit, eine Funktion mit einem Rückgabewert zu beenden. Dieses Mal werden mehrere Werte auf einmal zurückgegeben.

```
# --------------------------------------------------------------
# Beispiel 7.26 - Mehrere Werte über den return-Befehl zurückgeben
# --------------------------------------------------------------
function Demo-ReturnB
{
  $Summe = 0
  for($i=1;$i-le10;$i++)
  {
   $Summe += $i
  }
  "Funktion fertig..."
  return $Summe
}
```

Listing 7.26 Mehrere Werte über den *return*-Befehl zurückgeben

Aufgerufen wird die Funktion wie folgt:

```
$FunBReturn = Demo-ReturnB
```

Wird die Skriptdatei wie gezeigt aufgerufen und der Rückgabewert der Funktion einer Variablen zugewiesen, besitzt die Variable den Wert *Funktion fertig... 55*. Doch wie kann eine Variable zwei Werte besitzen? Ganz einfach, es handelt sich um ein Array, das durch das Zuweisen des gesamten Pipeline-Inhalts an eine Variable entstanden ist.

Funktionen mit Pipeline-Parameter

Soll eine Funktion Pipeline-Inhalte als Argumente verarbeiten, muss sie einen anderen Aufbau besitzen. Der Befehlsblock wird in drei (optionale) Befehlsblöcke unterteilt, denen die Namen *begin*, *process* und *end* vorausgehen und welche die drei Stufen der Pipeline-Verarbeitung repräsentieren.

Die folgende Funktion wandelt eine Zeichenkette, die aus 0 und 1 besteht, in eine Binärzahl um, indem die Zeichenkette Zeichen für Zeichen durchlaufen und die jeweilige Ziffer mit einer entsprechend der Position gewählten Zweierpotenz multipliziert und das Ganze aufaddiert wird.

```
# --------------------------------------------------------------
# Beispiel 7.27 - eine Funktion mit Pipeline-Parametern
# String in Binärzahl konvertieren
# --------------------------------------------------------------
function Convert-StringToBin
{
 param([Parameter(ValueFromPipeline=$true)][string]$Zahl)
 # Im Begin-Teil steht die Pipeline noch nicht zur Verfügung:(
 begin {  $Summe=0
       }
 process {
          $Laenge = $Zahl.Length-1
          $Zahl.ToCharArray() | ForEach-Object {
          $Summe += [byte]$_.ToString()*[System.Math]::pow(2,$Laenge)
          $Laenge--}
         }
 end { return $Summe }
}
```

Listing 7.27 Funktion mit Pipeline-Parameter

Die Funktion kann entweder so

```
Convert-StringToBin -Zahl 10101010
```

oder wie folgt aufgerufen werden:

```
10101010 | Convert-StringToBin
```

Auch wenn die Funktion alles andere als kompliziert ist und es bei dem Beispiel in erster Linie um ein Anschauungsbeispiel für eine Funktion geht, enthält sie ein paar Kleinigkeiten, die es wert sind, diese zusammenzufassen:

- Um die Zeichen einer Zeichenkette einzeln zu erhalten, muss die *ToCharArray*-Methode aufgerufen werden. Diese liefert, der Name deutet es dezent an, ein Array mit *Char*-Objekten.
- Damit ein *Char*-Objekt, das für eine Ziffer steht, als Ziffer verarbeitet werden kann, muss es über die *ToString()*-Methode, über die jedes Objekt verfügt, wieder in eine Zeichenkette umgewandelt werden, welche dieses Mal aber nur aus einem Zeichen besteht. Ohne das *ToString* würde der Zeichencode (z. B. 49 für 1) und nicht die Ziffer multipliziert werden.
- Ein *$Laenge--* dekrementiert den Wert der Variablen, die zu Beginn mit der Anzahl an Ziffern minus eins belegt wurde.

HINWEIS Die PowerShell kennt leider keinen Potenzoperator, dafür muss die *Pow*-Methode der *Math*-Klasse der .NET-Klassenbibliothek einspringen. Da es ein Shared-Member ist (mehr dazu in Kapitel 13), wird sie in der zunächst eventuell etwas ungewöhnlich erscheinenden Form *[System.Math]::Pow()* aufgerufen.

Ganz so nutzlos ist das Beispiel nicht, denn Binärzahlen kommen z. B. bei Registry-Einträgen vor (Typ *REG_BINARY*). Diese können dort allerdings nicht in Binärform geschrieben werden, sondern müssen als Bytewerte in dezimaler oder hexadezimaler Form angegeben werden (mehr zum Umgang mit der Registry in Kapitel 4).

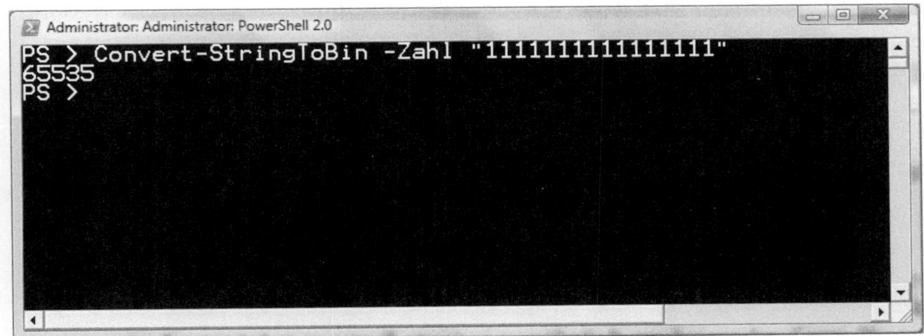

Abbildung 7.3 Aus einer Zeichenkette oder Zahl, die eine Binärzahl repräsentiert, wird der entsprechende Dezimalwert

Wer wirklich häufiger mit Binärwerten umgehen muss, wird erfreut zur Kenntnis nehmen, dass man sich über die Konvertierung keine Funktionen überlegen oder umständlich abtippen muss. Über ein

```
[System.Convert]::ToString(10000, 2)
10011100010000
```

geht es »ein wenig« einfacher. Auch dieser Befehl konvertiert die Dezimalzahl 10000 in eine Binärzahl. Wow. Dieser »Trick« gehört zu jenen Kleinigkeiten, die man entweder weiß oder nicht weiß oder auf die man per Zufall stößt. Der Aufruf der *ToString*-Methode der *Convert*-Klasse im Namespace *System* ist bei der PowerShell absolut legal, aber nicht die allerbeste Variante, da sie eben nicht PowerShell-typisch ist und auch erfahrene PowerShell-Anwender nicht von alleine auf diese Lösung kommen dürften.

Ein Touch-Befehl als Beispiel für eine »richtige« Funktion

Zum Abschluss dieses Abschnitts soll ein nützliches Utility über eine Funktion »nachgebaut« werden. Die PowerShell besitzt kein Touch-Cmdlet, mit dessen Hilfe sich der Zeitpunkt des letzten Zugriffs auf eine Datei auf das aktuelle (oder ein beliebiges) Datum setzen ließe. Auf diese Weise konnte man früher erreichen, dass bestimmte Dateien nicht im Rahmen eines Backups gesichert wurden.

Die allgemeine Vorgehensweise dürfte klar sein, zuerst wird der Funktionsrahmen definiert:

```
function Touch-Item
{

}
```

Das ist schon einmal ein Anfang. Der nächste Schritt besteht darin, den Parameter *NewLastAccessTime* zu definieren:

```
function Touch-Item
{
  param([DateTime]$NewLastAccessTime=(Get-Date))
}
```

Das *[DateTime]* ist optional, aber eine übliche Ergänzung. Damit wird ein Type Casting erzwungen, was zur Folge hat, dass eine Fehlermeldung angezeigt wird, wenn dem Parameter etwas zugewiesen wird, das sich nicht in einen *DateTime*-Wert konvertieren lässt. Auch das Zuweisen eines Initialisierungswertes ist optional, aber praktisch, da einem solchen Parameter nicht unbedingt ein Wert übergeben werden muss.

Der zweite Parameter heißt *Path* und soll vom Typ *String* sein. Die Funktionsdefinition sieht damit wie folgt aus:

```
function Touch-Item
{
    param([string]$Path,
          [DateTime]$NewLastAccessTime=(Get-Date)
          )
}
```

Nun fehlen nur noch die Befehle, die Teil der Funktion sein sollen. Dies ist der einfachste Teil der Aufgabe, denn um der *LastAccessTime*-Eigenschaft einer Datei einen neuen Wert zu verpassen, muss die Datei lediglich per *Get-Item*-Cmdlet geholt werden. Wird das Ganze in runde Klammern gesetzt, kann die *LastAccessTime*-Property direkt mit einem neuen Wert belegt werden. Der folgende Befehl genügt, um die Aufgabe durchzuführen:

```
(Get-Item -Path $Path).LastAccessTime = $NewLastAccessTime
```

Damit sieht die Funktionsdefinition wie folgt aus:

```
# ---------------------------------------------------------------
# Beispiel 7.28 - Touch-Befehl über eine Funktion
# ---------------------------------------------------------------
function Touch-Item
{
    param([string]$Path,
          [DateTime]$NewLastAccessTime=(Get-Date)
          )
  (Get-Item -Path $Path).LastAccessTime = $NewLastAccessTime
}
```

Listing 7.28 Ein Touch-Befehl über eine Funktion

Aufgerufen wird die Funktion wie folgt:

```
Touch-Item -Path TouchMe.test -NewLastAccessTime (Get-Date 31.12.1999)
```

Ein

```
Get-Item TouchMe.test | Select LastAccessTime
```

gibt den neuen Wert der *LastAccessTime*-Property aus. Damit wäre die Funktion fertig. Soll sie permanent zur Verfügung stehen, muss sie entweder Teil einer Profile-Datei oder eines Moduls sein, das über das *Import-Module*-Cmdlet als Teil einer Profile-Datei bei jedem Start der PowerShell automatisch geladen wird. Mehr zu den Modulen in Kapitel 13.

Etwas fortgeschrittenere Möglichkeiten bei der Funktionsdefinition, was die Art und Weise der Parameterübergabe und den Einbau einer Hilfe betrifft, werden in Kapitel 8 vorgestellt.

Wie machen es die Profis?

Echte PowerShell-Profis kürzen eine Funktionsdefinition im Allgemeinen etwas ab:

```
ni -p function: -n cdp -va 'cd C:\PsKurs'
```

Doch was um alles in der Welt macht diese Konstruktion? Keine Sorge, das ist kein undokumentierter Spezialmodus der PowerShell, hier werden einfach nur Aliase für das *New-Item*-Cmdlet und seine Parameter *Path*, *Name* und *Value* verwendet. Voll ausgeschrieben lautet der Befehl wie folgt:

```
New-Item –Path function: -Name cdp –Value 'cd C:\PsKurs'
```

Der Hintergrund ist, dass ein *New-Item* natürlich auch Funktionen (oder Variablen) neu anlegen kann, da beide über ihr eigenes Laufwerk verwaltet werden. Der Befehl ist in der Form zwar besser lesbar, aber nicht mehr ganz so interessant.

Zusammenfassung

Ein PowerShell-Skript ist eine Textdatei mit der Erweiterung *.Ps1*, die alle Befehle enthält, die bei der Ausführung des Skripts der Reihe nach ausgeführt werden. Damit ein Skript überhaupt ausführen kann, muss es entweder digital signiert werden oder (da dies eher die Ausnahme sein dürfte) es muss einmalig die Ausführungsrichtlinie über das Cmdlet *Set-ExecutionPolicy* oder das Verteilen einer passenden Gruppenrichtlinie entsprechend gesetzt werden.

Der wichtigste Bestandteil von Skripts sind in der Regel Funktionen. Diese fassen mehrere Befehle in einem Befehlsblock zusammen, der mit einem Namen versehen wird und dem beim Aufruf Parameter übergeben werden können.

Kapitel 8

PowerShell-Skripts für etwas Fortgeschrittene

In diesem Kapitel:

Ein Skript ist in der Theorie nicht mehr als eine Textdatei, die eine Folge von Befehlen enthält, die der PowerShell-Interpreter der Reihe nach ausführt und die man (theoretisch) auch direkt eingeben könnte. In der Praxis sind Skripts im Allgemeinen deutlich mehr. Ein Skript nimmt beim Aufruf Argumente entgegen und soll vor allem fehlerfrei ausgeführt werden, was nicht immer auf Anhieb gelingt, sodass das so genannte Debugging ins Spiel kommt. Das alles sind die etwas fortgeschrittenen Themen im Zusammenhang mit PowerShell-Skripts, um die es in diesem Kapitel gehen wird.

Skripts mit Argumenten

Wie einer Funktion können auch einem Skript beim Aufruf Argumente übergeben werden. Genau wie bei einer Funktion gibt es auch bei einem Skript zwei Übergabevarianten:

- Die einfache Variante, die auf der *$Args*-Variablen basiert und in vielen Situationen völlig ausreichend ist
- Die in Bezug auf die Art der Parameterübergabe deutlich komfortablere Variante, die exakt der Parameterdeklaration bei einer Funktion entspricht und bei der die Parameter über den *param*-Befehl und seinen so genannten *Attributen*, mit denen die Art der Parameter festgelegt wird, definiert werden

Die Args-Variable

Alle Werte, die beim Aufruf des Skripts auf den Namen der Skriptdatei folgen, werden automatisch in einer Variablen mit dem Namen *$Args* eingetragen, welche die Werte über ein Array zur Verfügung stellt.

Das folgende Beispiel stellt ein komplettes Skript dar, das in der Datei *Summe.Ps1* enthalten ist. Es summiert alle Zahlen auf, die beim Aufruf von *Summe.ps1* übergeben werden. Innerhalb des Skripts werden die beim Aufruf übergebenen Zahlen über *$Args* angesprochen.

```
# -----------------------------------------------------------
# Beispiel 8.1 - Parameterübergabe über $Args
# -----------------------------------------------------------
$Summe = 0
for($i=0;$i-lt$Args.Length;$i++)
{ $Summe += $Args[$i] }
$Summe
```

Listing 8.1 Parameterübergabe über *$Args*

Aufgerufen wird das Skript z. B. wie folgt:

```
.\Summe.ps1 10 20 30
```

Diese Variante ist immer dann praktisch, wenn die Anzahl der Argumente variabel ist und die einzelnen Argumente nicht über ihren Namen unterschieden werden müssen.

Der param-Befehl für Skripts

Sollen einem Skript seine Parameter auf dieselbe Weise übergeben werden können wie beim Aufruf einer Funktion, kommt auch hier der *param*-Befehl ins Spiel.

Auch das folgende Beispiel stellt ein vollständiges Skript mit dem Namen *Summe.ps1* dar, dem eine beliebige Anzahl an Zahlen übergeben werden können. Im Unterschied zum letzten Beispiel wird das übergebene Array einem Parameter zugeordnet, der über den *param*-Befehl definiert wird. Damit die PowerShell erkennt, dass dieser Parameter für ein Array und nicht einen einzelnen Wert steht, erhält er den Typ *int []* (Array von Integern).

```
# -------------------------------------------------------------
# Beispiel 8.2 - Parameterübergabe über einen Array-Paramater
# -------------------------------------------------------------
param([int[]] $Zahlen)
$Summe = 0
for($i=0;$i-lt$Zahlen.Length; $i++)
{ $Summe += $Zahlen[$i] }
$Summe
```

Listing 8.2 Parameterübergabe über ein Array

Die Übergabe mehrerer Werte besitzt bei der PowerShell eine kleine Besonderheit. Wird das Skript wie folgt aufgerufen, wird nur die erste Zahl aufaddiert und die anderen beiden Zahlen werden ignoriert:

```
.\Summe.ps1 -Zahlen 10 20 30
```

Klar, in diesem Fall wird nur die 10 dem Parameter *Zahlen* zugewiesen. Damit alle Zahlen als ein Array behandelt werden, müssen sie per Kommata getrennt übergeben werden (so wie bei VBScript und anderen Skriptsprachen mehrere einzelne Werte übergeben werden):

```
.\Summe.ps1 10,20,30
```

oder

```
.\Summe.ps1 -Zahlen 10,20,30
```

Die explizite Übergabe als Array ist ebenfalls möglich, aber nicht erforderlich, da die PowerShell im Allgemeinen nicht so formal ist:

```
.\Summe.ps1 -Zahlen @(100, 200, 300, 400, 500)
```

In ein Skript *pipen*

Genau wie einer Funktion ihre Parameterwerte über den Pipe-Operator zugeführt werden, ist dies auch bei einem Skript möglich. Der Pipelineinhalt wird allgemein durch die Variable *$Input* repräsentiert, die hier endlich einmal zu einem praktischen Einsatz kommt.

Das folgende Beispiel zählt die Anzahl der Ps1-Dateien im aktuellen Verzeichnis und bildet aus den Dateien eine Gesamtsumme der in ihnen enthaltenen Skriptzeilen. Die einzelnen Dateien werden dem Skript über den Pipe-Operator (als *FileInfo*-Objekte) zugeführt:

```
# ----------------------------------------------------------------
# Beispiel 8.3 - Pipen in ein Skript
# ----------------------------------------------------------------
$Input | Where-Object { $_.Extension -eq ".ps1" } | ForEach-Object {
  $AnzahlPs1Dateien++
  $AnzahlZeilenGesamt += (Get-Content $_.FullName).Count
}
"$AnzahlZeilenGesamt Zeilen in $AnzahlPs1Dateien Dateien"
```

Listing 8.3 Argumentübergabe an ein Skript über die Pipeline

Aufgerufen wird das Skript z. B. wie folgt:

```
Get-ChildItem | .\PipenInEinSkript.ps1
```

Das kleine Beispiel macht deutlich, dass die Weitergabe von Objekten über die Pipeline auch an ein Skript möglich ist.

Erweiterte Funktionen (Advanced Functions)

Mit der PowerShell 2.0 wurden die Möglichkeiten der Funktionen erweitert, herausgekommen sind die *erweiterten Funktionen* (im Original *Advanced Functions* genannt). Natürlich kann eine erweiterte Funktion nicht mehr als eine *nicht erweiterte* Funktion. Das Attribut *erweitert* bezieht sich lediglich auf den Umstand, dass die Möglichkeiten der Parameterübergabe erweitert wurden und es bei einer erweiterten Funktion wie bei einem Cmdlet z. B. möglich ist, Hilfetexte zu definieren. Im Allgemeinen werden erweiterte Funktionen innerhalb einer Skriptdatei so definiert, dass die komplette Skriptdatei die Funktionsdefinition darstellt und der Name der Funktion durch den Namen der Skriptdatei bestimmt wird.

HINWEIS Der Begriff *erweiterte Funktionen* sollte im Grunde gar nicht existieren, da es keinen Sinn ergibt, zwischen herkömmlichen Funktionen, die es seit der Version 1.0 gibt, und erweiterten Funktionen zu unterscheiden. Es gibt nur einen *function*-Befehl und es ist jedem PowerShell-Anwender vorbehalten, zu jeder Zeit eine »herkömmliche« Funktion um jene Elemente zu erweitern, die mit den *Advanced Functions* dazugekommen sind. Das PowerShell-Team möchte mit der Namensgebung lediglich unterstreichen, dass es mit der Version 2.0 bezüglich der zur Verfügung stehenden Möglichkeiten und vor allem der Art des Aufrufs keine Unterscheidung zwischen einem Cmdlet und einer Funktion mehr gibt. In der PowerShell-Hilfe werden die erweiterten Funktionen unter dem Stichwort *about_functions_advanced* beschrieben.

Der Aufbau einer erweiterten Funktion

Auch wenn eine erweiterte Funktion keinen einheitlichen Aufbau besitzt, gibt es eine Reihe von Elementen, die in der Regel vertreten sind, da durch sie die Möglichkeiten einer erweiterten Funktion ausgereizt werden. Im Einzelnen sind dies:

- Parameterattribute
- Hilfe-Kommentaranweisungen

Eine erweiterte Funktion muss nicht mit dem *function*-Befehl beginnen. Entfällt die formale Funktionsdeklaration, stellt das gesamte Skript die erweiterte Funktion dar und es spielt die Rolle eines Cmdlets, das aus PowerShell-Skriptbefehlen besteht.

Das folgende Beispiel ruft Informationen über eine Domäne ab, indem es dazu auf die Klasse *Domain* der .NET-Klassenbibliothek (im Namespace *System.DirectoryServices.ActiveDirectory*) zurückgreift. Das Beispiel stellt ein Skript dar, das mit dem Parameter *ServerName* aufgerufen wird. Über das *parameter*-Attribut des Parameters werden zwei Dinge festgelegt. Erstens: Es ist ein Pflichtparameter. Zweitens: Der Parameter kann seinen Wert aus der Pipeline beziehen, was im Allgemeinen praktisch ist.

```
# ---------------------------------------------------------------
# Beispiel 8.4 - ein Skript mit Pflichtparameter dank Parameterattribut
# ---------------------------------------------------------------
Param
(
  [parameter(Mandatory=$true, ValueFromPipeline=$true)]
  [string]$ServerName
)
$Cred = get-credential Administrator
$Benutzername = $Cred.GetNetworkCredential().UserName
$Kennwort = $Cred.GetNetworkCredential().Password
$Dc = New-Object -Type System.DirectoryServices.ActiveDirectory.DirectoryContext `
         "DirectoryServer", $ServerName, $Benutzername, $Kennwort
try
{
  $Dom = [System.DirectoryServices.ActiveDirectory.Domain]::GetDomain($Dc)
}
catch
{
   Write-Host -fore red "Zugriff auf Domäne nicht möglich"
}
```

Listing 8.4 Skript mit Pflichtparameter

Parameterattribute

Ein Attribut ist allgemein ein Zusatz, der etwas mit einer zusätzlichen Information ausstattet. In diesem Fall ist das Etwas ein Parameter. Über Parameterattribute werden zusätzliche Eigenschaften des Parameters festgelegt, z.B., ob es sich um einen Pflichtparameter handelt. Tabelle 8.1 stellt die einzelnen Parameterattribute zusammen.

Die Schreibweise für ein (Parameter-) Attribut wirkt auf den ersten Blick ein wenig gewöhnungsbedürftig. Dazu trägt vor allem die Kombination aus eckigen und runden Klammern bei. Es ist wichtig zu wissen, dass durch das Attribut alleine keine Einstellung vorgenommen wird. Es sind vielmehr die Properties des Attributs (auch ein Attribut basiert auf einem Typ), um die es geht.

In der folgenden Attributdeklaration werden bei dem Attribut *parameter* die Properties *Mandatory* und *ValueFromPipeline* jeweils auf *$true* gesetzt:

```
[parameter(Mandatory=$true, ValueFromPipeline=$true)]
```

Der Parameter, um den es geht, ist hier noch gar nicht dabei, da das *parameter*-Attribut lediglich die Parameterdefinition erweitert. Vollständig sieht die Parameterdefinition über den *param*-Befehl wie folgt aus:

```
param
(
  [parameter(Mandatory=$true, ValueFromPipeline=$true)]
  [string]$ServerName
)
```

Dadurch wird der Parameter *$ServerName* zum Pflichtparameter und kann seinen Wert aus der Pipeline beziehen, da seine Definition durch das *parameter*-Attribut erweitert wurde.

Parameterattribut	Bedeutung
CmdletBinding	Gibt an, dass die Bindung der einzelnen Parameter auf dieselbe Weise durchgeführt wird wie bei einem Cmdlet. Die Properties sind unter anderem *SupportsShouldProcess* und *ConfirmImpact*
Parameter	Legt erweiterte Eigenschaften des Parameters fest, wie z. B. dass es ein Pflichtparameter ist
Alias	Gibt dem Parameter einen Kurznamen (eben einen Alias)
AllowNull	Wird es aufgeführt, kann für einen Pflichtparameter ein *$null*-Wert übergeben werden, was ansonsten nicht möglich ist
AllowEmptyString	Wie *AllowNull*, nur dass es hier speziell um Zeichenfolgen geht
AllowEmptyCollection	Wie *AllowNull*, nur dass es hier speziell um Collection-Parameter geht, für deren Wert ein *$null*-Wert eingesetzt werden kann
ValidateCount	Gibt die minimale und maximale Anzahl an Werten für diesen Parameter an
ValidateLength	Gibt die minimale und maximale Länge des Wertes für diesen Parameter an
ValidatePattern	Legt einen regulären Ausdruck an, der den Argumentwert matchen muss. Ansonsten ist eine Fehlermeldung die Folge
ValidateRange	Gibt den minimalen und maximalen Wert für diesen Parameter an
ValidateScript	Legt über einen Skriptblock einen Ausdruck fest, der in Verbindung mit dem Parameterwert *$true* ergeben muss
ValidateNotNull	Legt fest, dass für das Argument kein *$null*-Wert übergeben werden darf
ValidateNotNullOrEmpty	Legt fest, dass für das Argument weder ein *$null*-Wert noch ein leere (noch nicht initialisierte) Variable übergeben werden darf
ValidateSet	Legt eine Menge von Werten fest, von denen einer mit dem Argumentwert übereinstimmen muss, damit kein Fehler generiert wird

Tabelle 8.1 Die einzelnen Parameterattribute im Überblick

Property	Bedeutung
SupportsShouldProcess	*$true*, wenn die Parameter *Confirm* und *WhatIf* zur Verfügung stehen sollen und die Funktion eine Bestätigung anfordert, wenn eine Aktion ausgeführt wird, die den Zustand verändert
ConfirmImpact	Legt den Bestätigungslevel fest
DefaultParameterSetName	Legt den Namen des Standardparametersets fest, der verwendet wird, wenn ein Parameter keinem Parameterset zugeordnet werden kann (normalerweise sollte zu jedem Parameter offiziell auch der Name des Parametersets angegeben werden)

Tabelle 8.2 Die einzelnen Properties des *CmdletBinding*-Attributs

Property	Bedeutung
Mandatory	*$true*, wenn es ein Pflichtparameter ist
Position	Gibt die Position des Parameterwertes an, damit dieser dem Parameter zugeordnet werden kann, ohne dass der Parametername benötigt wird
ParameterSetName	Gibt den Namen eines Parametersatzes an, zu dem der Parameter gehören soll
ValueFromPipeline	*$true*, wenn der Wert des Parameters auch aus der Pipeline geholt werden kann
ValueFromPipelineByPropertyName	*$true*, wenn der Wert des Parameters anhand des gleich lautenden Namens der Eigenschaft des Objekts in der Pipeline zugeordnet wird
ValueFromRemainingArgument	*$true*, wenn dem Parameter alle verbleibenden Werte der Befehlszeile zugeordnet werden, die nicht an andere Parameter gebunden sind
HelpMessage	Legt eine kurze Beschreibung des Parameters fest

Tabelle 8.3 Die einzelnen Properties des *parameter*-Attributs

Parameter-Pipeline-Bindung über das parameter-Attribut festlegen

Ein Pipeline-Parameter ist ein Parameter, dessen Wert aus der Pipeline stammt. Damit aus einem regulären Parameter ein Pipeline-Parameter wird, muss ihm das Attribut *parameter* zugeordnet und innerhalb des Attributs die *ValueFromPipeline*-Property auf *$true* gesetzt werden.

Das folgende Beispiel definiert erneut die Funktion *Touch-Item*. Dieses Mal wird der *Path*-Parameter explizit zum Pipeline- und (über die *Mandatory*-Property) zum Pflichtparameter.

```
# ------------------------------------------------------------
# Beispiel 8.5 - Touch-Item-Funktion mit Pflicht-Parameter
# ------------------------------------------------------------
function Touch-Item
{
  param([parameter(Mandatory=$true, ValueFromPipeline=$true)]([string]$Path,
      [DateTime]$NewLastAccessTime=(Get-Date)
      )
     (Get-Item -Path $Path).LastAccessTime = $NewLastAccessTime
}
```

Listing 8.5 *Touch-Item*-Funktion mit Pflichtparameter

Die Rolle des CmdletBinding-Attributs

Das *CmdletBinding*-Attribut ist kein Parameter-, sondern ein Funktionsattribut. Es beeinflusst damit das Verhalten der gesamten Funktion, was ihren Umgang mit Parametern angeht. Wird es bei einer Funktionsdefinition innerhalb des Befehlsblocks aufgeführt, werden die einzelnen Parameter auf dieselbe Weise gebunden wie bei einem Cmdlet, was vor allem bei größeren Funktionen eine Rolle spielt. Die drei Properties des Attributs sind in Tabelle 8.2 zusammengestellt. Wichtig ist vor allem die *SupportsShouldProcess*-Property, die dazu führt, dass die Funktion die Parameter *WhatIf* und *Confirm* zur Verfügung stellt.

Die folgende Funktion verschiebt alle Ps1-Dateien, die nicht mit einer Kommentarzeile beginnen, in das beim Aufruf der Funktion angegebene Verzeichnis. Durch das *CmdletBinding*-Attribut und seine *SupportsShouldProcess*-Property steht der *WhatIf*-Parameter zur Verfügung, was zur Folge hat, dass sowohl das Anlegen des Verzeichnisses als auch jedes einzelne Verschieben nur angezeigt wird. Damit bietet die Funktion das von den entsprechenden Cmdlets bekannte Verhalten.

```
# ------------------------------------------------------------
# Beispiel 8.6 - Beispiel für das CmdletBinding-Attribut
# -----------------------------------------------------------
function Demo-ParameterbindingAttribut
{
  [CmdletBinding(SupportsShouldProcess=$true)]
  param ([string]$DestinationPath)
  if (!(Test-Path $DestinationPath))
  { New-Item -Path $DestinationPath -ItemType Directory | Out-Null }
  Get-ChildItem -Path *.ps1 | Where-Object { (Get-Content -Path $_ -TotalCount 1) -NotLike "#*" } `
   | Move-Item -Destination $DestinationPath
}
```

Listing 8.6 Ein Beispiel für das *CmdletBinding*-Attribut

Aufgerufen wird die Funktion wie folgt:

```
Demo-ParameterbindingAttribut -DestinationPath C:\Pskurs\NoCommentScripts –WhatIf
```

Ist das mit der Version 2.0 eingeführte *CmdletBinding*-Attribut wirklich wichtig? Bei einfachen Funktionen spielt es sicher keine große Rolle. Es ist sogar denkbar, dass es auch aktive PowerShell-Anwender, die täglich in ihren Skripts Funktionen definieren, niemals benutzen werden. Es kommt immer dann ins Spiel, wenn sich eine Funktion bezüglich der Parameterübergabe wie ein Cmdlet verhalten soll. Und es führt zu einem Komfortgewinn, denn ohne *SupportsShouldProcess* müsste bei jedem Cmdlet z.B. der *WhatIf*-Parameter einzeln aufgeführt werden.

TIPP Alle Funktionen, die einen Skriptblock enthalten, der mit dem *CmdletBindingAttribute* ausgestattet wurde, liefert der folgende Befehl

```
Get-Command -CommandType function | Where-Object {$_.ScriptBlock.Attributes -match "CmdletBindingAttribute"}
```

Damit lässt sich etwas mehr über die Rolle der einzelnen Attribute erfahren, indem man sich anschaut, wie sie bei den jeweiligen Funktionen eingesetzt werden.

Implementieren einer Hilfe für eine Funktion

Eine Funktion kann exakt dieselbe Form der Hilfe anbieten, wie man sie bei einem Cmdlet bereits gewöhnt ist. Dazu gehört z.B. der Umstand, dass über *-?* eine Beschreibung der Funktion ausgegeben und mit *Get-Help <Funktionsname> -Full* z.B. die vollständige Hilfe angezeigt wird. Die einzelnen Elemente der Hilfe werden über Kommentare in das Skript oder die Funktion eingefügt, die aus einzelnen Schlüsselwörtern bestehen, denen stets ein Punkt vorausgeht.[1] Tabelle 8.4 stellt die wichtigsten Elemente zusammen.

Hilfeelement	Bedeutung
Synopsis	Zusammenfassung
Description	Eine (kurze) Beschreibung
Parameter	Beschreibt einen einzelnen Parameter
Example	Ein einzelnes Beispiel für den Aufruf der Funktion
Link	Die Namen von Hilfethemen mit weiterführenden Informationen
Notes	Weitere Anmerkungen, die beim Abrufen der Hilfe mit dem *Full*-Parameter unter *Hinweise* aufgeführt werden

Tabelle 8.4 Die wichtigsten Elemente für den Hilfetext einer Funktion

Das folgende Skript enthält erneut die *Touch-Item*-Funktion, zu der dieses Mal eine Hilfe hinzugefügt wird.

```
# ------------------------------------------------------------
# Beispiel 8.7 - Touch-Item-Funktion mit Hilfe
# ------------------------------------------------------------

function Touch-Item
{
<#
.Synopsis
 Setzt den Zeitpunkt des letzten Zugriffs
.Description
Setzt den Zeitpunkt des letzten Zugriffs auf den angegebenen Datum/Zeit-Wert
.Parameter Path
 Der Pfad der Datei, deren letzter Zeitpunkt des Zugriffs gesetzt werden soll
.Parameter NewLastAccessTime
 Der neue Zeitpunkt des letzten Zugriffs auf die Datei
.Example
 PS> Touch-Item -Path C:\TestDatei.txt -NewLastAccessTime (Get-Date 1.1.2000)
.Example
 PS> Get-Item C:\TestDatei.txt | Touch-Item -NewLastAccessTime (Get-Date 1.1.2000)
.Link
    Get-Date
.Notes
```

[1] Die auch sicher irgendwo dokumentiert sind.

```
NAME:      Touch-Item
AUTHOR:    Pemo
LASTEDIT:  25/11/2009
#>
    param([Parameter(Mandatory=$true, ValueFromPipeline=$true)]
            [String]$Path,
            [DateTime]$NewLastAccessTime=(Get-Date)
          )
        (Get-Item -Path $Path).LastAccessTime = $NewLastAccessTime
}
```

Listing 8.7 Funktion mit eigener Hilfe

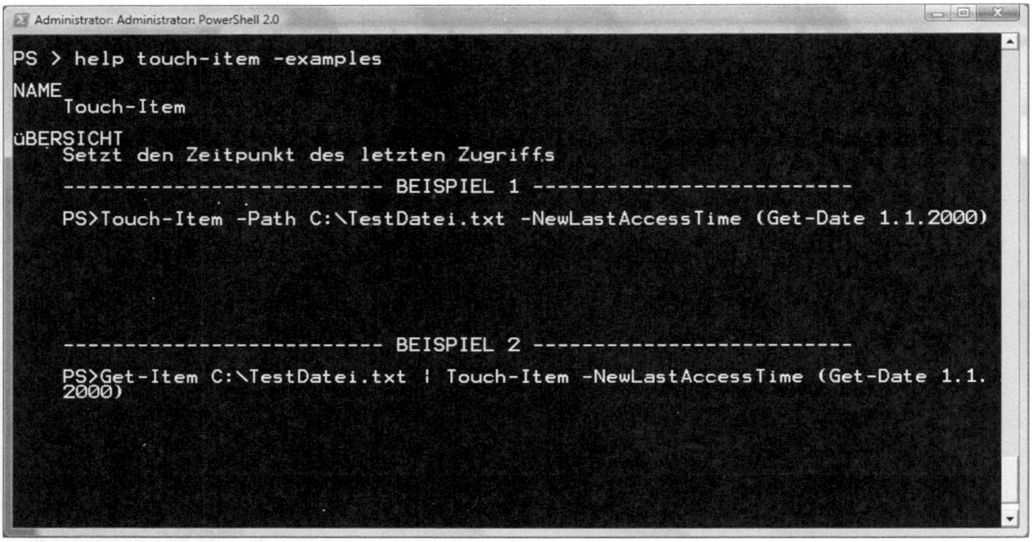

```
Administrator: Administrator: PowerShell 2.0

PS > help touch-item -examples

NAME
    Touch-Item

üBERSICHT
    Setzt den Zeitpunkt des letzten Zugriffs

    -------------------------- BEISPIEL 1 --------------------------

    PS>Touch-Item -Path C:\TestDatei.txt -NewLastAccessTime (Get-Date 1.1.2000)




    -------------------------- BEISPIEL 2 --------------------------

    PS>Get-Item C:\TestDatei.txt | Touch-Item -NewLastAccessTime (Get-Date 1.1.
    2000)
```

Abbildung 8.1 Über *Help* bzw. *Get*-Help lassen sich unter anderem die Beispiele der selbst definierten Funktion abrufen

Fehlerbehandlung

Fehlerbehandlung bedeutet allgemein, dass ein Skript auf Fehler, die während der Ausführung eines Befehls auftreten, anders reagiert, als es ohne Fehlerbehandlung der Fall wäre. Es stehen zwei Optionen zur Auswahl:

- Produziert ein Cmdlet einen nicht terminierenden Fehler (mehr dazu in Kürze), kann über den *ErrorAction*-Parameter bzw. seinen Alias *ea* (oder global über die *ErrorActionPreference*-Variable) eingestellt werden, ob und auf welche Weise der Fehler angezeigt wird (registriert wird er in jedem Fall)
- Terminierende Fehler (mehr dazu in Kürze) können über den *try*-Befehl im Zusammenspiel mit dem *catch*-Befehl in der Form abgefangen werden, dass die Fehlermeldung nicht angezeigt, sondern statt dessen der auf *catch* folgende Befehlsblock ausgeführt wird. Dies ist die bei der PowerShell 2.0 gebräuchlichste Art der Fehlerbehandlung für terminierende Fehler. Alternativ steht der *trap*-Befehl zur Verfügung, der aber nicht ganz so flexibel ist.

Eine kleine Warnung gleich vorweg. Das Thema Fehlerbehandlung in einem PowerShell-Skript ist grundsätzlich nicht kompliziert, aber ein recht vielschichtiges Thema. Gerade am Anfang entsteht schnell das Gefühl, vor lauter Bäumen den Wald nicht mehr sehen zu können. Ein Tipp daher gleich vorweg: Mit dem Befehlspaar *try* und *catch* lassen sich die meisten Fehlersituationen mit relativ wenig Aufwand abdecken. Und: Viele PowerShell-Skripts kommen auch ohne eine Fehlerbehandlung ganz gut klar. Bliebe als Nächstes die Frage zu klären, was terminierende und nicht terminierende Fehler sind.

Nicht terminierende und terminierende Fehler

Generell ist ein Fehler in diesem Zusammenhang ausnahmsweise einmal kein Bedienfehler, sondern ein Fehler, der aus der Ausführung eines bezüglich seiner Syntax korrekten PowerShell-Befehls resultiert (der Anwender ist also höchstens indirekt schuld). Bei der PowerShell wird zwischen einem terminierenden und einem nicht terminierenden Fehler (*terminating errors* und *non terminating errors*) unterschieden. Ein terminierender Fehler bricht die aktuelle Pipeline-Verarbeitung (aber nicht das gesamte Skript) ab, bei einem nicht terminierenden Fehler wird der Fehler lediglich registriert (und in Abhängigkeit vom *ErrorAction*-Parameter bzw. der Variablen *$ErrorActionPreference* eine Fehlermeldung angezeigt), die Pipeline-Verarbeitung aber mit dem nächsten Element fortgesetzt. Das klassische Beispiel wäre ein *Get-ChildItem*, das den Inhalt eines Verzeichnisses auflisten soll, bei dem sich einzelne Unterverzeichnisse aufgrund fehlender Berechtigungen nicht ansprechen lassen. Statt das Verzeichnisobjekt über die Pipeline weiterzureichen, tritt bei diesem Verzeichnis ein Fehlerzustand ein, der eine entsprechende Fehlermeldung zur Folge hat. Die Ausführung des Cmdlets wird danach mit dem nächsten Verzeichnis fortgesetzt.

Der folgende Befehl löst einen nicht terminierenden Fehler aus, da das zweite Element (die Datei) nicht existiert, die Elemente Nummer zwei und drei dagegen vorhanden sind. Dadurch, dass der Fehler, der beim Zugriff auf das zweite Element entsteht, nicht terminierend ist, wird auch das dritte Element geholt:

```
Get-Item -Path $Env:UserProfile, "C:\GibtEsNicht.txt", $Env:SystemRoot
```

Nicht terminierende Fehler machen der PowerShell nichts aus. Sie führen lediglich dazu, dass ein *ErrorRecord*-Objekt mit allen Details über den Fehler in den Fehlerkanal der PowerShell geschrieben wird. Anschließend setzt die PowerShell ihre Arbeit fort, als wäre nichts geschehen.

Fehlerbehandlung bei Cmdlets – der ErrorAction-Parameter

Viele Cmdlets verfügen über den *ErrorAction*-Parameter (er kann durch den Alias *Ea* abgekürzt werden). Er legt fest, wie ein Cmdlet auf einen Fehler reagiert. Tabelle 8.5 stellt die möglichen Einstellungen zusammen. Voreingestellt ist *Continue*. Die Einstellung *SilentlyContinue* führt dazu, dass keine Meldung angezeigt wird (der Fehler wird aber trotzdem registriert). Durch eine Abfrage von *$?* oder *$Error[0]* wird im nächsten Befehl geprüft, ob ein Fehler auftrat.

Einstellung	Was hat sie zu bedeuten?
Continue	Dies ist die Voreinstellung. Die Fehlermeldung wird angezeigt und die Ausführung fortgesetzt.
Inquire	Der Benutzer kann entscheiden, ob die Ausführung fortgesetzt wird oder nicht
SilentlyContinue	Die Fehlermeldung wird unterdrückt, die Ausführung fortgesetzt
Stop	Die Ausführung wird abgebrochen

Tabelle 8.5 Die möglichen Werte für *ErrorAction* bzw. *ErrorActionPreference*

Die Variable $ErrorActionPreference

Über die Variable *$ErrorActionPreference* wird die *ErrorAction*-Einstellung global (bezogen auf die aktuelle PowerShell-Sitzung) eingestellt – sie wird durch den *ErrorAction*-Parameter bei einem Cmdlet überschrieben.

TIPP Am Anfang ist es nicht ganz so einfach, sich alle möglichen Werte einer so genannten *Enumerationskonstanten*, wie es z.B. bei *ErrorActionPreference* der Fall ist, zu merken. Ein einfacher Trick, sich alle infrage kommenden Werte anzeigen zu lassen, besteht darin, der Variablen einen Fantasiewert zuzuweisen. In der Fehlermeldung werden daraufhin alle infrage kommenden Werte aufgelistet.

```
$ErrorActionPreference = "BallaBalla"
```

Der offizielle Weg, die Namen aller Konstanten einer Enumerationskonstanten zu erhalten, besteht in dem Aufruf des (Shared-)Methoden-Members *GetNames()* der *System.Enum*-Klasse:

```
[System.Enum]::Getnames([System.Management.Automation.ActionPreference])
```

System.Management.Automation ist der Namespace der Konstantenliste *ActionPreference* (mehr zur Rolle dieser Namespaces in Kapitel 13).

Auch wenn die Zahlenwerte der Konstanten in der Praxis keine Rolle spielen, lassen sie sich natürlich auch abfragen:

```
[System.Enum]::GetValues([System.Management.Automation.ActionPreference]) | Select-Object Value__
```

Die Basis für eine Fehlermeldung – das ErrorRecord-Objekt

Eine Fehlermeldung ist bei der PowerShell sehr viel mehr als nur eine Textmeldung. Dahinter steckt ein vielschichtiges Objekt vom Typ *ErrorRecord*, das über seine zahlreichen Properties zahlreiche Details über den Fehler liefert. Vom Typ des Fehlers bis zur Zeilen- und Spaltenposition, in welcher der Fehler bei der Skriptausführung aufgetreten ist. Tabelle 8.6 stellt die Properties des *ErrorRecord*-Objekts zusammen. Es sind zwar nur wenige Properties, doch da einige wiederum für Objekte stehen und damit selbst Properties besitzen, gibt es eine Fülle von Details über einen Fehler.

HINWEIS Der Name der Property *ErrorDetails* ist »etwas« irreführend. Hier findet man keine Details über den Fehler. Die Property besitzt im Allgemeinen keinen Wert, da sie lediglich Cmdlets die Möglichkeit bietet, einen alternativen Fehlermeldungstext zur Verfügung zu stellen.

Property	Was steckt dahinter?
Exception	Steht für das Objekt, das die *Ausnahme* repräsentiert, auf die der Fehler basiert
TargetObject	Gibt an, was den Fehler ausgelöst hat (z.B. den Namen des falsch geschriebenen Befehls oder der nicht gefundenen Datei)
FullyQualifiedErrorId	Steht für einen oder mehrere Namen, die weitere Angaben über den Ursprungsort des Fehlers innerhalb des Cmdlets enthalten
CategoryInfo	Gibt an, zu welcher Kategorie der Fehler gehört. Der Wert ist eine Konstante einer Konstantenliste, die über zwei Dutzend Konstanten enthält, die verschiedene Fehlertypen repräsentieren.
ErrorDetails	Erhält eine alternative Fehlermeldung, welche die Originalfehlermeldung ersetzt. Diese Meldung muss aber vom Cmdlet zur Verfügung gestellt werden, was oft nicht der Fall ist, sodass diese Property häufig keinen Wert besitzt.
InvocationInfo	Eine Collection mit Schlüssel-Wert-Paaren, deren Werte darüber Auskunft geben, wo der Fehler auftrat

Tabelle 8.6 Die Properties eines *ErrorRecord*-Objekts im Überblick

Mehr über einen Fehler erfahren – die $Error-Variable

Wann immer ein Fehler auftritt, wird unabhängig davon, ob die Fehlermeldung angezeigt wird oder nicht, ein *ErrorRecord*-Objekt angelegt. Alle Fehler (bis zu 256, sofern über die Variable *$MaximumErrorCount* kein anderer Wert eingestellt wurde) stehen über die Arrayvariable *$Error* zur Verfügung. Möchte man die Details zum letzten Fehler abfragen, erhält man diese über *$Error[0]*. Wird dieser Ausdruck in eine Zeichenkette eingesetzt, wird dafür die Fehlermeldung eingesetzt.

TIPP Wie hieß noch einmal diese Variable, mit der sich die Anzahl der Fehlermeldungen, welche die PowerShell höchstens protokolliert, festlegen lässt? Irgendetwas mit *Error* und *Maximum*? Bevor man jetzt die Suchmaschine anschmeißt und kostbare Zeit mit dem Hindurchklicken durch Blogeinträge und Newsgroup-Postings verliert (und sich von anderen Dingen, auf die man dabei stößt, eventuell ablenken lässt), warum nicht die PowerShell fragen? Der Befehl

```
Get-Variable *Error*
```

listet alle Variablen mit ihren aktuellen Werten auf, in denen das Wort *Error* enthalten ist. Diese Abfragetechniken sind sehr praktisch, um mehr über das Innenleben der PowerShell zu erfahren.

Die Rolle der Exception

Hinter einem PowerShell-Fehler steckt intern eine so genannte *Exception* (zu Deutsch *Ausnahme*). Der Begriff stammt aus dem .NET Framework, auf dem die PowerShell als .NET-Anwendung ausgeführt wird, und rührt von dem Umstand her, dass ein Befehl nicht wie geplant ausgeführt werden konnte – es trat eine Ausnahme auf. Jede Exception basiert auf einer eigenen Klasse. Ein

```
Get-Content -Path $Env:Systemroot\Win.in
```

löst eine Exception aus, da die Datei nicht existiert. Die Exception ist vom Typ *ItemNotFoundException*, wie sich per

```
$Error[0].Exception.GetType().Name
```

herausfinden lässt. Wird dagegen versucht, die Datei direkt über die .NET-Klasse *File* (im Namespace *System.IO*) zu laden, resultiert zwar ebenfalls eine Exception, allerdings dieses Mal von einem anderen Typ:

```
[System.IO.File]::ReadAllText("$Env:Systemroot\Win.in")

$Error[0].Exception.GetType().Name
MethodInvocationException
```

MethodInvocationException ist eine Klasse im Namespace *System.Management.Automation* (also dem PowerShell-Namespace – mehr zur Rolle der Namespaces in Kapitel 13). Dies ist jedoch nicht die einzige Exception, die durch diesen Fehler »geworfen« wurde. Ein *Exception*-Objekt besitzt eine *InnerException*-Property, die für jene Exception steht, die (sofern vorhanden) diese Exception ausgelöst hat. Diese Exception kann selbst wieder eine *InnerException* besitzen, sodass es eine ganze Kette von *Exception*-Objekten geben kann (aber nicht geben) muss, die nacheinander angelegt werden.

Wer die PowerShell nur sporadisch oder für kleinere Skripts einsetzt, muss über diese Details nicht viel wissen. Wer jedoch das vollständige Potenzial der PowerShell ausschöpfen möchte, muss sich auch in diesem wichtigen Bereich gut auskennen und versteht dadurch z. B., wie es möglich ist, dass sich der *catch*-Befehl zum Abfangen eines Fehlers nur auf bestimmte *Fehlertypen* (sprich Ausnahmeklassen) beschränken lässt.

Feststellen, welcher Fehler aufgetreten ist

Ein Fehler ist nicht nur einfach ein Fehler, er gehört zu einer bestimmten Sorte. Die Sorte wird durch den Typ der Klasse bestimmt, auf welchem das *Exception*-Objekt basiert, das durch den Fehler entstanden ist (je nach Klasse stehen unter Umständen zusätzliche Properties mit weiteren Angaben, die den Fehler betreffen, zur Verfügung). Welche Sorte von Fehler aufgetreten ist, erfährt man über die *Exception*-Property, welche die einem Fehler stets zugrunde liegende Exception liefert. Deren *Message*-Property steht für den Text der Fehlermeldung. Der folgende Befehl liefert die Fehlermeldung des letzten Fehlers:

```
$Error[0].Exception.Message
```

Feststellen, in welcher Zeile der Fehler auftrat

Informationen über den Ort des Fehlers liefert die *InvocationInfo*-Property des *ErrorRecord*-Objekts, die für eine Schlüssel-Wert-Collection steht.

Der folgende Befehl gibt den Namen des Skripts zurück, in dem der Fehler auftrat:

```
$Error[0].InvocationInfo.ScriptName
```

Für die Zeilennummer gibt es keine eigene Property, man erhält sie über die *PositionMessage*-Property:

```
[Regex]::Match($Error[0].InvocationInfo.PositionMessage,":(?<Zeile>\d+)").Groups["Zeile"].Value
```

Der reguläre Ausdruck geht davon aus, dass die Zeilennummer auf den ersten Doppelpunkt folgt und gibt die folgende Zahl über die benannte Gruppe *Zeile* zurück.

Ein ErrorRecord mit dem throw-Befehl erzeugen

In einem größeren Skript kann es sinnvoll sein, einen Fehler zu erzeugen, um den Skriptverlauf zu steuern, da die reguläre Ausnahmebehandlung auf den Plan gerufen wird, die z.B. dazu führt, dass eine Funktion mit einer Fehlerinformation vorzeitig verlassen wird. Dies erledigt bei der PowerShell der *throw*-Befehl, der eine Fehlermeldung mit *ErrorRecord*-Objekt produziert. Ein

```
throw "Papier ist nicht kariert genug"
```

gibt scheinbar irgendeine Fehlermeldung aus, doch es handelt sich um ein offizielles Fehlerobjekt vom Typ *RuntimeException*.

Das folgende Beispiel zeigt eine kleine Schleife, die normalerweise von 1 bis 10 laufen würde, über den *throw*-Befehl aber nach einer Durchlaufzahl abgebrochen wird, die per Zufallszahlengenerator (*Get-Random*-Cmdlet) entsteht. Einen tieferen Sinn besitzt dieses kleine Skript (natürlich) nicht. Es dient einzig dazu, die Anwendung des *throw*-Befehls zu veranschaulichen.

```
# -------------------------------------------------------------
# Beispiel 8.8 - ein Beispiel für den throw-Befehl
# -------------------------------------------------------------
$Limit = Get-Random -Max 10
for ($i=1;$i-lt10;$i++)
{
 "Der Wert von `$i ist $i."
 if ($i -eq $Limit) { throw "Ab hier geht es nicht weiter!"}
}
```

Listing 8.8 Ein Beispiel für den throw-Befehl

Es ist interessant, dass auf den *throw*-Befehl im Prinzip alles folgen kann, was von der PowerShell dann in eine *RuntimeException* »eingepackt« wird. Möchte man einen bestimmten Typ einer Ausnahme erzeugen, muss diese per *New-Object*-Cmdlet angelegt werden.

Der folgende Befehl löst eine Ausnahme vom Typ *InvalidOperationException* aus.

```
Throw New-Object System.InvalidOperationException "Das geht so nicht"
```

Der trap-Befehl fängt Fehler ab

Soll ein terminierender Fehler nicht zum Anzeigen einer Fehlermeldung führen, muss dieser »abgefangen« werden. Für diese ehrenvolle Aufgabe gab es bei der PowerShell 1.0 nur den *trap*-Befehl, der dem Fehler eine »Falle« stellte und damit dafür sorgt, dass anstatt der regulären Fehlerbehandlung der PowerShell jener Befehlsblock ausgeführt wird, der unmittelbar auf den *trap*-Befehl folgt. In diesem Befehlsblock kann z.B. eine Meldung ausgegeben werden. Beendet wird der Befehlsblock entweder mit dem *continue*-Befehl oder, in seltenen Fällen, mit dem *break*-Befehl. Es sei vorangestellt, dass mit der PowerShell 2.0 mit dem Befehlspaar *try* und *catch* eine deutlich flexiblere Variante zum Abfangen terminierender Fehler zur Verfügung steht.

Das folgende Beispiel ist ein wenig konstruiert, da es lediglich darum geht, den *trap*-Befehl zu veranschaulichen. Es werden drei *Operationen* simuliert, von denen die dritte Operation immer dann einen Fehler auslöst, wenn das *Get-Random*-Cmdlet eine Zahl größer 5 zurückgibt. Ist das der Fall, wirft der *throw*-Befehl einen Fehler, der vom *trap*-Befehl abgefangen wird. Ansonsten wird auch die dritte Operation durchgeführt.

```
# ------------------------------------------------------------
# Beispiel 8.9 - Beispiel für den trap-Befehl
# ------------------------------------------------------------
trap { "Fehler: Operation 3 kann nicht durchgeführt werden. ($_)"; Continue}
"Operation 1 wurde erfolgreich durchgeführt."
"Operation 2 wurde erfolgreich durchgeführt."
$FehlerOp = ((Get-Random -Max 10) -gt 5)
if ($FehlerOp) { throw "Fehler bei der Operation." }
"Operation 3 wurde erfolgreich durchgeführt."
```

Listing 8.9 Ein Beispiel für den trap-Befehl

Ein wenig störend ist natürlich, dass die Erfolgsmeldung »Operation 3 wurde erfolgreich durchgeführt.« auch dann erscheint, wenn ein Fehler ausgelöst wurde. Der Grund ist, dass der *continue*-Befehl in diesem Beispiel die Ausführung in der Befehlszeile fortsetzt, die auf jene Befehlszeile folgt, in der der Befehl ausgelöst wurde. Da der *continue*-Befehl sich aber nicht an der Zeile, sondern an dem Befehlsblock orientiert, in dem der Fehler auftrat, gibt es eine einfache Lösung, die darin besteht, die ganze Befehlsfolge in einen eigenen Befehlsblock zu setzen:

```
trap { "Fehler: Operation 3 kann nicht durchgeführt werden. ($_)";Continue}
&{
    "Operation 1 wurde erfolgreich durchgeführt."
    "Operation 2 wurde erfolgreich durchgeführt."
    $FehlerOp = ((Get-Random -Max 10) -gt 5)
    if ($FehlerOp) { throw "Fehler bei der Operation." }
    "Operation 3 wurde erfolgreich durchgeführt."
}
```

Jetzt setzt *continue* die Ausführung nach dem Befehlsblock fort, sodass die Erfolgsmeldung nicht mehr erscheint.

Alternativ kann ein *trap*-Befehlsblock mit dem *break*-Befehl abgeschlossen werden, der die Fehlerbehandlung lediglich abbricht und den Fehler damit »stehen lässt«, sodass dieser auf einer höheren Ebene behandelt werden kann.

TIPP Die einfachste Möglichkeit, den bei VBScript beliebten *On Error Resume Next*-Befehl bei der PowerShell zu simulieren besteht darin, dem Skript einen *trap*-Befehl in der Form *trap { continue }* voranzustellen und die *$ErrorActionPreference*-Variable auf *SilentlyContinue* zu setzen.

Der *trap*-Befehl besitzt ein paar kleinere Nachteile:

- Es ist beim Betrachten eines Skripts nicht immer sofort erkennbar, auf welchen Bereich des Skripts er sich bezieht
- Er lässt sich in einem Skript (anscheinend) nicht wieder deaktivieren
- Es wurde bei der PowerShell 1.0 vergessen, ihn in der Hilfe zu dokumentieren[2]

Da der *trap*-Befehl mit der PowerShell 2.0 durch das flexiblere Befehlspaar *try* und *catch* offiziell abgelöst wird, soll er in diesem Buch nicht weiter vertieft werden. Er besitzt nach wie vor seine Berechtigung, doch in den allermeisten Situationen ist die Verwendung von *try* und *catch* die bessere Wahl. Eine ausführliche Beschreibung erhält man über *help about_trap*.

Die Fehlerbehandlung mit try und catch

Die Grundidee der Fehlerbehandlung mit den Befehlen *try* und *catch* ist sehr einfach. Auf *try* folgt ein Befehlsblock. Löst ein Befehl in diesem Befehlsblock einen terminierenden Fehler aus, wird die Ausführung des Befehlsblocks abgebrochen und danach der *catch*-Befehlsblock ausgeführt. Der *ErrorRecord*, der den Fehler repräsentiert, steht in diesem Befehlsblock über *$_* zur Verfügung.

Das folgende Beispiel zeigt eine typische Anwendung für das Abfangen eines Fehlers per *try* und *catch*. In dem auf *try* folgenden Befehlsblock wird über die Cmdlets *New-QadUser* und *Add-QadGroupMember* (aus den Active Directory-Cmdlets von *Quest* – mehr dazu in Kapitel 10) ein Benutzer in Active Directory angelegt und anschließend zu einer Gruppe hinzugefügt. Sollte einer dieser Befehle zu einem Fehler (sprich zu einer Ausnahme) führen, wird die Befehlsausführung abgebrochen und mit dem auf *catch* folgenden Block fortgesetzt.

```
# --------------------------------------------------------------
# Beispiel 8.10 - Anlegen eines Active Directory-Users und Hinzufügen zu einer Gruppe
# Fehlerbehandlung mit try/catch
# --------------------------------------------------------------
$VerbosePreference = "Continue"
$GruppenName = "Autorengruppe"
try
{
    $Pw = Read-Host "Kennwort?" -AsSecure
    Connect-Qadservice -Service <Servername> -ConnectionAccount "<Domainname>\Administrator" -
ConnectionPassword $Pw | Out-Null
    Write-Verbose "Verbindung hergestellt."
    New-Qaduser -Name "Bill Tor"  -department "EDV" -Parentcontainer "DC=<Servername>,DC=de" -
amAccountName "BillT" | Out-Null
    Write-Verbose "Active Directory-Benutzer wurde angelegt."
    Get-QadUser "Bill Tor" | Add-QadgroupMember $GruppenName | Out-Null
    Write-Verbose "Active Directory-Benutzer wurde zur Gruppe '$GruppenName' hinzugefügt."
}
catch
```

2 Einen lesenswerten Ersatz für die fehlende Dokumentation gibt es unter *http://huddledmasses.org/trap-exception-in-powershell/*.

```
{
  "Es trat ein Fehler auf - $_"
}
finally
{
   "Fertig..."
}
```

Listing 8.10 Fehlerbehandlung mit try und catch

Der *try*-Befehl hat bei jenen Fehlern, die ein Cmdlet auslöst, zunächst keine Wirkung, wenn der Fehler nicht terminierend ist. In einem

```
try
{
  Get-Item GibtEsNicht.txt
}
catch
{
  "Datei kann nicht angesprochen werden, sorry"
}
```

wird der Fehler trotzdem angezeigt, ein *ErrorAction SilentlyContinue* hat lediglich zur Folge, dass die Fehlermeldung unterdrückt wird (an der Systematik der Abarbeitung des Fehlers ändert sich aber nichts). Soll *try* auch in diesem Fall wirksam sein, muss über ein *ErrorAction Stop* aus dem nicht terminierenden Fehler ein terminierender Fehler gemacht werden:

```
try
{
  Get-Item GibtEsNicht.txt -ErrorAction Stop
}
catch
{
  "Datei kann nicht angesprochen werden, sorry"
}
```

Finally – damit immer etwas passiert

Soll unabhängig davon, ob der *try*-Block vollständig durchlaufen oder der *catch*-Block ausgeführt wurde, immer etwas passieren, wird dies über den *finally*-Befehl erledigt, auf den ein Befehlsblock folgt, der immer ausgeführt wird. Der *try/catch*-Zweig des Skripts erhält damit einen »Ausgang«, der in jedem Fall genommen wird.

Das folgende Beispiel produziert beim Anlegen eines *DateTime*-Objekts per *Get-Date* durch Angabe eines ungültigen Datums einen Fehler, der mit dem *catch*-Befehl »gefangen« wird. Nach Ausgabe der Fehlerinformation wird der *finally*-Befehlsblock ausgeführt:

```
# ------------------------------------------------------------
# Beispiel 8.11 - ein Beispiel für den finally-Befehl
# ------------------------------------------------------------
try
{
  # Löst einen terminierenden Fehler aus
  $Datum = Get-Date 31.2.2009
```

```
}
catch
{
    Write-Host -Fore White -Back Red "Fehler in Zeile $($Error[0].InvocationInfo.ScriptLineNumber) -
Typ: $($Error[0].Exception.GetType().Name)"
}
finally
{
    Write-Host -Fore White -Back Blue "Alles klar"
}
```

Listing 8.11 Ein Beispiel für den *finally*-Befehl

Allgemeines zur Fehlerbehandlung

In diesem Abschnitt geht es um allgemeine Themen, die etwas mit der Fehlerbehandlung zu tun haben, wie z.B. Variablen, aus denen sich ein Fehlerzustand abfragen oder eine Fehlermeldung in eine Datei umleiten lässt.

War der letzte Befehl ein Erfolg? Die Variable $?

Möchte man lediglich abfragen, ob der letzte Befehl fehlerfrei ausgeführt wurde, gibt es dafür die Variable *$?*. Sie ist *$true*, wenn der Befehl »fehlerfrei« ausgeführt wurde, ansonsten ist ihr Wert *$false*. Als Besonderheit gilt es zu beachten, dass die Abfrage der Variablen selbst eine Operation ist, die immer erfolgreich ausgeführt wird. Besaß die Variable *$?* den Wert *$false*, weist sie nach der Abfrage immer den Wert *$true* auf.

Der Parameter ErrorVariable

Soll die Fehlerinformation, die bei der Ausführung eines Cmdlets auftreten kann, nicht nur über *$Error*, sondern über eine speziell für das Cmdlet angelegte Variable abrufbar sein, sorgt dafür der *ErrorVariable*-Parameter, auf den der Name einer Variablen (ohne $-Zeichen) folgt, die das *ErrorRecord*-Objekt aufnimmt.

Der folgende Befehl protokolliert den resultierenden Fehler zusätzlich in der Variablen *$ErrCmd* (und unterdrückt eine Fehlermeldung):

```
Get-Item GibtEsNicht.txt -Ev ErrCmd -Ea SilentlyContinue
```

Mehrere Cmdlets können ihre Fehler in ein und dieselbe Variable schreiben, indem dem Variablennamen ein + vorausgeht:

```
Get-Item GibtEsNicht.txt -Ev +ErrCmd -Ea SilentlyContinue
```

Diese Variante kann praktisch sein, wenn ein und dieselbe Variable für einen ganzen Satz an Befehlen zuständig sein soll.

Den letzten *Fehlercode* abfragen

Viele Anwender, insbesondere jene, die etwas ältere Skriptsprachen kennen, wünschen sich einen Fehlercode in Gestalt einer Zahl, durch den sich die Art des Fehlers feststellen lässt. Einen solchen Fehlercode gibt es bei der PowerShell aber nicht. Da jeder Fehler intern auf einer *Ausnahmeklasse* basiert, lässt sich nur über den Typ der Ausnahmeklasse die Fehlersorte abfragen. Dies spielt z.B. beim *try*-Befehl eine Rolle, durch den sich gezielt auf eine bestimmte Ausnahme reagieren lässt.

Das folgende Beispiel versucht per *Get-ChildItem*, eine Datei zu holen. Dies kann aus mindestens zwei Gründen schief gehen. Erstens: Die Datei existiert nicht. Zweitens: Der Anwender besitzt keine Berechtigungen. Da es zwei unterschiedliche Fehlerarten sind, können sie durch den *catch*-Befehl unterschiedlich behandelt werden:

```
# -------------------------------------------------------------
# Beispiel 8.12 - ein Beispiel für das Abfangen bestimmter Exception-Typen
# -------------------------------------------------------------
try
{
    $Dir = Get-ChildItem -Path C:\ACLSicher -Ea Stop
    $Dir
}
catch [System.Management.Automation.ActionPreferenceStopException]
{
    switch ($_.Exception.GetType().Name)
    {
        "UnauthorizedAccessException" { Write-Host -Fore White -Back Red "Keine Berechtigung." }
        "ItemNotFoundException" { Write-Host -Fore Blue -Back Yellow "Datei/Verzeichnis nicht gefunden."
}
    }
}
catch
{
    Write-Host -Fore Red "Allgemeiner Fehler ($($Error[0]) - Typ:
$($Error[0].Exception.GetType().Name))."
    continue
}
```

Listing 8.12 Abfangen bestimmter *Exception*-Typen

Das kleine Beispiel besitzt drei wichtige Besonderheiten:

- Damit der Fehler, den *Get-ChildItem* beim Zugriff mit fehlenden Berechtigungen oder beim Zugriff auf ein nicht vorhandenes Element verursacht, durch *try* abgefangen werden kann, muss der Fehler über den *ErrorAction*-Parameter in einen terminierenden Fehler umgewandelt werden.
- Bei *catch* kommt aber nicht die ursprünglich ausgelöste Ausnahme an, sondern eine spezielle Ausnahme vom Typ *ActionPreferenceStopException*. Diese Ausnahme muss daher abgefangen werden.
- Um herauszubekommen, welche Ausnahme tatsächlich ausgelöst wurde, wird über die *Exception*-Property des Ausnahmeobjekts, das im *catch*-Zweig über *$_* zur Verfügung steht, der Name des Typs geholt (*GetType().Name*) und in einem *switch*-Befehl mit den abzufangenden Ausnahmetypen verglichen.

Fehlerausgaben umleiten

Was bei anderen Shells Standard ist, geht natürlich auch bei der PowerShell – das Umleiten der Fehlermeldung in eine Datei. Dem Umleitungsoperator > muss dazu die Nummer des Fehlerkanals (2) vorangestellt werden. Dabei wird exakt jene Fehlerinformation umgeleitet, die in das *Fehlerprotokoll* geschrieben wird.

Der folgende Befehl führt zu einem Fehler, wobei die Fehlermeldung nicht ausgegeben, sondern in eine Textdatei umgeleitet wird:

```
Get-Item GibtesNicht.txt 2>> Errorlog.txt
```

Das PowerShell-Pedant zu ErrorLevel

ErrorLevel ist eine Einrichtung, die in erster Linie bei Stapeldateien genutzt wird, den Rückgabewert eines Programms abzufragen, das aus der Stapeldatei heraus gestartet wurde. Jede Exe-Datei gibt eine solche Zahl zurück, die darüber Auskunft geben soll, auf welche Weise das Programm beendet wurde. Die einzelnen Returncodes sind natürlich nicht einheitlich, sondern von Programm zu Programm verschieden und sollten sich über die Jahre und Versionen wenn möglich auch nicht ändern.[3] 0 steht in der Regel für eine fehlerfreie Beendigung, ein Wert ungleich 0 deutet darauf hin, dass irgendetwas schief gegangen ist.

Den Umfang der Fehlermeldung steuern

Der Umfang der Fehlermeldung kann über die Variable *$ErrorView* gesteuert werden. Die Voreinstellung ist *NormalView*. Über *CategoryView* wird nur eine Kurzform der Fehlerinformation angezeigt.

Den COM-Errorcode abfragen

Greift ein PowerShell-Skript auf eine COM-Komponente zu und löst die Operation einen Fehler aus, ist eine Exception vom Typ *COMException* die Folge. In diesem Fall steht die Eigenschaft *ErrorCode* zur Verfügung, über die sich der so genannte HResult-Fehlercode abfragen lässt. Doch Vorsicht, wer sich mit dem WSH oder generell mit COM auskennt, weiß, dass dies Zahlenungetüme sind, mit denen sich nur selten etwas anfangen lässt. Es handelt sich um einen vorzeichenbehafteten (32-Bit-) Integerwert, der meistens im Hexadezimalformat dargestellt wird.

Die folgende Befehlsfolge instanziiert zuerst eine COM-Komponente (in diesem Fall *Gpmgmt.gmp*, die Gruppenrichtlinienverwaltungskomponente) und ruft anschließend deren Methode *GetDomain* mit dem Namen einer nicht existierenden Domäne auf, sodass eine *COMException* resultiert.

```
$GPMT = New-Object -com GPMGMT.GPM
$GPMT.GetDomain("GibtEsNicht.de", $Null, 1)
```

Bereits in der Fehlermeldung wird der Errorcode als *HResult*-Wert angezeigt. Die zuständige *ErrorCode*-Property muss über den Umweg eines Aufrufes von *GetBaseException()* abgefragt werden:

```
$Error[0].Exception.GetBaseException().ErrorCode
-2147023541
```

[3] Ich kann mich heute noch darüber amüsieren, wie sich ein österreichischer Leser im Online-Forum einer großen Tageszeitung darüber beschwerte, dass sich der Rückgabecode des Ping-Befehls zwischen zwei Versionen geändert hatte (was natürlich ärgerlich ist), er aber dafür dem Windows Script Host und den »Koffern« (in Österreich auch ein Schimpfwort, das so viel wie »Idioten« bedeutet) – gemeint waren anscheinend die Leute bei Microsoft, die das seiner Meinung nach verbockt hatten – die Schuld gab.

Und wie macht man daraus eine Hexadezimalzahl? Dafür gibt es gleich mehrere Methoden. Beispielsweise über ein

```
$ErrorCode = $Error[0].Exception.GetBaseException().ErrorCode
[System.Convert]::ToString($ErrorCode,16)
8007054b
```

Diese Variante nutzt die universelle *Convert*-Klasse im Namespace *System* und deren Shared-Methode *ToString*, der neben der zu konvertierenden Zahl einfach nur die Zahlenbasis übergeben wird. Der Aufruf von

```
[System.Convert]::ToString($ErrorCode,2)
```

wandelt den Fehlercode z. B. in eine Binärzahl um. Die zweite Variante nutzt den vertrauten *f*-Operator:

```
$ErrorCode = "{0:x}" -f $ErrorCode
8007054b
```

Die Farbe der Fehlermeldung in der PowerShell-Konsole ändern

Wird nichts anderes festgelegt, werden in der Microsoft PowerShell Fehlermeldungen in der Eingabeaufforderung in roter Vordergrundfarbe ausgegeben. Da der Kontrast nicht ganz optimal ist (besonders bei Projektion über einen Beamer an eine Wand), muss er hin und wieder geändert werden. Das geschieht über die entsprechenden Properties von *$Host.PrivateData* – in diesem Fall *ErrorForegroundColor* und *ErrorBackgroundColor.* [4]

Skripts debuggen

Das Debuggen eines Skriptes bedeutet, die Ausführung des Skripts Befehl für Befehl durchzuführen, um auf diese Weise das Ausführungsverhalten des Skripts nachvollziehen und dabei Fehler entdecken zu können.[5] Grundsätzlich kann bei der PowerShell 2.0 jedes Skript debuggt werden, besonders komfortabel geschieht dies natürlich in der *PowerShell ISE*. Dazu müssen zwei einfache Voraussetzungen erfüllt sein:

- Die Skriptdatei muss gespeichert worden sein.
- Das Skript muss mindestens einen Haltepunkt enthalten, bei dem die Ausführung nach dem Start wieder angehalten wird.

Als Erstes werden über `F9` ein oder mehrere Haltepunkte (engl. *breakpoints*) in den Zeilen des Skripts gesetzt, an denen das Skript anhalten soll, nachdem es z. B. per `F5` gestartet wurde. Hat das Skript einen solchen Haltepunkt erreicht, wird es per `F11` (den nächsten Befehl ausführen) oder `F10` (eine Funktion oder einen Befehlsblock als Ganzes ausführen) ausgeführt. Soll die schrittweise Ausführung der Funktion vorzeitig abgebrochen werden, erledigt dies ein `⇧`+`F11`, was zur Folge hat, dass alle bis zum Ende der Funktion noch ausstehenden Befehle in einem Rutsch ausgeführt werden. Alle Menübefehle des ISE-Debuggers werden in Tabelle 8.7 zusammengestellt.

---

4 Der Autor bevorzugt rote Schrift auf weißem Hintergrund.

5 Bug = *Kleiner Käfer* – alles Weitere unter *http://de.wikipedia.org/wiki/Programmfehler*.

HINWEIS Während des Debuggens können keine Änderungen am Skript vorgenommen werden. Das *Skript ausführen*-Symbol in der Symbolleiste zeigt an, ob das Skript noch ausgeführt wird.

Debug-Befehl	Shortcut	Bedeutung
Überspringen	F10	Ein Befehlsblock wird als Ganzes ausgeführt
Einzelschritt	F11	Ein Befehl wird einzeln ausgeführt
Rücksprung	⇧+F11	Die Einzelausführung wird bis zum Ende des Befehlsblocks in einem Rutsch ausgeführt
Auswahl ausführen	F8	Es wird nur die markierte Auswahl ausgeführt (praktisch, wenn das Skriptfenster eher zusammenhangslose Befehlsblöcke enthält)
Haltepunkt umschalten	F9	Ein Haltepunkt wird gesetzt bzw. zurückgesetzt
Alle Haltepunkte entfernen	Strg+⇧+F9	Alle Haltepunkte werden auf einmal entfernt
Alle Haltepunkte aktivieren	–	Alle deaktivierten Haltepunkte werden wieder aktiviert
Alle Haltepunkte deaktivieren	–	In größeren Skripts ist es praktisch, einen Haltepunkt nicht zu löschen, sondern ihn nur zu deaktivieren
Alle Haltepunkte auflisten	Strg+⇧+L	Gibt die Eckdaten der momentan gesetzten Haltepunkte aus
Aufrufliste anzeigen	Strg+⇧+D	Listet die Funktionen auf, die bis zur aktuellen Befehlszeile aufgerufen wurden

Tabelle 8.7 Die Befehle des ISE-Debuggers

HINWEIS Der PowerShell-Debugger bietet (natürlich) nicht den Komfort, den Entwickler von Entwicklungsumgebungen wie Visual Studio gewohnt sind. Es gibt z.B. keine bedingten Haltepunkte (Haltepunkte, die nur wirksam werden, wenn eine zuvor gewählte Bedingung gültig ist) oder die Möglichkeit, die Ausführung des Skriptes an einer anderen Stelle fortzusetzen, als sie durch den folgenden Befehl vorgegeben wird. Dies ist eine grundsätzliche Einschränkung, die nichts mit der ISE zu tun hat und daher auch bei anderen PowerShell-Hosts existiert.

Der Umgang mit dem ISE-Debugger ist sehr einfach. Ein PowerShell-Skript zu debuggen, ist absolut keine Profitechnik. Jeder PowerShell-Anwender, der vor hat, kleinere Skripts zu erstellen, sollte sich mit dem Debugger anfreunden, denn es ist deutlich einfacher, einen Fehler durch schrittweises Ausführen des Skripts zu finden, als durch stundenlanges Starren auf den Bildschirm.

Variablenwerte betrachten

Ein wichtiger Aspekt beim Debuggen ist, die Werte von Variablen betrachten zu können. Dazu muss der Mauszeiger lediglich auf der Variablen positioniert werden. Nach einer kurzen Verzögerung (bitte nicht ungeduldig werden) erscheint der Wert der Variablen in einem Kästchen. Variablen innerhalb von Zeichenketten lassen sich nicht betrachten. Alternativ kann der Wert einer Variablen jederzeit im Befehlsbereich der ISE ausgegeben werden.

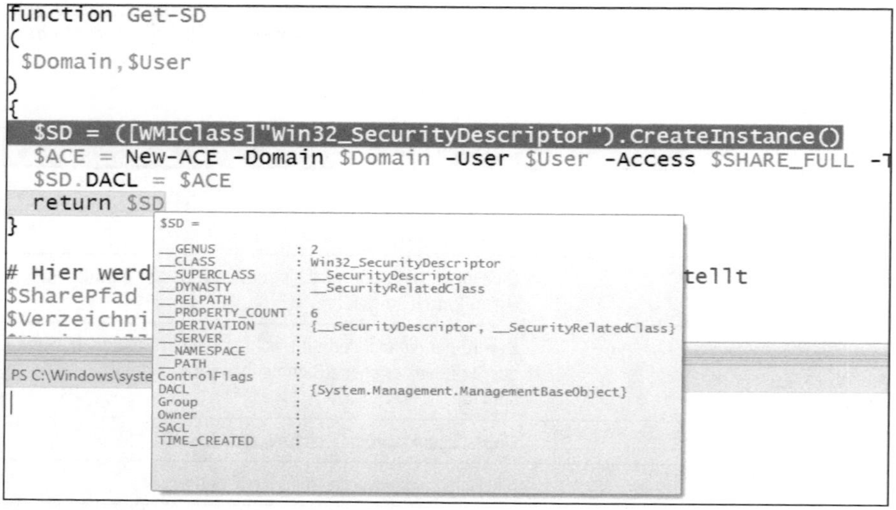

Abbildung 8.2 Die Werte von Variablen werden auf Wunsch eingeblendet

Die Debugger-Cmdlets

Ein Skript kann auch bei der Ausführung innerhalb der Konsole debuggt werden, was ebenfalls erfreulich komfortabel geht. Die PowerShell besitzt seit der Version 2.0 einen Satz von Debugger-Cmdlets (die von der ISE lediglich komfortabel in die Umgebung eingebaut werden), die in Tabelle 8.8 zusammengestellt werden. Es ist wichtig zu verstehen, dass ein Skript nicht angepasst werden muss, um es auf diese Weise debuggen zu können. Die Debugger-Cmdlets arbeiten mit jedem Skript zusammen.

Soll ein Skript über den PowerShell-Debugger schrittweise ausgeführt werden, besteht der erste Schritt stets darin, über das *Set-PSBreakpoint*-Cmdlet einen Haltepunkt in einer bestimmten Zeile zu setzen. Wird das Skript gestartet, hält die Ausführung in dieser Zeile an, der Prompt wechselt zu »>>>«, und die weitere Ausführung des Skripts kann über verschiedene »Buchstaben« gesteuert werden.

HINWEIS Das kann beim Debuggen in der Konsole am Anfang leicht übersehen werden. Während einer Debug-Sitzung können über den Eingabeprompt beliebige Befehle ausgeführt und damit z. B. der Wert von Variablen ausgegeben werden.

Der folgende Befehl setzt in dem Skript *Ps1VerzeichnisInhaltAnlegen.ps1* einen Haltepunkt in Zeile 5.

```
Set-PSBreakpoint -Script Ps1VerzeichnisInhaltAnlegen.ps1 -Line 5
```

Ein Haltepunkt wird über seine ID identifiziert. Es können in einer PowerShell-Sitzung auch mehrere Haltepunkte für unterschiedliche Skripts aktiv sein. Ändert man das Skript, bleibt die Position des Haltepunkts aber bestehen, sodass er gegebenenfalls neu gesetzt werden muss.

```
Administrator: Administrator: PowerShell 2.0
PS > .\Ps1VerzeichnisInhaltAnlegen.ps1
Zeilenhaltepunkt bei "C:\PsKurs\Ps1VerzeichnisInhaltAnlegen.ps1:5" erreicht

Ps1VerzeichnisInhaltAnlegen.ps1:5   $Ps1ListePfad =
"$Env:Userprofile\Documents\Ps1Liste.txt"
PS >>> ?

 s, stepInto            Einzelschritt (in Funktionen, Skripts usw.)
 v, stepOver            Prozedurschritt zur nächsten Anweisung (Funktionen, Skripts
 usw. überspringen)
 o, stepOut             Rücksprung aus der aktuellen Funktion, dem Skript usw.

 c, continue            Ausführung fortsetzen
 q, quit                Ausführung und Debugger beenden

 k, Get-PSCallStack - Aufrufliste anzeigen

 l, list                Quellcode für das aktuelle Skript auflisten.
                        Verwenden Sie "list", um die Auflistung ab der aktuellen Ze
ile zu beginnen, "list <m>",
                        um die Auflistung ab Zeile <m> zu beginnen, und "list <m> <
n>", um <n>
                        Zeilen ab Zeile <m> aufzulisten.

 <Eingabe>                Letzten Befehl wiederholen, wenn er stepInto, stepOver od
er list ist

 ?, h                   Diese Hilfemeldung anzeigen


Anweisungen zum Anpassen der Debuggereingabeaufforderung erhalten Sie, indem Sie
 "help about_prompt" eingeben.

PS >>>
```

Abbildung 8.3 Eine Debug-Session in der PowerShell-Konsole

Cmdlet	Was bietet es?
Enable-PSBreakpoint	Aktiviert einen derzeit deaktivierten Haltepunkt (ob ein Haltepunkt aktiv ist oder nicht, wird über *Get-PSBreakpoint* zunächst nicht angezeigt, da die Enabled-Property nicht dabei ist)
Disable-PSBreakpoint	Deaktiviert einen vorhandenen Haltepunkt
Get-PSBreakpoint	Holt die Informationen zu einem Haltepunkt (anhand seiner ID) oder zu allen Haltepunkten
Set-PSBreakpoint	Setzt einen Haltepunkt
Remove-PSBreakpoint	Entfernt einen Haltepunkt
Get-PSCallStack	Holt während einer Unterbrechung die aktuelle Aufrufliste

Tabelle 8.8 Die *Debug*-Cmdlets der PowerShell

Alternativen zur ISE

Die ISE ist nicht gerade das »Non plus ultra« unter den PowerShell-Skripteditoren. Auf Auswahllisten, die nach Eingabe eines Punktes alle Member eines Objekts anbieten, kann man zwar verzichten, aber etwas mehr Komfort (sehr schön wäre z.B. eine Hervorhebung zusammengehörender Paare geschweifter Klammern) wäre manches Mal ganz nett. Eine Alternative zur ISE ist nach wie vor der *PowerGUI Script Editor*, der in Kapitel 15 kurz vorgestellt wird.

Zusammenfassung

Die PowerShell bietet eine am Anfang eventuell etwas verwirrende Vielfalt bei der Bekämpfung von Bugs, sprich beim Umgang mit Fehlern (die in diesem Zusammenhang auch Ausnahmen genannt werden), die bei der Ausführung eines Skripts auftreten können. Die wichtigsten beiden Details sind folgende: Zum einen besitzt jedes Cmdlet einen *ErrorAction*-Parameter, über den sich steuern lässt, wie das Cmdlet auf einen Fehler, der durch seine Ausführung verursacht wird, reagiert. Zum anderen gibt die Variable *$?* über einen *$true*/*$false*-Wert darüber Auskunft, ob der letzte Befehl fehlerfrei ausgeführt wurde oder nicht. Mit diesen beiden Elementardetails kann man sich am Anfang bereits ganz gut behelfen und die etwas anspruchsvolleren Themen wie die Variable *$Error*, die für jeden Fehler ein *ErrorRecord*-Objekt mit einer Fülle an Detailinformationen anlegt, oder das Befehlspaar *try* und *catch* für das Abfangen von Ausnahmen bzw. Fehlern für später aufheben. Wie immer sind alle diese Themen auch in der PowerShell-Hilfe ausführlich, gut und mit zahlreichen Beispielen beschrieben, sodass es an erklärenden Informationen nicht mangelt.

Kapitel 9

Windows Management Instrumentation (WMI)

In diesem Kapitel:

In diesem Kapitel geht es mit der *Windows Management Instrumentation*-Erweiterung, kurz WMI, um ein scheinbar gut gehütetes Geheimnis von Windows, denn obwohl WMI bereits seit Windows 2000 offiziell dabei ist, kennen auch viele erfahrenere Windows-Administratoren WMI lediglich nach dem Motto »schon einmal davon gehört«. Das ist natürlich ein Wissensdefizit, das schnell abgebaut werden sollte, denn WMI ist eine genauso nützliche wie leistungsfähige Angelegenheit, die in der PowerShell sehr gut integriert ist, sodass sich WMI-Abfragen deutlich komfortabler durchführen lassen als z.B. mit dem *Windows Script Host* (WSH) und VBScript. Dieses Kapitel beginnt daher mit einer kurzen Einführung in WMI und zeigt anschließend, wie elegant und effektiv sich WMI-Abfragen mit der PowerShell durchführen lassen.[1] Mit der Version 2.0 der PowerShell wurde die WMI-Unterstützung durch drei zusätzliche Cmdlets und neue Parameter beim *Get-WmiObject*-Cmdlet weiter abgerundet. Die wichtigste Neuerung ist die vereinfachte Möglichkeit, WMI-Events abfangen sowie Authentifizierung und Identitätswechsel bei *Get-WmiObject* festlegen zu können.

WMI in zehn Minuten

WMI steht für *Windows Management Instrumentation* (zu Deutsch *Windows-Verwaltungsinstrumentation*) und ist seit Windows 2000 ein fester Bestandteil des Betriebssystems (die Heimat von WMI ist *%System-Root%\System32\Wbem*). In einem Satz beschrieben, sammelt WMI Konfigurationsdaten ein, die von Gerätetreibern und anderen Systemkomponenten zur Verfügung gestellt werden, und stellt sie anderen Anwendungen auf Anfrage zur Verfügung.

Technisch ist WMI eine relativ anspruchsvolle Angelegenheit. Jedes Element, das Daten liefert, wird durch eine Klasse repräsentiert, die, wie eine PowerShell-Klasse, Member besitzt. Insgesamt gibt es mehrere Tausend Klassen, die in der WMI-Referenz beschrieben sind.[2] Ein Beispiel von vielen ist die Klasse *Win32_NetworkAdapterConfiguration*, welche die Konfigurationsdaten eines Netzwerkadapters repräsentiert. Auch bei WMI gehört jede Klasse zu einem Namespace. Der etwas ungewöhnliche Name besitzt eine einfache Bedeutung. Ein Namespace ist ein Name, der verschiedene (Klassen-)Namen zusammenfasst. Der wichtigste WMI-Namespace ist *root\cimv2*. Auch bei WMI gibt es Provider, die für verschiedene Bereiche des Systems, etwa die Registry, zuständig sind.

Ein weiterer Aspekt bei WMI ist, dass es von Anfang an für das Netzwerk ausgelegt ist. Es spielt keine Rolle, ob eine Abfrage lokal oder im Netzwerk ausgeführt wird. Dazu muss beim *Get-WmiObject*-Cmdlet lediglich der Name des Computers über den *ComputerName*-Parameter angegeben werden. Das war vor allem bei der PowerShell 1.0 interessant, bei der es keine Möglichkeit gibt, PowerShell-Befehle im Netzwerk auszuführen.

Grundlage für WMI-Abfragen ist der Dienst *Windows-Verwaltungsinstrumentation* (*Winmgmt*), der ausgeführt werden muss, damit WMI-Abfragen auf diesem Computer möglich sind.

HINWEIS Da mit jeder Windows-Version ein paar neue WMI-Klassen hinzukommen, ist WMI nicht abwärtskompatibel. Einige WMI-Klassen stehen z.B. erst ab Windows Vista zur Verfügung.

---

1 Der Legende nach entstand die PowerShell aus einem kleinen Projekt, bei dem es lediglich darum gehen sollte, die mit Windows XP eingeführte WMI-Konsole Wmic.exe in C# nachzubauen.

2 Die WMI-Referenz ist Teil des WMI SDK, das wiederum Teil des großen Windows SDK ist.

Die ersten Schritte mit WMI

Die ersten Schritte mit WMI sind einfach, ein Erfolgserlebnis ist damit praktisch garantiert. Im Mittelpunkt steht das *Get-WmiObject*-Cmdlet (Alias *gwmi*), mit dem sich WMI-Abfragen sehr einfach durchführen lassen.

Ein

```
Get-WmiObject -Class Win32_Process
```

listet alle laufenden Prozesse auf. Das ist nichts grundsätzlich Neues und macht deutlich, dass es bei WMI gewisse Überschneidungen zu den übrigen Cmdlets der PowerShell gibt, die nicht auf WMI basieren.

Der nächste Befehl gibt über den *Filter*-Parameter von *Get-WmiObject* nur Prozesse zurück, die ein bestimmtes Kriterium erfüllen.

```
Get-WmiObject -Class Win32_Process -Filter "WorkingSetsize > $(50MB)"
```

Hier ist anzumerken, dass WMI eine eigene Filtersyntax (basierend auf der *WMI Query Language*, kurz WQL) verwendet. Anstelle von *-gt* heißt es z.B. >. Dennoch ist es natürlich kein Problem, PowerShell-Ausdrücke einzubeziehen, wie die *Integration* von *50MB* beweist.

Der nächste Befehl benutzt den *Query*-Parameter von *Get-WmiObject*, um eine komplette WQL-Query auszuführen:

```
Get-WmiObject -Query "Select Name, ProcessID From Win32_Process Where WorkingSetsize > $(50MB)"
```

Vorteile gegenüber dem Anhängen eines *Where-Object*-Cmdlets bietet diese Variante insofern, dass das Filtern bereits auf der Ebene von WMI geschieht und nicht, wie es ansonsten der Fall wäre, erst einmal alle Objekte zurückgegeben werden. Gerade bei zeitaufwändigen Abfragen im Netzwerk könnte dies eine Rolle spielen.

Die nächste Variante benutzt den *Property*-Parameter von *Get-WmiObject*, um nur bestimmte Properties zurückzuerhalten (WMI-Objekte besitzen im Allgemeinen viele Properties).

```
Get-WmiObject -Class Win32_Process -Property Name, ProcessID -Filter "WorkingSetsize > $(50MB)"
```

Diese Variante ist ebenfalls bezüglich der Ausführungsgeschwindigkeit jener Variante im Vorteil, bei der die Properties erst durch ein angehängtes *Select-Object* gefiltert werden, da auch hier das Zusammenbauen der Objekte auf der Ebene von WMI geschieht und im Netzwerk deutlich weniger Daten übertragen werden müssen.

Einige WMI-Objekte besitzen neben Properties auch einige Methoden, die wie immer zuverlässig per *Get-Member* aufgelistet werden. Für ein *Win32_Process*-Objekt erhält man diese z.B. wie folgt:

```
Get-WmiObject -Class Win32_Process | Get-Member -Membertype Method

   TypeName: System.Management.ManagementObject#root\cimv2\Win32_Process

Name           MemberType Definition
----           ---------- ----------
AttachDebugger Method     System.Management.ManagementBaseObject AttachDebug...
GetOwner       Method     System.Management.ManagementBaseObject GetOwner()
```

```
GetOwnerSid    Method     System.Management.ManagementBaseObject GetOwnerSid()
SetPriority    Method     System.Management.ManagementBaseObject SetPriority...
Terminate      Method     System.Management.ManagementBaseObject Terminate(S...
```

Interessant klingt vor allem die *GetOwner*-Methode, da das vom *Get-Process*-Cmdlet zurückgegebene *Process*-Objekt diese Möglichkeit nicht bietet. Doch wie ruft man die Methode auf? Beispielsweise wie folgt:

```
Get-WmiObject -Class Win32_Process | Sort-Object -Property Name | ForEach-Object { $_ | Select-Object
@{Name="Prozess";Expression={$_.Name}},@{Name="Besitzer";Expression={$_.GetOwner().User}}}
```

Das ist bereits deutlich mehr Aufwand, wobei man sich nicht immer die Mühe machen und für jedes *Win32_Process*-Objekt ein neues Objekt zusammenbauen muss, das mit dem Prozessnamen und dem Namen des Besitzers zwei Properties besitzt.

Mit der PowerShell 2.0 gibt es dank des *Invoke-WmiMethod*-Cmdlets eine etwas einfachere Möglichkeit, eine WMI-Methode aufzurufen:

```
Get-WmiObject -Class Win32_Process | Invoke-WmiMethod -Name GetOwner
```

Der kleine Komfortgewinn besteht darin, dass das Objekt, dessen Methode aufgerufen werden soll, über die Pipeline übergeben wird.

Allerdings ist das Ergebnis alles andere als befriedigend, da der Name des Besitzers in einem Wust an Properties unter »ferner liefen« auftaucht. Ganz optimal ist auch die folgende Variante nicht, denn nun wird nur der Name des Besitzers angezeigt:

```
Get-WmiObject -Class Win32_Process | Invoke-WmiMethod -Name GetOwner | Select-Object -Property User
```

Das ist typisch für WMI unter der PowerShell. Es ist komfortabel, aber man muss häufig ein wenig basteln, um das gewünschte Resultat zu erhalten. Dazu ist es wichtig, ein wenig mehr über die Hintergründe der WMI-Integration bei der PowerShell zu wissen.

WMI-Klassen

Alle so genannten *Verwaltungselemente*, die von WMI angesprochen werden können, werden durch eine Klasse repräsentiert. Eine Liste aller WMI-Klassen erhält man über den *List*-Parameter von *Get-WmiObject*:

```
Get-WmiObject -List
```

Dabei werden unter der PowerShell 2.0 weit über 1.000 Klassen »ausgespuckt«, was deutlich macht, wie umfangreich WMI ist.

Da jede Klasse zu einem Namespace gehört, den man sich einfach als Gruppennamen vorstellen muss, gibt es die Möglichkeit, sich über den *Namespace*-Parameter von *Get-WmiObject* nur Klassen eines bestimmten Namespaces (die beiden wichtigen Namespaces sind *default* und *cimv2*) anzeigen zu lassen:

```
Get-WmiObject -List -Namespace root\Default
```

Der wichtigste Namespace ist *cimv2* (die Abkürzung steht für *Common Information Model Version 2*) und dort sind für Ad-hoc-Abfragen wiederum praktisch ausschließlich jene Klassen wichtig, die mit *Win32* beginnen, aber nicht mit *Win32_Perf*, da die vielen Leistungsindikatoren (Performance Counter) keine Geräte repräsentieren.

Der folgende Befehl listet nur die interessanten WMI-Klassen auf:

```
Get-WmiObject -List | Where-Object { $_.Name -like "Win32*" -and $_.Name -notlike "Win32_Perf*" }
```

Selbst diese Abfrage liefert unter Windows Vista noch 364 Klassen. Doch keine Sorge, so komplex ist WMI in der Praxis nicht. Für typische Ad-hoc-Abfragen, die sich um Konfigurationsdaten des Computers, seine wichtigsten Hardwarekomponenten und das Betriebssystems drehen, sind gerade einmal ein Dutzend WMI-Klassen wichtig, von denen einige in Tabelle 9.1 zusammengestellt sind.

Klasse	Steht für
Win32_BIOS	Die Eckdaten des Computer-BIOS
Win32_OperatingSystem	Eine Fülle an Details über das Betriebssystem (neben der Versionsnummer z.B. auch der Name des Service Packs)
Win32_ComputerSystem	Einige Eckdaten über den Computer
Win32_Printer	Die installierten Drucker (die Druckjobs werden über die Klasse *Win32_PrintJob* angesprochen)
Win32_LogicalDisk	Die Eckdaten eines Laufwerks
Win32_Process	Eine Fülle an Details über die laufenden Prozesse (unter anderem lässt sich der Besitzer eines Prozesses abfragen)
Win32_Service	Alle Eckdaten eines Dienstes (gegenüber *Get-Service* lässt sich abfragen, zu welchem Systemkonto der Dienst gehört)
Win32_Product	Die installierten Anwendungen
Win32_NetworkAdapterConfiguration	Die Details zu einem Netzwerkadapter
Win32_Share	Eine Freigabe

Tabelle 9.1 WMI-Klassen zur Abfrage von Konfigurationsdaten

WMI-Instanzen

Eine WMI-Klasse steht, wie bei der PowerShell auch, lediglich für die Beschreibung, die Blaupause eines *Geräts* wie z.B. einen Dienst, eine Grafikkarte oder einen Netzwerkadapter. Die Konfigurationsdaten werden durch die Instanz der Klasse zur Verfügung gestellt. Eine solche Instanz wird durch das *Get-WmiObject*-Cmdlet gebildet.

Der Befehl

```
Get-WmiObject -Class Win32_Processor
```

bildet eine Instanz der Klasse *Win32_Processor* und gibt diese in Gestalt eines Objekts vom Typ *ManagementObject* zurück. Eine solche Abfrage liefert immer dann mehrere Instanzen, wenn ein Gerät mehrfach vorhanden ist (was theoretisch auch beim Prozessor der Fall sein kann, wenngleich Multicore-Systeme nur einen Prozessor besitzen). Auf die Properties wird wie üblich zugegriffen.

Der folgende Befehl liefert die Anzahl der Kerne auf dem lokalen Computer:

```
$AnzahlKerne = (Get-WmiObject -Class Win32_Processor -Property NumberOfCores).NumberOfCores
$AnzahlKerne
24
```

Das ManagementObject-Objekt

Jedes Ergebnis einer WMI-Abfrage ist bei der PowerShell eine Collection von *ManagementObject*-Objekten (im .NET-Namespace *System.Management*).

Diese kühne Behauptung wird durch den folgenden Befehl bewiesen:

```
(Get-WmiObject -Class Win32_Process | Select-Object -First 1).GetType().Name
ManagementObject
```

Im Allgemeinen hat man mit diesen Details nichts zu tun, dennoch kann es nicht schaden, ein wenig über die Hintergründe der WMI-Integration bei der PowerShell zu wissen.

ManagementObject ist jedoch eine allgemeine Klasse, die nichts über die speziellen Eigenschaften der einzelnen WMI-Klassen weiß. Sie stellt diese Eigenschaften über ihre *Properties*-Property zur Verfügung. Die PowerShell »zaubert« hier wieder einmal ein wenig hinter den Kulissen, indem sie die Objekte der *Properties*-Collection als Properties an das zurückgegebene Objekt hängt und damit ein Kunstobjekt kreiert, das ein wenig einfacher handhabbar ist.

Der folgende Befehl greift über die *PSBase*-Property, über die jedes PowerShell-Objekt verfügt, auf die *Properties*-Property zu und gibt zu jedem *Property*-Objekt dessen Namen und seinen Wert aus:

```
(Get-WmiObject -Class Win32_Process | Select-Object -First 1).PSBase.Properties | Select-Object Name, Value
```

Ganz nebenbei ist das eine Möglichkeit, die etwas lästigen WMI-Properties (die von der *SystemProperties*-Property zur Verfügung gestellt werden) auszufiltern, die mit einem doppelten Unterstrich beginnen.

Die PowerShell-Unterstützung auf einen Blick

Die WMI-Unterstützung bei der PowerShell besteht aus vier Cmdlets und drei Type Accelerators mit recht ähnlich klingenden Namen, sodass es am Anfang nicht ganz einfach ist, einen Überblick zu erhalten. Tabelle 9.2 gibt einen Überblick über die Cmdlets, Tabelle 9.3 stellt die ebenso wichtigen Type Accelerators zusammen.

Cmdlet	Bedeutung
Get-WmiObject	Führt WMI-Abfragen durch
Invoke-WmiMethod	Ruft die Methode eines WMI-Objekts auf
Remove-WmiObject	Entfernt ein WMI-Objekt aus einer über *Get-WmiObject* geholten Liste von Objekten, sodass dadurch z. B. ein Prozess beendet oder eine Freigabe entfernt wird
Set-WmiInstance	Vereinfacht das Anlegen einer Instanz einer WMI-Klasse

Tabelle 9.2 Die WMI-Cmdlets der PowerShell 2.0

Type Accelerator	Bedeutung
[WMI]	Steht für eine bestimmte Instanz, die über ihre Key-Property ausgewählt wird (z.B. *[WMI]"Win32_Process.Handle=1580"*). Entspricht der *Get*-Methode von WMI-Scripting.
[WMIClass]	Steht für die Klasse selbst, sodass auf diese Weise die Methoden der Klasse aufgerufen werden können, die von einer bestimmten Instanz unabhängig sind (das klassische Beispiel ist das Starten eines neuen Prozesses *$P = [WMIClass]"Win32_Process"; $P.Create("calc.exe")*)
[WMISearcher]	Steht für eine Instanz der *ManagementSearcher*-Klasse und bietet eine Alternative zur Ausführung einer WQL-Abfrage

Tabelle 9.3 Die Type Accelerators der PowerShell 2.0

Umstellen von WSH-Skripts

WMI gibt es bereits »ein paar Jahre«, es wurde daher in der Vergangenheit, z.B. im Rahmen von WSH-Skripts, bereits intensiv eingesetzt. In den Unternehmen verrichten daher Tausende von WMI-Skripts ihren Dienst, welche dies auch in Zukunft tun dürfen. Dennoch kann es sinnvoll sein, ein WMI-Skript, das auf dem WSH und VBScript basiert, auf die PowerShell umzustellen, da das Skript mit an Sicherheit grenzender Wahrscheinlichkeit kürzer und kompakter wird, es eine gute Gelegenheit ist, das Skript ein wenig aufzuräumen und den Umgang mit der PowerShell zu üben. Auch wenn es keinen Konverter gibt, lassen sich WMI-Skripts relativ einfach auf die PowerShell umstellen. Es gestaltet sich sogar so, dass sich gerade bei *WMI-Skripts* die zahlreichen Verbesserungen der PowerShell (wie beim Umgang mit Arrays, der Fehlerbehandlung oder dem Dateizugriff) besonders stark auswirken und sich ein aus mehreren Dutzend, wenn nicht Hunderten von Befehlszeilen bestehendes WMI-Skript auf wenige Zeilen reduzieren lässt, da sich z.B. die Ergebnisse einer WMI-Abfrage bei der PowerShell in einer Zeile ausgeben lassen, während in einem WSH-Skript bedingt durch Abfragen auf leere Properties und Konvertierungen mehrere Dutzend Befehlszeilen erforderlich sind.

Ein einfaches Beispiel für die Umsetzung eines WSH-Skripts

Das folgende WSH-Skript soll gleich zwei Aufgaben erfüllen. Erstens soll es ein erstes Beispiel für eine typische WSH- nach PowerShell-Konvertierung darstellen. Zweitens soll es zeigen, wie eine solche Konvertierung nicht unbedingt aussehen sollte. Das Beispiel führt eine Abfrage der auf dem lokalen Computer installierten Hotfixes durch.

Hier zunächst die WSH-Variante, die alle Hotfixes des lokalen Computers auflistet, was eine Weile dauert, und für jeden Hotfix ein paar Eckdaten ausgibt. Außerdem wird eine Fehlerbehandlung eingebaut, die eine Meldung und eine Fehlermeldung anzeigt, wenn die Abfrage aus irgendwelchen Gründen nicht durchgeführt werden konnte.

```
' -----------------------------------------------------------
' Beispiel 9.1 - Abfragen der Hotfixes
' -----------------------------------------------------------
Option Explicit
Dim Wmi, WmiInstanzen, WmiInstanz, AnzahlInstanzen
Set Wmi = GetObject("Winmgmts://./root/cimv2")
On Error Resume Next
Set WmiInstanzen = Wmi.InstancesOf("Win32_QuickfixEngineering")
```

```
' Gibt es ein Ergebnis?
AnzahlInstanzen = WmiInstanzen.Count
If Err.Number <> 0 Then
   WScript.Echo "Fehler bei der WMI-Abfrage."
Else
   If AnzahlInstanzen > 0 Then
     For Each WmiInstanz in WmiInstanzen
       WScript.Echo("Computer: " & WmiInstanz.CsName)
       WScript.Echo("Beschreibung: " & WmiInstanz.Description)
       WScript.Echo("Hotfix-ID: " & WmiInstanz.HotfixID)
     Next
   Else
     WScript.Echo "Die WMI-Abfrage lieferte kein Ergebnis."
   End If
End If
```

Listing 9.1 Abfragen der installierten Hotfixes mit einem WSH-Skript

Das folgende PowerShell-Skript listet ebenfalls alle lokalen Hotfixes auf, macht aber bei der Ausgabe noch nicht von den Möglichkeiten der PowerShell Gebrauch.

```
# -------------------------------------------------------------
# Beispiel 9.2 - Auflisten der lokalen Hotfixes - Variante 1
# -------------------------------------------------------------
try
{
  $WmiInstanzen = Get-WmiObject -Class "Win32_QuickfixEngineering"
  $AnzahlInstanzen = $WmiInstanzen.Count
  foreach ($WmiInstanz in $WmiInstanzen)
  {
    Write-Host "Computer:     " $WmiInstanz.CsName
    Write-Host "Beschreibung: " $WmiInstanz.Description
    Write-Host "Hotfix-ID:    " $WmiInstanz.HotfixID
    Write-Host
  }
}
catch
{
  Write-Host -Fore White -Back Red "Fehler bei der WMI-Abfrage."
}
```

Listing 9.2 Auflisten der lokalen Hotfixes mit WMI

Als Erstes fällt natürlich auf, dass in einem PowerShell-Skript keine Variablendeklarationen mehr erforderlich sind und der Zugriff auf die WMI-Instanzen dank *Get-WmiObject* deutlich logischer ist, da weder der Computername noch der Namespace angegeben werden müssen (der bei einem WSH-Skript theoretisch ebenfalls entfallen könnte). Auch die Fehlerbehandlung ist dank des Befehlspaars *try/catch* einfacher und vor allem logischer. Die Ausgabe der drei Properties wurde nahezu eins zu eins übernommen, was Vor- und Nachteile hat. Der Vorteil ist, dass die Ausgabe einfach ist und ihren Zweck erfüllt. Der Nachteil liegt darin, dass die Weiterverarbeitung der Daten nicht möglich ist, da sie lediglich ausgegeben werden. Die nächste Variante führt die Ausgabe durch das Bilden neuer Objekte PowerShell-typisch durch.

Die folgende Variante entspricht dem letzten Beispiel, nur dass dieses Mal durch das *New-Object*-Cmdlet für jede WMI-Instanz ein neues Objekt gebildet und einem Array hinzugefügt wird. Am Ende entsteht mit der Variablen *$Hotfixliste* ein Array mit Objekten, das nicht nur ausgegeben, sondern über *Export-CSV* z.B. sehr einfach in eine CSV-Datei exportiert werden kann. Ein Komfort, der mit einem WSH-Skript nur mit relativ großem Aufwand erreichbar wäre.

```
# -----------------------------------------------------------
# Beispiel 9.3 - Auflisten der lokalen Hotfixes - Variante 2
# -----------------------------------------------------------
try
{
  $WmiInstanzen = Get-WmiObject -Class "Win32_QuickfixEngineering"
  $AnzahlInstanzen = $WmiInstanzen.Count
  $HotfixListe = @()
  foreach ($WmiInstanz in $WmiInstanzen)
  {
    $Hotfix = New-Object -Type PSObject
    $Hotfix | Add-Member -Membertype NoteProperty -Name Computer -Value $WmiInstanz.CsName
    $Hotfix | Add-Member -Membertype NoteProperty -Name HotfixID -Value $WmiInstanz.HotfixID
    $Hotfix | Add-Member -Membertype NoteProperty -Name Beschreibung -Value $WmiInstanz.Description
    $HotfixListe += $Hotfix
  }
  $HotfixListe
}
catch
{
  Write-Host -Fore White -Back Red "Fehler bei der WMI-Abfrage."
}
```

Listing 9.3 Auflisten der lokalen Hotfixes

Geht es nur um eine typische Ad-hoc-Abfrage, liefert der folgende Befehl die gewünschten Informationen deutlich kürzer und kompakter:

```
Get-WmiObject -Class Win32_QuickfixEngineering | Where-Object { $_.Description -ne "" } | Format-Table
HotfixID, Description, InstalledOn
```

Noch »ein wenig« kürzer und kompakter erhält man alle diese Dinge über das *Get-HotFix*-Cmdlet:

```
Get-HotFix | Where-Object { $_.Description -ne "" } | Format-Table HotfixID, Description, InstalledOn
```

Warum nicht gleich so? Zum einen führen bekanntlich viele Wege nach Rom, sprich zum Ziel. Gerade am Anfang wird man nicht gleich auf die kürzeste Variante kommen. Zum anderen wurde das *Get-HotFix*-Cmdlet, das auf WMI basiert, erst mit der Version 2.0 eingeführt. Gibt es vielleicht noch weitere Cmdlets, mit denen sich WMI-Abfragen deutlich einfacher durchführen lassen? Nun, finden Sie es heraus, indem Sie sich per *Get-Command -Verb Get* alle Cmdlets anzeigen lassen, deren Name mit einem *Get*-Verb beginnt.

Eine weitere WMI-Abfrage in VBScript

Im Folgenden wird ein weiteres kleines WSH-Skript vorgestellt, das zu den Interrupts 1 bis 16 des lokalen Computers die Geräte (sofern vorhanden) auflistet, die den jeweiligen Interrupt belegen. Das Ergebnis der Prüfung wird in eine Textdatei geschrieben, die anschließend angezeigt wird. Dieses WMI-Skript ist bereits etwas anspruchsvoller, da WMI-Assoziationsklassen im Spiel sind und relativ viel Aufwand betrieben werden muss, um das Ergebnis in eine Textdatei zu schreiben.

```
' --------------------------------------------------------------
' Beispiel 9.4 (WSH) - Geräte auflisten, die einen bestimmten Interrupt benutzen
' --------------------------------------------------------------
Option Explicit
Dim Wmi, CompName, WMI_Instanzen, IRQ, IRQNr, PnpGeraete, PnpGeraet
Dim Fso, Ts, IRQDateilistePfad, Shell
CompName = "."
IRQDateilistePfad = "IRQListe.txt"
Set Fso = WScript.CreateObject("Scripting.FileSystemObject")
Set Ts = Fso.CreateTextFile(IRQDateilistePfad)
Set Wmi = GetObject("Winmgmts://" & CompName & "/root/cimv2")
Set Wmi_Instanzen = Wmi.InstancesOf("Win32_IRQResource")
Ts.WriteLine(String(48,"="))
For IRQNr = 1 To 16
    On Error Resume Next
    WScript.Echo("Prüfe Interrupt: " & IRQNr)
    Set IRQ = Wmi.Get("Win32_IRQResource.IRQNumber=" & IRQNr)
    If Err.Number = 0 Then
      Set PnpGeraete = Wmi.ExecQuery("Associators of {Win32_IRQResource.IRQNumber='" & IRQ.IRQNumber &
"'} Where ResultClass=Win32_PnpEntity")
        Ts.WriteLine("Interrupt Nr. :  " & IRQ.IrqNumber)
        Ts.WriteLine(String(48,"="))
        If PnpGeraete.Count = 0 Then
           Ts.WriteLine("Keine Geräte für diesen Interrupt")
        Else
           For Each PnpGeraet In PnpGeraete
               Ts.WriteLine("Gerätename     : " & PnpGeraet.Name)
               Ts.WriteLine(String(48,"="))
               Ts.WriteLine()
          Next
        End If
    Else
        Ts.WriteLine("Keine Geräte für Interrupt Nr. " & IRQNr)
        Ts.WriteLine(String(48,"="))
        Ts.WriteLine()
    End If
Next
Ts.Close()
Set Shell = WScript.CreateObject("WScript.Shell")
Shell.Run IRQDateilistePfad, 1
```

Listing 9.4 Auflisten von Geräten, die einen bestimmten Interrupt benutzen (WHS-Lösung)

Das folgende PowerShell-Skript erledigt dieselbe Aufgabe wie das VBScript-Skript aus dem letzten Beispiel. Es fällt vor allem auf, dass es deutlich kürzer ist (gerade bei WMI ergibt sich eine Menge Potenzial für Einsparungen).

```
# -----------------------------------------------------------
# Beispiel 9.5 - Geräte auflisten, die einen bestimmten Interrupt benutzen
# -----------------------------------------------------------
$IRQDateilistePfad = "IRQListe.txt"
Set-Content -Path $IRQDateilistePfad -Value (New-Object String "=",48)
for ($IRQNr=1;$IrqNr-le16;$IrqNr++)
{
    "Prüfe Interrupt: $IRQNr"
    try
    {
      $IRQ = [WMI]"Win32_IRQResource.IRQNumber=$IRQNr"
      $PnpGeraete = Get-WmiObject -Query "Associators Of
{Win32_IRQResource.IRQNumber='$($IRQ.IRQNumber)'} Where ResultClass=Win32_PnpEntity"
      Add-Content -Path $IRQDateilistePfad -Value "Interrupt Nr. :  $($IRQ.IrqNumber)"
      Add-Content -Path $IRQDateilistePfad -Value (New-Object String "=",48)
      if ($PnpGeraete.Count -eq 0)
      {
        Add-Content -Path $IRQDateilistePfad -Value "Keine Geräte für diesen Interrupt"
      }
      else
      {
        foreach($PnpGeraet In $PnpGeraete)
        {
          Add-Content -Path $IRQDateilistePfad -Value "Gerätename     :  $($PnpGeraet.Name)"
          Add-Content -Path $IRQDateilistePfad -Value (New-Object String "=",48)
          Add-Content -Path $IRQDateilistePfad -Value ""
        }
      }
    }
    catch
    {
       Add-Content -Path $IRQDateilistePfad -Value "Keine Geräte für Interrupt Nr. $IRQNr"
       Add-Content -Path $IRQDateilistePfad -Value (New-Object String "=",48)
       Add-Content -Path $IRQDateilistePfad -Value ""
    }
}
Invoke-Item -Path $IRQDateilistePfad
```

Listing 9.5 Auflisten von Geräten, die einen bestimmten Interrupt benutzen (PowerShell-Lösung)

Einen individuellen Report zu generieren, in dem eine Reihe von Ausgaben mithilfe des *FileSystemObject*-Objekts bunt durcheinander in eine Textdatei geschrieben wurden, ist ein typisches Konzept aus der WSH-Ära, denn es gibt nur wenige Alternativen. Bei der PowerShell sollte man andersherum denken und zuerst die Daten zusammenstellen und sie im nächsten Schritt exportieren. Da sich das letzte Beispiel von Anfang an auf eine Textdatei in einem recht eigenen Format festgelegt hat, ist es ein relativ großer Aufwand das Skript so umzustellen, dass das Resultat danach in ein anderes Format konvertiert werden kann. Der bessere Ansatz besteht wie erwähnt darin, erst die Daten zusammenzustellen und sich danach ein Format für die Ausgabe zu überlegen.

Das folgende PowerShell-Skript entspricht dem letzten Beispiel, nur dass aus den gesammelten Konfigurationsdaten zuerst Objekte gemacht werden, die zu einem Array hinzugefügt werden, das am Ende per *Format-Table* hübsch formatiert ausgegeben wird. Um die Ausgabe in eine Datei umzuleiten, muss lediglich ein *Out-File* angehängt werden. Da die Abfrage der 16 Interrupts relativ lange dauert, bietet es sich an, das Skript als Job zu starten.

```
# --------------------------------------------------------------
# Beispiel 9.6 - Geräte auflisten, die einen bestimmten Interrupt benutzen - Variante 2
# --------------------------------------------------------------
$PnpGeraeteListe = @()

for ($IRQNr=1;$IrqNr-le16;$IrqNr++)
{
    "Prüfe Interrupt: $IRQNr"
    $Geraet = New-Object -Type PsObject
    $Geraet | Add-Member -Membertype NoteProperty -Name InterruptNr -Value $IRQNr
    try
    {
      $IRQ = [WMI]"Win32_IRQResource.IRQNumber=$IRQNr"
      $PnpGeraete = Get-WmiObject -Query "Associators Of
{Win32_IRQResource.IRQNumber='$($IRQ.IRQNumber)'} Where ResultClass=Win32_PnpEntity"
      if ($PnpGeraete -ne $null)
      {
        $PnpGeraeteNamen = @()
        foreach($PnpGeraet In $PnpGeraete)
        {
          $PnpGeraeteNamen += $PnpGeraet.Name
        }
        $Geraet | Add-Member -Membertype NoteProperty -Name Anzahl -Value $PnpGeraeteNamen.Length
        $Geraet | Add-Member -Membertype NoteProperty -Name Geraete -Value ($PnpGeraeteNamen -Join ",")
      }
    }
    catch
    {
      $Geraet | Add-Member -Membertype NoteProperty -Name Anzahl -Value 0
      $Geraet | Add-Member -Membertype NoteProperty -Name Geraete -Value "Keine Geräte"
      Write-Host -Fore White -Back Red "Fehler beim Zugriff auf Win32_IRQResource und Interrupt $IRQNr"
    }
    $PnpGeraeteListe += $Geraet
}
$PnpGeraeteListe | Format-Table -Auto
```

Listing 9.6 Auflisten von Geräten, die einen bestimmten Interrupt benutzen (Variante 2)

Zu diesem Zeitpunkt mag eine Technik, die darin besteht, zuerst über das *New-Object*-Cmdlet ein neues Objekt anzulegen, dem anschließend per *Add-Member*-Cmdlet eine Reihe von *NoteProperty*-Member hinzugefügt werden, noch ungewöhnlich, abstrakt und fortgeschritten erscheinen, tatsächlich ist dies aber eine Standardtechnik bei der PowerShell, an die sich angehende PowerShell-Profis möglichst schnell gewöhnen sollten.

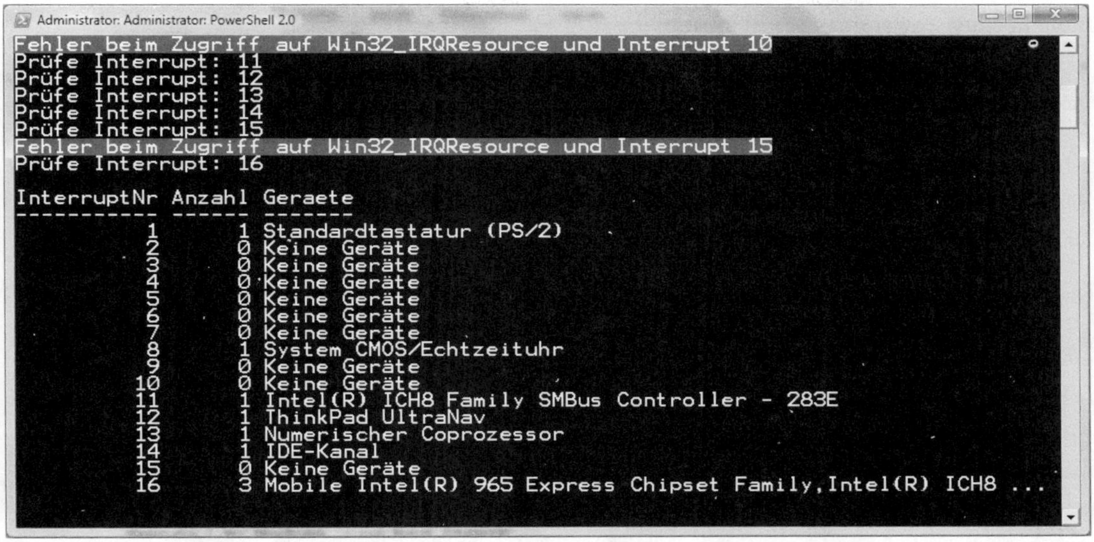

```
Administrator: Administrator: PowerShell 2.0
Fehler beim Zugriff auf Win32_IRQResource und Interrupt 10
Prüfe Interrupt: 11
Prüfe Interrupt: 12
Prüfe Interrupt: 13
Prüfe Interrupt: 14
Prüfe Interrupt: 15
Fehler beim Zugriff auf Win32_IRQResource und Interrupt 15
Prüfe Interrupt: 16

InterruptNr Anzahl Geraete
----------- ------ -------
          1      1 Standardtastatur (PS/2)
          2      0 Keine Geräte
          3      0 Keine Geräte
          4      0 Keine Geräte
          5      0 Keine Geräte
          6      0 Keine Geräte
          7      0 Keine Geräte
          8      1 System CMOS/Echtzeituhr
          9      0 Keine Geräte
         10      0 Keine Geräte
         11      1 Intel(R) ICH8 Family SMBus Controller - 283E
         12      1 ThinkPad UltraNav
         13      1 Numerischer Coprozessor
         14      1 IDE-Kanal
         15      0 Keine Geräte
         16      3 Mobile Intel(R) 965 Express Chipset Family,Intel(R) ICH8 ...
```

Abbildung 9.1 Dank eigener Objekte wird der Output einer WMI-Abfrage leichter verarbeitbar

Ein Blick hinter die Kulissen

Die WMI-Schnittstelle der PowerShell, die durch die WMI-Cmdlets so komfortabel verpackt wird, basiert auf drei Klassen der .NET-Klassenbibliothek im Namespace *System.Management*: *ManagementClass*, *ManagementObject* und *ManagementSearcher*. Dieser Hinweis ist insofern wichtig, da die Namen der Klassen immer dann in Erscheinung treten, wenn man sich die Member der Objekte betrachtet, die von *Get-WmiObject* zurückgegeben werden:

```
Get-WmiObject -Class Win32_UserAccount | Get-Member

   TypeName: System.Management.ManagementObject#root\cimv2\Win32_UserAccount
```

WMI-Abfragen mit Get-WmiObject

Das zentrale Cmdlet für WMI-Abfragen ist das *Get-WmiObject*-Cmdlet, mit dem sich ca. 90% aller WMI-Aktivitäten erledigen lassen. Tabelle 9.4 bildet seine wichtigsten Parameter ab, die teilweise bereits vorgestellt wurden. Mit der PowerShell 2.0 wurde die Liste der Parameter noch einmal erweitert. Die wichtigsten beiden Neuerungen sind, dass sich beim Zugriff über das Netzwerk die Art der Authentifizierung und Impersonierung (Identitätswechsel) angeben lässt, was bei der PowerShell 1.0 nur über den *[WMISearcher]*-Type Accelerator möglich war, und dass auch WMI-Abfragen als Job ausgeführt werden können (das ist vor allem beim Abfragen der installierten Anwendungen praktisch, da diese Abfrage relativ lange dauert). Damit lässt sich ein aus einem WSH-Skript vertrauter WMI-Aufruf wie z.B.

```
Set Wmi =
GetObject("winmgmts:{impersonationLevel=Impersonate}//Server1/root/cimv2/Win32_Service.Name='winmgmt'")
```

vollständig in einen PowerShell-Befehl umsetzen:

```
Get-WmiObject -Class Win32_Service -Filter "Name='winmgmt'" -Computer Server1 -Credential Administrator
-Impersonation Impersonate -Authentication Call
```

Hundertprozentig identisch sind beide Varianten natürlich nicht, da beim einfachen Aufruf über *GetObject* kein Paar aus Benutzername und Kennwort übergeben werden kann.

Diese Variante sähe in einem WSH-Skript wie folgt aus:

```
Set WbemLoc = WScript.CreateObject("WbemScripting.SWBemLocator")
Set Wmi = WbemLoc.ConnectServer("Server1", "root/cimv2:Win32_Service.Name='Winmgmt'", "Administrator",
"Kennwort")
```

Bei der PowerShell gibt es diese künstliche Unterscheidung zwischen einem Zugriff auf den WMI-Dienst mit und ohne Anmeldung nicht, alle Zugriffsvarianten werden per *Get-WmiObject* unter einem Dach zusammengefasst.

Parameter	Für was steht er?
AsJob	Die WMI-Abfrage wird als Job im Hintergrund ausgeführt
Authentication	Legt die Art der Authentifizierung (nicht das Authentifizierungsverfahren) fest. Zur Auswahl stehen Default (0, das ist die Standardeinstellung), None (1), Connect (2), Call (3), Packet (4), Packet Integrity (5) und Packet Privacy (6). Auch dieser Parameter spielt nur in Ausnahmefällen eine Rolle.
Class	Die WMI-Klasse, von der Instanzen gebildet werden sollen
ComputerName	Der Name des Remotecomputers (eine IP-Adresse kommt auch infrage)
Credential	*PSCredential*-Objekt (Benutzername und Kennwort als SecureString), mit dem die Anmeldung an dem Remotecomputer durchgeführt werden soll (ist außerhalb einer Domäne erforderlich)
EnableAllPrivileges	Alle Berechtigungen des Benutzers werden für die Abfrage aktiviert (ist für bestimmte Aktionen wie z.B. das Herunterfahren eines Computers erforderlich)
Filter	Der Filterausdruck, der in einer WQL-Abfrage auf das *Where* folgt
Impersonation	Legt die so genannte *Identitätswechselebene* fest. Damit wird definiert, mit welchem Benutzerkonto die Abfrage auf einem Remotecomputer ausgeführt wird. Zur Auswahl stehen Default (0), Anonymous (1), Identity (2), Impersonate (3, das ist die Standardeinstellung) und Delegate (4). Dieser Parameter spielt nur in Ausnahmefällen eine Rolle.
List	Listet nur die Klassen in dem angegebenen oder in dem Default-Namespace *root\cimv2* auf
Namespace	Ergänzt den *Class*- oder *List*-Parameter um die Möglichkeit, den Namespace auswählen zu können
Property	Wählt die Eigenschaften aus, die von der Abfrage zurückgegeben werden sollen
Recurse	Praktischer Parameter, der dafür sorgt, dass auch die übrigen Namespaces durchsucht werden, wenn die Klasse im angegebenen Namespace oder im Default-Namespace *root\cimv2* nicht gefunden wird (beim Auflisten von Klassen mit dem *List*-Parameter und dem *Class*-Parameter ist *Recurse* anscheinend nicht erforderlich, da trotzdem die übrigen Namespaces durchsucht werden)
ThrottleLimit	Ergänzt den *AsJob*-Parameter und begrenzt die Anzahl der gleichzeitig ausführenden Abfragen

Tabelle 9.4 Die wichtigsten Parameter des *Get-WmiObject*-Cmdlets

Hardware- und Softwarekonfigurationsdaten abfragen

Mit Beispielen zu WMI-Abfragen alleine ließe sich ein ganzes Buch füllen, das aber schnell eintönig werden würde, da, wenn man das Prinzip einer WMI-Abfrage per *Get-WmiObject* kennt, sich alle übrigen daraus herleiten lassen. Ob die Klasse *Win32_BIOS* oder *Win32_NetworkAdapterConfiguration* heißt, spielt keine Rolle. Welche Property-Member aus einer Abfrage resultieren, lässt sich sehr einfach über ein angehängtes *Get-Member* abfragen. Ein wenig lästig ist die Art und Weise, wie die PowerShell die Rückgabe einer WMI-Abfrage verpackt. Dem zurückgegebenen Objekt vom Typ *ManagementObject* werden stets die *internen* WMI-Systemproperties angehängt, die einen im Allgemeinen nicht interessieren.

Möchte man z.B. den Startmodus des lokalen Computers erfahren, liefert ein Aufruf von *Get-WmiObject* zwar diese Antwort, doch mit jeder Menge Zusatzinformationen versehen:

```
Get-WmiObject -Class Win32_ComputerSystem -Property BootUpstate

__GENUS          : 2
__CLASS          : Win32_ComputerSystem
__SUPERCLASS     :
__DYNASTY        :
__RELPATH        :
__PROPERTY_COUNT : 1
__DERIVATION     : {}
__SERVER         :
__NAMESPACE      :
__PATH           :
BootupState      : Normal boot
```

Ist man nur an dem Wert *Normal boot* interessiert, muss der gesamte Ausdruck noch einmal geklammert und die entsprechende Property angehängt werden:

```
(Get-WmiObject -Class Win32_ComputerSystem -Property BootUpstate).BootUpstate
```

Ein wenig eleganter ist das Anhängen einer kleinen Funktion, welcher der Name der gewünschten Property als Parameter übergeben wird:

```
function Get-WMIProp
($PropName)
{
  Process { $_.$PropName }
}
```

Damit wird das Abgreifen einer Property etwas einfacher:[3]

```
Get-WmiObject -Class Win32_ComputerSystem -Property BootUpstate | Get-WMIProp -PropName BootUpstate
```

[3] Der Komfortgewinn besteht vor allem darin, dass man nicht beim Eintippen feststellt, dass man die runde Klammer vergessen hat, sodass man mit der Einfügemarke wieder an das Zeilenende wandern muss usw.

WMI in der Praxis

In diesem Abschnitt werden ein paar Kostproben für die Nützlichkeit von WMI als Abfragewerkzeug präsentiert. Die Beispiele beschränken sich auf ein Minimum, da die Abfrage selbst keine Herausforderung darstellt und man sich z.B. mit dem WMI-Explorer (mehr dazu am Ende des Kapitels auf Seite 347) recht schnell einen Überblick über die WMI-Klassen verschaffen und sich dann selbst auf Entdeckungsreise begeben kann.

Daten über das Betriebssystem abfragen

Daten über das Betriebssystem liefert die WMI-Klasse *Win32_OperatingSystem* (ein paar der interessanten Properties stellt Tabelle 9.5 zusammen). Interessant ist z.B. die Abfrage des Zeitpunkts des letzten Bootens oder der Sprache des Betriebssystems.

Der folgende Befehl liefert den Zeitpunkt, an dem der Computer das letzte Mal gebootet wurde:

```
(Get-WmiObject -Class Win32_OperatingSystem).LastBootuptime
20091127114530.233224+060
```

Das ist ganz nett, doch da das Buch sich bereits in einem etwas fortgeschritteneren Stadium befindet, möchte man den Wert natürlich als *DateTime*-Wert erhalten und wie wäre es, wenn der Befehl gleich die Zeitspanne anzeigen würde, die der Computer bereits aktiv ist? Das erledigt der folgende Befehl:

```
$PCLaufzeit = (Get-Date) - ([WMI]"").ConvertToDateTime((Get-WmiObject -Class
Win32_OperatingSystem).LastBootuptime)
```

*$PCLaufzei*t steht durch Subtrahieren des Zeitpunkts des letzten Bootens vom aktuellen Datum für ein *TimeSpan*-Objekt, das die Zeitspanne mit einer Fülle von Details repräsentiert:

```
$PCLaufzeit

Days              : 0
Hours             : 22
Minutes           : 0
Seconds           : 24
Milliseconds      : 952
Ticks             : 792249527760
TotalDays         : 0,916955471944444
TotalHours        : 22,0069313266667
TotalMinutes      : 1320,4158796
TotalSeconds      : 79224,952776
TotalMilliseconds : 79224952,776
```

Bevorzugt man eine etwas kompaktere Darstellung, muss man die *ToString()*-Methode anhängen:

```
$PCLaufzeit = ((Get-Date) - ([WMI]"").ConvertToDateTime((Get-WmiObject -Class
Win32_OperatingSystem).LastBootuptime)).ToString()

$PCLaufzeit
22:05:23.7327760
```

Property	Bedeutung
BuildNumber	Die Build-Nummer des Betriebssystems
CSDVersion	Versionsnummer des Service Packs
InstallDate	Installationsdatum
LastBootupTime	Zeitpunkt des letzten Bootens
OSArchitecture	Bitbreite der Betriebssystem-Architektur (32 oder 64)
OSLanguage	Die Sprache des Betriebssystems (als Ländercode)

Tabelle 9.5 Interessante Member der *Win32_OperatingSystem*-Klasse

Daten über den Computer abfragen

Daten über den Computer liefert die WMI-Klasse *Win32_ComputerSystem* (ein paar der interessanten Properties stellt Tabelle 9.6 zusammen). Hier sind es vor allem die *Hardwaredaten*, wie die Größe des Arbeitsspeichers (*TotalPhysicalMemory*), die z.B. für eine Bestandsaufnahme des *Geräteparks* von Interesse sein können.

Der folgende Befehl gibt den freien Arbeitsspeicher formatiert in MB an, wobei der *f*-Operator für die formatierte Ausgabe sorgt:

```
"{0:n0} MB" -f ((Get-WmiObject -Class Win32_ComputerSystem).TotalPhysicalMemory / 1MB)
3.061 MB
```

Property	Bedeutung
TotalPhysicalMemory	Gesamtgröße des RAM-Speichers in Bytes
Domain	Name der Domäne
NumberOfLogicalProcessors	Anzahl der Kerne
NumberOfProcessors	Anzahl der Prozessoren

Tabelle 9.6 Interessante Member der *Win32_ComputerSystem*-Klasse

Daten über die Netzwerkadapter abfragen

Daten über die eingerichteten Netzwerkadapter liefern die WMI-Klassen *Win32_NetworkAdapter* und *Win32_NetworkAdapterConfiguration.* Während die erste Klasse in erster Linie einige physikalische Eckdaten, wie z.B. die Geschwindigkeit (*Speed*-Property), zur Verfügung stellt, kümmert sich die zweite Klasse mehr um Konfigurationsdetails, indem sie unter anderem die IP-Adresse(n) des Adapters liefert. Es gibt aber auch Überschneidungen wie z.B. die MAC-Adressse (*MACAddress*-Property). Bemerkenswert sind die Methoden beider Klassen. Bei *Win32_NetworkAdapterConfiguration* sind es Methoden, mit deren Hilfe sich z.B. der Netzwerkadapter eine DHCP-IP-Adresse zuweisen oder die Adresse des DNS-Server setzen lässt. *Win32_NetworkAdapter* bietet die Methoden *Enable*, *Disable* und *Reset*, mit denen sich der Adapter z.B. zurücksetzen lässt. Ein paar der interessanten Member der *Win32_NetworkAdapterConfiguration*-Klasse stellt Tabelle 9.7 zusammen.

Der folgende Befehl gibt die IP-Adressen aller Netzwerkadapter aus, die eine solche besitzen:

```
Get-WmiObject -Class Win32_NetworkAdapterConfiguration | Where-Object { $_.IPEnabled } | Select-Object -
Property IPAddress

IPAddress
---------
{192.168.2.107}
```

Wer ähnliche Abfragen bereits unter VBScript durchgeführt hat, weiß eventuell, wie umständlich es ist, zwischen Adaptern zu unterscheiden, die eine oder mehrere IP-Adressen besitzen. Bei der PowerShell ist alles ganz einfach, da einfache Werte bei der Ausgabe gleich wie Arraywerte behandelt werden.

Member	Bedeutung
DHCP	Alle DHCP-Eigenschaften des Adapters, wie z.B. *DHCPEnabled* (wird von der PowerShell als *NoteProperty* hinzugefügt)
IPAddress	Die IP-Adresse(n) des Adapters
IPEnabled	*$true*, wenn der Adapter eine IP-Adresse zur Verfügung stellt
EnableDHCP-Methode	Aktiviert die IP-Adressenvergabe über einen DHCP-Server
SetDNSDomain-Methode	Setzt die Adresse eines DNS-Server
SetGateways-Methode	Setzt die Adresse(n) der Gateway-Computer

Tabelle 9.7 Interessante Member der *Win32_NetworkAdapterConfiguration*-Klasse

WLAN-Adapter zurücksetzen

Die Methoden *Disable* und *Enable* der *Win32_NetworkAdapter*-Klasse laden gerade zu einem kleinen Skript ein, das einen WLAN-Adapter zurücksetzt.

Das folgende Skript setzt einen ausgewählten WLAN-Adapter des lokalen Computers zurück (gibt es nur einen WLAN-Adapter, wird dieser ohne Rückfrage zurückgesetzt). Dabei orientiert sich das Skript bei der Frage, ob ein Adapter ein WLAN-Adapter ist, an der Kleinigkeit, dass das Wort *Wireless* in seinem Namen enthalten ist. Zwischen dem Deaktivieren über die *Disable*-Methode und dem erneuten Aktivieren über die *Enable*-Methode wird per *Start-Sleep*-Cmdlet eine künstliche Zeitspanne eingebaut:

```
# ------------------------------------------------------------
# Beispiel 9.7 - Einen WLAN-Adapter zurücksetzen
# ------------------------------------------------------------

function Reset-Adapter
($Adapter)
{
  # Rückgabewert muss 0 sein, wenn Aufruf erfolgreich war
  $Ret = ($Adapter.Disable()).ReturnValue
  # Ein wenig warten (willkürliche Zeitspanne)
  Start-Sleep -Seconds 2
  # Rückgabewert muss 0 sein, wenn Aufruf erfolgreich war
  $Ret = ($Adapter.Enable()).ReturnValue
  "WLAN-Adapter '$($Adapter.Name)' wurde zurückgesetzt."
```

```
}

$WLANAdapter = Get-WmiObject -Class Win32_NetworkAdapter -Filter "Name Like '%wireless%'"
# Gibt es nur einen WLAN-Adapter?
if ($WLANAdapter.Count -eq $null)
{
    Reset-Adapter -Adapter $WLANAdapter
}
# Gibt es mehrere, dann Auswahl anbieten
else
{
  $AnzahlAdapter = 1
  $WLANAdapter | ForEach-Object {
   "$AnzahlAdapter) $($_.Name)"
   $AnzahlAdapter++
  }
  $AdapterNr = Read-Host -Prompt "Nr. des Adapters (1-$AnzahlAdapter)"
  Reset-Adapter -Adapter $WLANAdapter[$AdapterNr]
}
```

Listing 9.7 WLAN-Adapter zurücksetzen

Eine Freigabe mit Berechtigungen anlegen

Wie sich über die *Win32_Share*-Klasse eine neue Freigabe anlegen lässt, wurde schon mehrfach in diesem Buch gezeigt. Möchte man für die Freigabe auch Berechtigungen vergeben, wird es »ein wenig« komplizierter, denn das muss bei WMI leider »zu Fuß« erledigt werden, wobei der Benutzer bzw. die Benutzergruppe und die Berechtigung(en) zunächst als WMI-Objekte angelegt werden müssen. Dies lässt sich nicht per *New-Object* erledigen, sondern über die bei WMI allgemein (und vollkommen unabhängig von der PowerShell) zur Verfügung stehenden Mechanismen. Auch wenn manches in diesem Abschnitt zunächst ein wenig speziell erscheinen mag, sollten Sie das Beispiel in Ruhe nachvollziehen, denn es lässt sich auch auf andere Themenbereiche übertragen, in denen per WMI Berechtigungen gesetzt werden sollen.

Im Mittelpunkt steht die WMI-Klasse *Win32_Share* und ihre *Create*-Methode, die folgende Parameter besitzt:

```
uint32 Create(
  [in]  string Path,
  [in]  string Name,
  [in]  uint32 Type,
  [in]  uint32 MaximumAllowed,
  [in]  string Description,
  [in]  string Password,
  [in]  Win32_SecurityDescriptor Access);
```

Bis auf eine Ausnahme sind alle Parameter entweder vom Typ *string* oder *uint32* (vorzeichenloser Integer). Lediglich der *Access*-Parameter fällt aus der Reihe, denn es ist ein *Win32_SecurityDescriptor*, der angelegt werden muss, wenn für die Freigabe auch die Berechtigungen gesetzt werden sollen.

Das folgende Beispiel legt eine Freigabe relativ komfortabel an, indem für die (optionalen) Berechtigungen der Name eines Benutzers oder einer Gruppe (in diesem Fall muss der *Group*-Parameter gesetzt werden), der Name der Domäne und die Berechtigungen in der Form *Full*, *Read* oder *Change* übergeben werden. Dafür ist das Skript mit knapp 125 Zeilen (Kommentarzeilen mitgezählt) bereits etwas umfangreicher geworden:

```
# ---------------------------------------------------------------
# Beispiel 9.8 - Freigabe mit Berechtigungen per WMI anlegen - lokal als auch im lokalen Netzwerk
# ---------------------------------------------------------------
# Verschiedene Konstanten
$SHARE_READ = 1179817
$SHARE_CHANGE = 1245462
$SHARE_FULL = 2032127
$SHARE_NONE = 1

$ACETYPE_ACCESS_ALLOWED = 0
$ACETYPE_ACCESS_DENIED = 1

$ACEFLAG_INHERIT_ACE = 2

# ---------------------------------------------------------------
# Legt ein neue Access Control Entry-Objekt (ACE) an
# ---------------------------------------------------------------
function New-ACE
(
  [string]$Name,
  [string]$Domain,
  [string]$Permission,
  [string]$ComputerName=".",
  [switch]$Group
)
{
    # Frischen Trustee (repräsentiert z.B. Benutzerkonto oder Gruppe) anlegen
    $Trustee = ([WMIClass]"\\$ComputerName\root\cimv2:Win32_Trustee").CreateInstance()
    # Soll eine Gruppe angelegt werden?
    if (!$Group)
    {
      # User lokalisieren
      $NTAccount = [WMI]"\\$ComputerName\root\cimv2:Win32_Account.Name='$Name',Domain='$Domain'"
    }
    else
    {
      # Gruppe lokalisieren
      $NTAccount = [WMI]"\\$ComputerName\root\cimv2:Win32_Group.Name='$Name',Domain='$Domain'"
    }
    # SID zum Benutzerkonto holen
    $NTAccountSID = [WMI]"\\$ComputerName\root\cimv2:Win32_SID.SID='$($NTAccount.SID)'"
    $Trustee.Domain = $Domain
    $Trustee.Name = $Name
    $Trustee.SID = $NTAccountSID.BinaryRepresentation
    # Frischen ACE anlagen
    $ACE = ([WMIClass]"\\$ComputerName\root\cimv2:Win32_ACE").CreateInstance()
    # Zugriffsmaske auswählen
    switch ($Permission)
    {
       "Full"   { $ACE.AccessMask = $SHARE_FULL }
       "Read"   { $ACE.AccessMask = $SHARE_READ }
       "Change" { $ACE.AccessMask = $SHARE_CHANGE }
       default { throw "Unbekannte Permission - erlaubt sind: 'Full', 'Read' und 'Change'"}
    }
    # ACE zusammensetzen
    $ACE.ACEType = 0
    $ACE.ACEFlags = $ACEFLAG_INHERIT_ACE
    $ACE.Trustee = $Trustee
    return $ACE
}
```

```
# ---------------------------------------------------------------
# Legt einen neuen Security Descriptor an
# ---------------------------------------------------------------
function New-SecurityDescriptor
( $ACEList,
  $ComputerName ="."
)
{
  # Frischen Security Descriptor anlagen
  $SD = ([WMIClass]"\\$Computername\root\cimv2:Win32_SecurityDescriptor").CreateInstance()
  # Wurden ein oder mehrere ACEs übergeben?
  if ($ACEList.Length -ne $null)
  {
     # Alle ACEs durchgehen
     foreach($ACE in $ACEList)
     {
       $SD.DACL += $ACE.psObject.baseobject
     }
  }
  else
  {
     $SD.DACL = $ACEList
  }
  return $SD
}

# ---------------------------------------------------------------
# Legt eine neue Freigabe an
# ---------------------------------------------------------------
function New-Share
(
  $Path, $Name, $Description, $MaximumAllowed, $ACEList, $ComputerName="."
)
{
  if ($ACEList -ne $null)
  { $SD = New-SecurityDescriptor -ACEList $ACEList }
  # Frisches Win32_Share-Objekt anlagen
  $NewShare = [WMIClass]"\\$ComputerName\root\cimv2:Win32_Share"
  # Aufruf der Create-Methode
# Alternative 1: Traditionell über Create
  #$Ret = $NewShare.Create($Path, $Name, 0, $MaximumAllowed, $Description, $null, $SD)
  # Argumente für Create werden in alphabetischer Reihenfolge übergeben
  # Access, Description, MaximumAllowed, Name, Password, Path, Type
 # Alternative 2: Über Invoke-WmiMethod - wichtig Type Casting erforderlich!
  $Ret = Invoke-WmiMethod -Class Win32_Share -Name Create -ArgumentList
@([System.Management.ManagementObject]$SD, $Description, $MaximumAllowed, $Name, $null, $Path, 0)

  return $Ret.ReturnValue
}

# Hier werden die Eckdaten der Freigabe zusammengestellt
$ACE1 = New-ACE -Name Pemo08 -Domain Haribo08 -Permission Read
$ACE2 = New-ACE -Name Administratoren -Domain Haribo08 -Permission Full -Group

$Ret = New-Share -Path "C:\PsKurs" -Name "PsKursNeu" -Description "Created by PowerShell" -
MaximumAllowed 10 -ACEList $ACE1, $ACE2

switch ($Ret)
```

```
{
    0   {"Freigabe wurde angelegt."}
    2   { "Zugriff verweigert." }
    8   { "Unbekannter Fehler." }
    9   { "Ungültiger Name." }
    21  { "Ungültiger Parameter." }
    22 { "Freigabe existiert bereits." }
    default { "Unbekannter Rückgabewert." }
}
```

Listing 9.8 Anlegen einer Freigabe

Das eigentliche Erstellen der Freigabe erledigt der folgende Befehl:

```
$Ret = New-Share -Path "C:\PsKurs" -Name "PsKursNeu" -Description "Created by PowerShell" -
MaximumAllowed 10 -ACEList $ACE1, $ACE2
```

Das Skript verwendet eine Reihe von Besonderheiten:

- Es funktioniert sowohl lokal als auch im Netzwerk. Wird für den *ComputerName*-Parameter nichts übergeben, wird der Punkt als Standardwert eingesetzt.
- Es sind für das Erstellen der Freigabe zwei Varianten vorgesehen (die im Skript als Alternative 1 und 2 geführt werden) und die durch Ein- und Auskommentieren jeweils aktiviert und deaktiviert werden können: Die erste Variante (die zunächst deaktiviert ist) besteht in einem Aufruf der *Create*-Methode der *Win32_Share*-Klasse, die zweite (die standardmäßig aktiviert ist) in dem mit der PowerShell 2.0 eingeführten *Invoke-WmiMethod*-Cmdlet (was aber keine Vorteile bringt, sondern sogar den Aufruf durch das erforderliche Type Casting und die alphabetische Parameterreihenfolge etwas umständlicher macht). Die Werte für den *ArgumentList*-Parameter müssen explizit als Array übergeben werden.
- Um die ACE-Objekte, was generell sehr elegant ist, per += der *DACL*-Property des Security Descriptors hinzufügen zu können, muss per *PsObject.baseobject* (was bei der PowerShell eine seltene Konstruktion ist) das darunter liegende *Basisobjekt* explizit angesprochen werden.

Abbildung 9.2 *Mission accomplished*, die Freigabe wurde mit individuellen Berechtigungen angelegt

TIPP Wem das am Anfang alles als viel zu kompliziert erscheinen mag, über den *Net Share*-Befehl lässt sich auch die Berechtigung für eine Freigabe sehr einfach setzen:

```
Net Share ShareNeu=C:\PsKurs /REMARK:"So geht es auch" '/GRANT:TestKonto,Read' /USERS:10
```

WMI-Spezialitäten

In diesem Abschnitt geht es um Varianten von WMI-Abfragen, die in der Praxis zwar etwas seltener vorkommen, die aber dennoch sehr wichtig sind, da Anwender, die WMI regelmäßig und für wichtige Systemaufgaben einsetzen, es erfahrungsgemäß bezüglich seiner Möglichkeiten auch vollständig ausreizen möchten.

WMI im Netzwerk

WMI ist von Anfang an für das Netzwerk ausgelegt, dazu muss lediglich über den *ComputerName*-Parameter von *Get-WmiObject* der Name des Remotecomputers und gegebenenfalls über den *Credential*-Parameter das für die Anmeldung erforderliche Paar aus Benutzernamem und dazugehörigem Kennwort übergeben werden. Da der *ComputerName*-Parameter stets ein String-Array erwartet, können auch mehrere Namen übergeben werden.

Der folgende Befehl stellt fest, welches Servicepack auf den Computern installiert ist, deren Namen in der Textdatei *Compliste.txt* enthalten sind.

```
Get-WmiObject -Class Win32_OperatingSystem -Property CSDVersion -ComputerName (Get-Content -Path
Compliste.txt)
```

Diese vereinfachte Form der Mehrfachabfrage funktioniert aber nur dann, wenn für die Computer keine Anmeldung erforderlich ist.

Wenn es Probleme gibt ...

... liegt es fast immer an der Firewall, aber der Reihe nach. WMI setzt für den Netzwerkzugriff auf das proprietäre DCOM-Protokoll (*Distributed COM*) auf, das über das Netzwerk so genannte *Remote Procedure Calls* (RPCs) durchführt und dafür wiederum auf bestimmte freie Ports (unter anderem TCP 135) angewiesen ist. Sind diese nicht freigegeben, was in einem Unternehmen praktisch immer der Fall sein dürfte, kommt es zu einer wenig aussagekräftigen Fehlermeldung (»Der RPC Server nicht verfügbar«). Bei Windows XP und Windows Server 2003 muss man die Ports durch Analyse des Firewallprotokolls herausfinden (für das XP-Log gibt es mit *FireLogXP* – Download unter *http://www.2brightsparks.com/freeware* – einen praktischen Helfer), indem man eine Abfrage startet und im Protokoll nachsieht, welcher TCP- und UDP-Port neben dem Port 135 versucht wurde anzusprechen. Ab Vista spielt die Benutzerkontensteuerung eine Rolle. Dafür gibt es ab Windows Vista in der erweiterten Firewall (*Windows Firewall mit erweiterter Sicherheit* in der *Verwaltung*-Gruppe) sowohl eingehende als auch ausgehende Regeln (*Windows-Verwaltungsinstrumentation (WMI eingehend)* und *Windows-Verwaltungsinstrumentation (WMI ausgehend)*), die einfach nur im jeweiligen Profil aktiviert werden müssen. Dabei kommt es vor allem auf die eingehenden Regeln an (die ausgehenden Regeln sind nicht so wichtig, da sie für asynchrone Aufrufe vorgesehen sind, bei denen der Remotecomputer eine Rückrufverbindung zum Clientcomputer aufbaut, um die Ergebnisse der Abfrage nachzureichen, die bei WMI-Abfragen mit der PowerShell seltener eine Rolle spielen). Damit sollte sich die Firewall relativ einfach konfigurieren lassen. Ansonsten heißt es »RPC-Server nicht verfügbar«:

```
Get-WmiObject Win32_process -computer VistaPC -credential Administrator

Get-WmiObject : Der RPC-Server ist nicht verfügbar. (Ausnahme von HRESULT: 0x800706BA)
Bei Zeile:1 Zeichen:5
+ gwmi <<<<  Win32_process -computer VistaPC -credential Administrator
    + CategoryInfo          : InvalidOperation: (:) [Get-WmiObject], COMException
    + FullyQualifiedErrorId : GetWMICOMException,Microsoft.PowerShell.Commands
   .GetWmiObjectCommand
```

TIPP Microsoft bietet im Downloadbereich unter dem Namen »The WMI Diagnosis Utility -- Version 2.0« ein VBScript-Skript mit dem Namen *WMIDiag.vbs* an, mit dem sich elementare WMI-Konfigurationseinstellungen testen lassen.[4] Am Ende resultiert ein umfangreicher Report, den man sich in einer ruhigen Minute zu Gemüte führen kann. Er enthält unter anderem die aktuellen Firewalleinstellungen in Bezug auf DCOM, die Sicherheitseinstellungen für die einzelnen Namespaces und *Error*-Hinweise, falls z.B. eine zur Standardkonfiguration gehörende Einstellung entfernt wurde.

DCOM und dynamische Ports

Die Besonderheit bei DCOM ist, dass es, neben TCP-Port 135 für den *Service Control Manager* (SCM) von DCOM, im Normalfall jeweils einen TCP- und einen UDP-Port im Bereich 1.000 bis 65.536 dynamisch auswählt. Diese beiden Ports müssen in der Firewall freigegeben werden. Doch welche Ports sind es? Es gibt (mindestens) drei Möglichkeiten, das Problem zu lösen:

- Ab Vista gibt es in der erweiterten Firewall entsprechende eingehende Regeln, die lediglich aktiviert werden müssen. Diese können auch sehr komfortabel über den *Netsh*-Befehl gesetzt werden (eine schöne Übersicht gibt es unter *http://msdn.microsoft.com/en-us/library/aa822854%28VS.85%29.aspx).*
- Bei XP und Windows Server 2003 kann man aus dem Protokoll der (Windows-)Firewall entnehmen, welche Ports ein bestimmter Client versucht hat, anzusprechen
- Bei Vista kann dem WMI-Prozess, als Alternative zu erweiterten Firewallregeln, über den *Netsh*-Befehl ein fester TCP-Port zugeordnet werden

Der folgende Ablauf gilt nur ab Windows Vista aufwärts:

1. Der WMI-Prozess wird als *Standalone-Host* konfiguriert – *Winmgmt /standalonehost*
2. Der WMI-Dienst wird angehalten – *Stop-Service Winmgmt -force*
3. Der WMI-Dienst wird mit seinen abhängigen Diensten neu gestartet – *Start-Service Winmgmt.* Oder alternativ, um auch die abhängigen Dienste erneut zu starten: *Get-Service Winmgmt | Select-Object -exp DependentServices | Start-Service.*
4. Der feste TCP-Port wird gesetzt – *Netsh firewall add portopening TCP 25000 "WMIFixedPort"*

Die Firewall ganz zu deaktivieren ist natürlich keine Option, kann aber zumindest testweise dazu dienen, die Ursache für die obige Fehlermeldung einzugrenzen.

[4] Vorsicht, die Überprüfung dauert ewig. Mindestens 20 Minuten.

Der zweite Hauptgrund, warum eine Remoteverbindung scheitern kann, sind fehlende Berechtigungen. Der Anwender, der die Abfrage durchführt, muss auf dem Remotecomputer Mitglied der Administratorengruppe sein. Ansonsten heißt es leider ganz nüchtern und unpoetisch *Access denied* mit der für diesen Fehler typischen Fehlernummer 0x80070005:

```
Get-WmiObject Win32_process -Computer Server01 -Credential UnknownUser

Get-WmiObject : Zugriff verweigert (Ausnahme von HRESULT: 0x80070005 (E_ACCESSDENIED))
Bei Zeile:1 Zeichen:5
+ gwmi <<<<  Win32_process -computer VistaPC -credential Pemo08
    + CategoryInfo          : NotSpecified: (:) [Get-WmiObject], UnauthorizedAccessException
    + FullyQualifiedErrorId :
System.UnauthorizedAccessException,Microsoft.PowerShell.Commands.GetWmiObjectCommand
```

Mit den Gruppenrichtlinien bzw. lokalen Systemrichtlinien gibt es eine dritte Quelle für Fehlermöglichkeiten. Hier muss z.B. darauf geachtet werden, dass eine Sicherheitsrichtlinie nicht die Verwendung leerer Kennworte verbietet, beim Zugriff aber ein solches verwendet wird. Ein typischer Problemkandidat ist Windows XP Home als Remotecomputer, da hier Remotezugriffe per Voreinstellung unter Umständen automatisch auf das Gäste-Konto umgeleitet werden.

Zum Glück gibt es mit *WS-Man* und dem *Get-WSManInstance*-Cmdlet eine Alternative, bei der WMI-Abfragen über eine Webserviceschnittstelle durchgeführt werden. Mehr dazu im Abschnitt »WMI über WS-Man« (Seite 344).

TIPP Eine ausführliche Beschreibung möglicher Fehlermeldungen bei WMI-Remoteverbindungen bietet ein informativer TechNet-Artikel unter *http://www.microsoft.com/germany/technet/datenbank/articles/600682.mspx*.[5]

Konvertieren von WMI-Datumswerten

WMI arbeitet mit einem eigenen Datumsformat, genannt DMTF.[6]

Möchte man per WMI z.B. die Startzeiten von Prozessen abfragen, sieht das Resultat zunächst etwas »seltsam« aus:

```
Get-WmiObject -Class Win32_Process | Select-Object -Property Name, CreationDate

Name                                    CreationDate
----                                    ------------
System Idle Process
System                                  20091126082041.100100-060
smss.exe                                20091126082041.100100-060
```

usw.

[5] Es ist bemerkenswert, dass dieser Artikel bereits aus dem Jahr 2004 stammt.

[6] Was um alles in der Welt hat diese Abkürzung wohl zu bedeuten? Wikipedia bzw. *http://de.wikipedia.org/wiki/Distributed_Management_Task_Force* kennt natürlich die Antwort.

Dieses Datumsformat lässt sich theoretisch einfach zerlegen, denn es enthält Jahreszahl, Monat, Tag, Stunde, Minute und Sekunde und nach dem Punkt die Anzahl der Mikrosekunden (!) sowie die Differenz in Minuten zur Weltzeit (UTC für *Universal Time Coordinated*). Zum Glück gibt es eine einfachere Lösung. Jedes WMI-Objekt besitzt eine *ConvertFromDateTime-* und eine *ConvertToDateTime-*Methode, mit der sich ein *DateTime-* in einen DMTF-Wert und umgekehrt konvertieren lässt.

Der folgende Befehl gibt den Zeitpunkt, an dem ein Prozess erstellt wurde, mithilfe der *ConvertToDateTime-*Methode in einem etwas vertrauteren Format aus:

```
Get-WmiObject -Class Win32_Process | Select-Object -Property Name,
{$_.ConvertToDateTime($_.CreationDate) }
```

Oder, da in dieser Variante die Spaltenüberschrift ein wenig unschön aussieht:

```
Get-WmiObject -Class Win32_Process | Select-Object Name,
@{Name="CreationTime";Expression={$_.ConvertToDateTime($_.CreationDate) }}

Name                                    CreationTime
----                                    ------------
System Idle Process
System                                  26.11.2009 08:20:41
smss.exe                                26.11.2009 08:20:41
csrss.exe                               26.11.2009 08:20:43
```

usw.

Möchte man ein DMTF-Datum konvertieren, ohne dass ein konkretes WMI-Objekt zur Verfügung steht, gibt es einen kleinen »Trick«. Man legt über *[WMI] ""* ein leeres WMI-Objekt an und ruft die Methode über dieses temporäre Objekt auf:

```
([WMI]"").ConvertToDateTime("20091126082041.100100-060")

Donnerstag, 26. November 2009 08:20:41
```

WMI-Abfragen über Assoziationsklassen

WMI kennt zwar das Prinzip der Vererbung, aus Performancegründen gibt es aber keine Property, die für andere WMI-Objekte steht, die über diese Property abgerufen werden könnten. Zwei WMI-Objekte, die zwei Geräte repräsentieren, zwischen denen eine Beziehung existiert, werden bei WMI über eine dritte Klasse verknüpft, die *Assoziationsklasse* heißt. Für das Durchführen von Abfragen über eine Assoziationsklasse gibt es bei WQL eine spezielle Syntax, die das *Associators of-*Konstrukt enthält. Bei der PowerShell werden solche Abfragen über den *Query-*Parameter von *Get-WmiObject* ausgeführt.

Der folgende Befehl gibt alle Partitionen (repräsentiert durch die WMI-Basisklasse *CIM_DiskPartition*) eines bestimmten Laufwerks (WMI-Klasse *Win32_LogicalDisk*) zurück:

```
Get-WmiObject -Query "Associators of {Win32_LogicalDisk.DeviceID='C:'} Where ResultClass =
CIM_DiskPartition"
```

WMI-Abfragen über Referenzklassen

Neben den Assoziationsklassen bietet WMI mit den Referenzklassen eine zweite Variante, mit der sich eine Beziehung zwischen zwei WMI-Klassen herstellen lässt. Im Unterschied zu einer Assoziationsklasse kann eine Referenzklasse auch eine Klasse (und keine Instanz) liefern, aus der dann erst eine Instanz gemacht werden muss.

Der Umgang mit einer Abfrage über eine Referenzklasse wird sehr gut beim Abfragen der für ein Laufwerk eingerichteten Datenträgerkontingente deutlich. Zwar genügt dazu im Prinzip ein *Get-WmiObject -Class Win32_DiskQuota*, doch werden dadurch die Datenträgerkontingente für alle Laufwerke aufgelistet. Möchte man sie nur für ein Laufwerk sehen, wird WMI ein wenig anspruchsvoll, denn es gibt bei der *Win32_DiskQuota*-Klasse keine Property, die für das Drive steht (Tabelle 9.8). Die Verbindung zu einem bestimmten Laufwerk muss vielmehr über eine Referenz hergestellt werden.

Property	Bedeutung
DiskSpaceUsed	Bereits belegter Platz im Kontingent
Limit	Festgelegte Grenze
Status	Aktueller Status
WarningLimit	Grenzwert, bei dessen Erreichen eine Warnung gemeldet wird

Tabelle 9.8 Die Properties der *Win32_DiskQuota*-Klasse

Der folgende Befehl listet die Datenträgerkontingente auf, die für ein Laufwerk existieren:

```
Get-WmiObject -Query "References Of {Win32_LogicalDisk.DeviceID='C:'} Where ResultClass=Win32_DiskQuota"
```

Es funktioniert, doch der Output ist ein wenig unübersichtlich. Es liegt vor allem daran, dass die *User*-Property in einem etwas ungünstigen Format zurückgegeben wird:

```
    DiskSpaceUsed                  Limit QuotaVolume          User
    -------------                  ----- -----------          ----
      12460230656                      0 Win32_LogicalDis... Win32_Account.Do...
       6951260160                      0 Win32_LogicalDis... Win32_Account.Do...
      16984410112                      0 Win32_LogicalDis... Win32_Account.Do...
```

Es müsste doch möglich sein, mithilfe eines regulären Ausdrucks nur den Domänen- und den Usernamen herauszutrennen. Außerdem sollen die Werte der Properties *DiskspaceUsed* und *Limit* ein wenig hübscher formatiert werden.

Der folgende PowerShell-Befehl macht genau das, auch wenn er ein wenig umfangreicher ist:

```
Get-WmiObject -Query "References Of {Win32_LogicalDisk.DeviceID='C:'} Where ResultClass=Win32_DiskQuota"
| Select-Object @{Name="User";Expression={$_.User -match '(?<Domain>\"\w+\"),.+(?<User>\"\w+\")'|Out-
Null;"$($Matches["Domain"].Trim('"'))\$($Matches["User"].Trim('"'))"}},@{Name="Diskspace
Used";Expression={"{0:f2}" -f $_.DiskspaceUsed}},@{Name="Limit";Expression={"{0:f2}" -f $_.Limit}}
```

Das ist zugegebenermaßen ein wahres Befehlsmonstrum, aber so umfangreich kann ein PowerShell-Befehl, der gewisse Anforderungen erfüllen soll, schnell werden.

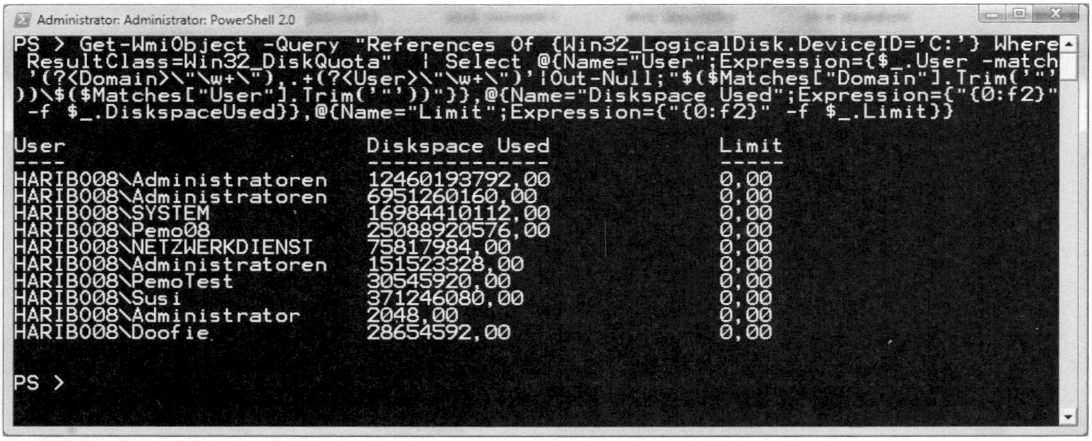

```
Administrator: Administrator: PowerShell 2.0
PS > Get-WmiObject -Query "References Of {Win32_LogicalDisk.DeviceID='C:'} Where
 ResultClass=Win32_DiskQuota"  | Select @{Name="User";Expression={$_.User -match
 '(?<Domain>\"\w+\"),.+(?<User>\"\w+\")'|Out-Null;"$($Matches["Domain"].Trim('"'
))\$($Matches["User"].Trim('"'))"}},@{Name="Diskspace Used";Expression={"{0:f2}"
 -f $_.DiskspaceUsed}},@{Name="Limit";Expression={"{0:f2}" -f $_.Limit}}

User                          Diskspace Used                Limit
----                          --------------                -----
HARIBO08\Administratoren      12460193792,00                0,00
HARIBO08\Administratoren      6951260160,00                 0,00
HARIBO08\SYSTEM               16984410112,00                0,00
HARIBO08\Pemo08               25088920576,00                0,00
HARIBO08\NETZWERKDIENST       75817984,00                   0,00
HARIBO08\Administratoren      151523328,00                  0,00
HARIBO08\PemoTest             30545920,00                   0,00
HARIBO08\Susi                 371246080,00                  0,00
HARIBO08\Administrator        2048,00                       0,00
HARIBO08\Doofie               28654592,00                   0,00

PS >
```

Abbildung 9.3 Großer Aufwand, relativ kleine Wirkung – der Output der WMI-Abfrage wurde »ein wenig« nachformatiert

WMI-Eigenschaften schreiben

WMI ist in erster Linie eine *Read only*-Angelegenheit. Dennoch gibt es Ausnahmen. WMI-Klassen, die eine *Put*-Methode besitzen, können geänderte Eigenschaftswerte zurückschreiben.

Das folgende Beispiel verleiht dem Volume-Namen von Laufwerk C: einen neuen Namen:

```
# ---------------------------------------------------------------
# Beispiel 9.9 - WMI Put-Beispiel
# ---------------------------------------------------------------
# Volume-Namen für ein Laufwerk ändern
$Drive = [WMI]"\\.\root\cimv2:Win32_LogicalDisk.DeviceID='C:'"
"Alter Volume-Name: $($Drive.VolumeName)"
$Drive.VolumeName = "PowerShell-Drive"
try
{
  $Drive.Put()
  "Neuer Volume-Name: $($Drive.VolumeName)"
}
catch
{
  "Fehler: Volume-Name kann nicht geändert werden."
}
```

Listing 9.9 WMI-Put-Beispiel

Auf WMI-Properties einzeln zugreifen

Am Anfang ist man mit dem zufrieden, was ein *Get-WmiObject* zurückliefert: ein Objekt, das alle Properties der WMI-Klasse mit ihren Werten als Properties anbietet. Mit zunehmender Erfahrung steigen die Wünsche und man möchte z.B. gezielt auf einzelne Properties zugreifen.

Der Trick besteht darin, über *Get-Member* alle Properties zu holen und auf das resultierende Array mit einem Index zuzugreifen:

```
$WMIComp = Get-WmiObject -Class Win32_ComputerSystem
$Props = $WMIComp | Get-Member -Membertype *property*
```

$Props steht für die Namen aller Properties. Der folgende Befehl ruft den Wert der ersten Property ab:

```
$WMIComp."$($Props[0].Name)"
```

Die Schreiweise mag ungewöhnlich erscheinen, ist aber vollkommen legal und unterstreicht einmal mehr die Flexibilität der PowerShell in diesen Dingen (bei VBScript wäre es undenkbar, dass eine Property in einem Ausdruck durch einen variablen Wert ersetzt werden kann).

Das folgende Skript greift auf alle Properties der Klasse *Win32_ComputerSystem* zu und listet sie mit ihrem Namen einzeln auf. Dabei werden Werte, die für ein Array stehen, nicht ausgegeben.

```
# ------------------------------------------------------------
# Beispiel 9.10 - WMI-Properties einzeln ansprechen
# ------------------------------------------------------------
$WMIComp = Get-WmiObject -Class Win32_ComputerSystem
$Props = $WMIComp | Get-Member -Membertype *property*
"Die Eigenschaften und ihre Werte:"
for($i=0;$i-lt$Props.Count;$i++)
{
  $PropName = $Props[$i].Name
  if ($PropName -notlike "__*" -and $WMIComp."$PropName" -ne $null)
  {
   # "Name: $($PropName) - Typ: $($WMIComp."$PropName".GetType().Name)"
   if ($WMIComp."$PropName".GetType().BaseType -ne [System.Array])
   {
     "Name: $($PropName) - Wert: $($WMIComp."$PropName")"
    }
  }
}
```

Listing 9.10 WMI-Properties einzeln ansprechen

Direkter Aufruf von WMI-Methoden mit Invoke-WmiMethod

Der Aufruf einer WMI-Methode ist insofern ein wenig umständlich, da die Methode in der Regel im Rahmen eines *ForEach-Object*-Cmdlets aufgerufen werden muss.

Der folgende Befehl holt zunächst alle lokalen Freigaben, in deren Namen ein *PS* vorkommt und entfernt sie anschließend, indem pro Share-Objekt die *Delete*-Methode aufgerufen wird:

```
Get-WmiObject -Class Win32_Share -Filter "Name like '%PS%'" | ForEach-Object { $_.Delete() | Out-Null }
```

Ein wenig einfacher geht es mit dem *Invoke-WmiMethod*-Cmdlet, da die per *Get-WmiObject* geholten Objekte direkt weitergegeben werden.

```
Get-WmiObject -Class Win32_Share -Filter "Name like '%PS%'" | Invoke-WmiMethod -Name Delete | Out-Null
```

Das Anhängen von *Out-Null* soll die Rückgabe »verschlucken«, die aus dem Aufruf einer WMI-Methode resultiert.

Über den *Class*-Parameter kann *Invoke-WmiMethod* auch eine Methode einer WMI-Klasse aufrufen.

Der folgende Befehl legt eine neue Freigabe an, indem die *Create*-Methode einer Instanz der *Win32-Share*-Klasse direkt aufgerufen wird:

```
Invoke-WmiMethod -Class Win32_Share -Name Create -Argument @($null, "PowerShell-Skripts", 5,
"PSSkripts","","C:\PSSkripts", 0)
```

Diese Variante besitzt aber einen kleinen Nachteil. Die Reihenfolge, in der die Parameterwerte beim Aufruf von *Create* übergeben werden müssen, erscheint nicht ganz intuitiv. Der Hintergrund ist, dass die *Create*-Methode die einzelnen Parameter in alphabetischer und nicht in der Reihenfolge erwartet, wie sie die offizielle Syntaxbeschreibung vorgibt: *Access* (Zugriffsmodus), *Description*, *MaximumAllowed* (maximale Anzahl gleichzeitiger Zugriffe), *Name*, *Password*, *Path* und *Type*.

TIPP Diese Dinge und noch vieles mehr findet man mit dem WMI-Testprogramm *Wbemtest.exe* (enthalten in *$Env:Systemroot\System32\Wbem* – den Pfad erhalten Sie auch durch Eingabe von *Get-Command Wbemtest*).

WMI-Instanzen entfernen über Remove-WmiObject

WMI-Instanzen repräsentieren real existierende Objekte in einem Windows-Netzwerk, etwa Benutzerkonten, Ordner, Prozesse oder Freigaben. Instanzen, die per WMI entfernt werden können, besitzen eine Methode wie *Delete* oder *Terminate*. Da zum einen der Name der Methode nicht einheitlich ist, zum anderen ein *Get-WmiObject* in der Regel mehrere Instanzen zurückgibt, auf welche die Methode nicht als Ganzes angewendet werden kann, ist das Löschen einer WMI-Instanz nicht gerade intuitiv. Mit dem *Remove-WmiObject*-Cmdlet gibt es ein Alternative, die den gewohnten PowerShell-Komfort auch für diesen Aspekt zur Verfügung stellt.

Der folgende Befehl entfernt eine Freigabe über die *Delete*-Methode der *Win32_Share*-Klasse:

```
(Get-WmiObject -Class Win32_Share -Filter "Name='TestShare'").Delete()
```

Ein wenig intuitiver und vor allem PowerShell-typischer geht es mit dem *Remove-WmiObject*-Cmdlet.

Der folgende Befehl entfernt alle Freigaben, deren Name mit »Test« beginnen, mithilfe des *Remove-WmiObject*-Cmdlets:

```
Get-WmiObject -Class Win32_Share | Where-Object { $_.Name -Like "Test*" } | Remove-WmiObject
```

Diese Variante besitzt gleich drei Vorteile: Erstens ist sie PowerShell-typischer, da zuerst die Share-Objekte geholt und anschließend dem nächsten Cmdlet übergeben werden. Zweitens können mehrere Objekte auf einmal entfernt werden. Drittens steht der typische PowerShell-Komfort zur Verfügung, z.B. in Gestalt des *WhatIf*-Parameters, was bei der Variante mit der *Delete*()-Methode nicht der Fall ist.

Der folgende Befehl entfernt über die *Win32_Printer*-Klasse alle lokalen Drucker, in denen *HP Laserjet* im Namen enthalten ist.

```
Get-WmiObject -Class Win32_Printer  -Filter "Name like'%HP Laserjet%'" | Remove-WmiObject
```

Eine WMI-Instanz anlegen über Set-WmiInstance

WMI-Instanzen wurden in den vergangenen Abschnitten mehrfach über ihre *Create*-Methode angelegt, mit dem *Set-WmiInstance*-Cmdlet lässt sich auch dieser Vorgang etwas PowerShell-typischer erledigen.

HINWEIS Das Aktualisieren der Instanz muss vom WMI-Provider unterstützt werden, was nicht immer der Fall ist (anscheinend auch dann nicht, wenn die WMI-Klasse eine *Put*-Methode anbietet, durch die normalerweise WMI-Properties aktualisiert werden).

Der folgende Befehl ändert zunächst konventionell den Wert einer Systemumgebungsvariablen, die auf der WMI-Klasse *Win32_Environment* basiert. Zuerst wird die Variable per *Get-WmiObject* geholt:

```
$Env = Get-WmiObject -Class Win32_Environment -Filter "Name='TestVar' and UserName='<System>'"
```

Da Umgebungsvariablen mit einem bestimmten Namen unter verschiedenen Benutzernamen mehrfach vorkommen könnten, muss die *UserName*-Property mit angegeben werden, da ansonsten ein Array resultieren kann.

Im nächsten Schritt erhält die *VariableValue*-Property einen neuen Wert, der mit der *Put*-Methode gespeichert wird:

```
$Env.VariableValue = "1234"
$Env.Put()
```

Mit dem *Set-WmiInstance*-Cmdlet geht das alles in einem Schritt.

Der folgende Befehl ändert den Wert der Property *EnableEvents* auf *$false*:

```
Set-WmiInstance -Path "Win32_WMISetting" -Arguments @{EnableEvents="False"}
```

HINWEIS Das Cmdlet funktioniert anscheinend nur mit bestimmten WMI-Klassen. Wenn ein Aufruf der Form Set-WmiInstance -Path <WMIKlasseName> zu einer Ausgabe und nicht zu einem Fehler führt, ist die WMI-Klasse für *Set-WmiInstance* geeignet.

Per *Set-WmiInstance* kann auch eine neue Instanz einer WMI-Klasse angelegt werden.

Der folgende Befehl legt eine neue Umgebungsvariable an:

```
Set-WmiInstance -Class Win32_Environment -Arguments
@{Name="TestVar";UserName="<System>";VariableValue="1234"}
```

Die Properties der Klasse mit ihren Werten werden als Eigenschaftenname-Wert-Paare dieses Mal in einer Hashtable übergeben, sodass ihre Reihenfolge keine Rolle spielt.

WMI-Abfragen als Job

WMI-Abfragen, die länger dauern, können dank des *AsJob*-Parameters von *Get-WmiObject* als Job im Hintergrund ausgeführt werden.

Der folgende Befehl listet alle installierten Anwendungen per *Win32_Product*-Klasse auf. Dies ist eine Abfrage, die jedes Mal fast eine Minute dauern kann. In der ersten Variante erfolgt der Aufruf konventionell, wobei die Ausführungsdauer mithilfe der *StopWatch*-Klasse (Namespace *System.Diagnostics*) gemessen wird:

```
# ----------------------------------------------------------
# Beispiel 9.11 - Ausführungsdauer messen
# ----------------------------------------------------------
$StopW = New-Object -Type System.Diagnostics.StopWatch
$StopW.Start()
$AppListe = Get-WmiObject -Class Win32_Product
$StopW.Stop()
"Dauer: {0:n0} ms" -f $StopW.ElapsedMilliseconds
```

Listing 9.11 Ausführungsdauer messen

In dieser Variante dauert das Abrufen aller installierten Anwendungen beim Autor ca. 40 Sekunden, was eine recht lange Zeitspanne ist. Es spricht daher vieles dafür, die Abfrage als Job zu starten:

```
Get-WmiObject -Class Win32_Product -AsJob
```

Jetzt spielt es keine Rolle mehr, wie lange die Abfrage benötigt. Über *Get-Job* kann man sich gelegentlich über den Zustand des Jobs informieren und über *Receive-Job* die gesammelten Daten einsammeln.

Das folgende Skript listet die Einträge im Startmenü als Job auf. Grundlage ist die *Win32_LogicalProgramGroup*-Klasse, die mit jedem Eintrag als *Win32_LogicalProgramGroupItem*-Klasse über eine Assoziationsklasse verbunden ist. Unter XP und Windows Server 2003 lauten die internen Namen der Programmgruppen ein wenig anders als unter Vista/Windows Server 2008/Windows 7. Unter XP/Windows Server 2003 müssen die Namen daher entsprechend angepasst werden.

```
# ----------------------------------------------------------
# Beispiel 9.12 - Auflisten der Einträge im Startmenü
# Bei Windows XP lauten Startmenü und Programme-Gruppe etwas anders
# ----------------------------------------------------------
$WMIQueryXP = "Associators Of {Win32_LogicalProgramGroup.Name='All Users:Startmenü\Programme\Zubehör'} `
 Where ResultClass=Win32_LogicalProgramGroupItem"
$WMIQuery = "Associators Of {Win32_LogicalProgramGroup.Name='Public:Start Menu\Programs\Accessories'} `
 Where ResultClass=Win32_LogicalProgramGroupItem"
$Job = Get-WmiObject -Query $WMIQuery –AsJob
```

Listing 9.12 Auflisten der Einträge im Startmenü

Umgang mit WMI-Berechtigungen

Eine von zwei Voraussetzungen neben der Freigabe der Firewallports für den Remotezugriff per WMI auf einen anderen Computer ist, dass dem zugreifenden Benutzer dort die entsprechenden Berechtigungen für den Zugriff auf den WMI-Dienst erteilt wurden (was im Allgemeinen der Fall sein sollte). Die Berechtigungen, die wie alle Berechtigungen unter Windows auf Benutzerkonten basieren, die über einen Security Descriptor mit einer Access Control List verknüpft werden, werden pro Namespace eingestellt, da die Verbindung stets mit einem Namespace erfolgt. Nach jeder Änderung muss der WMI-Dienst (*Winmgmt*) neu gestartet werden.

Gehen Sie wie folgt vor, um die Berechtigungen auf einem Computer, der als Remotecomputer ansprechbar sein soll, zu setzen.

1. Selektieren Sie im Startmenü den Eintrag *Computer* mit der rechten Maustaste und wählen Sie *Verwalten* (das ist nur eine von mehreren Möglichkeiten, die Computerverwaltung zu öffnen – der kürzere Weg geht über *Start/Ausführen* und Eingabe von *wmimgmt.msc*, um die WMI-Managementkonsole zu starten)
2. Öffnen Sie den Zweig *Dienste und Anwendungen*, klicken Sie dort den Eintrag *WMI-Steuerung* mit der rechten Maustaste an und wählen Sie *Eigenschaften*
3. Sie sehen jetzt den Eigenschaftendialog der WMI-Steuerung. Wechseln Sie auf die Registerkarte *Sicherheit*
4. Öffnen Sie den Zweig *Root* und selektieren Sie den Namespace, für den die Einstellung geändert werden soll (im Allgemeinen wird dies *CIMV2* sein) und klicken Sie auf die Schaltfläche *Sicherheit*
5. Bis jetzt war alles Routine. Nun kommt es darauf an, für den richtigen Benutzer die passende Berechtigung einzustellen (und dabei der Versuchung zu widerstehen, der Benutzergruppe *Jeder* sämtliche Berechtigungen zu geben, nur weil scheinbar alles andere nicht funktioniert). Folgende Berechtigungen sollten für den Benutzer gesetzt sein, damit dieser einen vollständigen WMI-Zugriff besitzt:

   - Methoden ausführen
   - Remoteaktivierung
   - Sicherheit lesen

Bestätigen Sie die Einstellungen zweimal mit *OK*.

Zum Schluss muss der WMI-Dienst neu gestartet werden, was sehr einfach geht. Wechseln Sie in der *Computerverwaltung* eine Kategorie nach oben zu *Dienste* (schalten Sie in der rechten Fensterhälfte am besten über den Registerkarte auf die Ansicht *Standard* um) und selektieren Sie den Dienst *Windows-Verwaltungsinstrumentation* mit der rechten Maustaste und wählen Sie *Neu starten*. Bestätigen Sie dabei auch, dass die aufgeführten abhängigen Dienste neu gestartet werden müssen (was auch bedeutet, dass die Windows-Firewall für einige Sekunden deaktiviert wird).

Einstellung	Bedeutung
Methoden ausführen	Methoden von WMI-Klassen können ausgeführt werden
Vollständiger Schreibzugriff	Alle WMI-Objekte können gelesen, geschrieben und gelöscht werden
Eingeschränkter Schreibzugriff	Es können nur statische WMI-Objekte geschrieben werden
Anbieterschreibzugriff	Erlaubt Schreibzugriff auf Objekte, die durch den Provider zur Verfügung gestellt werden ▶

Einstellung	Bedeutung
Konto aktivieren	WMI-Objekte können gelesen werden
Remoteaktivierung	Remotezugriff auf den Namespace
Sicherheit lesen	WMI-Sicherheitseinstellungen können gelesen werden
Sicherheit bearbeiten	WMI-Sicherheitseinstellungen können geändert werden

Tabelle 9.9 Die Sicherheitseinstellungen für einen WMI-Namespace

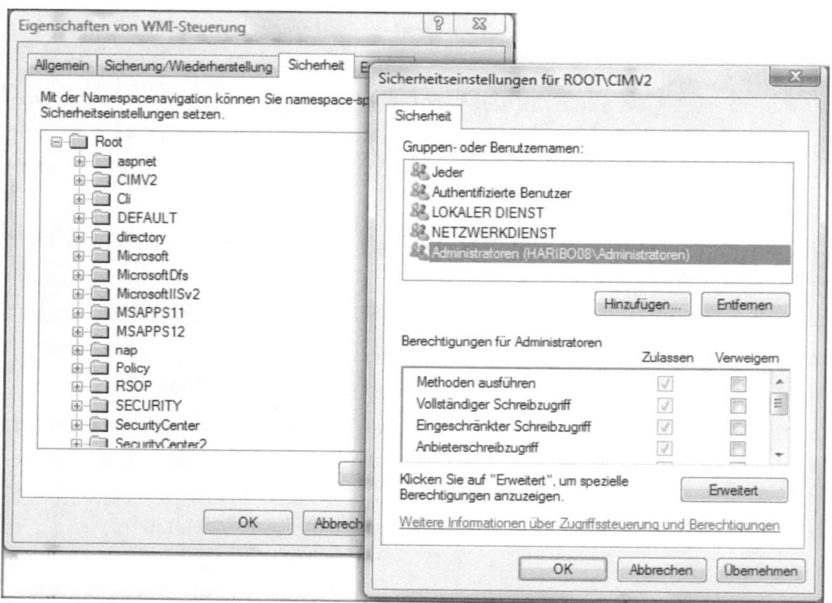

Abbildung 9.4 In der Computerverwaltung werden auch die WMI-Berechtigungen für einen Remotezugriff eingestellt

Die WMI Type Accelerators

Die PowerShell arbeitet mit drei Type Accelerators, von denen *[WMI]* und *[WMIClass]* sehr praktisch sind, während *[WMISearcher]* eher einen kleinen Komfortgewinn darstellt, da sich WQL-Abfragen auch über *Get-WmiObject* durchführen lassen.[7] Eine wichtige Daseinsberechtigung für *[WMISearcher]* kann leicht übersehen werden. Über die *Scope*-Property wird ein *ManagementScope*-Objekt zur Verfügung gestellt, über dessen *Options*-Property wiederum Einstellungen wie Benutzername, Kennwort und vor allem Impersonation und Authentication vorgenommen werden können:

[7] Auch wenn diese Fußnote eigentlich überhaupt nicht in ein Fachbuch mit seriösem Anspruch passt: Wie hieß die Musikergruppe, mit der ein bekannter Hollywood-Actionfilmdarsteller vor ein paar Jahren auf einer Europa-Tournee war?

```
([WMISearcher]"").Scope.Options

Locale           :
Username         :
Password         :
SecurePassword   :
Authority        :
Impersonation    : Impersonate
Authentication   : Unchanged
EnablePrivileges : False
Context          : {}
Timeout          : 10675199.02:48:05.4775807
```

Bei der PowerShell 2.0 wird dieser Umweg nicht mehr benötigt, da die Einstellungen über *Get-WmiObject* vorgenommen werden.

Type Accelerator	Bedeutung
[WMI]	Steht für eine bestimmte Instanz einer WMI-Klasse, die über die Schlüsselproperty ausgewählt werden muss
[WMIClass]	Steht für die Instanz einer WMI-Klasse (aber nicht für ein bestimmtes Objekt)
[WMISearcher]	Steht für eine Instanz der *ManagementObjectSearcher*-Klasse (.NET-Klassenbibliothek), mit der sich WQL-Abfragen direkt ausführen lassen

Tabelle 9.10 Die WMI-Type Accelerators

[WMI]

Über *[WMI]* wird gezielt eine Instanz aus einer Liste von Instanzen des gleichen Typs ausgewählt. Während ein

```
Get-WmiObject -Class Win32_Service
```

alle Instanzen liefert, gibt ein

```
[WMI]"Win32_Service.Name='Winmgmt'"
```

nur eine bestimmte Instanz zurück. In diesem Fall die des WMI-Dienstes selbst.

Wer WMI bereits vom WHS her kennt, weiß sicherlich, dass der so genannte Pfad auch aus dem kompletten Namespace inklusive des Computernamens bestehen kann:

```
[WMI]"//./root/cimv2:Win32_Service.Name='Winmgmt'"
```

In diesem Fall wird der lokale Computer angesprochen, dessen Name bei WMI stets durch einen Punkt repräsentiert wird.

Der folgende Befehl greift gezielt auf ein Laufwerk zu:

```
[WMI]"//./root/cimv2:Win32_LogicalDisk.DeviceID='C:'"
```

Der folgende Befehl auf die Batterie des Notebooks:

```
[WMI]"//./root/cimv2:Win32_Battery.DeviceID='446SANY042T4522'"
```

Dieser Befehl kann natürlich nur dann funktionieren, wenn man den Wert kennt, der für *DeviceID* eingesetzt werden muss (ein *Get-WmiObject -Class Win32_Battery* würde ihn liefern). Pro WMI-Klasse gibt es stets eine Key-Eigenschaft, mit der eine bestimmte Instanz ausgewählt wird. Welche Property das ist, ist von Klasse zu Klasse verschieden und ist natürlich in der WMI-Referenz dokumentiert.

[WMIClass]

Über den Type Accelerator *[WMIClass]* erhält man eine Instanz der Klasse selbst. Diese Instanz kann man sich als ein »nacktes« WMI-Objekt vorstellen, das noch keine instanzspezifischen Daten enthält.

Der folgende Befehl legt eine Instanz der *Win32_Process*-Klasse an:

```
$P = [WMIClass]"Win32_Process"
```

Aha, und was kann man mit dieser Instanz anstellen? Nun, man kann z.B. über die *Create*-Methode der *Win32_Process*-Klasse einen neuen Prozess starten:

```
$ProzNeu = $P.Create("Calc.exe")
```

Ist die Property *ReturnValue* 0, wurde der Prozess gestartet und die Property *ProcessID* steht für die ID des neuen Prozesses. Dieses klingt zwar unspektakulär, war aber bei der PowerShell 1.0 der einfachste Weg, einen Remoteprozess zu starten.

Bei der PowerShell 2.0 wird ein Remoteprozess einfach über das *Invoke-Command*-Cmdlet gestartet:

```
Invoke-Command -Scriptblock { Start-Process Calc } -Computer Server1 -Credential Administrator
```

Calc.exe ist allerdings kein sehr gutes Beispiel, da der Prozess als UI-Prozess nicht wirklich gestartet wird.

Zugriff auf die Registry mit [WMIClass]

Mit WMI lässt sich, große Überraschung, auch die Registry ansprechen, was bei der PowerShell 1.0 vor allem deswegen praktisch war, weil sich damit sehr einfach ein Remotezugriff durchführen ließ. Zuständig ist die Klasse *StdRegProv* im Namespace *root/default* bzw. seit Windows 2000/XP auch in *root\cimv2*. Ein

```
Get-WmiObject -Class StdRegProv -Namespace root\default
```

liefert jedoch kein Ergebnis.

Das »Geheimnis« ist, dass sich von der Klasse *StdRegProv* keine Instanzen bilden lassen, sie muss vielmehr direkt angesprochen werden, was dank *[WMIClass]* sehr einfach ist:

```
$Reg = [WMIClass]"StdRegProv"
$Reg.EnumKey(2147483650, "Software\Microsoft\Windows\CurrentVersion")
```

Die Zahl *2147483650* steht übrigens für den *HKLM*-Zweig, eigentlich logisch. Im Allgemeinen gibt es keinen Grund, die Registry auf diese Weise zu lesen.

[WMISearcher]

Mit dem Type Accelerator *[WMISearcher]* (dahinter steckt eine Instanz der *ManagementObjectSearcher*-Klasse im Namespace *System.Management*) lassen sich WQL-Abfragen direkt ausführen.

Der folgende Befehl listet per WQL-Abfrage alle Dienste eines bestimmten Systemkontos auf:

```
$WQL = [WMISearcher]"Select Name,StartMode,Status From Win32_Service Where StartName='LocalSystem'"
$WMIRes =[WMISearcher]$WQL
```

Das Abfrageresultat muss über die *Get*-Methode geholt werden:

```
$WMIRes.Get()
```

Ein wenig kürzer geht es mit *Get-WmiObject* und dem *Query*-Parameter:

```
Get-WmiObject -Query "Select Name,StartMode,Status From Win32_Service Where StartName='LocalSystem'"
```

Umgang mit WMI-Events

WMI enthält nicht nur Klassen, die ein *Gerät* (im WMI-Jargon ein *Managed Element*) wie einen Netzwerkadapter oder ein Betriebssystem repräsentieren, es gibt auch zahlreiche Klassen, die ein Ereignis darstellen. Ein Ereignis ist ein gängiger Mechanismus, durch den das Eintreten eines bestimmten Zustands (eben ein Ereignis) wie das Starten einer Anwendung, eine Änderung eines Registry-Schlüssels oder das Hinzufügen eines Laufwerks zu einer Meldung führt, die von einem Skript ausgewertet werden kann. WMI besitzt einen komplexen Eventmechanismus, der registrierte Events laufend überwacht und der über die erwähnten Eventklassen angesprochen wird. Die PowerShell implementiert keine eigene WMI-Event-Schnittstelle, sondern setzt auf der Schnittstelle, die im .NET Framework, genauer gesagt in den Klassen im Namespace *System.Management*, enthalten ist, z. B. in Gestalt der Klassen *EventQuery* und *ManagementEventWatcher* auf. Bei der PowerShell 1.0 musste man sich komplett auf diese Klasse verlassen, was den Umgang mit WMI-Events ein wenig umständlich machte. Bei der PowerShell 2.0 gibt es einen eigenen, allgemeinen Eventmechanismus, der auch für das Auswerten von WMI-Events zuständig ist.

Die Cmdlets für den Umgang mit Events

Die PowerShell bietet für den Umgang mit Events gleich einen kleinen Satz von Cmdlets, der in Tabelle 9.11 zusammengestellt ist. Das wichtigste Cmdlet ist *Register-WmiEvent*, durch das die Eventüberwachung aktiviert wird.

HINWEIS Nicht alle Cmdlets, in denen das Wort *Event* im Namen auftaucht, haben etwas mit dem Eventmechanismus zu tun.

Cmdlet	Was leistet es?
Get-Event	Listet die Ereignisse in der Eventwarteschlage auf. Jedes Ereignis ist einer Quelle (*SourceIdentifier*) zugeordnet
Register-WmiEvent	Richtet einen *Subscriber* ein, der bei Eintreten eines Events benachrichtigt wird
Remove-Event	Entfernt einen Event aus der Eventwarteschlange
Unregister-Event	Löscht einen Event-Subscriber, sodass beim Eintreten des Zustandes kein Event mehr ausgelöst wird
Wait-Event	Wartet auf das Eintreten eines Events und blockiert die Skriptausführung, bis der Event eingetreten ist

Tabelle 9.11 Die Cmdlets für den Umgang mit Events

Das Register-WmiEvent-Cmdlet

Voraussetzung dafür, dass ein PowerShell-Skript einen WMI-Event empfangen kann, ist, dass ein so genannter *Subscriber* existiert, der das Eintreten von Zuständen, die zu einem Event führen, überwacht. Dies geschieht mit dem *Register-WmiEvent-Cmdle*t, dessen wichtigste Parameter in Tabelle 9.12 zusammengestellt sind. Wurde der Event registriert, wartet das *Wait-Event*-Cmdlet so lange, bis das Ereignis eintritt (das Skript wird damit blockiert – alternativ gibt es die Möglichkeit, im Rahmen eines Jobs auf das Eintreten eines Events zu warten). Das Cmdlet gibt die Informationen über das eingetretene Objekt als *PSEventArgs*-Objekt zurück, sodass sich der Grund für den Event feststellen lässt (ob weitere Details zur Verfügung gestellt werden, hängt von der WMI-Klasse ab – im Allgemeinen hält sich WMI in diesem Punkt sehr bedeckt).

Parameter	Bedeutung
Class	Gibt den Namen der Eventklasse an
SourceIdentifier	Frei wählbarer Name, über den die resultierenden Events erkannt werden
Action	Steht für einen Skriptblock, der mit dem Eintreten des Ereignisses als Job ausgeführt wird
Namespace	WMI-Namespace, zu dem die WMI-Eventklasse gehört
Timeout	Gibt an, wie lange auf den Event gewartet werden soll
MessageData	Beliebige Daten, die mit dem Eintreten des Events an den „Subscriber" übergeben werden
Query	Steht für die WQL-Abfrage, über welche die Eventklasse und die zurückzugebenden Parameter festgelegt werden

Tabelle 9.12 Die wichtigsten Parameter von *Register-WmiEvent*

Warten auf den Start eines Prozesses

Der Klassiker für das Demonstrieren des Umgangs mit Events ist das Warten auf den Start und das Beenden eines Prozesses, was bei WMI im gesamten Netzwerk möglich ist.

Das folgende Beispiel wartet per *Register-WmiEvent* und *Wait-Event* auf das Starten eines Prozesses. Anschließend wird mithilfe des vielseitig einsetzbaren *Match*-Operators geprüft, ob sein Name in einer Liste mit »unerlaubten« Prozessen enthalten ist (theoretisch könnte der Prozess danach per *Stop-Process* wieder beendet werden). Ein eventuell bereits eingerichteter Event und alle eventuell vorhandenen Events werden vor dem Start entfernt.

```
# -------------------------------------------------------------
# Beispiel 9.13 - WMI-Events mit der PowerShell auswerten
# Warten auf das Starten eines bestimmten Prozesses
# -------------------------------------------------------------

# Event gegebenenfalls deregistrieren
try
{
  Unregister-Event ProzStarted -ErrorAction Stop
}
# Hier soll nichts passieren
catch {}
# Event eventuell entfernen
Remove-Event -SourceIdentifier ProzStarted -EA SilentlyContinue

# Liste der "verbotenen" Prozesse
$ProzListe = @("calc.exe", "freecell.exe", "solitaire.exe", "sol.exe")

# Event registrieren
Register-WmiEvent -Class Win32_ProcessStartTrace -SourceIdentifier ProzStarted

"Warte auf Event..."


# Warten, dass der Event eintritt
$Ev = Wait-Event -SourceIdentifier ProzStarted

# Event trat ein- jetzt die Details holen
$P = $Ev.SourceEventArgs.NewEvent
"Prozess: $($P.ProcessName) ID: $($P.ProcessID)"

# Prüfen, ob es ein unerlaubter Prozess war
if ($ProzListe -match $Ev.SourceEventArgs.NewEvent.ProcessName)
{ "$($Ev.SourceEventArgs.NewEvent.ProcessName) darf leider nicht gestartet werden..."}
```

Listing 9.13 Warten auf das Starten eines Prozesses per WMI-Events

Auch wenn das Skript bereits etwas umfangreicher ist, die Vorgehensweise könnte einfacher nicht sein. Zuerst wird per *Register-WmiEvent* das Ereignis auf der Grundlage der *Win32_ProcessStartTrace*-Klasse registriert. Damit etwas passiert, kommt das *Wait-Event*-Cmdlet an die Reihe. Wie es der Name dezent andeutet, wartet das Cmdlet auf einen Event. In diesem Fall auf jenen Event, das über seinen *SourceIdentifier* identifiziert wird. Das Skript hält an und wartet, bis das Ereignis eintritt. Ist dies der Fall, wird der Event über die *SourceEventArgs*-Property abgefragt. Die *NewEvent*-Property des zurückgegebenen Objekts steht dabei für das *Process*-Objekt, welches den Event ausgelöst hat.

Das UnregisterEvent-Cmdlet

Damit das Skript beim zweiten Aufruf keinen Fehler auslöst, wird der Event über das *Unregister-Event*-Cmdlet wieder deregistriert. Da dieses Cmdlet immer dann einen Fehler auslöst, wenn der Event nicht registriert wurde, dieser Fehler sich aber (anscheinend) nicht per *-ErrorAction* SilentlyContinue unterdrücken lässt, wird er über *ErrorAction Stop* in einen terminierenden Fehler umgewandelt, der im Rahmen eines *try/catch* abgefangen wird.

TIPP Sollte das Deregistrieren eines Events dazu führen, dass mit dem erneuten Aufruf von *Register-WmiEvent* keine Events mehr empfangen werden, muss der WMI-Dienst neu gestartet werden, was ein *Restart-Service Winmgmt -Force* erreicht (dazu muss die PowerShell bei aktivierter Benutzerkontensteuerung als Administrator gestartet werden).

Die Registry überwachen

Neben startenden oder beendenden Prozessen werden WMI-Events vor allem zur Überwachung der Registry eingesetzt. Es ist eine häufige Anforderung, dass eine Installation in der Form überwacht werden soll, dass wenn das Setup-Programm einen Registry-Schlüssel angelegt hat, die Installation als durchgeführt gilt und daraufhin z.B. ein zweiter Installationsprozess gestartet wird. WMI stellt dazu, vollkommen unabhängig von der PowerShell, drei Event-Klassen (im WMI-Namespace *root/default*, sodass die Klassen per *Get-WmiObject -List -Namespace root/default* aufgelistet werden) zur Verfügung (Tabelle 9.13).

HINWEIS Über den Registry-Provider von WMI lassen sich nur Schlüssel in *HKey_Local_Machine* überwachen.

Klasse	Wann wird der Event ausgelöst?
RegistryTreeChangeEvent	Wenn sich in einem Unterschlüssel des angegebenen Zweigs ein Schlüssel ändert
RegistryKeyChangeEvent	Wenn sich der angegebene Schlüssel ändert (einen neuen Namen erhält oder ein Unterschlüssel hinzugefügt oder gelöscht wird)
RegistryValueChangeEvent	Wenn sich der angegebene Eintrag ändert

Tabelle 9.13 Die Registry-Eventklassen von WMI

Das folgende Beispiel überwacht den Schlüssel *Software\PowerShellCrashkurs* (der existieren muss, ansonsten bricht das Skript mit einer Fehlermeldung ab). Sobald sich der Schlüssel ändert, wird eine Meldung angezeigt.

```
# -------------------------------------------------------------
# Beispiel 9.14 - WMI-Events mit der PowerShell auswerten
# Überwachen eines Registry-Schlüssels
# -------------------------------------------------------------

# Event gegebenenfalls deregistrieren
try
{
  Unregister-Event RegWatch -ErrorAction Stop
}
# Hier soll nichts passieren
catch {}
# Event eventuell entfernen
Remove-Event -SourceIdentifier RegWatch -EA SilentlyContinue

$RegPfad = "Software\\PowerShellCrashKurs"
$RegQuery = "Select * From RegistryKeyChangeEvent Where Hive='HKey_Local_Machine' `
 And KeyPath='$RegPfad'"
# Event registrieren
Register-WmiEvent -Query $RegQuery -SourceIdentifier RegWatch
Write-Host -fore green -back black "WMI-Event wurde registriert."
Write-Host -fore green -back black "Warte auf Event..."
```

```
# Auf den Event warten
$Ev = Wait-Event -SourceIdentifier RegWatch
# Event trat ein - alle Details anzeigen
Write-Host -fore green -back black "Event trat ein..."
$Ev.SourceEventArgs.NewEvent | Format-Table Hive,KeyPath, `
 @{Label="Zeitpunkt";Expression={[DateTime]::FromFileTime($_.Time_Created)}}
```

Listing 9.14 WMI-Events auswerten

Der Zeitpunkt, an dem der Event eintrat, wird in diesem Fall im so genannten *FILETIME*-Format als 64-Bit-Wert übergeben. Er lässt sich mit dem Shared-Member *FromFileTime* der *DateTime*-Klasse zum Glück sehr einfach konvertieren.

HINWEIS Sollte der Schlüssel selbst gelöscht werden, wird der registrierte Event-Subscriber wirkungslos. In diesem Fall muss sogar der WMI-Dienst (*Winmgmt*) neu gestartet werden, damit mit einem neu eingerichteten Event-Subscriber wieder Events empfangen werden können.

USB-Laufwerksüberwachung

Neben startenden Prozessen und der Registry-Überwachung ist das Überwachen von USB-Laufwerken der dritte Bereich, in dem WMI-Events eine wichtige Rolle spielen und der sich dank der PowerShell elegant lösen lässt.

Das folgende Skript ist deutlich umfangreicher als die übrigen Beispiele in diesem Kapitel. Seine Aufgabe ist trotzdem schnell beschrieben: Es wartet nach dem Start darauf, dass an den (lokalen) Computer ein USB-Laufwerk angeschlossen wird. Ist dies geschehen, bietet es die Möglichkeit, das Laufwerk zu formatieren, was anschließend, sofern der Administrator dies bestätigt, geschieht. Das Skript ist deswegen so umfangreich, da es unter anderem prüft, ob der Anwender Mitglied der Administratorengruppe ist und ob das Skript unter XP läuft (was nicht geht). Über ein *#requires -version 2.0* wird gleich zu Beginn geprüft, ob das Skript unter der PowerShell 1.0 ausgeführt wird (was theoretisch jederzeit passieren könnte).

HINWEIS Das Skript besitzt gleich zwei Einschränkungen: Es kann nicht unter Windows XP zur Ausführung gelangen, da bei dieser Version die *Win32_Volume*-Klasse noch nicht existiert. Und es kann nur von einem lokalen Administrator bzw. einem Mitglied der Administratorengruppe ausgeführt werden (beide Bedingungen werden unmittelbar nach dem Start geprüft).

```
# -------------------------------------------------------------
# Beispiel 9.15 - WMI-Events mit der PowerShell auswerten
# Hinzufügen eines USB-Laufwerks überwachen
# -------------------------------------------------------------

#requires -version 2.0

# Prüft, ob der User Mitglied der Administratoren-Gruppe ist
function Is-Admin
{
    $CurUser = [System.Security.Principal.WindowsIdentity]::GetCurrent()
    (New-Object -Type System.Security.Principal.WindowsPrincipal `
      $CurUser).IsInRole([System.Security.Principal.WindowsBuiltInRole]::Administrator)
}
```

```
# Prüft, ob das Skript unter XP ausführen soll
function Is-WindowsXP
{
    !((Get-WmiObject -Class Win32_OperatingSystem).Version -gt "5.1.2600")
}

# Gibt zu jedem Event-Typ eine passende Meldung aus
function Show-DriveEventType
($EventType)
{
    switch ($EventType)
    {
     1 { "Event-Typ: Konfigurationsänderung" }
     2 { "Event-Typ: Laufwerk hinzugefügt " }
     3 { "Event-Typ: Laufwerk entfernt " }
     4 { "Event-Typ: Docking-Aktion " }
     10 { "Event-Typ: besitzt Dateien- trotzdem unbekannte Aktion " }
     default { "Unbekannter Event-Typ: $EventType" }
    }
}

# Wartet auf ein VolumeChangeEvent
function Get-DriveEvent
{
    Write-Host -Fore green -Back Black "Warten auf VolumeChangeEvent..."
    $NewEv = Wait-Event -SourceIdentifier USBWatch
    $NewDrive = $NewEv.SourceEventArgs.NewEvent.DriveName
    Write-Host -Fore Green -Back Black "Änderung bei Laufwerk $NewDrive"
    Show-DriveEventType -EventType $NewEv.EventIdentifier
    # Wurde das Laufwerk hinzugefügt?
    if ($NewEv.EventIdentifier -eq 4)
    {
     # Kurz warten
     Start-Sleep 3
     Check-DriveContent -Drive $NewDrive
    }
    # Event aus der Warteschlange entfernen
    Remove-Event -SourceIdentifier USBWatch
}

# Prüft vor der Formatierung, ob das Laufwerk einen Inhalt besitzt
function Check-DriveContent
($Drive)
{
    if ((Get-ChildItem -Path $Drive -Ea SilentlyContinue).Count -gt 0)
    {
        $Ret = Read-Host -Prompt "Laufwerk besitzt Dateien - trotzdem formatieren? (J/N)"
        if ($Ret -like "N*")
        {
          Write-Host -fore Green -Back Black "Laufwerk wird nicht formatiert - Skript wird beendet."
        }
        else
```

```
        {
          Format-Drive -Drive $Drive
        }
    }
    else
    {
        $Ret = Read-Host -Prompt "Laufwerk formatieren? (J/N)"
        if ($Ret -like "J*")
        {
          Format-Drive -Drive $Drive
        }
    }
}

# Formatiert das Laufwerk
function Format-Drive
($Drive)
{
    Write-Host -Fore Magenta "NTFS-Formatierung von Laufwerk $Drive beginnt - das kann einige Minuten
dauern..."
    $WmiDrive = Get-WmiObject -Class Win32_Volume -Filter "DriveLetter='$Drive'"
    $Ret = $WmiDrive.Format("NTFS", $true, 65536, "Formatiert by PowerShell", $False)
    switch ($Ret.ReturnValue)
    {
       0 { "Formatierung erfolgreich" }
       6 { "Formatierung nicht möglich - Volume schreibgeschützt"  }
      15 { "Formatierung nicht möglich - Cluster-Größe zu klein"  }
      13 { "Formatierung nicht möglich - Volume zu groß"  }
      18 { "Formatierung nicht möglich - Unbekannter Fehler"       }
      default { "Formatierung nicht möglich - spezieller Fehler (Fehlercode: $($Ret.ReturnValue))" }
    }
 }

# Hier beginnt das Skript
try
{
    Unregister-Event USBWatch -ErrorAction Stop
}
catch {}
# Event eventuell entfernen
Remove-Event -SourceIdentifier USBWatch -ErrorAction SilentlyContinue
# Event registrieren
Register-WmiEvent -Class Win32_VolumeChangeEvent -SourceIdentifier USBWatch
if (!(Is-Admin))
{ Write-Host -fore red "Skript erfordert Administratorberechtigungen"; exit }
if (Is-WindowsXP)
{ Write-Host -fore red "Skript erfordert mind. Windows Server 2003"; exit }
# Auf Event warten
Get-DriveEvent
```

Beim Einsatz des Skripts gibt es noch zwei Besonderheiten zu beachten:

- Das Laufwerk wird mit NTFS formatiert (FAT32 wäre ebenfalls möglich, funktioniert aber nicht mehr bei großen Laufwerken)
- Die Clustergröße wird auf 65.536 als hoffentlich allgemein gültiger Wert festgelegt

Die Formatierung geht relativ rasch, da beim Aufruf der *Format*-Methode der *Win32_Volume*-Klasse die Schnellformatierung gewählt wird.

Wie kann das Skript in der Praxis eingesetzt werden? Es muss explizit gestartet werden, was z.B. durch eine Verknüpfung auf *PowerShell.exe* erreicht wird. Im Rahmen der Verknüpfung wird über den *File*-Parameter von *PowerShell.exe* die auszuführende Skriptdatei festgelegt:

```
Powershell.exe -NoProfile -WindowStyle Hidden -File <Pfad der Ps1-Datei>
```

HINWEIS Dieser Hinweis muss noch einmal sein, auch wenn es bereits explizit erwähnt wurde. Da das Laufwerk tatsächlich formatiert wird, schließen Sie bitte zu Testzwecken nur USB-Sticks bzw. USB-Laufwerke an, deren Inhalt entbehrlich ist.

HINWEIS Leider hat das Skript noch einen kleinen *Bug*, für den der Autor (noch) keine Lösung gefunden hat. Aus irgendwelchen Gründen wächst der Wert für den Eventtyp irgendwann kontinuierlich, sodass die Abfrage auf den Eventtyp Nr. 4 nicht mehr funktioniert.

HINWEIS Und auch dieser Hinweis ist nicht ganz so erfreulich. Unter Vista (teilweise auch unter Windows 7) liefert das *Register-WmiEvent*-Cmdlet »unerklärliche« *Nicht unterstützt*-Fehlermeldungen.

WMI über WS-Man

WMI basiert auf dem DCOM-Protokoll, was als *Wire-Protocol* (ein Protokoll, das nur dazu da ist, den inhaltlichen Rahmen für eine Remoteverbindung zu schaffen) auf einer vorhandenen Netzwerkverbindung aufsetzt. DCOM stammt noch aus der Zeit von Windows 98 und ist inzwischen nicht mehr ganz zeitgemäß, da seine Konfiguration unnötig kompliziert ist (das DCOM-Konfigurationsprogramm ist *Dcomcnfg.exe* in *%SystemRoot%\System32*). Das Hauptproblem von DCOM ist, dass es bestimmte geöffnete Firewallports voraussetzt, was nicht immer gewährleistet ist. Da WMI-Netzwerkabfragen auf DCOM basieren, scheitern sie oft an einer restriktiven Firewall. Mit dem auf *WS-Man* (mehr dazu in Kapitel 11) basierenden *Windows Remoting* gibt es seit Windows Server 2003 eine attraktive Alternative, mit der sich WMI-Abfragen über Webserviceaufrufe durchführen lassen. Da *WS-Man* ein auf *SOAP* (*Simple Object Access Protocol*) basierendes Protokoll ist, wird das Ergebnis der WMI-Abfrage in Gestalt von XML-Paketen zurückgegeben. Der Aufruf mag zunächst ein wenig ungewöhnlich erscheinen, doch ist er teilweise natürlicher als die im Rahmen von *Get-WmiObject* verwendete Syntax. Der Hauptvorteil ist, dass die Firewalleinstellung keine Rolle mehr spielt.

Für den WMI-Zugriff via *WS-Man* stellt die PowerShell eine Reihe von Cmdlets zur Verfügung (Tabelle 9.14), sodass im Grunde alles sehr einfach ist. Im Mittelpunkt steht das Cmdlet *Get-WSManInstance*, das seinen Remoteaufruf absetzt.

Cmdlet	Bedeutung
Connect-WSMan	Stellt die Verbindung zum WinRM-Dienst auf einem anderen Computer her. Anschließend kann dieser Computer über das WSMan-Laufwerk angesprochen werden.
Disable-WSManCredSSP	Deaktiviert die CredSSP-Authentifizierung
Disconnect-WSMan	Beendet eine Verbindung wieder
Enable-WSManCredSSP	Aktiviert die Authentifizierung über den *Credential Security Service Provider* (CredSSP) mit der angegebenen Rolle (Client oder Server), sodass die Remoteoperation eine weitere Remoteoperation mit den übergebenen Credentials starten kann (z.B. einen Job). Diese Operation ist erforderlich, um dieses Verfahren überhaupt nutzen zu können.
Get-WSManCredSSP	Ruft die aktuellen CredSSP-Anmeldeinformationen ab, wenn der Computer dafür per *Enable-WSManCredSSP* vorbereitet wurde
Get-WSManInstance	Ruft über eine Ressourcen-URI von einem Remotecomputer Informationen über eine WMI-Klasse ab
Invoke-WSManAction	Führt eine Aktion (Methode) mit der angegebenen Ressource (z.B. einen Windows-Dienst) durch
New-WSManInstance	Legt eine neue Instanz einer WSMan-Verwaltungsressource wie z.B. einen Listener an
New-WSManSessionOption	Erstellt eine Hashtable mit Konfigurationseinstellungen, die Cmdlets wie *Get-WSManInstance*, *Set-WSManInstance*, *Invoke-WSManAction* oder *Connect-WSMan* für ihren *SessionOption*-Parameter übergeben werden kann (eine Liste aller Cmdlets mit diesem Parameter erhält man über ein *Get-help * -parameter sessionoption*)
Remove-WSManInstance	Entfernt eine Instanz einer WS-Man-Verwaltungsressource, wie z.B. einen Listener
Set-WSManInstance	Ändert den Wert einer Ressource (z.B. einer Einstellung des WinRM-Dienstes) auf dem angegebenen Computer
Set-WSManQuickConfig	Ändert die Remotekonfiguration auf dem angegebenen Computer im Schnelldurchgang. Entspricht dem *Winrm quickconfig*.
Test-WSMan	Prüft durch Senden einer Identifikationsanforderung, ob der WinRM-Dienst auf dem angegebenen Computer ausgeführt wird (entspricht einem *Winrm identify*)

Tabelle 9.14 Die WS-Man-Cmdlets der PowerShell

Aus Platzgründen kann das Thema nur angerissen werden, auch wenn es hochinteressant ist und in einem gewissen Sinne auch die Zukunft der Windows-Administration darstellt. Die folgenden kleinen Beispiele sollen lediglich einen Vorgeschmack auf die Art und Weise geben, wie (nicht nur WMI-) administrative Abfragen in naher Zukunft auf der Grundlage von *WS-Man* durchgeführt werden dürften. Die Beispiele gehen davon aus, dass der Remotecomputer *Server1* und das Benutzerkonto *Administrator* heißt. Diese Angaben müssen natürlich entsprechend geändert werden.

Der folgende Befehl gibt mithilfe der WMI-Klasse *Win32_Service* den allgemeinen Status des Windows Remoting-Dienstes *WinRM* aus:

```
Get-WSManInstance wmicimv2/Win32_service -selectorset @{name="WinRM"} -fragment Status -computer Server1
-credential Administrator
```

Der folgende Befehl liefert Informationen über den Computer, die auf der WMI-Klasse *Win32_ComputerSystem* basieren:

```
Get-WSManInstance -Enumerate Wmicimv2/Win32_ComputerSystem -computer Server1 -credential Administrator
```

Der folgende Befehl liefert wieder einmal alle laufenden Prozesse auf einem Remotecomputer:

```
Get-WSManInstance -enumerate Wmicimv2/win32_process -Computer Server1 -credential Administrator
```

Alle Rückgabewerte liegen im XML-Format vor (dahinter steckt ein Objekt vom Typ *XmlElement* im Namespace *System.Xml*). Das bedeutet, dass im Unterschied zu einem regulären WMI-Aufruf die Methoden des Objekts nicht zur Verfügung stehen. Konkret, es werden zwar die Informationen über laufende Dienste geliefert, die Dienste lassen sich aber z.B. nicht beenden.

Für das Durchführen von Aktionen via *WS-Man* kommt das *Invoke-WSManAction*-Cmdlet zum Einsatz.

Der folgende Befehl beendet den Windows-Audio-Dienst auf dem Remotecomputer:

```
Invoke-WSManaction -Action stopservice -resourceuri Wmicimv2/win32_service -Computer Server1 -credential
Administrator -selectorSet @{Name="AudioSrv"}

xsi         : http://www.w3.org/2001/XMLSchema-instance
p           : http://schemas.microsoft.com/wbem/wsman/1/wmi/root/cimv2/Win32_Service
cim         : http://schemas.dmtf.org/wbem/wscim/1/common
lang        : de-DE
ReturnValue : 0
```

War die Aktion erfolgreich, lautet der *ReturnValue* 0. Ein

```
Invoke-Command -ScriptBlock { Get-Service AudioSrv } -Computer Server1 -Credential Administrator
```

verrät ohne WMI und WS-Man, welchen Status der Dienst auf dem Remotecomputer besitzt.

Mit *Get-WmiObject* ginge das alles natürlich auch. Der kleine, aber bedeutende Unterschied ist, dass bei *WS-Man* die Firewallkonfiguration kein Thema ist.

WMI-Tools

Zum Abschluss dieses sicherlich hochinteressanten Kapitels sollen zwei kleine Tools vorgestellt werden, die für angehende WMI-Profis praktisch Pflicht sind.

Wbemtest

Wbemtest.exe ist ein kleines Systemprogramm, das zwar in erster Linie Entwicklern von WMI-Erweiterungen die Gelegenheit bieten soll, diese zu testen, es eignet sich aber auch hervorragend zum Kennenlernen von WMI. Es wird direkt über einen Namen aufgerufen. Nach dem Start verbindet man sich mit einem Namespace auf einem Computer (die Voreinstellungen können übernommen werden), wobei bereits der erste Dialog sehr lehrreich ist, da hier unter anderem die Einstellungen für Identitätswechsel und

Authentifizierung angeboten werden. Ist die Verbindung erfolgreich aufgebaut, stehen alle WMI-Aktionen wie z.B. das Erstellen einer Klasse, das Erstellen von Instanzen und das Durchführen einer WQL-Abfrage zur Verfügung. Allzu viel Komfort darf man von dem kleinen Programm nicht erwarten, aber zum Kennenlernen von WMI und seinen Klassen und deren Membern ist es sehr gut geeignet.

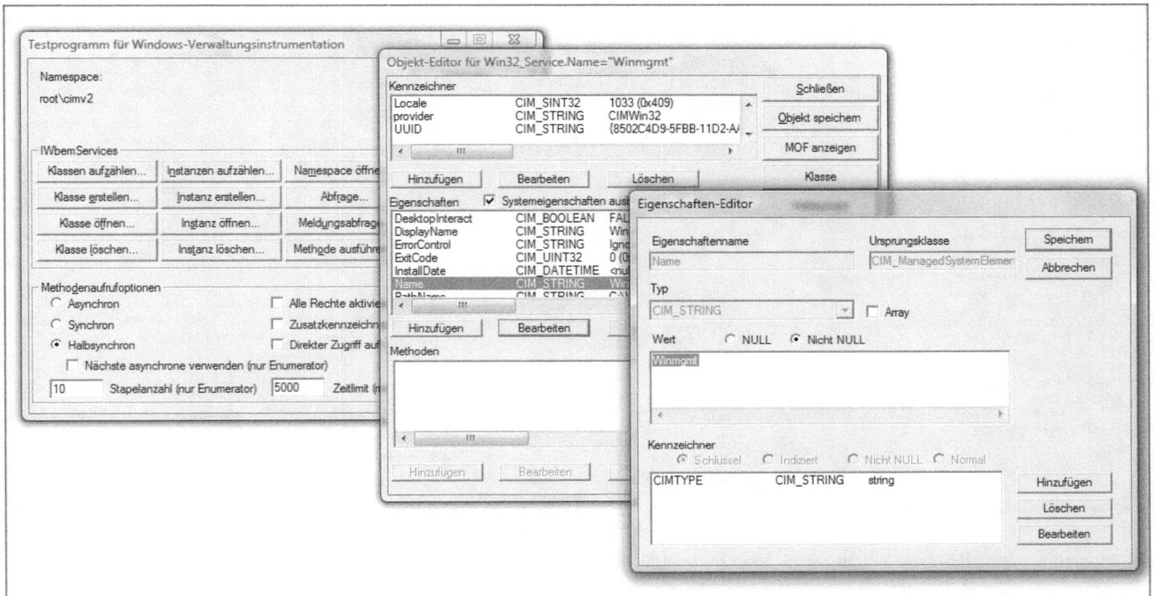

Abbildung 9.5 *Wbemtest* ist zum Kennenlernen von WMI gut geeignet

WMI-Explorer

Der *WMI-Explorer* ist ein (relativ umfangreiches) PowerShell-Skript, das vom PowerShell-Experten *Marc van Orsouw* (aka *The PowerShell Guy*) erstellt wurde. Nicht nur, dass es eindrucksvoll demonstriert, was mit der PowerShell alles möglich ist (die grafische Oberfläche basiert auf Windows Forms und wurde zuvor in Visual Studio entworfen und der Quellcode anschließend auf die PowerShell umgesetzt – alternativ hätte die Oberfläche auch mit dem Tool *PrimalForms* umgesetzt werden können, das in Kapitel 15 vorgestellt wird). Mit dem WMI-Explorer lassen sich die WMI-Klassen betrachten. Unter anderem wird nach dem Bilden von Instanzen auch angezeigt, welche Property die Key-Property ist, die zur Auswahl einer Instanz herangezogen wird (diese Property wird mit einem »*« markiert). Download unter

http://thepowershellguy.com/blogs/posh/archive/2007/03/22/powershell-wmi-explorer-part-1.aspx

Der Download umfasst tatsächlich nur eine Ps1-Datei, die theoretisch direkt ausgeführt werden kann. Theoretisch deswegen, da die Standardeinstellung für die Ausführung von Skripts *RemoteSigned* lauten dürfte, was zur Folge hat, dass Skripts, die von einer *Remote-Location* geladen wurden, digital signiert sein müssen. Da dies aber nicht der Fall ist, muss die Ausführungsrichtlinie über ein *Set-ExecutionPolicy Unrestricted* weiter herabgesetzt werden. Wer das nicht möchte, kopiert einfach den Quelltext in eine neu angelegte Datei und speichert diese mit der Erweiterung *.Ps1*.

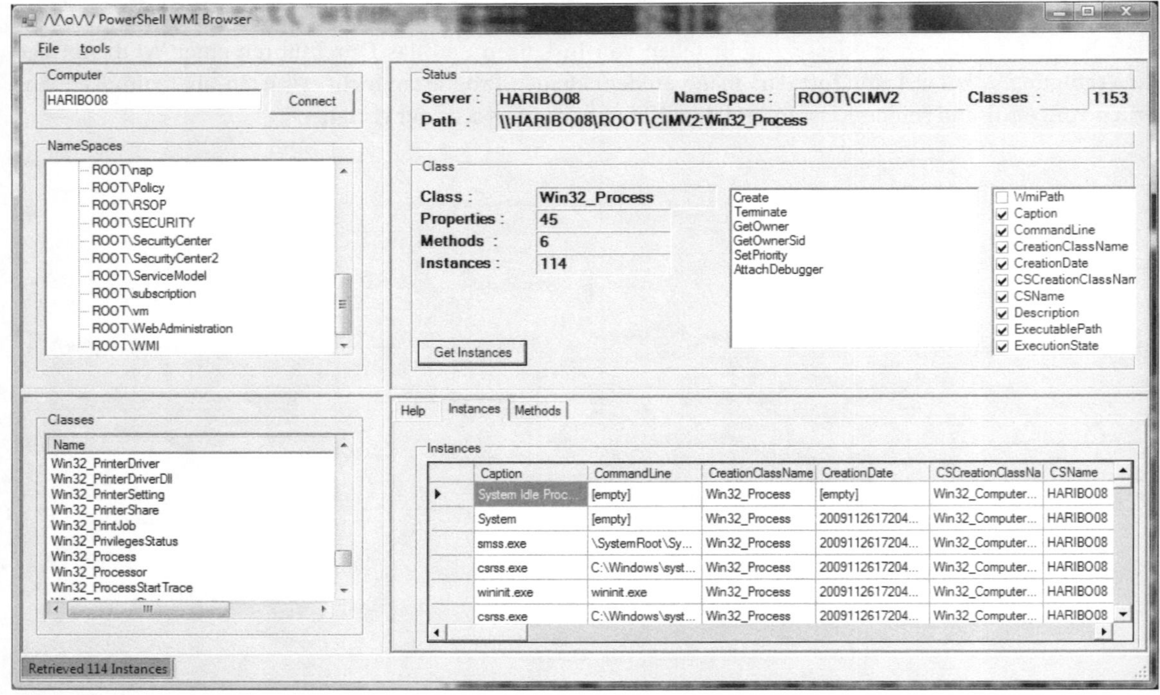

Abbildung 9.6 Der WMI-Explorer lädt zum Entdecken der WMI-Klassen ein

Zusammenfassung

WMI ist ein äußerst leistungsfähiger Teil von Windows, das konnte dieses Kapitel nur andeuten. WMI wird zwar in erster Linie für das Abfragen von Konfigurationsdaten verwendet, es können aber auch Leistungsindikatoren in Erfahrung gebracht werden. Ein leistungsfähiger Teil von WMI ist der Eventmechanismus, durch den Aktivitäten wie z. B. das Starten oder Beenden eines Prozesses im gesamten Netzwerk zu einer Meldung führt, die über eine WMI-Abfrage eingesammelt werden kann. Bei der PowerShell werden WMI-Abfragen über das *Get-WmiObject*-Cmdlet durchgeführt, das seit Version 2.0 durch die Cmdlets *Invoke-WmiMethod*, *Remove-WmiObject* und *Set-WmiInstance* und die drei Type Accelerators *[WMI]*, *[WMIClass]* und *[WMISearcher]* ergänzt wird.

Kapitel 10

Active Directory und Gruppenrichtlinien

In diesem Kapitel:

Active Directory ist heutzutage auch bei kleineren Netzwerken selbstverständlich. Selbst wenn nur ein kleines Netzwerk mit einigen angeschlossenen Computern verwaltet werden soll, empfiehlt es sich, Active Directory für eine zentrale Benutzerverwaltung einzurichten, was dank der *Small Business Standard Edition* von Windows Server auch keine allzu kostspielige Angelegenheit ist (es muss zudem nicht die aktuellste Version sein, ein Windows Server 2003 und theoretisch auch ein Windows 2000 Server wären mehr als ausreichend, lediglich ein Windows NT 4.0 wäre, alleine aus Sicherheitsgründen, nicht mehr ganz zeitgemäß). In erster Linie wird Active Directory natürlich seit vielen Jahren für die Verwaltung sehr großer Unternehmensnetzwerke eingesetzt. In diesem Kapitel geht es um die verschiedenen Aspekte, die beim Verwalten von Active Directory mit der PowerShell eine Rolle spielen. Diese reichen von eher profanen Tätigkeiten wie der Benutzerverwaltung bis zu etwas »ausgefalleneren« Themen wie der Verwaltung von Active Directory selbst. Grundkenntnisse über Aufbau, Struktur und Verwaltung von Active Directory werden für dieses Kapitel vorausgesetzt. Da es thematisch eng verwandt ist, geht es im zweiten Teil des Kapitels um Gruppenrichtlinien und wie sie sich per PowerShell verwalten lassen. Eines gleich vorweg: Die PowerShell ist nicht angetreten, um Tools, die bislang zur Active Directory-Verwaltung eingesetzt werden, abzulösen. Wer mit diesen Tools zufrieden ist, wird sie auch weiterhin einsetzen. Die PowerShell, vor allem PowerShell-Skripts, kommt immer dann ins Spiel, wenn vorhandene Tools zu unflexibel sind oder eine flexible Einrichtung für typische Ad-hoc-Abfragen gesucht ist, die eine flexible Reportingfunktionalität besitzt. Theoretisch spricht nichts dagegen, ein Werkzeug, das Abfrage- und Auswertungsfunktionalität kombiniert, auf der Basis eines PowerShell-Skripts zu erstellen und es mit einer attraktiven Benutzeroberfläche auszustatten (ein entsprechendes Tool wird in Kapitel 15 vorgestellt). Die Frage ist immer, ob der Aufwand den Nutzen rechtfertigt. Möglich ist grundsätzlich alles.

Wenn es zwei Begriffe sind, die sich wie ein roter Faden durch dieses Kapitel ziehen, sind es *ADSI* und *LDAP*. Dabei steht *ADSI* für *Active Directory Service Interface* (*Scripting Interface* würde etwas besser passen) und damit für die alte Scriptingschnittstelle und in Gestalt des *[ADSI]*-Type Accelerator der PowerShell für einen direkten Zugriff auf eine Active Directory-Domäne. *LDAP* dagegen ist die Abkürzung für *Lightweight Directory Access Protocol* und beschreibt eine (relativ) einfache Syntax, durch die jedes Element in einem Active Directory-Verzeichnis über seinen Pfad angesprochen wird.

HINWEIS Seit Windows 2008 heißen die *Active Directory Services* offiziell *Active Directory Domain Services* (ADDS) und sind eine von insgesamt fünf Rollen für die Active Directory-Verwaltung.

PowerShell und Active Directory

Die Active Directory-Unterstützung bei der PowerShell ist leider »suboptimal«.[1] Nicht, weil irgendetwas nicht funktionieren würde oder etwas mit der PowerShell nicht möglich wäre, sondern weil der Anwender unter älteren Windows-Versionen vor die unnötige Wahl gestellt wird, entweder mit den Limitierungen der PowerShell zu leben oder sich für die Cmdlets der Firma *Quest* zu entscheiden, die zwar keine Wünsche offen lassen, aber eben nicht von Microsoft sind, separat installiert und vor allem weitergegeben werden müssen. Statt eines Satzes eingebauter Cmdlets oder Funktionen enthält nicht nur die PowerShell 1.0, sondern auch die PowerShell 2.0 weder spezielle Cmdlets noch Funktionen. Es gibt lediglich zwei Type Accelerators *[ADSI]* und *[ADSISearcher]*, mit denen sich zwar alles machen lässt, aber eben nicht mit dem von Cmdlets oder Funktionen gewohnten Komfort (es gibt z. B. keinen *WhatIf*-Parameter).

[1] Um ein beliebtes Modewort aus den 1990er-Jahren zu zitieren – unsere Kanzlerin würde vermutlich sagen »ein wenig unglücklich«.

Die Gründe für dieses Defizit sind historisch bedingt. Den Entwicklern der PowerShell war vermutlich relativ früh klar, dass sie eine echte Active Directory-Unterstützung für die Version 1.0 nicht rechtzeitig fertig stellen könnten und verzichteten daher ganz darauf. Wohl wissend, dass eine umfassende Unterstützung in naher Zukunft kommen würde. Mehr als der direkte Weg über die Klassen *DirectoryEntry*, *DirectoryEntries* und *DirectorySearcher* der .NET-Klassenbibliothek hätte nach den ursprünglichen Plänen nicht zur Verfügung stehen sollen. Nach »Protesten« von Anwendern, die das Defizit, das sie bei den im Rahmen der Testphase frei verfügbaren Vorabversionen feststellten, offenbar vehement kritisierten, entschloss man sich in letzter Minute dazu, doch noch etwas mehr Komfort zur Verfügung zu stellen. Dieser Nachtrag ist der *[ADSI]*-Type Accelerator, über den die *DirectoryEntry*-Klasse etwas komfortabler zur Verfügung gestellt wird, wenn auch mit gewissen »Eigenheiten«. Die Geschichte ist damit aber noch nicht zu Ende. Inzwischen gibt es von Microsoft zwar Cmdlets für die Active Directory- und die Gruppenrichtlinienverwaltung, doch stehen diese nur im Rahmen von Windows 2008 R2 und Windows 7 (nach Installation der *Remote Server Administration Tools*) als »Upgrade-Anreiz« zur Verfügung, nicht aber für die übrigen Windows-Versionen.[2]

Momentan stehen damit folgende Optionen zur Auswahl:

1. Die Type Accelerators *[ADSI]* und *[ADSISearcher]*. Diese werden im ersten Abschnitt des Kapitels vorgestellt.
2. Die Cmdlets der Firma *Quest*. Diese werden im zweiten Abschnitt des Kapitels vorgestellt.
3. Die Cmdlets von Microsoft aus dem Modul *ActiveDirectory*. Diese werden im dritten Abschnitt des Kapitels kurz vorgestellt.
4. Verschiedene »Hobbyprojekte«, die in diesem Zusammenhang lediglich lobend erwähnt werden sollen

In diesem Kapitel steht die Variante 1 im Mittelpunkt, die Varianten 2 und 3 werden im weiteren Verlauf des Kapitels anhand kleiner Beispiele vorgestellt.

Ein Hinweis zu den Beispielprogrammen

Für die Beispielskripts in diesem Kapitel lautet der DNS *pemobooks.local*, der LDAP-Pfad entsprechend *DC=pemobooks,DC=local* – die Top Level Domain *local* wird empfohlen, wenn die Adresse nicht über das Internet angesprochen werden kann und die Namenseindeutigkeit daher keine Rolle spielt.

Active Directory-Verwaltung per [ADSI] und [ADSISearcher]

Von Haus aus besteht die *Active Directory-Unterstützung* der PowerShell lediglich aus zwei Type Accelerators: *[ADSI]* und *[ADSISearcher]*. Beide stehen für Objekte, die auf den Klassen *DirectoryEntry* und *DirectorySearcher* (beide im Namespace *System.DirectoryServices*) der .NET-Klassenbibliothek basieren, von denen noch die Rede sein wird. *DirectoryEntry* repräsentiert ein beliebiges Element in einem Verzeichnis, z.B. einen User oder eine Freigabe, *DirectorySearcher* ermöglicht eine domänenweite Suche auf der Grundlage

---

[2] Möglicherweise stehen diese Cmdlets im Rahmen des Remote System Administration Toolkits (RSAT) für diese Versionen ebenfalls zur Verfügung, wenn Sie diese Zeilen lesen. Die Einleitung wäre dann hinfällig. Mein Blog hält Sie unter *http://www.powershell-crashkurs.de* auf dem Laufenden.

einer LDAP-Abfrage. Damit ein Anwender diese Klasse nicht jedes Mal per *New-Object* instanziieren muss, gibt es die beiden Type Accelerators. Ein *[ADSI]*""liefert eine Referenz auf das Verzeichnis jener Domäne, in welcher der Computer bereits Mitglied ist, auf dem der Befehl ausgeführt wird. *[ADSI]* vereinfacht daher lediglich etwas, was ansonsten etwas umständlicher wäre. Ist für die Domäne eine Anmeldung erforderlich, muss die Klasse *DirectoryEntry* per *New-Object*-Cmdlet in jedem Fall instanziiert werden, da per *[ADSI]* keine Authentifizierung möglich ist.

HINWEIS Namen, die (ohne Anführungszeichen) in eckige Klammern gesetzt werden, stehen bei der PowerShell generell für einen *Typ* (engl. *type*). Ein Type Accelerator unterscheidet sich von einem regulären Typ, dass er entweder ein fertiges Objekt (das auf dem betreffenden Typ basiert) oder den Typ als (Runtime-)Objekt repräsentiert. Die genauen Hintergründe sind für PowerShell-Anwender im Allgemeinen nicht von Bedeutung. Eine Liste aller Type Accelerators liefert der Befehl[3]

```
([System.Type]::GetType("System.Management.Automation.TypeAccelerators"))::Get
```

der über das *GetType*-Member der *Type*-Klasse den Typ *TypeAccelerators* holt und per *Get* seine Member ausgibt.

HINWEIS ADSI steht – wie vorhin bereits erwähnt – für *Active Directory Service Interface* und bezeichnet eine Zugriffsmethode über einen Satz von COM-Schnittstellen, mit deren Hilfe sich die Elemente in Active Directory bzw. allgemein in allen Verzeichnisdiensten, für die ein Provider existiert, ansprechen lassen. ADSI war beim WSH der einzige Weg, um auf ein Verzeichnis zugreifen zu können. Das .NET Framework, auf dem die PowerShell bekanntlich aufsetzt, kapselt die COM-Schnittstellen über die *DirectoryEntry*- und *DirectoryEntries*-Klasse. Die vertrauten Schnittstellen *IADs*, *IADsUser*, *IADsComputer*, *IADsContainer* und *IADsGroup* werden durch diese Klassen indirekt zur Verfügung gestellt. Die Schnittstelle *IAds* wird z.B. von der Klasse *DirectoryEntry* und *IADsContainer* von der Klasse *DirectoryEntries* gekapselt. Wer möchte, kann daher die von ADSI-COM vertrauten Methoden wie z.B. *Get*, *Put* oder *SetInfo* auch in einem PowerShell-Befehl aufrufen, wozu es aber bis auf wenige Ausnahmen im Allgemeinen keine Notwendigkeit dafür gibt.

Die ersten Schritte mit [ADSI]

Ist der Computer bereits Teil der Domäne, genügt ein

```
[ADSI]""
```

um ein erstes Erfolgserlebnis auf einem eventuell noch unbekannten Terrain zu erhalten. Der Output ist zwar unspektakulär, aber nicht uninteressant:

```
distinguishedName
-----------------
{DC=pemobooks,DC=local}
```

Ging alles gut, wird eine Verbindung zum Standardnamenskontext (engl. *default naming context*) von Active Directory hergestellt, das zu der Domäne gehört, an die der aufrufende Computer angemeldet ist, und es wird der so genannte *Distinguished Name* (DN) dieses Standardnamenskontextes ausgegeben. Ist

[3] Bei der PowerShell 1.0 waren die Type Accelerators noch relativ undokumentiert und ließen sich auch nicht auf diese Weise auflisten.

nach Eingabe von **[ADSI]""** dagegen eine unschöne Fehlermeldung die Folge (»Die angegebene Domäne ist nicht vorhanden, oder es konnte keine Verbindung hergestellt werden«) gibt es keine Domäne oder ein Verbindungsproblem. Auch wenn sich eine Domäne mit Active Directory nur unter Windows Server einrichten lässt, kann der Zugriff auf die Domäne natürlich auch von Windows XP, Vista oder Windows 7 aus erfolgen. Ist der Computer jedoch nicht Mitglied der Domäne, ist eine Anmeldung an die Domäne mit Benutzername und Kennwort erforderlich, mehr dazu in Kürze.

HINWEIS Im LDAP-Pfad muss die Buchstabenfolge (der so genannte *ADSI-Moniker*, wobei *Moniker* für *Rufname* steht[4]) *LDAP* stets großgeschrieben werden. Bei den übrigen Elementen spielt die Groß- und Kleinschreibung keine Rolle.

Da man mit dem Container, den *[ADSI]""* zurückgibt, im Allgemeinen auch arbeiten möchte, wird der Rückgabewert einer Variablen zugewiesen:

```
$AD = [ADSI]""
```

Es ist eine Eigenheit von Active Directory-Zugriffen via ADSI, dass die so genannte *Bindung* an das Verzeichniselement erst beim Zugriff auf das Objekt und dem daraus resultierenden Abrufen von Daten erfolgt. Die obige Zuweisung wird daher immer funktionieren. Erst durch Ausgabe von *$AD* stellt sich heraus, ob eine Bindung und damit die Anmeldung an Active Directory erfolgreich waren:

```
$AD

distinguishedName : {DC=pemobooks,DC=local}
Path              :
```

Ein

```
$AD.Children
```

listet alle Kindobjekte in dem Container auf. Ein

```
$AD.Children.Find("CN=Users")
```

listet alle Elemente im vordefinierten Container *Users* auf. Ein

```
$AD.Children.Find("CN=Users").Children.Find("CN=Autoren").Children
```

listet alle Elemente im Untercontainer *Autoren* auf, sofern dieser existiert. Einzelne Elemente, wie ein User, können auch direkt über ihren LDAP-Pfad angesprochen werden.

Der folgende Befehl spricht einen User über seinen *Common Name* (CN) direkt an:

```
$ADUser = [ADSI]"LDAP://CN=Administrator,CN=Users,DC=pemobooks,DC=local"
```

[4] Wer muss da nicht unwillkürlich an Kraig Brocksmith denken?

Über die *Parent*-Property ist es möglich, auch eine Ebene nach oben in der Verzeichnishierarchie zu navigieren. Steht die Variable *$AD* für einen Container:

```
$AD = [ADSI]"LDAP://CN=TestContainer, DC=Pemobooks,DC=local"
```

liefert ein

```
$AD.Parent.Children
```

alle Elemente des Containers in der darüber liegenden Ebene. Auf diese Weise kann man sich munter rauf und runter in einer Verzeichnishierarchie bewegen.

HINWEIS Leser, die bereits mit der PowerShell 1.0 und [ADSI] »unterwegs« waren, werden erfreut zur Kenntnis nehmen, dass das »Zwischenschalten« von *psbase* (zum Glück) nicht mehr erforderlich ist.

Verzeichniselemente über ihre GUID ansprechen

Alternativ zum LDAP-Pfad kann jedes Verzeichniselement auch über seine GUID (der *Globaly Unique Identifier* ist ein aus 16 Byte = 128 Bit bestehendes Konstrukt) angesprochen werden, wobei dies in der Regel aber eher eine theoretische Option sein dürfte.

Der folgende Befehl spricht einen User über seine GUID an, die als Folge von 16 Hexadezimalzahlen im Bereich 0 bis 0xFF übergeben wird:

```
$ADUser = [ADSI]"LDAP://<GUID=0D2AC16C633479449426A1D66A1E0C54>"
```

Die GUID eines Verzeichniselements liefert seine *ObjectGuid*-Property als Bytefolge:

```
$ADUser.ObjectGuid.Value
```

Um die GUID weiterverarbeiten zu können, muss sie allerdings als Zeichenkette vorliegen, bei der jedes Byte als Hexadezimalzahl (0 bis 0xFF) kodiert ist. Zum Glück muss man sich keine Gedanken über eine Konvertierung machen, denn genau dafür gibt es die *Guid*-Property, welche die GUID als String liefert.

Für Standardcontainer, die so genannten *Well-Known Objects*, gelten vordefinierte GUIDs, die in Tabelle 10.1 zusammengestellt sind. Eine *WKGUID* ist nicht die wahre GUID (die gibt es auch), sondern nur eine Art GUID-Alias.

Der folgende Befehl greift auf das Benutzerkonto *CN=Users* über seine WKGUID zu:

```
$ADUse
rs = [ADSI]"LDAP://<WKGUID=A9D1CA15768811D1ADED00C04FD8D5CD,DC=Pemobooks,DC=local>"
```

Well-Known Object	GUID
CN=Deleted Objects	18E2EA80684F11D2B9AA00C04F79F805
CN=Infrastructure	2FBAC1870ADE11D297C400C04FD8D5CD
CN=LostAndFound	AB8153B7768811D1ADED00C04FD8D5CD
CN=System	AB1D30F3768811D1ADED00C04FD8D5CD
CN=Domain Controllers	A361B2FFFFD211D1AA4B00C04FD7D83A
CN=Computers	AA312825768811D1ADED00C04FD8D5CD
CN=Users	A9D1CA15768811D1ADED00C04FD8D5CD

Tabelle 10.1 Die GUIDs für die Well-Known Objects

Anmelden an eine Domäne

Ist der Computer, von dem der Zugriff durchgeführt wird, nicht Mitglied der Domäne oder soll eine andere Domäne angesprochen werden, ist eine explizite Anmeldung erforderlich. Der *[ADSI]*-Type Accelerator ist dafür nicht geeignet. Vielmehr muss die *DirectoryEntry*-Klasse per *New-Object*-Cmdlet direkt instanziiert werden, wobei neben dem Computernamen (als NetBIOS-Name oder IP-Adresse) Benutzername und Kennwort (als regulärer String) angegeben werden.

Der folgende Befehl führt eine Anmeldung an die angegebene Domäne durch. In diesem einfachen Beispiel wird das Kennwort im Klartext übergeben, was in der Praxis natürlich im Allgemeinen nicht inrage kommt. Es wäre alternativ möglich, es über das *Read-Host*-Cmdlet mit dem *AsSecure*-Parameter als SecureString einzulesen und über einen kleinen Trick, der in Kapitel 14 vorgestellt wird, in eine lesbare Zeichenkette zu konvertieren, die dann übergeben wird.

```
$AD = New-Object -Type System.DirectoryServices.DirectoryEntry "LDAP://<Servername>", "Benutzername",
"Kennwort"
```

Die Rolle der Container

Ein Active Directory-Verzeichnis ist ein hierarchisches Verzeichnis. Das gesamte Verzeichnis entspricht einer Baumstruktur. Es gibt zwei Sorten von *Bewohnern*: *Äste* (Container) und *Blätter* (Elemente, die keine anderen Elemente beinhalten). Es gibt verschiedene Sorten von Containern, die sich formal durch ihre Objektklasse unterscheiden. Zwei häufig vorkommende Containerklassen für Benutzer sind *container* und *OrganizationalUnit*. Der Container *Users* ist z.B. vom Typ *container*. In der *Active Directory-Benutzer und -Computer*-Konsole (*Dsa.msc*) kann ein solcher Container nicht angelegt werden, dafür wird ein Tool wie *ADSI Edit* benötigt. Generell sollten Organisationseinheiten den *container*-Containern vorgezogen werden, da nur auf sie Gruppenrichtlinien direkt angewendet werden können. Wenn in diesem Kapitel von Containern die Rede ist, sind damit alle Sorten von Verzeichniscontainern gemeint und nicht nur jene, deren *ObjectClass*-Property den Wert *container* besitzt.

Ein einzelnes Verzeichnisobjekt über seinen LDAP-Pfad ansprechen

Wie sich ein bestimmtes Objekt in Active Directory ansprechen lässt, wurde bereits mehrfach gezeigt. Es wird stets der (bezogen auf den Container) absolute oder relative Pfad angegeben, wobei ein LDAP-Pfad die Besonderheit aufweist, dass er stets am Fuß der Hierarchie beginnt und dass alle Elemente per Komma getrennt aneinandergereiht werden, die in der Hierarchie aufsteigend zu dem Objekt führen.

Der folgende Befehl greift auf das Element *CN=Administrator* im Container *CN=Users* über seinen vollständigen Pfad zu:

```
$ADAdminUser = [ADSI]"LDAP://CN=Administrator,CN=Users,DC=pemobooks,DC=local"
```

Die mit *LDAP://* beginnende Pfadangabe wird als *Distinguished Name* bezeichnet (DN). Ein DN besteht aus einer per Komma getrennten Folge von relativen Pfadangaben, den *Relative Distinguished Names* (RDN). Die allgemeine Schreibweise für einen LDAP-Pfad lautet:

```
LDAP://HostName[:PortNumber][/DistinguishedName]
```

Die wichtigsten Attribute eines DN wie *CN* und *DC* werden in Tabelle 10.2 zusammengestellt.

Steht bereits ein Container in einer Variablen zur Verfügung, kann der Pfad über die *Find*-Methode auch relativ angegeben werden:

```
$ADAdminUser = $AD.Children.Find("CN=Users").Children.Find("CN=Administrator")
```

Die *Path*-Property des resultierenden Objekts besitzt (natürlich) den folgenden Wert:

```
LDAP://Win2008B/CN=Administrator,CN=Users,DC=pemobooks,DC=local
```

Attribut	Bedeutung
CN	Common Name
DC	Domain Component
OU	Organizational Unit
O	Organization Name

Tabelle 10.2 Gebräuchliche Attribute, die in einem Distinguished Name enthalten sind

Ein Blick hinter die Kulissen – Adapted Views und die Wunder des Extended Type Systems

Die bisherigen Schritte mit *[ADSI]* waren einfach und unspektakulär. Bevor es an praktische Anwendungen wie das Anlegen von Benutzerkonten geht, soll ein kurzer Blick hinter die Kulissen zeigen, was sich hinter dem Type Accelerator *[ADSI]* verbirgt. Unabhängig davon, welches Verzeichnisobjekt über den LDAP-Pfad adressiert wird, *[ADSI]* liefert immer ein .NET-Objekt vom Typ *DirectoryEntry*. Wie es bereits beim Anmelden an eine Domäne gezeigt wurde, kann aus dem Typ mit *New-Objec*t auch direkt ein Objekt gemacht werden. Doch auch ohne Anmeldung führt dieser Weg zum selben Resultat wie bei Verwendung des Type Accelerators:

```
[System.DirectoryServices.DirectoryEntry]""

distinguishedName
-----------------
{DC=pemobooks,DC=local}
```

TIPP Dieser Tipp wird noch einmal in Kapitel 13 gegeben, wenn es (endlich) offiziell um den Aufruf von Membern der .NET-Klassenbibliothek geht. Beginnt der Namespace mit *System*, was im Allgemeinen der Fall ist, kann das *System* auch entfallen.

DirectoryEntry ist mit 28 eigenen Membern (18 Properties und 10 Methoden) eine relativ überschaubare Klasse. Doch ein

```
$ADUser = [ADSI]"LDAP://CN=Administrator,CN=Users,DC=pemobooks,DC=local"
($ADUser | Get-Member -Membertype Property).Count
48
```

liefert 48 Property-Member (also sehr viel mehr, als es geben kann), ein

```
($ADUser | Get-Member -Membertype Method).Count
```

gibt dagegen keine einzige Methode zurück. Was ist hier los? Warum stimmt das, was *Get-Member* liefert, nicht mit der »Wirklichkeit« überein? Die Antwort auf diese Frage hat etwas mit einer wesentlichen Eigenschaft der PowerShell zu tun, die nur selten direkt in Erscheinung tritt, die so genannte *Adapted View* eines Objekts. Durch diesen Mechanismus werden bei einem Basisobjekt, in diesem Fall einem Objekt vom Typ *DirectoryEntry*, nur jene Member zugänglich gemacht, die von einem internen Adapter festgelegt werden. Gleichzeitig kann der Adapter auch neue Member hinzufügen. Dies ist ein sehr leistungsfähiger Mechanismus, der Teil des *Extended Type Systems* (ETS) der PowerShell ist, das wiederum, neben der Pipeline, das zweite Fundament ist, auf dem die PowerShell aufsetzt und das für ihre Flexibilität verantwortlich ist.

Der Grund, warum hier ein Adapter im Spiel ist und die Member von *DirectoryEntry* nicht direkt angeboten werden, hängt damit zusammen, dass die PowerShell-Entwickler dem Anwender einen einfacheren Weg bieten wollen, um an die Attribute eines Verzeichniselements heranzukommen, als es offiziell der Fall wäre.

Angenommen, ein Anwender möchte die E-Mail-Adresse eines Users abfragen, dessen Benutzerkonto über die Variable *$ADUser* angesprochen wird. Der offizielle Weg über *DirectoryEntry* sähe wie folgt aus:[5]

```
$ADUser.Properties.Item("mail").Value
```

Properties steht für eine *PropertyValueCollection*-Collection, die alle Properties mit ihren Werten zusammenfasst. Über *Item* wird eine einzelne Property angesprochen, was zu einem Objekt führt, dessen *Value*-Property dann für den gewünschten Wert steht. Da dies aber auf die Dauer ein wenig umständlich ist und es für einen .NET-unerfahrenen Anwender nicht nachvollziehbar ist, warum sich die *mail*-Property nicht direkt ansprechen lässt, zaubern die PowerShell und das ETS hinter den Kulissen ein wenig und präsentieren ein Objekt, das eine *mail*-Property besitzt. Der Zugriff kann daher auch wie folgt aussehen:

```
$ADUser.mail
Administrator@pemobooks.local
```

[5] Unter der PowerShell 1.0 hätte auf ADUser noch ein »psbase« folgen müssen.

Die auf diese Weise zur Verfügung gestellten Properties sind keine Einbahnstraße, ihnen kann auch ein Wert zugewiesen werden, wobei die Änderung über einen Aufruf von *CommitChanges()* (oder *SetInfo()*) bestätigt werden muss:

```
$AdUser.mail = "admin@intern.pemobooks.local"
$AdUser.CommitChanges()
```

Der »offizielle« Weg führt über die *InvokeSet*-Methode von *DirectoryEntry*:

```
$ADuser.InvokeSet("mail","mr.admin@intern.pemobooks.local")
$ADuser.CommitChanges()
```

Die Frage, welche Member der Adapter auswählt, hängt von dem Objekt ab, das über den LDAP-Pfad ausgewählt wird. Handelt es sich dabei um einen Computer, besitzt das resultierende Objekt andere Properties, als wenn der LDAP-Pfad einen User anspricht.

Interessant ist, dass auch der Weg über die ADSI-Methode *Get* zum Ziel führt:

```
$ADUser.Get("Mail")
```

Und es gibt noch eine weitere Variante für den Abruf eines Attributs über die allgemeine *InvokeGet*-Methode, die immer dann zum Einsatz kommt, wenn ein Verzeichniselementattribut einmal nicht als Property zur Verfügung gestellt wird:

```
$ADUser.InvokeGet("Mail")
```

Ein weiterer Aspekt, der am Anfang ein wenig verwirrend sein kann, ist, dass *Get-Member* nur für jene Verzeichnisattribute entsprechende Properties anzeigt, die einen Wert besitzen. So gibt es z.B. nur dann eine *Telephonenumber*-Property, wenn das entsprechende Attribut (Rufnummer) einen Wert besitzt.

TIPP Über die *RefreshCache*()-Methode werden die Properties eines Verzeichniselements erneut eingelesen. Hat in der Zwischenzeit ein weiteres Attribut einen Wert erhalten, steht die entsprechende Property danach zur Verfügung.

Die Rolle von psbase

Eine *Adapted View* bedeutet nicht, dass die wahren Member eines auf diese Weise maskierten Objekts nicht mehr zugänglich sind, man muss lediglich die *psbase*-Property »zwischenschalten«. Ein

```
$ADUser.psbase | Get-Member
```

liefert alle Member der *DirectoryEntry*-Klasse. Insgesamt 18 Properties und 18 Methoden (wobei 10 Methoden allgemeine Methoden sind, die jedes Objekt besitzt).

Auch wenn eine *Adapted View* eine flexible Angelegenheit ist und alles sicher zum Wohle des Anwenders geschah, dauert es eine Weile, bis man diese Dinge durchschaut hat.[6]

[6] Von einem »Chaos« würde ich allerdings nicht sprechen, zumal sich die Lage durch den Wegfall der Notwendigkeit, für den Zugriff auf die *DirectoryEntry*-Member stets ein »psbase« zwischenschalten zu müssen, mit der PowerShell 2.0 entschärft hat. Verwendet man Cmdlets, muss man sich um diese Dinge überhaupt keine Gedanken machen.

Ein Hinweis zu den Fehlermeldungen

Beim Einarbeiten in den Zugriff auf Verzeichniselemente über den *[ADSI]*-Type Accelerator wird es, vor allem bedingt durch die kleinen »Eigenschaften verstecken«-Spielchen, die sich die PowerShell-Entwickler haben einfallen lassen, häufiger zu Fehlern kommen. Ein wenig irritierend kann dabei auch der Text der Fehlermeldung sein, in der stets die Anzahl der Argumente enthalten ist. Ein »Ausnahme beim Aufruf von 'Invoke-Get' mit 1 Argument(en)« bedeutet nicht, dass die *Invoke-Get*-Methode nicht mit einem Argument aufgerufen werden kann, sondern dass der Fehler beim Aufruf mit einem Argument auftrat. Ein weiterer Punkt, der ein wenig irritierend ist, liegt darin, dass jedes falsch geschriebene Property-Member wie eine Methode behandelt wird, bei der am Ende das runde Klammernpaar vergessen wurde. Mit anderen Worten, es erscheint keine Fehlermeldung, sondern eine Meldung, die suggeriert, dass es einen solchen Namen geben könnte (wenn man nur wieder einmal die entscheidende Kleinigkeit nicht vergessen hätte). Die beste Art und Weise, solchen Meldungen vorzubeugen, besteht natürlich darin, keine Fehler zu machen.[7]

Die DirectoryEntry-Klasse repräsentiert ein Element

DirectoryEntry ist der Schlüssel für das Verständnis des Zugriffs auf die Verzeichniselemente bei der Verwendung von *[ADSI]*. Vieles, was man noch als rätselhaftes Verhalten abtun könnte, wird deutlich, wenn man z.B. die verschiedenen Member dieser Klasse kennt. Tabelle 10.3 stellt die wichtigsten Member der zentralen *DirectoryEntry*-Klasse zusammen. Abbildung 10.1 zeigt das Abrufen von Verzeichnisattributen über eine Instanz der *DirectoryEntry*-Klasse an einem (hoffentlich anschaulichen) Schaubild.

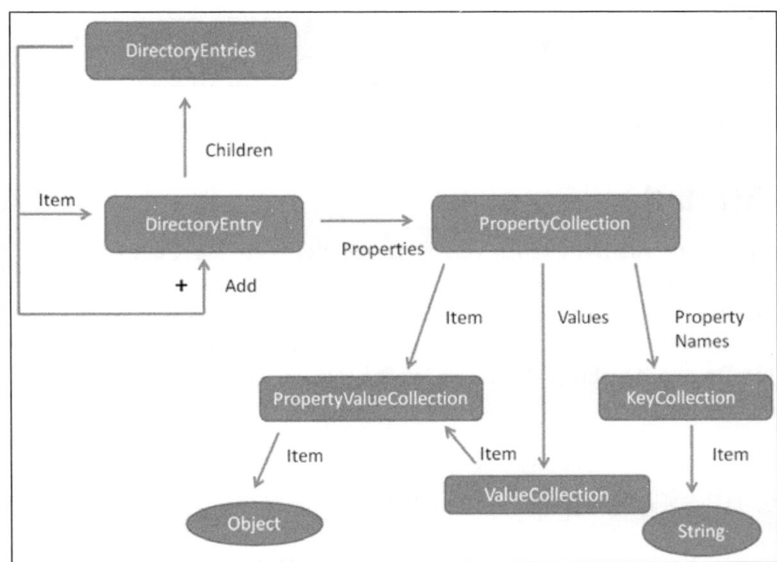

Abbildung 10.1 Die *DirectoryEntry*-Klasse und die verschiedenen Möglichkeiten, an das Attribut eines Verzeichniselements heranzukommen

[7] Vorsicht, leichte <Ironie>.

Member	Was steckt dahinter?
Close-Methode	Schließt das Objekt und gibt Systemressourcen frei (optional)
CommitChanges-Methode	Änderungen an Properties werden in der Active Directory-Datenbank eingetragen (obligatorisch, alternativ *SetInfo()*)
CopyTo-Methode	Kopiert das Element in einen anderen Container
DeleteTree-Methode	Entfernt das Container-Element und seine Elemente
Exists-Methode (Shared)	Gibt *$true* zurück, wenn das Element, dessen Pfad übergeben wurde, existiert
Invoke-Methode	Ruft eine Methode auf, deren Namen übergeben wurde
InvokeGet-Methode	Ruft den Wert einer Property über ihren Namen ab (wichtig)
InvokeSet-Methode	Setzt den Wert einer Property über ihren Namen (wichtig)
MoveTo-Methode	Verschiebt ein Element in einen anderen Container
RefreshCache-Methode	Aktualisiert alle Properties oder eine bestimmte Property des Objekts mit dem aktuellen Wert aus der Active Directory-Datenbank (wichtig)
Children-Eigenschaft	Gibt die Elemente des Containers als *DirectoryEntries*-Collection zurück
Path-Eigenschaft	Vollständiger LDAP-Pfad des Objekts
Properties-Eigenschaft	Gibt alle Eigenschaften des Objekts mit ihren aktuellen Werten als *PropertyCollection*-Objekt zurück
SchemaClassName-Eigenschaft	Name des Schemaeintrags (z.B. *user* für Benutzerkonto)
SchemaEntry-Eigenschaft	Steht für das Schemaobjekt, welches das Element definiert
NativeObject-Eigenschaft	Stellt (theoretisch) das darunter liegende ADSI-Objekt als COM-Objekt zur Verfügung. Praktisch besitzt die Property in der Regel keinen Wert

Tabelle 10.3 Die wichtigsten Member der *DirectoryEntry*-Klasse

Zugriff auf ein einzelnes Attribut

DirectoryEntry bildet als Klasse nur allgemeine Attribute eines Verzeichniselements ab. Das liegt zum einen daran, dass die Klasse für jedes mögliche Element in einem Verzeichnis steht und zum anderen, dass einzelne Elemente sehr viele Attribute besitzen (teilweise mehrere Hundert). Dennoch muss man sich keine Gedanken machen, wie man z.B. über die allgemeine *Properties*-Property oder die *InvokeGet*-Methode an den Wert eines Attributs herankommt, da alle Attribute, die einen Wert besitzen, dank der *Adapted View* direkt über das Objekt zur Verfügung gestellt werden.

Der Befehl

```
([ADSI]"LDAP://CN=Administrator,CN=Users,DC=Pemobooks,DC=local").Mail
```

gibt die E-Mail-Adresse (sofern vorhanden) eines Users aus, der über seinen LDAP-Pfad direkt angesprochen wird. Tabelle 10.4 stellt jene Property-Member der *DirectoryEntry*-Klasse zusammen, mit deren Hilfe sich allgemeine Eigenschaften wie z.B. der Pfad oder die GUID eines Verzeichniselements, abfragen lassen.

Property	Bedeutung
Name	Der Relative Distinguished Name (RDN) des Elements (ohne ein *CN=*)
Path	Der Distinguished Name (DN) des Elements
SchemaClassName	Name der Verzeichnisdienstklasse im Schema (z.B. *user*)
Guid	Die GUID des *Meta-Objekts* als String
NativeGuid	Die GUID des Verzeichniselements (ebenfalls als String)
Children	Die Elemente des Containers (falls das Element ein Container ist)
UsePropertyCache	Gibt an, ob Eigenschaftswerte zwischengespeichert oder direkt in die Active Directory-Datenbank geschrieben werden

Tabelle 10.4 Mitglieder der *DirectoryEntry*-Klasse mit einem direkten Bezug zu einem Verzeichniselement

Zugriff auf einen Container – das DirectoryEntries-Objekt

Jeder Container eines Verzeichnisses wird durch ein *DirectoryEntries*-Objekt repräsentiert, das ein oder mehrere *DirectoryEntry*-Objekte umfasst. *DirectoryEntries* ist eine eher überschaubare Klasse. Die dazugehörigen Methoden stellt Tabelle 10.5 zusammen. Die Namen *Add*, *Find* und *Remove* deuten bereits an, dass sich mit ihnen Elemente zu einem Container hinzufügen und aus ihm wieder entfernen lassen. Hinter einem *DirectoryEntries*-Objekt steht aber keine Collection, sondern lediglich ein Objekt, das die Objekte, die es umfasst, über einen so genannten *Enumerator* zur Verfügung stellt. Da der LDAP-Pfad auf einen Container ebenfalls ein *DirectoryEntry*- und kein *DirectoryEntries*-Objekt liefert, besitzt *DirectoryEntry* eine *Children*-Property, über die das *DirectoryEntries*-Objekt zur Verfügung gestellt wird.

Der folgende Befehl listet die Namen aller Elemente eines Containers auf, der über einen LDAP-Pfad angesprochen wird:

```
$ADGruppe = [ADSI]"CN=Autoren,DC=Pemobooks,DC=local"
$ADGruppe.Children | ForEach-Object { $_.Name }
```

Der direkte Zugriff auf ein bestimmtes Element des Containers geht über die *Find*-Methode, welcher der RDN des Elements übergeben wird:

```
$ADGruppenElement = $ADGruppe.Children.Find("CN=Fachbuchautoren")
```

Member	Bedeutung
Add-Methode	Fügt ein Element zum Container hinzu. Übergeben werden Name in der RDN-Schreibweise und der Typ (z.B. *OrganizationalUnit*).
Find-Methode	Lokalisiert ein Element in dem Container anhand seines RDN.
Remove-Methode	Entfernt das *DirectoryEntry*-Objekt aus dem Container, das als Argument übergeben wird.

Tabelle 10.5 Die Methoden des *DirectoryEntries*-Objekt

Einen Container per Find durchsuchen

Wie über die *Find*-Methode ein Container durchsucht wird, wurde bereits gezeigt. Über die *Find*-Methode (der *DirectoryEntries*-Klasse) wird ein einzelnes Element in seinem Container lokalisiert:

```
$ADUser = $AD.Children.Find("CN=Administrator")
```

Die Suche beschränkt sich nur auf den Container und kann nicht rekursiv auf Untercontainer erweitert werden (was angesichts der Größe vieler Verzeichnisse auch mehr als sinnvoll ist). Ein wenig lästig ist, dass wenn das Element nicht existiert, eine Fehlermeldung die Folge ist und nicht z. B. ein *$null*-Wert zurückgegeben wird. Daher gibt es bei *[ADSI]* (sprich bei der *DirectoryEntry*-Klasse) die *Exists*-Methode, mit der sich feststellen lässt, ob ein Element mit einem bestimmten LDAP-Pfad existiert.

Der folgende Befehl gibt ein *$true* zurück, wenn der Benutzer *Pemo* existiert.

```
[ADSI]::Exists("LDAP://CN=Pemo,CN=Users,DC=Pemobooks,DC=local")
```

HINWEIS *Exists* ist ein Shared-Member (Kapitel 13) und wird daher direkt über die Klasse (*DirectoryEntry*) aufgerufen. Da über die Klasse aber keine Anmeldung möglich ist, scheint es nicht zu funktionieren, wenn eine Anmeldung an die Domäne erforderlich ist.

TIPP Es gibt eine nette Abkürzung, um ein Element über die *Children*-Property direkt ansprechen zu können. Sie besteht darin, aus dem, was die *Children*-Property liefert (eine Collection) einfach ein Array zu machen, bei dem jedes Element über seinen Index angesprochen werden kann.

Der folgende Befehl spricht das erste Element in dem Container an:

```
@($AD.Children)[0]
```

Dieser »Trick« funktioniert bei (fast) allen Collections.

Umgang mit Benutzern

Ein Benutzer ist in Active Directory ein Element der Objektklasse *Benutzer* (*user*). Die Attribute eines Verzeichniselements werden durch sein Schema definiert. Das Schema für die *user*-Klasse umfasst fast 500 Attribute (darunter auch zahlreiche Attribute, die nur im Zusammenspiel mit dem Exchange Server eine Rolle spielen). Es wird zwischen verbindlichen Attributen (engl. *mandatory*), die einen Wert besitzen müssen, und optionalen Attributen unterschieden. Die allermeisten Attribute sind optional. Verbindlich sind lediglich einige wenige Pflichtattribute wie *sAMAccountName*, *cn*, *objectClass* und *ntSecurityDescriptor*, ohne die das Benutzerkonto nicht angelegt werden kann. Tabelle 10.6 (Seite 365) stellt einige ausgewählte Attribute zusammen und gibt jeweils an, ob es ein Pflichtelement ist, ob es mehrere Werte umfassen kann und wie der Active Directory-Datentyp lautet. Die Tabelle macht deutlich, dass die Namensgebung teilweise ein wenig kurios ist (was sicherlich irgendwelche Gründe haben wird). So lautet das Attribut für den Ort lediglich »l« (für *Location*), für das Büro dagegen *physicalDeliveryOfficeName*, die Faxnummer wird mit *facsimileTelephoneNumber* abgekürzt und das Attribut für die Straße ist nicht *street* (das gibt es auch), sondern *streetAddress*. Die Groß- und Kleinschreibung spielt beim Zugriff auf ein Attribut keine Rolle mit einer Ausnahme: Bei der Suche über

[ADSISearcher] muss die Groß- und Kleinschreibung beim Zugriff auf die resultierende *SearchResultCollection*, die das Ergebnis enthält, und der *Properties*-Property eines einzelnen Elements strikt eingehalten werden. Sonst erhält man nichts zurück, obwohl ein Wert existiert.

Bliebe noch zu erklären, wo das alles dokumentiert ist. Die Antwort: Im Rahmen der MSDN-Referenz unter dem Stichwort *Active Directory Schema* (falls die Suchmaschine wider Erwarten nichts ausspucken sollte – *http://msdn.microsoft.com/en-us/library/ms675085%28VS.85%29.aspx*). Hier werden alle Klassen mit ihren Attributen beschrieben. Dazu ein kleiner Tipp: Neuerdings bietet das MSDN-Portal die praktische Einrichtung, die Ansicht umschalten zu können. In der schlanken *Lightweight*-Ansicht verzichtet der Seitenaufbau auf überflüssige Gestaltungselemente.[8]

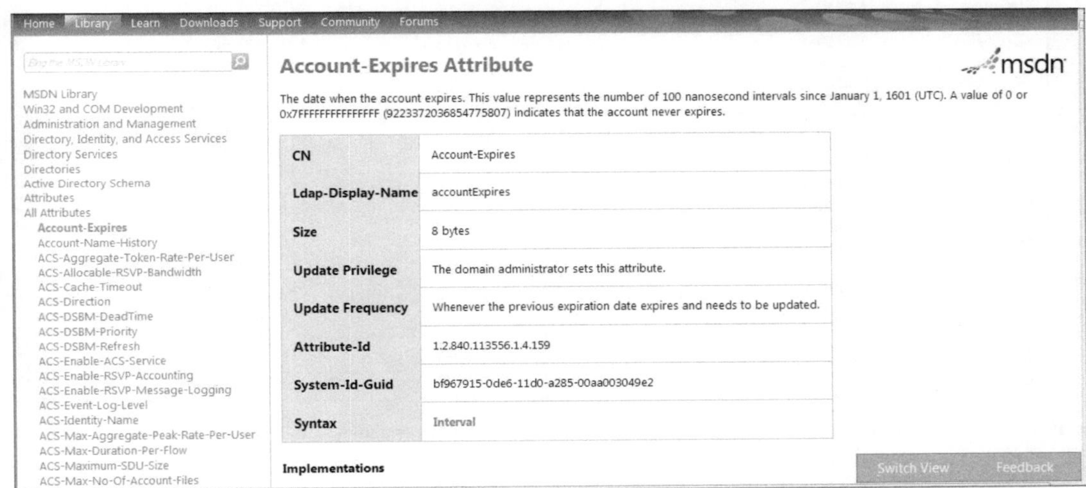

Abbildung 10.2 Die MSDN-Referenz beschreibt alle Schemaklassen mit ihren Attributen

Um herausbekommen, zu welcher (Schema-)Klasse ein Verzeichniselement gehört, hilft das reguläre *Active Directory-Benutzer und -Computer-Tool* der Verwaltungsgruppe weiter. In den Eigenschaften gibt es eine Registerkarte *Objekt*, das unter anderem auch die Objektklasse angibt.

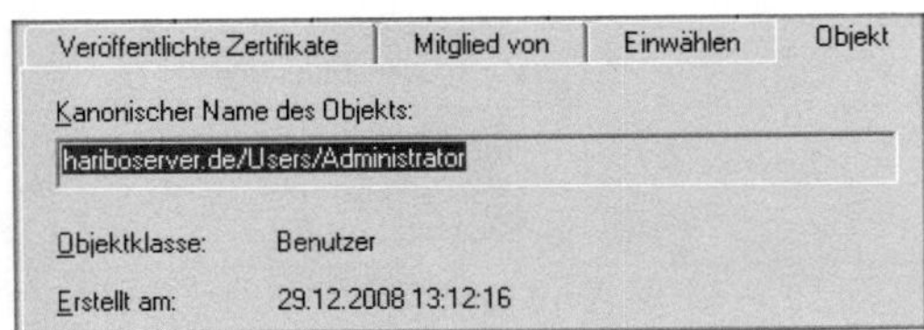

Abbildung 10.3 Die Objektklasse legt fest, welche Attribute ein Verzeichniselement besitzt

Ein wenig besser geeignet ist *ADSI Edit* (*Adsiedit.msc*), das sich weniger an den reinen Anwender richtet und die Attribute und ihre aktuellen Werte nicht auf mehrere Registerkarten verteilt, sondern sie alle in einer Liste zusammenfasst. Hier erkennt man auch gleich, welche Attribute verbindlich sind und welche nicht.

[8] Auch Microsoft lernt dazu. Die neue MSDN-Referenz ist wirklich ein Segen.

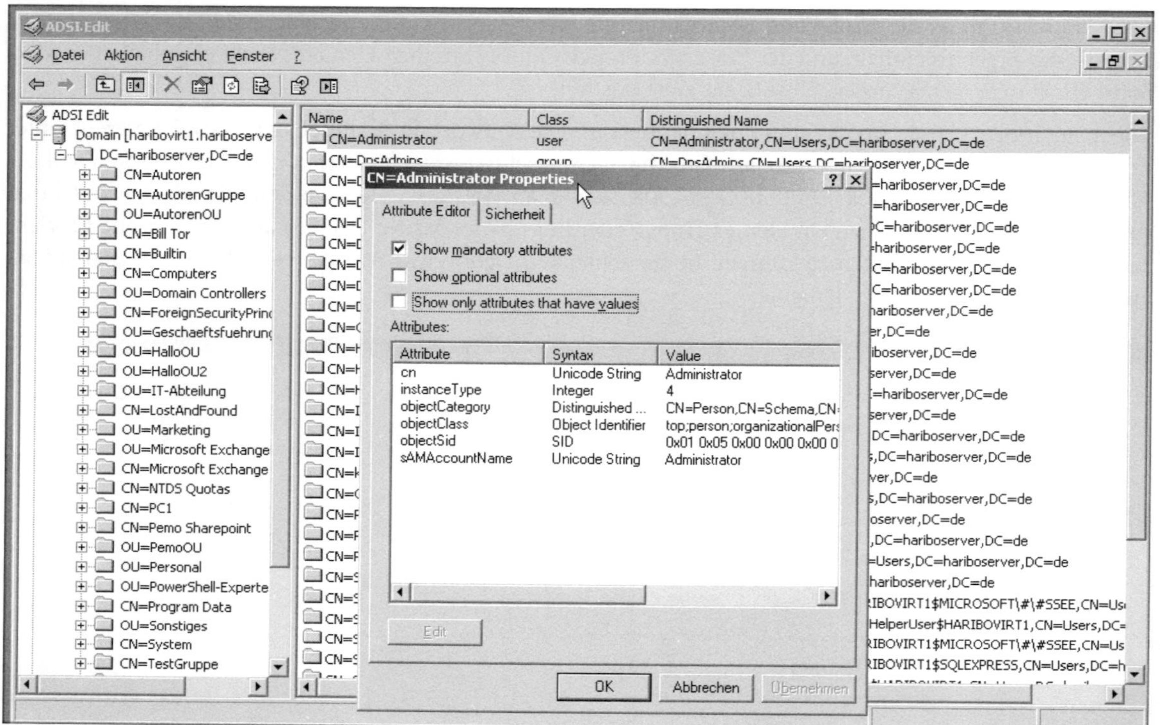

Abbildung 10.4 ADSI Edit ist der direkteste Weg, um mehr über ein Verzeichniselement zu erfahren

Attribut	Verbindlich	Mehrere Werte	Datentyp (Länge)
Cn	Ja	Nein	DirectoryString (1–64)
ntSecurityDescriptor	Ja	Nein	ObjectSecurityDescriptor (0–132096)
objectCategory	Ja	Nein	DN
objectClass	Ja	Ja	OID (Object Identifier)
sAMAccountName	Ja	Nein	DirectoryString (0–256)
accountExpires	Nein	Nein	INTEGER8
badPwCount	Nein	Nein	INTEGER
company	Nein	Nein	DirectoryString (1–64)
createTimeStamp	Nein	Nein	GeneralizedTime
description	Nein	Ja	DirectoryString (0–1024)
displayName	Nein	Nein	DirectoryString (0–256)
distinguishedName	Nein	Nein	DN
facsimileTelephoneNumber	Nein	Nein	DirectoryString (1–64) ▶

Attribut	Verbindlich	Mehrere Werte	Datentyp (Länge)
L	Nein	Nein	DirectoryString (1–128)
lastLogoff	Nein	Nein	INTEGER8
lastLogon	Nein	Nein	INTEGER8
Mobile	Nein	Nein	DirectoryString (1–64)
otherTelephone	Nein	Ja	DirectoryString (1–64)
streetAddress	Nein	Nein	DirectoryString (0–1024)
whenCreated	Nein	Nein	GeneralizedTime

Tabelle 10.6 Ausgewählte Attribute der *user*-Klasse

Das Zuweisen an ein Mehrwerteattribut ist bei der PowerShell einfach, denn es muss lediglich ein Array mit den einzelnen Werten zugewiesen werden.

Die folgenden beiden Befehle weisen einem Benutzer mehrere Telefonnummern zu:

```
$ADUserAdmin.otherTelephone = @("089-32168","089-50073480")
$ADUser.psbase.CommitChanges()
```

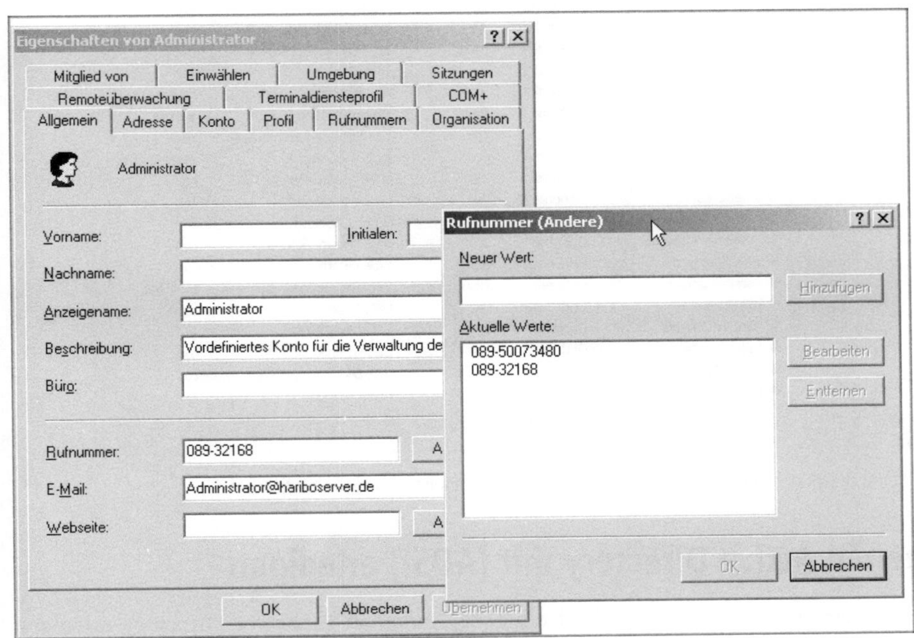

Abbildung 10.5 Der Wert des Attributs *otherTelephone* im Verwaltungstool *Active Directory-Benutzer und -Computer*

Kurzer Exkurs zum Schema Editor

Auch wenn das Thema im Rahmen einer PowerShell-Einführung recht speziell ist, das einem Active Directory-Element zugrunde liegende Schema lässt sich betrachten, editieren und auch erweitern. Das zuständige Werkzeug ist der *Active Directory Schema Editor*, der aber erst einmal installiert werden muss. Die folgende Beschreibung gilt für Windows Server 2003 (ab SP1).

1. Installation der Datei *Adminpak.msi* im Verzeichnis *%SystemRoot%\ServicePackFiles\i386*
2. Registrieren der MMC-Erweiterung über *Start/Ausführen* und Eingabe von **Regsvr32 Schmmgmt.dll**
3. Anschließend muss der Editor einer leeren MMC-Konsole hinzugefügt werden. Diese wird über *Start/Ausführen* und Eingabe von **mmc /a** gestartet. Über *Datei/Snap-In hinzufügen/entfernen* wird der Schema Editor ausgewählt und hinzugefügt.

Es versteht sich von selbst, dass Änderungen am Schema wirklich nur dann durchgeführt werden sollten, wenn man sich bezüglich der Folgen absolut sicher ist.

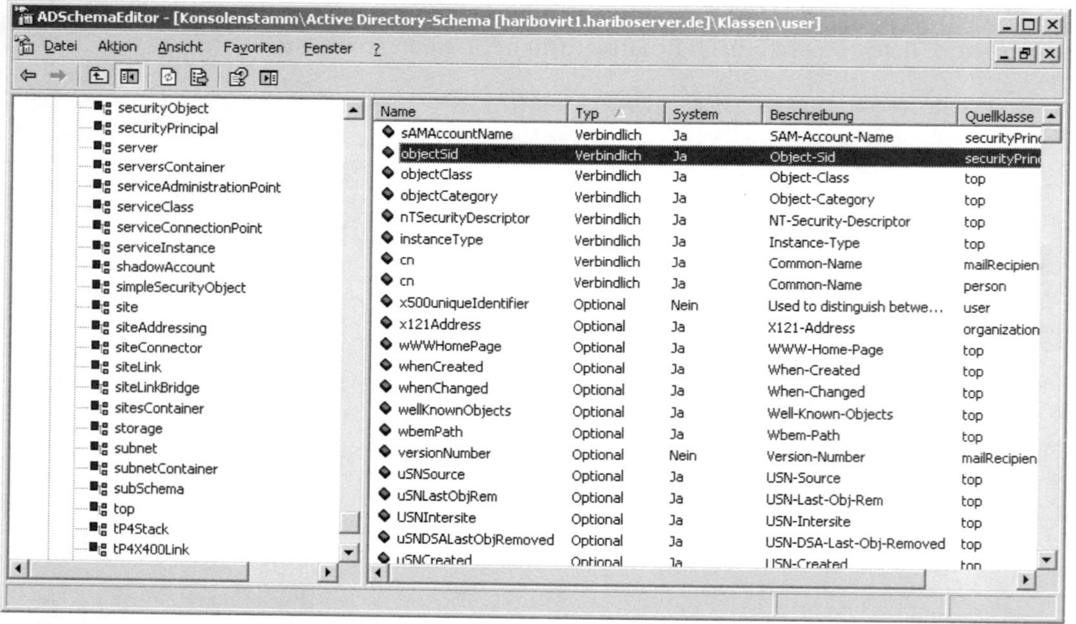

Abbildung 10.6 Der Schema Editor macht das einem Verzeichniselement stets zugrundeliegende Schema sichtbar

Einfache Aufgaben in Active Directory mit [ADSI] erledigen

In diesem Abschnitt wird gezeigt, wie sich mit *[ADSI]* einfache Aufgaben in Active Directory erledigen lassen. Die vorgestellten Funktionen sind noch nicht für den Einsatz in einer Produktionsumgebung geeignet, da z.B. keine Parameterüberprüfung stattfindet und die Fehlerbehandlung sich darauf beschränkt, dass eine Meldung ausgegeben wird.

Einen Benutzer anlegen

Die häufigste Aufgabe in Zusammenhang mit Active Directory dürfte das Anlegen neuer Benutzer(konten) sein. Hier kann ein PowerShell-Skript seine Vorteile besonders deutlich ausspielen. Es stehen zwei generelle Vorgehensweisen zur Auswahl:

1. Anlegen eines neuen *DirectoryEntry*-Objekts über das *New-Object*-Cmdlet, dem der Name und der Typ (*SchemaClassName*) des anzulegenden Verzeichniselements übergeben werden, und Hinzufügen zur *Children*-Property des Containerobjekts über deren *Add*-Methode
2. Aufruf der *Create*-Methode des Containerobjekts. Auch wenn die *Create*-Methode nicht zur *Directory-Entries*-Klasse, sondern zur ADSI-COM-Schnittstelle *IADsContainer* gehört, kann sie problemlos im Rahmen der PowerShell aufgerufen werden.

Die folgende Befehlsfolge legt über Variante 1 einen neuen Benutzer in einem Container an.

```
# -------------------------------------------------------------
# Beispiel 10.1 - Active Directory-User mit [ADSI] anlegen
# -------------------------------------------------------------
$ADContainer = [ADSI]"LDAP://CN=TestContainer, DC=Pemobooks, DC=de"
$NeuUser = New-Object -Type System.DirectoryServices.DirectoryEntry
$NeuUser = $ADContainer.children.Add("CN=NeuUserA", "user")
$NeuUser. CommitChanges()
"Neuer User A wurde angelegt."
```

Listing 10.1 Active Directory-Benutzer mit [ADSI] anlegen (Variante 1)

Die folgende Befehlsfolge legt über Variante 2 einen neuen Benutzer in einem Container an:

```
# -------------------------------------------------------------
# Beispiel 10.2 - Active Directory-User mit [ADSI] anlegen - Variante 2
# -------------------------------------------------------------
$NeuUser = $ADContainer.Create("user", "CN=NeuUserB")
$NeuUser.CommitChanges()
"Neuer User B wurde angelegt."
```

Listing 10.2 Active Directory-Benutzer mit [ADSI] anlegen (Variante 2)

Für die folgenden Beispiele kommt die Variante mit der *Create*-Methode zum Einsatz.

Das folgende Beispiel zeigt eine Funktion *New-pADUser*, die einen neuen Benutzer anlegt. Attribute wie Name und Beschreibung werden direkt über Parameter übergeben, alle weiteren Parameter werden über eine Hashtable übergeben.

```
# -------------------------------------------------------------
# Beispiel 10.3 - Neuen Active Directory-Benutzer über eine Funktion anlegen
# -------------------------------------------------------------
function New-pADUser
([string]$ADUserName,
 [string]$ADPfad,
 [string]$Description,
 [switch]$EnableAccount,
 $UserDetails
)
```

```
{
    $ADContainer = [ADSI]"LDAP://$ADPfad"
  try
  {
   $ADUser = $ADContainer.Create("user","CN=$ADUsername")
   $ADUser.psbase.CommitChanges()
  }
  catch
  {
    Write-Error "Benutzer konnte nicht angelegt werden."
    break
  }
  $ADUser.sAMAccountName = $ADUserName
  $ADUser.UserPrincipalName = $ADUserName
  $ADuser.Description = $Description
  $ADUser.psbase.CommitChanges()
  # Benutzerkonto aktivieren?
  if ($EnableAccount)
  { $ADUser.psbase.InvokeSet("AccountDisabled", $false) }
  # Jetzt die übrigen User-Details anlegen
  foreach ($hkey in $UserDetails.Keys)
  {
     $ADUser.$hkey = $UserDetails[$hkey]
  }
  $ADUser.psbase.CommitChanges()
  if ($?)
  { "User $ADUserName wurde angelegt." }
  else
  { "User $ADUserName konnte nicht angelegt werden." }
}
```

Listing 10.3 Einen Active Directory-Benutzer über eine Funktion anlegen

Aufgerufen wird die Funktion wie folgt:

```
New-pADUser -ADUserName Bert `
 -ADPfad "CN=Users, DC=Pemobooks, DC=Local" `
 -Description "Kumpel von Ernie" `
 -EnableAccount `
 -UserDetails @{l="New York"; TelephoneNumber="001-702-8008"; streetAddress="Sesamstrasse
123";mail="bert@pemobooks.local"}
```

Kleine Unstimmigkeiten gehören dazu

Die Active Directory-Unterstützung besitzt auch bei der PowerShell 2.0 ihre kleinen »Eigenheiten«, die sich auch nicht durch Adapted Views erklären lassen. Ein solcher Fall tritt z. B. beim Anlegen eines neuen Benutzers auf.

Die folgende Befehlsfolge führt zu einem Fehler:

```
$ADOU = [ADSI]"OU=TestOU,DC=pemobooks,DC=local"
$ADUserNeu = $ADOU.Create("user", "CN=UserNeu")
$ADUserNeu.Description = "Nur ein Test"
$ADUserNeu.CommitChanges()
```

Diese harmlose und auch vollkommen korrekte Befehlsfolge[9] führt auch bei der PowerShell 2.0 zu einer seltsamen Fehlermeldung (»Es ist eine Beschränkungsverletzung aufgetreten«). Offenbar lässt sich dem *Description*-Attribut (wie anderen Attributen auch) unmittelbar nach dem Anlegen des Objekts kein Wert zuweisen. Führt man aber die Zuweisung über die *InvokeSet*- oder *Put*-Methode aus, funktioniert es:

```
$ADOU = [ADSI]"OU=TestOU,DC=pemobooks,DC=local"
$ADUserNeu = $ADOU.Create("user", "CN=UserNeu")
$ADUserNeu.InvokeSet("Description", "Nur ein Test")
$ADUserNeu.CommitChanges()
```

Alternativ kann man auch unmittelbar nach dem Aufruf von *Create()* die Methode *CommitChanges()* aufrufen. Mit diesen kleinen Unstimmigkeiten muss man anscheinend leben. Wenn man sie kennt (allzu viele sind es ohnehin nicht), kann man sie relativ einfach »umschiffen«.

Das Kennwort des Benutzers setzen

Ein Benutzer wird ohne ein Kennwort angelegt. Es kann erst gesetzt werden, nachdem der Benutzer angelegt wurde. Der einfachste Weg besteht in dem Aufruf der ADSI-COM-Methode *SetPassword*, die das User-Objekt direkt zur Verfügung stellt.

Das folgende Beispiel holt zuerst einen Benutzer über seinen LDAP-Pfad und setzt anschließend ein Kennwort. Der Aufruf scheitert immer dann, wenn das neue Kennwort nicht den über Gruppenrichtlinien oder lokale Sicherheitsrichtlinien festgelegten Regeln entspricht.

```
# -------------------------------------------------------------
# Beispiel 10.4 - Kennwort für Active Directory-Benutzer setzen
# -------------------------------------------------------------
function Set-pADUserPassword
([string]$ADUserpfad,
 [string]$Pw)
{
  $ADUser = [ADSI]"LDAP://CN=$ADUserPfad"
  try
  {
    $ADUser.SetPassword($Pw)
    $ADUser.psbase.CommitChanges()
    "Kennwort wurde gesetzt."
  }
  catch
  {
    Write-Host -Fore White -Back Red "Kennwort konnte nicht gesetzt werden. ($_)"
  }
}
```

Listing 10.4 Das Kennwort für ein Benutzerkonto setzen

[9] Zumindest aus der Sicht des Autors.

Aufgerufen wird die Funktion wie folgt:

```
Set-pADUserPassword -ADUserPfad "CN=Bert,CN=Users,DC=PemoBooks,DC=local" -Pw "Geheim!"
```

Einen vorhandenen Benutzer modifizieren

Ein Verzeichnisobjekt kann viele Properties (Attribute) besitzen, die alle durch das zugrunde liegende (und erweiterbare) Schema definiert werden. Wie bereits mehrfach gezeigt wurde, sorgt die Adapted View, die bei einem *DirectoryEntry*-Objekt stets angewendet wird, dafür, dass alle Attribute, die bereits mit einem Wert belegt wurden, direkt angesprochen werden können. Ein Attribut kann auf verschiedene Weisen einen neuen Wert erhalten: durch direkte Zuweisung, die aber aufgrund kleinerer Bugs nicht immer funktioniert, und indirekt über die *InvokeSet*-Methode:

```
$ADUser.InvokeSet("Description", "Der neue User")
$ADUser.CommitChanges()
```

Eine Änderung muss im Allgemeinen über den Aufruf von *CommitChanges()* bestätigt werden (sofern die *UsePropertyCache*-Property nicht den Wert *$false* besitzt).

Einen Benutzer entfernen

Eine von mehreren Möglichkeiten, einen vorhandenen Benutzer zu entfernen, besteht in dem Aufruf der *Remove*-Methode des Containers, in dem der Benutzer enthalten ist. Dieser wird aber nicht der LDAP-Pfad des zu entfernenden Benutzers, sondern ein entsprechendes *DirectoryEntry*-Objekt übergeben.

Die folgende Funktion entfernt einen Benutzer. Der LDAP-Pfad des Containers und des Benutzers werden als Argumente übergeben:

```
# ---------------------------------------------------------------
# Beispiel 10.5 - einen Active Directory-Benutzer entfernen
# ---------------------------------------------------------------
function Remove-pADUser
([string]$ADUserName,
 [string]$ADContainerPfad
)
{
  $ADContainer = [ADSI]"LDAP://$ADContainerPfad"
  $ADUser = [ADSI]"LDAP://CN=$ADUserName,$ADContainerPfad"
  try
  {
   $ADContainer.psbase.Children.Remove($ADUser)
   "User $ADUserName wurde entfernt."
  }
  catch
  {
    Write-Host -Fore White -Back Red "Benutzer konnte nicht entfernt werden. ($_)"
  }
}
```

Listing 10.5 Einen Active Directory-Benutzer entfernen

Aufgerufen wird die Funktion wie folgt:

```
Remove-pADUser -ADUserName Bert -ADContainerPfad "CN=Users,DC=Pemobooks,DC=local"
```

Einen Benutzer umbenennen

Um einen User umzubenennen, muss lediglich die *Rename*-Methode von *DirectoryEntry* bemüht werden (unter ADSI-COM wäre der Aufruf von *MoveHere* erforderlich gewesen).

Die folgende Funktion gibt einem User-Element einen neuen Namen:

```
# -------------------------------------------------------------
# Beispiel 10.6 - einen Active Directory-Benutzer umbenennen
# -------------------------------------------------------------

function Rename-pADUser
([string]$ADUserPfad,
 [string]$NeuerName
)
{
  $ADUser = [ADSI]"LDAP://$ADUserPfad"
try
  {
    $ADUser.psbase.Rename("CN=$NeuerName")
    "User wurde umbenannt."
  }
  catch
  {
    Write-Host -Fore White -Back Red "Benutzer konnte nicht umbenannt werden. ($_)"
  }
}
```

Listing 10.6 Einen Active Directory-Benutzer umbenennen

Aufgerufen wird die Funktion wie folgt:

```
Rename-pADUser -ADUserPfad "CN=Bert,CN=Users,DC=Pemobooks,DC=local" -NeuerName "Bert B."
```

Eine Gruppe anlegen

Eine Gruppe ist in Active Directory kein Container, sondern ein Element, das über seine *Member*-Property die Namen von Benutzern enthält, die Mitglied dieser Gruppe sind.

Die Funktion *New-pAdGroup* legt eine neue Gruppe an, wobei der Gruppentyp über *Konstanten* angegeben wird:

```
# -------------------------------------------------------------
# Beispiel 10.7 - eine neue Active Directory-Gruppe anlegen
# -------------------------------------------------------------

$ADS_GROUP_TYPE_GLOBAL_GROUP = 0x00000002
$ADS_GROUP_TYPE_LOCAL_GROUP = 0x00000004
$ADS_GROUP_TYPE_DOMAIN_LOCAL_GROUP = 0x00000004
$ADS_GROUP_TYPE_UNIVERSAL_GROUP = 0x00000008
$ADS_GROUP_TYPE_SECURITY_ENABLED = 0x80000000
```

```
function New-pADGroup
([string]$GroupName,
 [string]$ContainerPfad,
 [string]$Description,
 [int32]$GroupType=$ADS_GROUP_TYPE_LOCAL_GROUP
)
{
    $ADContainer = [ADSI]"LDAP://$ContainerPfad"
  try
  {
   $ADGroup = $ADContainer.Create("group","CN=$GroupName")
   # Direkte Zuweisung an sAMAccountName ist nicht möglich
   $ADGroup.InvokeSet("sAMAccountName", $GroupName)
   $ADGroup.psbase.CommitChanges()
   "Gruppe wurde angelegt."
  }
  catch
  {
    Write-Host -Fore White -Back Red "Gruppe konnte nicht angelegt werden. ($_)"
    break
  }
}
```

Listing 10.7 Eine Active Directory-Group anlegen

Aufgerufen wird die Funktion wie folgt:

```
New-pADGroup -ContainerPfad "CN=Users,DC=Pemobooks,DC=Local" -GroupName "Autorengruppe"
```

Einen Benutzer zu einer Gruppe hinzufügen

Ein Benutzer kann auf verschiedene Weisen einer Gruppe hinzugefügt werden, z.B. indem der Pfad des neuen Members der Array-Property *Member* über den +=-Operator hinzugefügt wird.

Die Funktion *Add-pADGroupMember* fügt einen vorhandenen User zu einer Gruppe hinzu (der User selbst wird dabei aber nicht verschoben):

```
# ---------------------------------------------------------------
# Beispiel 10.8 - einen Active Directory-Benutzer zu einer Gruppe hinzufügen
# ---------------------------------------------------------------

function Add-pADGroupMember
([string]$GroupPfad,
 [string]$UserPfad
)
{
  try
  {
     $ADGroup = [ADSI]"LDAP://$GroupPfad"
    $ADUser = [ADSI]"LDAP://$UserPfad"
    $ADGroup.Member += $ADUser.DistinguishedName
    $ADGroup.psbase.CommitChanges()
    "Member wurde zur Gruppe hinzugefügt."
  }
```

```
  catch
  {
    Write-Host -Fore White -Back Red "Member konnte nicht zur Gruppe hinzugefügt werden. ($_)"
  }
}
```

Listing 10.8 Einen Active Directory-Benutzer zu einer Gruppe hinzufügen

Aufgerufen wird die Funktion wie folgt:

```
Add-pADGroupMember -GroupPfad "CN=Autorengruppe, CN=Users, DC=Pemobooks, DC=de" -UserPfad "CN=Bert,
CN=Users, DC=Pemobooks,DC=local"
```

Einen Benutzer aus einer Gruppe entfernen

Um einen Benutzer aus einer Gruppe zu entfernen, ist es am einfachsten, auf die *Remove*-Methode der *IADsGroup*-Schnittstelle zurückzugreifen, welche die *DirectoryEntry*-Klasse bei der PowerShell freundlicherweise zur Verfügung stellt.

Die Funktion *Remove-pADGroupMember* entfernt ein Mitglied einer Gruppe.

```
# -------------------------------------------------------------
# Beispiel 10.9 - einen Active Directory-Benutzer aus einer Gruppe entfernen
# -------------------------------------------------------------

function Remove-pADGroupMember
([string]$GroupPfad,
 [string]$UserPfad
)
{
  try
  {
   $ADGroup = [ADSI]"LDAP://$GroupPfad"
  }
  catch
  {
    Write-Host -Fore White -Back Red "Gruppe konnte nicht gelesen werden. ($_)"
    break
  }
  try
  {
    $ADGroup.Remove("LDAP://$UserPfad")
    "Benutzer wurde aus der Gruppe entfernt."
  }
  catch
  {
    Write-Host -Fore White -Back Red "Benutzer konnte nicht aus der Gruppe entfernt werden. ($_)"
  }
}
```

Listing 10.9 Einen Active Directory-Benutzer aus einer Gruppe entfernen

Aufgerufen wird die Funktion wie folgt:

```
Remove-pADGroupMember -UserPfad "CN=Bert, CN=Users, DC=PemoBooks, DC=de" -GroupPfad "CN=Autorengruppe,
CN=Users, DC=Pemobooks, DC=local"
```

Einen Benutzer verschieben

Das Verschieben eines Benutzers bedeutet in diesem Fall, ein Benutzerelement aus seinem aktuellen Container in eine Organisationseinheit (*OU*) zu verschieben. Dies erledigt die *MoveTo*-Methode der *DirectoryEntry*-Klasse. Ihr wird ebenfalls ein *DirectoryEntry*-Objekt (und optional ein neuer Name) übergeben.

Die Funktion *Move-ADUser* verschiebt einen User in die angegebene OU:

```
# -------------------------------------------------------------
# Beispiel 10.10 - einen Active Directory-Benutzer verschieben
# -------------------------------------------------------------

function Move-ADUser
([string]$UserPfad,
 [string]$ZielPfad)
{
  try
  {
    $ADUser = [ADSI]"LDAP://$UserPfad"
    $ADUser.MoveTo("LDAP://$ZielPfad")
    "Benutzer wurde verschoben."
  }
  catch
  {
   Write-Host -Fore White -Back Red "Benutzer konnte nicht verschoben werden. ($_)"
  }
}
```

Listing 10.10 Einen Active Directory-Benutzer in eine andere Gruppe verschieben

Die Funktion wird wie folgt aufgerufen:

```
Move-ADUser -UserPfad "CN=Bert, CN=Users, DC=Pemobooks, DC=local" -ZielPfad "OU=TestOU, DC=Pemobooks,
DC=local"
```

Gruppen rekursiv durchlaufen

Da die Mitglieder einer Gruppe selbst Gruppen sein können, kann sich theoretisch eine beliebig verschachtelte Hierarchie ergeben. Was könnte reizvoller sein, als eine solche theoretisch unendlich tiefe Hierarchie in einer kleinen PowerShell-Funktion zu durchlaufen und dabei die Namen der Gruppen und ihrer Mitglieder auszugeben?

Die Funktion *Get-AllGroupMembers* wird mit einem *DirectoryEntry*-Objekt aufgerufen, das die zu durchlaufende Gruppe repräsentiert. Anschließend werden die Namen aller Elemente der Gruppe und danach die Namen eventuell vorhandener Untergruppen usw. ausgegeben:

```
# -------------------------------------------------------------
# Beispiel 10.11 - Active Directory-Gruppen rekursiv durchlaufen
# -------------------------------------------------------------
$Level = 0

function Get-AllGroupMembers
($Gruppe)
```

```
{
  $Level++
  "$(new-object string "*",$Level) Gruppe $($Gruppe.DistinguishedName)"
  # Alle Member durchgehen
  if ($Gruppe.member.count -gt 0)
  {
   $Gruppe.member | ForEach-Object {
    $en = [ADSI]"$_"
    if ($en.objectClass[1] -ne "Group")
    {
       "$(new-object string "-",$Level)>Member $_"
    }
   }
   $Gruppe.member | ForEach-Object {
    $en = [ADSI]"$_"
    # Der 2. Eintrag ist die Objektklasse (z.B. group)
    if ($en.objectClass[1] -eq "group")
    {
       Get-AllGroupMembers -Gruppe $en
    }
  }
 }
 $Level--
}
```

Listing 10.11 Active Directory-Gruppe rekursiv durchlaufen

Die Funktion wird wie folgt aufgerufen:

```
$Gr = [ADSI]"CN=TestGruppe, CN=Users, DC=Pemobooks, DC=de"
Get-AllGroupMembers -Gruppe $Gr
```

Eine OU anlegen

Die wichtigste Unterteilung in einer Domäne ist die *Organisationseinheit* (engl. *Organizational Unit*), kurz OU, die in einem Active Directory-Verzeichnis formal lediglich eine weitere Sorte von Container ist. Was sie gegenüber anderen Containern auszeichnet, ist, dass Gruppenrichtlinien auf Organisationseinheiten direkt angewendet werden können. Das Anlegen einer OU könnte einfacher nicht sein, denn beim Aufruf der *Create*-Methode des Containers muss lediglich *OrganizationalUnit* als Objektklasse angegeben werden.

Die Funktion *New-pADOU* legt eine neue Organisationseinheit an. Dabei kommt es darauf an, dass die OU nur in einer anderen OU oder auf der Ebene der Domäne erstellt werden kann und dass ihr RDN (*Relative Distinguished Name*) *OU=OUName* (und nicht *CN=OUName*) lautet:

```
# -------------------------------------------------------------
# Beispiel 10.12 - eine neue Organisationseinheit anlegen
# -------------------------------------------------------------

function New-pADOU
([string]$ContainerPfad,
 [string]$OUName,
 [string]$Description="Noch keine Beschreibung")
```

```
{
  try
  {
     $ADContainer = [ADSI]"LDAP://$ContainerPfad"
     $OUNeu = $ADContainer.Create("organizationalUnit", "OU=$OUName")
     $OUNeu.CommitChanges()
     $OUNeu.Description = $Description
     $OUNeu.CommitChanges()
     "OU wurde angelegt."
  }
  catch
  {
     Write-Host -Fore White -Back Red "OU konnte nicht angelegt werden. ($_)"
  }
}
```

Listing 10.12 Eine neue OU anlegen

Aufgerufen wird die Funktion wie folgt:

```
New-pADOU -ContainerPfad "DC=Pemobooks, DC=local" -OUName "TestOU"
```

Die Suche in einer Domäne (Suchen nach Benutzerkonten)

Jetzt zu etwas ganz anderem, der Suche in einem Active Directory-Verzeichnis nach beliebigen Elementen und Attributwerten. Die Suche in einer Domäne wird auf der Grundlage einer speziellen Syntax für LDAP-Suchanfragen durchgeführt. Danach besitzt eine LDAP-Suchanfrage den folgenden allgemeinen Aufbau:

```
"Start; [Filter]; Attribute [;Scope]"
```

Das ist wieder einmal eine dieser theoretischen Verallgemeinerungen, die erst mit ein paar Beispielen klar werden. Die »Formel« enthält folgende Bestandteile:

Start	Den Beginn der Suche in Gestalt eines LDAP-Pfads. Beispiel: *LDAP://CN=Users,DC=Pemobooks,DC=local.*
Filter	Den Suchfilter in der LDAP-typischen Filtersyntax. Beispiel: *(&(objectClass=user)(name=b*)).*
Attribute	Eine durch Kommas getrennte Liste von Attributen, die bei den zurückgegebenen Verzeichniselementen enthalten sein sollen.
Scope	Den Bereich, über den die Suche ausgedehnt werden soll. Zur Auswahl stehen *Base* (es wird nur auf der Ebene des angegebenen Verzeichniselements gesucht), *OneLevel* (es werden auch alle Elemente durchsucht, die dem angegebenen Element untergeordnet sind) und *Subtree* (es werden alle untergeordneten Ebenen durchsucht).

Ein typischer LDAP-Suchausdruck sieht wie folgt aus:

```
LDAP://DC=Pemobooks,DC=de; (&(objectClass=user)(name=b*));name,adspath;subtree
```

Bei der PowerShell kann ein LDAP-Suchausdruck (ohne zusätzliche Hilfsmittel wie darauf spezialisierte Cmdlets) nicht direkt abgesetzt werden. Benötigt wird lediglich der *[ADSISearcher]*-Type Accelerator (der auf der Klasse *DirectorySearcher* im Namespace *System.DirectoryServices* basiert). *DirectorySearcher* besitzt verschiedene Property-Member, durch die sich die einzelnen Elemente einer LDAP-Suchabfrage abbilden lassen (Tabelle 10.7 auf Seite 381 stellt die wichtigsten Member der Klasse zusammen, die folgende Auflistung schon einmal die zentralen Properties daraus):

SearchRoot-Property	Ihr wird der Beginn der Suche über einen LDAP-Pfad zugewiesen
Filter-Property	Ihr wird der LDAP-Filter zugewiesen
PropertiesToLoad-Property	Erhält die Attribute, die in der Ergebnismenge enthalten sein sollen
SearchScope-Property	Legt den Suchumfang fest

Gestartet wird die Suche über eines der beiden Methoden-Member *FindOne()* oder *FindAll()*.

In der Praxis stellt sich eine Suche mithilfe von *[ADSISearcher]* bzw. der *DirectorySearcher*-Klasse sehr viel einfacher dar, als es aufgrund der bisherigen Erläuterungen den Anschein gehabt haben könnte.

Im einfachsten Fall genügt ein Aufruf wie der folgende, der die Daten aller Benutzer im Verzeichnisbaum der aktuellen Domäne ausgibt:

```
(New-Object -Type System.DirectoryServices.DirectorySearcher "(objectClass=user)").FindAll()
```

Und das war lediglich jene Variante, die bereits mit der PowerShell 1.0 funktioniert hätte.

Bei der PowerShell 2.0 wird der Befehl dank des *[ADSISearcher]*-Type Accelerator noch ein wenig kürzer:

```
([ADSISearcher]"(&(objectClass=user)(name=B*))").FindAll()
```

Der LDAP-Filter folgt unmittelbar auf den Type Accelerator, auf das resultierende Objekt wird die *FindAll()*-Methode angewendet. Die Suchergebnisse werden mit einem vordefinierten Satz an Attributen ausgestattet.

Möchte man die Suche etwas detaillierter festlegen, muss man anders vorgehen:

1. Der *[ADSISearcher]*-Type Accelerator wird mit dem Suchfilter initialisiert und das Ergebnis einer Variablen zugewiesen
2. Über die Variable werden die gewünschten Properties gesetzt
3. Die Suche wird mit *FindAll()* (oder *FindOne()*) gestartet

Die folgende Befehlsfolge sucht ebenfalls nach Benutzern, die ein bestimmtes Kriterium erfüllen. Nur dieses Mal werden die verschiedenen Suchparameter explizit angegeben:

```
# -------------------------------------------------------------
# Beispiel 10.13 - Suche in Active Directory über [ADSISearcher]
# -------------------------------------------------------------
$ADS = [ADSISearcher]"(&(objectClass=user)(name=B*))"
$ADS.SearchRoot = "LDAP://OU=PowerShellExperten,DC=pemobooks,DC=local"
$ADS.PropertiesToLoad.AddRange(@("name", "adspath", "whenCreated"))
$ADS.FindAll()
```

Listing 10.13 Active Directory-Suche über [ADSISearcher]

HINWEIS Ist eine Anmeldung an die Domäne erforderlich, muss der *SearchRoot*-Property ein entsprechend initialisiertes *DirectoryEntry*-Objekt zugewiesen werden:

```
$ADRoot = New-Object -Type System.DirectoryServices.DirectoryEntry
"LDAP://OU=PowerShellExperten,DC=pemobooks,DC=local", "Benutzername", "Kennwort"
```

Das Ergebnis ist eine Collection vom Typ *SearchResultCollection*, die für jedes gefundene Verzeichniselement einen Eintrag in Gestalt eines *SearchResult*-Objekts enthält. Die Attribute dieses Elements werden über die *Properties*-Property des *SearchResult*-Objekts repräsentiert, die wiederum für eine Collection (Typ *ResultPropertyCollection*) mit Name/Wert-Paaren steht, wobei der Wert wiederum eine (einfache) Collection repräsentiert (ein Verzeichnisattribut kann bekanntlich mehrere Werte umfassen). Als ob das nicht bereits verzwickt genug wäre, kommt es bei der *Properties*-Property auf die korrekte Groß- und Kleinschreibung der LDAP-Attribute an, die direkt auf *Properties* folgen können. Man muss daher gewisse Klimmzüge unternehmen, um das Resultat einer Suche nach eigenen Vorstellungen weiterzuverarbeiten, um z.B. an einzelne Property-Werte heranzukommen. Abbildung 10.7 stellt diese spezielle Collection mit ihren für das Zugreifen auf das Suchergebnis maßgeblichen Membern in einem Schaubild zusammen. Hilfreich ist in diesem Zusammenhang der so genannte *Enumerator*, der über das *GetEnumerator*()-Member geholt wird und ein relativ einfaches Weiterverarbeiten der zurückgegebenen Werte möglich macht.

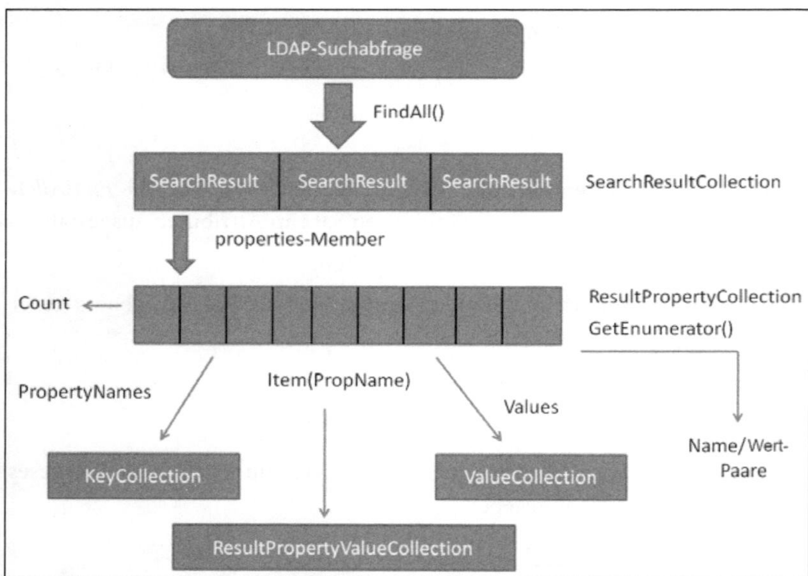

Abbildung 10.7 Das Ergebnis von *FindAll()* ist eine Collection, in der jeder Wert eine eigene Collection darstellt

Im folgenden Beispiel wird das Ergebnis einer Suche zuerst der Variablen *$SearchRes* zugewiesen. Anschließend wird das Ergebnis über den Enumerator als eine Folge von Name/Wert-Paaren nach den Namen sortiert tabellarisch ausgegeben.

```
$SearchRes | ForEach-Object { Write-Host -fore white -back red "CN=$($_.properties.cn)";
$_.Properties.GetEnumerator() | Sort Name | % { "Name: $($_.Name)- Wert: $($_.Value)" }}
```

TIPP Enthält ein Skript eine Suchabfrage, die mit einem Aufruf von *FindAll()* endet, kann der Skriptaufruf mit dem Zuweisen an eine Variable kombiniert werden: *$SearchRes = .\AdSuche.ps1*.

Der folgende Befehl gibt die Namen aller Computer aus:

```
([ADSISearcher]"(objectClass=computer)").FindAll() | Select-Object
@{Name="Computer";Expression={$_.properties.name}}
```

Steht die Variable *$SearchRes* für das Ergebnis einer Suche und damit für eine Collection vom Typ *SearchResultCollection*, wird sie mit der folgenden *foreach*-Schleife durchlaufen und bei jedem Durchlauf wird der Name des Verzeichnisobjekts ausgegeben:

```
foreach($Sr in $SearchRes)
{
  $Sr.Properties.name
}
```

Da Attribut-Properties in der Regel nur einen Wert enthalten, muss die Arrayschreibweise nicht angewendet werden, um den Wert zu erhalten.

Das folgende Beispiel zeigt, wie sich das Ergebnis einer Active Directory-Suche etwas komfortabler ausgegeben lässt, indem für jedes Objekt der *SearchResultCollection* per *New-Object-* und *Add-Member*-Cmdlet ein neues Objekt angelegt wird, dem die einzelnen Attribute als Property angehängt werden. Jedes auf diese Weise künstlich gebildete Objekt wird in ein Array aufgenommen, sodass das Array am Ende für das Suchergebnis steht und z.B. an ein *Format-Table* überreicht werden kann, was mit der *SearchResultCollection* nur eingeschränkt möglich wäre.

```
# ------------------------------------------------------------
# Beispiel 10.14 - Suche in Active Directory über [ADSISearcher] und Ergebnis weiterverarbeiten
# ------------------------------------------------------------
$AD = [ADSI]"LDAP://CN=Users,DC=pemobooks, DC=local"
$SuchFilter = "(&(objectClass=user)(name=E*))"
# Der Type Accelerator muss mit dem LDAP-Filter initialisiert werden
$ADS = [ADSISearcher]$SuchFilter
$ADS.SearchRoot = $AD
$ADS.SizeLimit = 10
$SearchRes = $ADS.FindAll()
"$($SearchRes.Count) Elemente gefunden."
$ADUserListe = @()
foreach($Sr in $SearchRes)
{
  $ADUser = New-Object -Type PsObject
  $ADUser | Add-Member -MemberType NoteProperty -Name Name -Value $Sr.properties.name[0]
  $ADUser | Add-Member -MemberType NoteProperty -Name Beschreibung -Value $Sr.properties.description[0]
  $ADUser | Add-Member -MemberType NoteProperty -Name ErstelltAm -Value $Sr.properties.whencreated[0]
  $ADUserListe += $ADUser
}

$ADUserListe
```

Listing 10.14 Suche in Active Directory mit [ADSISearcher] und Weiterverarbeiten des Ergebnisses

Theoretisch wäre es denkbar, einzelne Container über die *Find*-Methode rekursiv zu durchsuchen, um auch eventuell vorhandene Untercontainer einzubeziehen. Gegenüber *[ADSISearcher]* wäre der einzige Vorteil, dass die Suche jederzeit abgebrochen werden kann und dass mit einem gefundenen Objekt gleich eine Operation durchgeführt werden könnte, was bei *[ADSISearcher]* nicht möglich ist. In der Praxis ist *[ADSI-Searcher]* in den allermeisten Fällen die erste Wahl.

Die Funktion *Get-ADUsers* führt erneut eine Suche in einer Domäne durch, nur dass dieses Mal die Container durchlaufen werden. Die Suche dauert eventuell ein wenig länger, bietet aber den kleinen Vorteil, dass sich z. B. der Fortschritt per *Write-Progress*-Cmdlet anzeigen lässt:

```
# -------------------------------------------------------------
# Beispiel 10.15 - Suche in Active Directory durch rekursives Durchlaufen der Container
# -------------------------------------------------------------

function Get-ADUsers
([System.DirectoryServices.DirectoryEntry]$Container)
{
 foreach ($en In $Container.children)
 {
   if ($en.objectClass -eq "user")
   {
    $Script:AnzahlContainerGesamt++
    $Script:AnzahlContainer++
    Write-Progress -status "$AnzahlContainerGesamt Container durchsucht" -Activity "Suche läuft..." -
PercentComplete $AnzahlContainer
    if ($AnzahlContainer -eq 100) { $Script:AnzahlContainer = 0 }
    Write-Host "Benutzer: $($en.name) in Container $($Container.name)"
   }
 }
 # Jetzt die Container durchgehen
 foreach ($en In $Container.children)
 {
   if ($en.objectClass -eq "organizationalUnit")
   {
     Write-Host "OU: $($en.name) - Anzahl Elemente: $(@($en.children).length)"
     Get-ADUsers $en
   }
 }
}
```

Listing 10.15 Rekursive Suche in einem Active Directory-Verzeichnis

Aufgerufen wird die Funktion wie folgt:

```
$AD = [ADSI]"LDAP://DC=Pemobooks,DC=local"
Get-ADUsers -Container $AD
```

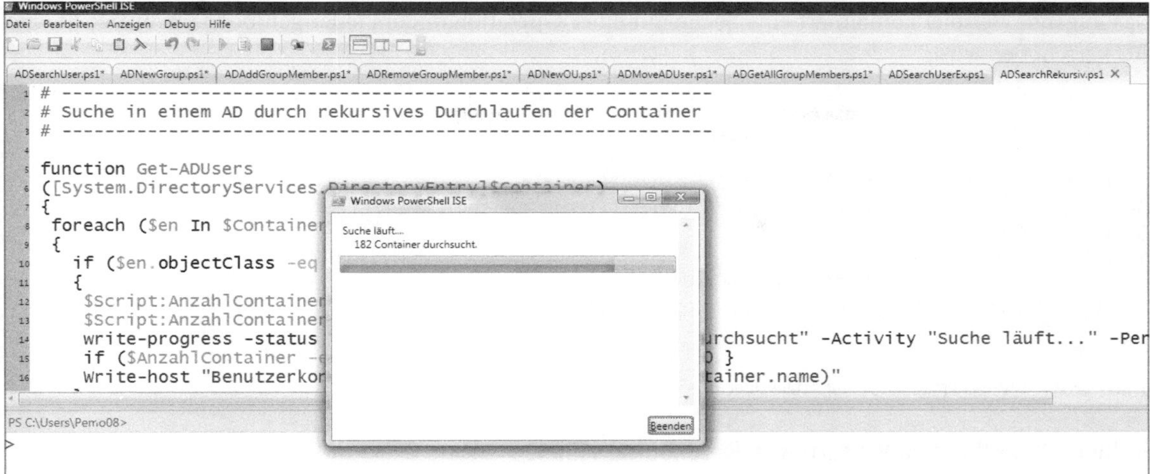

Abbildung 10.8 Zur Abwechslung erscheint eine Fortschrittsanzeige

Member	Bedeutung
ClientTimeout-Property	*TimeSpan*-Objekt, das für die Zeitspanne steht, die der Client auf eine Antwort des Servers antwortet
PropertyNamesOnly-Property	*$true*, wenn nur die Namen der Properties zurückgegeben werden sollen, die einen Wert besitzen
Filter-Property	Legt den LDAP-Suchfilter fest
PageSize-Property	Legt die so genannte Seitengröße fest. Ist das Limit erreicht, wird die Suche unterbrochen und die angefallenen Ergebnisse werden an den Client zurückgegeben.
PropertiesToLoad-Property	Steht als eigene Collection für die Properties, die bei der Suche berücksichtigt werden sollen
SearchScope-Property	Legt den Suchradius fest (zur Auswahl stehen *Base*, *OneLevel* und *Subtree*)
SizeLimit-Property	Begrenzt die Anzahl der Ergebnisse
SearchRoot-Property	Legt den Beginn der Suche in der Verzeichnishierarchie fest
FindOne-Methode	Findet nur das erste Suchresultat
FindAll-Methode	Findet alle Suchresultate
CacheResults-Property	*$true*, wenn die Ergebnisse auch auf dem Client zwischengespeichert werden. Dies ist die Voreinstellung.
Tombstone-Property	*$true*, wenn bei der Suche auch gelöschte Objekte einbezogen werden sollen (die Voreinstellung ist *$false*)
Sort-Property	Legt den Namen der Eigenschaft fest, nach der die Ergebnismenge sortiert werden soll

Tabelle 10.7 Die wichtigsten Member von *DirectorySearcher*

Die Suchergebnisse als DirectoryEntry-Objekte weiterverarbeiten

Was sich leicht übersehen lässt ist der Umstand, dass jedes Objekt der *SearchResultCollection*-Collection nicht nur verschiedene Properties, sondern auch eine *GetDirectoryEntry*-Methode besitzt. Diese Methode holt zu jedem gefundenen Verzeichniselement das dazugehörige *DirectoryEntry*-Objekt, sodass sich die Attribute eines gefundenen Verzeichniselements z.B. ändern lassen oder mit dem Element eine Aktion durchgeführt werden kann.

Das folgende Beispiel kombiniert eine Suche mit einer Operation, indem jeder gefundene Benutzer in eine OU verschoben wird:

```
# -------------------------------------------------------------
# Beispiel 10.16 - Suchen und Verschieben
# -------------------------------------------------------------
$ADTempOU = [ADSI]"LDAP://OU=TempOU,DC=Pemobooks,DC=local"
$ADS = [ADSISearcher]"(&(objectClass=user)(objectCategory=person)(name=B*))"
$Result = $ADS.FindAll()
$Result | ForEach-Object {
  $_.GetDirectoryEntry().MoveTo($ADTempOU)
  "$($_.Properties.name) nach $($ADTempOU.psbase.path) verschoben"
}
```

Listing 10.16 Die Suchergebnisse einer Active Directory-Suche weiterverarbeiten

Suche nach bestimmten Properties (z. B. CanonicalName)

Bislang besaß jedes Verzeichniselement in der *SearchResultCollection* einen festen Satz an Attributen. Das ist zum einen nicht immer optimal, da bei umfangreichen Abfragen sehr viele Daten über das Netzwerk übertragen werden, zum anderen sind nicht alle Attribute in der Ergebnismenge enthalten. Ein Attribut, das zunächst fehlt, ist das *CanonicalName*-Attribut, das den Pfad eines Verzeichniselements als so genannten *Canonical Name* in einem anderen, oft etwas besser zur Sortierung oder Weiterverarbeitung geeigneten Format liefert, als es beim *Distinguished Name* der Fall ist (die etwas ungewöhnliche Bezeichnung bedeutet in diesem Zusammenhang »der wahre Name eines Verzeichniselements«). Um andere Attribute in die Ergebnismenge einzubeziehen, gibt es bei *DirectorySearcher* die *PropertiesToLoad*-Property (ein langer Name), die für ein Objekt steht, über dessen *Add*-Methode genau ein Attribut und über dessen *AddRange*-Methode gleich ein ganzes Array von Attributen übergeben wird. Das einzige Problem dabei ist, dass durch das Hinzufügen eines Attributs außer dem *adsPath*-Attribut alle übrigen Attribute entfernt werden und dadurch gegebenenfalls nachträglich wieder hinzugefügt werden müssten.

Das folgende Beispiel sucht nach Computerkonten, gibt aber zur Abwechslung nur den Wert des *Name*- und des *CanonicalName*-Attributs zurück:

```
# -------------------------------------------------------------
# Beispiel 10.17 - Suche nach anderen Properties
# -------------------------------------------------------------
$ADS = New-Object –Type System.DirectoryServices.DirectorySearcher
$ADS.Filter = "(&(objectClass=user)(objectCategory=person)(name=B*))"
$ADS.PropertiesToLoad.AddRange(@("name","canonicalname"))
$Result = $ADS.FindAll()
$Result | ForEach-Object {
  "Name: $($_.Properties.name) - Canonical Name: $($_.Properties.canonicalname)"
}
```

Listing 10.17 Suche in Active Directory nach anderen Properties

LDAP in zehn Minuten

LDAP (*Lightweight Directory Access Protocol*)[10] definiert auch die Suchsyntax für Suchfilter, mit denen Elemente in einem Active Directory-Verzeichnis ausgewählt werden. Diese Suchsyntax ist leistungsfähig, wenn auch am Anfang vielleicht ein wenig sperrig. Das beginnt bereits bei dem Umstand, dass im Stile einer »Umgekehrten Polnischen Notation« zuerst der Operator und dann die Operanden aufgeführt werden, diese stets in runde Klammer gesetzt werden müssen und im Vergleich zur PowerShell ein anderer Satz an Operatoren verwendet wird. Die Microsoft-Cmdlets aus dem *ActiveDirectory*-Modul erlauben es daher auch, dass anstelle der LDAP-Syntax die vertrauten PowerShell-Operatoren verwendet werden dürfen. Tabelle 10.8 stellt die wichtigsten LDAP-Operatoren zusammen, Tabelle 10.9 enthält ein paar typische LDAP-Abfragen. Ungewohnt ist vor allem die Art und Weise, wie logische Verknüpfungen formuliert werden, da der Operator nur einmal vorangestellt wird. Ein

```
(&(K1) (K2) (K3))
```

verknüpft drei logische Bedingungen K1, K2 und K3 mithilfe der Und-Verknüpfungsregel wie in dem folgenden Beispiel, in dem die Bedingungen *(objectClass=user)*, *(displayName=*huber*)* und *(whenCreated>20090101000000.0Z)* kombiniert werden:

```
(&(objectClass=user)(displayName=*huber*)(whenCreated>20090101000000.0Z))
```

objectClass steht als Attribut für die Klasse, zu der das Element gehört, wobei sich hinter dem Attribut mehrere Werte in Gestalt einer Vererbungskette befinden. Für einen Benutzer (*user*-Objekt) lautet sie *top, person, organizationalPerson, user* und für einen Computer *top, person, organizationalPerson, user, computer*. Wird daher nur nach dem Kriterium *objectClass=user* gesucht, werden die Computer-Elemente in das Suchergebnis einbezogen. Würde nach *objectClass=person* gesucht, würden z.B. auch die Kontakte eingezogen werden, da ihr Klassenwert *top, person, organizationalPerson, contact* lautet. Für eine eingrenzende Suche muss daher die speziellste Klassenbezeichnung angegeben werden. Möchte man wirklich nur die Benutzer erhalten, reicht *objectClass=user* als Kriterium alleine nicht aus, es muss zusätzlich das Kriterium *objectCategory=Person* einbezogen werden:

```
"(&(objectClass=user)(objectCategory=person))"
```

Das Attribut *objectCategory* steht für den LDAP-Pfad innerhalb der Schemadefinition, die ebenfalls Teil der Active Directory-Datenbank ist und alle Verzeichniselemente enthält (eine einzelne Datei mit dem Namen *NTDS.dit*, wobei die Erweiterung für *Directory Information Tree* stehen soll). Für einen Benutzer lautet ihr Wert z.B.

```
CN=Person,CN=Schema,CN=Configuration,DC=pemobooks,DC=local
```

[10] Der Standard für die Suchsyntax trägt den offiziellen Namen RFC 2254.

Die erste der beiden größten Kleinigkeiten, an die sich gerade erfahrene Scripting-Anwender beim Umgang mit LDAP-Filtern gewöhnen müssen, liegt darin, dass es keinen like-Operator gibt, sondern der Platzhalter * einfach in den Namen eingebaut wird, der auf das Gleichheitszeichen folgt. Die zweite Kleinigkeit ist der Umstand, dass der gesamte Suchfilter immer noch einmal in runde Klammern gesetzt wird, auch wenn diese als überflüssig erscheinen mögen.

Datumsvergleiche sind generell kein Problem. Ein

```
(&(objectClass=user)(whencreated>=20091010000000.0OZ))
```

liefert alle *user*-Elemente, die nach dem 1.1.2009 erstellt wurden. Das Zeitformat ist ein UTC-Format (*Universal Time Coordinated*), das an den *ISO-Standard 8601* angelehnt ist. Während die auf das »Z« folgende Differenz zur Standardzeitzone optional ist, muss der Sekundenbruchteil auf den Punkt folgend offenbar angegeben werden. Ein wenig ungünstig ist, dass nicht alle Zeitangaben in diesem Format vorliegen. Attribute wie *lastLogon* werden als *Large Integer* (NT-Systemzeit) angegeben. Eine Möglichkeit, diese Zahl in einen lesbaren Datums-Zeit-Wert zu konvertieren, bietet das kleine Windows-Tool *W32tm*, wenn es mit dem Parameter */ntte* aufgerufen wird.

TIPP Eine gute Anlaufstelle für Fragen rund um ADSI und LDAP ist *http://www.selfadsi.de* und dort speziell *http://www.selfadsi.de/ldap-filter.htm.*

Ein enorm praktisches Tool, das nicht jeder kennt, zumal es sich sehr unscheinbar präsentiert, ist *Ldp.exe* (in *%SystemRoot%\System32*). Mit ihm kann man z.B. LDAP-Abfragen testen. Nach dem Start muss man sich mit einer Domäne verbinden und sich gegebenenfalls auch anmelden (*binden*). Anschließend kann die Verzeichnisstruktur betrachtet und es können LDAP-Abfragen ausgeführt werden. Sehr lehrreich ist es, sich die Antwort des LDAP-Server auf eine Anfrage zu betrachten, da hier viele der Elemente, die bislang eher theoretisch betrachtet wurden, enthalten sind.

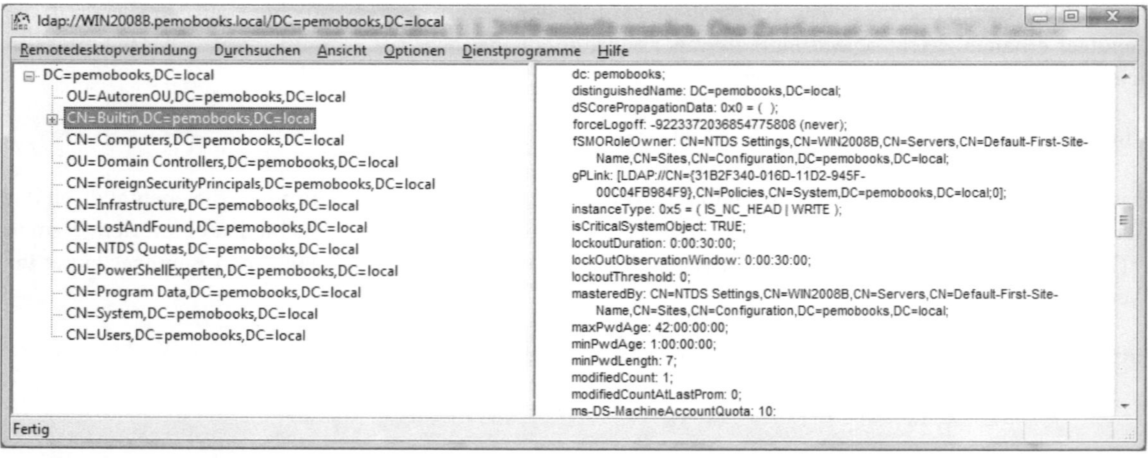

Abbildung 10.9 Ldp.exe ist zum »Erforschen« von LDAP sehr gut geeignet

<table>
<tr><th>Operator</th><th>Bedeutung</th></tr>
<tr><td>|</td><td>Oder-Verknüpfung</td></tr>
<tr><td>&</td><td>Und-Verknüpfung</td></tr>
<tr><td>!</td><td>Not-Operator</td></tr>
<tr><td>=</td><td>Gleichheits-Operator</td></tr>
<tr><td>>=</td><td>Größer gleich-Operator</td></tr>
<tr><td><=</td><td>Kleiner gleich-Operator</td></tr>
<tr><td>*</td><td>Platzhalter</td></tr>
</table>

Tabelle 10.8 Wichtige LDAP-Operatoren

<table>
<tr><th>Abfrage</th><th>Was wird gefunden?</th></tr>
<tr><td><code>(objectClass=computer)</code></td><td>Alle Computer-Elemente</td></tr>
<tr><td><code>(&(objectClass=user)(objectCategory=Person))</code></td><td>Alle Benutzerkonten</td></tr>
<tr><td><code>(&(objectClass=user)(name=*franz*))</code></td><td>user-Elemente, in deren Namen das Wort franz vorkommt</td></tr>
<tr><td><code>(&(objectClass=user)(|(cn=E*)(cn=A*)))</code></td><td>user-Elemente, deren cn-Attribut entweder mit »E« oder mit »A« beginnt</td></tr>
<tr><td><code>(&(objectClass=user)(!description=*))</code></td><td>user-Elemente, für die es keine Beschreibung gibt</td></tr>
<tr><td><code>(objectClass=organizationalunit))</code></td><td>Alle Organisationseinheiten</td></tr>
<tr><td><code>(&(objectClass=user)(whencreated>=20091010000000.00Z0))</code></td><td>user-Elemente, die seit dem 10.10.2009 angelegt wurden (das Datum wird in einem speziellen Format dargestellt, bei dem auf das »Z« die Differenz zur GMT-Zeit in Minuten folgt)</td></tr>
<tr><td><code>(&(objectClass=user)(userAccountControl:1.2.840.113556.1.4.803:=2))</code></td><td>Alle deaktivierten Benutzerkonten. Diese Information ist als ein einzelnes Bit (Bit Nr. 2) in der userAccountControl-Property abgelegt und muss im Rahmen der LDAP-Abfrage ein wenig umständlich über eine bitweise Und-Verknüpfung abgefragt werden. Ganz so kompliziert, wie es erscheinen mag, ist die Abfrage allerdings auch nicht, 1.2.840.113556.1.4.803 steht bei LDAP für die Und-Regel, 1.2.840.113556.1.4.804 für die Oder-Regel und auf Bit Nr. 2 soll geprüft werden. Vorsicht: 2 steht nicht für die Position, sondern für $2^1 = 2$ (da die Nummerierung bei 0 beginnt, besitzt das 2. Bit die Position 1).</td></tr>
<tr><td><code>(&(objectClass=user)(userAccountControl:1.2.840.113556.1.4.803:=65536))</code></td><td>Alle Benutzerkonten mit einem Kennwort läuft nie ab-Flag im userAccountControl-Attribut. Dies ist das 17. Bit (oder?).</td></tr>
<tr><td><code>(&(objectClass=user)(userAccountControl:1.2.840.113556.1.4.803:=32))</code></td><td>Alle Benutzerkonten, für die kein Kennwort gesetzt wurde</td></tr>
</table>

Tabelle 10.9 Einige Beispiele für LDAP-Suchabfragen

Flag	Zahlenwert (hex)
ACCOUNTDISABLE	0x0002
PASSWD_NOTREQD	0x0020
DONT_EXPIRE_PASSWORD	0x10000
PASSWORD_EXPIRED	0x800000

Tabelle 10.10 Einige *UserAccountControl*-Flags

ADFind, DsQuery & Co als Alternative

Die »guten, alten« Active Directory-Verwaltungstools können natürlich auch unter der PowerShell eingesetzt werden. Sie kommen immer dann infrage, wenn die Anforderung klar umrissen ist und im Laufe der Zeit auch nicht variieren wird. In diesem Fall ist der Einsatz dieser Tools eventuell eine schnellere und direktere Alternative zu den am Anfang eventuell noch ungewohnten PowerShell-Alternativen. Doch auch die Nachteile liegen auf der Hand. Die Syntax ist nicht einheitlich und teilweise komplex. Und natürlich steht keine Objekt-Pipeline zur Verfügung. Tabelle 10.11 stellt die einzelnen Tools zusammen, die Teil von Windows Server 2003 sind. Ein beliebtes Allround-Tool ist *ADFind*. Es stammt nicht von Microsoft, sondern von einem gewissen *Joe* und soll an dieser Stelle zumindest einmal lobend erwähnt werden. Download unter *http://www.joeware.net/freetools*.

Tool	Was macht es?
DsAdd.exe	Fügt Objekte hinzu
DsGet.exe	Holt ein oder mehrere Verzeichniselemente
DsMove.exe	Verschiebt ein Objekt im Verzeichnisbaum
Dsquery.exe	Sucht Objekte anhand allgemeiner Kriterien

Tabelle 10.11 Die Active Directory-Tools in *%SystemRoot%\System32*

Active Directory-Verwaltung mit den Cmdlets von Quest (Management Shell for AD)

Die Aussicht, dass die PowerShell 1.0 keine Active Directory-Cmdlets enthalten würde, hatte in der Community im Vorfeld der Einführung der PowerShell vor einigen Jahren nicht nur zu Kritik geführt, sondern auch einige engagierte Entwickler auf den Plan gerufen. Ein Resultat ist die *ActiveRoles Management Shell for AD* der Firma *Quest* (ein Partnerunternehmen von Microsoft, das bekannt ist für zahlreiche Tools zur Verwaltung großer Netzwerke), welche diese netterweise als freien Download anbietet.[11] Die *Quest*-Cmdlets eignen sich sowohl zur Verwaltung von Active Directory als auch eines auf den *Active Directory Light Weight Directory Services* (AD LDS, vormals ADAM, was für *Active Directory Application Mode* stand) basierenden Verzeichnisses.[12]

[11] Und inzwischen nicht mehr ganz so »uneigennützig« wie am Anfang. Mit der aktuellen Version 1.3 setzen 14 von 63 Cmdlets (zu erkennen an der Silbe »ARS«) das kommerzielle Quest-Produkt ActiveRoles Server voraus.

[12] Ohne Abkürzungen, die alle 2–3 Jahre geändert werden, wäre Microsoft als Unternehmen nicht funktionsfähig.

Installation

Die Installation der *Quest*-Cmdlets ist nach dem Download unter der Adresse *http://www.quest.com/powershell/activeroles-server.aspx* (es gibt sowohl eine 32- als auch eine 64-Bit-Version) schnell erledigt. Es müssen keine Fragen beantwortet und keine Entscheidungen getroffen werden. Auch eine Registrierung wird dem Anwender nicht abverlangt. Es erscheint noch nicht einmal die übliche »Erfolgsmeldung« nach vollbrachter Installation. Ein

```
Get-PSSnapin -registered Quest*
```

verrät, ob die *Quest*-Cmdlets tatsächlich an Bord sind. Der Befehl

```
Add-PSSnapin Quest.Activeroles.AdManagement
```

fügt die *Quest*-Cmdlets zur aktuellen PowerShell-Sitzung hinzu. Sollen die *Quest*-Cmdlets nach jedem PowerShell-Start zur Verfügung stehen, muss der Befehl in die Profile-Datei aufgenommen werden. Anschließend stehen (in der Version 1.3) insgesamt 63 Cmdlets zur Verfügung, die sich per

```
Get-Command -CommandType Cmdlet -PSSnapin Quest*
```

auflisten lassen. Das *QAD* im Cmdlet-Namen mag zunächst ein wenig irritieren, besitzt aber eine tiefere Bedeutung, denn auf diese Weise unterscheiden sich die *Quest*-Cmdlets von den Microsoft-Cmdlets, sodass beide theoretisch gemeinsam eingesetzt werden können.

Tabelle 10.12 (Seite 390) stellt einige der interessantesten Cmdlets zusammen. Die Cmdlets sind in einer umfangreichen Pdf-Datei mit vielen Beispielen bestens dokumentiert. Außerdem steht natürlich zu jedem Cmdlet die Hilfe in vollem Umfang zur Verfügung. Die Cmdlets beschränken sich nicht auf elementare Operationen, sondern unterstützen z.B. auch das Wiederherstellen gelöschter Verzeichniselemente aus dem *Tombstone*. Auch das Abfragen und Setzen von Berechtigungen, die beim Zugriff auf ein Verzeichniselement eine Rolle spielen, ist in einem gewissen Umfang möglich. Der einzige kleine »Nachteil«, der mit den *Quest*-Cmdlets, wie mit jedem externen »Paket« einhergeht, liegt darin, dass sie nur dort ausgeführt werden können, wo das Snap-In zuvor installiert wurde. Wer also *mission critical*-Skripts auf den *Quest*-Cmdlets aufbaut, muss auch dafür sorgen, dass das Snap-In auf jedem Arbeitsplatz, auf dem die Skripts ausgeführt werden sollen, verteilt wird. Das gilt auch für remote ausgeführte Skripts, denn die Snap-Ins müssen stets lokal vorliegen. Wie sich ein Snap-In mit dem Laden eines Skripts nachladen lässt, wird in Kapitel 15 gezeigt.

Die Rolle des Identity-Parameters

Alle *Quest*-Cmdlets, die ein Verzeichnisobjekt ansprechen, bieten den *Identity*-Parameter (als Positionsparameter an der Position 1, sodass das Argument unmittelbar auf das Cmdlet folgen kann), über den das Objekt adressiert wird. Hier kann neben dem üblichen *Distinguished Name* auch die GUID, der SID (*Security Identifier*) oder der *Canonical Name* in der Schreibweise *'canonical=domain/users/user'* angegeben werden. Ein Benutzer kann wahlweise »traditionell«

```
Get-QADUser "CN=Bert, OU=PowerShellExperten, DC=Pemobooks, DC=Local"
```

oder alternativ unter Angabe des Domänennamens

```
Get-QADUser "canonical=pemobooks.local/powershellexperten/bert"
```

angesprochen werden. Es gibt daher vielfältige Möglichkeit, mit den Quest-Cmdlets ein Objekt in einem Verzeichnis zu adressieren.

Die ersten Schritte

Der Umgang mit den *Quest*-Cmdlets könnte einfacher nicht sein. Ein

```
Get-QADUser
```

listet alle Benutzer im Verzeichnis auf, das über die aktuelle Domäne angesprochen wird, wobei dies durchaus einige Tausend Einträge sein können – über den Parameter *SizeLimit* kann die Anzahl der zurückgegebenen Einträge begrenzt werden (auch bei den *Quest*-Cmdlets ist 1.000 voreingestellt). Der nächste Befehl holt alle deaktivierten Benutzerkonten:

```
Get-QADUser | Where-Object { $_.AccountIsDisabled}
```

Das wäre die traditionelle Herangehensweise, doch bei den *Quest*-Cmdlets geht es noch ein wenig einfacher:

```
Get-QADUser -Disabled
```

Cmdlets wie *Get-QADUser* besitzen gleich mehrere Dutzend Parameter für die wichtigsten Attribute eines Verzeichniselements. Unter anderem gibt es auch einen *Disabled*-Parameter. Mit einem *Get-QADUser* wird daher eine Suche in der gesamten Domäne durchgeführt.

Der folgende Befehl listet für jeden Benutzer nur Name, Beschreibung, E-Mail-Adresse (sofern vorhanden) und den Zeitpunkt auf, an dem das Konto angelegt wurde:

```
Get-QADuser | Select-Object Name, Mail, CreationDate
```

Möchte man nur die aktiven Benutzerkonten sehen, die nach dem 1.1.2009 angelegt wurden, erledigt das der folgende Befehl:

```
Get-QADUser -Disabled | Where-Object { $_.CreationDate -ge (get-date 1.1.2009) }
```

Das ist natürlich ein angenehmer Kontrast zu der etwas umständlichen Vorgehensweise beim Einsatz des *[ADSI]*-Type Accelerators.

Wie müsste der Befehl wohl ausgebaut werden, um zu erreichen, dass diese Konten gleich aktiviert werden? Klar, es muss lediglich ein *Enable-QADUser*-Cmdlet angehängt werden:

```
Get-QADUser -Disabled | Where-Object { $_.CreationDate -ge (get-date 1.5.2009) } | Enable-QADUser -WhatIf
```

Dank des *WhatIf*-Parameters, der genau wie die übrigen Common Parameters (bezogen auf die Version 1.0 der PowerShell) selbstverständlich zur Verfügung steht, wird die Operation nur »simuliert«. Das ist ein Komfort, an den man sich gerne gewöhnt und der natürlich auch selbstverständlich sein sollte.

Der angenehme Vorteil der Cmdlets gegenüber der Alternative mit dem *[ADSISearcher]*-Type Accelerator ist, dass sich das Ergebnis natürlich beliebig weiterverarbeiten lässt.

Der folgende Befehl exportiert die Namen aller Benutzerkonten, an die länger als 90 Tage keine Anmeldung erfolgte, in eine CSV-Datei:

```
Get-QADUser | Where-Object { $_.LastLogon -ne $null -and $_.LastLogon -lt (get-date) - (New-TimeSpan -
Days 90) } | Select-Object Name, LastLogon | Export-CSV LastLogonReport.csv -NoType
```

Die Zeitdifferenz wird durch eine Subtraktion eines *TimeSpan*-Objekts, das für eine Zeitspanne von 90 Tagen steht, vom aktuellen Datum gebildet. Diese Ad-hoc-Abfragefähigkeiten sind einige der großen Vorteile von Cmdlets gegenüber den Alternativen mit *[ADSI]* und *[ADSISearcher]*, bei denen die Rückgabe zunächst in ein Objekt verpackt werden müsste.

HINWEIS Auch die *Quest*-Cmdlets setzen (natürlich) auf den Klassen *DirectoryEntry* und *DirectoryEntries* der .NET-Klassenbibliothek auf.

Anmelden an eine Domäne

Erfolgt der Zugriff von einem Computer, der nicht Teil der Domäne ist, ist eine Anmeldung über das *Connect-QADService*-Cmdlet erforderlich. Für den *Service*-Parameter wird z.B. der (NetBIOS-)Name des Servers oder die IP-Adresse übergeben. Die Übergabe der erforderlichen Anmeldeinformationen erfolgt wie üblich über den *Credential*-Parameter.

Der folgende Befehl stellt die Verbindung zum Computer mit der angegebenen IP-Adresse her:

```
$QADCn = Connect-QADService -Service 192.168.1.112 -Credential PemoBooks\Administrator
```

HINWEIS Es ist wichtig, dass dem Anmeldenamen auch der Name des Computers vorangestellt wird (Servername\Benutzername), sonst scheint es nicht zu funktionieren.

Das zurückgegebene Verbindungsobjekt wird dem folgenden Cmdlet über dessen *Connection*-Parameter übergeben:

```
Get-QADUser -Connection $QADCn
```

Bei allen weiteren Zugriffen *cacht* das Snap-In die Verbindungsinformation, sodass sie nicht jedes Mal angegeben werden muss.

Cmdlet	Was steckt dahinter?
Disable-QADUser	Deaktiviert Benutzerkonten
Get-QADComputer	Holt ein oder mehrere Computerkonten
Get-QADGroup	Holt eine oder mehrere Gruppen
Get-QADGroupMember	Holt die Mitglieder einer Gruppe
Get-QADMemberOf	Holt die Gruppen, in denen ein Benutzer Mitglied ist
Get-QADObject	Holt ein Verzeichniselement, dessen Pfad angegeben wird
Get-QADPermission	Holt die Berechtigungen für ein Verzeichniselement
Get-QADRootDSE	Holt das *RootDSE*-Objekt vom Domänencontroller
Get-QADUser	Holt einen oder mehrere Benutzer
Add-QADPermission	Fügt eine Berechtigung zu einem Verzeichniselement hinzu
Connect-QADService	Stellt die Verbindung zu einem Domänencontroller her
Set-QADUser	Ändert ein oder mehrere Attribute eines Benutzers
Set-QADObjectSecurity	Ändert die Sicherheitseinstellung für ein Verzeichniselement

Tabelle 10.12 Einige der wichtigeren *Quest*-Cmdlets

Einen Benutzer anlegen

Für das Anlegen eines Benutzers ist das *New-QADUser*-Cmdlet zuständig, dem die meisten Attributwerte über die dafür vorgesehenen Parameter übergeben werden. Andere Attribute, wie z. B. die E-Mail-Adresse, müssen über den allgemeinen *ObjectAttributes*-Parameter in Gestalt einer Hashtable übergeben werden. Wichtig ist der Parameter *ParentContainer*, denn er legt fest, wo der User »aufgehängt« wird.

Der folgende Befehl legt einen neuen User mit einem Minimum an Attributen an. Dabei werden Anmeldename und Kennwort im Skript festgelegt, sodass keine Eingabe für die Anmeldung an die Domäne erforderlich ist.

```
# -----------------------------------------------------------
# Beispiel 10.18 - Anmeldung mit Benutzername und Kennwort
# -----------------------------------------------------------
$PwSec = ConvertTo-SecureString -AsPlainText -Force -String "geheim"
$QADCn = Connect-QADservice -Service 192.168.2.120 -ConnectionAccount "PemoBooks\Administrator" -
ConnectionPassword $PwSec
New-QADuser -Name "Ulrich User" `
 -Department "EDV" `
 -Parentcontainer "OU=AutorenOU,DC=Pemobooks,DC=local" `
 -SamAccountName "UlrichUser"
```

Listing 10.18 Anmeldung an Active Directory über *Connect-QADService*

Ein abschließender Aufruf von *SetInfo()* oder *CommitChanges()* ist im Unterschied zur *[ADSI]*-Variante nicht erforderlich.

HINWEIS Wird für das Attribut *SamAccountName* kein Wert übergeben, wird von Active Directory ein zufälliger Name vergeben, sodass es im Allgemeinen sinnvoll ist, auch dieses Attribut zu vergeben.

Das Aktivieren eines frisch angelegten Benutzerkontos erledigt das *Enable-QADUser*-Cmdlet. Bei diesem simplen Beispiel wird einmal mehr deutlich, welcher Komfort mit Cmdlets einhergeht. Statt sich Gedanken über Member und deren Aufrufdetails machen zu müssen, wird das Benutzerkonto mit *Get-QADUser* geholt und über die Pipeline an *Enable-QADUser* weitergereicht:

```
Get-QADUser -Name "Ulrich User" | Enable-QADUser
```

Attribute nachträglich ändern

Das Ändern von Attributwerten im Stile von *(Get-QADUser).<Propertyname>=<Neuer Wert>* ist nicht möglich, da es sich um ReadOnly-Properties handelt. Ein Attribut erhält über das *Set-QADUser*-Cmdlet einen neuen Wert.

Der folgende Befehl ordnet einem User einen neuen Wert für das *Department*-Attribut zu:

```
Set-QADUser -Connection $QADCn -Identity "UlrichUser" -Department "IT"
```

Attribute ansprechen, für die es keinen Parameter gibt

Natürlich besitzt *Set-QADUser* nicht für jedes denkbare Attribut einen passenden Parameter, zumal es über Schemaerweiterungen theoretisch beliebig viele Attribute geben kann. Alle spezielleren Attribute werden über den *ObjectAttributes*-Parameter festgelegt.

Der folgende Befehl setzt für einen Benutzer über das *mail*-Attribut die E-Mail-Adresse:

```
Set-QADUser -Connection $QADCn -Identity "UlrichUser" -ObjectAttributes
@{mail="Ulrich.User@localhost.de"}
```

Der folgende Befehl setzt für einen Benutzer über das *homePhone*-Attribut die private Rufnummer:

```
Set-QADUser -Connection $QADCn -Identity "UlrichUser" -ObjectAttributes @{homePhone="089-32168"}
```

Benutzer löschen

Das Löschen von Usern und anderen Verzeichniselementen übernimmt kurz und schmerzlos das *Remove-QADObject*-Cmdlet, dem im einfachsten Fall lediglich der Name des Users übergeben wird:

```
Remove-QADObject "Ulrich" -Confirm
```

Da kein Container angegeben wurde, wird der erste User mit dem angegebenen Namen gelöscht. Es ist daher im Allgemeinen sinnvoller, über *Get-QADObject* zuerst den Container zu spezifizieren:

```
Get-QADObject -Searchroot "CN=Gerd Müller,OU=PowerShell-Experten,DC=Pemobooks,DC=local" | Remove-
QADObject -WhatIf
```

Beim Löschen von Verzeichniselementen wird einmal mehr deutlich, welche Vorteile richtige Cmdlets gegenüber dem Notbehelf« *[ADSI]* bieten, denn die vertrauten Parameter *WhatIf* und *Confirm* stehen z.B. auch bei einem *Remove-QADObject*-Cmdlet zur Verfügung.

Gruppen anlegen

Für das Anlegen einer Gruppe gibt es kein eigenes Cmdlet, diese Aktion übernimmt das allgemeine *New-QADObject*-Cmdlet.

Der folgende Befehl legt eine neue Gruppe im Stammcontainer an:

```
New-QADObject -Name Autorengruppe -Type group -Parentcontainer "DC=Pemobooks,DC=local"
```

Einfacher lässt sich ein solcher Vorgang sicher nicht mehr durchführen. Das Auflisten vorhandener Gruppen ist genauso einfach. Der folgende Befehl listet alle Gruppen im Verzeichnis auf:

```
Get-QADObject -Type Group
```

Benutzer zu Gruppen hinzufügen und entfernen

Das Hinzufügen eines Benutzers zu einer Gruppe übernimmt das *Add-QADGroupMember*-Cmdlet. Auch sein Aufruf könnte einfacher nicht sein.

Der folgende Befehl fügt einen Benutzer zu einer Gruppe hinzu:

```
Get-QADUser "H. Schwichtenberg" | Add-QADGroupMember Autorengruppe
```

Über das *MemberOf*-Attribut erfährt man, in welchen Gruppen ein Benutzer Mitglied ist:

```
Get-QADUser "H. Schwichtenberg" | Select-Object MemberOf
```

Das Entfernen eines Users aus einer Gruppe übernimmt das *Remove-QADGroupMember*-Cmdlet. Auch seine Aufrufsyntax ergibt sich, nachdem man sich ein wenig mit den Quest-Cmdlets beschäftigt hat, praktisch von alleine.

Dazu ein Beispiel. Der folgende Befehl entfernt einen User aus einer Gruppe:

```
Get-QADUser "H. Schwichtenberg" | Remove-QADGroupMember Autorengruppe
```

Organisationseinheiten anlegen

Eine Organisationseinheit wird über das allgemeine *New-QADObject*-Cmdlet angelegt, wobei als Typ *organizationalUnit* angegeben wird.

Der folgende Befehl legt eine OU in einem geeigneten Parentcontainer mit dem Namen *PowerShell-Experten* an:

```
New-QADObject -Type organizationalUnit -Name "PowerShell-Experten" -ParentContainer
"DC=Pemobooks,DC=local"
```

Der folgende Befehl listet alle OUs im Verzeichnis auf:

```
Get-QADObject -Type organizationalUnit
```

Der folgende Befehl fügt über das *Move-QADObject*-Cmdlet einen User zur noch leeren OU hinzu:

```
Get-QADuser "Dr. H. Schwichtenberg" | Move-QADObject -NewParentContainer "OU=PowerShell-Experten,
DC=Pemobooks,DC=Local"
```

Der folgende Befehl setzt über den universellen *ObjectAttributes*-Parameter die Attribute *street*, *l* (für Wohnort) und *country* für die OU *PowerShell-Experten*:

```
Get-QADobject "PowerShell-Experten" | Set-QADObject -ObjectAttributes @{street="Scripting
Ave";l="Redmond";country="USA"}
```

Der folgende Befehl gibt alle Objekte zurück, deren *l*-Attribut den Wert *Redmond* besitzt:

```
Get-QADobject -ObjectAttributes @{l="Redmond"}
```

oder deren *l*-Attribut mit »R*« beginnt:

```
Get-QADobject -ObjectAttributes @{l="R*"}
```

Die Mitglieder einer OU auflisten

Das Auflisten aller Mitglieder einer OU bzw. allgemein eines Containers übernimmt (natürlich) wieder das *Get-QADUser*-Cmdlet mit seiner eingebauten LDAP-Suchfunktionalität und seinem *SearchRoot*-Parameter, über den der Ort der Suche festgelegt wird.

Der folgende Befehl listet den Inhalt der OU *PowerShell-Experten* auf:

```
Get-QADUser -SearchRoot "OU=PowerShell-Experten,DC=Pemobooks,DC=local"
```

Operationen mit Computerkonten

Für alle Operationen mit Computerkonten ist das *Get-QADComputer*-Cmdlet zuständig.

Dazu ein Beispiel. Der folgende Befehl listet alle Computer im aktuellen Verzeichnis auf:

```
Get-QADComputer
```

Der folgende Befehl listet für jeden Computer auch Namen und Versionsnummer des Betriebssystems und eines eventuellen Service-Packs auf:

```
Get-QADComputer | Select-Object OsName, OsVersion, OsServicePack
```

Auch hier zeigt sich sehr schön, wie komfortabel die *Quest*-Cmdlets das Durchführen typischer Verzeichnisaktivitäten erlauben.

TIPP Da es (anscheinend) keine direkte Möglichkeit gibt, bei einem Computer zwischen Arbeitsstation und Server zu unterscheiden, ist die Abfrage des Betriebssystemtyps eine einfache und in den meisten Fällen sicher auch zuverlässige Möglichkeit, diese Einteilung zu treffen.

Der folgende Befehl listet alle Domänencontroller in der Domäne auf:

```
Get-QADComputer -ComputerRole DomainController
```

Die Quest-Cmdlets im Zusammenspiel mit PowerGUI

PowerGUI, das in Kapitel 15 vorgestellt wird, ist ein Administrationstool, das ebenfalls von *Quest* als freier Download angeboten wird und das der Managementkonsole nachempfunden ist, indem es im linken Bereich eine Baumansicht anzeigt, in der jeder Knoten für einen beliebigen PowerShell-Befehl steht, der mit der Auswahl des Knotens ausgeführt wird. Das Ergebnis wird im Mittelbereich angezeigt, während im rechten Bereich Aktionen angeboten werden, die zum momentan im Mittelbereich selektierten Element passen. Wurden die *Quest*-Cmdlets installiert, werden entsprechende Knoten in die *PowerGUI* eingefügt (dies kann auch nachträglich geschehen), sodass sich Active Directory-Abfragen auf einfache Weise ähnlich wie in der Active Directory-Benutzer und -Computer-Konsole ausführen lassen.

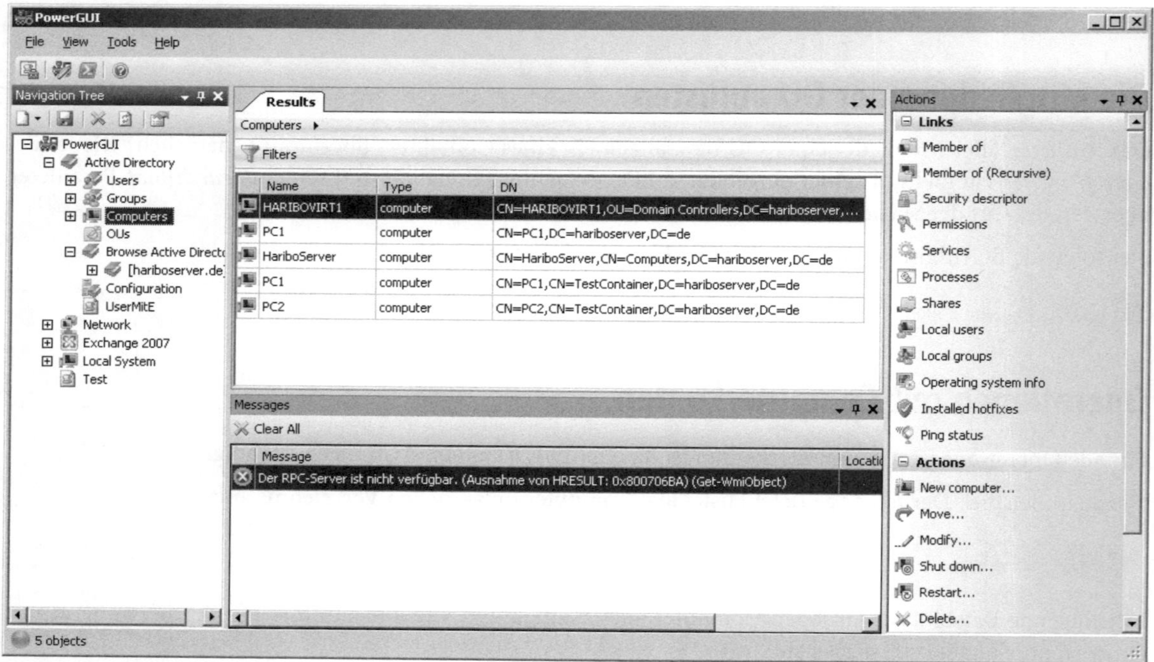

Abbildung 10.10 PowerGUI bietet eine komplette Active Directory-Verwaltungskonsole auf der Basis von PowerShell-Cmdlets und -Skripts

Active Directory-Administration

Active Directory besteht nicht nur aus Inhalten, sondern auch aus einer Struktur, die Domänen, Domänencontroller, einen globalen Katalog und mindestens einen übergreifenden Forest (Gesamtstruktur) umfasst. Außerdem kann es Vertrauens- und Replikationsbeziehungen zwischen zwei Domänen geben. Alle diese Dinge lassen sich mit den Cmdlets aus dem *ActiveDirectory*-Modul ansprechen, die in Abschnitt »Die Cmdlets aus dem ActiveDirectory-Modul« (Seite 400) vorgestellt werden. Wem diese Cmdlets nicht zur Verfügung stehen, muss man erneut direkt auf einzelne Klassen der .NET-Klassenbibliothek (Kapitel 13) ausweichen. Tabelle 10.13 stellt die wichtigsten Klassen des aus insgesamt 70 Klassen bestehenden Namespace *System.DirectoryServices.ActiveDirectory* zusammen. Bereits anhand der praktisch selbsterklärenden Klassennamen wird deutlich, dass der Umgang mit diesen Klassen nicht allzu kompliziert ist.

Das folgende Beispiel gibt bezogen auf den aktuellen Forest die Namen aller darin zusammengefassten Domänen mit ihrem Modus aus.

```
# -------------------------------------------------------------
# Beispiel 10.19 - alle Domänen in einem Forest auflisten
# -------------------------------------------------------------
$Forest = [System.DirectoryServices.ActiveDirectory.Forest]::GetCurrentForest()
$Forest.Domains | ForEach-Object {
  "Domäne: $($_.Name) - Modus: $($_.DomainMode)"
}
```

Listing 10.19 Alle Domänen im aktuellen Forest auflisten

Mithilfe des *Get-Forest*-Cmdlets aus dem *ActiveDirectory*-Modul ginge es zwar etwas einfacher, aber auch diese Variante ist nicht unzumutbar.

Klasse	Steht für...
ActiveDirectoryPartition	Eine einzelne Partition
ActiveDirectorySchema	Ein einzelnes Schema
ActiveDirectorySite	Eine Gruppe von Domänencontrollern
DirectoryContext	Die Anmeldeinformation an ein Verzeichniselement
Domain	Eine Domäne
DomainController	Einen Domänencontroller
Forest	Einen einzelnen Forest
GlobalCatalog	Den globalen Katalog

Tabelle 10.13 Interessante Klassen im Namespace *System.DirectoryServices.ActiveDirectory*

Wenn eine Anmeldung erforderlich ist – der DirectoryContext

Ist an die Domäne eine Anmeldung erforderlich, wird ein *DirectoryContext*-Objekt benötigt. Neben Benutzername und Kennwort wird der Kontexttyp übergeben. Zur Auswahl stehen *ApplicationPartition*, *ConfigurationSet*, *DirectoryServer*, *Domain* und *Forest*.

Der DirectoryContext wird durch das folgende kleine Skript für alle Beispiele in diesem Abschnitt durch die Funktion *Get-DCContext* geholt.

```
# ------------------------------------------------------------
# Beispiel 10.20 - DirectoryContext holen
# ------------------------------------------------------------
function Get-DCContext
([string]$Servername=$(throw "Bitte Servername angeben..."),
 [string]$Benutzername,
 [System.Security.SecureString]$Kennwort)
{
  $KennwortPlain = SecureStringTo-PlainText -SecureString $Kennwort
  $Dc = New-Object -Type System.DirectoryServices.ActiveDirectory.DirectoryContext `
   "DirectoryServer", $ServerName, $Benutzername, $KennwortPlain
  return $Dc
}
```

Listing 10.20 *DirectoryContext* holen

Aus Sicherheitsgründen und der guten Gewohnheit halber wird der Funktion das Kennwort als *SecureString* übergeben. Da der *DirectoryContext*-Klasse aber ein Kennwort in lesbarer Form übergeben werden muss, wird über die Hilfsfunktion *SecureStringTo-PlainText* der *SecureString* in lesbare Form konvertiert (mehr dazu in Kapitel 14).

```
# ------------------------------------------------------------
# Beispiel 10.21 - SecureString in Plaintext umwandeln
# ------------------------------------------------------------
function SecureStringTo-PlainText
([System.Security.SecureString]$SecureString)
{
  return [System.Runtime.InteropServices.Marshal]::PtrToStringAuto( `
   [System.Runtime.InteropServices.Marshal]::SecureStringToBstr($SecureString))
}
```

Listing 10.21 *SecureString* in Plaintext umwandeln

Den RootDSE ansprechen

Der *RootDSE* ist das virtuelle Startobjekt der Verzeichnishierarchie. Es stellt allgemeine Informationen über das Verzeichnis zur Verfügung – unter anderem die verschiedenen *Naming Contexts*. Das Ansprechen des RootDSE funktioniert wie unter ADSI, nur dass anstelle von *Get-Object* eine neue Instanz von *DirectoryEntry* angelegt wird:

```
$RootDSE = [ADSI]"LDAP://RootDSE"
```

Den *DefaultNamingContext* liefert die *defaultNamingContext*-Property, alle *NamingContexte* entsprechend die *namingContexts*-Property.

Alle Domänen in einem Forest auflisten

Ein Forest fasst eine oder mehrere Domänen zusammen. Alle Domänen des Forests stellt die *Domains*-Property der *Forest*-Klasse zur Verfügung.

Die Funktion *Get-ForestDomains* listet alle Domänen des Forest auf:

```
# -------------------------------------------------------------
# Beispiel 10.22 - alle Domänen in einem Forest auflisten
# -------------------------------------------------------------
function Get-ForestDomains
(
 [switch]$Lokal,
 [string]$Servername=$(throw "Bitte Servername angeben..."),
 [string]$Benutzername,
 [System.Security.SecureString]$Kennwort
)
{
 if ($Lokal)
 {
   $Forest = [System.DirectoryServices.ActiveDirectory.Forest]::GetCurrentForest()
 }
 else
 {
   $Dc = Get-DCContext -Servername $ServerName -Benutzername $Benutzername -Kennwort $Kennwort
   try
   {
     $Forest = [System.DirectoryServices.ActiveDirectory.Forest]::GetForest($Dc)
     $Forest.Domains | ForEach-Object {
      "Domäne: $($_.Name) - Modus: $($_.DomainMode)"
      }
   }
   catch
   {
     Write-Host -Back White -fore Red "Fehler - kein Zugriff auf Domäne/Forest"
   }
 }
}
```

Listing 10.22 Alle Domänen im aktuellen Forest ansprechen

Einen Forest ansprechen

Ein Forest wird innerhalb der Domäne über die *GetForest*-Methode der *Forest*-Klasse angesprochen. Ihr wird der *DirectoryContext* übergeben. Innerhalb einer Domäne liefert die *GetCurrentForest*-Methode den aktuellen Forest.

Die Funktion *Get-Forest* liefert den aktuellen Forest.

```
# -------------------------------------------------------------
# Beispiel 10.23 - Forest-Objekt für einen Server holen
# -------------------------------------------------------------
function Get-Forest
([string]$ServerName=$(throw "Bitte Servername angeben..."),
 [string]$Benutzername,
 [System.Security.SecureString]$Kennwort
)
{
   $Dc = Get-DCContext -Servername $ServerName -Benutzername $BenutzerName -Kennwort $Kennwort
   $Forest = [System.DirectoryServices.ActiveDirectory.Forest]::GetForest($Dc)
   return $Forest
}
```

Listing 10.23 Den Forest zu einem Server zurückgeben

Die Domäne ansprechen

Ein Objekt, das die Domäne repräsentiert, wird über die *GetDomain*-Methode der *Domain*-Klasse angesprochen. Ihr wird der *DirectoryContext* übergeben. Innerhalb einer Domäne liefert die *GetCurrentDomain*-Methode die aktuelle Domäne.

Die Funktion *Get-Domain* liefert die aktuelle Domäne:

```
# -------------------------------------------------------------
# Beispiel 10.24 - die Domäne für einen Server als Domain-Objekt holen
# -------------------------------------------------------------
function Get-Domain
([string]$ServerName=$(throw "Bitte Servername angeben..."),
 [string]$Benutzername,
 [System.Security.SecureString]$Kennwort
)
{
   $Dc = Get-DCContext -Servername $ServerName -Benutzername $BenutzerName -Kennwort $Kennwort
   $Dom = [System.DirectoryServices.ActiveDirectory.Domain]::GetDomain($Dc)
   return $Dom
}
```

Listing 10.24 Die aktuelle Domäne holen

Den Domänencontroller ansprechen

Ein Objekt, das den Domänencontroller repräsentiert, wird über die *GetDomainController*-Methode der *DomainController*-Klasse geliefert.

Die Funktion *Get-DomCon* liefert einen Bezug auf den Domänencontroller:

```
# -------------------------------------------------------------
# Beispiel 10.25 - das aktuelle DomainController-Objekt holen
# -------------------------------------------------------------
function Get-DomCon
([string]$ServerName=$(throw "Bitte Servername angeben..."),
 [string]$Benutzername,
 [System.Security.SecureString]$Kennwort
)
{
   $Dc = Get-DCContext -Servername $ServerName -Benutzername $BenutzerName -Kennwort $Kennwort
   $DomCon = [System.DirectoryServices.ActiveDirectory.DomainController]::GetDomainController($Dc)
   return $DomCon
}
```

Listing 10.25 Den aktuellen Domänenkontroller holen

Den globalen Katalog ansprechen

Der globale Katalog (GC für *Global Catalog*) ist eine Art Gesamtverzeichnis, das vor allem dann eine Rolle spielt, wenn mehrere Domänen existieren. Der GC speichert die vollständige Domänenpartition, das heißt alle Objekte mit allen ihren Attributen jener Domäne, in der sich der globale Katalog befindet. In den GC werden auch die Objekte der übrigen Domänen repliziert, aber nur mit jenen Attributen, die für eine Suche relevant sind. Der erste Domänencontroller, der beim Einrichten von Active Directory installiert wird, umfasst auch den globalen Katalog. Der globale Katalog spielt in der täglichen Praxis mit Active Directory keine allzu große direkte Rolle. Er ist immer dann praktisch, wenn Verzeichniselemente gefunden werden sollen, die sich in verschiedenen Domänen befinden können.

TIPP Eine ausführliche Beschreibung des globalen Katalogs gibt es unter *http://technet.microsoft.com/en-us/library/cc737410%28WS.10%29.aspx.*

Die Funktion *Get-GC* holt ein Objekt, das für den globalen Katalog steht.

```
# -------------------------------------------------------------
# Beispiel 10.26 - den GlobalCatalog holen
# -------------------------------------------------------------#
function Get-GC
 ([string]$ServerName=$(throw "Bitte Servername angeben..."),
 [string]$Benutzername,
 [System.Security.SecureString]$Kennwort
)
{
   $Dc = Get-DCContext -Servername $ServerName -Benutzername $BenutzerName -Kennwort $Kennwort
   $Gc = [System.DirectoryServices.ActiveDirectory.GlobalCatalog]::GetGlobalCatalog($Dc)
   return $Gc
}
```

Listing 10.26 Den globalen Katalog holen

Suchen im globalen Katalog

Es gibt verschiedene Varianten, eine Suche über den globalen Katalog durchzuführen. Eine davon ist die Methode *GetDirectorySearcher*, die von der *DomainController*- und der *GlobalCatalog*-Klasse zur Verfügung gestellt wird.[13]

Die Funktion *Search-GC* führt über den globalen Katalog eine Suche nach Computerkonten durch.

```
# -------------------------------------------------------------
# Beispiel 10.27 - den GlobalCatalog durchsuchen
# -------------------------------------------------------------#
function Search-GC
 ([string]$ServerName=$(throw "Bitte Servername angeben..."),
 [string]$Benutzername,
 [System.Security.SecureString]$Kennwort,
 [String]$Filter = "(objectCategory=Computer)"
)
{
  $DomCon = Get-DomCon -Servername $ServerName -Benutzername $BenutzerName -Kennwort $Kennwort
  $ADS = $DomCon.GetDirectorySearcher()
  $ADS.Filter = $Filter
  $ADResult = $ADS.FindAll()
  $ADResult
}
```

Listing 10.27 Suche im globalen Katalog

Die Cmdlets aus dem ActiveDirectory-Modul

Unter Windows Server 2008 R2 und für Windows 7 nach Installation der *Remote Server-Verwaltungstools für Windows 7* stehen im Rahmen des *ActiveDirectory*-Moduls insgesamt 76 Cmdlets für die Verwaltung von Active Directory zur Verfügung. Bereits die Namen der meisten Cmdlets, wie z. B. *Add-ADGroupMember* oder *Enable-ADAccount* sind selbsterklärend und werden über die Hilfe und ihre Beispiele ausführlich beschrieben. Auch wenn die Cmdlets natürlich nicht eins zu eins bezüglich ihrer Parameter mit den entsprechenden *Quest*-Cmdlets kompatibel sind, sind die Ähnlichkeiten zwangsläufig so groß, dass sich die in diesem Abschnitt vorgestellten Beispiele relativ einfach übertragen lassen.

Der wichtigste Unterschied zwischen diesen Cmdlets und anderen Cmdlets, wie jenen von *Quest*, besteht nicht in der Art und Weise, wie sie eingesetzt werden, sondern in der zugrunde liegenden Architektur. Die Microsoft-Cmdlets verwenden für den Zugriff auf einen Verzeichnisdienst nicht ADSI, sondern eine Webserviceschnittstelle mit dem Namen *Active Directory Web Services* (ADWS), die auf verschiedenen Quasistandards für Webservices wie z.B. *Ws-Transfer* basiert. Das wiederum bedeutet, dass sich mit den Cmdlets nur Server verwalten lassen, auf denen die ADWS installiert sind, was nur bei *Windows Server 2008 R2* von Anfang an der Fall ist. Dennoch bleiben Windows Server 2003/2008 nicht außen vor, denn für sie gibt es die ADWS unter dem Namen *AD Management Gateway Services für Windows Server 2003 und*

[13] Leider läuft die Funktion (noch) nicht, wenn sie von außerhalb der Domäne aufgerufen wird. Eventuell finden Sie ein Update auf meiner Webseite.

Windows Server 2008 (*ADMGS*). Nach dem Download (unter *http://www.microsoft.com/downloads*) und der Installation kann ein solcher Server ebenfalls mit den Cmdlets aus dem *ActiveDirectory*-Modul von einem Windows 2008 R2- oder Windows 7-Client aus administriert werden.

Der zweite wesentliche Unterschied zu den *Quest*-Cmdlets ist, dass die Cmdlets aus dem *ActiveDirectory*-Modul nicht einfach nur Cmdlets sind, die lediglich das komfortabel verpacken, was über *[ADSI]* auch möglich wäre. Sie nutzen (selbstverständlich) die neusten Merkmale, die mit Windows Server 2008 und R2 im Rahmen von Active Directory dazugekommen sind. Alleine aus dem Grund sollten sie, sofern sie zur Verfügung stehen, anderen Alternativen vorgezogen werden.

HINWEIS Das Update läuft unter der Bezeichnung *KB968934*. Es empfiehlt sich, die Installationsvoraussetzungen auf der Downloadseite zu lesen.

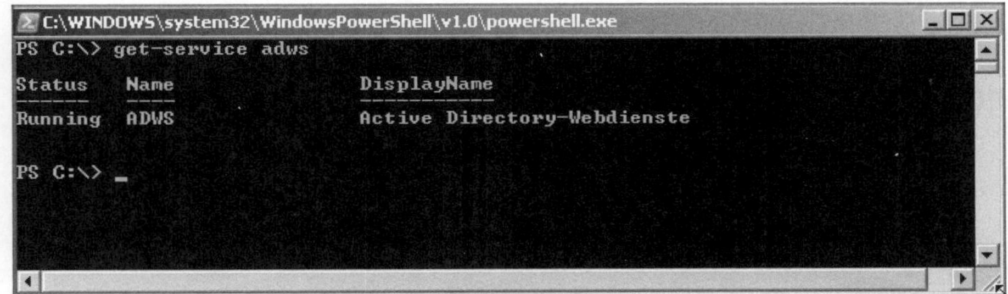

Abbildung 10.11 Die Active Directory Web Services (ADWS) unter Windows Server 2003

HINWEIS Lassen Sie sich nicht durch den Hinweis »Update gilt nicht für Ihr System« irritieren. Dieser Hinweis sagt eigentlich nur aus, dass das Update bereits installiert ist.

Die Remote Server-Verwaltungstools für Windows 7

Die *Remote Server-Verwaltungstools für Windows 7* (im Original *Remote Server Administration Tools for Windows 7*, kurz RSAT) enthalten das *ActiveDirectory*-Modul, das auch bei Windows Server 2008 R2 dabei ist, sodass die Active Directory-Cmdlets auch unter Windows 7 zur Verfügung stehen.

Das ActiveDirectory-Modul im Rahmen einer Remote-Session nutzen

Durch das Importieren des *ActiveDirectory*-Moduls aus einer Remote-Session lassen sich die Cmdlets auch außerhalb von Windows 7 und Windows Server 2008 R2 als Funktionen nutzen. Alternativ können die Cmdlets, ohne dass sie dazu importiert werden müssen, auch direkt im Rahmen einer Remote-Session (mehr dazu in Kapitel 11) ausgeführt werden.

Führen Sie dazu folgende Schritte aus:

1. Richten Sie eine neue Session zu dem Computer ein, auf dem das *ActiveDirectory*-Modul installiert ist:

   ```
   $PSS = New-PSSession -Computer Win7A - Credential Administrator
   ```

2. Importieren Sie die ActiveDirectory-Cmdlets aus der Remote-Session über das *Import-PSSession*-Cmdlet:

   ```
   Import-PSSession -Session $PSS -Module ActiveDirectory
   ```

Ging alles gut, stehen die ActiveDirectory-Cmdlets als Funktionen in der aktuellen Sitzung zur Verfügung. Die Funktionen fungieren als »Proxies« für den Aufruf der Cmdlets im Rahmen einer Remote-Session. Das Ergebnis eines Aufrufs von *Get-ADUser* ist z. B. ein *ADUser*-Objekt, das durch Serialisierung auf dem Client zusammengesetzt wird und dieselben Properties zur Verfügung stellt, als wenn es direkt angelegt werden würde. Die Funktionen sind aber nur so lange verfügbar, wie die Session aktiv ist.

Auflisten von Benutzern

Die einfachste denkbare Übung besteht darin, ein paar Benutzer aufzulisten. Das wird vom Cmdlet *Get-ADUser* prompt und zuverlässig erledigt.

Der folgende Befehl ruft alle Benutzer ab, deren Name mit einem »B« beginnt:

```
Get-ADUser -Server Pemoserver -Filter {name -like "B*"} -Credential Administrator
```

Das Interessante an diesem Ansatz ist, dass der Filter durch PowerShell-Ausdrücke gebildet wird und man sich nicht mehr mit den Feinheiten von LDAP-Filtern beschäftigen muss. Dies ist natürlich der anwenderfreundlichste Ansatz.

TIPP Im Rahmen des *ActiveDirectory*-Moduls gibt es auch zusätzliche Hilfethemen, z. B. ein *About_ActiveDirectory_Filter*.

Anlegen eines neuen Benutzers

Wie wird wohl das Cmdlet heißen, mit dem ein neuer User angelegt wird? Natürlich *New-ADUser*. Man muss daher kein PowerShell-Insider sein, um sich auf dieser Ebene in kurzer Zeit die für die Lösung einer Aufgabe benötigten Cmdlets zusammenzusuchen.

Der folgende Befehl legt einen neuen Benutzer an.

```
# ------------------------------------------------------------
# Beispiel 10.28 - einen neuen Benutzer anlegen
# ------------------------------------------------------------
$Pw = Convertto-SecureString -AsPlainText -Force -string "Kennwort"
New-ADUser -Name "BertB" -DisplayName "Bert B." `
 -AccountPassword $Pw -Path "OU=PowerShellExperten,DC=Pemobooks,DC=Local" `
 -SamAccountName BertBB -Description "Nur ein Test" `
 -OtherAttributes @{mail="bertb@pemobooks.local"} `
 -Enabled $true -Server HariboVirt1 -Credential Administrator
"Benutzer wurde angelegt."
```

Listing 10.28 Einen neuen Benutzer über *New-ADUser* anlegen

Einen Benutzer ändern

Die Attribute eines Benutzers werden über das *Set-ADUser*-Cmdlet geändert. Dabei können nicht nur Attribute geändert, sondern auch hinzugefügt oder entfernt werden.

Der folgende Befehl ändert die Beschreibung eines Benutzers:

```
Get-ADUser -Identity "CN=BertB, OU=PowerShellExperten, DC=Pemobooks,DC=Local" -Server PemoBooks -Credential
Administrator -Properties Description | Set-ADUser -Replace @{Description="Mal was ganz anderes"}
```

HINWEIS Das *ActiveDirectory*-Modul umfasst auch einen Provider mit dem Namen *ActiveDirectory*, der ein Laufwerk mit dem Namen *AD* zur Verfügung stellt, über den das Verzeichnis wie jede andere hierarchische Ablage angesprochen werden kann. Ein

```
Cd AD:
```

schaltet auf dieses Laufwerk um. Weiter geht es mit den bekannten Cmdlets wie *Get-Childitem* usw. Das Anlegen eines neuen Benutzerkontos beschränkt sich auf den simplen Aufruf von *New-Item*:

```
New-Item –Name CN=UserNeu – ItemType user
```

Umgang mit Gruppenrichtlinien

Gruppenrichtlinien sind »Regeln«, die z.B. indirekt mit einem einzelnen Active Directory-Benutzerkonto verknüpft sind und die eine Vielzahl von allgemeinen Einstellungen und Sicherheitseinstellungen festlegen, die mit der Anmeldung des Benutzers aktiv werden. Auf die Hintergründe soll an dieser Stelle nicht näher eingegangen werden. Es wird vorausgesetzt, dass sich der Leser mit den Gruppenrichtlinien auskennt und daran interessiert ist, sie per PowerShell und den zur Verfügung stehenden Cmdlets anzusprechen. Doch welche Cmdlets? Im Kern der PowerShell 2.0 sind leider keine enthalten, von Microsoft werden 25 Cmdlets lediglich im Rahmen von Windows Server 2008 R2 über das Modul *GroupPolicy* zur Verfügung gestellt (die in diesem Buch nicht berücksichtigt werden). Wie bei den Active Directory-Cmdlets gibt es auch hier eine Alternative, die bereits bei der PowerShell 1.0, wo es von Microsoft noch gar nichts gab, eingesetzt werden konnte. Und wie bei Active Directory ist auch diese Alternative ein kostenloses Angebot. Es sind die *SDM*-Cmdlets, die wie die *Quest*-Cmdlets von einem Microsoft-Partnerunternehmen gesponsert werden. Die Downloadadresse lautet: *http://www.sdmsoftware.com/freeware.*

Nach der Installation werden sie über den Befehl

```
Add-PSSnapin SDMSoftware.PowerShell.GPMC
```

hinzugefügt. Einen Überblick über alle SDM-Cmdlets gibt der Befehl

```
Get-Command -PSSnapin Sdm*
```

Tabelle 10.14 stellt die einzelnen Cmdlets zusammen.

Ein wenig Theorie

Gruppenrichtlinien treten nie alleine auf, sie werden in so genannten *Gruppenrichtlinien-Objekten*, kurz GPOs (für *Group Policy Objects*), zusammengefasst (dieser Objektbegriff hat nichts mit jenen Objekten zu tun, die z.B. bei der PowerShell im Mittelpunkt stehen). Die GPOs werden bis Windows Server 2003 im Verwaltungstool *Active Directory-Benutzer und -Computer* oder in der Gruppenrichtlinien-Verwaltungskonsole (GPMC) neu angelegt und bearbeitet, die bis Windows Server 2003 ein separater Download ist. In der Gruppenrichtlinien-Verwaltungskonsole werden aber nur die GPOs verwaltet, das Bearbeiten der Richtlinien dagegen geschieht im Gruppenrichtlinien-Objekt-Editor, der über den Eintrag *Bearbeiten* im Kontextmenü eines GPO geöffnet wird.

Die Rolle der Links

Damit eine Gruppenrichtlinie aktiv werden kann, muss das GPO, das sie enthält, mit einem Container verknüpft werden. Das kann die Domäne oder eine OU sein. Diese Aufgabe übernimmt (naheliegenderweise) ein Link. Ein GPO kann auch mit mehreren Containern verknüpft werden.

Die Berechtigungen

Als Windows-Verzeichnisobjekt besitzt ein GPO (natürlich) auch Berechtigungen. Diese legen z.B. fest, welche Benutzerkonten berechtigt sind, GPOs zu lesen und zu verändern.

Die Rolle der WMI-Filter

Seit Windows Server 2003 gibt es die Möglichkeit, über einen regulären WMI-Filter anzugeben, unter welchen Rahmenbedingungen die Richtlinien eines GPO angewendet werden. Ein WMI-Filter ist eine reguläre WQL-Abfrage, die eine Bedingung formuliert, die erfüllt sein muss, damit das GPO angewendet wird. Damit lässt sich ein breites Spektrum von Bedingungen abdecken (z.B., dass ein GPO nur angewendet wird, wenn ein bestimmter Hotfix installiert ist).

Dazu ein Beispiel. Der folgende Filter bestimmt für das GPO, dass es nur angewendet wird, wenn auf dem Zielcomputer mindestens Windows Vista installiert ist:

```
Select * From Win32_OperatingSystem Where OSVersion > 5.1
```

Cmdlet	Was macht es?
Add-SDMgplink	Verknüpft ein GPO mit einem Container wie z.B. einer Domäne
Add-SDMgpoSecurity	Fügt zu einem GPO eine Berechtigung hinzu
Add-SDMSOMSecurity	Fügt zu einem *Scope of Management*-Objekt (SOM) eine Berechtigung hinzu
Add-SDMWMIFilterLink	Stellt eine Verknüpfung über einen WMI-WQL-Filter her
Export-SDMgpo	Exportiert ein GPO in eine Datei
Get-SDMgplink	Holt eine oder mehrere Verknüpfungen
Get-SDMgpo	Holt ein oder mehrere GPOs ▶

Cmdlet	Was macht es?
Get-SDMgpoBackups	Holt angelegte Sicherungen von GPOs
Get-SDMgpoSecurity	Holt eine Berechtigung eines GPO
Get-SDMSOMSecurity	Holt eine Berechtigung eines SOM-Objekts
Get-SDMWMIFilter	Holt einen WMI-Filter
Import-SDMgpo	Importiert ein exportiertes GPO in ein vorhandenes (leeres) GPO
New-SDMgpo	Legt ein neues GPO an
Out-SDMgpsettingsreport	Fertig eine Aufstellung der aktuellen Einstellungen an
Out-SDMRSOPLoggingReport	Fertigt einen RSOP-Logging-Report an. Dieser Richtlinienergebnissatz ist das Ergebnis einer Abfrage der Richtlinien.
Remove-SDMgplink	Entfernt eine Verknüpfung
Remove-SDMgpo	Entfernt ein GPO
Remove-SDMgpoSecurity	Entfernt eine Berechtigung eines GPO
Remove-SDMSOMSecurity	Entfernt eine Berechtigung für ein SOM-Objekt
Remove-SDMWMIFilterLink	Entfernt einen WMI-Filter
Restore-SDMgpo	Stellt ein GPO wieder her

Tabelle 10.14 Die SDM-Cmdlets im Überblick

Auflisten aller GPOs

Das Auflisten aller GPOs übernimmt das *Get-SDMgpo*-Cmdlet.

Der folgende Befehl holt ein GPO unter Angabe seines Anzeigenamens. Der Rückgabewert ist ein Objekt vom Typ *SDMgpo*.

```
Get-SDMgpo -Name PSPolicy
```

Der folgende Befehl listet alle GPOs in einer Domäne auf:

```
Get-SDMgpo -Name * -DomainName pemobooks.local
```

Auflisten aller verlinkten GPOs

Das Auflisten aller verlinkten GPOs übernimmt das Cmdlet *Get-SDMgplink*. Ihm wird über den *Scope*-Parameter der DN-Name (*DistinguishedName*) der Domäne oder OU übergeben.

Der folgende Befehl listet alle verknüpften GPOs der angegebenen Domäne auf:

```
Get-SDMgplink -Scope "DC=Pemobooks,DC=local"
```

TIPP Im Zusammenspiel mit der *DirectorySearcher*-Klasse (Namespace *System.DirectoryServices*) oder dem *[ADSISearcher]*-Type Accelerator lässt sich die Suche nach OUs relativ einfach mit einer Abfrage der Verknüpfungen kombinieren.

Das folgende Skript findet die mit allen OUs der Domäne verknüpften GPOs und zeigt sie an.

```
# ---------------------------------------------------------------------------
# Beispiel 10.29 - Suchen nach allen GPOs der OUs einer Domäne
# ---------------------------------------------------------------------------
$DomName = "DC=Pemobooks,DC=local"
$ADS = [ADSISearcher]"(|(objectClass=OrganizationalUnit)(objectClass=Domain))"
# Nach OU oder Domäne suchen
$ADSRes = $ADS.FindAll()
$ADSRes | ForEach-Object {
   $DN = $_.Properties.distinguishedname[0]
   $GPLinks = Get-SDMgplink -Scope $Dn
   if ($GPLinks.Count -gt 0)
   {
      Write-Host -Fore green "GPO-Links für die OU $DN"
      $GPLinks | ForEach-Object {
       Write-Host "Name: $($_.Name) Enabled: $($_.Enabled)"
     }
   }
}
```

Listing 10.29 Auflisten aller GPOs, die mit allen OUs einer Domäne verknüpft sind

Anlegen eines neuen GPO

Das Anlegen eines neuen GPO könnte dank dem *New-SDMgpo*-Cmdlet einfacher nicht sein.

Der folgende Befehl legt ein neues GPO an:

```
New-SDMgpo -Name GPONeu -DomainName Pemobooks.local
```

Entfernen einer GPO

Das Entfernen einer GPO besteht ebenfalls aus einem simplen Aufruf des zuständigen Cmdlets *Remove-SDMgpo*.

Der folgende Befehl entfernt die im letzten Beispiel angelegte GPO *GPONeu*:

```
Remove-SDMgpo -Name GPONeu
```

Anlegen eines Links

Für das Anlegen einer Verknüpfung ist das *Add-SDMgplink*-Cmdlet zuständig. Neben dem Namen des GPO müssen entweder die Domäne und/oder die OU angegeben werden.

Der folgende Befehl legt eine GPO-Verknüpfung an. Über den nicht optionalen Parameter *Location* kann die relative Position innerhalb der Liste der Verknüpfungen angegeben werden.

```
Add-SDMgplink -Name PSPolicy -Domainname pemobooks.local -Scope "OU=AutorenOU,DC=Pemobooks,DC=local"
```

Entfernen eines Links

Das Entfernen einer Verknüpfung übernimmt das *Remove-SDMgplink*-Cmdlet.

Der folgende Befehl entfernt die im letzten Beispiel angelegte Verknüpfung:

```
Remove-SDMgplink -Name PSPolicy -Scope "OU=AutorenOU,DC=pemobooks,DC=local"
```

Anstelle der Domäne wird dieses Mal nur der Scope angegeben.

Exportieren eines GPO

Das Exportieren eines GPO bedeutet, es auf dem Dateisystem zu speichern, sodass es von dort zu einem späteren Zeitpunkt wieder importiert werden kann. Diese Aufgabe übernimmt das *Export-SDMgpo*-Cmdlet.

Der folgende Befehl exportiert das GPO *PSPolicy*:

```
Export-SDMgpo -Name PSPolicy -Location C:\GPOBackups -Description "PS Execution Policy"
```

Lokale Benutzerkonten verwalten

Zum Abschluss dieses umfangreichen Kapitels folgt ein Thema, das zwar etwas mit Benutzerverwaltung, aber nichts mit Active Directory zu tun hat. Es geht um die Verwaltung der lokalen Benutzerkonten, die, wenn kein Active Directory im Spiel ist, von jedem Windows-Computer selbst im Rahmen seiner lokalen *Benutzerkontendatenbank*, die auch als *Security Accounts Manager* (SAM) bezeichnet wird, verwaltet wird. Kurz, es dreht sich um die »normale« Windows-Benutzerverwaltung, die spätestens seit Windows XP alle Anwender betrifft.

Doch wie man kommt an diese Informationen heran? Gibt es dafür neue Cmdlets, die noch nicht vorgestellt wurden, irgendwelche geheimen Klassen der .NET-Klassenbibliothek? Weit gefehlt, auch dafür ist unser inzwischen alter Bekannter *[ADSI]* zuständig. Es muss nur anstelle des LDAP-Providers der WinNT-Provider angegeben werden. Doch ein *[ADSI]"WinNT://"* führt zu einer seltsamen Fehlermeldung vom Typ *unbekannter Fehler*. Erst ein unscheinbarer Punkt macht den Unterschied:

```
[ADSI]"WinNT://."
```

Der Punkt steht (natürlich) für den lokalen Computer, was auch klar ist, denn auch in einem LDAP-Pfad muss der Name der Domäne (und damit des Domänencontrollers) angegeben werden.

Die Liste der gesuchten lokalen Benutzerkonten erhält man über ein

```
([ADSI]"WinNT://.").children | Select-Object Path
```

Das ist doch schon einmal etwas, doch warum ist die Liste so lang? Auch dafür gibt es eine einfache Erklärung, auch die Windows-Dienste gehören zur lokalen Computerverwaltung.

Möchte man nur die Benutzerkonten sehen, muss auf die *SchemaClassName*-Property geprüft werden:

```
([ADSI]"WinNT://.").Children | Where-Object { $_.SchemaClassName -eq "user"} | Select-Object Name,
FullName, Description
```

Auch in diesem Fall liefert *[ADSI]* wieder ein *DirectoryEntry*-Objekt und auch hier sorgt das Konzept der *Adapted Views* dafür, dass die über die *Properties*-Property zur Verfügung gestellten Name/Wert-Paare als Property-Member an das resultierende Objekt gehängt werden, sodass diese Werte über ihren Namen so angesprochen werden können, als wären es Properties des resultierenden Objekts.

Ein einzelnes lokales Benutzerkonto erhält man über:

```
$AD = [ADSI]"WinNT://./Administrator"
```

oder

```
$AD = [ADSI]"WinNT://./Administrator,user"
```

Die Abfrage funktioniert (natürlich) auch auf anderen Computern im Netzwerk. Dazu muss der Punkt lediglich durch den Namen des Computers ersetzt werden. In diesem Fall wird die lokale Benutzerdatenbank des angegebenen Computers angesprochen. Damit lässt sich mit der PowerShell eine kleine Benutzerverwaltung realisieren, mit der sich z. B. ein einheitlicher Satz an Benutzerkonten auf jedem Computer im lokalen Netzwerk anlegen ließe. Das sind Dinge, die mit der regulären Computerverwaltung nicht möglich sind.

Anlegen eines lokalen Benutzerkontos

Stellvertretend für viele andere mögliche Aktionen soll im Folgenden gezeigt werden, wie sich ein neues lokales Benutzerkonto anlegen lässt. Leider ist der *WinNT*-Provider offenbar etwas empfindlich, was die verschiedenen möglichen Varianten angeht, die theoretisch zur Verfügung stünden. Es scheint in der Regel wohl nur mit ADSI-COM-Methoden zu funktionieren, ansonsten sind seltsame (sprich nichts sagende) Fehlermeldungen die Folge (einen Anhaltspunkt liefert immer der COM-Fehlercode).

HINWEIS Sowohl die PowerShell als auch die PowerShell ISE müssen bei aktivierter Benutzerkontensteuerung im Administratormodus gestartet werden.[14]

Die Funktion *New-LocalAccount* legt ein neues Benutzerkonto an.

```
# -----------------------------------------------------------
# Beispiel 10.30 - lokales Benutzerkonto anlegen
# -----------------------------------------------------------
function New-LocalAccount
 ([string]$Computer=".",
 [string]$Benutzer,
 [string]$Beschreibung="Noch keine Beschreibung")
```

[14] Das erspart eine längere Webrecherche oder peinliche Fragen im Benutzerforum.

```
{
  $AD = [ADSI]"WinNT://$Computer"
  try
  {
    $ADUserNeu = $AD.Create("user", $Benutzer)
    $ADuserNeu.InvokeSet("Description", $Beschreibung)
    $ADUserNeu.CommitChanges()
    "Benutzer wurde angelegt."
  }
  catch
  {
    Write-Host -Fore White -Back Red "Benutzer konnte nicht angelegt werden ($_)"
  }
}
```

Listing 10.30 Anlegen eines lokalen Benutzerkontos

Entfernen eines lokalen Benutzerkontos

Das Entfernen eines lokalen Benutzerkontos übernimmt ein Aufruf der *Delete*-Methode des Containers.

Die Funktion *Remove-LocalAccount* entfernt das angegebene Benutzerkonto:

```
# --------------------------------------------------------------
# Beispiel 10.31 - Entfernen eines lokalen Benutzerkontos
# --------------------------------------------------------------
function Remove-LocalAccount
 ([string]$Computer=".",
 [string]$Benutzer)
{
  try
  {
    $AD = [ADSI]"WinNT://$Computer"
    $AD.Delete("user", $Benutzer)
    "Benutzer wurde entfernt."
  }
  catch
  {
    Write-Host -Fore White -Back Red "Benutzer nicht gefunden oder konnte nicht entfernt werden ($_)"
  }
}
```

Listing 10.31 Entfernen eines lokalen Benutzerkontos

WMI als Alternative

Bliebe noch zu erwähnen, dass sich mithilfe der Klassen *Win32_Account*, *Win32_UserAccount* und *Win32_Group* die Benutzerkonten und Gruppen der lokalen Benutzerverwaltung auch im Rahmen von WMI verwalten lassen.

Der folgende Befehl listet die lokalen Benutzerkonten auf dem angegebenen Computer mit ein paar Eckdaten auf:

```
Get-WmiObject -Class Win32_UserAccount -Computer Win7PC -Credential Administrator | Select-Object
Caption, Description
```

Zusammenfassung

Die alltäglichen kleinen Aufgaben, die bei der Verwaltung von Active Directory anfallen, werden in Zukunft mehr und mehr durch PowerShell-Befehle und -Skripts erledigt. Für Windows Server 2008 R2 und Windows 7 stellt Microsoft das *ActiveDirectory*-Modul mit Cmdlets zur Verfügung, mit denen diese Aufgaben komfortabel erledigt werden. Für Windows Server 2003/2008 ist man (zurzeit) auf Alternativen angewiesen. Diese bestehen entweder aus dem direkten Weg über die Type Accelerators *[ADSI]* und *[ADSISearcher]* oder über Cmdlets, welche die Firma *Quest* dankenswerterweise zur Verfügung stellt. Letztere sind mit den Microsoft-Cmdlets vergleichbar, basieren aber nicht auf den Active Directory Webservices. Muss oder möchte man ohne Cmdlets auskommen, ist es wichtig, ein wenig über die .NET-Basisklassen Bescheid zu wissen, da diese bei Verwendung der *[ADSI]*- und *[ADSISearcher]*-Type Accelerators stets im Spiel sind. Diese Hintergründe werden in Kapitel 13 ausführlicher beschrieben.

Kapitel 11

Remoting mit der PowerShell

In diesem Kapitel:

In diesem Kapitel geht es um eines der wichtigsten Themen beim Arbeiten mit der PowerShell, dem *Remoting*. Dabei bedeutet Remoting die Möglichkeit, einen Befehl oder ein ganzes Skript auf einem anderen Computer im Netzwerk ausführen zu können oder auf anderen Computern im Netzwerk eine PowerShell-Session zu starten, um im Rahmen dieser Session vom lokalen Computer aus Befehle, Abfragen usw. auf dem Remotecomputer auszuführen. Eine Remoting-Abfrage kann auf mehreren Computern gleichzeitig ausgeführt werden, wobei die Anzahl der Computer in erster Linie durch die zur Verfügung stehenden Ressourcen (Arbeitsspeicher) begrenzt ist. Während in einem solchen *Fan out*-Szenario eine Anfrage an einen oder mehrere Computer im Netzwerk geschickt wird, ist auch der umgekehrte Weg bei der PowerShell möglich. In einem *Fan in*-Szenario läuft die PowerShell unter dem IIS als Webprozess und wird von anderen Computern dazu benutzt, PowerShell-Befehle auf dem Server auszuführen, deren Ergebnis z. B. in einer Webseite angezeigt werden kann (diese Variante wird in diesem Buch allerdings nicht beschrieben). Bereits diese kurze Einleitung macht deutlich, dass sich dank des mit der PowerShell 2.0 eingeführten Remoting eine Vielzahl von Administrationsszenarien realisieren und bereits existierende Anforderungen umsetzen lassen.

Grundlagen und Voraussetzungen

PowerShell-Remoting bedeutet, dass ein Clientcomputer (auf dem die PowerShell 2.0 läuft) einen Skriptblock oder ein Skript an einen Servercomputer (auf dem ebenfalls die PowerShell 2.0 installiert ist) schickt, sodass die Befehle dort ausgeführt werden und das Resultat (also der aktuelle Pipeline-Inhalt), sofern eines angefallen ist, an den Clientcomputer zurückgeschickt und dort angezeigt wird – genauso als wären die Befehle lokal ausgeführt worden (lediglich die *PSComputerName*-Property bei jedem zurückgegebenen Objekt gibt an, dass die Ergebnisse remote entstanden sind).

Vier Dinge gleich vorweg: Erstens basiert PowerShell-Remoting nicht auf SSH (*Secure Shell*, dem Standardprotokoll in der Unix-Welt für das Ausführen von Shell-Befehlen auf Computern im Netzwerk),[1] sondern auf dem Webservicestandard *WS-Man*. Zweitens: Damit ein Netzwerkcomputer als Befehlsempfänger für PowerShell-Remoting infrage kommt, muss auf dem Computer die PowerShell 2.0 installiert sein (sie muss dort aber nicht ausführen). Drittens: PowerShell-Remoting ist so einfach in der Anwendung, dass es am Anfang regelrecht »süchtig« macht, nach erfolgreicher Verbindungsherstellung alles Mögliche auszuprobieren. Viertens: PowerShell-Remoting ist in der Hilfe bestens beschrieben, sowohl was die Hintergründe als auch die beteiligten Cmdlets angeht. Der Befehl

```
Get-Help about_*remote* | Out-Printer
```

druckt alle Hilfethemen zum Thema *Remoting* auf dem Standarddrucker aus. Der Autor empfiehlt jedem, der alles über Remoting wissen möchte, zuerst alle Hilfethemen zu diesem Thema zu lesen. Damit werden im Prinzip bereits die allermeisten Fragen zum generellen Umgang mit PowerShell-Remoting beantwortet, sodass sich die folgenden Seiten in erster Linie als Abrundung verstehen.

[1] Über die Gründe soll an dieser Stelle nicht spekuliert werden. Jeffrey Snover erwähnte in einem Gespräch, dass nicht geklärte Lizenzfragen im Zusammenhang mit den von der Firma SSH entwickelten Protokollen ein Grund gewesen seien. Hauptgrund ist natürlich, dass sich Microsoft aus strategischen Gründen für das sicherlich flexiblere WS-Management entschieden hat.

Remoting-Konfiguration

Bei Microsoft gilt seit einiger Zeit die Devise »Secure by Default«. Das hat zur Folge, dass auch bei der PowerShell alle sicherheitskritischen Aktivitäten wie das Ausführen von Skripts und das Absetzen einer Remoteabfrage einmalig aktiviert werden müssen.

Das bedeutet konkret, dass PowerShell-Remoting auf dem Remote-Computer (Server) aktiviert werden muss. Entweder im Rahmen der Benutzeroberfläche (bei Windows Server 2008 R2 gibt es im Server-Manager eine entsprechende Einstellung) oder über das *Enable-PSRemoting*-Cmdlet. Es führt eine WsMan-Schnellkonfiguration über das *Set-WSManQuickConfig*-Cmdlet durch. Dabei wird der *WinRM*-Dienst gestartet, es wird Listener erstellt und eine Ausnahmeregel zur Firewall für die beiden verwendeten WsMan-Ports 5985 (HTTP) und 5986 (HTTPS) hinzugefügt. Das Pendant zu *Enable-PSRemoting* ist das *Disable-PSRemoting*-Cmdlet. Es macht beim Remote-Computer alle durch *Enable-PSRemoting* durchgeführten Konfigurationsänderungen wieder rückgängig, setzt die Berechtigung für den Zugriff auf die Session-Konfiguration auf *Deny all*, schließt die Firewall-Regeln für den Zugriff auf die beiden WsMan-Ports und schottet den Remote-Computer damit vor Remote-Zugriffen ab.

HINWEIS Wird *Enable-PSRemoting* mit dem *Force*-Parameter ausgeführt, müssen keine Prompts bestätigt werden.

HINWEIS Die Schritte, die ein *Enable-PSRemoting* erledigt, können (wenn es sein muss) auch einzeln (und theoretisch auch außerhalb der PowerShell) ausgeführt werden:

```
Cmd /c "Sc config WinRM Start= Auto"
Net start WinRM
Winrm create winrm/config/listener?Address=*+Transport=HTTP
Netsh firewall add portopening TCP 80 "Windows Remote Management"
```

Einen Remotecomputer zur Liste der Trusted Hosts hinzufügen

Auf dem Client muss offiziell nichts aktiviert oder konfiguriert werden. Mit einer Ausnahme: Außerhalb einer Domäne muss der Server auf dem Client zur Liste der *Trusted Hosts* hinzugefügt werden, was mit der PowerShell und dem *WSMan*-Drive in wenigen Schritten erledigt ist.

Fügen Sie die folgende Schritte aus, um einen Remotecomputer auf dem Client zur Liste der *Trusted Hosts* hinzufügen:

1. Schalten Sie z. B. per *cd Wsman:* auf das *WSMan*-Laufwerk um.
2. Wechseln Sie per *cd Localhost\Client* in den *Client*-Container.
3. Geben Sie dem Item *TrustedsHosts* über das *Set-Item*-Cmdlet einen neuen Wert:

```
Set-Item -Path TrustedHosts -Value "ServerName" -Force
```

Mehr ist nicht zu tun. Es ist weder eine Bestätigung noch ein Neustart des Dienstes oder des Computers erforderlich, da der Befehl nichts anderes getan hat, als in der zuständigen *Config*-Datei eine Änderung vorzunehmen. Mehrere Servernamen werden durch Kommas getrennt. Anstelle des Servernamens kann auch die IP-Adresse angegeben werden. Ein »*« anstelle eines Servernamens öffnet den Remotezugriff für alle Computer.

HINWEIS Sollen die bereits vorhandenen Servernamen nicht überschrieben werden, muss der *Concatenate*-Parameter von *Set-Item* gesetzt werden.

Der folgende Befehl fügt den Servernamen *RemoteServer* zur Liste der Servernamen hinzu.

```
Set-Item -Path TrustedHosts -Value RemoteServer -Force -Concatenate
```

Dass der *Concatenate*-Parameter nicht in der Hilfe zu *Set-Item* auftaucht, hat einen einfachen Grund. Als so genannter *dynamischer Parameter* ist er providerabhängig und steht nur beim *WSMan*-Provider zur Verfügung.

WS-Man in zehn Minuten

PowerShell-Remoting basiert auf dem Webservicestandard *WS-Management* (kurz *WS-Man*), den Microsoft bereits vor einigen Jahren als Grundlage für *Windows-Remoting* auserkoren hat. Die Grundidee ist, dass Verwaltungsbefehle über das HTTP-Protokoll als Textnachrichten verschickt werden und sie daher nicht durch die Firewall blockiert werden. Konfiguriert wird *WSMan* über das Tool *WinRM* (*Windows Remote Management*), das prinzipiell Teil von Windows ist. Prinzipiell deshalb, weil für PowerShell-Remoting WinRM 2.0 vorausgesetzt wird, das bei Windows XP und Windows Server 2003 R2 noch nicht in dieser Version enthalten ist. Da es so wichtig ist, stellt Microsoft WinRM 2.0 und die PowerShell 2.0 zusammen im *Windows Management Framework* als Download zur Verfügung.

HINWEIS Die *WS-Management-Spezifikation* (auf der Basis von SOAP, dem *Simple Object Access Protocol*) wurde im Herbst 2004 von Microsoft, AMD, Intel, Sun und Dell angekündigt. Die Idee hinter der Spezifikation ist es, Server-unabhängig von ihrem Betriebssystem durch einen einheitlichen Satz an Webservicefunktionen administrierbar zu machen.[2] Über die Details muss man beim Einsatz im Zusammenhang mit der PowerShell nichts wissen, wer sich dennoch für sie interessiert, findet unter *http://www.dmtf.org/standards/wsman/* ein entsprechendes PDF-Dokument.

Im Unterschied zu WMI, einer weiteren Remoting-Alternative, das bekanntlich auf dem inzwischen etwas betagten DCOM-Protokoll basiert, setzt *WS-Management* auf ein flexibleres Webservicemodell, das zudem nicht auf Windows beschränkt ist. Auch bei *WS-Management* kommt es darauf an, dass bestimmte Ports in der Firewall freigegeben sind. Bei WinRM 2.0 sind es (aktuell) die Ports 5985 (HTTP) und 5986 (HTTPS). Die Authentifizierung erfolgt standardmäßig über das Kerberos-Protokoll (*http://de.wikipedia.org/wiki/Kerberos_(Informatik)*). Alternativ stehen Basisauthentifizierung, Digest, CredSSP und NTLM zur Auswahl. Die Verbindung zwischen Client und Server kann sowohl permanent als auch temporär sein.

Remoting-Troubleshooting-Tipps

Auch wenn die Konfiguration von PowerShell-Remoting erfreulich einfach ist, kann es immer wieder Situationen geben, in denen etwas nicht funktioniert. Anstelle einer ausführlichen *Troubleshooting-Liste* wird auf das entsprechende Hilfethema in der PowerShell-Hilfe verwiesen, das über *help about_remote_troubleshooting* abgerufen wird.[3] Die folgenden Hilfestellungen sollen lediglich der ersten Orientierung dienen:

---

[2] Machen Sie sich nichts daraus, wenn Sie von der WS-Management-Spezifikation bislang nicht allzu viel gehört haben sollten.

[3] Es würde wenig Sinn ergeben, diese ausführlichen Hinweise im Buch wiederzugeben oder zu kommentieren, da die Hinweise selbsterklärend sind.

Läuft der WinRM-Dienst?

Grundvoraussetzung für PowerShell-Remoting ist, dass der WinRM-Dienst sowohl auf dem Client- als auch auf dem Remotecomputer läuft, was bei Windows Server 2008 automatisch der Fall ist. Das lässt sich z.B. per *Get-Service WinRM -Computername <Remotecomputername>* schnell feststellen. Unter Windows Server 2003 muss WinRM 2.0 theoretisch nachinstalliert werden, was aber im Rahmen der Installation der PowerShell 2.0 in Gestalt des Windows Management Framework bereits geschieht, sodass es als vorhanden vorausgesetzt werden kann.

Wurde Remoting auf dem Remotecomputer aktiviert?

Getreu der Devise »Secure by Default« muss das Remoting auf dem Remote-Computer über das Cmdlet *Enable-PSRemoting* einmalig aktiviert werden (am besten mit dem *Force*-Parameter, da durch ihn die Konfigurationsänderung nicht bestätigt werden muss).

Ist der Remotecomputer in der Liste der Trusted Hosts enthalten?

Außerhalb einer Domäne muss der Remote-Computer auf dem Client in der Liste der *Trusted Hosts* enthalten sein. Ein *dir wsman:\localhost\client\trustedHosts* gibt die aktuelle Einstellung aus. Wie ein Computername zur Liste hinzugefügt wird, wird im Abschnitt »Einen Remotecomputer zur Liste der Trusted Hosts hinzufügen« (Seite 413) gezeigt.

Weitere »Schnelltests«

Ein

```
Get-Service Winrm
```

liefert den aktuellen Status des *WinRM*-Dienstes. Ein

```
Test-WSMan -Auth Default
```

gibt die Version des *WSMan*-Service auf dem lokalen Computer aus. Ein

```
Test-WsMan -Auth Default -ComputerName ClientComputer -Credential Administrator
```

gibt die Information auf einem Remotecomputer aus, wobei der *Credential*-Parameter nur dann angegeben werden muss, wenn eine Anmeldung erforderlich ist. Ein

```
Get-PSSessionConfiguration
```

zeigt die aktuelle Sessionkonfiguration an. Falls der Remotezugriff nicht klappen sollte, beantwortet ein

```
New-PSSession
```

die Frage, ob das Anlegen einer Session wenigstens lokal möglich ist. Ein

```
WinRM enumerate Winrm/config/listener
```

gibt die aktuelle Listenerkonfiguration aus. Dieselben Daten erhält man auch über das *WSMan*-Laufwerk:

```
Dir WSMan:\localhost\Listener\Listener_1184937132
```

Der Name des Listeners ist von Fall zu Fall unterschiedlich.

HINWEIS Wer sich für die Hintergründe des PowerShell-Remoting interessiert, kann den Datenverkehr, der bei einem Remoteaufruf zwischen Client und Server ausgetauscht wird, mit einem HTTP-Monitorprogramm (auch *HTTP-Sniffer* genannt) betrachten. Abbildung 11.1 zeigt den *HTTP Debugger Pro* der Firma *MadeForNet*. Es funktioniert natürlich grundsätzlich mit jedem Programm, das den HTTP-Verkehr überwachen kann. Lediglich jene Varianten, die aus einem Browser heraus gestartet werden, sind nicht geeignet, da sie sich auf den Datenverkehr des Browsers beschränken.

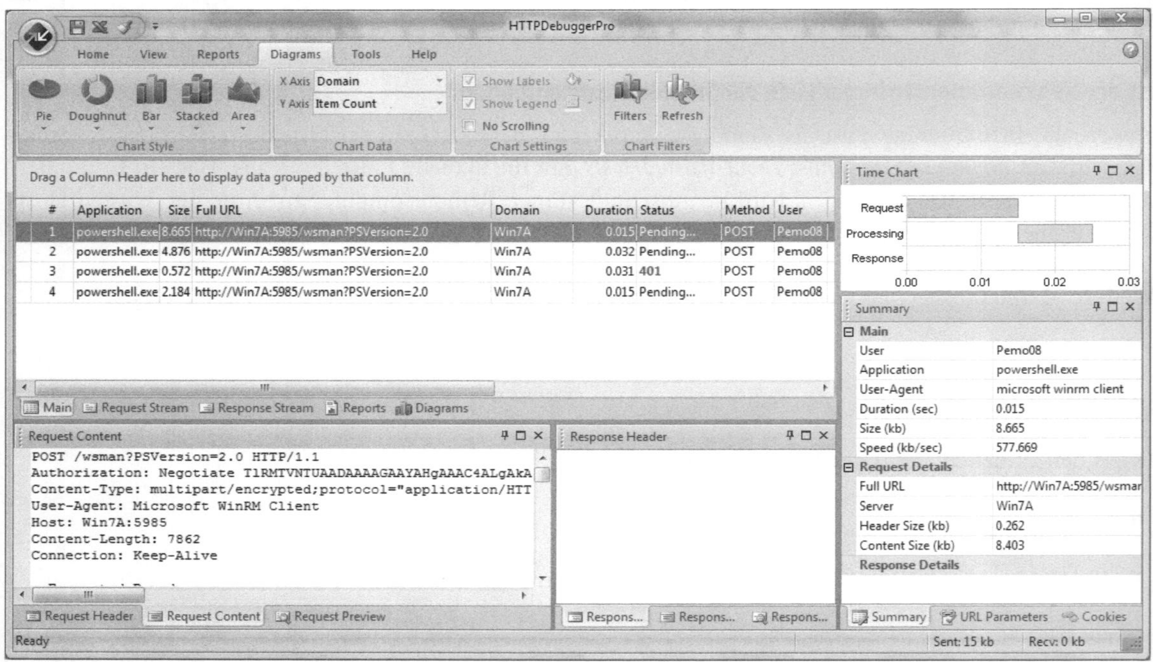

Abbildung 11.1 Ein HTTP-Monitor zeigt an, was bei einem Remoteaufruf zwischen Client und Server ausgetauscht wird

Anderen Anwendern Remotezugriffe erlauben

Solange nichts anderes festgelegt wurde, dürften nur Anwender, die Mitglied der Administratorengruppe sind, Remotezugriffe mit der PowerShell durchführen. Wird die Remotekonfiguration aktiviert, wird dies in den Sicherheitseinstellungen der Sessionkonfiguration »Microsoft.PowerShell« eingetragen. Mit dem *Get-PSSessionConfiguration*-Cmdlet kann man sich die aktuelle Konfiguration anzeigen lassen:

```
Get-PSSessionConfiguration | Format-List

Name                  : microsoft.powershell
Filename              : %windir%\system32\pwrshplugin.dll
SDKVersion            : 1
XmlRenderingType      : text
```

```
lang                      : de-DE
PSVersion                 : 2.0
ResourceUri               : http://schemas.microsoft.com/powershell/microsoft.powershell
SupportsOptions           : true
Capability                : {Shell}
xmlns                     : http://schemas.microsoft.com/wbem/wsman/1/config/PluginConfiguration
Uri                       : http://schemas.microsoft.com/powershell/Microsoft.PowerShell
ExactMatch                : true
SecurityDescriptorSddl : O:NSG:BAD:P(A;;GA;;;BA)S:P(AU;FA;GA;;;WD)(AU;SA;GXGW;;;WD)
Permission                : VORDEFINIERT\Administratoren AccessAllowed
```

Über das *Set-PSSessionConfiguration*-Cmdlet kann die Sessionkonfiguration geändert werden und es lassen sich neue Benutzer hinzufügen.

Der folgende Befehl ruft ein Dialogfeld auf, in dem die Berechtigungen für die Remotesitzung eingestellt werden können. Jedem Benutzer bzw. jeder Benutzergruppe kann ein Satz von Operationen erlaubt oder verweigert werden, die im Rahmen von *WSMan* zur Verfügung stehen. Der *Force*-Parameter sorgt dafür, dass weder der Aufruf noch eine Änderung bestätigt werden müssen.

```
Set-PSSessionConfiguration -Name Microsoft.PowerShell -showSecurityDescriptorUI -Force
```

Abbildung 11.2 In diesem Dialogfeld werden die Berechtigungen für eine Remotesitzung eingestellt

Ein (letztes) Wort zu SSH

Viele Administratoren, insbesondere natürlich im Unix-Bereich, nutzen seit Jahren *SSH*, für das mit *OpenSSH* eine freie Implementierung zur Verfügung steht, die auch unter Windows eingesetzt werden kann. *SSH* umfasst einen Satz von Protokollen, mit denen sich vielfältige Remoteaktivitäten wie z.B. das Ausführen von Befehlen (*RSH*) oder das Remotelogin in eine Befehlsshell (als Ersatz für Telnet) durchführen lassen. Unter Windows ist der *Putty*-Client weit verbreitet, mit dem sich die Cmd-Shell in einer Remotesession ansprechen und sich auf dem Remotecomputer damit beliebige Prozesse starten lassen. Leider hat *SSH*

(z. B. in Verbindung mit dem *Putty*-Client) bereits im Zusammenspiel mit der PowerShell 1.0 nicht besonders gut funktioniert. Das bedeutet natürlich nicht, dass es grundsätzlich nicht geht, es geht nur nicht »out of the box«. Die auf Netzwerktools spezialisierte Firma */n Software* bietet ein (kommerzielles) Tool mit dem Namen *PowerShell Server* an, das aus einem *SSH*-Server, der als Windows-Dienst läuft, und drei Cmdlets besteht, mit dem sich ein Remote-Runspace öffnen und PowerShell-Befehle ausführen lassen. Auf dem Server muss neben PowerShell Server natürlich auch die Windows PowerShell 1.0/2.0 laufen. Der Client kann ein beliebiger Client sein, z. B. ein Smartphone, über das sich damit ein Server administrieren lässt, auf dem der PowerShell Server und die PowerShell laufen.[4]

Umgang mit Remotesessions

Beim PowerShell-Remoting spielt der Begriff der *Session* eine zentrale Rolle. Eine Session steht für eine dauerhafte Remoteverbindung, die einmal angelegt und dabei Bedarf aktiviert und deaktiviert werden kann. Eine Session sowohl kann sowohl interaktiv bedient werden, sie kann aber auch indirekt benutzt werden, indem eine Variable, welche die Session repräsentiert, über den *Session*-Parameter eines Cmdlets wie *Invoke-Command* übergeben wird. Das hat zur Folge, dass das Skript oder der Skriptblock im Rahmen der Session auf dem Remotecomputer ausgeführt werden, für den die Session eingerichtet wurde. Tabelle 11.1 stellt die verschiedenen Cmdlets zusammen, welche die PowerShell für den Umgang mit Sessions bereithält.

TIPP Welche Cmdlets besitzen denn einen *Session*-Parameter? Ein *Get-Help * -Parameter Session* findet es heraus.

Cmdlet	Was macht es?
New-PSSession	Richtet eine Session mit dem angegebenen Remotecomputer ein. Das Ergebnis ist ein *PSSession*-Objekt, das in die Liste der zur Verfügung stehenden Sessions eingereiht wird und als Parameter des *Session*-Parameters bei *Invoke-Command* übergeben werden kann. Alle vorhandenen Sessions werden durch *Get-PSSession* aufgelistet.
Remove-PSSession	Entfernt eine Session aus der Liste der verfügbaren Sessions
Enter-PSSession	Startet eine interaktive Session auf dem angegebenen Remotecomputer, die über *Exit* wieder beendet wird. Eine Session muss nicht per *New-PSSession* angelegt werden, sondern kann auch mit *Enter-PSSession* erstellt werden.
Export-PSSession	Exportiert die Cmdlets, Aliase und Funktionen aus einer Remotesession in ein dauerhaftes Modul, das anschließend per *Import-Module* in die aktuelle Sitzung importiert werden kann
Import-PSSession	Importiert Cmdlets, Aliase, Funktionen usw. (alles, was per *Get-Command* gefunden wird) aus einer Remotesession in ein lokales Modul, sodass die importierten Elemente auch lokal zur Verfügung stehen. Cmdlets werden durch Funktionen »nachgebaut«, die zwar lokal aufgerufen, aber über die Remotesession auf dem Remotecomputer ausgeführt werden.

Tabelle 11.1 Die verschiedenen PSSession-Cmdlets der PowerShell

[4] Es ist schon ein besonderes Erlebnis, wenn sich die PowerShell auf einem Server über einen *iPod touch* (per WLAN) steuern lässt und auf einmal der Output eines PowerShell-Befehls angezeigt wird. Mehr dazu in meinem Blog unter *http://powershellcrashkurs.wordpress.com/2009/07/10/powershell-und-remoting-und-ein-ipod-es-geht-doch-teil-2/*.

Einrichten und Start einer neuen Session

Eine neue Session kann entweder mit *New-PSSession* zunächst angelegt oder gleich mit *Enter-PSSession* erstellt und betreten werden.

Der folgende Befehl legt eine Remotesession auf dem angegebenen Computer an:

```
New-PSSession -Computer ClientComputer -Credential Administrator
```

Ging alles gut, wird die Session in die Liste der vorhandenen Sessions eingereiht und kann per *Enter-PSSession*-Cmdlet betreten werden:

```
Enter-PSSession 5
[ClientComputer]: PS C:\Users\Administrator\Documents>
```

Der Eingabeprompt zeigt an, dass eine Session aktiv ist, indem der Name des Computers in eckige Klammern gesetzt wird. Der aktuelle Pfad ist der aktuelle Pfad im Rahmen der Session auf dem Remotecomputer. Alle Befehle werden ab sofort auf dem Remotecomputer ausgeführt. Die Session wird über *exit* wieder verlassen.

Theoretisch können beliebig viele Sessions offen sein. Die Anzahl wird in erster Linie durch den freien Arbeitsspeicher begrenzt. Das *Remove-PSSession*-Cmdlet entfernt eine Session aus der Liste der verfügbaren Sessions.

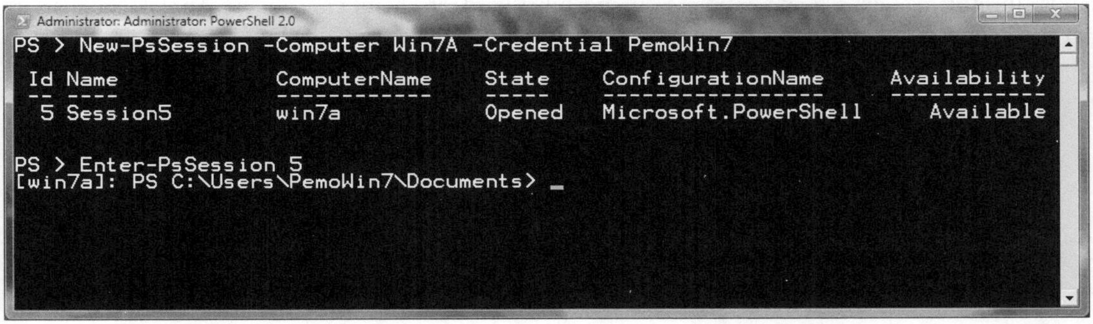

```
Administrator: Administrator: PowerShell 2.0
PS > New-PsSession -Computer Win7A -Credential PemoWin7

 Id Name            ComputerName    State    ConfigurationName     Availability
 -- ----            ------------    -----    -----------------     ------------
  5 Session5        win7a           Opened   Microsoft.PowerShell     Available

PS > Enter-PsSession 5
[win7a]: PS C:\Users\PemoWin7\Documents> _
```

Abbildung 11.3 In einer interaktiven Session werden alle Befehle auf dem Remotecomputer ausgeführt

Eine Session importieren

Das Importieren einer Session bedeutet, Cmdlets, Funktionen und Aliase, die in der Remotesession existieren (also per *Get-Command* ansprechbar sind), im Rahmen eines temporären Moduls lokal verfügbar zu machen. Das ist praktisch, da dadurch nicht jedes Mal in die Remotesession gewechselt werden muss, um z.B ein Cmdlet, das auf dem Remotecomputer existiert, ausführen zu können. Auf diese Weise lassen sich z.B. die Active Directory-Cmdlets aus dem *ActiveDirectory*-Modul etwas einfacher nutzen, ohne dass es lokal installiert werden muss. Oder z.B. die Cmdlets einer angepassten PowerShell wie der *Exchange-Verwaltungsshell* eines Exchange Server 2007.

Die folgende Schrittfolge führt dazu, dass die Cmdlets aus dem *ActiveDirectory*-Modul eines Remotecomputers auch lokal ausgeführt werden. Dieser Computer muss kein Windows 7- oder Windows Server 2008 R2-Computer sein. Als Erstes wird eine neue Session zu dem Computer, in diesem Beispiel heißt er *Client-Computer*, angelegt, auf dem das *ActiveDirectory*-Modul vorhanden ist:

```
$PSS = New-PSSession -Computer ClientComputer -Credential Administrator
```

Die Anmeldung über den *Credential*-Parameter ist nicht in jedem Fall erforderlich. Im zweiten und letzten Schritt werden die Cmdlets aus dem *ActiveDirectory*-Modul auf dem Remotecomputer in die aktuelle, lokale Session importiert:

```
Import-PSSession -Session $PSS -Module ActiveDirectory
```

Damit stehen die Cmdlets als Funktionen lokal zur Verfügung, sodass z. B. ein

```
Get-ADUser -Filter { Name -like "B*" } -Server RemoteComputer -Credential Administrator
```

dazu führt, dass die Benutzer, die das Filterkriterium erfüllen, über den Windows 7-Client aus Active Directory eines Windows Server 2003-Computers (*RemoteComputer*) abgerufen werden. Die Funktionen stehen aber nur so lange zur Verfügung, wie die Session aktiv ist. Da die Anmeldung in einer Remotesession und damit »im Auftrag« des Clientcomputers durchgeführt wird, erscheint eine andere Anmeldebox, als es bei einer direkten Anmeldung der Fall wäre.

Abbildung 11.4 Diese Anmeldung wird im Rahmen einer Remotesession durch den aufrufenden Client durchgeführt

Import-PSSession besitzt verschiedene Parameter (Tabelle 11.2), die von Fall zu Fall wichtig sind und mit denen sich z. B. die Auswahl der importierten Cmdlets und Funktionen eingrenzen lässt.

Parameter	Bedeutung
AllowClobber	Importiert auch jene Cmdlets und Funktionen, deren Namen in der aktuellen Sitzung bereits eine Bedeutung besitzen. Einzelne Namen kommen danach eventuell mehrfach vor. Es gelten die Namensauflösungsregeln der PowerShell für ausgeblendete Namen (mehr darüber unter *about_Command_Precedence*).
ArgumentList	Bestimmte Parameter stehen nur bei bestimmten Providern zur Verfügung. Über den Parameter wird jene Variante eines Cmdlets (z.B. *Set-Item*) importiert, die für den Provider gilt, dessen Name auf *ArgumentList* folgt.
CommandName (Name)	Mit diesem Parameter werden nur bestimmte *Befehle* (Cmdlets, Funktionen usw.) importiert. Standardmäßig werden alle Befehle importiert.
FormatTypeName	Beschränkt die importierten Typenformatierungsinformationen auf die angegebenen Typen. Standardmäßig werden alle Formatierungsinformationen importiert. Ohne diese Informationen kann die PowerShell keine spezielle Formatierung für Objekte dieses Typs anbieten.
Module	Über diesen Parameter wird der Import auf bestimmte Module beschränkt
Prefix	Dank dieses Parameters kann den importierten Namen ein Namenspräfix vorangestellt werden
Session	Dies ist der wichtigste Parameter, denn er gibt an, aus welcher Session die Befehle importiert werden sollen

Tabelle 11.2 Die wichtigsten Parameter des *Import-PSSession*-Cmdlets

Eine Session exportieren

Der Export einer Session ist nicht exakt das Gegenteil des Imports einer Session. Im Unterschied zum *Import-PSSession*-Cmdlet, das ein temporäres Modul anlegt, überträgt das *Export-PSSession*-Cmdlet die ausgewählten Cmdlets, Funktionen usw. in ein permanentes Modul, das anschließend über *Import-Module* importiert werden kann.

Der folgende Befehl importiert (erneut) die Cmdlets aus dem *ActiveDirectory*-Modul des angegebenen Remotecomputers (das Modul muss dort daher bereits geladen sein) und legt ein Modul mit dem Namen *ADCmdletsLokal* an:

```
$PSS = New-PSSession -ComputerName ClientComputer -Credential Administrator
Export-PSSession -Session $Pss -OutputModule ADCmdletsLokal -Module ActiveDirectory
```

Das Ergebnis ist ein neues Modul, dessen Inhalt anschließend per *Import-Module* in die aktuelle Sitzung importiert werden kann. Auch hier gilt, dass die durch den Import resultierenden Funktionen nur so lange zur Verfügung stehen, wie die Sitzung aktiv ist. Anders als bei einem temporären Modul führt ein erneuter Aufruf einer Funktion dazu, dass eine neue Session für *implizite Remotevorgänge* angelegt wird und der Befehl (theoretisch) erneut ausgeführt werden kann, ohne dass ein erneuter Import erforderlich wäre.

Gegenüber dem *Import-PSSession*-Cmdlet besitzt *Export-PSSession* zusätzlich einen *Module*-Parameter, über den der Name des Moduls festgelegt wird.

Der WSMan-Provider der PowerShell

Es gibt generell zwei Wege, um PowerShell-Remoting zu konfigurieren. Erstens über das allgemeine Windows-Remoting-Tool *WinRM*, mit dem auch vollkommen unabhängig von der PowerShell Remoteaufrufe abgesetzt werden. Zweitens über den *WSMan*-Provider der PowerShell, mit dem alle Konfigurationseinstellungen sowohl für den lokalen Computer als auch für Remotecomputer über ein Laufwerk mit dem Namen *WSMan:* angesprochen werden. Damit lassen sich über vertraute Cmdlets wie *Set-Item* z.B. Listener konfigurieren, das Authentifizierungsverfahren auswählen und Computer zur Liste der *Trusted Hosts* hinzufügen.

TIPP Für viele Operationen im Zusammenhang mit *WSMan* muss die PowerShell bei aktivierter Benutzerkontensteuerung im Administratormodus gestartet werden.

Der Befehl *Cd Wsman:* schaltet auf das *WSMan*-Drive um. Die einzelnen Hierarchieebenen stellen sich wie folgt dar:

```
Localhost
-- MaxEnvelopSizekb
-- MaxTimeoutms
-- MaxBatchItems
-- MaxProviderRequests
--> Client
---- NetworkDelayms
---- URLPrefix
---- AllowUnencrypted
----> Auth
(...)
----> DefaultPorts
(...)
----> TrustedHosts
(...)
-->Service
(...)
-->Shell
(...)
-->Listener
-->Plugin
(...)
-->ClientCertificate
(...)
```

Cmdlet	Was macht es?
Connect-WSMan	Stellt eine permanente Verbindung zu dem angegebenen Remotecomputer her. Neben dem Namen des Computers können/müssen über den *Credential*-Parameter auch Benutzername und Kennwort übergeben werden. Der Computer, für den die Verbindung hergestellt wurde, erscheint anschließend auf dem *WSMan*-Laufwerk als weiterer Eintrag.
Disable-WSManCredSSP	Deaktiviert die CredSSP-Authentifizierung (Delegierung von Anmeldeinformationen) client- und/oder serverseitig (die genauen Auswirkungen auf die WSMan-Konfiguration sind in der Hilfe zu dem Cmdlet beschrieben)
Disconnect-WSMan	Beendet die Verbindung zu dem angegebenen Remotecomputer
Enable-WSManCredSSP	Aktiviert die CredSSP-Authentifizierung sowohl client- als auch serverseitig ▶

Cmdlet	Was macht es?
Get-WSManCredSSP	Holt den aktuellen Zustand der CredSSP-Authentifizierung für den Client ab
Invoke-WSManAction	Führt eine Aktion aus einer Liste von vordefinierten Aktionen (z.B. Starten oder Anhalten eines Dienstes) auf einem Remotecomputer aus
New-WSManInstance	Legt eine neue WSMan-Instanz an
New-WSManSessionOption	Erstellt eine Hashtable mit verschiedenen WSMan-Einstellungen, die als Parameter an die Cmdlets *Get-WSManInstance, Set-WSManInstance, Invoke-WSManAction* und *Connect-WSMan* übergeben werden kann
Remove-WSManInstance	Entfernt eine WSMan-Instanz
Set-WSManInstance	Ändert Einstellungen bei einer WSMan-Instanz
Set-WSManQuickConfig	Konfiguriert den Computer, sodass dieser WSMan-Befehle zur Remoteverwaltung empfangen kann (ist keine Voraussetzung für PowerShell-Remoting)
Test-WSMan	Gibt unter anderem die WSMan-Versionsnummer des lokalen Computers oder des angegebenen Netzwerkcomputers aus

Tabelle 11.3 Cmdlets für den Umgang mit dem *WSMan*-Provider

HINWEIS *CredSSP* ist ein mit *Windows Vista* (bzw. *Windows XP SP3*) eingeführter neuer Sicherheitsdienstanbieter (*Security Service Provider*, kurz SSP), der über das *Security Support Provider Interface* (SSPI) zur Verfügung gestellt wird. *CredSSP* ermöglicht einer Clientanwendung (über clientseitiges SSP), die Anmeldeinformation eines Benutzers (über serverseitiges SSP) an den Server zu delegieren (also weiterzugeben). Die Client-Server-Modi werden über das *Enable-WSManCredSSP*-Cmdlet aktiviert. *CredSSP* spielt bei PowerShell-Remoting immer dann eine Rolle, wenn im Rahmen der Remotesession eine erneute Anmeldung mit den *Benutzercredentials*, z.B. beim Zugriff auf eine Netzwerkfreigabe, erforderlich ist (Stichwort: *Second Hop Remoting* bzw. *Multi Hop Remoting*).

Aufruf von WSMan-Webservicefunktionen über Invoke-WSManAction

Hinter den *WSMan*-Cmdlets steckt nicht weniger als eine mögliche Zukunft der Windows-Administration, denn sie ermöglichen den Aufruf beliebiger WMI-Abfragen und WMI-Methoden über das Netzwerk und funktionieren theoretisch auch auf Unix-Systemen, sofern dort eine *WSMan*-Implementierung vorhanden ist.

Da das Thema bereits in Kapitel 9 an der Reihe war, bleibt es im Folgenden bei einem kurzen Beispiel.

Der folgende Befehl beendet den Druckerwarteschlangen-Dienst auf dem angegebenen Computer, indem die Aktion *Stopservice* der WMI-Klasse *Win32_Service* auf dem angegebenen Computer ausgeführt wird:

```
Invoke-WSManAction -Action stopservice -Resourceuri wmicimv2/Win32_Service -Selectorset
@{Name="spooler"} -authentication default -computer RemoteClient -credential Administrator
```

Cmdlets mit einem ComputerName-Parameter

Nicht alle Remoteaktivitäten der PowerShell 2.0 basieren auf *WS-Man*. Es gibt eine Reihe von Cmdlets, die auf einem Remotecomputer ausgeführt werden können, ohne dass dieser die Rolle eines Remotingclients spielen muss. Das bedeutet, dass die PowerShell auf dem Remotecomputer nicht installiert sein muss. Bei diesen Cmdlets wird der Remotecomputer lediglich über den *ComputerName*-Parameter des Cmdlets ausgewählt. Im Einzelnen handelt es sich um folgende Cmdlets:

- *Clear-EventLog*
- *Get-EventLog*
- *Get-Process*
- *Get-Service*
- *Limit-EventLog*
- *New-EventLog*
- *Restart-Computer*
- *Set-Service*
- *Show-EventLog*
- *Stop-Computer*
- *Write-EventLog*

Laut Dokumentation basiert diese Abfrage auf WMI.[5] Da von diesen Cmdlets aber nur *Restart-Computer* und *Stop-Computer* einen *Credential*-Parameter besitzen, funktioniert der Zugrif nur dann, wenn ein anmeldefreier Zugriff auf den Remotecomputer möglich ist.

ACHTUNG Ab Windows Vista muss die *LocalAccountTokenFilter*-Policy aktiv sein. Sie bewirkt, dass ein Remote-Zugriff über ein Administratorkonto auch mit Administratorberechtigungen ausgeführt wird. Dazu muss der Schlüssel *HKLM\SOFTWARE\Microsoft\Windows\CurrentVersion\Policies\System* einen DWORD-Eintrag *LocalAccountTokenFilterPolicy* mit dem Wert 1 besitzen.

Der folgende Befehl löscht das *Application*-Ereignisprotokoll auf dem angegebenen Computer:

```
Clear-EventLog -LogName Application -Computer RemoteServer
```

Der folgende Befehl legt auf dem angegebenen Computer ein neues Ereignisprotokoll mit der angegebenen Quelle an:

```
New-EventLog -LogName PemoLog -Source PemoSource -Computer RemoteServer
```

Der folgende Befehl schließt den kleinen »Zyklus« ab, indem er auf den Remotecomputer einen Eintrag in das Ereignisprotokoll schreibt:

```
Write-Eventlog -LogName PemoLog -Source PemoSource -Computer RemoteServer -Message "Alles klar" -EventID 1234
```

Insgesamt ist dies eine praktische Angelegenheit, die zumindest für viele Ad-hoc-Abfragen ausreichend ist und in Unternehmen den nach wie vor entscheidenden Vorteil besitzt, dass das Windows Management Framework nicht zuvor verteilt werden muss.

[5] Die aber anscheinend auch dann funktioniert, wenn der Dienst *Windows-Verwaltungsinstrumentation* auf dem Remotecomputer nicht läuft.

PowerShell-Remoting in der Praxis

Steht die Konfiguration, ist Remoting wirklich einfach. Es gibt gleich mehrere Möglichkeiten, einen Befehl oder ein Skript auf einem anderen Computer auszuführen:

- Über das *Invoke-Command*-Cmdlet
- Über den *Session*-Parameter von Cmdlets wie *Invoke-Command*, dem eine existierende Session zugeordnet wird

Das Invoke-Command-Cmdlet

Das *Invoke-Command*-Cmdlet führt einen Skriptblock oder ein Skript aus, die beide beliebige Inhalte besitzen können. Tabelle 11.4 stellt die wichtigsten Parameter zusammen. Trotz der Fülle an Parametern ist der Umgang mit *Invoke-Command* einfach, wie es die folgenden Beispiele unter Beweis stellen werden.

Parameter	Bedeutung
AllowRedirection	Wenn gesetzt, kann über die URI, die den Remotecomputer auswählt, eine Verbindungsumleitung erfolgen. Spielt immer dann eine Rolle, wenn der Remotecomputer über die *ConnectionURI*-Property angegeben wird.
ApplicationName	Legt den Anwendungsnamen fest, der bei WinRM im Zusammenhang mit dem Listener eine Rolle spielt. Der Standardwert, der auch in der Variablen *$PSSessionApplicationName* enthalten ist, ist *WSMan*. Es dürfte nur wenige Gründe geben, hier einen anderen Namen einzustellen.
AsJob	Wenn gesetzt, werden der Remotebefehl oder das Remoteskript als Job ausgeführt
Authentication	Legt die Art der Authentifizierung fest. Zur Auswahl stehen stets *Default*, *Basic*, *CredSSP*, Digest, *Kerberos*, *Negotiate* und *NegotiateWithImplicitCredential*. Die Standardeinstellung ist *Default*. Wird die Anmeldeinformation im Rahmen der Remotesession erneut benötigt, muss *CredSSP* verwendet werden (dazu muss aber eventuell eine Gruppenrichtlinie unter *Computerkonfiguration/Administrative Vorlagen/System/Delegierung von Anmeldeinformationen* und dort *Delegierung von aktuellen Anmeldeinformationen zulassen* mit dem Namen des Servers aktiviert werden).
ComputerName	Name des Remotecomputers, auf dem der Befehl oder das Skript ausgeführt werden soll
ConfigurationName	Wählt eine andere Sitzungskonfiguration aus als die voreingestellte *http://schemas.microsoft.com/powershell/Microsoft.PowerShell*. Bei Zugriff auf Exchange Server 2010 muss hier ein anderer Name angegeben werden.
ConnectionURI	Legt den Remotecomputer als eine URI (Uniform Resource Locator) fest, der in diesem Zusammenhang auch *Verbindungspunkt* heißt. In der URI werden die Angaben zusammengefasst, die einzeln über die Parameter ComputerName, Port, ApplicationName und UseSSL festgelegt werden. Da PowerShell-Remoting auf WSMan basiert und WSMan wiederum auf Webserviceaufrufen, kann der Remoteaufruf auch über eine URI durchgeführt werden. Spielt z.B. beim Zugriff auf Exchange Server 2010 eine Rolle.
FilePath	Legt den Pfad des Skripts fest, das remote ausgeführt werden soll
HideComputerName	Wenn gesetzt, wird der Computername nicht als zusätzliche Property an das resultierende Objekt angehängt
ScriptBlock	Legt den Skriptblock fest, der remote ausgeführt werden soll
Session	Über diesen Parameter wird die Session ausgewählt, in welcher der Skriptblock oder das Skript im Rahmen einer dauerhaften Verbindung ausgeführt werden soll
UseSSL	Wenn gesetzt, wird die Verbindung zum Remotecomputer über eine SSL-Verbindung durchgeführt. Dazu muss der Remotecomputer aber entsprechend konfiguriert sein.
ArgumentList	Über diesen Parameter werden Argumente für Parameter übergeben, sofern diese eine Rolle spielen

Tabelle 11.4 Die wichtigsten Parameter des *Invoke-Command*-Cmdlets

Ausführen eines Skriptblocks

Die einfachste Variante des Remoteaufrufs besteht darin, einen oder mehrere Befehle im Rahmen eines Skriptblocks auszuführen. Der Remotecomputer wird im Allgemeinen über den *ComputerName*-Parameter ausgewählt. Der lokale Computer wird wie üblich per *localhost* oder durch einen Punkt abgekürzt.

Der folgende Befehl führt einen Skriptblock, dessen Inhalt auf dem Remotecomputer eine Datei anlegt, auf dem angegebenen Remotecomputer aus:

```
Invoke-Command -Scriptblock { New-Item -ItemType File -Path PemoWasHere.txt } -Computer RemoteServer
```

Ist für den Remotecomputer eine Anmeldung erforderlich, müssen Benutzername und Kennwort wie üblich über den *Credential*-Parameter übergeben werden.

Der folgende Befehl führt ebenfalls einen Skriptblock aus, nur dass der Remotecomputer dieses Mal über eine URI ausgewählt wird und eine Anmeldung erforderlich ist:

```
Invoke-Command -ScriptBlock { Get-Process } -ConnectionURI "http://RemoteClient:5985/WSMan" -Credential
Administrator
```

Anstelle des Hostnamens kann auch die IP-Adresse eingesetzt werden. Die Standardportnummer 5985 für *WSMan* (via HTTP) muss angegeben werden.

Ausführen eines Skripts

Über den *FilePath*-Parameter kann jedes beliebige Skript remote ausgeführt werden.

Das folgende kleine Skript erstellt ein *Verzeichnis* aller Ps1-Dateien auf dem Remotecomputer. Da es im Allgemeinen eine Weile dauert, bis alle Verzeichnisse durchsucht sind, wird es als Job ausgeführt. Theoretisch müsste das Skript über ein *Get-PSDrive* zunächst alle Laufwerke holen und den Durchlauf für jedes Laufwerk wiederholen, doch aus Platzgründen wird auf diesen Komfort verzichtet.

```
# -----------------------------------------------------------
# Beispiel 11.1 - Ps1-Inhaltsverzeichnis anlegen
# -----------------------------------------------------------
param(
 $StartPfad = "C:\PsKurs"
)
$Ps1ListePfad = "$Env:Userprofile\Documents\Ps1Liste.txt"
$AnzahlPs1 = 0
Remove-Item $Ps1ListePfad -Force -ErrorAction SilentlyContinue
Get-ChildItem -Path $StartPfad -Include *.Ps1 -ErrorAction SilentlyContinue -Recurse | ForEach-Object {
  $AnzahlPs1++
  Add-Content -Path $Ps1ListePfad -Value ("{0:000} - {1}" -f $AnzahlPs1, $_.FullName)
}
"Fertig - $AnzahlPs1 Ps1-Dateien gefunden."
```

Listing 11.1 Das Skript soll auf einem Remote-Computer ausgeführt werden

Aufgerufen wird das Skript wie folgt:

```
Invoke-Command -FilePath C:\Pskurs\Ps1VerzeichnisInhaltAnlegen.ps1 -Computer RemoteClient -Credential
Administrator -ArgumentList C:\ -AsJob
```

Da das Skript als Remotejob gestartet wird, kehrt der Prompt unmittelbar nach der Eingabe der Befehlszeile wieder zurück und wird auf dem Zielcomputer ausgeführt (dort wird ein *PowerShell.exe*-Prozess gestartet). Über das *Get-Job*-Cmdlet kann man sich jederzeit darüber informieren, ob der Job noch aktiv ist:

```
Get-Job

WARNUNG: Die Spalte Command passt nicht in die Anzeige und wurde entfernt.

Id              Name            State       HasMoreData     Location
--              ----            -----       -----------     --------
2               Job2            Completed   True            RemoteClient
```

Sollte er beendet sein, wird das Ergebnis über *Receive-Job* abgeholt, das in diesem Fall lediglich aus einer Erfolgsmeldung besteht:

```
Receive-Job 2
Fertig - 488 Ps1-Dateien gefunden.
```

An das angefertigte Inhaltsverzeichnis kommt man jedoch nicht so ohne weiteres heran, sofern es nicht in ein freigegebenes Verzeichnis kopiert wurde. Auch das Umschalten auf eine interaktive Session hilft nicht wirklich, da im Rahmen der Session die Laufwerke des Clientcomputers nicht zur Verfügung stehen, außer wenn es sich um freigegebene Verzeichnisse handelt. Der Dateitransfer über *BITS* kommt leider auch nicht infrage, da die Cmdlets aus dem *Bitstransfer*-Modul nicht remote ausgeführt werden können. Das Einfachste wäre es vermutlich, den Dateiinhalt im Rahmen des Skripts zurückzugeben.

Ausführen einer Exe-Datei

Es ist wichtig zu verstehen, dass die Remoteausführung nicht auf PowerShell-Cmdlets beschränkt ist. Über PowerShell-Remoting kann generell jede Exe-Datei ausgeführt werden. Eine Ausnahme bilden Anwendungen, die ein Anwendungsfenster anzeigen. Diese werden zwar gestartet, das Anwendungsfenster aber nicht angezeigt. Ja mehr noch, ein solcher Prozess blockiert die komplette Ausführung, die erst dann beendet wird, wenn der Prozess auf dem Remotecomputer beendet wird (was in einer zweiten Session geschehen kann). Die Einschränkung gilt nicht nur für Prozesse mit einem Anwendungsfenster, sondern generell für alle Ausgabeaktivitäten (es ist z.B. ebenfalls nicht möglich, eine Melodie über den Aufruf der *Beep*-Funktion der .NET-Klasse *Console* abzuspielen).[6]

HINWEIS Interessanterweise lassen sich Mediendateien im Rahmen einer Session über das *Invoke-Item*-Cmdlet auf dem Remotecomputer abspielen, indem der Player gestartet wird, der mit der Dateierweiterung verknüpft ist.

Der folgende Befehl führt den *Net Share*-Befehl auf dem angegebenen Remotecomputer aus:

```
Invoke-Command -Computer RemoteClient -Credential Administrator -ScriptBlock { net share }
```

[6] Leider oder zum Glück, je nach Temperament und Verantwortungsbewusstsein für das allgemeine Betriebsklima.

Einrichten einer Session

Wie eine Session eingerichtet wird, wurde bereits zu Beginn des Kapitels gezeigt. Im Folgenden soll der Vollständigkeit halber noch einmal gezeigt werden, wie sich ein Skript per *Invoke-Command* im Rahmen einer existierenden Session ausführen lässt.

Die folgenden Befehle führen einen Skriptblock im Rahmen einer zuvor angelegten Session aus:

```
# -------------------------------------------------------------
# Beispiel 11.2 - Skriptblock auf einem Remote-Computer ausführen
# -------------------------------------------------------------
$PSS = New-PsSession -Computer RemoteClient -Credential Administrator
$SB = { Get-Service | Where-Object { $_.Status -ne "Running" } }
Invoke-Command -Session $PSS -ScriptBlock $SB
```

Zusammenfassung

Durch das mit der PowerShell 2.0 eingeführte Remoting wird die Reichweite der PowerShell nicht nur innerhalb des Netzwerks, sondern auch im übertragenen Sinn, was ihre Möglichkeiten betrifft, enorm erweitert. PowerShell-Befehle und -Skripts und die im Hintergrund ausführenden Jobs können mit einem einzigen Befehl einzeln oder im Rahmen einer explizit angelegten Session auf einem oder einer Vielzahl von Computern im Netzwerk gleichzeitig ausgeführt werden. PowerShell Remoting basiert auf Windows-Remoting und dem WS-Management-Standard und kann entweder über das Windows-Tool *WinRM* oder deutlich komfortabler und vor allem PowerShell-typischer über das vom *WSMan*-Provider zur Verfügung gestellte *WSMan*-Laufwerk konfiguriert werden. Für eine Verbindung von Computern außerhalb einer Domäne muss der Computer, von dem die Remoteverbindung aus hergestellt wird, auf dem Computer, auf dem der Befehl ausgeführt werden soll, zur Liste der vertrauenswürdigen Hosts hinzugefügt werden. Anschließend können nicht nur PowerShell-Befehle und -Skripts, sondern auch theoretisch beliebige Befehlszeilentools remote ausgeführt werden.

Kapitel 12

Systemaufgaben mit der PowerShell lösen

In diesem Kapitel:

Systemaufgaben sind (natürlich) ein weit gefasster Begriff. In diesem Kapitel geht es um alle jenen Dinge, die im Administratorenalltag anfallen und die bei der PowerShell über ihre Cmdlets, über Erweiterungen und speziellere Aufrufe durchgeführt werden können. Dazu gehören der Aufruf von Befehlszeilentools, Datenbankzugriffe, der Versand von E-Mails und das Herunterladen von Dateien.

Befehlszeilentools aufrufen

Wenn eines in den bisherigen Kapiteln deutlich wurde, dann dass die PowerShell trotz aller Neuerungen in erster Linie eine Shell ist, aus der jedes Programm heraus aufgerufen werden kann. Dazu gehören auch die bewährten Tools und Helfer von *Ipconfig* über *Ping* bis *Whoami*. Es ist wichtig zu verstehen, dass jedes dieser Tools Text und damit ein *String*-Objekt in die Pipeline legt. Ein *Whoami | Get-Member* macht es deutlich. Dieser Umstand spielt immer dann eine Rolle, wenn der Output eines Befehlszeilentools weiterverarbeitet werden soll. Ein

```
whoami /user

BENUTZERINFORMATIONEN
---------------------

Benutzername    SID
=============== =============================================
haribo08\pemo08 S-1-5-21-2267311659-772447757-118538039-1003
```

liefert zwar neben dem Benutzernamen auch die SID des aktuellen Users, doch ist es gar nicht so einfach, an diese heranzukommen, da sie lediglich ein Teil des Gesamtstrings ist.

Hier hilft zwar ein regulärer Ausdruck weiter, ganz optimal ist die Lösung natürlich nicht.

```
$SID = [Regex]::Match((whoami /user), "S-.+$").Groups[0].Value
```

Dass sich Tools wie *Whoami.exe* oder *Ping.exe* ohne Voranstellen des Pfades ausführen lassen, liegt natürlich daran, dass ihr Verzeichnis Teil der *Path*-Umgebungsvariablen ist. Ein

```
Get-Command Whoami.exe

CommandType     Name                          Definition
-----------     ----                          ----------
Application     whoami.exe                    C:\Windows\system32\whoami.exe
```

macht deutlich, dass dem so ist. Die *Definition*-Property des resultierenden *ApplicationInfo*-Objekts steht für den Pfad der Exe-Datei.

HINWEIS Auch einer Exe-Datei muss entweder der komplette Pfad oder, wenn sie sich im aktuellen Verzeichnis befindet, ein ».\« vorangestellt werden.

COM-Komponenten ansprechen

COM ist zwar eine typische Microsoft-Technik der frühen 1990er-Jahre, sie ist aber immer noch allgegenwärtig, sodass es im Praxisalltag mit der PowerShell immer wieder Situationen gibt, in denen eine COM-Komponente angesprochen werden muss. Und sei es nur, um ein WSH-Skript mit möglichst wenig Aufwand auf die PowerShell umzustellen. Eine COM-Komponente wird wie eine Klasse über das *New-Object*-Cmdlet aktiviert, es muss lediglich der *ComObject*-Parameter gesetzt werden, dem der Typname in Gestalt der so genannten *ProgID* (dem *Programmatic Identifier*) als Zeichenkette übergeben wird.

Anlegen einer Verknüpfung

Das Anlegen einer Verknüpfung, z.B. auf dem Desktop, ist immer dann praktisch, wenn ein PowerShell-Skript per Doppelkick aufrufbar sein soll. In diesem Fall wird eine Verknüpfung auf *PowerShell.exe* angelegt und der Pfad der Skriptdatei über den *FilePath*-Parameter übergeben. Für das Anlegen eines Shortcuts ist die Methode *CreateShortcut* der COM-Komponente *WScript.Shell* (also der Windows Script Host) zuständig. Sie liefert ein Objekt, über dessen Properties die Eigenschaften der Verknüpfung festgelegt werden. Am Ende wird sie per *Save()*-Methode gespeichert.

Das folgende Beispiel legt eine Verknüpfung auf die Skriptdatei *MessageboxShow.ps1* im Verzeichnis *C:\PsKurs* auf dem Desktop des Benutzers an.

```
# -------------------------------------------------------------
# Beispiel 12.1 - Anlegen einer Verknüpfung auf eine PowerShell-Skriptdatei
# -------------------------------------------------------------

function New-PS1Shortcut
($Skriptpfad)
{
  $SkriptName = Split-Path -Path $Skriptpfad -Leaf
  # Erweiterung abtrennen
  $SkriptName = $SkriptName -split ".ps1"
  try
  {
    $Wsh = New-Object -Com WScript.Shell
    $Sh = $Wsh.CreateShortcut("$Env:Userprofile\Desktop\$Skriptname.lnk")
    $Sh.TargetPath = $PsHome+"\PowerShell.exe"
    # Muss nicht unbedingt gesetzt werden
    $Sh.WorkingDirectory = Split-Path -Path $Skriptpfad
    # wichtig: Hier wird das auszuführende Skript festgelegt
    $Sh.Arguments = "-Noprofile -File $SkriptPfad"
    # Ebenfalls optional
    $Sh.Hotkey = "ALT+CTRL+M"
    # Verknüpfung wird durch das Speichern erst angelegt
    $Sh.Save()
    Write-Debug "Shortcut wurde angelegt."
  }
  catch
  {
    Write-Host -Fore White -Back Red "Shortcut konnte nicht angelegt werden. ($_)"
  }
}
```

Listing 12.1 Anlegen einer Verknüpfung auf eine PowerShell-Skriptdatei

Aufgerufen wird die Funktion wie folgt:

```
New-PslShortcut -SkriptPfad C:\PsKurs\MessageboxShow.ps1
```

Abbildung 12.1 Für eine *Ps1*-Datei wurde eine Verknüpfung angelegt

MSI-Dateien durchsuchen (und eine kleine Typnachhilfe für die PowerShell)

Die bisherigen kleinen Beispiele haben deutlich gemacht, dass COM-Komponenten genauso einfach angesprochen werden wie PowerShell- oder .NET-Objekte. Doch es gibt Ausnahmen. Eine solche Ausnahme ist die COM-Komponente *WindowsInstaller.Installer*, über die sich ein MSI-Paket ansprechen lässt. Dazu ein kurzer Exkurs. Die mit Windows 2000 bzw. Office 2000 eingeführten Windows Installer-Dateien sind Dateien mit der Erweiterung *.Msi*, die nach dem Öffnen über das Systemprogramm *Msiexec.exe* einen Installationsvorgang durchführen. Eine MSI-Datei ist sehr viel mehr als nur ein Archiv, dahinter stecken eine (relationale) Datenbank mit Tabellen und Beziehungen und eine Folge von Installationsanweisungen. Im administrativen Alltag interessiert man sich maximal für den Inhalt eines MSI-Pakets, der sich mit der COM-Komponente theoretisch auch einfach auflisten lässt. Theoretisch deswegen, weil ein

```
New-Object -Com WindowsInstaller.Installer | Get-Member

   TypeName: System.__ComObject

Name                      MemberType Definition
----                      ---------- ----------
CreateObjRef              Method     System.Runtime.Remoting.ObjRef CreateOb...
Equals                    Method     bool Equals(System.Object obj)
GetHashCode               Method     int GetHashCode()
GetLifetimeService        Method     System.Object GetLifetimeService()
GetType                   Method     type GetType()
InitializeLifetimeService Method     System.Object InitializeLifetimeService()
ToString                  Method     string ToString()
```

keine Member (mit Ausnahme jener Standardmember, die immer im Spiel sind) auflistet. Die Komponente besitzt natürlich eigene Member, sie werden bei der PowerShell nur nicht angezeigt. Der Hintergrund ist simpel (wenn man ihn kennt), die COM-Komponente stellt die Typeninformationen, welche die PowerShell benötigt, nicht zur Verfügung. Theoretisch lassen sich die Member daher nicht von der PowerShell aus aufrufen. Doch zum Glück nur theoretisch. Es gibt mehrere *Workarounds*, die das Problem lösen. Der einfachste besteht darin, nicht ansprechbare Methoden wie *OpenDatabase* und *OpenView* und Properties wie *StringData* indirekt über die *generischen* Methoden *InvokeMethod* und *InvokeParamProperty* aufzurufen. Damit das möglich ist, benötigt die PowerShell aber ein *Update* in Gestalt einer Typeninformationsdatei, die über das *Update-TypeData*-Cmdlet in der aktuellen PowerShell-Sitzung geladen wird. Eine Typeninformationsdatei trägt die Erweiterung *.ps1xml* und ist eine reguläre XML-Datei, in der alle Details, welche die PowerShell über einen bestimmten Typ wissen muss, enthalten sind. In diesem Fall geht es um den »Spezialtyp« Typ *System.__ComObject*, also jenen Typ, der allgemein ein COM-Objekt beim .NET Framework repräsentiert. Es soll erreicht werden, dass die Member der MSI-COM-Komponente, die durch den allgemeinen Typ *System.__ComObject* gekapselt werden, über einen indirekten Aufruf der generischen Methoden dieses Typs (konkret *GetProperty*, *SetProperty*, *InvokeParamProperty* und *InvokeMethod*) auch im Rahmen der PowerShell aufgerufen werden können, indem diese Member als *ScriptMethod*-Member dem Typ hinzugefügt werden. Steht z.B. das *InvokeMethod*-Member zur Verfügung, können mit seiner Hilfe einzelne Methoden der MSI-Komponente wie *OpenDatabase* indirekt aufgerufen werden.

Gehen Sie zum Hinzufügen des neuen Typs zum Typsystem der PowerShell wie folgt vor:

1. Geben Sie in Notepad oder in der PowerShell-ISE die folgende XML-Definition ein (oder kopieren Sie die Datei *Msi.Types.ps1xml* aus den Beispieldateien zu diesem Buch (die als Download angeboten werden; siehe hierzu in der Einleitung)):

```
<Types>
 <Type>
  <Name>System.__ComObject</Name>
   <Members>
    <ScriptMethod>
     <Name>GetProperty</Name>
     <Script>
      $type = $this.gettype();
      $type.InvokeMember($args[0],
       [System.Reflection.BindingFlags]::GetProperty, $null, $this, $null)
     </Script>
    </ScriptMethod>
    <ScriptMethod>
     <Name>SetProperty</Name>
     <Script>
      $type = $this.gettype();
      $type.invokeMember($args[0],
       [System.Reflection.BindingFlags]::GetProperty, $null, $this, @($args[1]))
     </Script>
    </ScriptMethod>
    <ScriptMethod>
     <Name>InvokeParamProperty</Name>
     <Script>
      $type = $this.gettype();
      $index = $args.count -1 ;
      $methodargs=$args[1..$index]
      $type.invokeMember($args[0],
```

```
      [System.Reflection.BindingFlags]::GetProperty, $null, $this, $methodargs)
    </Script>
   </ScriptMethod>
   <ScriptMethod>
     <Name>InvokeMethod</Name>
     <Script>
       $type = $this.gettype();
       $index = $args.count -1 ;
       $methodargs=$args[1..$index]
       $type.invokeMember($args[0],
       [System.Reflection.BindingFlags]::InvokeMethod, $null, $this, $methodargs)
     </Script>
   </ScriptMethod>
  </Members>
 </Type>
</Types>
```

Geschafft? Das war eine wahre Fleißarbeit, die sich aber insofern gelohnt hat, da Sie damit zu einem Kernthema, dem erweiterbaren Typsystem der PowerShell, ein besseres Verständnis entwickelt haben und zum anderen die MSI-Komponente ansprechen können.

2. Speichern Sie die Datei im PowerShell-Basisverzeichnis (*$PSHOME*) unter dem Namen *Msi.types.ps1xml*, wenngleich der Name selbst keine Rolle spielt

3. Jetzt kommt der entscheidende Schritt. Aktualisieren Sie die Typinformation der PowerShell über das *Update-TypeData*-Cmdlet:

```
Update-TypeData -AppendPath $PsHome\Msi.types.ps1xml
```

Über den *AppendPath*-Parameter wird die angegebene Datei zu einer Liste von Typendefinitionsdateien hinzugefügt (und geladen, nachdem die internen Typinformationen geladen wurden), die beim nächsten Aufruf von *Update-TypeData* ohne Angabe einer Datei automatisch geladen werden.

Ging alles gut, liefert *Get-Member* vier zusätzliche Member vom Typ *ScriptMethod*:

```
New-Object -Com WindowsInstaller.Installer | Get-Member

   TypeName: System.__ComObject

Name                       MemberType   Definition
----                       ----------   ----------
CreateObjRef               Method       System.Runtime.Remoting.ObjRef Create...
Equals                     Method       bool Equals(System.Object obj)
GetHashCode                Method       int GetHashCode()
GetLifetimeService         Method       System.Object GetLifetimeService()
GetType                    Method       type GetType()
InitializeLifetimeService  Method       System.Object InitializeLifetimeServi...
ToString                   Method       string ToString()
GetProperty                ScriptMethod System.Object GetProperty();
InvokeMethod               ScriptMethod System.Object InvokeMethod();
InvokeParamProperty        ScriptMethod System.Object InvokeParamProperty();
SetProperty                ScriptMethod System.Object SetProperty();
```

Damit sind alle Voraussetzungen geschaffen und der Inhalt eines MSI-Pakets kann auch mit der PowerShell aufgelistet werden.

TIPP Die Hintergründe dieser Typerweiterung beschreibt ein Blogeintrag unter *http://abhishek225.spaces.live.com/blog/cns!13469C7B7CE6E911!165.entry*.

Die folgende Funktion listet den Inhalt einer MSI-Datei auf, deren Pfad beim Aufruf übergeben wird. Sie funktioniert aber erst dann, nachdem die Typerweiterung wie beschrieben durchgeführt wurde.

```
# -----------------------------------------------------------
# Beispiel 12.2 - den Inhalt einer MSI-Datei auflisten
# -----------------------------------------------------------

function Get-MsiContent
([string]$MsiPfad)
{
  # Gibt es die MSI-Datei?
  if (!(Test-Path -Path $MsiPfad))
  {
    Write-Host -Fore White -Back Red "MSI-Datei nicht gefunden. ($MsiPfad)"
    break
  }
  $OpenDatabaseModeReadOnly = 0
  try
  {
   $Msi = New-Object -Com WindowsInstaller.Installer
  }
  catch
  {
      Write-Host -Fore White -Back Red "Die MSI-Komponente konnte nicht angesprochen werden. ($_)"
      break
  }
  $MsiDb = $Msi.InvokeMethod("OpenDatabase", $MsiPfad, $OpenDatabaseModeReadOnly)
  $MsiView = $MsiDb.InvokeMethod("OpenView", "Select FileName, FileSize From File")
  $MsiView.InvokeMethod("Execute")
  while ($true)
  {
    $MsiRecord = $MsiView.InvokeMethod("Fetch")
    if ($MsiRecord -eq $null) { break }
      $FileName = $MsiRecord.InvokeParamProperty("StringData", 1).Split("|")[1]
      $FileSize = $MsiRecord.InvokeParamProperty("StringData", 2)
      Write-Host -fore green "Datei: $FileName, Größe: $FileSize"
  }
}
```

Listing 12.2 Den Inhalt einer MSI-Datei auflisten

Aufgerufen wird die Funktion wie folgt, wobei die angegebene MSI-Datei existieren muss:

```
Get-MsiContent -MsiPfad C:\PsKurs\WPSBeispiele.msi
```

Der Typupdate über *Update-TypeData* kann in der PowerShell-Eingabeaufforderung pro Sitzung nur einmal ausgeführt werden; in der PowerShell ISE mit jedem Start, da jedes Mal ein neuer Runspace angelegt wird. Soll sie immer verfügbar sein, muss sie in die Profile-Datei aufgenommen werden.

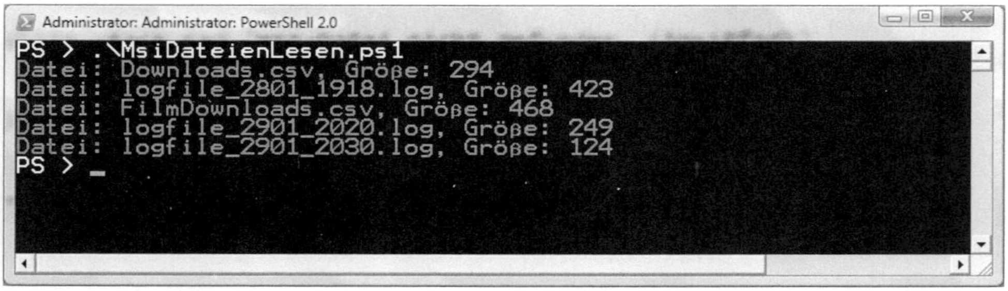

```
Administrator: Administrator: PowerShell 2.0
PS > .\MsiDateienLesen.ps1
Datei: Downloads.csv, Größe: 294
Datei: logfile_2801_1918.log, Größe: 423
Datei: FilmDownloads.csv, Größe: 468
Datei: logfile_2901_2020.log, Größe: 249
Datei: logfile_2901_2030.log, Größe: 124
PS > _
```

Abbildung 12.2 Der Inhalt einer MSI-Datei lässt sich mit ein wenig Typnachhilfe auch in der PowerShell auflisten

Datenbankinhalte ansprechen

Das Ansprechen einer Datenbank ist bei der PowerShell einfacher, als es sich anhören könnte, denn dank verschiedener Klassen der .NET-Klassenbibliothek (Kapitel 13) ist der Aufwand dazu relativ moderat. Das wichtigste Detail in diesem Zusammenhang ist, dass die .NET-Klassen datenbanktypagnostisch sind, es also keine Rolle spielt, welche Sorte von Datenbank angesprochen wird. Ob SQL Server, Oracle Server, MySql oder Access, alle Datenbanktypen werden grundsätzlich gleich behandelt. Voraussetzung ist lediglich, dass ein entsprechender *Data Provider* zur Verfügung steht, der gegebenenfalls nachinstalliert werden muss. Von Anfang an dabei sind (im .NET Framework 3.5) Datenprovider für SQL Server, OLE DB (darunter fallen auch Access-Datenbanken), ODBC und SQL Server Compact Edition.

Die folgenden Beispiele gehen von einer kleinen SQL Server Compact-Datenbank mit dem Namen *LoginsDB.sdf* aus. Sie besteht aus den beiden Tabellen *Users* und *Logins*, die zwei bzw. drei Felder umfassen und mit deren Hilfe sich Logins protokollieren lassen, wobei bei jedem Login der Name des Benutzers und die Uhrzeit erfasst werden. Zwischen den beiden Tabellen existiert über das Feld *UserID* eine Beziehung, sodass beim Erfassen eines Logins die UserID eingetragen wird und beim Abrufen der Logindaten eine einfache *Join-Operation* erforderlich ist, um anstelle der UserID den Benutzernamen zu erhalten. Abbildung 12.3 gibt die Struktur der Datenbank wieder, die in der Datei *LoginsDB.sdf* enthalten ist. Gelesen und beschrieben werden kann die Datenbankdatei überall dort, wo das .NET Framework 3.5 installiert wird (die PowerShell arbeitet von Haus aus bekanntlich mit dem .NET Framework 2.0). Sollte sich diese Anforderung aus irgendeinem Grund nicht realisieren lassen, verlieren die Beispiele nicht ihren Wert, denn zum einen müssten sie nur in Details angepasst werden, damit sie z.B. mit einem SQL Server oder Access funktionieren, zum anderen lassen sich SQL Server Compact-Datenbankdateien auch unter dem .NET Framework 2.0 ansprechen (in diesem Fall muss der erforderliche Datenprovider nachinstalliert werden).

Name	Typ
UserID	int
UserName	nvarchar(40)

Tabelle: Users

Name	Typ
LoginID	int
UserID	int
LoginZeitpunkt	DateTime

Tabelle: Logins

Abbildung 12.3 Die kleine Beispieldatenbank besteht aus den beiden Tabellen *Users* und *Logins*

Eine Datenbank anlegen

Warum sollte man in einem PowerShell-Skript eine Datenbank anlegen? Beispielsweise, um dort Daten abzulegen, die aus verschiedenen Ereignisprotokollen eingelesen wurden, oder die ein Login protokollieren. Der Vorteil gegenüber einer Text- oder XML-Datei ist, dass die Daten binär und damit komprimiert vorliegen und sich mit zahlreichen Tools per SQL abfragen lassen. Für das Anlegen einer Datenbank gibt es keine Spezialbefehle, dies geschieht vielmehr mit Standardbefehlen der Datenbanksprache SQL, wie z.B. *CREATE DATABASE* und *CREATE TABLE*, die über ein *Command*-Objekt an die Datenbank geschickt und in der Datenbank ausgeführt werden.

Alles eine Frage der Klasse

Auch wenn die .NET-Klassenbibliothek erst in Kapitel 13 offiziell an der Reihe ist, erhalten Sie im Folgenden eine erhöhte Dosis .NET, denn anders lassen sich Datenbanken zumindest offiziell nicht ansprechen (inoffiziell gibt es eine Reihe von Hobbyprojekten, die aus Cmdlets bestehen, mit denen alles ein wenig einfacher wird). Welche Klassen zuständig sind, hängt vom Datenprovider ab. Die Klassen für den Zugriff auf eine SQL Server-Datenbank sind im Namespace *System.Data.SqlClient* enthalten, die Klassen für Access-Datenbanken als Beispiel im Namespace *System.Data.OleDb*. Die Klassen für den Zugriff auf eine SQL Server Compact-Datenbank finden Sie im Namespace *System.Data.SqlServerCe*. So weit, so gut. Es gibt nur ein kleines Problem, die Assemblybibliothek, in der diese Klassen enthalten sind, wird von der PowerShell nach dem Start nicht geladen. Das bedeutet, dass dies vor jedem Zugriff auf eine SQL Server Compact-Datenbank nachgeholt werden muss.

In Kapitel 13 wird das Thema etwas ausführlicher vorgestellt, in diesem Abschnitt geht es nur um den Befehl, der das erledigt:

```
[System.Reflection.Assembly]::LoadWithPartialName("System.Data.SqlServerCe") | Out-Null
```

Wer das häufiger benötigt, baut den Befehl in eine Funktion ein, die wiederum in einem Modul untergebracht wird und eventuell einen Alias enthält, sodass der Befehl sehr einfach ausgeführt werden kann. Damit stehen die Klassen zur Verfügung. Die wichtigsten Klassen sind in Tabelle 12.1 zusammengestellt.

Klasse	Für was steht sie?
SqlCeEngine	Für die Datenbankengine als Ganzes. Diese Klasse wird nur benötigt, wenn eine neue Sdf-Datei angelegt werden soll.
SqlCeConnection	Für die Verbindung zur Datenbank
SqlCeCommand	Für einen Befehl, der an die Datenbankengine geschickt werden soll
SqlCeDataReader	Für einen *DataReader*, über den die von einem *Command*-Objekt geholten Datensätze eingelesen werden

Tabelle 12.1 Die für den Zugriff auf eine SQL Server Compact-Datenbank benötigten Klassen

Das folgende PowerShell-Skript ist etwas umfangreicher, denn es legt eine aus zwei Tabellen mit jeweils ein paar Feldern bestehende SQL Server Compact-Datenbank an.

```
# -------------------------------------------------------------
# Beispiel 12.3 - Anlegen einer neuen SQL Server Compact-Datenbank
# -------------------------------------------------------------
$DebugPreference = "Continue"

$DBPfad = "C:\PsKurs\LoginsDB.sdf"
$CnSt = "Data Source=$DBPfad"
# Zuerst die Datenbankdatei selber anlegen
try
{
 if (Test-Path $DBPfad)
 { Remove-Item $DBPfad }
}
catch
{
    Write-Host -Fore White -Back Red "Datenbankdatei konnte nicht gelöscht werden. ($_)"
    break
}

try
{
    [System.Reflection.Assembly]::LoadWithPartialName("System.Data.SqlServerCe") | Out-Null
    $Db = New-Object System.Data.SqlServerCe.SqlCeEngine $CnSt
    $Db.CreateDatabase()
    Write-Debug "Datenbankdatei wurde angelegt."
}
catch
{
    Write-Host -Fore White -Back Red "Datenbankdatei konnte nicht angelegt werden. ($_)"
    break
}

# Jetzt die Logins-Tabelle anlagen
try
{
   $Cn = New-Object System.Data.SqlServerCe.SqlCeConnection $CnSt
   $Cn.Open()
   $Sql = @"
        CREATE TABLE Logins(
         LoginID int NOT null CONSTRAINT LoginID_PK PRIMARY KEY Identity,
         UserID int,
         LoginDate DateTime)
"@
   $Cmd = $Cn.CreateCommand()
   $Cmd.CommandText = $Sql
   $ret = $Cmd.ExecuteNonQuery()
   Write-Debug "Tabelle Logins wurde angelegt."
}
catch
{
    Write-Host -Fore White -Back Red "Tabelle Logins konnte nicht angelegt werden. ($_)"
}
# Verbindung wieder beenden
finally
{
    $Cn.Close()
}
```

```
# Jetzt die Users-Tabelle anlegen
try
{
   $Cn = New-Object System.Data.SqlServerCe.SqlCeConnection $CnSt
   $Cn.Open()
   $Sql = @"
        CREATE TABLE Users(
         UserID int NOT null CONSTRAINT UserID_PK PRIMARY KEY Identity,
         UserName nvarchar(40))
"@
   $Cmd = $Cn.CreateCommand()
   $Cmd.CommandText = $Sql
   $ret = $Cmd.ExecuteNonQuery()
   Write-Debug "Tabelle Users wurde angelegt."
}
catch
{
    Write-Host -Fore White -Back Red "Tabelle User konnte nicht angelegt werden. ($_)"
}
# Verbindung wieder beenden
finally
{
    $Cn.Close()
}
```

Listing 12.3 Anlegen einer neuen SQL Server Compact-Datenbank

Ein Grund, warum das Skript etwas umfangreicher ist, liegt darin, dass es mögliche Fehler mit dem Befehlstrio *try*, *catch* und *finally* abfängt, recht ausgabefreudig ist, was Debugmeldungen angeht, und zudem eine Reihe von Kommentaren enthält. Trotz seiner Größe handelt es sich um einen einfachen Ablauf. Nach dem Start wird geprüft, ob die Datenbankdatei *LoginsDB.sdf* im Verzeichnis *C:\PsKurs* (das vorhanden sein muss) existiert. Wenn ja, dann wird sie gelöscht und anschließend mit den beiden Tabellen *Logins* und *Users* neu angelegt. Mehr passiert nicht, wenngleich das schon eine ganze Menge ist.

Eine Datenbank aktualisieren

Das Aktualisieren einer Datenbank bedeutet, vorhandene Datensätze zu editieren, neue Datensätze hinzuzufügen und vorhandene Datensätze zu löschen.

Das folgende PowerShell-Skript fügt einen Datensatz in die *Logins*-Tabelle ein, dessen Daten *LoginZeitpunkt* und *UserName* als Parameter übergeben werden. Da sich der Benutzername in der Tabelle *Users* und nicht in der Tabelle *Logins* befindet, muss zuerst die Benutzernummer über eine SQL-Abfrage in Erfahrung gebracht werden. Dadurch wird das Skript relativ umfangreich. Wie beim letzten Beispiel ist es auch hier eine einfache Folge von Befehlen, die der Reihe nach abgearbeitet werden.

```
# -------------------------------------------------------------
# Beispiel 12.4 - Datensätze in eine SQL Server Compact-Datenbank einfügen
# -------------------------------------------------------------

# -------------------------------------------------------------
# Neuen User in der Users-Tabelle anlegen
# -------------------------------------------------------------
function New-UserEntry
($UserName)
```

```
{
    $DBPfad = "C:\PsKurs\LoginsDB.sdf"
    try
    {
     [System.Reflection.Assembly]::LoadWithPartialName("System.Data.SqlServerCe") | Out-Null
    }
    catch
    {
        Write-Host -Fore White -Back Red "SQLCE-Provider konnte nicht geladen werden. ($_)"
        break
    }

    try
    {
      # Verbindung herstellen und öffnen
      $Cn = New-Object System.Data.SqlServerCe.SqlCeConnection $CnSt
      $Cn.Open()
      # Feststellen, ob es Benutzer bereits gibt - keine Apostrophe im SQL-Befehl!
      $Sql = "Select UserID From Users Where UserName=@UserName"
      # Command-Objekt für die Abfrage anlegen
      $Cmd = $Cn.CreateCommand()
      $Cmd.CommandText = $Sql
      $Cmd.Parameters.AddWithValue("@UserName", $UserName) | Out-Null
      $ret = $Cmd.ExecuteScalar()
      if ($ret -ne $null)
      { Write-Debug "Benutzer existiert bereits." }
      else
      {
          $Cmd = $Cn.CreateCommand()
          $Sql = "Insert Into Users (Username) Values(@UserName)"
          $Cmd.CommandText = $Sql
          $Cmd.Parameters.AddWithValue("@UserName",$UserName) | Out-Null
          # Befehl ausführen
          $ret = $Cmd.ExecuteNonQuery()
          if ($ret -eq 1)
          { Write-Debug "Datensatz wurde eingefügt." }
          else
          {  Write-Debug "Datensatz wurde nicht eingefügt `$Ret=$Reg." }
       }
      }
      catch
      {
         Write-Host -Fore White -Back Red "Fehler beim Zugriff auf die Datenbank. ($_)"
      }
      # Verbindung wieder beenden
      finally
      {
        $Cn.Close()
      }
}

# ---------------------------------------------------------------
# Neuen Eintrag in der Logins-Tabelle anlegen
# ---------------------------------------------------------------
function New-LoginEntry
($UserName)
{
    $DBPfad = "C:\PsKurs\LoginsDB.sdf"
    try
    {
     [System.Reflection.Assembly]::LoadWithPartialName("System.Data.SqlServerCe") | Out-Null
    }
```

```
catch
{
    Write-Host -Fore White -Back Red "SQLCE-Provider konnte nicht geladen werden. ($_)"
    break
}
# Jetzt die Logins-Tabelle anlegen
try
{
  $Cn = New-Object System.Data.SqlServerCe.SqlCeConnection $CnSt
  $Cn.Open()
  $Cmd = $Cn.CreateCommand()
  # User-ID abfragen - ohne Apostrophe
  $Sql = "Select UserID From Users Where UserName=@UserName"
  $Cmd.CommandText = $Sql
  $Cmd.Parameters.AddWithValue("@UserName", $UserName) | Out-Null
  $UserID = $Cmd.ExecuteScalar()
  if ($UserID -eq $null)
  {
    Write-Debug "Benutzer existiert nicht - Skript wird beendet."
    break
  }
  # Jetzt Datensatz einfügen
  $Sql = "Insert Into Logins (UserID, LoginDate) Values(@UserID,@LoginDate)"
  $Cmd = $Cn.CreateCommand()
  $Cmd.CommandText = $Sql
  $Cmd.Parameters.AddWithValue("@UserID",$UserID) | Out-Null
  $Cmd.Parameters.AddWithValue("@LoginDate", (Get-Date)) | Out-Null
  $ret = $Cmd.ExecuteNonQuery()
  if ($ret -eq 1)
  {
    Write-Debug "Datensatz wurde eingefügt."
  }
  else
  {
    Write-Debug "Datensatz wurde nicht eingefügt `$Ret=$Reg."
  }
}
catch
{
  Write-Host -Fore White -Back Red "Fehler beim Zugriff auf die Datenbank. ($_)"
}
# Verbindung wieder beenden
finally
{
  $Cn.Close()
}
```

Listing 12.4 Datensätze in eine SQL Server Compact-Datenbank einfügen

Das kleine Skript umfasst zwei Funktionen: *New-UserEntry*, mit der ein neuer Eintrag in die *Users*-Tabelle der Datenbank eingefügt wird (ein User wird nur dann angelegt, wenn der Name noch nicht in der Datenbank enthalten ist), und *New-LoginEntry*, mit der ein neuer Eintrag in die *Logins*-Tabelle aufgenommen wird.

Der Aufruf der beiden Funktionen sieht wie folgt aus:

```
$CnSt = "Data Source=$DBPfad"
New-UserEntry -UserName Pemo
New-LoginEntry -UserName Pemo
```

Im Mittelpunkt eines Datenbankzugriffs steht immer die Verbindungszeichenfolge. Sie besteht bei einer SQL Server Compact-Datenbank aus einem *Data Source=*, auf das der komplette Pfad der Sdf-Datei folgt (optional kann hier ein Kennwort angegeben werden).

Eine Datenbank abfragen

Das Abfragen einer Datenbank bedeutet, den Inhalt der Datenbank über (einfache) SQL-Befehle auszulesen, sodass er durch ein PowerShell-Skript angezeigt werden kann. Der SQL-Befehl

```
Select UserName, LoginDate From Logins Inner Join Users On Logins.UserID = Users.UserID Where
UserName=@UserName
```

holt alle Datensätze durch eine verknüpfte Abfrage der Tabellen *Logins* und *Users*, bei denen die Felder *UserID* der beiden Tabellen denselben Wert besitzen und bei denen in der Tabelle *Users* das Feld *UserName* jenen Wert aufweist, der über den Parameter *@UserName* übergeben wird.

Das folgende PowerShell-Skript gibt alle Logindaten aus, die in dem Zeitraum liegen, der über die Parameter *Startdatum* und *Enddatum* festgelegt wird:

```
# ------------------------------------------------------------
# Beispiel 12.5 - Abfrage der LoginsDB-Datenbank
# ------------------------------------------------------------

# ------------------------------------------------------------
# Alle Einträge aus der Logins-Tabelle für einen User
# ------------------------------------------------------------
function Get-UserEntry
([string]$UserName,
 [string]$Startzeit,
 [string]$Endezeit)
{
    $DBPfad = "C:\PsKurs\LoginsDB.sdf"
    try
    {
     [System.Reflection.Assembly]::LoadWithPartialName("System.Data.SqlServerCe") | Out-Null
    }
    catch
    {
        Write-Host -Fore White -Back Red "SQLCE-Provider konnte nicht geladen werden. ($_)"
        break
    }

    try
```

```
    {
      # Verbindung herstellen und öffnen
      $Cn = New-Object System.Data.SqlServerCe.SqlCeConnection $CnSt
      $Cn.Open()
      # Es muss eine Join-Abfrage sein
      $Sql = "Select UserName, LoginDate From Logins
              Inner Join Users On Logins.UserID = Users.UserID
              Where UserName=@UserName
               And LoginDate > @StartZeit And LoginDate < @EndeZeit"
      # Command-Objekt für die Abfrage anlegen
      $Cmd = $Cn.CreateCommand()
      $Cmd.CommandText = $Sql
      $Cmd.Parameters.AddWithValue("@UserName", $UserName) | Out-Null
      $Cmd.Parameters.AddWithValue("@StartZeit", $StartZeit) | Out-Null
      $Cmd.Parameters.AddWithValue("@EndeZeit", $EndeZeit) | Out-Null
      $Dr = $Cmd.ExecuteReader()
      $ErgebnisListe = @()
      while ($Dr.Read())
      {
        $Zeile = new-object PsObject
        $Zeile | Add-Member -Name "UserName" -Value $Dr.Item("UserName") -MemberType NoteProperty
        $Zeile | Add-Member -Name "LoginZeitpunkt" -Value $Dr.Item("LoginDate") -MemberType NoteProperty
        $ErgebnisListe += $Zeile
      }
      $ErgebnisListe
    }
    catch
    {
       Write-Host -Fore White -Back Red "Fehler beim Zugriff auf die Datenbank. ($_)"
    }
    # Verbindung wieder beenden
    finally
    {
      $Cn.Close()
    }
}

# -------------------------------------------------------------
# Durchführen der Abfrage
# -------------------------------------------------------------
$DebugPreference = "Continue"
$CnSt = "Data Source=$DBPfad"
Get-UserEntry -UserName SusiQ -StartZeit 08.12.2009 -EndeZeit 09.12.2009
$DebugPreference = "SilentlyContinue"
```

Listing 12.5 Abfrage der *LoginsDB*-Datenbank

Diverse Kleinigkeiten

Zum Schluss geht es in dem Abschnitt um, die Zwischenüberschrift deutete es bereits an, diverse Kleinigkeiten, die man im PowerShell-Praxisalltag häufiger gut gebrauchen kann und die man sich nicht immer neu per Suchmaschine zusammensuchen sollte, da es mittelfristig sinnvoller ist, über eine eigene »Werkzeugkiste« zu verfügen.

Ini-Dateien lesen

Es gibt sie noch hin und wieder, die guten, alten Ini-Dateien aus der Windows 3.1-Ära. Ihr besonderer Reiz liegt in ihrer einfachen, oft aber vollkommen ausreichenden Struktur und dem Umstand, dass sie auch weniger geübte Anwender editieren können. Sie eignen sich daher nach wie vor als Konfigurationsdateien, z.B. auch für ein größeres PowerShell-Skript. Eine Ini-Datei besteht aus Sektionen, deren Namen in eckige Klammern gesetzt werden. Jede Sektion umfasst eine Folge von Name-Wert-Paaren, wobei auf den Namen ein Gleichheitszeichen und darauf der (beliebige) Wert folgen. Hier ein kleines Beispiel:

```
[Sektion1]
Eintrag1=100
Eintrag2=200
Eintrag3=abc

[Sektion2]
StartWert=1000
EndWert=2000

[App.Config]
VGACards = Video7
```

Es gibt natürlich eine Reihe von Alternativen, um z.B. den Wert eines bestimmten Eintrags zu lesen. Die folgende Lösung verzichtet auf externe Hilfsmittel und greift stattdessen auf das bewährte Hausmittel der regulären Ausdrücke zurück.

Die Funktion *Get-IniEintrag* gibt den Wert eines Eintrags zurück, dessen Sektions- und Eintragsname neben dem Pfad der Ini-Datei beim Aufruf übergeben werden.

```
# ------------------------------------------------------------
# Beispiel 12.6 - Ini-Dateien lesen
# ------------------------------------------------------------

Function Get-IniEintrag
(
  [string]$IniDateipfad,
  [string]$Sektion,
  [string]$Eintrag)
{
  # Erst Eintrag suchen
  $R = [RegEx]"^$Eintrag=(?<Value>.+$)"
  $Zeilen = Get-Content -Path $IniDateiPfad
  $i=0
  while ($i-lt$Zeilen.Length)
  {
    $Zeile = $Zeilen[$i]
    if ($Zeile -match "\[$Sektion\]")
    {
     do
     {
      $i++
      $Res = $R.Match($Zeilen[$i])
      if ($Res.Success)
      {
       return $($Res.Groups['Value'].Value)
      }
    }
```

```
    until (($Zeilen[$i] -match "\[\w+\]") -or ($i -eq $Zeilen.Length))
  }
  $i++
  }
}
```

Listing 12.6 Ini-Dateien lesen

Ganz nebenbei ist das kleine Skript ein gutes Anschauungsbeispiel für den Einsatz der verschiedenen Schleifentypen.

Aufgerufen wird die Funktion wie folgt:

```
Get-IniEintrag -IniDateiPfad C:\PsKurs\IniDaten.ini -Sektion Sektion1 -Eintrag Eintrag1
```

Dateien kopieren per BITS

Hinter *BITS* steckt mit *Background Intelligent Transfer Service* ein Systemdienst, der bereits mit Windows Server 2003 eingeführt wurde und mit dem sich Dateien von einem Server (nicht nur im Internet) via HTTP/HTTPS im Hintergrund abrufen lassen. BITS wird vor allem vom Microsoft-Update-Server benutzt, steht aber auch Anwendungen und Anwendern zur Verfügung. *BITS* ist immer dann sehr praktisch, wenn eine hohe Zahl großer Dateien via HTTP/HTTPS verschoben werden sollen, da der Download im Hintergrund ausgeführt wird, sich an die zur Verfügung stehende Bandbreite anpasst und z. B. ein unterbrochener Download fortgesetzt werden kann. *BITS* kann natürlich auch dazu eingesetzt werden, beliebige Dateien im Netzwerk zu kopieren – unabhängig von Dateifreigaben. *BITS* setzt zwar nicht die IIS voraus, aber generell einen Webserver. Die mit Windows 7 und Windows Server 2008 R2 eingeführte Version ist 4.0 und Teil des *Management Framework*, über das die PowerShell 2.0 installiert wird. Speziell für *Windows 2008 R2* gibt es unter dem Namen *BITS Compact* ein Feature, durch das ein Webserver überflüssig wird. Jeder Dateitransfer wird bei BITS als *Job* bezeichnet, wobei ein Job eine oder mehrere Dateien umfasst.

Die PowerShell macht den Umgang mit *BITS* dank einer Reihe von Cmdlets im Modul *BitsTransfer* sehr einfach. Die Cmdlets werden über den Befehl

```
Import-Module BitsTransfer
```

in die aktuelle Sitzung geladen.

Cmdlets	Bedeutung
Add-BitsFile	Fügt einem Übertragungsvorgang weitere Dateien hinzu
Remove-BitsTransfer	Entfernt einen Übertragungsvorgang (Transfer) aus der Liste
Get-BitsTransfer	Holt alle momentan aktiven Transfers
Start-BitsTransfer	Startet einen Übertragungsvorgang
Resume-BitsTransfer	Setzt einen unterbrochenen Übertragungsvorgang wieder fort ▶

Cmdlets	Bedeutung
Set-BitsTransfer	Ändert einzelne Einstellungen zu einem Transfer
Complete-BitsTransfer	Schließt einen asynchron gestarteten Übertragungsvorgang ab, sodass die Dateien an ihren Zielort kopiert werden
Suspend-BitsTransfer	Unterbricht einen Übertragungsvorgang

Tabelle 12.2 Die BITS-Cmdlets im Überblick

TIPP Wird beim *Import-Module*-Cmdlet der *Verbose*-Parameter gesetzt, werden die geladenen Elemente der Reihe nach einzeln angezeigt.

Theoretisch ist der Umgang mit *BITS* sehr einfach, insbesondere wenn es um Dateidownloads geht. Man startet den Transfer über das *Start-BitsTransfer*-Cmdlet, wobei im einfachsten Fall lediglich die Quelle (*Source*-Parameter) und der Umstand, ob es ein Upload oder Download ist (*TransferType*-Parameter), angegeben werden. Wird der Transfer asynchron gestartet, was bei größeren Dateien nahe liegend ist, müssen die Dateien am Ende per *Complete-BitsTransfer*-Cmdlet abgeholt werden. In der Praxis scheitert ein Transfer innerhalb des lokalen Netzwerks leider oft an verschiedenen Sicherheitseinstellungen, wie der Firewall (die bei Windows 7 selbst für Webzugriffe freigegeben werden muss), fehlenden Berechtigungen beim Zielverzeichnis und nicht vorhandenen Webservern. Geht es nur darum, Dateien aus dem Internet herunterzuladen, könnte der Umgang mit den *BITS*-Cmdlets einfacher nicht sein.

Der folgende Befehl lädt die Datei *Default.html* von der angegebenen URL herunter:

```
Start-BitsTransfer -source http://Win7Client/Pskurs/Default.html
```

Das Quellverzeichnis kann auch ein lokaler Verzeichnispfad oder ein UNC-Pfad sein. Da Platzhalter beim *Source*-Parameter anscheinend nicht erlaubt sind, bietet es sich an, die zu kopierenden Dateien in eine Text- oder CSV-Datei einzutragen.

Der folgende Befehl kopiert eine Vielzahl von Dateien von A nach B:

```
Import-Csv Transferliste.csv | Start-BitsTransfer
```

Was wurde hier denn von A nach B kopiert? Ganz einfach, alle Dateien, deren Pfade in der *Source*-Spalte der CSV-Datei angegeben werden:

```
Source,Destination
\\Haribo09\Pskursneu\NewAduser.ps1,NewAdUserNeu.ps1
\\Haribo09\Pskursneu\SetUser.ps1,SetUserNeu.ps1
\\Haribo09\Pskursneu\UsbDriveCheck.ps1,UsbDriveCheckNeu.ps1
```

Dateien per RSS-Feed herunterladen

Sehr viele Dateien, die im Internet auf regulärer Basis angeboten werden (z.B. Podcasts), werden durch einen RSS-Feed beschrieben. Der RSS-Feed ist eine XML-Struktur, die unter anderem auch die URL für die Datei enthält. Ein Beispiel von sehr vielen ist der Podcast eines öffentlich rechtlichen Radiosenders (SWR2), dessen Inhaltsverzeichnis unter der Adresse *http://www1.swr.de/podcast/xml/swr2/wissen.xml* abgerufen werden kann. Im administrativen Bereich könnte es ein RSS-Feed sein, der Statusreports oder andere Informationen zur Verfügung stellt (oder die wöchentliche Ansprache des Abteilungsleiters). Der RSS-Feed, um den es im Folgenden geht, besitzt die allgemeine (und vereinfachte) Struktur:

```
<?xml version="1.0" encoding="UTF-8"?>
<rss version="2.0">
 <channel>
  </item>
   <title>Titel </title>
   <link>Adresse</link>
   <description>Beschreibung</description>
   <pubDate>Datum</pubDate>
   <enclosure>
     <link>URL-Adresse</link>
   </enclosure>
  </item>
 </channel>
</rss>
```

Für den Download der über den Podcast angebotenen Dateien kommt es auf das *<enclosure>*-Element und sein Unterelement *<link>* an. Die generelle Vorgehensweise, um an die Link-URLs für einen Download heranzukommen, ist einfach und wurde in Kapitel 6 bereits beschrieben. Der Befehl

```
$Rss = [Xml](new-object
System.Net.WebClient).DownloadString("http://www1.swr.de/podcast/xml/swr2/wissen.xml")
```

lädt den XML-Inhalt herunter und weist ihn der Variablen *$Rss* zu. Der Befehl

```
$Rss.rss.channel | ForEach-Object { $_.item | Select-Object link }
```

listet alle Linkadressen auf. Fehlt nur noch das *Start-BitsTransfer*-Cmdlet, das alle (Mp3-)Dateien herunterlädt:

```
Start-BitsTransfer -Source $UriAbsolut -Destination $DownloadFileName -TransferType Download -
Asynchronous
```

Dieser Befehl, der Teil des im Anschluss folgenden Listings ist, startet einen asynchronen Download. Das Ergebnis ist ein *BitsJob*-Objekt, dessen wichtigste Properties in Tabelle 12.3 (Seite 449) zusammengestellt sind.

Die folgende Funktion lädt per BITS alle Mediendateien herunter, die über einen RSS-Feed angeboten werden, und legt sie im aktuellen Verzeichnis ab. Zunächst als temporäre Dateien, die über den Aufruf von *Complete*-BitsTransfer am Ende »finalisiert« werden.

```
# --------------------------------------------------------------
# Beispiel 12.7 - Mediendateien über BITS und RSS-Feed laden
# --------------------------------------------------------------

function Get-RSSMediaFiles
($FeedURL)
{
 try

 {
   $Rss = [Xml](new-object System.Net.WebClient).DownloadString($FeedURL)
```

```
 }
 catch
 {
    Write-Host -Fore White -Back Red "RSS-Feed konnte nicht geladen werden. ($_)"
    break
 }
 $Rss.Rss.channel.item | ForEach-Object {
  $Enclosure = $_.enclosure
  $Url = New-Object System.Uri $Enclosure.Url
  $UriAbsolut = $Url.AbsoluteUri
  $DownloadFileName = $Url.Segments[-1]
  # Jetzt Datei herunterladen
  if (!(Test-Path $DownloadFileName))
  {
    Write-Debug "Starte Download für $DownloadFileName."
    Start-BitsTransfer -Source $UriAbsolut -Destination $DownloadFileName -TransferType Download -
Asynchronous
  }
  else
  {
    Write-Debug "$DownloadFileName existiert bereits."
  }
 }
}
```

Listing 12.7 Mediendateien über BITS und RSS-Feed laden

Aufgerufen wird die Funktion wie folgt, wobei zuvor (für alle Fälle) das *BitsTransfer*-Modul geladen wird:

```
Import-Module BitsTransfer
$DebugPreference = "Continue"
Get-RSSMediaFiles -FeedURL "http://www1.swr.de/podcast/xml/swr2/wissen.xml"
$DebugPreference = "SilentlyContinue"
```

Abbildung 12.4 Der aktuelle Status von BITS-Dateitransfers

Property	Bedeutung
BytesTotal	Gesamtgröße der zu transferierenden Datei
BytesTransferred	Aktuelle Anzahl der transferierten Bytes
FileList	Die Namen der zu transferierenden Dateien
FilesTotal	Anzahl der zu transferierenden Dateien
FilesTransferred	Anzahl der bereits transferierten Dateien
JobId	Die Nummer des Transferjobs
JobState	Der aktuelle Zustand des Jobs, z.B. *Transferred*

Tabelle 12.3 Interessante Properties des *BitsJob*-Objekts

E-Mails versenden

Das Versenden einer E-Mail aus einer PowerShell-Sitzung heraus ist eine Kleinigkeit, vorausgesetzt, es existiert ein SMTP-Server, der keine Authentifizierung erfordert. Die PowerShell bietet dazu das *Send-MailMessage*-Cmdlet, dessen wichtigste Parameter in Tabelle 12.4 zusammengestellt sind.

Der folgende Befehl schickt eine E-Mail an einen lokalen SMTP-Server:

```
Send-MailMessage -SmtpServer Win2008B -From pemo@activetraining.de -To
administrator@win2008B.pemobooks.local -Subject "Schoenen Gruss!"
```

In diesem speziellen Fall wird die Nachricht lediglich im *Drop*-Unterverzeichnis (unter *inetpub\mailroot*) auf dem Windows-Server (auf dem der SMTP-Dienst als Teil der IIS 6.0 laufen muss) als Datei im allgemeinen Eml-Format abgelegt. Die genaue Absenderadresse spielt in diesem Fall (natürlich) keine Rolle. Genauso wenig wie der Name des Empfängers (es kommt lediglich auf das Format und den Namen des Servers an).

TIPP Um die Adresse des SMTP-Server nicht jedes Mal angeben zu müssen, kann sie in der Variablen *$PSEmailServer* abgelegt werden.

Parameter	Bedeutung
Attachments	Die Anhänge als Dateipfade
Body	Der Absender der Nachricht als Zeichenkette
SmtpServer	Die Adresse des SMTP-Server
Subject	Der Betreff der Nachricht
To	Legt den oder die Empfängeradressen als Zeichenkette fest

Tabelle 12.4 Die wichtigsten Parameter des *Send-MailMessage*-Cmdlets

Trotz *Credential*-Parameter (der lediglich für das Durchführen des Versendens eine Rolle spielt) ist mit dem Cmdlet leider kein Zugang zu einem SMTP-Server möglich, der eine klassische SMTP-Authentifizierung erwartet. Da es dieses Cmdlet zudem erst seit der Version 2.0 gibt, kursieren im Internet eine Vielzahl von Alternativen, die auf den Klassen der .NET-Klassenbibliothek im Namespace *System.Net.Mail* basieren, speziell auf der Klasse *MailMessage*, die eine zu versendende Nachricht repräsentiert (noch ältere Varianten, die auf der Klasse *MailMessage* im Namespace *System.Web.Mail* basieren, sollten nicht mehr eingesetzt werden, da sie auf der *Cdosys*-COM-Komponente aufsetzen, die in neueren Windows-Versionen nicht mehr vorausgesetzt werden kann). Auch kleine Befehlszeilentools wie *SendMail* oder *QMail* kommen natürlich als Alternativen infrage.

Die folgende Funktion *Send-MailSimpel* versendet eine Nachricht mithilfe der Klasse *SmtpClient* und ihrer *Send*-Methode, der lediglich Absender- und Empfängeradresse, Betreff und Nachrichtentext als Zeichenketten übergeben werden. Damit reduziert sich das reine Versenden der Nachricht auf zwei Befehle:

```
$SMTPClient = New-Object -Type System.Net.Mail.Smtpclient Win2008B
$SMTPClient.Send("pemo@hotmail.de","Admin@win2008B.pemobooks.local", "Noch eine Message ", "Relax and
take it easy")
```

Der SMTP-Servername lautet in diesem Beispiel *Win2008B*. Die Funktion, die beide Befehle enthält, ist dann doch etwas umfangreicher, da sie Benutzername und Kennwort für die SMTP-Authentifizierung entgegennimmt, die als *NetworkCredential*-Objekt übergeben und der *Credentials*-Property des *SmtpClient*-Objekts zugewiesen werden.

```
# --------------------------------------------------------------
# Beispiel 12.8 - Mail versenden mit System.Net.Mail.MailMessage
# --------------------------------------------------------------
function Send-MailSimpel
([string]$From,
 [string]$To,
 [string]$Subject,
 [string]$Message,
 [string]$SMTPServer,
 [System.Net.NetworkCredential]$Credential
)
{
  $SMTPClient = New-Object -Type System.Net.Mail.Smtpclient
  $SMTPClient.Host = $SMTPServer
  $SMTPClient.UseDefaultCredentials = $false
  $SMTPClient.Credentials = $Credential
  # Nachricht versenden
  Write-Debug "Sende Nachricht an $To über SMTP-Host $SMTPHost - Port $($SMTPClient.Port)"
  try
  {
    $SMTPClient.Send($From, $To, $Subject, $Message)
    Write-Debug "Nachricht von $From wurde an $To versandt."
  }
  catch
  {
    Write-Host -Fore White -Back Red "Fehler beim Versenden der Nachricht. ($_)"
  }
}
```

Listing 12.8 Mail versenden mit *System.Net.Mail.MailMessage*

Bliebe noch zu erklären, wie die *Credentials* übergeben werden. Beispielsweise, indem ein Objekt auf der Basis der *NetworkCredential*-Klasse angelegt wird:

```
$Cred = New-Object -Type System.Net.NetworkCredential
$Cred.UserName = $UserName
$Cred.Password = "Geheim"
Send-MailSimpel -From admin@pemobooks.local -To pemo@powershellcrashkurs.de -Subject "Einen schoenen
Gruss" -Message "Jetzt geht es los" -SMTPServer "smtp.<SMTP-Server-Adresse>" -Credential $Cred
```

Variante 2 verwendet das etwas komfortablere *Get-Credential*-Cmdlet und erlaubt so die Eingabe des Kennworts vor jedem Versenden der Mail:

```
$Cred = Get-Credential $UserName
$NetCred = $Cred.GetNetworkCredential()
$NetCred.Username = "$($NetCred.UserName)@$($NetCred.Domain)"
$NetCred.Domain = ""
Send-MailSimpel -From admin@pemobooks.local -To pemo@powershellcrashkurs.de -Subject "Einen schoenen
Gruss" -Message "Jetzt geht es los" -SMTPServer "smtp.<SMTP-Server-Adresse>" -Credential $NetCred
```

Ein wenig umständlich, aber anscheinend nicht anders machbar, ist der Fall, dass der SMTP-Server die E-Mail-Adresse als Benutzername erwartet. In diesem Fall muss dieser aus den Properties *UserName* und *Domain* zusammengesetzt und anschließend die *Domain*-Property gelöscht werden, sonst scheint es nicht zu funktionieren.

Die Funktion *Send-MailEx* entspricht der letzten Funktion, nur dass dieses Mal auch Anhänge mitgeschickt werden. Dazu genügt es nicht mehr, die *Send*-Methode der *SmtpClient*-Klasse aufzurufen. Stattdessen kommt die eingangs erwähnte *MailMessage*-Klasse (Namespace *System.Net.Mail*) ins Spiel, denn nur hier können Anhänge übergeben werden.

```
# -------------------------------------------------------------
# Beispiel 12.9 - Mail versenden mit System.Net.Mail.MailMessage und Attachements
# -------------------------------------------------------------
function Send-MailEx
([string]$From,
 [string]$To,
 [string]$Subject,
 [string]$Message,
 [string[]]$Attachments,
 [string]$SMTPServer,
 [System.Net.NetworkCredential]$Credential
)
{
  $SMTPClient = New-Object -Type System.Net.Mail.Smtpclient
  $SMTPClient.Host = $SMTPServer
  $SMTPClient.UseDefaultCredentials = $false
  $SMTPClient.Credentials = $Credential
  # Nachricht versenden
  Write-Debug "Sende Nachricht an $To über SMTP-Host $SMTPHost - Port $($SMTPClient.Port)"
  try
  {
    $MailMessage = New-Object System.Net.Mail.MailMessage $From, $To, $Subject, $Message
    if ($Attachments -ne $null)
```

```
    {
     foreach ($At in $Attachments)
     {
       $MailMessage.Attachments.Add($At)
     }
    }
    $SMTPClient.Send($MailMessage)
    Write-Debug "Nachricht von $From wurde an $To versandt ($($Attachments.Count) Anhang/Anhänge)."
  }
  catch
  {
    Write-Host -Fore White -Back Red "Fehler beim Versenden der Nachricht. ($_)"
  }
}
```

Listing 12.9 Mail versenden mit *System.Net.Mail.MailMessage* und Attachements

Dateien aus dem Internet herunterladen

Das Herunterladen von Dateien aus dem Internet ist sehr einfach. Die .NET-Klassenbibliothek bietet dazu die Klasse *WebClient* (im Namespace *System.Net*), die in diesem Buch schon einige Male zum Einsatz kam, deren *DownloadString*-Methode den Inhalt einer Textdatei herunterlädt und als Zeichenkette zurückgibt und deren *DownloadFile*-Methode eine beliebige Datei herunterlädt und sie auf einem lokalen Laufwerk ablegt (wichtig ist, dass das Protokoll, z. B. *http*, angegeben wird).

Der folgende Befehl geht von dem Webverzeichnis mit dem Namen *Test* unter der Adresse *http://www.activetraining.de* aus und lädt über die Klasse *WebClient* und deren *DownloadFile*-Methode insgesamt 100 Dateien herunter, deren Namen dem allgemeinen Schema *WebFiles1.txt*, *WebFiles2.txt*, *WebFiles3.txt* usw. folgen,[1] und speichert sie lokal im Verzeichnis *C:\PsKurs\WebFiles*, das natürlich existieren sollte.

```
$Wc = New-Object -Type System.Net.WebClient; 1..100 | foreach {
$Wc.DownloadFile("http://www.activetraining.de/test/WebFile$_.txt", "C:\Pskurs\WebFiles\WebFile$_.txt")
}
```

Exkurs: Umgang mit ULRs

Hat man es in einem PowerShell-Skript mit einer URL zu tun, muss man sie nicht über die String-Funktionen der PowerShell zerlegen. Dafür gibt es mit der *URI*-Klasse (Namespace *System*) eine bessere Alternative.

Der folgende Befehl weist einer Variablen eine etwas längere URL zu:

```
$URL = "http://mp3.swr.de/swr2/wissen/sendungen/human-beatbox.12844s.mp3"
```

---

[1] Die Idee für den Befehl kam mir, als ich im Web von einer peinlichen Datenpanne eines großen Onlinebuchhändlers (nein, nicht dieser) las, bei der die Rechnungen Tausender von Kunden einfach dadurch heruntergeladen werden konnten, dass ein in Perl geschriebener Einzeiler lediglich die Rechnungsnummer im Dateinamen variieren musste, um die einzelnen Rechnungen der Reihe nach ansprechen zu können. Das kann die PowerShell natürlich auch (und wenn es unbedingt sein muss, auch in einem einzigen Befehl).

Dahinter steckt aus der Perspektive einer Internetadresse sehr viel mehr als nur eine Zeichenkette.

Der folgende Befehl erlaubt es, diese Bestandteile einzeln anzusprechen:

```
$URI = New-Object -Type System.Uri $URL
```

$URI steht für ein *Uniform Resource Locator*-Objekt:

```
$URI

AbsolutePath   : /swr2/wissen/sendungen/human-beatbox.12844s.mp3
AbsoluteUri    : http://mp3.swr.de/swr2/wissen/sendungen/human-beatbox.12844s.mp3
Authority      : mp3.swr.de
Host           : mp3.swr.de
HostNameType   : Dns
IsDefaultPort  : True
IsFile         : False
IsLoopback     : False
IsUnc          : False
LocalPath      : /swr2/wissen/sendungen/human-beatbox.12844s.mp3
PathAndQuery   : /swr2/wissen/sendungen/human-beatbox.12844s.mp3
Port           : 80
Query          :
Fragment       :
Scheme         : http
OriginalString : http://mp3.swr.de/swr2/wissen/sendungen/human-beatbox.12844s.mp3
DnsSafeHost    : mp3.swr.de
IsAbsoluteUri  : True
Segments       : {/, swr2/, wissen/, sendungen/...}
UserEscaped    : False
UserInfo       :
```

Die einzelnen Bestandteile der Adresse liefert die *Segments*-Property. Ein *$URI.Segments[-1]* gibt z.B. den Dateinamen der URL zurück.

Umgang mit Hexadezimalzahlen

Eine Hexadezimalzahl ist bekanntlich eine Zahl, bei der jede Ziffer nicht 10 sondern 16 verschiedene Wertigkeiten besitzt, sodass zusätzlich die Buchstaben A bis F hinzugezogen werden müssen. Auf die 9 folgt das A, was für die Zahl 10 im Dezimalsystem steht. Dass eine Hexadezimalzahl bei der PowerShell in der Schreibweise *0xZahl* geschrieben wird, wurde bereits in Kapitel 2 erwähnt. Im Folgenden geht es um die Frage, wie sich eine Hexadezimalzahl, die als eine Folge von Bytes (also Zahlen im Bereich 0 bis 255) vorliegt, in eine Zeichenkette konvertieren lässt, in der jedes Zeichen den Bytewert in der Hexadezimaldarstellung enthält.

Einen ersten Ansatz liefert die folgende Funktion:

```
# ------------------------------------------------------------
# Beispiel 12.10 - Byte-Array in Hexadezimalstring konvertieren
# ------------------------------------------------------------
function Get-HexString
([Byte[]]$ByteArray)
```

```
{
 $ByteArray | ForEach-Object {
  $Hx += "{0:x}" -f $_
 }
 $Hx
}
```

Listing 12.10 Byte-Array in Hexadezimalstring konvertieren (Variante 1)

Interessant ist, dass ihr einziger Funktionsparameter *ByteArray* über ein *[Byte[]]* explizit als *Byte*-Array deklariert wird. Aufgerufen wird die Funktion wie folgt:

```
Get-HexString -ByteArray 13,42,193,108,99,52,121,68,148,38,161,214,106,30,12,84

d2ac16c633479449426a1d66a1ec54
```

Kurz und elegant, aber leider noch mit einem kleinen Schönheitsfehler behaftet, denn Zahlen kleiner 16 sollte eine 0 vorangestellt und alle Buchstaben sollten als Großbuchstaben ausgegeben werden.

Kein Problem, dazu muss die Funktion nur ein wenig umgebaut werden:

```
# -------------------------------------------------------------
# Beispiel 12.11 - Byte-Array in Hexadezimalstring konvertieren
# -------------------------------------------------------------
function Get-HexStringEx
([Byte[]]$ByteArray)
{
 $ByteArray | ForEach-Object {
  $Hx += if($_-lt16) {"0{0:X}" -f $_} else {"{0:X}" -f $_}
 }
 $Hx
}
```

Listing 12.11 Byte-Array in Hexadezimalstring konvertieren (Variante 2)

Zum einen wird als Formatbezeichner ein »X« anstelle eines »x« gewählt. Zum anderen wird ein *if*-Befehl eingebaut, der prüft, ob die aktuelle Zahl aus der Pipeline kleiner 16 ist. Sollte dies der Fall sein, wird eine führende 0 vorangestellt. Es ist wirklich sehr elegant, dass das, was ein *if*-Befehl in die Pipeline legt, in demselben Befehl einer Variablen zugewiesen werden kann (in vielen anderen Skriptsprachen wäre dies undenkbar).

Der Aufruf führt zu folgendem Ergebnis:

```
Get-HexStringEx -ByteArray 13,42,193,108,99,52,121,68,148,38,161,214,106,30,12,84

0D2AC16C633479449426A1D66A1E0C54
```

Das entspricht der typischen Darstellung einer Hexadezimalzahl (in diesem Fall ist es eine GUID).

Bestätigungsboxen anzeigen

Die PowerShell ist leider sehr limitiert, was das Anzeigen von Dialogboxen und anderen UI-Elementen angeht. Alles ist theoretisch möglich (mehr dazu in Kapitel 15), doch der Aufwand, dies in ein Skript einzubauen, ist leider relativ hoch. Zumindest das Anzeigen einer Dialogbox mit einem Ja- und einem Nein-Button sollte zum Standardrepertoire eines jeden PowerShell-Power Users gehören. Mithilfe der Klasse *MessageBox* aus der .NET-Klassenbibliothek (Kapitel 13) ist der Aufwand relativ gering. Wird die Funktion in ein Modul oder in die Profile-Datei eingebaut, steht sie wie ein fest eingebauter Befehl zur Verfügung.

Das folgende Beispiel zeigt eine Dialogbox mit einem *Ja*- und einem *Nein*-Button an und wertet die Auswahl entsprechend aus.

```
# --------------------------------------------------------------
# Beispiel 12.12 - Anzeigen einer Messagebox zur Ja/Nein-Abfrage
# --------------------------------------------------------------
[System.Reflection.Assembly]::LoadWithPartialName("System.Windows.Forms") | Out-Null
$MsgButtons = "YesNo"
$MsgSymbol = "Question"
$AntwortYes = "Yes"
$AntwortNo = "No"
$Caption = "Stunde der Entscheidung"
$Antwort = [System.Windows.Forms.MessageBox]::Show("Soll die Aktion ausgeführt werden?", $Caption,
$MsgButtons, $MsgSymbol)
if ($Antwort -eq $AntwortYes)
{ "Die Antwort ist Ja" }
else
{ "Die Antwort ist Nein" }
```

Listing 12.12 Anzeigen einer Messagebox zur Ja/Nein-Abfrage

Die Funktion verwendet eine Abkürzung, die nicht jeder kennt. Statt

```
$MsgButtons = [System.Windows.Forms.MessageBoxButtons]::YesNo
```

kann man bei der PowerShell eine Konstante auch direkt über ihren Namen auswählen:

```
$MsgButtons = "YesNo"
```

Die zur Auswahl stehenden Buttongruppen sind *OK* (1), *OK* und *Abbrechen* (2), *Abbrechen*, *Wiederholen* und *Ignorieren* (3), *Ja*, *Nein* und *Abbrechen* (4), *Ja* und *Nein* (5) sowie *Wiederholen und Abbrechen* (6), wie es auch der Befehl

```
[System.Enum]::GetNames([System.Windows.Forms.MessageBoxButtons] )
OK
OKCancel
AbortRetryIgnore
YesNoCancel
YesNo
RetryCancel
```

verrät, der alle Konstanten der Konstantenliste mit den zur Verfügung stehenden Buttons auflistet. Das bedeutet konkret, dass sich nicht einzelne Buttons, sondern nur die aufgezählten Buttonkombinationen verwenden lassen. Das bedeutet auch, dass die Messagebox nicht nur für eine Ja/Nein-Abfrage, sondern z. B. auch für eine Wiederholen/Abbrechen-Abfrage benutzt werden kann.

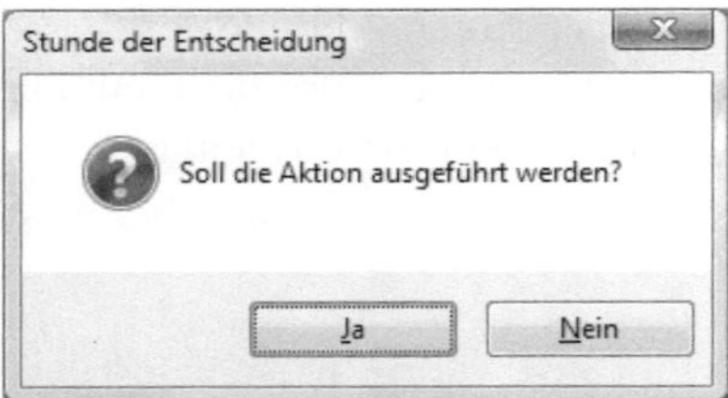

Abbildung 12.5 Eine Messsagebox mit Ja-/Nein-Button

Properties und Methoden indirekt ansprechen

Das indirekte Ansprechen einer Property bedeutet, dass der Name der Property in einer Variablen enthalten ist. Der indirekte Aufruf einer Methode bedeutet, dass eine Methode eines Objekts aufgerufen wird, deren Name in einer Variablen enthalten ist.

Das folgende Beispiel dient nur der Veranschaulichung und hat ansonsten keinen praktischen Nutzen. Es nimmt per *Read-Host*-Cmdlet den Namen einer Property des *DateTime*-Objekts entgegen (zur Auswahl stehen *Hour*, *Minute* und *Second*) und ruft den Wert der ausgewählten Property ab.

```
$PropName = Read-Host "Hour, Minute oder Second"
(Get-Date).$PropName
```

Bei Methoden ist diese einfache Variante nicht möglich, es muss stattdessen das generische *Invoke*-Member dazwischengeschaltet werden.

Das folgende Beispiel dient ebenfalls nur der Veranschaulichung einer allgemeinen Technik, die von Fall zu Fall nützlich sein kann. Es nimmt per *Read-Host*-Cmdlet den Namen einer Methode des *DateTime*-Objekts entgegen (*AddDays*, *AddHours* oder *AddMinutes*) und ruft die ausgewählte Methode mit dem Wert 1 auf:

```
# ------------------------------------------------------------
# Beispiel 12.13 - Indirekter Methodenaufruf
# ------------------------------------------------------------
$MethodenName = Read-Host "AddDays, AddHours oder AddMinutes?"
(Get-Date).$MethodenName.Invoke(1)
```

Listing 12.13 Indirekter Methodenaufruf

Der Umgang mit Umgebungsvariablen

Umgebungsvariablen sind Variablen, die das Betriebssystem unterhält, um darin allgemeine Konfigurationsdaten wie den Namen der Domäne, den Namen des aktuellen Benutzers oder verschiedene Systempfade, wie das Benutzerprofil, zu verwalten. In der Eingabeaufforderung werden sie über die Schreibweise *%Variablenname%* abgefragt, über den *Set*-Befehl aufgelistet (User- und System-Umgebungsvariablen zusammen) und über den *Set*-Befehl erhalten sie auch ihren Wert (soll die Variable gelöscht werden, wird ihr über ein *Set Varname=* ein leerer Wert zugwiesen). Bei der PowerShell werden alle Umgebungsvariablen für den aktuellen Benutzer über das *Env:*-Laufwerk angesprochen. Ein

```
Dir $env:
```

listet alle aktuell vorhandenen (User-) Umgebungsvariablen mit ihren Werten auf. Über das *Env:*-Laufwerk lassen sich auch neue Variablen anlegen und vorhandene Variablen löschen. Diese Umgebungsvariablen gelten aber nur für den laufenden Prozess. Soll die Variable auch in einer anderen PowerShell-Sitzung oder in der Eingabeaufforderung ansprechbar sein, muss sie über die *SetEnvironmentVariable*-Methode der *Environment*-Klasse (Namespace *System*) mit der Angabe *user* oder *machine* als drittem Parameterwert angelegt werden. Über das Member *GetEnvironmentVariable* wird ein Wert abgefragt, wobei ebenfalls *process*, *user* und *machine* als optionaler Parameterwert zur Verfügung stehen.

TIPP Systemumgebungsvariablen sind in der Registry unter *HKEY_LOCAL_MACHINE\SYSTEM\CurrentControlSet\Control\Session Manager\Environment* abgelegt, User-Variablen unter *HKEY_CURRENT_USER\Environment.*

Befehl	Wirkung
[System.Environment]::GetEnvironmentVariable("TestVar","User")	Holt den Wert einer dauerhaften Umgebungsvariablen
[System.Environment]::SetEnvironmentVariable("TestVar",1234,"User")	Setzt den Wert einer dauerhaften Umgebungsvariablen
[System.Environment]::SetEnvironmentVariable("TestVar",$null,"User")	Löscht eine dauerhafte Umgebungsvariable
$env:TestVar = 1234	Legt eine Umgebungsvariable innerhalb der Sitzung an. Wenn die Variable nicht existiert, wird sie angelegt, ansonsten wird nur ihr Wert neu gesetzt.

Tabelle 12.5 Ein paar Beispiele für den Umgang mit Umgebungsvariablen

Ist es möglich, dass der Wert einer in einer PowerShell-Sitzung gesetzten Umgebungsvariablen in einer anderen PowerShell-Sitzung oder im Rahmen der regulären Eingabeaufforderung abgefragt werden kann? Im Prinzip ja, allerdings muss dazu die andere PowerShell- oder Eingabeaufforderungssitzung(en) zuerst geschlossen und anschließend neu geöffnet werden. Ansonsten wird der neue Wert nicht ausgelesen. Es gibt offenbar keinen Mechanismus, durch den eine Änderung an einer Umgebungsvariablen anderen Anwendungen mitgeteilt wird. Unterstützt die PowerShell *Pipes* zwischen zwei Prozessen? Nein. Zwar bietet das .NET Framework im Namespace *System.IO.Pipes* Klassen für den Datenaustausch sowohl über anonyme als auch über sog. *Named Pipes*, für den Einsatz im Rahmen der PowerShell kommen sie (anscheinend) nicht in Frage.

Zusammenfassung

Die zahlreichen Beispiele in diesem Kapitel haben gezeigt, dass die PowerShell für fast alle Aufgaben, die im administrativen Praxisalltag auftreten können, ein sehr gutes Werkzeug darstellt. Es wurde sicher auch deutlich, dass sobald der Umgang mit Cmdlets, Objekten und deren Membern gängige Praxis ist, sich alles einfach umsetzen lässt und sich vieles praktisch von alleine ergibt (wer hätte das zu Beginn des Buchs gedacht?)

Kapitel 13

PowerShell 2.0 für (etwas) Fortgeschrittene

In diesem Kapitel:

In diesem Kapitel geht es um die etwas fortgeschritteneren Themen, für die in den vergangenen Kapiteln kein Platz war. Was fortgeschritten ist und was nicht, ist natürlich auch eine Geschmacksfrage. In diesem Kapitel bedeuten fortgeschrittenere Themen, dass es sich entweder um spezielle Grundlagenthemen handelt, etwa den Gültigkeitsbereich von Variablen, die für einen typischen »Anfänger« noch etwas zu schwer verdaulich wären, oder um Techniken, mit denen sich die Reichweite der PowerShell erweitern lässt, wie es z. B. beim Aufruf von Funktionen der .NET-Klassenbibliothek der Fall ist.

.NET-Funktionen aufrufen

Die PowerShell basiert als Anwendung auf dem *.NET Framework* (.NET wird dabei als *dotnet* ausgesprochen), einer Windows-Erweiterung, die Anfang 2002 offiziell eingeführt wurde, am Anfang als separater Download angeboten wurde und seit Windows Vista und Windows Server 2008 ein fester Bestandteil des Betriebssystems ist. Das .NET Framework liegt in verschiedenen Versionen vor. Die aktuellste Version ist 3.51 SP1, die PowerShell benötigt (mindestens) die Version 2.0. Eine Version 4.0 ist in Arbeit und soll im Frühjahr 2010 offiziell werden.

Ein PowerShell-Anwender muss über das .NET Framework nur drei Dinge wissen:

1. Es ist das Fundament der PowerShell und stellt z. B. die meisten Typen zur Verfügung.
2. Alle .NET-Anwendungen werden in einer virtuellen Maschine, der *Common Language Runtime* (CLR) ausgeführt.
3. Die Funktionen (Methoden) der umfangreichen .NET-Klassenbibliothek können direkt in einem PowerShell-Befehl aufgerufen werden.

Am Anfang wirkt die .NET Klassenbibliothek eventuell wie ein großer Wald, in dem man sich schnell verlaufen kann. Das gilt besonders für die langen Namespaces, die jedem Klassennamen vorangestellt werden müssen. Irgendwann lichtet sich der Nebel und (fast) alles wird überschaubar. Stellen Sie sich die .NET-Klassenbibliothek als einen großen, auf den Kopf gestellten Baum vor, von dessen Spitze viele Äste verzweigen. Jeder Ast besitzt Unteräste, die wiederum Unteräste aufweisen (diese Verästelung setzt sich aber nicht endlos fort, sondern meistens nur über 2-3 Ebenen). An jedem Ast (der eine Klasse repräsentiert) hängen eine Reihe von Befehlen (die Methoden der Klasse). Soll ein Befehl ausgeführt werden, muss dem Namen des Befehls immer (!) der komplette Pfad von der Spitze des Baumes beginnend bis zum Ast, an dem der Befehl hängt, vorangestellt werden. Die Namen der einzelnen Äste werden durch Punkte getrennt. Dies ist der Namespace.

Hier ein kleines Beispiel zur Veranschaulichung. Ein PowerShell-Anwender benötigt einen Dateinamen im *Temp*-Verzeichnis, der noch nicht existiert. Die *Path*-Klasse im Namespace *System.IO* bietet dafür den Befehl *GetTempFileName*. Unter Anwendung der gerade beschriebenen Regel wird dieser Befehl wie folgt aufgerufen:

```
[System.IO.Path]::GetTempFileName()
```

Dass der Namespace- und Klassenname in eckige Klammern gesetzt werden und darauf ein doppelter Doppelpunkt folgt, hat etwas damit zu tun, dass *GetTempFileName* eine Methode vom Typ Shared ist (mehr dazu in Kürze).

Der folgende Befehl ruft Informationen über den aktuellen Forest in Active Directory ab:

```
[System.DirectoryServices.ActiveDirectory.Forest]::GetCurrentForest()
```

Es ist wichtig zu verstehen, dass dies kein etwas lang geratener PowerShell-Befehl ist, sondern der eigentliche Befehl nur *GetCurrentForest* heißt und dahinter eine Methode der Klasse *Forest* im Namespace *System.DirectoryServices* steht. Damit verlieren diese langen Namen, in denen scheinbar an willkürlichen Stellen Punkte eingebaut werden, ein wenig von ihrem Schrecken.

Shared-Methoden und Instanzenmethoden

Während es nur eine Sorte von Property-Membern gibt, gibt es bei den Methoden einer .NET-Klasse (leider) zwei Sorten: Shared-Methoden und Instanzenmethoden. Die Unterscheidung ist im Grunde sehr einfach. Eine Shared-Methode wird direkt über die Klasse aufgerufen, ein Instanzenmethode über eine Instanz der Klasse. Das Füllwort »im Grunde« wurde deswegen gewählt, weil auch hochintelligente Menschen oft »Monate« brauchen, um diesen kleinen Unterschied zu verstehen. Wichtig ist diese Unterscheidung vor allem, weil beide Methodensorten unterschiedlich aufgerufen werden.

Aufruf einer Instanzenmethode

In diesem Abschnitt wird der Aufruf einer Instanzenmethode beschrieben. *AddDays* ist eine von mehreren Instanzenmethoden der *DateTime*-Klasse. Damit sie aufgerufen werden kann, muss zuvor, z. B. per *New-Object*, eine Instanz der Klasse gebildet werden.

Der folgende Befehl ruft die *AddDays*-Methode der *DateTime*-Klasse auf:

```
PS>(New-Object System.DateTime 2010, 1, 1).AddDays(100)

Sonntag, 11. April 2010 00:00:00
```

So viel Mühe muss man sich im Allgemeinen aber nicht machen, denn eine Instanz der *DateTime*-Klasse liefert z. B. auch der Type Accelerator *[DateTime]*:

```
([DateTime]"2010,1,1").AddDays(100)
```

Auch ein *Get-Date*-Cmdlet liefert eine Instanz der *DateTime*-Klasse, sodass auch der folgende Aufruf funktioniert:

```
PS>(Get-Date 1.1.2010).AddDays(100)

Sonntag, 11. April 2010 00:00:00
```

Aufruf von Shared-Membern

In diesem Abschnitt geht es um den Aufruf einer Shared-Methode. Die *DateTime*-Klasse besitzt auch eine Reihe von Shared-Membern, was nicht bei jeder Klasse der Fall ist, sondern eher eine Ausnahme darstellt. Um ein Shared-Member aufrufen zu können, muss keine Instanz gebildet werden. Dafür muss der Klassenname, dem stets der Namespacename vorausgeht, in eckige Klammern gesetzt werden. Der Name der Methode folgt auf einen doppelten Doppelpunkt.

Der folgende Befehl ruft die Shared-Methode *IsLeapYear* der *DateTime*-Klasse auf, die angibt, ob ein Jahr ein Schaltjahr ist:

```
PS>[System.DateTime]::IsLeapYear(2010)
False
```

Da das »System« in einem Namespace stets entfallen kann, findet man häufig die folgende, etwas kürzere Variante:

```
PS>[DateTime]::IsLeapYear(2010)
False
```

Ob eine beliebige Methode eine Shared-Methode oder eine Instanzenmethode ist, verrät die Referenz zur .NET-Klassenbibliothek. Über ein *Get-Member* erfährt man es nur indirekt, indem bei Angabe des *Static*-Parameters nur die Shared-Member aufgelistet werden.[1]

Der folgende Befehl listet alle Shared-Member der *DateTime*-Klasse auf:

```
[DateTime] | Get-Member -Static
```

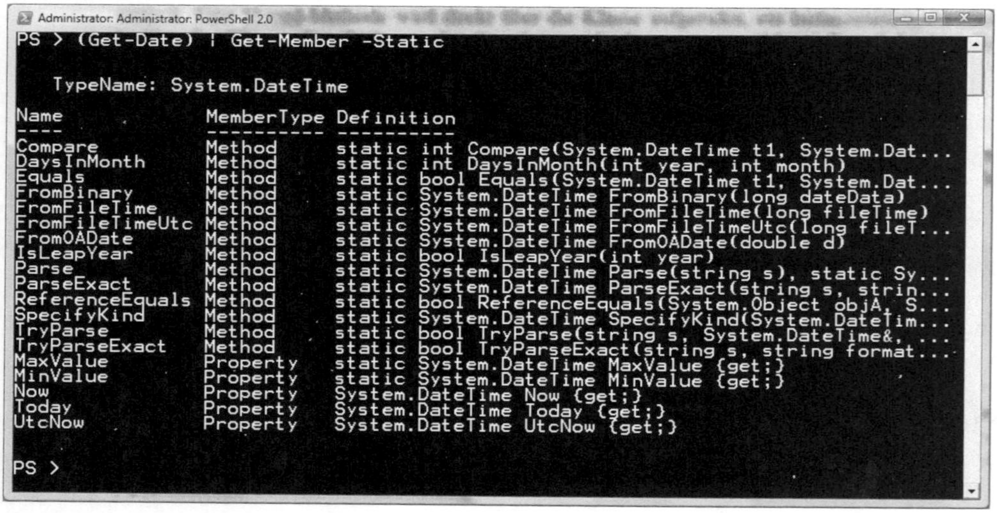

```
Administrator: Administrator: PowerShell 2.0
PS > (Get-Date) | Get-Member -Static

   TypeName: System.DateTime

Name             MemberType Definition
----             ---------- ----------
Compare          Method     static int Compare(System.DateTime t1, System.Dat...
DaysInMonth      Method     static int DaysInMonth(int year, int month)
Equals           Method     static bool Equals(System.DateTime t1, System.Dat...
FromBinary       Method     static System.DateTime FromBinary(long dateData)
FromFileTime     Method     static System.DateTime FromFileTime(long fileTime)
FromFileTimeUtc  Method     static System.DateTime FromFileTimeUtc(long fileT...
FromOADate       Method     static System.DateTime FromOADate(double d)
IsLeapYear       Method     static bool IsLeapYear(int year)
Parse            Method     static System.DateTime Parse(string s), static Sy...
ParseExact       Method     static System.DateTime ParseExact(string s, strin...
ReferenceEquals  Method     static bool ReferenceEquals(System.Object objA, S...
SpecifyKind      Method     static System.DateTime SpecifyKind(System.DateTim...
TryParse         Method     static bool TryParse(string s, System.DateTime&, ...
TryParseExact    Method     static bool TryParseExact(string s, string format...
MaxValue         Property   static System.DateTime MaxValue {get;}
MinValue         Property   static System.DateTime MinValue {get;}
Now              Property   System.DateTime Now {get;}
Today            Property   System.DateTime Today {get;}
UtcNow           Property   System.DateTime UtcNow {get;}

PS >
```

Abbildung 13.1 Die Shared-Member der *DateTime*-Klasse

[1] Der Umstand, dass Shared-Member auch als »Static Member« bezeichnet werden, vereinfacht die Situation am Anfang nicht gerade. Die Hintergründe sind dennoch alles andere als kompliziert.

Umgang mit Konstantenlisten (Enumerationen)

Die .NET-Klassenbibliothek enthält nicht nur Klassen, sondern auch Konstantenlisten, die auch *Enumerationen* (für Aufzählungen von Konstanten) genannt werden. Eine Konstantenliste ist ein Objekt, das mehrere Konstanten unter einem Namen zusammenfasst, wobei jede Konstante immer einen Zahlenwert repräsentiert. Konstantenlisten spielen bei der PowerShell eine wichtige Rolle, auch wenn diese nur selten direkt in Erscheinung treten. Erfahrene PowerShell-Anwender kennen z.B. den Befehl

```
Set-ExecutionPolicy RemoteSigned
```

Doch was genau ist *RemoteSigned* und warum muss der Name nicht in Anführungszeichen gesetzt werden? Wie immer lohnt ein Blick in die PowerShell-Hilfe zu dem Cmdlet. Sie verrät, dass *RemoteSigned* dem Parameter *ExecutionPolicy* zugeordnet wird, der einen Wert vom Typ *ExecutionPolicy* erwartet. *ExecutionPolicy* ist eine Konstantenliste. Möchte man die Namen aller Konstanten sehen, muss man leider wissen, in welchem Namespace sich die Konstantenliste befindet (wie eine Klasse gehört auch jede Konstantenliste zu einem Namespace). Theoretisch findet man die Antwort in der Hilfe zum PowerShell SDK. Praktisch geht es per Suchmaschine heutzutage ein wenig schneller.

Noch schneller geht es, wenn man sich darauf verlässt, dass *ExecutionPolicy*, wie viele andere PowerShell-Typen, zum Namespace *Microsoft.PowerShell* gehört. Dann listet ein

```
[System.Enum]::GetValues([Microsoft.PowerShell.ExecutionPolicy])
Unrestricted
RemoteSigned
AllSigned
Restricted
Restricted
Bypass
```

die Namen aller Konstanten der Konstantenliste auf.

Diese Vorgehensweise funktioniert aber nicht immer.

Der folgende Befehl listet nicht die Namen der Konstanten der Konstantenliste *SpecialFolder* auf:

```
[System.Enum]::GetValues([System.Environment.SpecialFolder])
```

Stattdessen ist eine recht unverständliche Fehlermeldung die Folge.

Damit es auch hier funktioniert, muss die Syntax geringfügig modifiziert werden:

```
[System.Enum]::GetValues([System.Environment+SpecialFolder])
```

Das »+«-Zeichen ist erforderlich, da der Typ *SpecialFolder* nicht direkt Teil des Namespace ist, sondern zur *Environment*-Klasse gehört, die Teil des Namespace ist.

Bei der Konstantenliste *ConsoleColor* ist das »+«-Zeichen nicht erforderlich, da sie direkt zum Namespace *System* gehört:

```
[System.Enum]::GetValues([System.ConsoleColor])
```

.NET-Assemblys nachladen

Die .NET-Klassenbibliothek besteht aus mehreren Dutzend Dateien mit der Erweiterung *.Dll*, die als *.NET-Assemblys* bezeichnet werden (es heißt *die Assembly* und nicht *das Assembly*). Eine .NET-Assembly enthält Klassen und Konstantenlisten. Die PowerShell besteht aus nichts anderem als etwa einem Dutzend solcher Assemblys, die vom PowerShell-Host, z.B. *PowerShell.exe*, nach dessen Start geladen werden. Neben den PowerShell-Assemblys werden auch eine Reihe von .NET-Assemblys geladen, da ihre Klassen vom PowerShell-Host und den PowerShell-Assemblys benötigt werden. Möchte man alle momentan geladenen Assemblys sehen, wofür es aber nur selten eine echte Notwendigkeit gibt, muss man wiederum auf Klassen der .NET-Klassenbibliothek zurückgreifen, da es dafür kein Cmdlet gibt. In diesem Fall ist es die recht spezielle *AppDomain*-Klasse und ihr Shared-Member *CurrentDomain*, die eine Anwendungsdomäne (in der jedes .NET-Programm ausgeführt wird) repräsentiert.

Der folgende Befehl listet die Namen aller momentan geladenen Assemblys auf:

```
[AppDomain]::CurrentDomain.GetAssemblys ()
```

Abbildung 13.2 Diese Assemblys wurden bereits in die aktuelle PowerShell-Sitzung geladen

Die Spalte *GAC* gibt an, ob es sich um eine globale Assembly handelt, die im *Global Assembly Cache-Verzeichnis* (GAC) abgelegt wird. Über *Location* erfährt man das Verzeichnis, in dem sich die Datei befindet.

Wird eine Klasse benötigt, die sich in einer Assembly befindet, die noch nicht geladen wurde, muss diese Assemblydatei nachgeladen werden. Auch dafür gibt es kein Cmdlet, sodass dafür wieder eine Methode einer Klasse der .NET-Klassenbibliothek einspringen muss. In diesem Fall handelt es sich um die Methode *LoadWithPartialName* der Klasse *Assembly* im Namespace *System.Reflection*.

Der folgende Befehl lädt die Assembly *System.Windows.Forms.dll*, die unter anderem zahlreiche Klassen für Windows Forms-Oberflächen enthält, in die aktuelle PowerShell-Sitzung:

```
[System.Reflection.Assembly]::LoadWithPartialName("System.Windows.Forms")
```

Ging alles gut, werden die Eckdaten der geladenen Assembly angezeigt, weswegen in der Praxis in der Regel ein *Out-Null* angehängt wird.

Aufmerksamen Lesern (wer fühlt sich da nicht angesprochen) wird aufgefallen sein, dass weder der Pfad noch die Dateierweiterung *.Dll* angegeben wurden. Dies ist möglich, da sich die Assemblydatei im GAC-Verzeichnis befindet. Der Pfad der Datei ist dem System daher bekannt. Mit *System.Windows.Forms* wird nur einer von vier Namensbestandteilen angegeben, daher auch der Name *LoadWithPartialName*. Die übrigen drei Namensbestandteile sind die Versionsnummer (z.B. 1.0.0.0), die so genannte Kulturinformation (meistens »Neutral«) und der so genannte *Public Key Token* (eine aus 16 Bytes bestehende Zahl, welche die Kurzform des öffentlichen Schlüssels darstellt), sodass der vollständige Name einer Assembly relativ lang, dafür aber eindeutig ist.

HINWEIS Die Methode *LoadWithPartialName* gilt seit dem .NET Framework 2.0 als veraltet. Sie sollte daher offiziell nicht mehr eingesetzt werden, da sie nicht immer zuverlässig die richtige Assembly lädt, da lediglich ein Teil des Assemblynamens angegeben wird. Im Rahmen der PowerShell spricht jedoch nichts dagegen, sie weiterhin zu verwenden.

Assemblys laden, die sich nicht im GAC befinden

Assemblybibliotheken stammen nicht nur von Microsoft, im Gegenteil. In vielen Unternehmen sind seit Jahren .NET-Anwendungen im Einsatz, die mit selbst entwickelten Assemblybibliotheken arbeiten, die eventuell auch von der PowerShell genutzt werden sollen. Dazu muss die Assemblybibliothek in Gestalt ihrer *Dll*-Datei lediglich in der aktuellen PowerShell-Sitzung geladen werden. Wie das geht, zeigt das nächste Beispiel, das sich zur Abwechslung an Leser mit einem Programmierbackground in C# oder Visual Basic richtet.

Das folgende Beispiel umfasst eine kleine C#-Klasse mit Namen *PSClass*, welche lediglich zwei Member besitzt: *Version* und *CurrentDate*. *Version* ist vom Typ *String*, *CurrentDate* vom Typ *DateTime*. Die Klasse ist wie folgt aufgebaut:

```
// Eine kleine Klasse, die von der PowerShell aus genutzt werden soll
using System;

namespace PSLib
{
    public class PSClass
    {
        public string Version
        {
            get { return "1.0.0.1"; }
        }

       public  DateTime CurrentDate
        {
            get {  return DateTime.Now; }
        }
    }
}
```

Listing 13.1 Eine C#-Klasse definiert einen neuen Typ

Wird das Projekt (z.B. in Visual Studio, wenngleich auch die Open Source-IDE *Sharp Develop* eine hervorragende Alternative ist) kompiliert, resultiert eine Assembly mit dem Namen *PsLib.dll*, die für diese (fiktive) Übung in das Verzeichnis *C:\PsKurs* kopiert wird.

Der folgende Befehl lädt diese Assembly über die Shared-Methode *LoadFile* der *Assembly*-Klasse:

```
PS >[System.Reflection.Assembly]::LoadFile("C:\PsKurs\PsLib.dll")

GAC    Version        Location
---    -------        --------
False  v2.0.50727     C:\PsKurs\PsLib.dll
```

Damit ist die Assembly an Bord, sprich wurde in die aktuelle PowerShell-Sitzung geladen. Ihre Klasse (Typ) *PsClass* kann damit wie jeder andere Typ auch benutzt werden.

Der folgende Befehl legt über das *New-Object*-Cmdlet eine Instanz der Klasse *PsClass* an:

```
$C = New-Object –Type PsLib.PsClass
```

Ein *Get-Member* zeigt, welche Instanzenmember die Klasse besitzt:

```
PS>$C | Get-Member

   TypeName: PSLib.PSClass

Name         MemberType Definition
----         ---------- ----------
Equals       Method     bool Equals(System.Object obj)
GetHashCode  Method     int GetHashCode()
GetType      Method     type GetType()
ToString     Method     string ToString()
CurrrentDate Property   System.DateTime CurrrentDate {get;}
Version      Property   System.String Version {get;}
```

Die Member *CurrentDate* und *Version* sind (natürlich) mit dabei und werden wie jedes andere Member auch aufgerufen:

```
PS>$C.CurrentDate

Dienstag, 15. Dezember 2009 14:23:29
```

Klassen zählen

Dieser Abschnitt fällt in die Kategorie »Informationen abrufen, die keinen wirklich interessieren, die aber trotzdem interessant sind«. Wie viele Klassen besitzt z.B. eine Assemblybibliothek wie *System.DirectoryServices.dll*, in der unter anderem die Klassen für den Zugriff auf einen Verzeichnisdienst via ADSI enthalten sind? Beim .NET Framework gilt das Motto »Alles, was verfügbar ist, lässt sich auch irgendwie abfragen«.

Der folgende Befehl zählt die Anzahl der Klassen, die sich in der Assembly *System.DirectoryServices.dll* im Namespace *System.DirectoryServices.ActiveDirectory* befinden:

```
(@([AppDomain]::CurrentDomain.GetAssemblys ())[13].GetTypes() | Where-Object { $_.IsClass -and
$_.IsPublic -And $_.Namespace -like "System.DirectoryServices.ActiveDirectory"}).Count
70
```

Sehr beeindruckend. Der einzige Schönheitsfehler in diesem Beispiel ist, dass man nicht davon ausgehen kann, dass die *System.DirectoryServices.dll* immer an 13ter Stelle in der Liste der geladenen Assemblys steht. Es wird also in vielen Fällen so nicht funktionieren, wenn man sich nicht die Mühe machen möchte, die Position der Assembly vor jedem Durchsuchen erneut herauszufinden.

Gesucht ist daher eine Variante, mit deren Hilfe sich eine Assemblybibliothek anhand ihres (kurzen) Namens lokalisieren lässt. Das leistet der folgende Befehl, der ebenfalls die Anzahl der Klassen ausspuckt:

```
(([AppDomain]::CurrentDomain.GetAssemblys() | Where-Object { $_.ManifestModule.Name -eq
"System.DirectoryServices.dll" }).GetTypes() | Where-Object { $_.IsClass -and $_.IsPublic -and
$_.Namespace -eq "System.DirectoryServices.ActiveDirectory"}).Count
70
```

Auch wenn der Befehl recht kryptisch wirken mag, ist er relativ einfach aufgebaut und vor allem geradlinig. Die große Herausforderung beim Schreiben eines solchen Befehls besteht darin, die Reihenfolge der einzelnen Abschnitte der Pipeline-Verarbeitung festlegen zu können und zu wissen, auf welche Weise das, was eine bestimmte Property an Werten liefert, am besten weiterverarbeitet werden muss.

Umgang mit Modulen

Module waren bereits in Kapitel 7 kurz an der Reihe, als es um das Thema Funktionen ging. Module sind bei der PowerShell dazu da, Funktionen, Cmdlets und noch einiges mehr unter einem Namen zusammenfassen zu können, sodass der Inhalt des Moduls über das *Import-Module*-Cmdlet zur aktuellen Sitzung hinzugefügt werden kann. Module wurden mit der Version 2.0 eingeführt und bieten gegenüber den Snap-Ins (Kapitel 15) den entscheidenden Vorteil, dass sie im einfachsten Fall aus einem Verzeichnis mit einer Reihe von Skriptdateien bestehen, die verschiedene Funktionen enthalten und die daher vom Anwender zusammengestellt werden können. Microsoft stellt alle Erweiterungen für die PowerShell 2.0 über Module zur Verfügung.

Der Umgang mit Modulen ist einfach und anwenderfreundlich.

Der Befehl

```
Get-Module -ListAvailable
```

listet alle verfügbaren Module auf. Ein *Get-Modul* mit der Angabe eines Modulnamens holt ein bereits geladenes Modul, wobei die *Path*-Property für den Pfad des Moduls steht. Über das *Import-Module*-Cmdlet wird ein Modul in die aktuelle Sitzung geladen. Tabelle 13.1 stellt die Cmdlets der PowerShell 2.0 zusammen, die für das Arbeiten mit Modulen zuständig sind. Tabelle 13.2 zeigt die verschiedenen Dateitypen, die im Zusammenhang mit Modulen eine Rolle spielen.

Cmdlet	Was macht es?
Export-ModuleMember	Wird in einer Skriptdatei eingesetzt und legt fest, welche Funktionen über das Modul zur Verfügung gestellt werden (ansonsten werden alle Funktionen exportiert)
Get-Module	Spricht ein geladenes Modul an bzw. listet über den *ListAvailable*-Parameter alle in den Modulverzeichnissen verfügbaren Module auf
Import-Module	Lädt das Modul, dessen Name oder dessen Verzeichnispfad angegeben wird ►

Cmdlet	Was macht es?
New-Module	Legt ein neues, temporäres Modul im Arbeitsspeicher an, dem über den *ScriptBlock*-Parameter eine oder mehrere Funktionen zugewiesen werden, die Teil des Moduls sind und aus denen über den *AsCustomObject*-Parameter auch ein Objekt gemacht werden kann
New-ModuleManifest	Erstellt eine Manifestdatei für ein Modul. Die benötigten Einstellungen werden beim Aufruf des Cmdlets ohne Parameter der Reihe nach abgefragt. Für nicht benötigte Parameter wird lediglich die [↵]-Taste gedrückt.
Remove-Module	Entfernt ein geladenes Modul wieder
Test-ModuleManifest	Prüft, ob die in der angegebenen Psd1-Datei enthaltenen Verzeichnispfade existieren

Tabelle 13.1 Die Cmdlets für den Umgang mit Modulen

Datei	Bedeutung
.Psm1	Das einfache Inhaltsverzeichnis. Es ist eine reguläre Skriptdatei, die entweder die Funktionen enthält, die über das Modul verfügbar gemacht werden sollen, oder die relativen Pfade der Skriptdateien, in denen die Funktionen enthalten sind.
.Psd1	Die Modulmanifestdatei ist das Inhaltsverzeichnis des Moduls. Es liegt als eine XML-Struktur vor, die eine Hashtable definiert, mit deren Einträgen das Modul beschrieben wird.
.Ps1Xml	Modultypendefinitionsdatei. Enthält die Definition von Typen, die von dem Modul zur Verfügung gestellt werden.

Tabelle 13.2 Die verschiedenen Dateitypen, die bei Modulen eine Rolle spielen

Es gibt nicht nur einen, sondern gleich vier Modultypen, die in Tabelle 13.3 zusammengestellt sind. In diesem Buch geht es ausschließlich um die einfachen Skriptmodule.

Modultyp	Bedeutung
Skriptmodul	Umfasst nur Skripts mit Funktionen. Das Modulinhaltsverzeichnis ist eine Textdatei mit der Erweiterung .Psm1. Sie enthält die Pfade der Ps1-Dateien, die wiederum die Funktionen enthalten, die mit dem Modul geladen werden.
Binärmodul	Das Modul besteht aus einer .NET-Assembly, die Cmdlets enthält.
Manifestmodul	Das Verzeichnis enthält eine Manifestdatei (Erweiterung .Psd1), in der die Zusammensetzung des Moduls beschrieben wird.
Dynamisches Modul	Existiert nur im Arbeitsspeicher für die Dauer einer PowerShell-Sitzung.

Tabelle 13.3 Die verschiedenen Modultypen bei der PowerShell

Die Rolle des Modulmanifests

Ein Modul ist nüchtern betrachtet nicht mehr als ein Verzeichnis. Damit sein Inhalt per *Import-Module* geladen wird, muss es ein Inhaltsverzeichnis in Gestalt einer Psm1- oder Psd1-Datei besitzen. Ob der komplette Pfad angegeben werden muss, hängt davon ab, ob dieser bereits in der Umgebungsvariablen (nicht PowerShell-Variablen) *PSModulePath* enthalten ist.

Es gibt zwei Sorten von Inhaltsverzeichnisdateien. Enthält das Modul als Skriptmodul nur Skriptdateien und Funktionen, genügt eine Psm1-Datei. Sie enthält keinerlei Formalismen, sondern weist lediglich die relativen Pfade der Ps1-Dateien auf, deren Inhalt per *Import-Module* geladen werden soll:

```
. $PSScriptRoot\PsLib1.ps1
. $PSScriptRoot\PsLib2.ps1
```

Umfasst ein Modul auch Cmdlets, wird eine *Modulmanifestdatei* benötigt (Erweiterung *.Psd1*). Diese Textdatei definiert eine Hashtable als XML-Struktur, die alle für das Modul relevanten Einstellungen enthält. Sie wird mit einem Editor oder über das *New-ModuleManifest*-Cmdlet angelegt. Den Aufbau einer solchen Datei versteht man am besten, wenn man sich eine der zahlreichen bereits existierenden Moduldefinitionsdateien betrachtet. Die Moduldefinitionsdatei für das *BitsTransfer*-Modul ist wie folgt aufgebaut:

```
@{
GUID="{8FA5064B-8479-4c5c-86EA-0D311FE48875}"
Author="Microsoft Corporation"
ModuleVersion="1.0.0.0"
PowerShellVersion="2.0"
CLRVersion="2.0"
NestedModules="Microsoft.BackgroundIntelligentTransfer.Management"
FormatsToProcess="BitsTransfer.Format.ps1xml"
RequiredAssemblys=Join-Path $PsScriptRoot
"Microsoft.BackgroundIntelligentTransfer.Management.Interop.dll"
}
```

Eine Modulmanifestdatei über das New-ModuleManifest-Cmdlet anlegen

Sobald ein Modul mehr als nur ein paar Skriptdateien enthält, ist das Anlegen der Modulmanifestdatei mit einem Editor ein wenig umständlich. Als kleine Komforteinrichtung bietet die PowerShell das *New-ModuleManifest*-Cmdlet, mit dem sich alle Werte für die Hashtable abfragen lassen. Dabei werden stets alle wichtigen Einträge abgefragt. Einträge, für die kein Wert angegeben werden soll, werden durch [↵] bestätigt. Im einfachsten Fall wird nur der Pfad der anzulegenden Psd1-Datei und für den Eintrag *ModuleToProcess* der Name oder Pfad der Psm1-Datei angegeben. Alle übrigen Werte sind optional.

Module laden

Ein Modul wird nicht registriert, die beteiligten Dateien werden lediglich in ein eigenes (theoretisch beliebiges) Verzeichnis kopiert. Trotzdem werden Module manchmal durch ein MSI-Paket installiert, sodass das Anlegen des Modulverzeichnisses und das Kopieren der Dateien automatisch ablaufen. Ein Modul wird über das *Import-Module*-Cmdlet in die aktuelle PowerShell-Sitzung geladen. Damit nicht der komplette Pfad des Modulverzeichnisses angegeben werden muss, gibt es die Umgebungsvariable *PSModulePath*, die ähnlich wie die *Path*-Umgebungsvariable, alle Verzeichnispfade enthält, die beim Importieren eines Moduls durchsucht werden.

TIPP Wie kann man die Verzeichnisstruktur eines Module-Verzeichnisses sehen? Zum Beispiel über den guten, alten *Tree*-Befehl, das auch bei der PowerShell gute Dienste leistet:

```
tree /a /f ($Env:PsModulePath -split ";")[0]
```

Ein Beispiel aus der Praxis

Ein kleines Beispiel soll deutlich machen, dass das Anlegen eigener Module nichts ist, was nur für PowerShell-Insider infrage kommt. Im Gegenteil. Jeder PowerShell-Anwender, der eine Gruppe von Funktionen, die entweder in einer oder in mehreren Skriptdateien enthalten sind, über einen Befehl (*Import-Module*) in die aktuelle PowerShell-Sitzung laden möchte, sollte dafür ein Modul anlegen.

Da es nur um das Prinzip geht, sind die Funktionen, die im Folgenden zu einem Modul zusammengefasst werden, extrem einfach gehalten.

1. Ausgangspunkt sind zwei Skriptdateien *PsLib1.ps1* und *PsLib2.ps1*. Die Datei *PsLib1.ps1* enthält die Funktionen *F1* und *F2*, die Datei *PsLib2.ps1* die Funktion *F3*. Da es nur um das Prinzip geht, weisen die Funktionen keinen echten Inhalt auf, sondern geben lediglich ihren Namen aus. Die Datei *PsLib1.ps1* ist wie folgt aufgebaut:

```
function F1
{ Write-host -fore yellow "Das ist Funktion F1" }

function F2
{ Write-host -fore magenta "Das ist Funktion F2" }
```

   Die Datei *PsLib2.ps1* ist entsprechend wie folgt aufgebaut:

```
function F3
{ Write-Host -fore green "Das ist Funktion F3" }
```

2. Beide Ps1-Dateien werden in ein Verzeichnis kopiert (in diesem Fall *C:\PsKurs\PsModulTest*), das die Rolle des Modulverzeichnisses spielen soll.

3. Noch gibt es kein offizielles Modul. Es fehlt ein »Inhaltsverzeichnis« in Gestalt einer Datei mit dem Namen *PsModulTest.Psm1*, die wie folgt aufgebaut ist:

```
. $PSScriptRoot\PsLib1.ps1
. $psScriptRoot\PsLib2.ps1
```

   Der Name der Psm1-Datei (ohne ihre Eweiterung) muss mit dem Verzeichnis übereinstimmen, in dem sie sich befindet. Die Variable *$PSScriptRoot* ist ein Platzhalter für den Verzeichnispfad, so dass auf diese Weise der absolute Pfad der Ps1-Datei gebildet werden kann. Sie wird jeder Ps1-Datei entsprechend vorangestellt.

4. Das Modul wird über das *Import-Module*-Cmdlet importiert, wobei der komplette Pfad angegeben werden muss, da sich der Pfad nicht in der Umgebungsvariablen *PSModulePath* befindet:

```
Import-Module C:\PsKurs\PSModulTest
```

5. Der Aufruf von *Get-Module* zeigt, dass das Modul geladen wurde:

```
PS>Get-Module

ModuleType Name                         ExportedCommands
---------- ----                         ----------------
Script     psmodultest                  {F2, F3, F1}
```

Über das *Remove-Module*-Cmdlet wird das Modul aus der aktuellen Sitzung wieder entfernt.

Anlegen eines Binary Moduls

Ein *Binary Modul* umfasst eine oder mehrere Cmdlets (und/oder .NET-Klassenbibliotheken), die im Allgemeinen als Snap-In (Dateierweiterung *.Dll*) vorliegen. Mit einem Binary Modul lassen sich die enthaltenen bzw. im Manifest angegebenen Cmdlets in die aktuelle PowerShell-Sitzung laden, ohne dass das Snap-In zuvor hat registriert werden müssen. Dabei werden aber nur die Cmdlet-Klassen geladen und instanziiert, die Snap-In-Klasse wird ignoriert und das Snap-In dadurch auch nicht registriert (da eine reine Cmdlet-Dll-Datei kein Snap-In enthalten kann, wäre diese Unterscheidung in diesem Fall kein Thema).

Ein Binary Modul basiert auf einem Verzeichnis, das neben den Snap-In- bzw. Cmdlet-Dlls eine Manifestdatei (Erweiterung *.Psd1*) enthält, die am einfachsten mit dem *New-ModuleManifest*-Cmdlet angelegt wird. Darüber hinaus können Typen- und Formatdefinitionsdateien (Erweiterung *.Ps1xml*) oder auch Skriptdateien enthalten sein. Für diese wird wieder eine Modulinhaltsdatei (Erweiterung *.Psm1*) benötigt.

Befindet sich die Snap-In- bzw. Cmdlet-Dll in einem Verzeichnis, muss lediglich über das *New-ModuleManifest*-Cmdlet das benötigte Manifest angelegt wird. Der Aufruf ist ein wenig gewöhnungsbedürftig, denn wird das Cmdlet ohne Parameter aufgerufen, fragt es brav sämtliche Einstellungen ab, von denen aber nur für die Parameter *Path* (der Pfad der Psd1-Datei inkl. Dateiname und Erweiterung) und *NestedModules* (der Name der Dll-Datei ohne Erweiterung und Pfad) ein Wert angegeben werden muss – alle übrigen Parameterwerte können durch Drücken der ↵-Taste übergangen werden, wenngleich man sich die Mühe machen und ein paar Angaben machen sollte. Anschließend wird das Modul über *Import-Module* mit der Angabe des kompletten Verzeichnispfads geladen und die Cmdlets stehen zur Verfügung, ohne dass zuvor ein Snap-In hat registriert werden müssen. Mit einem *Get-Module* wird das Modul mit seinen Cmdlets aufgelistet.

Module als (neuer) PowerShell-Erweiterungsmechanismus

Microsoft wird in Zukunft Systemtools mehr und mehr in Gestalt von PowerShell-Modulen zur Verfügung stellen. Dieser Trend hat mit Windows Server 2008 R2 und Windows 7 begonnen und wird mit künftigen Windows-Versionen mit Sicherheit fortgesetzt. Während die PowerShell 2.0 unter XP, Vista und Windows Server 2003 nur über zwei Module verfügt, die von Beginn an dabei sind, stehen unter Windows Server 2008 R2 gleich ein halbes Dutzend Module zur Verfügung. Tabelle 13.4 stellt die Module zusammen, die bei Windows Server 2008 R2 zur Auswahl stehen. Möchte man die PowerShell von Anfang an mit allen zur Verfügung stehenden Modulen laden, gibt es dafür im Startmenü einen eigenen Eintrag.

Modul	Cmdlets für...
ActiveDirectory	den Zugriff auf Active Directory
ADRMS	die Verwaltung der Active Directory Rights Management Services (AD RMS)
BestPractices	Testsituationen
BitsTransfer	den Umgang mit dem BITS-Service zum Übertragen von Dateien
FailoverClusters	die Verwaltung der Microsoft Cluster Services
GroupPolicy	den Umgang mit Gruppenrichtlinienobjekten
NetworkLoadBalancingClusters	die Verwaltung von Network Load Balancing Clustern ▶

Modul	Cmdlets für...
PSDiagnostics	den Umgang mit Event-Traces
RemoteDesktopServices	die Verwaltung der Terminal Services
ServerManager	das Hinzufügen und Entfernen von Features
TroubleshootingPack	den Umgang mit einem installierten *Troubleshooting Pack*
WebAdministration	die Verwaltung der IIS 7.0

Tabelle 13.4 Die Module von Windows Server 2008 R2

Neue Typen und Objekte definieren

Dass bei der PowerShell Objekte im Mittelpunkt stehen, ist seit Kapitel 1 nichts Neues mehr. Wie Objekte mit dem *New-Object*-Cmdlet definiert werden, wurde auch bereits schon mehrfach gezeigt. In diesem Abschnitt wird das, was bislang eher ad hoc in ein Beispiel eingebaut wurde, formal vorgestellt.

Jedes Objekt basiert auf einem Typ. Dieser Typ kann mit dem *Add-Type*-Cmdlet zwar neu definiert werden, in den allermeisten Fällen handelt es sich jedoch um einen Typ, den die PowerShell oder das .NET Framework zur Verfügung stellt. Benötigt man einen »leeren« Typ, zu dem beliebige Member hinzugefügt werden sollen, wird dafür der universelle Typ *PSObject* verwendet. Dies ist der allgemeinste Typ, den die PowerShell zu bieten hat.

Der folgende Befehl legt ein neues Objekt auf der Basis des allgemeinen Typs *PsObject* an:

```
$PSo = New-Object –Type PSObject
```

Die Variable *$PSo* steht für ein »leeres« Objekt, das lediglich über den Standardsatz an Membern verfügt. Da ein leeres Objekt nicht viel bringt, werden ihm über das *Add-Member*-Cmdlet Member hinzugefügt. Dabei werden der Name, der Typ und der Wert des neuen Members angegeben.

Das folgende Beispiel legt ein neues Objekt und fügt nacheinander eine *NoteProperty*, eine *ScriptProperty* und eine *AliasProperty* hinzu. Der *ScriptProperty* wird ein Befehlsblock zugewiesen, der immer dann ausgeführt wird, wenn die Property abgerufen wird. Innerhalb des Befehlsblocks steht das Objekt, zu dem die Property hinzugefügt wird, über *$this* zur Verfügung.

```
# -----------------------------------------------------------
# Beispiel 13.1 - ein neues Objekt anlegen
# -----------------------------------------------------------
$PsO = New-Object -Type PSObject
$PsO | Add-Member -Name ErstelltAm -MemberType NoteProperty -Value (Get-Date)
$PsO | Add-Member -Name AnzahlTage -MemberType ScriptProperty -Value { $Jahr = $this.ErstelltAm.Year;
(Get-Date 31.12.$Jahr).Subtract((Get-Date)).Days }
$PsO | Add-Member -Name At -MemberType AliasProperty -Value ErstelltAm
```

Listing 13.2 Ein neues Objekt über das New-Object-Cmdlet anlegen

Soll das erweiterte Objekt im Anschluss an den Aufruf von *Add-Member* über die Pipeline weitergegeben werden, muss der *PassThru*-Parameter gesetzt werden.

Eine HashTable als praktische Abkürzung

Da das Hinzufügen der einzelnen Member über ein wiederholtes Aufrufen von *Add-Member* auf die Dauer ein wenig unpraktisch ist, gibt es mit dem *Property*-Parameter beim *New-Object*-Cmdlet eine praktische Abkürzung, die man leicht übersehen kann. Anstatt alle Member einzeln hinzuzufügen, werden sie in eine Hashtable gepackt, die dem *Property*-Parameter übergeben wird.

Der folgende Befehl legt ein neues Objekt mit drei Membern an, wobei das Member *EintrittsDatum* explizit als *DateTime*-Wert festgelegt wird:

```
$PSO = New-Object -Type PsObject -Property @{Name="Hugo"; Alter=66;Eintrittsdatum=(Get-Date 1.1.2010)}
```

Neue Typen über Add-Type definieren

Die PowerShell ist enorm flexibel, was den Umgang mit Typen angeht. Seit der Version 2.0 lassen sich eigene Typen noch flexibler definieren, indem die Klassendefinition z.B. über einen C#-Codeausschnitt festgelegt wird. Möglich wird dies über ein Cmdlet mit dem unscheinbaren Namen *Add-Type*.

Das folgende Beispiel definiert einen Typ *PSUser*, der die Property-Member *EMail*, *ErstelltAm*, *Status* und *UserName* sowie das Methoden-Member *SetStatus* erhält. Die Klassendefinition wird als Here-String übergeben, was bereits elementare Kenntnisse in der Programmiersprache C# voraussetzt (alternativ stehen Visual Basic und JScript zur Auswahl). Da in der Klassendefinition mit *get* und *set* bereits Sprachelemente verwendet werden, die erst mit C# 3.0 eingeführt wurden, muss diese Version über den *Language*-Parameter explizit ausgewählt werden.

```
# ---------------------------------------------------------------
# Beispiel 13.2 - einen neuen Typ anlegen
# ---------------------------------------------------------------
$ClassDef = @"
using System;
public class PSUser
{
   private bool _Status;
   private DateTime _ErstelltAm;
   public bool Status
  {  get { return _Status; } }

   public string EMail { get; set; }
   public string UserName { get; set; }
   public DateTime ErstelltAm
   { get { return _ErstelltAm; } }

   public void SetStatus(bool Status)
   { _Status = Status; }

   public PSUser()
   { _ErstelltAm = DateTime.Now; }
}
"@
```

Listing 13.3 Einen neuen Typ anlegen

Der Aufruf des *Add-Type*-Cmdlets verläuft wie folgt:

```
Add-Type -TypeDefinition $ClassDef -Language CSharpVersion3
```

Damit steht ein neuer Typ mit dem Namen *PSUser* zur Verfügung, der wie jeder andere Typ eingesetzt werden kann:

```
$Us = New-Object PSUser
$Us | Get-Member
$Us.UserName = "Pemo"
$Us.EMail = "pemo@pemobooks.local"
$Us.SetStatus($True)
$Us | Select-Object *

Status     : True
EMail      : pemo@pemobooks.local
UserName   : Pemo
ErstelltAm : 15.12.2009 18:10:35
```

Das Hinzufügen kann nur einmal durchgeführt werden, da der Typ beim zweiten Durchlauf bereits existiert. Eine Möglichkeit, einen Typ zu entfernen, gibt es nicht. Hinter der Möglichkeit, neue Typen definieren zu können, steckt eine Menge Potenzial, das in dem PowerShell Crashkurs nur angedeutet werden kann, da es definitiv nur etwas für fortgeschrittene Anwender ist und hier bereits die Grenze zur Systemprogrammierung überschritten wird. Vielen Lesern dürfte zu diesem Zeitpunkt sicher noch nicht ganz klar sein, welchen Unterschied es ausmacht, einen neuen Typ zu definieren im Vergleich zur Definition eines neuen Objekts. Ein Typ ist lediglich die Definition für ein Objekt. Ein Aufruf von *New-Object* erzeugt daraus ein Objekt. Wird bei *New-Object* ein Typ wie *PSObject* angegeben, entsteht ein leeres Objekt, zu dem einzelne Member per *Add-Member* hinzugefügt werden. Daraus entsteht aber keine neue Typdefinition. Ein neuer Typ ist die Definition für ein Objekt, mit dem sich beliebige Objekte anlegen lassen. Der wichtigste Unterschied ist, dass sich mit *Add-Type* komplett neue Typen definieren lassen, während *New-Object* nur mit vorhandenen Typen arbeiten kann.[2] Als weiterführende Lektüre sei die Hilfe zu dem *Add-Type*-Cmdlet empfohlen, die ein paar interessante Beispiele enthält.

Hinter dem *Add-Type*-Cmdlet steckt ein enormes Potenzial, was die Möglichkeiten betrifft, ein PowerShell-Skript zu erweitern. Möglichkeiten, die in diesem Buch leider nur angedeutet werden können. Per *Add-Type* lassen sich sogar Funktionen der Windows-API aufrufen, was in VBScript z.B. nur mit großem Aufwand möglich gewesen wäre. Auch dazu enthält die PowerShell-Hilfe ein Beispiel.

---

[2] Streng genommen ist der Vergleich von Add-Type und New-Object wie der sprichwörtliche Vergleich zwischen Äpfeln und Birnen, zumal beide Cmdlets keine Alternative darstellen, sondern sich ergänzen. In der PowerShell-Praxis verschwimmen die Grenzen zwischen Typen und Objekten, sodass eine präzise Definition bereits einiges an Vorkenntnissen voraussetzt.

Der Gültigkeitsbereich von Variablen

Variablen, die in Kapitel 7 offiziell vorgestellt wurden, besitzen neben einem Namen und einem (Daten-)Typ noch ein weiteres wichtiges Merkmal: den *Gültigkeitsbereich* (engl. *Scope*). Dieser legt fest, in welchem Bereich des Skripts bzw. der PowerShell-Sitzung die Variable gültig ist, also mit ihrem Wert angesprochen werden kann. Grundlage für die ganze Thematik ist der Umstand, dass sowohl das Skript als auch jede Funktion einen eigenen (Gültigkeits-)Bereich definieren. Enthält ein Skript keine Funktion, gibt es nur zwei Gültigkeitsbereiche: den Gültigkeitsbereich des Skripts und den der PowerShell-Sitzung. Besitzt das Skript eine Funktion, kommt ein weiterer Gültigkeitsbereich hinzu. Zusätzlich zu den verschiedenen Gültigkeitsbereichen gibt es die Gültigkeitsbereichsebenen. Die oberste Ebene ist die Ebene der PowerShell-Sitzung. Jedes Skript bildet eine eigene Ebene darunter. Innerhalb eines Skripts bilden die Funktionen die nächst tieferere Ebene. Ruft eine Funktion eine andere Funktion auf, stellt diese Funktion eine weitere Ebene dar usw. In der Praxis ist bereits dieser Fall relativ selten, so dass es in einem Skript selten mehr als drei Gültigkeitsebenen gibt.

HINWEIS Auch Funktionen und Aliase besitzen einen Gültigkeitsbereich. In diesem Abschnitt geht es aber ausschließlich um Variablen.

TIPP Das Thema *Scope* wird in der PowerShell-Hilfe unter dem Thema *about_scopes* anschaulich und ausführlich beschrieben.

Ein erstes Beispiel zum Thema Gültigkeitsbereich

Auch wenn das Thema Gültigkeitsbereiche bei der PowerShell (wie im Grunde alle Themen) nicht kompliziert ist, ist es doch gerade für Anwender ohne »Programmierer-Background« ein wenig abstrakt. Daher zur Einstimmung ein kleines Beispiel, das die grundsätzliche Problematik veranschaulicht.

Das folgende Beispiel definiert eine Funktion *f1*, in der eine Variable *$Wert* den Wert 2000 erhält. Vor dem Aufruf der Funktion wird auf der »Hauptebene« ebenfalls eine Variable *$Wert,* jetzt aber mit dem Wert 1000 definiert. Die spannende Frage ist, welchen Wert die Variable nach Aufruf der Funktion besitzt.

```
# -------------------------------------------------------------
# Beispiel 13.3 - ein Beispiel für den Gültigkeitsbereich einer Variablen
# -------------------------------------------------------------
function f1
{
 "Der Wert ist: $Wert"
  $Wert = 2000
 "Der Wert ist: $Wert"
}

$Wert = 1000
f1
"Der Wert ist: $Wert"
```

Listing 13.4 Ein Beispiel für den Gültigkeitsbereich einer Variablen

Nach dem Aufruf ergibt sich folgendes Bild:

```
Der Wert ist: 1000
Der Wert ist: 2000
Der Wert ist: 1000
```

Durch den Aufruf der Funktion ändert sich der Wert der Variablen *$Wert* nicht, denn innerhalb der Funktion wird eine neue Variable *$Wert* angelegt, die sich durch ihren Gültigkeitsbereich von der bereits vorhandenen Variablen *$Wert* unterscheidet. Die Variante innerhalb der Funktion ist nur innerhalb der Funktion gültig.

Die Rolle der Gültigkeitsbereichsmodifizierer

Soll innerhalb der Funktion die Variable *$Wert* auf der Hauptebene einen neuen Wert erhalten, muss an dieser Stelle ein so genannter *Gültigkeitsbereichsmodifizierer* (engl. *scope modifier*) angegeben werden. Ein langer Name mit einer einfachen Bedeutung, denn er verändert den Gültigkeitsbereich der Variablen (oder Funktion). Tabelle 13.5 stellt die zur Auswahl stehenden Gültigkeitsbereichsmodifizierer zusammen, die nicht nur für Variablen, sondern auch für Funktionen gelten. Da für das Beispiel der Gültigkeitsbereich der Variablen innerhalb der Funktion erweitert werden soll, kommen *Script* oder *Global* infrage.

```
function f1
{
 "Der Wert ist: $Wert"
  $Script:Wert = 2000
 "Der Wert ist: $Wert"
}
```

Durch die Zuweisung an die Variable *$Wert* wird dank des vorangestellten Gültigkeitsbereichsmodifizierers die Variable *$Wert* auf der Ebene des Skripts angesprochen. Jetzt ergibt ein Aufruf folgendes Bild:

```
Der Wert ist: 1000
Der Wert ist: 2000
Der Wert ist: 2000
```

Die Zuweisung innerhalb der Funktion wirkt sich damit auf die bereits vorhandene Variable *$Wert* auf der Hauptebene des Skripts aus. Beim Lesen des Variablenwertes muss kein Gültigkeitsbereichsmodifizierer vorangestellt werden, da es auf der Ebene der Funktion keine Variable mit dem Namen *$Wert* gibt.

Gültigkeitsbereichsmodifizierer	Bedeutung
Global	Element ist in der gesamten PowerShell-Sitzung gültig
Script	Element ist im gesamten Skript gültig
Local	Das Element ist in seinem lokalen Bereich gültig. Muss offiziell nicht verwendet werden, da dies die Voreinstellung ist.
Private	Wird immer dann verwendet, wenn das Element nicht in untergeordneten Bereichen sichtbar sein soll, was ansonsten automatisch der Fall wäre

Tabelle 13.5 Die verschiedenen Gültigkeitsbereichsmodifizierer

Regeln für den Gültigkeitsbereich von Variablen

Das Thema Gültigkeitsbereich bei Variablen kommt immer dann ins Spiel, wenn es in einem Skript mehrere Ebenen gibt, was automatisch der Fall ist, wenn Funktionen vorhanden sind. In diesem Fall gibt es die Hauptebene und für jede Funktion ein Unterebene. Ruft eine Funktion eine weitere Funktion auf, existiert mit dieser Funktion eine weitere Unterebene. Da diese Funktion wiederum eine weitere Funktion und diese Funktion ebenfalls eine weitere Funktion aufrufen kann, ergibt sich eine theoretisch endlose Verkettung von Unterebenen, die alle ihren eigenen Scope besitzen. Variablen, die in einem übergeordneten Bereich definiert sind, können in einem untergeordneten Bereich ohne eine Angabe wie *Script* oder *Global* zwar gelesen, aber nicht geschrieben werden. Wird eine Variable mit dem Namen einer im übergeordneten Bereich bereits definierten Variable in einem untergeordneten Bereich geschrieben, also mit einem Wert belegt, wird damit eine neue Variable desselben Namens angelegt, die nur in diesem untergeordneten Bereich gültig ist. Variablen, die in untergeordneten Bereichen mit einem Wert belegt (und damit definiert werden) und deren Namen noch nicht in einem übergeordneten Bereich verwendet wurde, können in übergeordneten Bereichen weder gelesen noch geschrieben werden. Sie sind für diese Bereiche unsichtbar.

Den Scope individuell festlegen

In diesem Abschnitt wird es ein wenig anspruchsvoller, denn neben den vorgestellten Gültigkeitsbereichsmodifizierern kann der Scope auch relativ bezogen auf die Aufrufliste angegeben werden. Dazu gibt es beim *Set-Variable*-Cmdlet, mit dem eine Variable formal definiert wird und das in diesem Buch bislang noch nicht zum Einsatz kam, den *Scope*-Parameter. Es sei vorweg genommen, dass diese Option nur selten benötigt wird. Über den *Scope*-Parameter wird festgelegt, auf welcher Ebene bezogen auf die Aufrufebenen die Variable angelegt werden soll. Die aktuelle Ebene erhält die Nummer 0, die nächst höhere Ebene die Nummer 1 usw.

Der Befehl

```
Set-Variable -Name Wert -Value 2000 -Scope 2
```

legt die Variable *Wert* auf der übernächsten Aufrufebene an.

Das folgende Beispiel dient in erster Linie dem Nachvollziehen der Rolle des *Scope*-Parameters. Es besteht aus drei Funktionen *f1*, *f2* und *f3*, die, da sie sich nacheinander aufrufen, drei Aufrufebenen bilden. Auf der Ebene der Funktion *f3* wird per *Set-Variable* eine Variable angelegt, die auf der Ebene der Funktion *f1* sichtbar sein soll. Dazu wird über den *Scope*-Parameter die Zahl 2 angegeben, da dies relativ zur aktuellen Ebene 0 die Ebene ist, auf die der Scope gesetzt werden soll.

```
# -------------------------------------------------------------
# Beispiel 13.4 - ein Beispiel für verschiedene Scope-Ebenen
# -------------------------------------------------------------

function f1
{
  "Der Wert von `$Wert in f1 vor Aufruf von f2 ist: $Local:Wert"
  f2
  "Der Wert von `$Wert in f1 nach Aufruf von f2 ist: $Local:Wert"
}
```

```
function f2
{
  "Der Wert von `$Wert in f2 ist: $Local:Wert"
  f3
}

function f3
{
  # Soll $Wert auf Ebene von f1 setzen
  Set-Variable -Name Wert -Value 2000 -Scope 2
  "Der Wert von `$Wert in f3 ist: $Local:Wert"
}

Clear-Variable -Name Wert
# Aufrufebene
$Wert = 1000
f1
"Der Wert von `$Wert ist $Wert"
```

Listing 13.5 Ein Beispiel für verschiedene Scope-Ebenen

Dass der Variablen *Wert* innerhalb der drei Funktionen jeweils der *Local*-Gültigkeitsbereichsmodifizierer vorangestellt wurde, geschah (natürlich) nicht ohne Grund. Diese Maßnahme bewirkt, dass der Wert der Variablen auf der Ebene der Funktion und nicht der Wert der Variablen auf der Ebene des Skripts ausgegeben wird. Dabei wird deutlich, dass von den drei *Wert*-Variablen in den drei Funktionen nur die Variable in der Funktion *f1* einen Wert besitzt, nachdem in der Funktion *f3* der Befehl *Set-Variable* ausgeführt wurde, da per Scope-Parameter die Variable auf dieser Ebene gesetzt wurde.

Der Aufruf des Beispiels führt daher zu folgender Ausgabe:

```
Der Wert von $Wert in f1 vor Aufruf von f2 ist:
Der Wert von $Wert in f2 ist:
Der Wert von $Wert in f3 ist:
Der Wert von $Wert in f1 nach Aufruf von f2 ist: 2000
Der Wert von $Wert ist 1000
```

Das Geheimnis der Parameterbindung

Die Parameterbindung ist eines der zentralen Themen bei der PowerShell. Der recht trocken klingende Begriff beschreibt die Art und Weise, nach der ein Cmdlet-Parameter seinen Wert erhält. Am Anfang nimmt man es im Allgemeinen einfach so hin, dass ein Befehl wie

```
Get-Process Calc | Stop-Process
```

funktioniert. Doch warum kann das *Stop-Process*-Cmdlet alle Prozesse beenden, für die es ein *Process*-Objekt über die Pipeline erhalten hat? Die Antwort ist: Parameterbindung. *Stop-Process* besitzt in seinen insgesamt drei Parametersets jeweils einen Pflichtparameter, der einen Wert aufweisen muss: *Id*, *Name* und *InputObject*. Mit anderen Worten, um einen Prozess beenden zu können, muss entweder der *Id*- oder der *Name*-Parameter einen Wert erhalten. Bei der Pipeline-Verarbeitung prüft die PowerShell daher jedes Objekt, das über die Pipeline weitergereicht wird, ob es eine Property besitzt, die entweder über ihren Namen oder den Typ ihres Wertes infrage kommt, entweder dem *Id*- oder dem *Name*-Parameter den benötigten Wert zur Verfügung zu stellen. Da dies bei einem *Process*-Objekt mit der *Id*-Property der Fall ist, können die Cmdlets *Get-Process* und *Stop-Process* über den Pipe-Operator verknüpft werden. Ein *Get-ChildItem *.txt | Stop-Process* kann bereits aus dem Grund nicht funktionieren, da das von *Get-ChildItem* über die Pipeline weitergereichte Objekt keinen bindungsfähigen Parameter besitzt.

Ob und auf welche Weise ein Parameter »pipelinebindungsfähig« ist, muss der Entwickler des Cmdlets für jeden Parameter einzeln festlegen. Über ein *Get-Help <Cmdletname> -Parameter ** erhält man eine Beschreibung aller Parameter des angegebenen Cmdlets, bei der auch angegeben ist, ob und auf welche Weise der Parameter einen Wert aus der Pipeline binden kann. Zur Auswahl stehen die beiden Bindungsmodi *ByPropertyName* und *ByValue*.

```
Get-Help Get-Process -Parameter Id
-Id <Int32[]>
Gibt einen oder mehrere Prozesse anhand der Prozess-ID (PID) an. Wenn Sie
mehrere IDs angeben, trennen Sie diese durch Kommas. Um die PID eines Prozesses
zu suchen, geben Sie "get-process" ein.

    Erforderlich?                True
    Position?                    1
    Standardwert
    Pipelineeingaben akzeptieren?true (ByPropertyName)
    Platzhalterzeichen akzeptieren?false
```

Das folgende Beispiel hat keinen praktischen Nutzen und dient lediglich dazu, das Prinzip der Parameterbindung zu veranschaulichen. Gegeben sei ein Verzeichnis, das eine Datei mit dem Namen *6804* enthält, die der ID eines laufenden Prozesses entspricht. Der Befehl

```
Get-ChildItem | Select-Object @{Name="Id";Expression={$_.Name } } | Stop-Process
```

holt diese Datei, legt ein neues Objekt an, das eine einzelne Property mit dem Namen *Id* erhält und als Wert den Namen der Datei (also der Prozess-ID). Der Befehl beendet den Prozess, da die *ID*-Property aufgrund ihres Namens für die Parameterbindung herangezogen wird.

Zu verstehen, wie die Parameterbindung funktioniert, ist einer der Schlüssel, um das Potenzial der PowerShell ausschöpfen zu können. Es lohnt sich daher, sich ein wenig intensiver mit diesem Thema zu beschäftigen.

Parameterbindung mit einem Skriptblock

Parameter, die eine Pipeline-Bindung erlauben, können mit einem *Scriptblock*-Parameter gebunden werden. Das bedeutet, dass ihnen anstelle eines einfachen Wertes ein aus einem oder mehreren Befehlen bestehender Skriptblock zugewiesen wird, der den Wert produziert, der an den Parameter gebunden wird.

Zunächst ein einfaches Beispiel. Eine CSV-Datei mit dem Namen *Dateiliste.csv* ist wie folgt aufgebaut:

```
Quelle,Ziel
Datei1.txt,Datei1_Backup.txt
Datei2.txt,Datei2_Backup.txt
```

Kurz, es sollen eine Reihe von Dateien von A nach B kopiert werden und der Benutzer möchte dies (aus welchen Gründen auch immer) über eine Textdatei steuern. Ein für PowerShell-Neulinge nahe liegender Ansatz könnte wie folgt aussehen:

```
Import-Csv Dateiliste.csv | ForEach-Object { Copy-Item -Path $_.Quelle -Destination $_.Ziel }
```

Gegen diese Variante spricht nichts, außer dass die Möglichkeiten der Pipeline-Parameterbindung nicht genutzt wird. Ein wenig kürzer ist der folgende Befehl:

```
Import-Csv Dateiliste.csv | Copy-Item -Path { $_.Quelle } -Destination { $_.Ziel }
```

Dieses Mal holen sich die Parameter *Path* und *Destination* ihre Werte direkt aus der Pipeline.

Dass ein Skriptblock, der an einen Parameter gebunden wird, natürlich beliebige Befehle enthalten kann, macht das folgende Beispiel deutlich, das zugegeben ein wenig weit hergeholt ist. Es kopiert alle Ps1-Dateien aus dem aktuellen Verzeichnis in ein Unterverzeichnis und versieht dabei die Namen von Ps1-Dateien, die nicht mit einer Kommentarzeile beginnen, mit der Erweiterung *.KeinKommentar*. Die entsprechende Abfrage wird in einem Skriptblock durchgeführt, der an den *Destination*-Parameter von *Copy-Item* gebunden wird:

```
# ------------------------------------------------------------
# Beispiel 13.5 - Scriptblock als Wert für den Destination-Parameter von Copy-Item
# ------------------------------------------------------------

# Erst das Zielverzeichnis anlegen
$Ps1Pfad = "NoCommmentFilesDir"
if (!(Test-Path $Ps1Pfad))
{
   New-Item -Path $Ps1Pfad -Itemtype Directory | Out-Null
}
Get-ChildItem *.ps1 | Copy-Item -Destination `
 {if ((Get-Content $_.FullName -ReadCount 1) -Notlike "#*")
  {Join-Path $Ps1Pfad $_.Name.Insert($_.Name.LastIndexOf("."), "_Kein Kommentar")}
  else
  { Join-Path $Ps1Pfad $_.Name }
}

Write-Host -Fore green "$((Get-ChildItem *.ps1).Count) Dateien kopiert."
```

Listing 13.6 Scriptblock als Wert für den Destination-Parameter von *Copy-Item*

Auch WMI-Abfragen lassen sich dank der Möglichkeit, über die Pipeline einen Skriptblock an einen Parameter binden zu können, etwas vereinfachen (wenngleich dies nicht zwingend erforderlich ist und manches eher einer Art sportlichem Ehrgeiz« entspringt). Das Ziel der folgenden Übung: Es sollen mehrere Computer über eine WMI-Abfrage angesprochen werden. Das Problem: Der *ComputerName*-Parameter des *Get-WmiObject*-Cmdlets akzeptiert leider keinen Pipeline-Inhalt, sodass z. B. ein

```
"Comp1", "Comp2", "Comp3" | Get-WmiObject -Class Win32_OperatingSystem
```

nicht funktioniert.

Natürlich spricht auch hier grundsätzlich nichts dagegen, das *ForEach-Object*-Cmdlet zu verwenden, doch besonders elegant ist diese Variante nicht. Eine Möglichkeit, das Abfragen einer Liste von Computern gleich für mehrere Abfragen zu vereinfachen, besteht darin, eine Funktion zu definieren, die Pipeline-Input verarbeitet:

```
# ------------------------------------------------------------
# Beispiel 13.6 - Pipeline-Funktion
# ------------------------------------------------------------
function Check-AllComputersV1
{
  Process { Get-WmiObject -ComputerName $_ -class Win32_OperatingSystem }
}
```

Listing 13.7 Eine kleine Pipeline-Funktion

Damit ist ein Aufruf in der folgenden Form möglich:

```
"Comp1", "Comp2", "Comp3" | Check-AllComputersV1
```

Soll auch die WMI-Klasse variabel gehalten werden, kommt erneut eine .csv-Datei zum Einsatz, welche die Spalten *Name* und *Class* enthält, über die der Name des Computers und der einer WMI-Klasse festgelegt werden. Das erledigt die folgende Funktion.

```
# ------------------------------------------------------------
# Beispiel 13.7 - Pipeline-Funktion und variable Propertynamen
# ------------------------------------------------------------
function Check-AllComputersV2
{
  Process { Get-WmiObject -ComputerName $_.Name -class $_.Class }
}
```

Listing 13.8 Eine Pipeline-Funktion mit zwei variablen Parametern, die über die Pipeline ihren Wert erhalten

Der folgende Befehl testet mithilfe dieser Pipeline-Funktion alle in der .csv-Datei enthaltenen Computer mit den angegebenen WMI-Klassen:

```
Import-Csv -Path WmiCompClass.csv | Check-AllComputersV2
```

TIPP Über das *Trace-Command*-Cmdlet lässt sich sehr schön nachvollziehen, wie die PowerShell die Parameterbindung durchführt. Ein

```
Trace-Command -psHost -Name ParameterBinding { Get-Childitem C:\Windows *.ps1 -Rec | Remove-Item -WhatIf }
```

gibt für die einzelnen Schritte während der Parameterbindung Debug-Meldungen aus. Bezogen auf den obigen Befehl wird deutlich, wie die PowerShell die Parameter *Path* und *Filter* von *Get-Childitem* bindet, und dass das von *Get-Childitem* über die Pipeline weitergegebene *FileInfo*-Objekt an den *LiteralPath*-Parameter (und nicht an den *Path*-Parameter) von *Remove-Item* gebunden wird.

Windows PowerShell ISE erweitern

Die *PowerShell ISE* (integrierte Skriptumgebung) gewinnt sicherlich keine Preise, was funktionale Reichhaltigkeit und Komfort bei der Eingabe angeht, aber sie besitzt ein Merkmal, das alle Kritikpunkte wieder relativiert: Sie ist nahezu beliebig erweiterbar. Die Grundlage sind eine Reihe von Objekten, welche die einzelnen Elemente des Editors repräsentieren. Mit ihnen lässt sich z. B. der auf einer Registerkarte eingegebene Text oder die Menüleiste ansprechen. Ausgangspunkt für alle Erweiterungen ist die Variable *$PSISE*, die für das Objekt steht, mit dem die ISE als Ganzes angesprochen wird.

Stellvertretend für viele denkbare Erweiterungen soll im Folgenden gezeigt werden, wie sich eine Vorlage für eine Funktion definieren lässt. Das ist sehr praktisch, da dadurch das stets gleiche Befehlsgerüst für eine Funktion nicht jedes Mal eingegeben werden muss. Die Funktion *Insert-Text* fügt, wenn sie ausgeführt wird, ein Befehlsgerüst ein, das innerhalb der Funktion als simpler Here-String definiert wird.

```
# ---------------------------------------------------------------
# Beispiel 13.8 - eine Template-Erweiterung für die ISE
# ---------------------------------------------------------------
function Insert-Text
{
 param(
    [parameter(Mandatory=$true, ValueFromPipeline=$true)]
    [string]$InsertText)
    $CurrentFilePath = $Psise.CurrentFile.FullPath
    $CurrentFile = $PsIse.CurrentPowerShellTab.Files | Where {$_.FullPath -eq $CurrentFilePath}
    $CurrentFile.Editor.InsertText($InsertText)
}

function New-FunctionTemplate
{
  $FTemplate = @"
function Verb-Noun {
  param (
   [parameter(Mandatory=$true, ValueFromPipeline=$true)
   [string]Parameter1
)
   Begin
   {
   }

   Process
   {
   }

   End
   {
   }
}
"@
   Insert-Text -InsertText $FTemplate
}
```

Listing 13.9 Eine Template-Erweiterung für die ISE

Die Funktion selbst ist sehr kurz, den größten Teil nimmt die Vorlage in Anspruch. Die wichtigste Frage ist, wann und wie die Funktion aufgerufen wird. Theoretisch wie jede Funktion, praktischer wäre es natürlich, wenn es dafür einen Menüeintrag bei der *PowerShell ISE* gäbe.

Das erledigt die folgende Befehlsfolge.

```
$PsIse.CurrentPowerShellTab.AddOnsMenu.SubMenus.Add("_Funktions-Template", {New-FunctionTemplate},
"Alt+F") | Out-Null
```

Und wo wird diese Befehlsfolge aufgerufen? Auch das spielt keine Rolle. Am besten eignet sich die Profile-Datei der PowerShell ISE, da sie durch den Eintrag mit jedem Start automatisch hinzugefügt wird.

HINWEIS Leider hat es bei der endgültigen Version im Vergleich zu den Vorabversionen der *PowerShell ISE* ein paar Änderungen am Objektmodell gegeben. Das wäre nicht so tragisch, wenn nicht viele Beispiele im Internet noch die alten Objekte verwenden würden und damit nicht mehr funktionieren. Die wichtigste Änderung ist, dass aus *Runspace* ein *PowerShellTab* wurde, so dass z.B. die *Add*-Methode zum Hinzufügen eines Menüeintrags über ein *$PSISE.CurrentPower ShellTab.AddOnsMenu.Submenus.Add()* aufgerufen wird.

Abbildung 13.3 Die PowerShell ISE hat einen neuen Menüeintrag erhalten

Diverse Kleinigkeiten

In diesem Abschnitt geht es um die typischen »Tipps für Zwischendurch«, die man immer mal wieder gebrauchen kann und die sehr schön deutlich machen, wie flexibel die PowerShell in den verschiedenen Bereichen ist.

Eine Hashtable als Funktionsparameter

Hashtables sind keine Spezialobjekte für PowerShell-Insider, sondern auch in vielen Alltagssituationen sehr praktisch. Eine solche Situation liegt vor, wenn einer Funktion eine Reihe von Parameterwerten übergeben werden sollen, aber es zu umständlich wäre, wenn die Werte jedem Parameter jedes Mal einzeln zugewiesen werden müssten. In diesem Fall werden die Parameter in einer Hashtable zusammengefasst, die als Ganzes übergeben wird. Die PowerShell kümmert sich automatisch darum, dass die Werte der Hashtable den einzelnen Parametern zugewiesen werden, indem die Schlüssel als Parameternamen interpretiert werden. Diese kleine Neuerung, die mit der PowerShell 2.0 eingeführt wurde, heißt *Splatting* und das @ neuerdings Splat-Operator.[3]

Die Funktion *Demo-Splat* besitzt drei Parameter: *Farbe*, *Hoehe* und *Breite*, deren Werte in der Funktion lediglich ausgegeben werden.

---

[3] Angeblich, denn in der gesamten PowerShell-Hilfe taucht dieser Begriff nicht auf.

```
# ------------------------------------------------------------
# Beispiel 13.9 - Splat-Beispiel
# ------------------------------------------------------------
function Demo-Splat
($Farbe,
 $Hoehe,
 $Breite)
{
  $Farbe
  $Hoehe
  $Breite
}
```

Listing 13.10 Ein Beispiel für das *Splatten* von Parametern durch eine Hashtable

Beim Aufruf der Funktion erhalten alle drei Parameter ihren Wert über eine Hashtable:

```
Demo-Splat @{Farbe="rot"; Hoehe=100; Breite=200}
```

Diese vereinfachte Parameterübergabe funktioniert auch bei Cmdlets. Der folgende Befehl fasst verschiedene Parameter mit Werten für den Aufruf von *Get-Process* in einer Hashtable zusammen, sodass diese nicht einzeln gesetzt werden müssen. Der »Trick« besteht darin, den Variablennamen mit @ und nicht mit $ zu übergeben.

```
# ------------------------------------------------------------
# Beispiel 13.10 - Cmdlet mit Hashtable-Argument
# ------------------------------------------------------------
$GetProcParams = @{name="n*","svchost";FileVersionInfo=$true}
Get-Process @GetProcParams
```

Listing 13.11 Einigen Cmdlets kann eine Hashtable als Ersatz für mehrere Parameterwerte übergeben werden

Dank dem *Splatting* wird auch das Versenden von E-Mail-Nachrichten ein wenig einfacher. Das folgende kleine Skript sendet eine Mail-Nachricht an den angegebenen SMTP-Server (in diesem Fall Localhost – Voraussetzung ist, dass lokal ein SMPT-Server läuft, z. B. Advanced SMTP Server von *http://www.softstack.com*).

```
# ------------------------------------------------------------
# Beispiel 13.11 - Versenden von E-Mail-Nachrichten mit Parameter-Splatting
# ------------------------------------------------------------
$Email = @{SmtpServer = 'localhost'
           To = 'pemo@powershellcrashkurs.de'
           From = 'noreply@activetraining.de'}

Send-MailMessage @Email -Subject 'Nur ein Test' -Body "Hi, what's up?"
```

Den ?:-Operator nachbauen

Die PowerShell besitzt leider keinen ternären (mit drei Operanden arbeitenden) ?:-Operator, wie es ihn z. B. in C# und anderen Programmiersprachen gibt, der in Abhängigkeit eines *$true*/*$false*-Wertes einen von zwei Werten zurückgibt und damit in vielen Situationen praktischer wäre, als diese Konstruktion über einen *if*- und einen *else*-Befehl zu erreichen. Es ist aber kein allzu großes Problem, einen solchen Operator in einer Funktion nachzubauen:

Die Funktion *Invoke-Ternary* führt einen von zwei Befehlsblöcken, die jeweils als Skriptblock-Parameter übergeben werden, in Abhängigkeit eines dritten Parameters aus, der entweder *$true* oder *$false* ist.

```
# -------------------------------------------------------------
# Beispiel 13.12 - Ternary-Operator
# -------------------------------------------------------------
function Invoke-Ternary
([bool]$Ausdruck,
 [ScriptBlock]$TruePart,
 [ScriptBlock]$FalsePart)
{
  if ($Ausdruck)
  { &$TruePart}
  else
  { &$FalsePart}
}
```

Listing 13.12 Ein ternärer Operator wird durch eine Funktion »nachgebaut«

Aufgerufen wird die Funktion wie folgt:

```
Invoke-Ternary -Ausdruck (Test-Path $env:systemdrive\Pagefile.sys) -TruePart { Write-Host -fore green
"Alles klar, Pagefile ist da."} -FalsePart { Write-Host -fore red "Oh, Shrek - das Pagefile ist weg!"}
```

Je nachdem, ob die Datei *Pagefile.sys* auf dem Systemlaufwerk existiert oder nicht, wird durch den obigen Aufruf von *Invoke-Ternary* eine entsprechende Meldung ausgegeben.

Sehr nett, doch ein direkter Ersatz für ?: ist ein *Invoke-Ternary* aufgrund der Länge des Funktionsnamens wohl nicht? Nun, es muss lediglich ein Alias gesetzt werden:

```
Set-Alias ?: Invoke-Ternary
```

Werden Funktionsdefinition und *Set-Alias* in der Profile-Datei untergebracht, steht der Operator mit dem Start der PowerShell zur Verfügung und es spielt keine große Rolle mehr, dass er nicht von Anfang an dabei ist.

Die Ausführungsgeschwindigkeit eines Cmdlets messen

Zu den etwas unscheinbaren, in manchen Situationen aber enorm nützlichen Cmdlets, die mit der Version 2.0 dazu kamen, gehört das *Measure-Command*-Cmdlet, das die Ausführungsgeschwindigkeit eines Befehlsblock misst und nach Beendigung des Befehlsblocks ausgibt.

Der folgende Befehl misst die Remote-Ausführung eines Befehlsblocks und gibt das Resultat als *TimeSpan*-Objekt aus.

```
Measure-Command { Invoke-command -ScriptBlock { Get-Service | Where { $_.Status -eq "Stopped" }} -
Computer PMServer -Credential Administrator }
```

64 Bit?

64-Bit-Systeme sind im Jahre 2010 keine Exoten mehr, vermutlich dürften sie sogar inzwischen eine leichte »Überzahl« bilden. Die PowerShell kann daher nicht nur unter einem 64-Bit-Prozessor, sondern auch in einem 64-Bit-Prozess laufen, wenn sie unter einem 64-Bit-Windows ausgeführt wird. Die folgenden Abfragen stellen fest, unter welcher CPU und welcher Betriebssystemplattform ein PowerShell-Skript läuft.

Der folgende Befehl gibt *$true* zurück, wenn der Prozessor eine 64-Bit-Architektur besitzt.

```
(Get-WmiObject –Class Win32_Processor | Select-Object Description) -match "[x]*64"
```

Leider ist die Prozessor-Beschreibung offenbar nicht ganz einheitlich, sodass z. B. »x64« nicht durchgängig verwendet wird.

Um festzustellen, ob die PowerShell in einem 32- oder 64-Bit-Prozess läuft, muss lediglich geprüft werden, ob ein *Int*-Zeiger 4 Byte oder 8 Byte groß ist:

```
[System.IntPtr]::Size
```

Zusammenfassung

Die PowerShell ist eine vielschichtige Angelegenheit, das konnte die aus Platzgründen alles andere als vollständige Zusammenstellung von Spezialthemen sicher bereits andeuten. Das bedeutet auch, dass man bei der PowerShell lange Zeit in erster Linie ein Lernender ist, der sich durch zähes Üben und ständiges Ausprobieren kleiner Beispiele dem Zustand des kompletten Durchblicks langsam annähert und, sofern nicht wieder eine neue Version auf der Bildfläche erscheint, irgendwann eine gewisse »Allwissenheit« erlangt. Sein Wissen erweitert man kontinuierlich durch das Lesen der zahlreichen Blogs, das Verfolgen der aktiven Newsgroups und natürlich durch Praxis (manchmal kann es auch nicht schaden, die Dokumentation etwas aufmerksamer zu studieren). Die wichtigste Aussage dieses Kapitels ist, dass es, was die Erweiterbarkeit der PowerShell angeht, praktisch keine Grenzen gibt.

Kapitel 14

Sicherheit

In diesem Kapitel:

Gegen Ende des PowerShell-Crashkurses geht es um ein Thema, das manchmal als eher lästiges Alibithema empfunden wird. »Klar, Sicherheit ist wichtig, doch sollen sich die darum kümmern, die dafür bezahlt werden, ich habe wichtigere Dinge zu tun«. Diese Haltung ist zwar bewusst etwas überspitzt formuliert, dürfte jedoch tendenziell einen wahren Kern besitzen. In diesem Kapitel werden daher auch nicht mehr oder weniger allgemeine Empfehlungen nach dem Motto »Führen Sie unbedingt regelmäßig Backups Ihrer Skripts« aus oder »Führen Sie keine unbekannten Skripts aus« geben, sondern im Wesentlichen folgende Themen beleuchtet: die Rolle der Ausführungsrichtlinie bei der PowerShell, der Umgang mit Zertifikaten, das Signieren von Skriptdateien und der Umgang mit SecureStrings. Insgesamt ist es ein erfreulich kurzes Kapitel.

Ps1-Dateien und der Doppelklick

Die Entwickler der PowerShell waren sich von Anfang an darüber im Klaren, dass der Ruf von *Windows-Scripting* nicht allzu gut war, denn in einem gewissen Sinne stellte und stellt der *Windows Script Host* ein enormes Sicherheitsrisiko dar. Er ist weit verbreitet (viele Administratoren wissen gar nicht genau, wo er überall in ihrem Netzwerk installiert ist), es gibt keine Ausführungsrichtlinien, ein VBScript-Skript kann alles und darf alles und es wird per Doppelklick auf eine Vbs-Datei gestartet, was besonders unangenehm ist, wenn ein solches Skript als Anhang einer E-Mail-Nachricht im Posteingang auftaucht. Das war der Istzustand vor ein paar Jahren. Bei der PowerShell ist alles ein wenig anders. Auch wenn die PowerShell bei Windows 7 von Anfang an dabei ist, es gibt drei Einrichtungen, die verhindern, dass PowerShell-Skripts zum unberechenbaren Sicherheitsrisiko werden:

- Für Ps1-Dateien wird kein Dateityp registriert, sodass ein Doppelklick auf eine Ps1-Datei keine Wirkung hat (allerdings kann es passieren, dass nachträglich installierte Tools wie *PowerShell GUI* den Dateityp registrieren, sodass ein Doppelklick auf eine Ps1-Datei diese z. B. in den PowerShell-Skript-Editor lädt)
- Es gibt eine Ausführungsrichtlinie für PowerShell-Skripts. Diese besitzt nach der Installation die Einstellung *Restricted*, was bedeutet, dass keine Skripts ausgeführt werden können. Das betrifft (natürlich) auch eventuell vorhandene Profile-Dateien, die ebenfalls nicht ausgeführt werden können.
- Über eine Gruppenrichtlinienvorlage kann die Ausführungsrichtlinie im Netzwerk verteilt werden. Damit lässt sich erreichen, dass die Einstellung *Restricted* mit dem Anmelden des Benutzers an der Domäne wirksam wird und zudem nicht geändert werden kann. Mit anderen Worten, auf diese Weise lässt sich verhindern, dass auf einer Arbeitsstation in der Domäne PowerShell-Skripts ausgeführt werden können.

Die Rolle der Ausführungsrichtlinie

Die Ausführungsrichtlinie (engl. *excecution policy*) legt fest, ob und unter welchen Umständen ein PowerShell-Skript ausführen darf. Tabelle 14.1 listet die einzelnen Einstellungen auf. Das Thema wird in der Hilfe unter *about_execution_policies* ausführlich beschrieben. Der aktuelle Wert der Ausführungsrichtlinie wird in der Registry hinterlegt – für den Computer im Eintrag *ExecutionPolicy* im Schlüssel *HKLM:\Software\Microsoft\Powershell\1\ShellIds\Microsoft.Powershell*).

Der aktuelle Wert der Ausführungsrichtlinie wird über das *Get-ExecutionPolicy*-Cmdlet (es gibt keinen Alias) abgerufen oder direkt über die Registry:

```
PS>(Get-ItemProperty
"HKLM:\Software\Microsoft\Powershell\1\ShellIds\Microsoft.Powershell").ExecutionPolicy
```

Es gibt verschiedene Möglichkeiten, die Ausführungsrichtlinie zu setzen. Beispielsweise über das *Set-ExecutionPolicy*-Cmdlet oder über eine Gruppenrichtlinie. Letztere Variante wird in Kapitel 7 beschrieben. Über den *Scope*-Parameter von *Set-ExecutionPolicy* wird die Reichweite der Richtlinie festgelegt. Zur Auswahl stehen *Process*, *CurrentUser* und *LocalMachine*.

Einstellung	Bedeutung
Restricted	Es werden keine Skriptdateien ausgeführt (dies ist die Standardeinstellung)
AllSigned	Es werden nur signierte Skripts ausgeführt. Stammt das Zertifikat nicht von einem vertrauenswürdigen Herausgeber, muss die Ausführung bestätigt werden.
RemoteSigned	Skriptdateien ohne Signatur werden nur ausgeführt, wenn sie lokalen Ursprungs sind. Skripts, die von einer *Remote-Location* stammen, wie einer Webseite, werden nur ausgeführt, wenn sie signiert sind.
Unrestricted	Skriptdateien werden ohne Einschränkungen ausgeführt. Bei Skripts, die aus dem Internet geladen wurden, wird ein entsprechender Hinweis angezeigt.
Bypass	Es findet keine Überprüfung statt und es werden auch keine Prompts oder Hinweise angezeigt. Diese Einstellung ist für Situationen gedacht, in denen die PowerShell in einer Anwendung gehostet wird und die Anwendung daher für die Sicherheit zuständig ist bzw. die Sicherheit bei der Ausführung von Skripts kein Thema ist.

Tabelle 14.1 Die verschiedenen Einstellungen für die Ausführungsrichtlinie

Umgang mit Zertifikaten

Die PowerShell bietet einen einfachen Zugang zum lokalen Zertifikatspeicher über das *cert*-Laufwerk, wenngleich der Provider nur ein Minimum an Möglichkeiten bietet und z. B. das Löschen oder Hinzufügen von Zertifikaten nicht möglich ist und ein einzelnes Zertifikat offenbar nur über seinen *Thumbprint* (der Hashwert des Zertifikats, der die Rolle einer Prüfsumme spielt, anhand derer geprüft wird, ob das Zertifikat nach seiner Ausstellung verändert wurde) angesprochen werden kann.

Der folgende Befehl listet alle persönlichen Zertifikate auf:

```
PS>Dir cert:\Currentuser\My

    Verzeichnis: Microsoft.PowerShell.Security\Certificate::currentuser\my

Thumbprint                                Subject
----------                                -------
FE6860979EE57B2132C36648D13852B53BFEECCF  CN=Pemo09
F5678E015B5F9B9BBD76B20B132453094FA3A6AC  CN=HARIBO08\Pemo08
```

Der folgende Befehl greift auf ein Zertifikat über seinen *Thumbprint* zu:

```
PS>$Cert = Get-Item cert:\currentuser\my\FE6860979EE57B2132C36648D13852B53BFEECCF
```

Das Ergebnis ist ein Objekt vom Typ *X509Certificate2* (Namespace *System.Security.Cryptography. X509Certificates*), das zahlreiche Member besitzt, mit denen sich z.B. alle Details über das Zertifikat abfragen lassen. Außerdem gibt es mit *Export* und *Import* zwei interessante Methoden, mit deren Hilfe sich ein Zertifikat exportieren und importieren lässt.

Das *cert*-Laufwerk dient in erster Linie dazu, an jenes Zertifikat heranzukommen, mit dem ein Skript signiert verwendet werden soll. Möchte man Zertifikate skriptgesteuert aus der Zertifikatablage entfernen oder zu ihr hinzufügen, muss dazu das Befehlszeilentool *Certmgr.exe* (aus dem Windows SDK-Verzeichnis) benutzt werden, das über eine Reihe von Parametern verfügt, die per *Certmgr.exe /?* aufgerufen werden.

TIPP Einen komfortablen Zugriff auf die Zertifikatablage bietet eine Erweiterung der Managementkonsole, die über *Start/Ausführen* und Eingabe von *Certmgr.msc* aufgerufen wird. Auch in den Optionen von Internet Explorer können die lokalen Zertifikate verwaltet werden.

Skriptdateien signieren

Skriptdateien können signiert werden, was Vor- und Nachteile besitzt. Die Vorteile liegen zumindest in der Theorie darin, dass die Systemsicherheit erhöht wird, da ein signiertes Skript vertrauenswürdiger ist und sich theoretisch auch der Ursprung des Skripts nachvollziehen lässt. Zu den (kleineren) Nachteilen gehört, dass ein Skript nach jeder Änderung erneut signiert werden muss, vor allem aber, dass Unternehmen, Organisationen, Abteilungen usw. über ein geeignetes Zertifikat und damit über eine Zertifikatstrategie verfügen müssen, was eher die Ausnahme als die Regel zu sein scheint. In der Praxis besitzen Skripts nicht den Stellenwert, dass sich jemand über diesen Aspekt Gedanken machen würde. Und in der Praxis werden (PowerShell-)Skripts nicht als echte Bedrohung wahrgenommen, sodass der Wunsch, nur mit signierten Skripts arbeiten zu wollen, im Allgemeinen nicht besonders ausgeprägt ist. Trotzdem ist die Möglichkeit, ein Skript signieren zu können, eine wichtige Option, die im Folgenden der Form halber vorgestellt werden soll.

Im Folgenden wird davon ausgegangen, dass kein Zertifikat vorliegt, denn ein solches wird vor dem Signieren des Skripts erstellt. Sollte das Zertifikat bereits vorliegen, können Sie diesen Schritt natürlich überspringen. Es wird ferner vorausgesetzt, dass das Befehlszeilentool *Makecert.exe* aus dem Windows SDK zur Verfügung steht, was im Allgemeinen der Fall sein sollte.

Anlegen eines Zertifikats

Führen Sie die folgenden Schritte aus, um ein neues Zertifikat anzulegen:

1. Im ersten Schritt wird über *Makecert.exe* ein Zertifikat für eine lokale Stammzertifizierungsstelle angelegt. Es ist Voraussetzung dafür, dass im nächsten Schritt per *Makecert.exe* ein Zertifikat für die Skriptsignierung erstellt werden kann. Geben Sie in der PowerShell-Eingabeaufforderung den folgenden Befehl ein:

   ```
   Makecert -n "CN=PowerShell Zertifikat Root"-a sha1 -eku 1.3.6.1.5.5.7.3.3 -r -sv PSKey.pvk PSZert.cer
   -ss Root -sr LocalMachine
   ```

   Da ein privater Schlüssel erstellt wird, der durch ein Kennwort abgesichert wird, müssen Sie zuerst ein Kennwort vergeben, das jedes Mal benötigt wird, wenn der private Schlüssel angesprochen wird. Sie müssen es daher auswählen, bestätigen und noch einmal eingeben, wenn der private Schlüssel für das

Erstellen des Zertifikats verwendet wird. Ging alles gut, erscheint ein schlichtes *Succeeded* als Erfolgsmeldung. Das Ergebnis ist eine Datei *PSKey.pvk*, die den privaten Schlüssel aufweist, und eine Datei mit dem Namen *PsZert.cer*, die das erstellte Zertifikat für die Stammzertifizierungsstelle enthält.

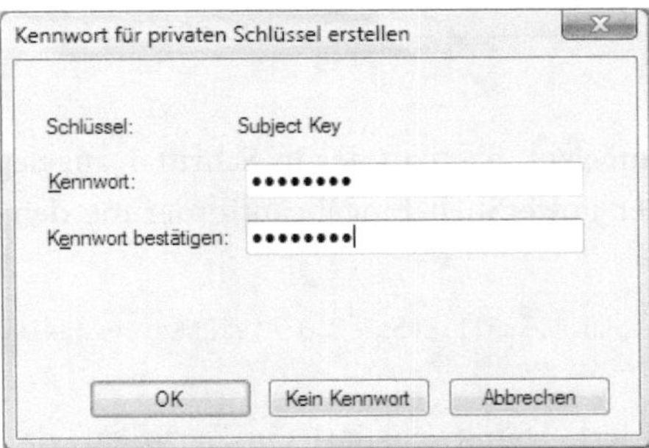

Abbildung 14.1 Der private Schlüssel wird durch ein frei vergebbares Kennwort gesichert

Machen Sie sich um die Details im Moment noch keine Gedanken. Auch wenn es nicht so erscheinen mag, haben die Parameter eine relativ einfache Bedeutung. Der besseren Übersichtlichkeit halber sind sie in Tabelle 14.2 noch einmal zusammengestellt.

TIPP Unter *http://msdn.microsoft.com/en-us/library/bfsktky3%28VS.71%29.aspx* werden alle Parameter von *Makecert.exe* beschrieben.

Abbildung 14.2 Die neue Stammzertifizierungsstelle ist im Zertifikatspeicher enthalten

Parameter	Bedeutung
N	Name des Zertifikats in der X.509-Schreibweise
A	Legt den Verschlüsselungsalgorithmus fest. Sha1 wurde inzwischen zwar schon mehrfach geknackt und gilt daher unter Kryptoexperten als die nicht allerbeste Wahl, für Scripting-Zertifikate sollte er aber ausreichend sein. Als Alternative steht Md5 zur Auswahl.
Eku	Über eine durch Punkte getrennte Zahl wird der so genannte Objectidentifier angegeben, über den der Verwendungszweck des Zertifikats festgelegt wird. In diesem Fall soll das Zertifikat für die Codesignierung eingesetzt werden.
R	Es wird ein selbstsigniertes Zertifikat erstellt ▶

Parameter	Bedeutung
Sv	Legt den Namen der Datei fest, in die der private Schlüssel geschrieben wird
Ss	Wählt die Ablage aus, in der das Zertifikat angelegt wird
Sr	Legt fest, ob es ein Maschinen- oder Benutzerzertifikat sein soll

Tabelle 14.2 Die Parameter für das Erstellen einer Stammzertifizierungsstelle

2. Im nächsten Schritt wird mit *Makecert.exe* das Zertifikat angelegt, das von der in Schritt 1 angelegten Stammzertifizierungsstelle ausgestellt wird. Geben Sie in der PowerShell-Eingabeaufforderung den folgenden Befehl ein:

```
makecert -pe -n "CN=PowerShell-Zertifikat" -ss My -a sha1 -eku 1.3.6.1.5.5.7.3.3 -iv PsKey.pvk -ic
PsZert.cer
```

Auch hier wird ein Erfolg mit einem *Succeeded* kommentiert. Damit existiert ein Zertifikat, das im nächsten Schritt für die Signierung eines Skripts verwendet werden kann. Auch hier sind eine Reihe von *Makecert*-Parametern im Spiel, die nicht auf Anhieb einen Sinn ergeben dürften. Die gegenüber dem ersten Aufruf hinzugekommenen Parameter sind in Tabelle 14.3 zusammengestellt.

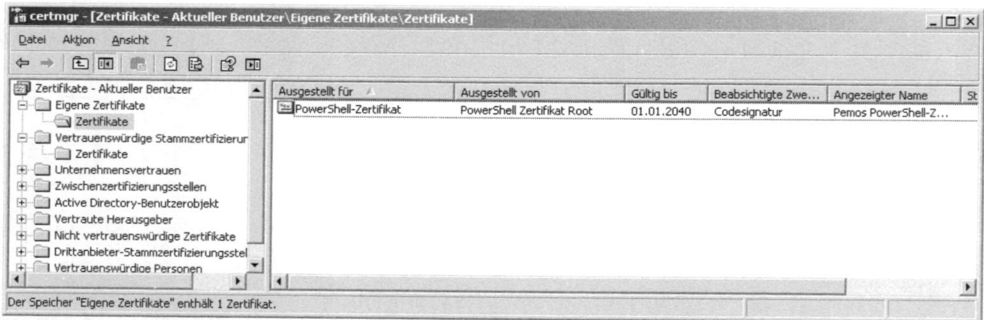

Abbildung 14.3 Das neue Zertifikat erscheint in der Liste der eigenen Zertifikate

Parameter	Bedeutung
Pe	Gibt an, dass der private Schlüssel exportierbar sein soll (ist nicht zwingend erforderlich)
Iv	Wählt die Datei aus, die den privaten Schlüssel enthält
Ic	Wählt die Datei aus, die das Zertifikat der Stammzertifizierungsstelle enthält

Tabelle 14.3 Die Parameter für das Erstellen eines Zertifikats

3. Damit liegt das neue Zertifikat vor. Der folgende Befehl, der den Inhalt der Ablage der eigenen Zertifikate auflistet, beweist es:

```
PS>Dir cert:\currentuser\my

    Verzeichnis: Microsoft.PowerShell.Security\Certificate::currentuser\my

Thumbprint                                Subject
----------                                -------
F069E542BA798D8DA2B260E82FF9DDDEB1338820  CN=PowerShell-Zertifikat
```

Signieren eines Skripts

Liegt ein Zertifikat vor, besteht das Signieren eines Skripts aus dem Aufruf des Cmdlets *Set-AuthenticodeSignature.* Dem Cmdlet muss über seinen *Certificate*-Parameter ein Objekt vom Typ *X509Certificate2* übergeben werden. Zufällig ist das genau jener Typ, den die Objekte besitzen, die über das *Cert*-Laufwerk zur Verfügung gestellt werden.

Dazu wird das angelegte Zertifikat zuerst aus dem Zertifikatspeicher geholt, wobei der Einfachheit halber davon ausgegangen wird, dass es das erste Zertifikat in der Ablage ist.

```
$Cert = @(Get-ChildItem Cert:\CurrentUser\My -CodeSigning)[0]
```

Das Anschauungsbeispiel ist ein harmloses, kleines Skript mit dem Namen *Signtest.ps1*:

```
# Ein Beispiel für ein signiertes Skript
Write-Host -Fore Green "Hallo, es ist jetzt $(Get-Date -Format HH:mm)"
```

Es wird durch den folgenden Aufruf signiert:

```
PS>Set-AuthenticodeSignature -FilePath Signtest.ps1 -Certificate $Cert

    Verzeichnis: C:\

SignerCertificate                         Status          Path
-----------------                         ------          ----
F069E542BA798D8DA2B260E82FF9DDDEB1338820  Valid           Signtest.ps1
```

Ein Blick in die Skriptdatei zeigt, dass die Signatur an das Ende der Datei gehängt wurde.

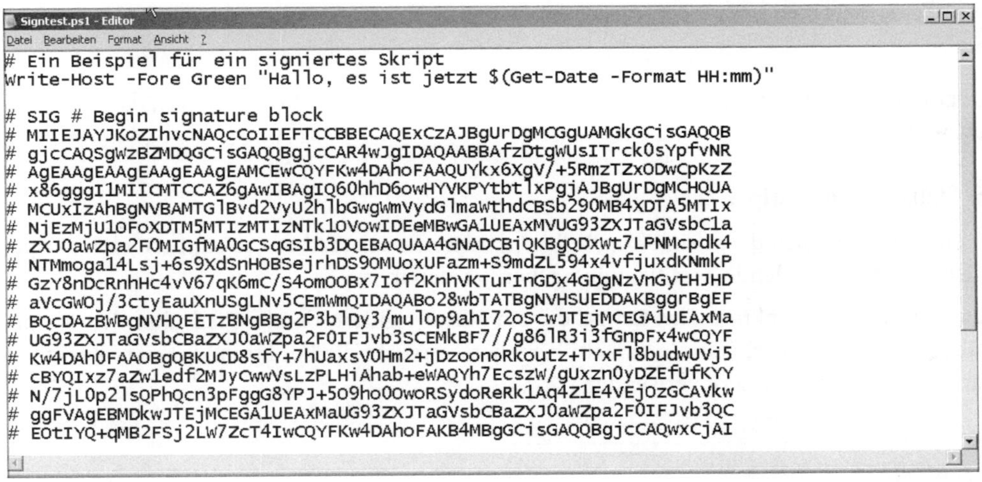

Signtest.ps1 - Editor

Datei Bearbeiten Format Ansicht ?

```
# Ein Beispiel für ein signiertes Skript
Write-Host -Fore Green "Hallo, es ist jetzt $(Get-Date -Format HH:mm)"

# SIG # Begin signature block
```

```
# MIIEJAYJKoZIhvcNAQcCoIIEFTCCBBECAQExCzAJBgUrDgMCGgUAMGkGCisGAQQB
# gjcCAQSgWzBZMDQGCisGAQQBgjcCAR4wJgIDAQAABBAfzDtgWUsITrck0sYpfvNR
# AgEAAgEAAgEAAgEAAgEAMCEwCQYFKw4DAhoFAAQUYkx6XgV/+5RmzTZxODwCpKzZ
# x86gggI1MIICMTCCAZ6gAwIBAgIQ60hhD6owHYVKPYtbtlxPgjAJBgUrDgMCHQUA
# MCUxIzAhBgNVBAMTGlBvd2VyU2hlbGwgWmVydGlmaWthdCBSb290MB4XDTA5MTIx
# NjEzMjU1OFoXDTM5MTIzMTIzNTk1OVowIDEeMBwGA1UEAxMVUG93ZXJTaGVsbCla
# ZXJ0aWZpa2F0MIGfMA0GCSqGSIb3DQEBAQUAA4GNADCBiQKBgQDxWt7LPNMcpdk4
# NTMmoga14Lsj+6s9XdSnHOBSejrhDS9OMUoxUFazm+S9mdZL594x4vfjuxdKNmkP
# GzY8nDcRnhHc4vV67qK6mC/S4omOOBx7Iof2KnhVKTurInGDx4GDgNzVnGytHJHD
# aVcGWOj/3ctyEauXnUSgLNv5CEmWmQIDAQABo28wbTATBgNVHSUEDDAKBggrBgEF
# BQcDAzBWBgNVHQEETzBNgBBg2P3blDy3/mulOp9ahI72oScwJTEjMCEGA1UEAxMa
# UG93ZXJTaGVsbCBaZXJ0aWZpa2F0IFJvb3SCEMkBF7//g86lR3i3fGnpFx4wCQYF
# Kw4DAh0FAAOBgQBKUCD8sfY+7hUaxsV0Hm2+jDzoonoRkoutz+TYxFl8budwUVj5
# cBYQIxz7aZw1edf2MJyCwwVsLzPLHiAhab+eWAQYh7EcszW/gUxzn0yDZEfUfKYY
# N/7jL0p2lsQPhQcn3pFggG8YPJ+5O9hoOOwoRSydoReRk1Aq4Z1E4VEjOzGCAVkw
# ggFVAgEBMDkwJTEjMCEGA1UEAxMaUG93ZXJTaGVsbCBaZXJ0aWZpa2F0IFJvb3QC
# EOtIYQ+qMB2FSj2LW7ZcT4IwCQYFKw4DAhoFAKB4MBgGCisGAQQBgjcCAQwxCjAI
```


Abbildung 14.4 Die Signatur ist stets Teil der Skriptdatei

Damit ein Unterschied sichtbar wird, wird die Ausführungsrichtlinie auf *AllSigned* gesetzt:

```
Set-ExecutionPolicy AllSigned
```

Der Befehl setzt Administratorberechtigungen voraus.

HINWEIS Das Ändern der Ausführungsrichtlinie ist nicht möglich, wenn eine entsprechende Gruppenrichtlinie aktiv ist.

Damit dürfen nur noch signierte Skripts ausgeführt werden. Der Aufruf von

```
.\Signtest.ps1
```

führt trotzdem noch zu einer Warnmeldung, da dem Herausgeber des Stammzertifikats, mit dem das zum Signieren verwendete Zertifikat erstellt wurde, (natürlich) nicht vertraut wird, denn es verfügt über keinerlei Echtheitsnachweise, was den Herausgeber betrifft. Es besteht an dieser Stelle noch einmal die Möglichkeit, die Ausführung des Skripts zu unterbinden oder festzulegen, dass das Skript nur einmalig ausgeführt werden darf. Wird *Immer ausführen* gewählt, erscheint beim nächsten Start keine Meldung mehr.

HINWEIS Lädt ein signiertes Skript bei der Ausführung weitere Skriptdateien nach, müssen diese (natürlich) ebenfalls signiert sein.

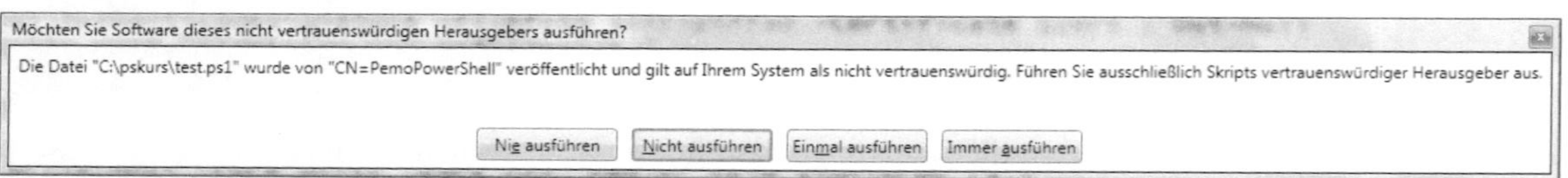

Abbildung 14.5 Diese Meldung erscheint in der PowerShell ISE, wenn dem Herausgeber des zur Signierung verwendeten Zertifikats nicht vertraut wird

Es wurde bereits erwähnt, dass ein einmal signiertes Skript nicht mehr verändert werden darf, da es ansonsten erneut signiert werden muss.

Ein Skript für das Signieren von Skripts

Wer öfter Skripts signiert, wird sich dafür ein Skript anlegen, dem nur der Pfad des zu signierenden Skripts und das zur Signierung zu verwendende Zertifikat übergeben werden muss.

Das folgende Skript enthält die Funktion *Sign-Script*, die ein Skript signiert, dessen Pfad über den *Skriptpfad*-Parameter übergeben wird. Wird kein Zertifikat übergeben, versucht die Funktion, das erste Zertifikat in der Zertifikatablage *CurrentUser\My* zu verwenden.

```
# -------------------------------------------------------------
# Beispiel 14.1 - Signieren eines Skripts
# -------------------------------------------------------------

function Sign-Script
```

```
(
  [String]$Skriptpfad = $(throw "Pfadangabe der Ps1-Datei erforderlich"),
  $Zert
)
{
  if ($Zert -eq $Null)
  {
    $Zert = @(Get-ChildItem cert:\CurrentUser\My -codesigning)[0]
    if ($Zert -eq $Null)
    {
        Write-Host -Fore White -Back Red "Kein Zertifikat zum Signieren vorhanden"
        break
    }
  }
  try
  {
    Set-Authenticodesignature -FilePath $SkriptPfad -Certificate $Zert | Out-Null
    Write-Host "Signieren war erfolgreich."
  }
  catch
  {
     Write-Host -Fore White -Back Red "Fehler beim Signieren ($_)"
  }
}
```

Listing 14.1 Signieren eines Skripts per Funktion

Aufgerufen wird die Funktion wie folgt:

```
Sign-Script -Skriptpfad C:\Pskurs\SignTest.ps1
```

Sichere Strings

Zum Schluss dieses (erfreulich kurzen) Kapitels ein Ausflug in die Welt der SecureStrings, der verschlüsselten Zeichenketten, die bei der PowerShell immer dann ins Spiel kommen, wenn ein Kennwort übergeben werden soll. Der wichtigste Aspekt ist, dass ein SecureString maschinen- und benutzerbezogen verschlüsselt wird, mit ihm also nicht ein permanentes Kennwort angelegt werden kann, mit dem man sich auf anderen Computern anmelden kann. SecureStrings können natürlich nicht nur zur Verschlüsselung von Kennwörtern, sondern auch für beliebige Texte verwendet werden.

Es gibt verschiedene Möglichkeiten, einen SecureString anzulegen:

- Durch Eingabe in einer Eingabebox, die per *Get-Credential* angezeigt wird. In diesem Fall steht der SecureString über die *Password*-Property des resultierenden *PSCredential*-Objekts zur Verfügung.
- Durch Eingabe in der Konsole (bzw. einer kleinen Eingabebox bei der PowerShell ISE) über das *Read-Host*-Cmdlet im Zusammenspiel mit dem *AsSecure*-Parameter. In diesem Fall liefert *Read-Host* einen SecureString und keinen String.
- Direkt aus einer vorhandenen Zeichenkette über das *ConvertTo-SecureString*-Cmdlet im Zusammenspiel mit dem *AsPlainText*- und dem *Force*-Parameter.

Hinter einem SecureString steht die Klasse *SecureString* im Namespace *System.Security*. Sie besitzt eine Reihe von Membern, die aber in der Praxis im Allgemeinen keine Rolle spielen. Interessant ist eventuell die *InsertAt*-Methode, durch die sich ein Zeichen in einen SecureString einfügen lässt. Auf diese Weise lässt sich ein leerer SecureString Zeichen für Zeichen füllen.

Der folgende Befehl liest einen SecureString über das *Read-Host*-Cmdlet ein, wobei die Eingabe in diesem Fall verdeckt erfolgt:

```
$Pw = Read-Host -Prompt "Passwort?" -AsSecure
```

Ein SecureString alleine reicht noch nicht für eine Authentifizierung aus. Was lässt sich mit diesem Secure String anstellen? Es gibt gleich mehrere Varianten:

- Anlegen eines *PSCredential*-Objekts, das einem *Credential*-Parameter übergeben werden kann
- Speichern des SecureStrings in einer Textdatei
- In ein reguläres *String*-Objekt konvertieren über *COM-Interop*

Anlegen eines PSCredential-Objekts

Der *Credential*-Parameter aller PowerShell-Cmdlets, die einen solchen Parameter besitzen, erwartet stets ein *PSCredential*-Objekt. Dieses wird im Allgemeinen über das *Get-Credential*-Cmdlet abgefragt. Alternativ kann es aber auch direkt angelegt werden, indem die Klasse *PSCredential* per *New-Object*-Cmdlet instanziiert und dabei neben dem Benutzernamen ein SecureString übergeben wird.

Der folgende Befehl legt ein *PSCredential*-Objekt an:

```
$Cred = New-Object -Type System.Management.Automation.PSCredential "Administrator", $Pw
```

$Pw ist dabei die Variable, die den SecureString enthält.

Speichern eines SecureStrings in eine Datei

Soll ein SecureString über mehrere PowerShell-Sitzungen hinweg erhalten bleiben, muss er per *ConvertFrom-SecureString*-Cmdlet in *Klartext* konvertiert werden.

Der folgende Befehl konvertiert den in der Variablen *$Pw* enthaltenen SecureString in Klartext:

```
PS>ConvertFrom-SecureString -SecureString $Pw
01000000d08c9ddf0115d1118c7a00c04fc297eb01000000aedb50167ea473448349d914dc77b41
600000000020000000000003660000a8000000100000000f40d0974525145c4b0f9d26f5d721b4c00
00000004800000a000000010000000c99614e461afa5f288cba7faaaf4d86208000000fd5de20be
a559e8b1400000044ed402829ba97dfab8fb123b2fc75670455b911
```

Diese verschlüsselte Zeichenfolge wird über das *ConvertTo-SecureString*-Cmdlet wieder in einen SecureString umgewandelt.

Cmdlet	Bedeutung
ConvertTo-SecureString	Konvertiert entweder einen in lesbarer Form vorliegenden Schlüssel oder einen Text in einen SecureString
ConvertFrom-SecureString	Konvertiert den Schlüssel hinter einem SecureString in eine Zeichenfolge, sodass diese z. B. in einer Datei gespeichert werden kann

Tabelle 14.4 Cmdlets für den Umgang mit *SecureStrings*

Einen SecureString in ein reguläres String-Objekt konvertieren

Zum Abschluss des Kapitels ein Thema, bei dem man spontan denken könnte »Typisch Microsoft«, denn was nützt ein SecureString, wenn man ihn mit relativ wenig Aufwand wieder in eine lesbare Form konvertieren kann? Zwar gibt es dafür kein Cmdlet und keine .NET-Klasse, aber mithilfe einer Technik, die als *COM-Interop* bezeichnet wird, kann die *Crytpo-API* von Windows, die für die Verschlüsselung zuständig ist, mehr oder weniger direkt angesprochen werden. Dabei muss allerdings hinzugefügt werden, dass dies keine Lücke in der Sicherheit ist und ein SecureString lediglich temporär eingesetzt wird. Es ist also alles in Ordnung.

Die folgende Funktion *ConvertTo-ClearString* erwartet einen SecureString und gibt ein reguläres *String*-Objekt über die Pipeline zurück.

```
# ------------------------------------------------------
# Beispiel 14.2 - einen Secure-String wieder lesbar machen
# ------------------------------------------------------
function ConvertTo-ClearString
([System.Security.SecureString]$SecureString)
{
    $PtrStr = [IntPtr][Runtime.InteropServices.Marshal]::SecureStringToBstr($Geheim)
    $PwLesbar = [Runtime.InteropServices.Marshal]::PtrToStringBSTR($PtrStr)
    # Aufäumen ist nicht unbedingt erforderlich
    [System.Runtime.InteropServices.Marshal]::ZeroFreeBSTR($PtrStr)
    $Geheim.Dispose()
    $PwLesbar
}
```

Listing 14.2 Einen Secure-String wieder lesbar machen

Aufgerufen wird die Funktion wie folgt:

```
$Geheim = Read-host -Prompt "Passwort?" -AsSecureString
"Das Passwort lautet $(ConvertTo-ClearString -SecureString $Geheim)"
```

Einen SecureString über ein PSCredential-Objekt lesbar machen

Es gibt eine weitere Methode, aus einem SecureString eine lesbare Zeichenkette zu machen. Sie setzt allerdings voraus, dass der SecureString über die *Password*-Property eines *PSCredential*-Objekts zur Verfügung gestellt wird.

Als Erstes wird per *Get-Credential*-Cmdlet ein *PSCredential*-Objekt angelegt:

```
$Cred = Get-Credential Administrator
```

Das resultierende *PSCredential*-Objekt besitzt das unscheinbare Methoden-Member *GetNetworkCredential()*. Es liefert ein *NetworkCredential*-Objekt, das Benutzername und Kennwort als reguläres *String*-Objekt enthält:

```
PS>$Cred.GetNetworkCredential()
UserName                    Password                    Domain
--------                    --------                    ------
Administrator               geheim
```

Dateien verschlüsseln

Über einen SecureString lassen sich natürlich auch Dateien verschlüsseln, wobei stets die eingangs aufgezählten Einschränkungen berücksichtigt werden müssen. Entschlüsseln kann eine solche Datei nur derjenige, der sie auch verschlüsselt hat, auf dem Computer, auf dem diese verschlüsselt wurde.

Die Funktion *Secure-TextFile* verschlüsselt eine Datei, deren Pfad beim Aufruf übergeben wird. Damit sie nicht zu umfangreich wird, beschränkt sich die Fehlerprüfung auf ein Minimum.

```
# -------------------------------------------------------------
# Beispiel 14.3 - Datei verschlüsseln
# -------------------------------------------------------------

function Secure-TextFile
([string]$DateiPfad,
 [string]$Zielpfad)
{
    try
    {
      $Dateiinhalt = (Get-Content -Path $DateiPfad) | Out-String
      $SecContent = ConvertTo-SecureString -String $Dateiinhalt -AsPlainText -Force
      if (!(Test-Path $ZielPfad))
      {
        New-Item -ItemType Directory -Path $Zielpfad | Out-Null
      }
      $ZielDatei = Join-Path -Path $Zielpfad -ChildPath (Split-Path -Path
([System.IO.Path]::ChangeExtension($Dateipfad, "crypt")) -Leaf)
      $SecContentText = ConvertFrom-SecureString -SecureString $SecContent
      Set-Content -Path $Zieldatei -Value $SecContentText
      Write-Debug "Datei wurde verschüsselt  - Zieldatei $ZielDatei"
    }
    catch
    {
        Write-Host -Fore White -Back Red "Fehler bei Verschlüsselung ($_)"
    }
}
```

Listing 14.3 Eine Datei verschlüsseln

Aufgerufen wird die Funktion wie folgt:

```
Secure-TextFile -DateiPfad C:\PsKurs\Compliste.txt -ZielPfad C:\PsKurs
```

Und wie wird der Dateiinhalt wieder entschlüsselt? Das wäre doch eine hervorragende Gelegenheit am Ende des Buchs, das erlernte Wissen unter Beweis zu stellen. Gesucht ist eine Funktion, die die in diesem Kapitel beschriebene Technik zum Lesbarmachen eines SecureString anwendet.

Zusammenfassung

Sicherheit bei der PowerShell bedeuten drei Dinge. Erstens: Ein Doppelklick auf eine Ps1-Datei führt nicht dazu, dass diese ausgeführt wird. Zweitens: Über die Ausführungsrichtlinie lässt sich wirkungsvoll verhindern, dass Skripts ausgeführt werden können. Drittens: Die Kombination aus Benutzername/Domänenname und Kennwort wird durch ein *PSCredential*-Objekt repräsentiert. Kennwörter werden als SecureString und damit verschlüsselt gespeichert. Mehr muss man über das Thema nicht wissen.

Kapitel 15

PowerShell-Erweiterungen

In diesem Kapitel:

Eine der herausragenden Eigenschaften der PowerShell ist ihre Erweiterbarkeit. Es stehen generell zwei Erweiterungsmöglichkeiten zur Auswahl: Snap-Ins und die bereits vorgestellten Module. Da sich bereits vor der offiziellen Freigabe der PowerShell 1.0 eine aktive Community gebildet hatte, war es nur eine Frage der Zeit, bis die ersten Erweiterungen verfügbar waren. Beschränkte sich die Community am Anfang noch darauf, jene Cmdlets nachzuprogrammieren, die Microsoft »vergessen« (sprich aus Zeitgründen oder anderen Überlegungen heraus gar nicht erst berücksichtigt) hatte, gehen Erweiterungen der zweiten Generation in Richtungen, an die eventuell selbst Microsoft nicht gedacht hat. Etwa der Einsatz der PowerShell im Rahmen einer Webanwendung, sodass sich z.B. Abfragen in einem Intranet im Browser ausführen lassen. Dieses Kapitel stellt die interessanten Erweiterungen für die PowerShell 2.0 in einer Kurzübersicht vor, ohne dass ein Anspruch auf Vollständigkeit erhoben wird. Erweiterungen wie die *Quest*-Cmdlets für Active Directory oder die *Sdm*-Cmdlets für die Gruppenrichtlinienverwaltung wurden in diesem Buch bereits vorgestellt und werden daher lediglich am Ende des Kapitels noch einmal erwähnt.

Die Rolle der Snap-Ins

Ein Snap-In ist eine (Asssembly-)Datei mit der Erweiterung *.Dll*, die eine oder mehrere Cmdlets und gegebenenfalls auch einen Provider enthält. Entwickelt werden Snap-Ins in einer .NET-Programmiersprache wie C# oder Visual Basic.[1] Das *Get-PSSnapin*-Cmdlet listet alle momentan vorhandenen Snap-Ins auf.

Während der Befehl

```
Get-PSSnapin
```

alle in der aktuellen PowerShell-Sitzung geladenen Snap-Ins auflistet, bringt der Befehl

```
Get-PsSnapin -Registered
```

eine Auflistung aller Snap-Ins, die nachträglich registriert wurden und über das *Add-PSSnapin*-Cmdlet hinzugefügt werden können.

Hinter einem Snap-In steht ein *PSSnapInInfo*-Objekt, dessen wichtigste Member in Tabelle 15.1 zusammengestellt sind. Über das *Add-PSSnapin*-Cmdlet wird ein bereits registriertes Snap-In zur aktuellen PowerShell-Sitzung hinzugefügt. Über das *Remove-PSSnapin*-Cmdlet wird es wieder aus der aktuellen Sitzung entfernt.

Member	Bedeutung
AssemblyName	Name der Assembly, die das Snap-In enthält
Description	Eine allgemeine Beschreibung
Name	Der Name der Assembly
PSVersion	Die Versionsnummer der PowerShell, für die das Snap-In entwickelt wurde ▶

[1] In der ersten Auflage des PowerShell-Crashkurses wurde das Thema noch in einem Anhang behandelt, der in dieser Auflage entfällt. Grundsätzliche Änderungen haben sich keine ergeben.

Member	Bedeutung
Types	Die Typendefinitionsdatei(en), welche die Typen definieren, die das Snap-In bereitstellt
Vendor	Der Name des Herstellers
Version	Die Versionsnummer des Snap-Ins
ApplicationBase	Der Verzeichnispfad, unter dem die Assemblydatei abgelegt ist

Tabelle 15.1 Die wichtigsten Property-Member eines *PSSnapInInfo*-Objekts

Snap-Ins müssen registriert werden

Damit ein Snap-In in der Liste der registrierten Snap-Ins erscheint, muss es registriert werden. Dabei wird ein Schlüssel in der Registry angelegt, dessen Einträge unter anderem den Assemblynamen und den Pfad der Assemblydatei (ApplicationBase) angeben. Der Registry-Schlüssel besitzt den Pfad *HKEY_LOCAL_MACHINE\SOFTWARE\Microsoft\PowerShell\1\PowerShellSnapIns*. Ein Snap-In wird im Allgemeinen im Rahmen seiner Installation registriert. Es ist aber auch kein allzu großer Aufwand, die Registrierung »zu Fuß« vorzunehmen, was z. B. immer dann erforderlich ist, wenn der Registry-Schlüssel gelöscht wurde oder das Snap-In auf ein anderes System übertragen werden soll, ohne dass die ursprüngliche Installationsroutine zur Verfügung steht oder ausgeführt werden soll. Die Registrierung übernimmt ein Befehlszeilentool mit dem Namen *InstallUtil.exe*, das im .NET-Laufzeit-Verzeichnis zu finden ist (daher führt ein *Get-Command Installutil.exe* zunächst zu keinem Resultat).

Der Pfad von *Installutil.exe* lautet *$Env:windir\Microsoft.NET\Framework\v2.0.50727\installutil.exe.*

TIPP Ist der Pfad eines Tools nicht Teil der Umgebungsvariablen *Path*, kann dafür ein Alias als Abkürzung angelegt werden:

```
Set-Alias InstallUtil $Env:Windir\Microsoft.NET\Framework\v2.0.50727\installutil.exe
```

Über den Alias *InstallUtil* wird das Tool aufgerufen, ohne dass der Pfad vorangestellt werden muss. Alternativ kann der Pfad zur Umgebungsvariablen *Path* hinzugefügt werden:

```
$env:Path += ";$Env:windir\Microsoft.NET\Framework\v2.0.50727"
```

Im Folgenden wird eine Funktion mit dem Namen *Install-PSSnapin* vorgestellt, der nur der Pfad der *Dll*-Datei als Parameter übergeben wird, die das Snap-In enthält, und die das Snap-In registriert.

```
# ------------------------------------------------------------
# Beispiel 15.1 - Registrieren eines PowerShell-Snap-Ins
# ------------------------------------------------------------
function Install-PSSnapin
([string]$DllPfad=$(throw "Bitte DLL-Pfad eingeben"),
 [string]$SnapinName)
{
    Set-Alias Installutil $env:windir\Microsoft.NET\Framework\v2.0.50727\installutil.exe
    if(Test-Path -path $DllPfad)
```

```
    {
        installutil /u $DllPfad
        installutil $DllPfad
        Write-Host -Fore Green "Snap-In wurde installiert."
        if ($SnapinName -ne "")
        {
          Add-PSSnapin $SnapinName
          Write-Host -Fore Green "... und hinzugefügt."
        }
    }
    else
    {
      Write-Error -Fore White -Back Red "Die Datei $DllPfad gibt es nicht."
    }
}
```

Aufgerufen wird die Funktion wie folgt, wobei der Befehl eine fiktive *Dll*-Datei verwendet und der Pfad entsprechend angepasst werden muss:

```
Install-PSSnapin -DllPfad C:\Users\Administrator\DemoSnapin.dll
```

Das PowerShell Pack für Windows 7

Unter dem viel versprechenden Namen *PowerShell Pack* hat Microsoft Mitte Oktober 2009 eine Erweiterung für die PowerShell 2.0 freigegeben, die es wirklich in sich hat. Über 800 Funktionen stehen alleine in dem *PowerShellPack*-Modul nach der Installation zur Verfügung. Das *PowerShell Pack* bietet daher eine Fülle an Funktionalität, die man sich bislang selbst zusammenbauen oder zusammensuchen musste. Der Schwerpunkt des PowerShell Pack liegt allerdings weniger auf der Zurverfügungstellung von System- und Serverfunktionalitäten (die entsprechenden Module sind z.B. Teil von Windows Server 2008 R2), sondern auf einem Kapseln der *Windows Presentation Foundation-Schnittstelle* (WPF) aus dem .NET Framework 3.5, mit dem sich einfache Bedienoberflächen im Stile einer Hta-Anwendung für Skripts zusammenstellen lassen.

Die Downloadadresse des PowerShell Pack ist *http://code.msdn.microsoft.com/PowerShellPack*. Der Download besteht aus der Datei *PowerShellPack.msi*.

Der Befehl

```
Import-Module PowerShellPack
```

fügt das Modul nach der Installation des Downloads hinzu (was eine Weile dauert). Der Befehl

```
Get-Command -Module PowerShellPack
```

listet alle Funktionen des Moduls auf.

Da es sehr viele Funktionen sind, ist es sinnvoll, sie nach ihrem Verb zu gruppieren, um einen besseren Überblick zu erhalten. Das ist allerdings nicht gerade trivial, da in dem *FunctionInfo*-Objekt, das ein *Get-Command* über die Pipeline weitergibt, das Verb nicht mehr als eigenes Member enthalten ist. Der folgende Befehl, der alle PowerShell Pack-Funktionen nach dem Verb in ihrem Namen gruppiert, ist daher ein wenig aufwändiger (was unter anderem daran liegt, dass es eine Funktion gibt, die kein Verb besitzt):

```
Get-Command -Module Powershellpack | `
 Select-Object @{Name="Verb";
 Expression = {$NounPos=$_.Name.IndexOf("-"); `
              if($NounPos-ge0) { `
              $_.Name.SubString(0,$NounPos)}else{""}}}, `
  @{Name="Noun";Expression={$NounPos=$_.Name.IndexOf("-"); `
                          if($NounPos-ge 0) {$_.Name.Substring($NounPos+1)}else{""}}} | `
  Group-Object Verb | Sort-Object  Count -Desc
```

Voraussetzung ist, dass das *PowerShellPack*-Modul bereits geladen wurde. Das Beispiel macht deutlich, dass irgendwann ein Punkt erreicht ist, an dem die optimale Lesbarkeit nicht mehr gegeben ist. In diesem Fall liegt es daran, dass der *Expression*-Part einer Hashtable, die bei *Select-Object* für die Definition einer Property verwendet wird, eine *if*-Verzweigung enthält.[2]

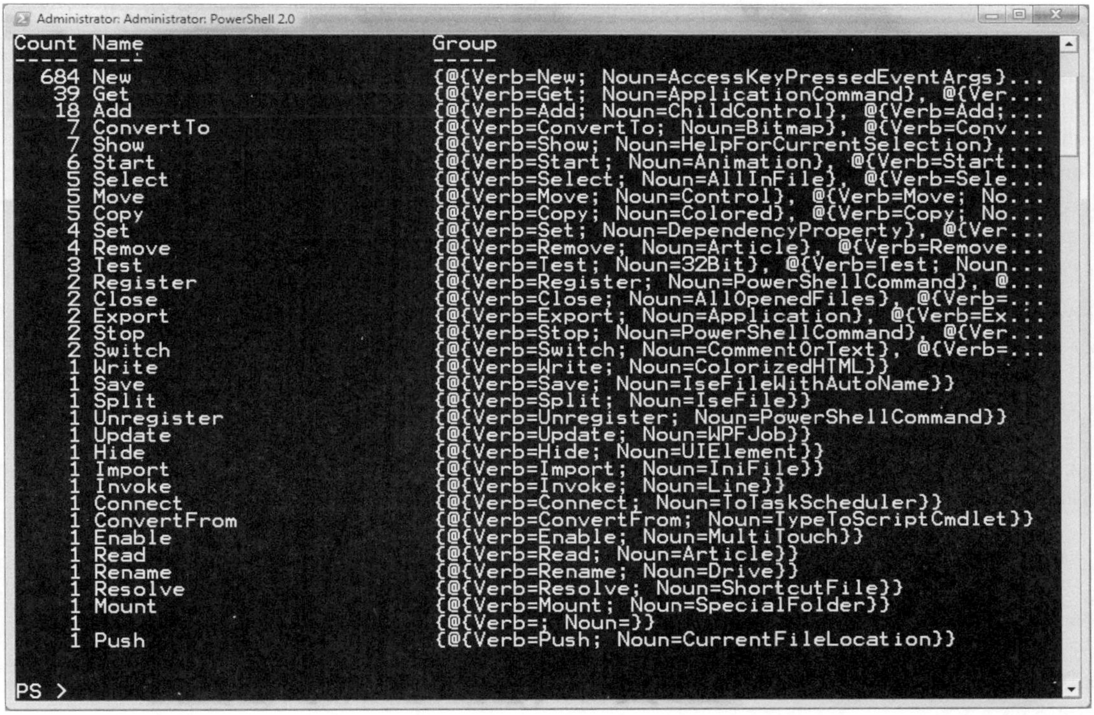

```
Administrator: Administrator: PowerShell 2.0
Count Name                           Group
----- ----                           -----
  684 New                            {@{Verb=New; Noun=AccessKeyPressedEventArgs}...
   39 Get                            {@{Verb=Get; Noun=ApplicationCommand}, @{Ver...
   18 Add                            {@{Verb=Add; Noun=ChildControl}, @{Verb=Add;...
    7 ConvertTo                      {@{Verb=ConvertTo; Noun=Bitmap}, @{Verb=Conv...
    7 Show                           {@{Verb=Show; Noun=HelpForCurrentSelection},...
    6 Start                          {@{Verb=Start; Noun=Animation}, @{Verb=Start...
    5 Select                         {@{Verb=Select; Noun=AllInFile}, @{Verb=Sele...
    5 Move                           {@{Verb=Move; Noun=Control}, @{Verb=Move; No...
    5 Copy                           {@{Verb=Copy; Noun=Colored}, @{Verb=Copy; No...
    4 Set                            {@{Verb=Set; Noun=DependencyProperty}, @{Ver...
    4 Remove                         {@{Verb=Remove; Noun=Article}, @{Verb=Remove...
    3 Test                           {@{Verb=Test; Noun=32Bit}, @{Verb=Test; Noun...
    2 Register                       {@{Verb=Register; Noun=PowerShellCommand}, @...
    2 Close                          {@{Verb=Close; Noun=AllOpenedFiles}, @{Verb=...
    2 Export                         {@{Verb=Export; Noun=Application}, @{Verb=Ex...
    2 Stop                           {@{Verb=Stop; Noun=PowerShellCommand}, @{Ver...
    2 Switch                         {@{Verb=Switch; Noun=CommentOrText}, @{Verb=...
    1 Write                          {@{Verb=Write; Noun=ColorizedHTML}}
    1 Save                           {@{Verb=Save; Noun=IseFileWithAutoName}}
    1 Split                          {@{Verb=Split; Noun=IseFile}}
    1 Unregister                     {@{Verb=Unregister; Noun=PowerShellCommand}}
    1 Update                         {@{Verb=Update; Noun=WPFJob}}
    1 Hide                           {@{Verb=Hide; Noun=UIElement}}
    1 Import                         {@{Verb=Import; Noun=IniFile}}
    1 Invoke                         {@{Verb=Invoke; Noun=Line}}
    1 Connect                        {@{Verb=Connect; Noun=ToTaskScheduler}}
    1 ConvertFrom                    {@{Verb=ConvertFrom; Noun=TypeToScriptCmdlet}}
    1 Enable                         {@{Verb=Enable; Noun=MultiTouch}}
    1 Read                           {@{Verb=Read; Noun=Article}}
    1 Rename                         {@{Verb=Rename; Noun=Drive}}
    1 Resolve                        {@{Verb=Resolve; Noun=ShortcutFile}}
    1 Mount                          {@{Verb=Mount; Noun=SpecialFolder}}
    1                                {@{Verb=; Noun=}}
    1 Push                           {@{Verb=Push; Noun=CurrentFileLocation}}

PS >
```

Abbildung 15.1 Das Ergebnis der Verb-Gruppierung der *PowerShell Pack*-Funktionen

[2] Der Autor freut sich natürlich über Optimierungstipps.

Tabelle 15.2 stellt die einzelnen Module zusammen.

Modul	Inhalt
DotNet	Funktionen für den Umgang mit .NET-Typen.
FileSystem	Funktionen für den Umgang mit Laufwerken und Dateien.
IsePack	Erweiterung der PowerShell ISE.
PSImageTools	Funktionen für den Umgang mit Bitmaps.
PSRSS	Funktionen für den Umgang mit der Windows-RSS-Ablage.
TaskScheduler	Funktionen für den Umgang mit Aufgaben (Task Scheduler).
WPK	Funktionen für das Zusammenbauen von einfachen WPF-Benutzeroberflächen im Stile von HTA.

Tabelle 15.2 Die verschiedenen Module des *PowerShell Pack*

Die PowerShell Community Extensions (PSCX)

Der Klassiker unter den PowerShell-Erweiterungen sind die *PowerShell Community Extensions*, kurz *PSCX*. Sie bestehen aus einem Satz von 86 Cmdlets. Die aktuelle Version lautet 1.2, die für die PowerShell 2.0 angepasst wurde und mit *Read-Archive*, *Expand-Archive* und *Tail-File* um drei Cmdlets erweitert wurde, immerhin. Die große Zeit der Erweiterung ist allerdings vorbei. Zum einen gibt es für einige der Cmdlets inzwischen ein offizielles PowerShell-Cmdlet, zum anderen haben die Module die Snap-Ins als primären Erweiterungsmechanismus abgelöst. Dennoch stellen die PSCX nach wie vor eine wichtige Erweiterung dar und den Entwicklern gebührt der Dank dafür, dieses Projekt in ihrer Freizeit mit sehr viel Engagement und mit dieser Softwarequalität umgesetzt zu haben. Die wichtigsten Cmdlets werden in Tabelle 15.3 zusammengestellt.

Die Downloadadresse für die *PowerShell Community Extensions* ist: *http://pscx.codeplex.com*. Die Installation wird über die MSI-Datei gestartet. Unmittelbar nach dem Start muss angegeben werden, ob die Profile-Datei der PowerShell erweitert werden soll. Wählen Sie hier unbedingt die Einstellung *Do not install PSCX profile*, da ansonsten mit jedem Start der PowerShell jede Menge überflüssiger Dinge geladen werden. Lief die Installation durch, wird das Snap-In über ein

```
Add-PSSnapin Pscx
```

hinzugefügt. Der Befehl

```
Get-Command -PSSnapin Pscx
```

listet alle Cmdlets aus dem Snap-In auf. Zu jedem Cmdlet gibt es natürlich auch eine Hilfe, die aber oft etwas dünn ist.

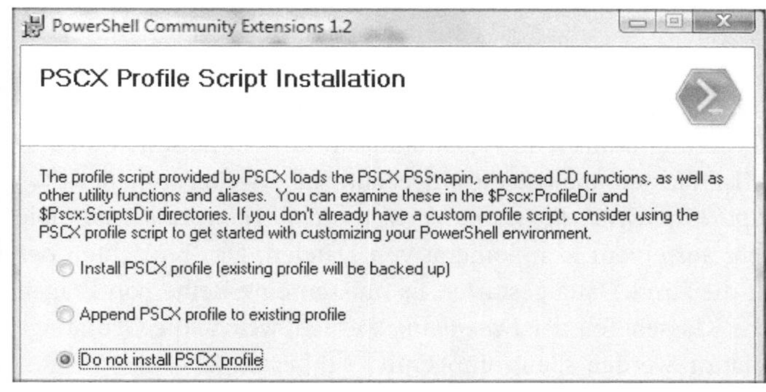

Abbildung 15.2 Die PSCX-Installation sollte nicht das PowerShell-Profil erweitern oder ersetzen

Cmdlet	Was macht es?
Add-PathVariable	Erweitert die *Path*-Umgebungsvariable um einen weiteren Pfad
Convert-Xml	Führt mit XML-Daten eine XSLT-Transformation durch (z.B., um nüchternes XML in HTML zu konvertieren)
Disconnect-TerminalSession	Beendet eine Terminal-Server-Session
Expand-Archive	Packt eine Zip-Datei aus (Prädikat: sehr praktisch)
Format-Hex	Gibt den Inhalt einer Datei im Hexadezimalformat aus, sodass sich jedes Byte einzeln betrachten lässt. Sehr praktisch, wenn man feststellen möchte, ob eine (Text-)Datei mit seltsamen Zeichen beginnt oder ob ein Editor im ANSI- oder Unicode-Format gespeichert hat.
Get-Privilege	Listet die Privilegien der aktuellen PowerShell-Sitzung auf
Get-ShortPath	Gibt die 8+3-Form eines Datei- oder Verzeichnispfades aus
New-Shortcut	Legt eine Verknüpfung an
Read-Archive	Listet den Inhalt eines Rar- oder 7z-Archivs auf, ohne es auszupacken
Set-Clipboard	Überträgt ein Objekt in die Zwischenablage
Set-Privilege	Setzt ein Privileg für den angegebenen Benutzer
Stop-TerminalSession	Beendet eine Terminal-Server-Sitzung
Test-UserGroupMembership	Gibt *$true* zurück, wenn sich der aktuelle Benutzer in der angegebenen Benutzergruppe befindet
Write-Tar	Schreibt ein Tar-Archiv
Write-Zip	Schreibt ein Zip-Archiv

Tabelle 15.3 Interessante Cmdlets aus den *PowerShell Community Extensions*

TabExpansion

Eine der coolsten Erweiterungen für die PowerShell ist *TabExpansion* von *Marc van Orsouw (aka* »Power Shell Guy«), denn sie bietet in der Eingabeaufforderung umfassende Auswahllisten für Cmdlets, deren Parameter und für die Member von .NET- und WMI-Objekten, die wie die eingebaute Taberweiterung über ↹ aktiviert wird. Die Downloadadresse ist *http://thepowershellguy.com/blogs/posh/pages/powertab.aspx.* Die aktuellste Version ist 0.98. Die Zip-Datei besteht aus einem Konglomerat von Dateien. Das Einrichten der *TabExpansion* wird durch den Doppelklick auf die Cmd-Datei gestartet. Es müssen eine Reihe von Fragen beantwortet werden, die z. B. bestimmen, welche Klassen Teil der *Datenbank* werden, welche die Grundlage für die Erweiterung ist. Für eine Standardinstallation werden alle Prompts mit ↵ bestätigt.

Die *TabExpansion* wird durch die Skriptdatei *Init-TabExpansion.ps1* gestartet, die in die Profile-Datei eingetragen wird, sodass die *TabExpansion* nach jedem PowerShell-Start automatisch aktiv wird. Besonders beeindruckend ist die Erweiterung, die bei WMI-Klassen angeboten wird. Der Umgang mit der TabExpansion ist beinahe selbsterklärend. Nach Druck auf ↹ wird eine Auswahlliste angeboten, durch die man sich mithilfe der Pfeiltasten bewegen kann. Die aktuelle Auswahl wird über ↵ übernommen. Ob man den Komfort immer haben möchte, ist eine andere Frage, in jedem Fall gehört *TabExpansion* zu den »Must have«-Erweiterungen für Power-User.[3]

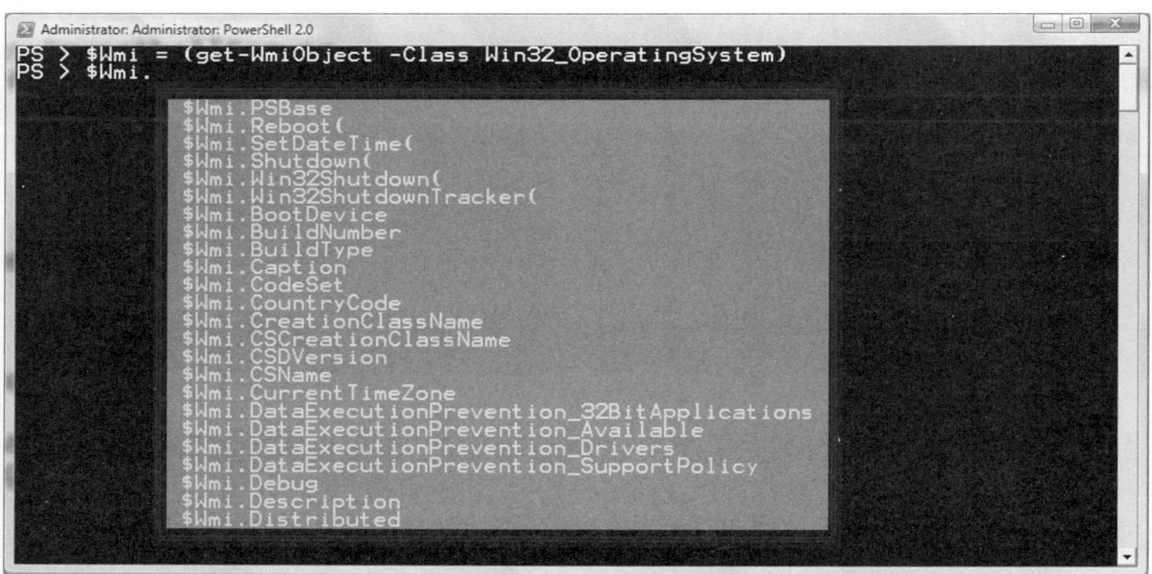

Abbildung 15.3 Die *TabExpansion*-Erweiterung bietet eine umfassende Form der Tab-Erweiterung

[3] Auf meinem Vista-Notebook hat die TabExpansion leider nicht richtig funktioniert.

PowerGUI und PowerGUI Script Editor

PowerGUI ist eine kleine Scriptingumgebung, deren Entwicklung, wie die der Active Directory Cmdlets, von der Firma *Quest* gesponsert wird. Die Downloadadresse ist *http://www.powergui.org*. Die aktuellste Version ist 1.9.6. Die Idee hinter *PowerGUI* ist einfach und gut. Die Oberfläche ist der Computermanagementkonsole nachempfunden. In der linken Fensterhälfte wird eine Hierarchie von Knoten angezeigt. Hinter jedem Knoten steckt ein PowerShell-Befehl oder ein PowerShell-Skript. Die Auswahl des Knotens führt dazu, dass der Befehl bzw. das Skript ausgeführt und das Ergebnis im mittleren Fenster angezeigt wird. Im rechten Fenster werden Aktionen angeboten, die mit den im mittleren Bereich angezeigten Elementen (hinter denen natürlich PowerShell-Objekte stehen) möglich sind. *PowerGUI* ist vielseitig erweiterbar. Inzwischen sind im Rahmen der *PowerGUI Library* zahlreiche Erweiterungen für Active Directory, SQL Server, Systemmanagement und andere für die tägliche Adminpraxis interessante Bereiche erhältlich. Die Idee hinter *PowerGUI* ist, Anwendern eine vertraute und einfach zu bedienende Oberfläche anzubieten, die von PowerShell-Experten konfektioniert und erweitert werden kann.

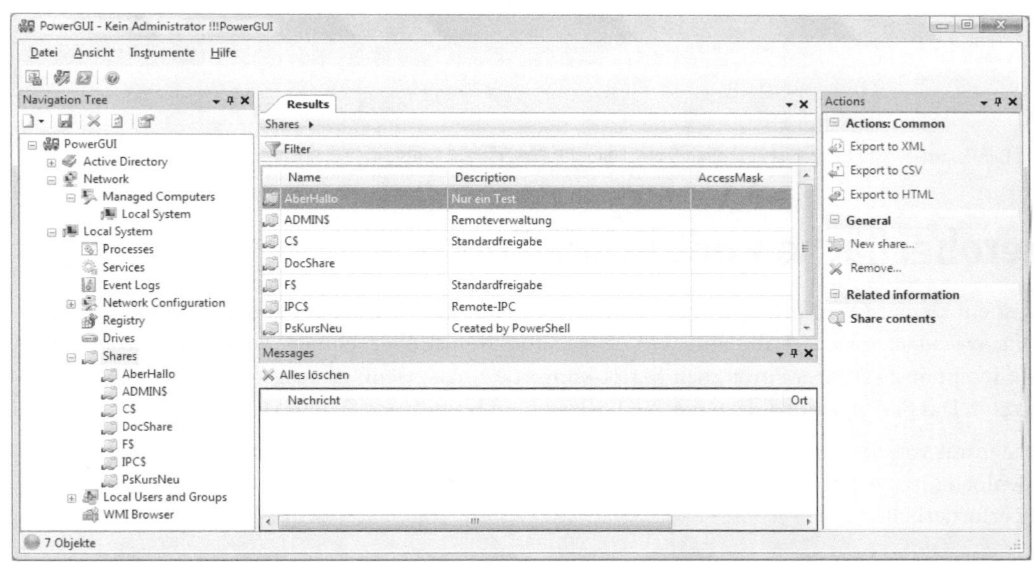

Abbildung 15.4 *PowerGUI* bietet eine komfortable Umgebung für PowerShell-Befehle -und Skripts

Die PowerShell-Skripts hinter einem Knoten werden mit dem *PowerGUI* Script Editor editiert, der auch separat aufgerufen werden kann. Es ist ein komfortabler Editor, der bereits zu Zeiten der PowerShell 1.0 einen integrierten Debugger bot und attraktive Merkmale aufweist wie ein- und ausklappbare Bereiche, Auswahllisten bei der Eingabe sowie ein Variablenfenster, in dem während des Debuggens die aktuellen Werte von Variablen angezeigt werden.

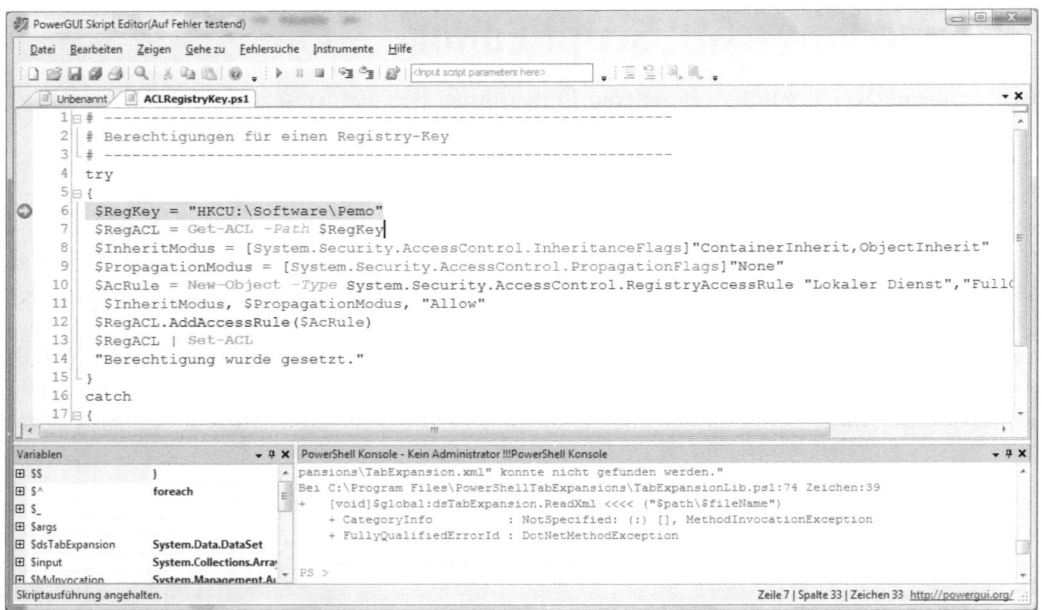

Abbildung 15.5 Der *PowerGUI* Script Editor ist ein komfortabler Editor für PowerShell-Skripts

Benutzeroberflächen mit PrimalForms

PrimalForms ist ein kleiner *Oberflächengenerator*, mit dessen Hilfe der Anwender auf einer leeren Oberfläche so genannte *Steuerelemente* platziert, die Ein- und Ausgabefunktionen übernehmen. Ist die Fensteroberfläche fertig, wird sie in ein ausführbares PowerShell-Skript konvertiert, das, wenn es ausgeführt wird, die Fensteroberfläche anzeigt. Das Skript benutzt dazu die .NET-Klassen im Namespace *System.Windows.Forms*.

PrimalForms stammt von der Firma *Sapien* und wird als *Community Edition* zum freien Download angeboten. Die Downloadadresse ist *http://www.primaltools.com/downloads/communitytools/*. Es ist eine kurze Registrierung erforderlich.

Der erste Start

PrimalForms wird nach erfolgreicher Installation über das Startmenü (unter *SAPIEN Technologies, Inc*) aufgerufen. Der Umgang mit dem Tool ist einfach. Durch einen Klick auf *New* wird ein neues Formular angelegt. Formular? Wer kein Entwickler ist, muss sich mit ein paar (einfachen) Zusammenhängen vertraut machen: Das leere Fenster, das *PrimalForms* nach dem Start anzeigt, ist das *Formular* (engl. *form*). Auf der Innenfläche des Formulars werden Steuerelemente (engl. *controls*) »angeordnet, die im Auswahlfenster am linken Rand angeboten werden. Diese Steuerelemente haben sich die Entwickler von *PrimalForms* nicht ausgedacht, es sind eins zu eins jene Steuerelemente, welche die .NET-Klassenbibliothek im Namespace *System.Windows.Forms* als Klassen zur Verfügung stellt (allerdings werden nicht in alle infrage kommenden Steuerelemente angeboten, es fehlen z.B. Menüs, Toolbars und die Auswahl der Steuerelemente ist nicht erweiterbar).

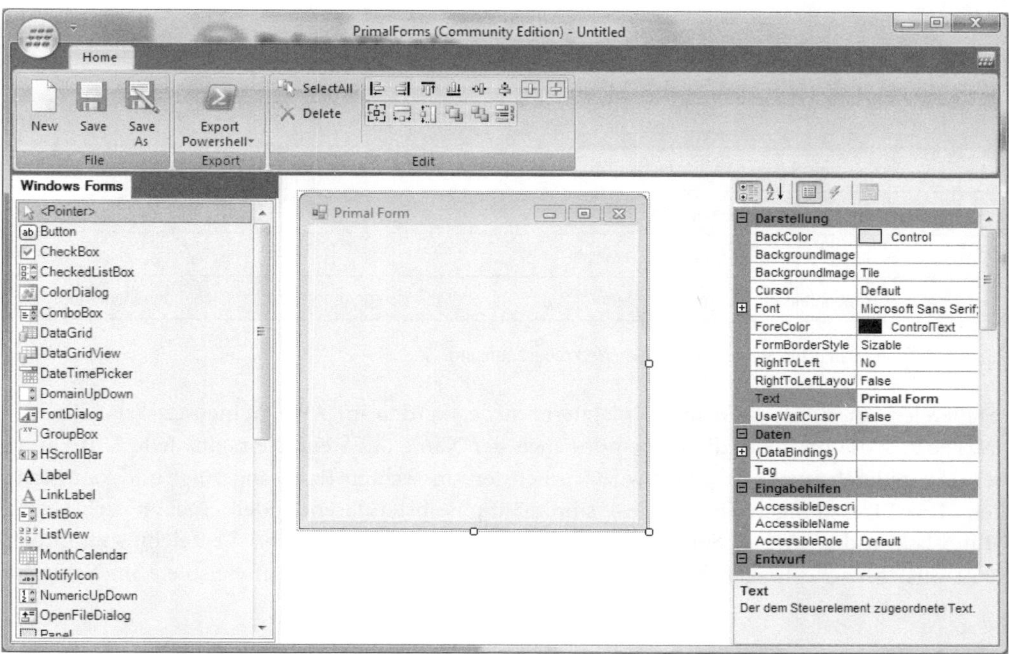

Abbildung 15.6 *PrimalForms* nach dem Start

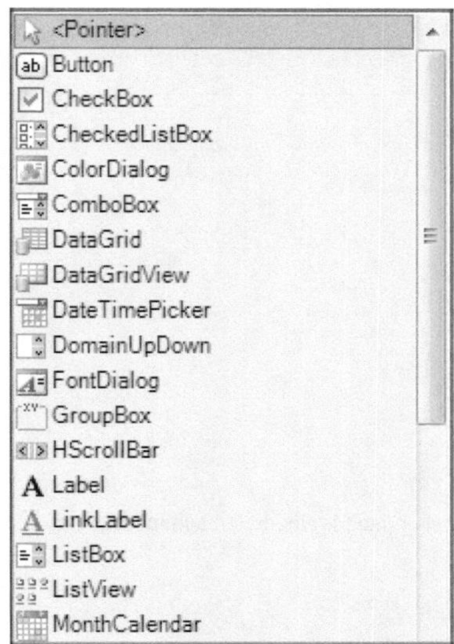

Abbildung 15.7 Die Steuerelemente werden in einem eigenen Fensterbereich angeboten

Das Anordnen eines Steuerelements geschieht mit der Maus, indem es bei gedrückter (linker) Maustaste an die Stelle auf dem Formular gezogen wird, an der es später erscheinen soll. Größe und Position können jederzeit geändert werden. Die wichtigsten Steuerelemente sind in Tabelle 15.4 zusammengestellt.

Steuerelement	Wozu ist es gut?
Button	Er löst eine Aktion aus
Label	Es dient zur Beschriftung anderer Steuerelemente
TextBox	Es dient zur Eingabe von einfachen Texten
ListBox	Es erzeugt Auswahlelemente in einer Liste
CheckBox	Es ist ein Element einer Mehrfachauswahl
RadionButton	Es ist ebenfalls ein Element einer Mehrfachauswahl, aber mit sich gegenseitig ausschließenden Elementen

Tabelle 15.4 Die für den Anfang wichtigsten Steuerelemente der Werkzeugsammlung

Nachdem ein Steuerelement auf dem Formular platziert wurde, werden im Allgemeinen ein paar Einstellungen geändert, wie z. B. die Inschrift, die Farbe oder auch der Name des Steuerelements. Jede Einstellung ist eine Property des Steuerelements. Ihr Wert wird im Fenster am rechten Rand angezeigt und kann dort geändert werden. Die Einstellungen (Properties) sind häufig selbsterklärend oder ergeben sich durch Ausprobieren. Ein Blick in die rund 25 Seiten starke Pfd-Datei, die im *PrimalForms*-Verzeichnis zu finden ist, ist empfehlenswert. Manche Fragen beantworten sich auch durch die kleinen Beispiele im *Samples*-Verzeichnis.

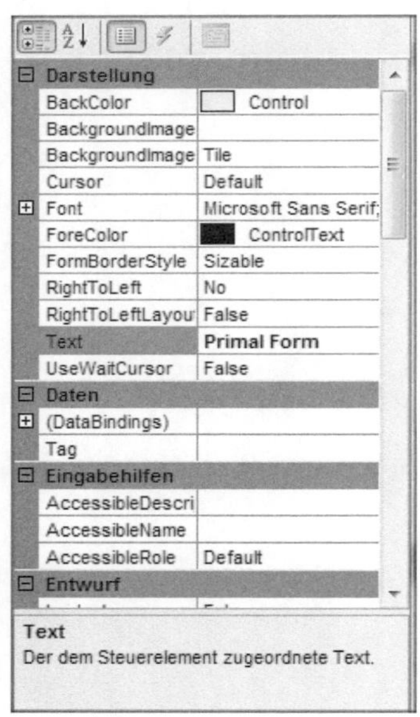

Abbildung 15.8 In diesem Fenster werden die Einstellungen für ein Steuerelement oder das Formular vorgenommen

Die Rolle der Events

Bei einer grafischen Benutzeroberfläche dreht sich fast alles um Events. Ein Event ist ein einfacher Benachrichtigungsmechanismus, durch den eine »Aktion« wie das Anklicken eines Buttons oder die Auswahl aus einer Liste zum Aufruf eines zuvor festgelegten Skriptblocks (Befehlsblock) führt. Bei *PrimalForms* basiert der Eventmechanismus auf Variablen, denen ein Skriptblock zugewiesen wird. Dieser wird immer dann ausgeführt, wenn bei der Ausführung des Formulars der Event eintritt. Damit die Variable diese Sonderrolle spielen kann, muss sie über das *Add*-Member des Steuerelements zur Liste der Eventhandler hinzugefügt werden. Wird ein Button z.B. durch eine Variable mit dem Namen *$bnStart* repräsentiert und heißt die Variable, die für die *Click*-Eventprozedur steht, *bnStart_Click*, fügt der Befehl

```
$bnStart.Add_Click($BnStart_Click)
```

den Eventhandler zur Liste der Eventhandler hinzu. Wird dieser Befehl nicht ausgeführt, hat das Anklicken des Buttons keine Folge.

Soll auf die Auswahl in einer CheckBox reagiert werden, muss dessen *CheckedChanged*-Event entsprechend bekannt gemacht werden:

```
$CheckBox1.Add_CheckedChanged($CheckBox1_OnChecked)
```

Für Buttons fügt *PrimalForms* den *Click*-Handler bereits ein, für alle übrigen Events muss er nachträglich eingerichtet werden. Am einfachsten geht dies in dem Fenster, in dem auch die Eigenschaften eines Steuerelements bearbeitet werden. Dieses Fenster besitzt auch eine Auswahlmöglichkeit für die Eventhandler in der Kategorie mit dem Blitzsymbol. Ein Doppelklick bewirkt, dass im Skriptcode ein Eventhandler eingerichtet wird.

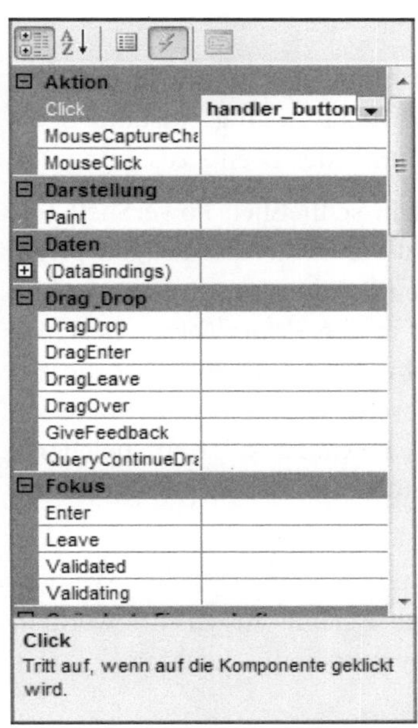

Abbildung 15.9 Im Eigenschaftenfenster werden auch die Eventhandler ausgewählt

HINWEIS *PrimalForms* hat seine kleinen Macken. Beim Einstellen der *Font*-Größe muss z.B. darauf geachtet werden, dass *PrimalForms* für Zahlen mit einem Nachkommaanteil ein Komma und keinen Punkt einträgt, was bei der Ausführung später zu einem Fehler führt. Im generierten Skript muss daher das Komma durch einen Punkt ersetzt werden.

Aus dem Formular wird ein PowerShell-Skript

Irgendwann ist das Formular fertig und soll eingesetzt werden. Dazu muss es über den Button *Export Powershell* in ein PowerShell-Skript exportiert werden. Das Ergebnis ist ein fertiges PowerShell-Skript, das entweder in die Zwischenablage oder in eine Datei eingefügt wird. Damit wird aber nicht das Formular selbst gespeichert, dies muss separat über den *Save*-Button erledigt werden.

Jetzt kommt der entscheidende Schritt. In die Ereignisprozeduren der einzelnen Steuerelemente müssen jene PowerShell-Befehle eingefügt werden, die ausgeführt werden sollen, wenn beim Bedienen des Formulars das jeweilige Ereignis eintritt.

Es empfiehlt sich, das Skript in die *PowerShell ISE* zu laden, da es hier sehr viel übersichtlicher dargestellt wird. Die Stelle, an welcher der Skriptcode eingefügt werden muss, kann praktisch nicht verfehlt werden, denn es ist bereits ein entsprechender TODO-Kommentar eingefügt:

```
#----------------------------------------------
#Generated Event Script Blocks
#----------------------------------------------
#Provide Custom Code for events specified in PrimalForms.
$button1_OnClick=
{
#TODO: Place custom script here
}
```

$button1_OnClick ist der Name einer regulären Variablen, die von *PrimalForms* angelegt wurde und die für den Eventhandler des *Click*-Events des Buttons *Button1* steht. Ihr Name ist nicht zufällig entstanden. Er setzt sich aus dem Namen des Steuerelements, einem Unterstrich und dem Namen des Events zusammen.

Es ist wichtig zu verstehen, dass die von *PrimalForms* generierte Skriptdatei ausschließlich PowerShell 1.0-Befehle enthält und keinerlei Erweiterungen. Dies wird durch den Umstand verdeckt, dass der Skripttext sehr viele Kommentare enthält. Auch ein weiterer wichtiger Aspekt muss deutlich hervorgehoben werden: Nachdem ein Formular in ein Skript exportiert wurde, kann es nicht erneut in den *PrimalForms*-Designer geladen werden, da diese Möglichkeit nicht vorgesehen ist. *PrimalForms* ist eine Einbahnstraße. Aus diesem Grund sollte man ein Formular erst dann exportieren, wenn es fertig ist. Ein weiterer Tipp für die Praxis ist, die nachträglich eingefügten PowerShell-Befehle noch einmal getrennt vom Formularskript zu speichern, damit sie nach einer Änderung des Formulars in die erneut exportierte Skriptdatei wieder eingefügt werden können.

Genauso wichtig ist es, den Aufbau des generierten Skripts zu kennen, der relativ einfach ist. Im Wesentlichen besteht es aus einer Funktion *GenerateForm*, in der jene PowerShell-Befehle ausgeführt werden, welche die Steuerelemente anlegen und zum Formular hinzufügen. Zu Beginn werden die Befehle

```
[Reflection.assembly]::LoadWithpartialname("System.Drawing") | Out-Null
[Reflection.assembly]::LoadWithpartialname("System.Windows.Forms") | Out-Null
```

ausgeführt, die aus Kapitel 13 bekannt sein sollten. Sie laden die beiden Assemblybibliotheken nach, in denen die Windows Forms-Klassen enthalten sind. Anschließend werden die Variablen, die das Formular und seine Steuerelemente repräsentieren, mit Werten belegt. Der Befehl

```
$btnCancel = New-Object System.Windows.Forms.Button
```

definiert z.B. einen Button. Dafür, dass dieser auch auf dem Formular angezeigt wird, sorgt der folgende Befehl:

```
$form1.Controls.Add($btnCancel)
```

Am Ende der Funktion wird das Formular als Dialog angezeigt:

```
[string]$rc=$form1.ShowDialog()
```

Da ein Dialog entweder über den *Submit*-Button (dies ist meistens der *OK*-Button) oder den *Cancel*-Button beendet wird, wird der Rückgabewert, der für den gewählten Button steht, einer Variablen, in diesem Fall *$rc*, zugewiesen. Das ist für jene Situationen wichtig, in denen das PowerShell-Skript, aus dem heraus das Skript zum Anzeigen des Dialoges heraus aufgerufen wurde, nur dann fortgesetzt werden soll, wenn das Dialogfenster z.B. mit dem *OK*-Button beendet wurde. Der folgende Befehl prüft diesen Zustand:

```
if ($rc -match "OK")
```

Ein kleines Beispiel

Zum Abschluss soll ein kleines Beispiel umgesetzt werden, das aus einer einfachen WMI-Abfrage besteht, bei welcher der Name des Computers, auf dem die Abfrage ausgeführt werden soll, in einer TextBox eingegeben wird. Anmeldename und Kennwort werden ebenfalls in eine TextBox eingetippt, wobei das Kennwort natürlich verdeckt eingegeben wird. Die Abfrage wird über einen Button gestartet und die Ergebnisse erscheinen in einer ListBox. Abbildung 15.10 zeigt das fertige Formular, das im Folgenden Schritt für Schritt umgesetzt wird.

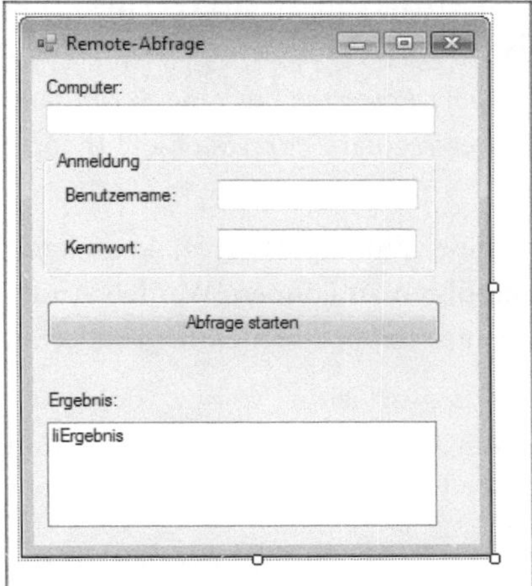

Abbildung 15.10 Das fertige Formular

1. Starten Sie *PrimalForms* und legen Sie über *New* ein neues Formular an.
2. Geben Sie dem Formular über seine *Text*-Eigenschaft eine Überschrift (z.B. **Remote-Abfrage**). Außerdem sollten Sie die Eigenschaften *MaximizeBox* und *MinimizeBox* auf *False* und die Eigenschaft *FormBorderStyle* auf *FixedSingle* setzen, damit das Formular mit einer einfachen Umrandung ausgestattet wird.
3. Platzieren Sie auf dem Formular eine TextBox mit einem Label darüber. Geben Sie für die *Name*-Eigenschaft der TextBox den Text **tbComputername** ein.

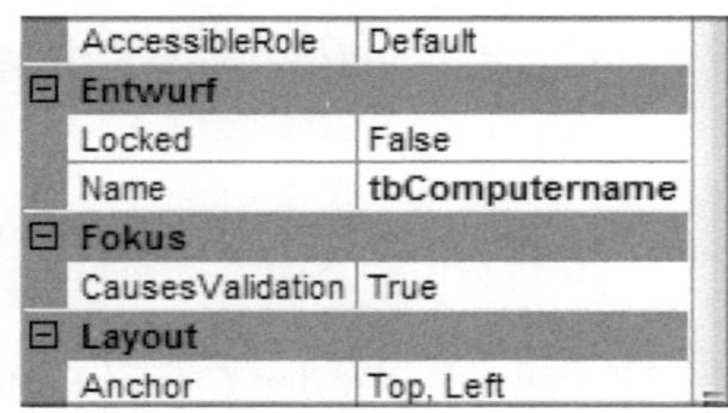

Abbildung 15.11 Die *Name*-Eigenschaft erhält den Wert *tbComputername*

4. Tragen Sie für die *Text*-Eigenschaft des Labels **Computername** ein.
5. Ordnen Sie unterhalb der TextBox ein GroupBox-Control an und vergrößern Sie es so, dass darin vier Steuerelemente Platz haben.
6. Ordnen Sie in der GroupBox ein Label, daneben eine TextBox, unterhalb des Labels ein weiteres Label und daneben eine weitere TextBox an. Beim ersten Label erhält die *Text*-Property den Wert **Benutzername:**, beim zweiten Label **Kennwort:**. Bei der ersten TextBox bekommt die *Name*-Property den Wert **tbBenutzername**, bei der zweiten TextBox **tbKennwort**. Dies sind jene Namen, über welche die beiden TextBoxen später im Skript angesprochen werden.
7. Da in die zweite TextBox ein Kennwort eingegeben werden soll, wird ihre *UseSystemPasswordChar*-Property auf *True* gesetzt
8. Ordnen Sie unterhalb der GroupBox einen Button an. Seine *Name*-Property erhält den Wert **bnAbfrageStarten** und seine *Text*-Property den Wert **Abfrage starten**.
9. Ordnen Sie unterhalb des Buttons ein Label an (seine *Text*-Property erhält den Wert **Ergebnis:**) und darunter eine ListBox, deren *Name*-Eigenschaft den Wert **liErgebnis** bekommt

   Damit ist das Formular endlich fertig und kann über den Button *Export Powershell* in eine Skriptdatei exportiert werden. Das Ergebnis ist eine zwar recht umfangreiche, aber reguläre Ps1-Datei, die theoretisch sofort ausgeführt werden kann.

   Wie bereits erwähnt ist das Generieren des Skripts eine Einbahnstraße. Ein exportiertes Skript kann nicht wieder importiert werden, um nachträglich Änderungen durchführen zu können. Werden Änderungen am Skript vorgenommen, müssen diese in die durch ein erneutes Exportieren eines geänderten Formulars entstandene Skriptdatei übernommen werden.
10. Laden Sie das Skript in die PowerShell ISE und lokalisieren Sie den Click-Handler für den Button *bnAbfrageStarten*, dort wo der *TODO-Kommentar* eingetragen ist. Der *Click*-Handler besteht aus einer Variablen, der momentan ein noch leerer Skriptblock zugewiesen ist:

```
$bnAnfrageStarten_OnClick=
{
#TODO: Place custom script here

}
```

HINWEIS Wurde der *Click*-Handler für den Button über das Eigenschaftenfenster angelegt, sieht er etwas anders aus:

```
$handler_bnAbfrageStarten_Click=
{
#TODO: Place custom script here

}
```

11. Fügen Sie in den Skriptblock (dort, wo das *TODO* steht) die folgenden Befehle ein:

```
$ComputerName = $tbComputerName.Text
$Benutzername = $tbBenutzerName.Text
$Pw = ConvertTo-SecureString -String $tbKennwort.Text -AsPlainText –Force
$Cred = New-Object -Type System.Management.Automation.PsCredential $BenutzerName, $Pw
try
{
  $WmiRes = Get-WmiObject -Class Win32_ComputerSystem -Computer $ComputerName -Credential $Cred -
ErrorAction Stop
  if ($WmiRes -ne $null)
  {
    $liErgebnis.Items.Add("Domain: $($WMIRes.Domain)")
    $liErgebnis.Items.Add("Manufacturer: $($WMIRes.Manufacturer)")
    $liErgebnis.Items.Add("TotalPhysicalMemory: $($WMIRes.TotalPhysicalMemory)")
    $liErgebnis.Items.Add("System Type: $($WMIRes.SystemType)")
  }
  else
  {
    $liErgebnis.Items.Add("Kein Ergebnis")
  }
}
catch
{
  $liErgebnis.Items.Add("Fehler bei der Abfrage ($_)")
}
```

Die Befehle führen eine einfache WMI-Abfrage mit der Klasse *Win32_ComputerSystem* auf dem ausgewählten Computer aus. Die Ergebnisse werden in die ListBox eingefügt. Die Befehlsfolge setzt sich aus regulären PowerShell-Befehlen zusammen. Die einzige Verbindung zu *PrimalForms* besteht darin, dass die Steuerelemente über Variablen angesprochen werden, die von *PrimalForms* definiert wurden. So sorgt der Befehl

```
$liErgebnis.Items.Add("Domain: $($WMIRes.Domain)")
```

dafür, dass zur ListBox, die über die Variable *$liErgebnis* angesprochen wird, ein neuer Eintrag hinzugefügt wird.

Wird das Skript, z.B. in der PowerShell ISE, gestartet, wird das Formular angezeigt. Nach Eingabe des Computernamens, eines Benutzernamens und des dazugehörigen Kennworts wird die Abfrage durch den Klick auf den Button gestartet. Kurz danach sollten entweder ein paar Properties oder eine Fehlermeldung in der ListBox erscheinen. Damit wurde eine WMI-Abfrage mit wenig Aufwand durch eine Benutzeroberfläche erweitert, sodass aus einem schlichten Skript ein kleines Admintool entstanden ist.

Abbildung 15.12 Das PowerShell-Tool mit seiner Benutzeroberfläche in Aktion

Es ist enorm praktisch, dass sich auch dieses Skript in der PowerShell ISE debuggen lässt. Um das Skript zu beenden, sollte zuerst das Fenster geschlossen werden (ansonsten »hängt« die PowerShell ISE scheinbar).

WinForms oder WPF?

Dieser Aspekt hat nichts mit *PrimalForms* zu tun. Microsoft bietet im .NET Framework zwei *GUI Frameworks* an, die beide für die PowerShell infrage kommen: *Windows Forms* und *WPF* (ab .NET Framework 3.5). *Windows Forms*, auf dem auch *PrimalForms* aufsetzt, ist das ältere Modell, für die allermeisten Anwendungen im Zusammenhang mit der PowerShell aber mehr als ausreichend. WPF bietet mehr Möglichkeiten und den entscheidenden Vorteil, dass ein WPF-Fenster durch eine XML-Sprache definiert wird (diese XML-Sprache heißt *XAML* für *eXtended Application Markup Language*), die auch von einem PowerShell-Skript mit relativ wenig Aufwand generiert werden kann. Damit kann ein PowerShell-Skript die Definition für ein Dialogfenster enthalten, das aus dem Skript heraus angezeigt wird. Ein Windows Forms-Fenster muss dagegen durch eine Reihe von Klassen und deren Methoden definiert und angezeigt werden, was nicht so flexibel ist. Microsoft setzt (natürlich) auf WPF und hat bereits zahlreiche Beispiele für das Zusammenspiel von WPF mit der PowerShell veröffentlicht. Das *PowerShell Pack* enthält Hunderte von Funktionen, mit deren Hilfe sich einfache WPF-Oberflächen definieren lassen (wenngleich dies auch mit diesen Funktionen keine triviale Aufgabe ist).

Die wichtigsten PowerShell-Erweiterungen auf einen Blick

Zum Abschluss des Buches stellt Tabelle 15.5 die wichtigsten Erweiterungen für die PowerShell 2.0 zusammen. Auch diese Liste erhebt keinen Anspruch auf Vollständigkeit (und auch Richtigkeit aller Angaben – alle Angaben wie üblich ohne Gewähr). Nicht jede der in der Tabelle aufgeführten Erweiterung kostet nur ein Lächeln und einen entschlossenen Klick auf den Download-Button. In Anbetracht der Tatsache, dass in der Entwicklung eines funktional reichhaltigen und fehlerfreien Cmdlets sehr viel Arbeit steckt, darf man das auch nicht unbedingt erwarten.[4]

Erweiterung	Einsatzgebiet	Lizenzmodell	URL
Active Directory Cmdlets	Umfangreicher Satz von Cmdlets für den Active Directory-Zugriff	Kostenlos	http://www.quest.com/powershell/
Gruppenricht-linien-Cmdlets	Satz von Cmdlets für den Zugriff auf Gruppenrichtlinien-objekte	Kostenlos	http://www.sdmsoftware.com/freeware.php
NetCmdlets	Verschiedene Netzwerkfunk-tionalitäten wie POP3, SMTP, FTP und DNS.	Kommerziell Für privaten Einsatz kostenlos.	http://www.nsoftware.com
PowerShell Community Extension	Umfangreicher Satz von Cmdlets	Kostenlos	http://pscx.codeplex.com
PowerCLI	Satz von Cmdlets für die Verwaltung einer VMWare-Infrastruktur	Kostenlos	http://www.vmware.com/downloads
PowerGadgets	Cmdlets zum Visualisieren beliebiger Power-Objekte als Diagramm oder Tachometer.	Kommerziell	http://www.softwarefx.com/sfxSqlProducts/powerGadgets/
PowerGUI	Komfortable Scripting-umgebung	Kostenlos	http://www.powergui.org
PowerGUI Script Editor	Komfortabler PowerShell-Editor	Kostenlos	http://www.powergui.org
PowerShell Server	Remote-Zugriff via SSH	Kommerziell Für privaten Einsatz kostenlos.	http://www.nsoftware.com
PowerShell Toys	Binden PowerShell-Cmdlets in eine ASP.NET- oder Share-Point-Webseite ein und bieten ADO.NET- und RSS-Unterstützung.	Kostenlos	http://powershelltoys.com
PowerShellPlus	Komfortabler PowerShell-Editor	Kommerziell	http://www.idera.com
PrimalForms	Benutzeroberflächen für PowerShell-Skripts	Kostenlos	http://www.primaltools.com/downloads/communitytools/ ▶

[4] Open Source hat seine Berechtigung und seinen Reiz, kann aber nicht überall funktionieren.

Erweiterung	Einsatzgebiet	Lizenzmodell	URL
SAPIEN PowerShell Extensions	Verschiedene Cmdlets, unter anderem Gruppenmitgliedschaft und Datenbankzugriff.	Kostenlos	http://www.primaltools.com/downloads/communitytools/
TabExpansion	Auswahllisten für alle möglichen Objekte per [Tab]	Kostenlos	http://thepowershellguy.com/blogs/posh/pages/powertab.aspx
WMIExplorer	Zeigt WMI-Klassen übersichtlich an (es handelt sich um ein umfangreiches PowerShell-Skript)	Kostenlos	http://thepowershellguy.com/blogs/posh/attachment/575.ashx

Tabelle 15.5 Die wichtigsten Erweiterungen für die PowerShell

Zusammenfassung

Neben den Objekten und der Objektpipeline und dem erweiterbaren Typensystem ist die Erweiterbarkeit über Snap-Ins und Module der dritte Aspekt, den die PowerShell auszeichnet. Erweiterbar ist prinzipiell jede Skriptsprache, bei der PowerShell kommt der kleine Vorteil hinzu, dass sich jede Erweiterung nahtlos in die PowerShell-Umgebung einfügt und sich nicht anders verhält als die »eingebauten« Elemente. Damit die PowerShell sich nicht hinter Skriptsprachen wie z.B. *Perl*, das sich in Gestalt von *CPAN* (*Comprehensive Perl Archive Network*) auf ein sehr umfangreiches Archiv von Perl-Modulen stützen kann, verstecken muss, hat Microsoft unter anderem das *PowerShell Pack* veröffentlicht, das Hunderte von Funktionen auf über ein Dutzend Module verteilt enthält.

Kapitel 16

Spaß mit der PowerShell

In diesem Kapitel:

Ein wenig Spaß muss bekanntlich sein. Auch administratives Scripting und Spaß müssen kein Widerspruch sein (manch einer würde sogar behaupten, dass das Administrieren unter Windows das pure Vergnügen ist). Aus diesem Grund geht es in dem letzten Kapitel des Buchs um Themen, die nur indirekt etwas mit dem »harten und rauen Adminalltag« zu tun haben und die bei wohlwollender Betrachtung in die Kategorie Spaß fallen könnten. Wie immer lernen Sie auch in diesem Kapitel ein paar neue Techniken für den Umgang mit der PowerShell, die sich natürlich auf andere Bereiche übertragen lassen.

Die sprechende Shell

Die sprechende Waage konnte sich bekanntlich nicht durchsetzen und auch sprechende Computer sind nach wie vor eher etwas für Flughafendurchsagen und Sciencefictionfilme. Wenn es einen Bereich in der IT gibt, in dem Wunschdenken, Versprechungen und Wirklichkeit seit Jahrzehnten leider nach wie vor sehr weit auseinander liegen, dann ist es die Spracheingabe, aber auch die Sprachausgabe. Offenbar ist es nach wie vor eine echte Herausforderung, den Computer dazu zu bringen, Text natürlich sprachlich auszugeben (auch Windows 7 setzt in dieser Beziehung kein Zeichen und ist MacOS zumindest in diesem Punkt klar unterlegen). Ein PowerShell-Skript zum Sprechen zu bringen, ist dagegen alles andere als kompliziert. Vorausgesetzt, man stellt nicht allzu große Ansprüche an die stimmliche Qualität. Dazu genügen dank einer zum Betriebssystem gehörenden COM-Komponente mit der ProgID *SAPI.SPVoice* und ihrer *Speak*-Methode im einfachsten Fall zwei Befehlszeilen (*SAPI* steht natürlich für *Speech Application Interface* und ist seit Windows 2000 Teil des Betriebssystems). Gesprochen wird entweder der übergebene String oder der komplette Inhalt einer Textdatei (theoretisch lässt sich auch die Sprache auswählen).

Das folgende Beispiel gibt die Seriennummer des Betriebssystems des aktuellen Computers Ziffer für Ziffer gesprochen aus. Es deutet damit dezent an, dass es durchaus seriöse Anwendungen für PowerShell-Skripts gibt, die Meldungen und Ergebnisse (zusätzlich) sprechend ausgeben:

```
# ------------------------------------------------------------
# Beispiel 16. 1 - Die PowerShell lernt sprechen
# ------------------------------------------------------------
$V = New-Object -Com SAPI.SPVoice
$SerNr = (Get-WmiObject -Class Win32_OperatingSystem).SerialNumber
$V.Speak("The Serial Number is") | Out-Null
$SerNr.ToCharArray() | ForEach-Object { $V.Speak($_) | Out-Null }
$V.Speak("Thank you for listening") | Out-Null
```

Listing 16.1 Sprachausgabe ganz einfach dank SAPI

Power-Musik

Diesem Abschnitt geht eine klare »Führen Sie die folgenden Techniken nicht unbedingt in Anwesenheit von Kollegen mit einem ausgeprägten Spieltrieb vor, wenn Sie mit diesen Kollegen möglicherweise ein Büro teilen«-Warnung voraus. Konkret, es handelt es sich um die Möglichkeit, dem Computer einfache Töne zu entlocken, die sich bei geschickter Anordnung zu kleinen Melodien zusammenstellen lassen. Kurz, es sollen dem eingebauten Lautsprecher des Computers (die Soundkarte wird also nicht bemüht) Töne in vorgegebener Höhe und Dauer entlockt werden. Im Mittelpunkt steht die *Beep*-Methode der *Console*-Klasse, mit der das alles möglich wird.

Die Funktion *Out-Beep* erwartet als Parameter die Frequenz und die Dauer eines Tons in Millisekunden. Der Wert für die Frequenz kann wahlweise über die Pipeline oder über den Parameter übergeben werden.

```
# ---------------------------------------------------------------
# Beispiel 16.2 - Die PowerShell macht Musik
# ---------------------------------------------------------------
function Out-Beep
{
  param(
  [Parameter(ValueFromPipeline=$true)][int]$Frequenz,
  [int]$Dauer=400)
  process {
   [System.Console]::Beep($Frequenz, $Dauer)
  }
}
```

Listing 16.2 Die Funktion *Out-Beep* erzeugt einen Ton

Was lässt sich mit der Funktion *Out-Beep* alles anstellen? Eine ganze Menge natürlich, der Fantasie sind in diesem Bereich (leider) keine Grenzen gesetzt. Die folgenden Kostproben beschränken sich auf halbwegs allgemein verträgliche Kompositionen.

Der folgende Befehl erzeugt den typischen Sirenenklang ausländischer Ambulanzen:

```
$TonA = 900
$TonB = 800
1..10 | % { Out-Beep -Frequenz $TonA -Dauer 300; Out-Beep -Frequenz $TonB -Dauer 400 }
```

Der folgende Sound könnte als ausgefallene Untermalung für Fehlermeldungen durchgehen:

```
1..5 | % { 370..470 | % { Out-Beep $_ 8 }}
```

Das letzte Beispiel erzeugt das typische Gebrabbel eines Elektronengehirns in einem Sciencefictionfilm der 1970er-Jahre:

```
1..20 | % { $Rnd = (Get-Random -Min 0 -Max 20)*100; if($Rnd -eq 0){ Start-Sleep -m 20 } else { Out-Beep
$Rnd 100  } }
```

TIPP Wer nach diesen Beispielen immer noch nicht genug hat, findet unter *http://blogs.msdn.com/powershell/archive/2006/12/21/jingle.aspx* nicht nur ein Skript, das ein (inzwischen auch bei uns) recht bekanntes Weihnachtslied dudelt, sondern auch eine nette *Play*-Funktion, die eine Note, die z.B. als *4A4* übergeben wird, in einen entsprechenden Beep-Ton umwandelt, was natürlich ungeahnte Möglichkeiten eröffnet. Wie sich generell Töne in Frequenzen umwandeln lassen, wird unter *http://www.planet-source-code.com/vb/scripts/ShowCode.asp?txtCodeId=8118&lngWId=3* ganz nett beschrieben.[1]

[1] Eine oft unterschätzte Gefahr des Internets besteht darin, dass man als Buchautor schnell vom eigentlichen Thema abkommen kann.

Quote of the day

Der Tipp des Tages (engl. *quote of the day*) besitzt eine Tradition, die vermutlich noch auf die glorreichen Tage der Großrechner in den 1970er-Jahren zurückgeht. Bereits damals war es irgendwie cool, wenn in der Begrüßungsmeldung (Banner) beim morgendlichen Login eine pseudophilosophische Weisheit enthalten war. Das ist bei der PowerShell natürlich kein Problem. Grundlage ist meistens eine Textdatei (*Quotes.txt*), die eine Reihe von Sätzen enthält, von denen bei jedem Start ein Satz per Zufallszahlengenerator ausgewählt wird. Was bei der PowerShell 1.0 noch einen Griff in die .NET-Trickkiste erforderte, wird bei der Version 2.0 elegant über das *Get-Random*-Cmdlet erledigt, das eine beliebige Zufallszahl in einem vorgegebenen Bereich liefert (womit auch dieses Cmdlet endlich einmal offiziell vorgestellt werden kann).

Die Funktion *Get-Quote* wählt aus einer Textdatei *Quotes.txt*, die sich im PowerShell-Home-Verzeichnis (*$PSHome*) befinden muss, eine Zeile aus und zeigt sie effektvoll in einem Banner an. Dabei wird durch hochkomplizierte Berechnungen dafür gesorgt, dass der Text, dessen Länge variieren kann, stets mittig und die darüber und darunter liegenden Kopfzeilen mit derselben Länge ausgegeben werden.

```
# --------------------------------------------------------------
# Beispiel 16.3 - Ausgabe des Tipp des Tages
# --------------------------------------------------------------
function Get-Quote
{
  try
  {
   $Quotes = @(Get-Content -Path "$PSHome\Quotes.txt" -Ea Stop)
  }
  catch
  {
    Write-Host -Fore Red -Back White "Quotes.txt nicht gefunden."
    break
  }
  $Quote = $Quotes[(Get-Random -Min 0 -Max $Quotes.Length -SetSeed (Get-Date).Millisecond)]
  $MaxLineLen = 64
  # Länge soll immer gerade sein
  $QuoteLen = $Quote.Length + 4
  if ($QuoteLen -gt $MaxLineLen)
  { $MaxLineLen = $QuoteLen + 4 }
  $HeadLine = New-Object -Type System.String "*", $MaxLineLen
  $PadSpaceQuoteLen = [System.Math]::Floor(($MaxLineLen - $QuoteLen - 4) / 2)
  $PadSpaceQuote = New-Object -Type System.String " ", $PadSpaceQuoteLen
  $PadSpaceQuoteExtra = New-Object -Type System.String " ",($Quote.Length % 2)
  $StatusLine = "Die aktuelle Uhrzeit: $(Get-Date -Format HH:mm)"
  $PadSpaceStatusLen = ($MaxLineLen - $StatusLine.Length) / 2 - 4
  $PadSpaceStatus = New-Object -Type System.String " ", $PadSpaceStatusLen
  $PadSpaceStatusExtra = New-Object -Type System.String " ",($StatusLine.Length % 2)
  Write-Host -Fore Green $HeadLine
  Write-Host -Fore Green "****$PadSpaceQuote$Quote$PadSpaceQuote$PadSpaceQuoteExtra****"
  Write-Host -Fore Green "****$PadSpaceStatus$StatusLine$PadSpaceStatus$PadSpaceStatusExtra****"
  Write-Host -Fore Green  $HeadLine
}

Get-Quote
```

Listing 16.3 Die Funktion *Get-Quote* gibt den Tipp des Tages aus

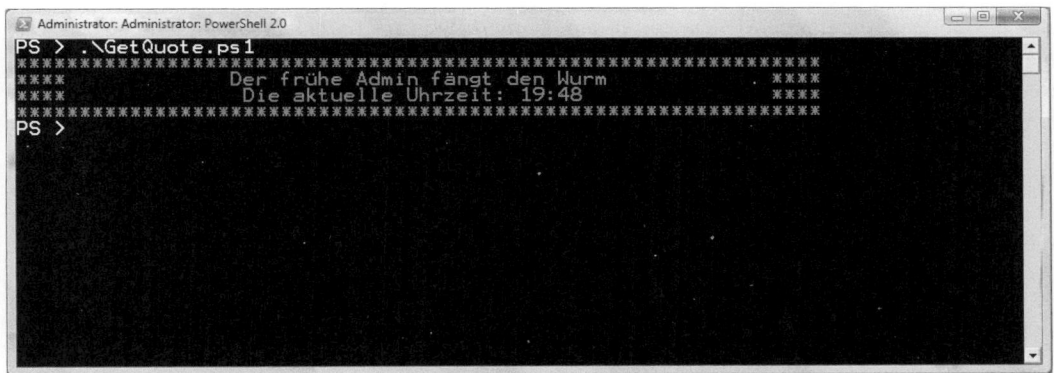

Abbildung 16.1 Wie in der guten, alten Zeit – nach dem Start der Konsole erscheint der *quote of the day*

PowerShell-Quiz

Nach dem Motto »Nutze die Zeit, auch wenn es nur ein paar Minuten sind« kann man Leerlaufzeiten am Computer (sollte es sie jemals geben) damit verbringen, sein Wissen zu überprüfen und zu erweitern, indem man ein paar Fragen beantwortet, die ein kleines PowerShell-Skript präsentiert. Grundlage für das kleine und absichtlich sehr einfach gehaltene »Quizprogramm« ist eine XML-Datei, die alle Fragen mit den dazugehörigen Antworten enthält. Ihr allgemeiner Aufbau sieht wie folgt aus:

```
<Quiz Titel="PowerShell-Allgemein" Level="100">
    <Frage Text="Wie lautete der Codename der PowerShell?" Richtig="1">
     <Antwort Text="Monad"/>
     <Antwort Text=".NET Script Host"/>
     <Antwort Text="Msh"/>
    </Frage>
    <Frage Text="Wann wurde die Version 1.0 offiziell freigegeben?" Richtig="2">
     <Antwort Text="Zeitgleich mit Service Pack 2"/>
     <Antwort Text="Im November 2006"/>
     <Antwort Text="Am 1.1.2007"/>
     <Antwort Text="Kurz vor Weihnachten"/>
    </Frage>
</Quiz>
```

Sowohl die Anzahl der Fragen als auch die Anzahl der Antworten pro Frage sind variabel. Ein PowerShell-Skript zeigt die Fragen der Reihe nach an, nimmt eine Antwort durch Eingabe einer Zahl von 1 bis zur Anzahl der Fragen entgegen, vergleicht sie mit der richtigen Antwort und gibt am Ende aus, wie viele Fragen richtig beantwortet wurden. Prinzipiell war der Umgang mit XML bereits in Kapitel 6 an der Reihe. Prinzipiell deswegen, weil damals mit dem *[Xml]*-Type Accelerator eine von mehreren Möglichkeiten vorgestellt wurde, an XML-Daten heranzukommen. In diesem Abschnitt wird mit den Klassen der .NET-Klassenbibliothek im Namespace *System.Xml.Linq* eine weitere Alternative vorgestellt, die eventuell etwas flexibler ist. Dabei müssen zwei Aspekte berücksichtigt werden:

- Die Klassen stehen erst ab dem .NET Framework 3.5 zur Verfügung
- Die Assemblybibliothek *System.Xml.Linq.dll* muss zu Beginn des Skripts, wie es in Kapitel 12 beschrieben wurde, geladen werden

Das folgende Skript geht von einer XML-Datei mit dem Namen *PsQuiz001.xml* aus, die sich im selben Verzeichnis wie das Skript befindet. Dazu wird wieder einmal ein Trick angewendet, mit dem sich das Verzeichnis, in dem das Skript ausgeführt wird, über die Variable *$MyInvocation* relativ einfach ermitteln lässt und der auch dann funktioniert, wenn das Skript *dot sourced* oder in der PowerShell ISE ausgeführt wird:

```
$QuizDBPfad = Join-Path –Path (Split-Path $MyInvocation.MyCommand.Path) –Child "PsQuiz001.xml"
```

Das Skript ist relativ geradlinig aufgebaut:

```
# -----------------------------------------------------------
# Beispiel 16.4 - Very Simple PowerShell-Quiz (VSPQ)
# -----------------------------------------------------------
# Die Xml-Datei befindet sich im selben Verzeichnis wie das Skript
$QuizDBPfad = Join-Path -Path (Split-Path $MyInvocation.InvocationName) -Child "PsQuiz001.xml"
# System.Xml.Linq.dll Assembly laden
[System.Reflection.Assembly]::LoadWithPartialName("System.Xml.Linq") | Out-Null
$XDoc = [System.Xml.Linq.XDocument]::Load($QuizDBPfad)
$QuizTitel = $XDoc.Element("Quiz").Attribute("Titel").Value
$QuizLevel = $XDoc.Element("Quiz").Attribute("Level").Value
Write-Host "Willkommen zum Quiz $QuizTitel (Level $QuizLevel)"
$AlleFragen = $XDoc.Descendants("Frage")
$AnzahlRichtig = 0
$AnzahlFragen = 0
$AlleFragen | ForEach-Object {
  $AnzahlFragen++
  $Frage =  $_.Attribute("Text").Value
  $AntwortRichtig = $_.Attribute("Richtig").Value
  $Frage
  $Antworten = $_.Elements("Antwort")
  $AntwortNr = 0
  $Antworten | ForEach-Object {
    $AntwortNr++
    $Antwort = $_.Attribute("Text").Value
    Write-Host "$AntwortNr) $Antwort"
  }
  $Antwort = Read-Host -Prompt "1-$AntwortNr"
  if ($Antwort -eq $AntwortRichtig)
  { $AnzahlRichtig++ }
}
Write-Host "Von $AnzahlFragen Fragen wurden $AnzahlRichtig Fragen richtig beantwortet."
```

Listing 16.4 Ein kleines PowerShell-Quiz

Nach dem Start werden alle vorhandenen Fragen gestellt und am Ende wird eine kurze Zusammenfassung ausgegeben. Das PowerShell-Quiz ist natürlich noch ausbaubar. Zum einen wäre es denkbar, dass vor dem Start alle in einem Verzeichnis vorliegenden XML-Quizdateien zur Auswahl angeboten werden. Zum anderen würde eine interessante Übung darin bestehen, das Skript mithilfe des *[Xml]*-Type Accelerators umzusetzen. Auch wenn sich dadurch keine Vorteile ergeben, ist es eine hervorragende Gelegenheit, den Umgang mit XML-Daten an einem weiteren Beispiel zu üben.

```
Administrator: Administrator: PowerShell 2.0
**************************************************
Willkommen zum Quiz PowerShell-Allgemein (Level 100)
**************************************************
Frage Nr. 1 (von 4)

Wie lautete der Codename der PowerShell?
1) Monad
2) .NET Scripting Host
3) Msh
Wie lautet die Antwort? (1-3): 3
Frage Nr. 2 (von 4)

Wann wurde die Version 1.0 offiziell freigegeben?
1) Zeitgleich mit Service Pack 2
2) Im November 2006
3) Am 1.1.2007
4) Kurz vor Weihnachten
Wie lautet die Antwort? (1-4): 4
Frage Nr. 3 (von 4)

Was ist ein Cmdlet?
1) Ein spezielles Kommandoobjekt
2) Ein anderer Begriff für Snapin
3) Ein Befehlsobjekt
Wie lautet die Antwort? (1-3): 1
Frage Nr. 4 (von 4)

Was ist ein Snapin?
1) Eine Erweiterungs-Assembly mit Cmdlets
2) Eine Büroklammer
3) Das Gegenteil vom einem Freezin
Wie lautet die Antwort? (1-3): 3

**************************************************
Von 4 Fragen wurden 0 Fragen richtig beantwortet.
**************************************************
PS >
```

Abbildung 16.2 Das PowerShell-Quiz in Aktion

Das Game of Life mit der PowerShell

Es ist sozusagen die »heilige Pflicht« des Autors, in jedem seiner Bücher, die auch nur halbwegs etwas mit Programmierung zu tun haben, eine Variante von *John Conway's Game of Life* vorzustellen.[2] Für die einfachen Regeln des Spiels sei auf den genauso informativen wie liebevoll gestalteten Wikipedia-Eintrag verwiesen (*http://de.wikipedia.org/wiki/Game_of_Life*). Die Regeln des Spiels sind erstaunlich einfach. Auf einem Spielfeld (beliebiger Größe) befinden sich Zellen. Eine Zelle enthält entweder ein Lebewesen oder kein Lebewesen. Das ist die Ausgangspopulation. Das Prinzip besteht darin, dass eine Zelle mit einem Lebewesen in der nächsten Generation nur dann überlebt, wenn sich in zwei oder drei der insgesamt acht Nachbarzellen ein Lebewesen befindet. Sind es weniger als zwei »lebende« Nachbarzellen, stirbt die Zelle dagegen an Vereinsamung. Umgekehrt wird in einer leeren Zelle ein Lebewesen geboren, wenn es genau drei Nachbarn mit einem Lebewesen besitzt. Der Reiz des Spiels liegt darin, dass sich trotz dieser einfachen Regeln erstaunlich vielseitige und teilweise komplexe Muster ergeben, in denen sich Teilmuster sogar bewegen und ein Mustergebilde neues Leben »gebären« kann, indem sich von diesem Gebilde neue Muster absondern. Alles in allem eine faszinierende Angelegenheit, auch wenn sie relativ wenig mit dem Thema administratives Scripting zu tun hat. Dennoch geht es auch in diesem Beispiel zu 100% um PowerShell-Techniken, wie den Umgang mit (zweidimensionalen) Arrays, Datentypen oder das Nachbauen eines ternären Operators durch eine Funktion, die Skriptblöcke als Parameter entgegennimmt.

---

[2] Zu einem eigenen Asteroid hat es nämlich leider nicht gereicht.

Das folgende PowerShell-Skript stellt eine einfache Umsetzung des beschriebenen *Game of Life* dar. Es geht von einem 20×20-Spielfeld aus und setzt am Anfang eine Reihe von Lebewesen, da es ohne eine Startpopulation nicht geht. Trotz seines Umfangs ist auch dieses Skript alles andere als kompliziert. Die Fleißarbeit besteht darin, die acht Nachbarzellen einer Zelle zu prüfen, wobei berücksichtigt werden muss, dass es bei den Randzellen entsprechend weniger Nachbarzellen gibt. In dem Skript kommt erneut der Ternäroperator ?: zum Einsatz, der bereits in Kapitel 13 vorgestellt wurde. Der *Operator* wird dazu benutzt, je nach Zustand einer Zelle ein »X« oder ein Leerzeichen auszugeben:

```
?: -Condition {$Spielfeld[$Zeile, $Spalte] -eq $True} -TruePart {write-host "X" -nonewline} -FalsePart
{write-host "." -nonewline}
```

Damit es ein wenig abwechslungsreicher wird, kommt wie bei der »echten« Evolution Mutation ins Spiel, was das *Get-Random*-Cmdlet zuverlässig erledigt.

```
# -------------------------------------------------------------
# Beispiel 16.5 - A very simple Game of Life - das geht auch mit der PowerShell
# -------------------------------------------------------------
$AnzahlSpalten = 20
$AnzahlZeilen = 20
$AnzahlGenerationen = 20
$AnzahlMutationen = 1

# Berechnet die Anzahl der Nachbarn pro Zelle
# -------------------------------------------------------------
function Get-Nachbarn
{
 for ($Zeile=0;$Zeile-lt$AnzahlZeilen;$Zeile++)
 {
  for ($Spalte=0;$Spalte-lt$AnzahlSpalten;$Spalte++)
  {
    $AnzahlNachbarn = 0
    # 1. Feld links prüfen
    if ($Spalte -gt 0 ) { if ($Spielfeld[$Zeile,($Spalte-1)] -eq $True) {$AnzahlNachbarn++} }
    # 2. Feld links oben prüfen
    if ($Zeile -gt 0 -and $Spalte -gt 0) { if ($Spielfeld[($Zeile-1),($Spalte-1)] -eq $True)
{$AnzahlNachbarn++} }
    # 3. Feld oben prüfen
    if ($Zeile -gt 0) { if ($Spielfeld[($Zeile-1),$Spalte] -eq $True) {$AnzahlNachbarn++} }
    # 4. Feld rechts oben prüfen
    if ($Zeile -gt 0 -and $Spalte -lt $AnzahlSpalten-1) { if ($Spielfeld[($Zeile-1),($Spalte+1)] -eq
$True) {$AnzahlNachbarn++} }
    # 5. Feld rechts prüfen
    if ($Spalte -lt $AnzahlSpalten-1) { if ($Spielfeld[$Zeile,($Spalte+1)] -eq $True)
{$AnzahlNachbarn++} }
    # 6. Feld rechts unten prüfen
    if ($Zeile -lt $AnzahlZeilen-1 -and $Spalte -lt $AnzahlSpalten-1) { if
($Spielfeld[($Zeile+1),($Spalte+1)] -eq $True) {$AnzahlNachbarn++} }
    # 7. Feld unten prüfen
    if ($Zeile -lt $AnzahlZeilen-1) { if ($Spielfeld[($Zeile+1),$Spalte] -eq $True) {$AnzahlNachbarn++}
}
    # 8. Feld links unten prüfen
    if ($Zeile -lt $AnzahlZeilen-1 -and $Spalte -gt 0) { if ($Spielfeld[($Zeile+1),($Spalte-1)] -eq
$True) {$AnzahlNachbarn++} }
    $Nachbarn[$Zeile,$Spalte] = $AnzahlNachbarn
  }
 }
}
```

```
# ------------------------------------------------------------------
# Nachbau eines ternären Operators (Idee von Karl Prosser)
# ------------------------------------------------------------------
function Invoke-Ternary
([Scriptblock]$Condition, [Scriptblock]$TruePart, [Scriptblock]$FalsePart)
{
   if (&$Condition)
   { &$TruePart }
   else
   { &$FalsePart }
}

# ------------------------------------------------------------------
# Gibt das Spielfeld aus
# ------------------------------------------------------------------
function Out-Spielfeld
{
 Write-Host "Generation Nr. $g - Anzahl Lebewesen: $AnzahlLebewesen"
 for ($Zeile=0;$Zeile-lt$AnzahlZeilen;$Zeile++)
 {
  for ($Spalte=0;$Spalte-lt$AnzahlSpalten;$Spalte++)
  {
    ?: -Condition {$Spielfeld[$Zeile, $Spalte] -eq $True} -TruePart {write-host "X" -nonewline} -
FalsePart {write-host "." -nonewline}
  }
  Write-Host
 }
}

# ------------------------------------------------------------------
# Hier beginnt das Spiel
# ------------------------------------------------------------------
Set-Alias -Name ?: -Value Invoke-Ternary -Option AllScope -Description "Der Ternary-Operator von Karl
Prosser"
# Spielfeld vorbelegen
$Spielfeld = New-Object -Type 'Boolean[,]' $AnzahlZeilen, $AnzahlSpalten
$Spielfeld[2,5] = $True
$Spielfeld[2,6] = $True
$Spielfeld[2,7] = $True
$Spielfeld[3,5] = $True
$Spielfeld[3,6] = $True
$Spielfeld[3,7] = $True
$Spielfeld[4,6] = $True
$g = 0
$AnzahlLebewesen = 0

# Spielfeld ausgeben
Out-Spielfeld

# Die Generationen durchnudeln
for($g=1;$g-lt$AnzahlGenerationen;$g++)
{
  $AnzahlLebewesen = 0
  $Nachbarn = New-Object -Type 'Byte[,]' $AnzahlZeilen, $AnzahlSpalten
  Get-Nachbarn
  for ($Zeile=0;$Zeile-lt$AnzahlZeilen;$Zeile++)
  {
   for ($Spalte=0;$Spalte-lt$AnzahlSpalten;$Spalte++)
   {
    $AnzahlNachbarn = $Nachbarn[$Zeile,$Spalte]
    if($Spielfeld[$Zeile,$Spalte] -eq $true)
```

```
     {
      if ($AnzahlNachbarn -ge 2 -and $AnzahlNachbarn -le 3)
      { $Spielfeld[$Zeile,$Spalte] = $True; $AnzahlLebewesen++}
        else { $Spielfeld[$Zeile, $Spalte] = $false }
       }
    else
     { if ($AnzahlNachbarn -eq 3) { $Spielfeld[$Zeile, $Spalte] = $True;$AnzahlLebewesen++} }
    }
   }
  # Zufalls-Mutationen
  for ($i=0;$i-lt$AnzahlMutationen;$i++)
  {
   do
   {
    $Zeile = (Get-Random -Min 0 -Max $AnzahlZeilen)
    $Spalte = (Get-Random -Min 0 -Max $AnzahlSpalten)
   } until ($Spielfeld[$Zeile, $Spalte] -eq $false)
   $Spielfeld[$Zeile, $Spalte] = $true
  }
  # Is anybody alive out there?
  if ($AnzahlLebewesen -gt 0)
  { Out-Spielfeld }
  else { break }
  Read-Host -Prompt "Weiter mit Taste"
}
```

Listing 16.5 Ein *Game of Life* mit der PowerShell

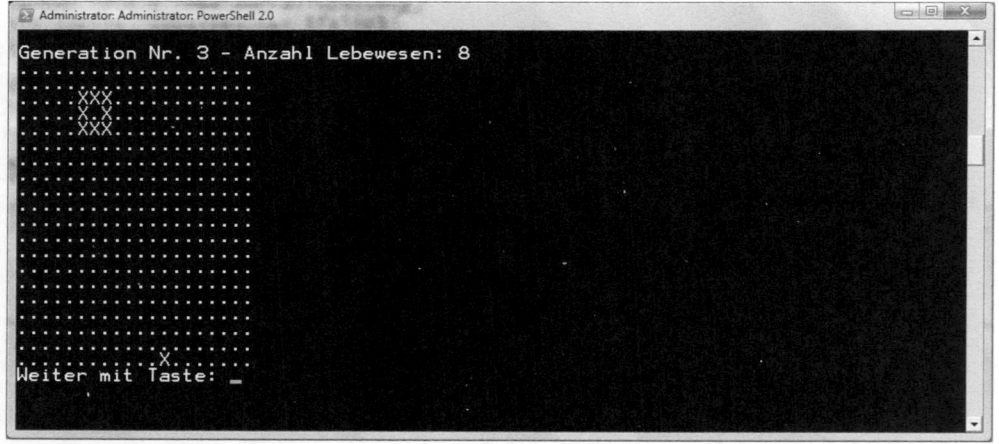

Abbildung 16.3 Fast wie im richtigen Leben – die PowerShell simuliert die Selbstorganisation von Zellautomaten

Denke wie die PowerShell

Wenn eines durch das Studium der bisherigen Kapitel klar geworden sein sollte, dann dass die PowerShell im Vergleich zu anderen Shells und Skriptsprachen einen etwas anderen Ansatz verfolgt. Die Kernkonzepte dieses Ansatzes sind Objekte, Typen, die Pipeline und Operatoren, aus denen eine etwas andere Herangehensweise an die Lösung von Aufgaben resultiert. Einen der wichtigsten Ratschläge, die ein erfahrener PowerShell-

Kenner Neulingen auf den Weg geben dürfte, ist: »Lerne, wie die PowerShell zu denken«.[3] Gerade Neulinge mit einem mehr oder weniger starken Background in Programmierung (egal in welcher Programmiersprache) tendieren oft dazu, eine Aufgabenstellung programmiersprachentypisch, aber nicht PowerShell-typisch und damit nicht optimal, sondern ein wenig umständlich zu lösen. Ein kleines Beispiel soll dies verdeutlichen.

Ein Anwender (mit Programmiererfahrung) erhält die Aufgabe, die Anzahl der Cmdlets in Erfahrung zu bringen, die einen bestimmten Parameter besitzen. Dass solche Aufgaben im Allgemeinen nur Buchautoren einfallen, deren Beispiele nicht immer hundertprozentigen Praxisbezug besitzen, sei einmal dahingestellt. Ganz uninteressant ist diese Frage aber nicht, da man über die Häufigkeit eines Parameters z.B. besser einschätzen kann, wie wichtig dieser Parameter ist.

Wie geht man generell vor? Ein Cmdlet fasst alle Parameter in Gruppen, die *Parametersets*, zusammen. Die Parameter eines solchen Sets werden durch die *Parameters*-Property zusammengefasst, die für jeden Parameter ein *CommandParameterInfo*-Objekt enthält. Der Befehl

```
Get-Command Get-ChildItem | Select-Object -Exp Parametersets | Select-Object -Exp Parameters | Select-
Object Name
```

listet z.B. die Namen aller Parameter aller Parametersets des *Get-ChildItem*-Cmdlets auf. Damit ist die generelle Vorgehensweise klar: Die *Parameters*-Property muss, z.B. per *ForEach-Object*, durchlaufen werden, und es werden die Parameter gezählt, deren Namen mit dem Suchnamen übereinstimmen.

Ein erster Ansatz könnte wie folgt aussehen:

```
# -------------------------------------------------------------
# Beispiel 16.6 - Zählen von Cmdlet-Parametern
# -------------------------------------------------------------
function Get-CmdParasV1
($Parameter = "InputObject")
{
 $Anzahl = 0
 Get-Command -Commandtype Cmdlet | ForEach-Object {
  $_.Parametersets | Select-Object -exp Parameters | ForEach-Object {
   if ($_.Name -like $Parameter) { $Anzahl++ } } }
 Write-Host -fore green "$Anzahl Cmdlets mit einem $Parameter-Parameter"
}
```

Listing 16.6 Die Funktion Get-CmdParasV1 zählt die Cmdlets, die einen bestimmten Parameter aufweisen

Ein Probelauf zeigt, dass oft mehr Parameter gefunden werden, als Cmdlets vorhanden sind. Der Fehler ist schnell gefunden. Da pro Cmdlet alle Parametersets durchsucht werden und ein Parameter in mehreren Sets vorkommen kann, ist das Ergebnis zu hoch. Eine mögliche Lösung: Abbruch der *ForEach-Object*-Wiederholung, nachdem der erste Parameter gefunden wurde. Doch wie? Es stellt sich heraus, dass der *break*-Befehl auf *$Anzahl++* folgend keine Wirkung hat, da ein *ForEach-Object*-Block so oft wiederholt wird, wie Objekte in der Pipeline sind, und der *break*-Befehl zur Folge hat, dass das nächste Objekt an die Reihe kommt, was aber auch ohne *break* der Fall wäre.

[3] Einer meiner »All time Favorites«, was Computerbücher angeht, ist »Thinking Forth«, in dem der Autor alle Register zieht, um dem Leser die Denkweise einer leider recht obskuren Programmiersprache nahe zu legen.

Eine Lösung ist es, anstelle von *ForEach-Object* den *foreach*-Befehl zu verwenden, da der *break*-Befehl hier zum Abbruch der Wiederholung und damit zum Durchsuchen des Parametersets führt:

```
# ---------------------------------------------------------------
# Beispiel 16.7 - Zählen von Cmdlet-Parametern ohne Dubletten
# ---------------------------------------------------------------
# Diese Variante zählt keine Dubletten bei mehreren Parametersets
function Get-CmdParasV2
($Parameter = "InputObject")
{
 $Anzahl = 0
 Get-Command -commandtype Cmdlet | ForEach-Object {
  $Paras= $_.Parametersets  | Select-Object -exp Parameters
  foreach($P in $Paras) {
   if ($P.Name -like $Parameter) { $Anzahl++ ;break} } }
 Write-Host -fore green "$Anzahl Cmdlets mit einem $Parameter-Parameter"
}
```

Listing 16.7 Die Funktion *Get-CmdParasV2* vermeidet Dubletten

Jetzt stimmt die Zahl, doch die Lösung besticht nicht gerade durch Einfachheit und Eleganz (ein Ziel, das man als kreativ denkender und arbeitender Mensch immer anstreben sollte). Kein Wunder, es ist eine typische Programmiererlösung, deren Umsetzung einem Anwender mit Scripting- oder Programmiererfahrung zwar wenig Mühe bereiten dürfte, die für einen Anwender ohne diesen Background aber reichlich technisch erscheint. Gehen wir die Aufgabenstellung doch einmal ganz unbedarft an. Es soll die *Parametersets*-Property eines Cmdlet-Objekts nach einem Namen durchsucht werden. Und welcher Operator durchsucht beliebige »Behälter« nach einem Wort? Beispielsweise der *Match*-Operator.

Wie wäre es daher mit der folgenden Variante?

```
# ---------------------------------------------------------------
# Beispiel 16.8 - Zählen von Cmdlet-Parametern mit dem Match-Operator
# ---------------------------------------------------------------
function Get-CmdParasV3
($Parameter = "InputObject")
{
 $Anzahl = 0
 Get-Command -commandtype Cmdlet | ForEach-Object {
   if ($_.Parametersets -match $Parameter) { $Anzahl++ } }
 Write-Host -fore green "$Anzahl Cmdlets mit einem $Parameter-Parameter"
}
```

Listing 16.8 Die Funktion *Get-CmdParasV3* verwendet den *Match*-Operator

Und siehe da, es funktioniert nicht nur, die neue Funktion ist sogar deutlich kürzer, kompakter und damit auch leichter nachvollziehbar. Zwar kümmert sich die Lösung nicht um die Beschaffenheit der *Parametersets*-Property, sondern geht einfach davon aus, dass der *Match*-Operator schon irgendwie herausfindet, welche internen Properties er für einen Vergleich heranziehen muss (am Ende wird auch hier die *Name*-Property verglichen). Und da der *Match*-Operator nur die erste Übereinstimmung findet, spielt es auch keine Rolle, dass einige Parameter in mehreren Parametersets mehrfach vorkommen können. »Keep it simple« und vor allem »Do it the Powershell Way« ist hier das Motto.[4] Mag sein, dass es noch eine kürzere Lösung gibt, aber solche Lösungen besitzen oft den Nachteil, dass sie nur noch ihr Erschaffer versteht und dass eventuell selbst er oder sie nach ein paar Wochen recht ratlos davor sitzt, wenn eine Kleinigkeit geändert werden soll.

Zusammenfassung

Mit diesem Abschnitt endet der PowerShell-Crashkurs. Die zurückliegenden Kapitel haben alle wichtigen Bereiche, die den Einsatz der PowerShell für die Administration sowohl eines Windows-Arbeitsplatzrechners als auch eines Windows-Servers betreffen, behandelt. Das letzte Kapitel hat gezeigt, dass man sogar ein wenig Spaß mit der PowerShell haben kann (unter der Adresse *http://ps1.soapyfrog.com/blog/files/space_invaders.html* findet man sogar eine Implementierung des Arcadegames »Spaces Invaders« für die PowerShell). Einige Bereiche, in denen die PowerShell bereits intensiv eingesetzt wird, wie die Verwaltung von VMWare-Installationen, wurden nicht behandelt. Das Einarbeiten in diese Bereiche ist jedoch alles andere als kompliziert, da stets dieselben Regeln gelten. Diese universelle Übertragbarkeit eines einmal erlernten Wissens macht die PowerShell sehr leistungsfähig.

---

[4] Man könnte es auch auf Deutsch sagen, doch klänge es dann nicht mehr ganz so motivierend.

Anhang A

Glossar

In diesem Anhang werden die wichtigsten Begriffe, die Anwender, angehende Experten und Fans der PowerShell unbedingt kennen sollten, kurz, knapp und anschaulich vorgestellt.[1]

Array

Eine Variable, die mehrere Werte unter einem Namen zusammenfasst.

Ausnahme

Ein anderer Name für eine Fehlersituation, die bei der Ausführung von *Managed Code* durch die *Common Language Runtime* (CLR) auftritt, und die bei der PowerShell zu einem Fehler führt, der mit den Befehlen *trap* oder seit Version 2.0 der PowerShell etwas moderner und komfortabler per *try* abgefangen werden kann. Die englische Übersetzung *Exception* hört sich etwas seriöser an.

Cmdlet

Technisch betrachtet ein →Objekt, das sich von einer bestimmten *Cmdlt*-Klasse ableitet, und das, wenn es vom PowerShell-Interpreter ausgeführt wird, etwas »verrichtet«. Für den Anwender ist ein Cmdlet ein Befehl, dessen Name stets der einheitlichen Verb-Hauptwort-Regel folgt, und das mit →Parametern aufgerufen wird. Cmdlets werden in Snap-Ins zusammengefasst, die entweder mit dem Start der PowerShell oder nachträglich, z. B. im Rahmen einer Profile-Datei, über das Cmdlet *Add-PSSnapin* geladen werden. Damit ein Snap-In geladen werden kann, muss es einen entsprechenden Registry-Schlüssel besitzen.

Collection

Ein →Objekt, das mehrere Werte unter einem Namen zusammenfasst. Wo aber liegt der Unterschied zu einem →Array? Dieser ist nur minimal bzw. für die PowerShell spielt er nur selten eine Rolle. Der wichtigste Unterschied liegt darin, dass es nur eine Sorte von Arrays, aber mehrere Sorten von Collections gibt. Bei manchen Collections können einzelne Mitglieder über einen Index angesprochen werden, bei anderen ist das nicht möglich. Leider sieht man einer Property in der Regel nicht an, welchen →Typ von Collection sie zur Verfügung stellt, wenngleich das auch nur in den seltensten Fällen von Interesse ist. Möchte man eine Collection-Property »erweitern«, sodass alle ihre Mitglieder aufgelistet werden, erledigt das der →Parameter *ExpandProperty* von *Select-Object*.

Community

Moderne Umschreibung für »wir alle«. Die PowerShell-Community ist eine amorphe Masse bestehend aus MVPs (Microsofts *Most Valuable Professionals*),[2] fleißigen Blogautoren, kleinen Softwarefirmen, die sich auf die Herstellung von Tools zur PowerShell spezialisiert haben, Entwicklern von »Zubehör«, *Jeffrey Snove*r und natürlich der deutschsprachigen PowerShell-Anwendergruppe (unter *http://www.powershell-ag.de*).[3]

---

1 Doch bitte Vorsicht beim Lesen, nicht alles ist hundertprozentig ernst gemeint. Es besteht eine leichte Ironiegefahr.

2 Weltweit gibt es derzeit 38 PowerShell-MVPs. Unser Mann in Deutschland ist Tobias Weltner (auch bekannt durch seine komfortable PowerShell-IDE PowerShellPlus). Es kann offenbar nur einen geben.

3 Die Website für alle, die es ganz eilig haben, denn wenn man nicht in 3 Sekunden von der Startseite durch seinen Browser weitergeleitet wird, geschieht es automatisch.

Job

Bei der PowerShell ein Skriptblock (→Skript), der im Hintergrund ausgeführt wird. Im Hintergrund bedeutet, dass die PowerShell im Vordergrund ausführt und weitere Eingaben entgegennehmen kann, während der Job auf einem weiteren Thread ausführt. Bei der PowerShell 2.0 meldet sich ein Job nicht, wenn er beendet wurde, dies muss der Anwender, z. B. über das →Cmdlet *Get-Job*, selbst herausfinden. Die Anzahl der maximal gleichzeitig ausführbaren Jobs wird im Wesentlichen durch den zur Verfügung stehenden Arbeitsspeicher begrenzt. Theoretisch können mehrere Tausend Jobs gleichzeitig gestartet werden. Jobs können lokal wie remote (→Remoting) ausgeführt werden.

Member

Gehört zu einem →Objekt und stellt entweder eine Information zur Verfügung oder führt eine Aktion aus. Es gibt mehrere Sorten von Membern: *Property*, *NoteProperty*, *ScriptProperty*, *AliasProperty* und *Method*. Welche Member ein Objekt besitzt, erfährt man im Allgemeinen zuverlässig über das →Cmdlet *Get-Member*.

Monad

Der Originalcodename für die PowerShell. Die Grundlage für diesen Begriff ist der vom deutschen Philosophen *Gottfried Wilhelm Leibniz* geprägte (und hochphilosophische) Begriff *Monad* für den grundlegenden Baustein des Seins (und damit eine theoretische Verklausulierung eines →Cmdlets).[4] Unter *http://www.monad.de* begrüßt sie aber nicht etwa die »Deutsche Gesellschaft der PowerShell-Freunde zur geselligen Pflege der Administrations-Kultur« (DGDPFZGPDAK), sondern die wirtschaftlich enorm wichtige »Deutsche Gesellschaft für RuhestandsPlanung mbH«.

.NET

Ausgesprochen wie *dotnet*. Kurzform von *.NET Framework*. Eine von Microsoft 2002 offiziell eingeführte *Ausführungseinrichtung* für Anwendungen, die aus so genanntem *Managed Code* bestehen und von einer virtuellen Maschine (der *Common Language Runtime*, kurz CLR) ausgeführt werden. Die PowerShell ist eine solche Anwendung, die aus Managed Code besteht und daher das .NET Framework (ab Version 2.0) voraussetzt. Ein wesentlicher Bestandteil des .NET Framework ist eine umfangreiche Klassenbibliothek, deren Klassen und →Member auch von der PowerShell aus genutzt werden können, wenngleich die Notwendigkeit, tatsächlich davon Gebrauch zu machen, mit der Version 2.0 etwas geringer geworden ist.[5]

Objekt

Zunächst ein Name, der für »Etwas« (z. B. einen laufenden Prozess) steht. Technisch betrachtet eine Instanz einer Klasse, die z. B. in der PowerShell-Bibliothek intern definiert wird. Die Klasse legt fest, welche →Member das Objekt nach außen anbietet und welche Funktionen diese Member besitzen. Der Name der Klasse wird auch als der →Typ der Klasse bezeichnet.

---

[4] Der Begriff sollte noch aus einem anderen Grund vertraut klingen.

[5] Ein nicht unwesentlicher Teil der Kosten, die dem Konzern durch die Entwicklung des .NET Framework entstanden sind, muss für die Schaffung der zahlreichen Begriffe, Abkürzungen und Worthülsen entstanden sein.

Parameter

Versorgt ein →Cmdlet oder eine Funktion mit *Angaben* (Namen, Zahlen usw.), die es für seine Ausführung benötigt. Parameternamen geht stets ein Bindestrich voraus, sie erhalten ihren Wert durch (mindestens) ein Leerzeichen getrennt (nicht durch ein Gleichheitszeichen). →Skripts und Funktionen können mit beliebig vielen Parametern ausgestattet werden. Eine wichtige Kleinigkeit am Rande: Mehrere Parameterwerte werden nicht durch Kommas, sondern durch Leerzeichen getrennt. Wird ein Parameterwert ohne den Parameternamen übergeben, ordnet die PowerShell den Wert einem Parameter anhand seiner Position zu. Parameter, die ihre Werte auf diese Weise erhalten können, heißen *Positionsparameter*.

Pipeline

Im richtigen Leben eine kluge, strategische Investition (Stichwort: Gas), die Oligarchen produziert, an Bedeutungsverlust leidenden Supermächten ihren globalen Einfluss sichert sowie deutschen Altkanzlern ein standesgemäßes Auskommen und schlecht wirtschaftenden Fußballvereinen das wirtschaftliche Überleben. Bei der PowerShell lediglich ein »Verbindungsstück«, über das ein →Cmdlet seinen aus →Objekten bestehenden Output dem nächsten Cmdlet mit der Bitte um Bearbeitung weiterreicht. Die Internas der PowerShell-Pipeline sind offiziell nicht dokumentiert. Im Rahmen der Pipeline-Verarbeitung wird der Pipeline-Inhalt durch die Variable *$Input* repräsentiert.

Pipelinebindung

Die *Pipelinebindung* von →Parametern legt fest, auf welche Weise die Parameter eines →Cmdlets ihre Werte aus der →Pipeline, genauer gesagt durch das in der Pipeline befindliche →Objekt erhalten. Die Pipelinebindung ist daher das Herz der PowerShell, ohne welche die PowerShell nicht funktionieren kann. Es gibt zwei Sorten der Pipelinebindung: über den Namen und über den Wert. Bei der *By Property Name*-Bindung sucht sich die PowerShell den Parameterwert über den Namen der Properties des in der Pipeline befindlichen Objekts (da die Properties von .NET-Objekten (→.NET) nur selten Namen besitzen, die mit den Namen von Cmdlet-Parametern übereinstimmen, erweitert die PowerShell ein .NET-Objekt um zusätzliche Parameter, etwa *PSPath*, und bindet diese Property über einen Aliasnamen eines Parameters, der in diesem Fall ebenfalls *PSPath* lautet). Bei der *By Value*-Bindung versucht die PowerShell, das komplette Objekt an jenen Parameter zu binden, der mit dem *ByValue*-Attribut ausgestattet ist. Nicht alle Parameter können ihren Wert aus der Pipeline erhalten. Ob, und wenn ja, auf welche Weise eine solche Pipelinebindung möglich ist, erfährt man über ein *Get-Help <Cmdlet-Name> -Parameter <Parametername>*. Hier steht bei *Pipelineeingaben akzeptieren?*, ob und auf welche der beiden Arten der Parameter einen Wert aus der Pipeline binden kann. Möchte man ein wenig hinter die Kulissen schauen und nachvollziehen, wie die PowerShell die Parameterbindung bei der Ausführung eines Cmdlets durchführt, erhält man diese tieferen Einblicke über das *Trace-Command*-Cmdlet,[6] z. B. über ein

```
Trace-Command -PSHost -Name ParameterBinding { Get-ChildItem *.ps1 }
```

Die Details sind speziell, aber hochinteressant.

[6] Und das in diesem Buch bislang ignoriert wurde.

PowerShell ISE

Der neue *grafische Editor*, der mit der PowerShell 2.0 dazugekommen ist und der aufgrund seiner Erweiterbarkeit mehr kann, als man zunächst vermuten würde. Das ISE steht für *Integrated Scripting Environment.*[7] Anders als *PowerShell.exe*, das mit →.NET 2.0 zufrieden ist, erwartet die ISE, da es sich um eine WPF-Anwendung handelt, mindestens bereits .NET 3.0.

Provider

Stellt bei der PowerShell den Inhalt einer Ablage als *PowerShell-Laufwerk*, konkret als *PSDrive*-Objekt (→Objekt) zur Verfügung, sodass sich die Inhalte der Ablage mit den Item-Cmdlets (→Cmdlet) ansprechen lassen. Es wird zwischen flachen und hierarchischen Laufwerken unterschieden. Eine Liste aller Provider liefert ein *Get-PSProvider*. Intern sind nicht alle Provider gleich, denn jeder Entwickler eines Providers kann selbst bestimmen, in welchem Umfang die verschiedenen Item-Operationen unterstützt werden. Provider werden mit den Klassen der PowerShell-Bibliotheken, dem PowerShell SDK und Visual Studio entwickelt. Die Umsetzung eines Providers ist grundsätzlich nicht kompliziert, einen funktionierenden und robusten Provider zu schreiben, ist jedoch keine triviale Aufgabe.[8]

Remoting

Die Möglichkeit, Befehle und →Skripts auf einem anderen Computer (im Netzwerk) oder einzelne Befehle im Rahmen einer Session auf dem Remotecomputer ausführen zu können. Remoting gibt es bei der PowerShell ab Version 2.0. Es basiert auf dem Webservicestandard →*WS-Man* (und nicht auf SSH).

Skript

Allgemein eine Folge von Befehlen, wobei die Anzahl der Befehle zwischen 0 und *n* liegt (0 ist relativ selten, *n* allerdings auch). Bei der PowerShell tragen Skriptdateien die Erweiterung *.Ps1.*[9]

Tipps

Tipps rund um die PowerShell gibt es unter *http://powershell.com/cs/* – und das sogar täglich.

Twitter

Neumodisches Kommunikationsmedium, das nicht nur bei verliebten Teenagern und kontaktfreudigen Singles sehr beliebt ist. Es ist erstaunlich, wie viel PowerShell-Know-how jeden Tag über verschiedene PowerShell-Twitter-Kanäle fließt.[10]

---

[7] Das »I« steht also nicht für *International*, wie es in diesem Buch fälschlicherweise behauptet wurde.

[8] Da spricht jemand aus Erfahrung.

[9] Ursprünglich wollte das PowerShell-Team die Zahl mit jeder Version erhöhen, muss dann aber vermutlich kurz vor der Fertigstellung der zweiten Version einen Brief von der Rechtsabteilung eines japanischen Konzerns, der sich im Bereich der Unterhaltungselektronik einen Namen gemacht hat, erhalten haben.

[10] Auch auf die Gefahr hin, meinen seriösen Ruf zu beschädigen, Twitter ist aktuell keine schlechte Methode, um sich über Aktivitäten rund um die PowerShell auf dem Laufenden zu halten und wertvolle Tipps und Anregungen zu erhalten. Natürlich kann man darüber auch selbst z.B. Tipps rund um die PowerShell verbreiten.

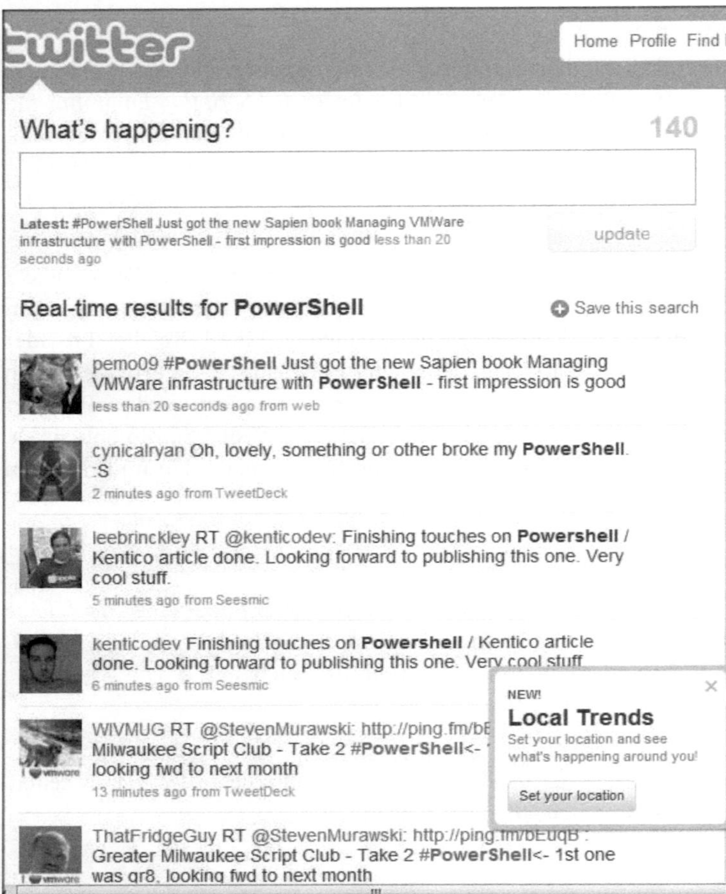

Abbildung A.1 Der Fortschritt ist bekanntlich nicht aufzuhalten, auch PowerShell-Anwender tauschen sich inzwischen per Twitter aus

Typ

Der allgemeinste Begriff in diesem Glossar. Beschreibt, welche →Member z. B. ein →Objekt besitzt. Nicht nur Klassen bilden Typen, sondern z. B. auch Konstantenlisten. Bei der PowerShell erfährt man den Typ eines Objekts über das →Cmdlet *Get-Member*, das auch alle Member des Objekts oder der Klasse (*Static*-Parameter (→Parameter)) auflistet.

Windows Management Framework

Ein passend gewählter Name für das neue »Dreamteam« bestehend aus PowerShell 2.0, WinRM 2.0 und BITS 4.0, mit dem tatendurstige Admins künftig die (Windows-)Welt aus den Angeln heben.

WMI

Windows Management Instrumentation (zu Deutsch *Windows-Verwaltungsinstrumentation*). Seit Windows 2000 ein fester Bestandteil des Betriebssystems (die Heimat von WMI ist das Verzeichnis *%System-Root%\System32\Wbem*). Über WMI stellen »Geräte« ihre Konfigurationsdaten zur Verfügung, die über ein aus Klassen und →Membern bestehendes logisches Gerüst abgefragt werden. Die WMI-Konsole *Wmic.exe* diente angeblich als Vorbild für die PowerShell. *Wmic* ist ebenfalls cool, wenngleich es natürlich nur ein einfach gestricktes WMI-Abfragewerkzeug ist. Starten Sie das Tool und geben Sie einen der zahlreichen Aliase für WMI-Klassen (z. B. *BIOS*) ein, um die Daten der Instanzen der Klasse zu erhalten. Auch Abfragen sind möglich (z. B. *Path Win32_Process Where 'HandleCount > 1000'*).

WS-Man

Abkürzung für *WS-Management*. Gehört zu den verschiedenen Webservicestandards, die vor einigen Jahren herstellerübergreifend definiert wurden (dass dem wirklich so ist, belegt der folgende Wikipedia-Eintrag: *http://en.wikipedia.org/wiki/WS-Management*). Microsoft hat WS-Man als Grundlage für Windows →Remoting gewählt, das bereits seit Windows Server 2003 ein fester Bestandteil des Betriebssystems ist und über das Tool *WinRM* administriert wird. Die Grundidee ist, dass *Managementbefehle* über das HTTP-Protokoll als Textnachrichten verschickt und daher nicht durch die Firewall blockiert werden bzw. Administratoren nur zwei Ports (5985 für den Zugriff via *HTTP* und 5986 für den Zugriff über *HTTPS*) freigeben müssen. Die PowerShell setzt die Version 2.0 von WinRM voraus. Und da das so wichtig ist, stellt Microsoft WinRM 2.0 und die PowerShell 2.0 zusammen im →*Windows Management Framework* als einen zusammengehörigen Download zur Verfügung.

Anhang B

Stapeldateien umstellen

In diesem Anhang:

In diesem Anhang geht es um das Umstellen von Stapeldateien auf PowerShell-Skripts. Zwei Dinge gleich vorweg: Es gibt keinen *Batch2PowerShell*-Konverter und es gibt auch keine zwingende Notwendigkeit, eine Stapeldatei, die seit Jahren ihren Dienst verrichtet, »zwangsupzudaten«, zumal *Cmd.exe* mit an Sicherheit grenzender Wahrscheinlichkeit auch in einem *Windows Server 2020* noch dabei sein dürfte. Stapeldateien haben auch im Jahre 2010 ihre Berechtigung und gegenüber der PowerShell mindestens in einem Punkt die Nase vorn: Es gibt (noch) keinen Compiler, der aus einem PowerShell-Skript eine Exe-Datei macht.

Trotzdem existieren gute Gründe, Stapeldateien, die nicht so schnell ausrangiert werden sollen, mittelfristig auf PowerShell umzustellen:

- Stapeldateien sind sehr leistungsfähig, ihre Befehle besitzen aber keine einheitliche Syntax und sie sind im Allgemeinen nur mager dokumentiert (wenngleich es natürlich auch für diesen Themenbereich sehr viel Know-how im Internet gibt). Einige Befehle weisen zudem undokumentierte Parameter auf.
- Die Pflege einer Stapeldatei und deren Erweiterung sind schwierig bzw. in der Regel (mit vertretbarem Aufwand) unmöglich, da sie oft derart zusammengebastelt wurden, dass selbst ihr Autor nur noch eine vage Erinnerung an die Details haben dürfte. Nicht wenige Stapeldateien basieren auf Vorlagen aus dem Internet und wurden lediglich »ein wenig angepasst«.
- Es gibt keinen einheitlichen Mechanismus für eine Parameterübergabe bei Stapeldateien, sodass man sich als Anwender am Anfang nie ganz sicher sein kann, ob man sie richtig aufgerufen hat. Das ist eines der größten Mankos bei Stapeldateien.
- Über die Pipeline (auch bei Stapeldateien gibt es eine solche) wird grundsätzlich nur Text weitergegeben, was die Umwandlung in andere Formate stark einschränkt.
- Es gibt keine Ausführungsrichtlinie für Stapeldateien, sodass es deutlich aufwändiger ist, ihre Ausführung auf einem System komplett zu unterbinden.
- Es ist im Unternehmen generell von Vorteil, wenn nur eine Skriptsprache zum Einsatz gelangt.

Ein erster (Rück-)Überblick

Tabelle B.1 fasst die Kernbefehle einer Stapeldatei zusammen. Durch diese Übersicht wird bereits deutlich, dass mit einer Stapeldatei einiges möglich ist. Tabelle B.2 stellt die wichtigsten Stapelbefehle und ihr jeweiliges PowerShell-Pendant zusammen.

Befehl	Bedeutung
CALL	Ruft einen anderen Abschnitt innerhalb der Stapeldatei oder eine andere Stapeldatei auf und kehrt nach Abarbeiten des Aufrufs wieder an die Stelle zurück, von der aus der Aufruf erfolgte. Es können auch Argumente übergeben werden.
ECHO	Gibt eine Meldung aus oder unterdrückt die Ausgabe von Befehlen (@ECHO OFF). Die Ausgabe einer Zeile kann auch durch Voranstellen von @ unterdrückt werden.
ENDLOCAL	Beendet den Bereich für Umgebungsvariablen innerhalb einer Stapeldatei
FIND	Durchsucht Text nach einem Suchbegriff. *FIND* wird nebst Suchtext über den Pipe-Operator übergeben (Filter).
FOR	Wiederholt einen Befehl z.B. für alle Dateien, die in einer Gruppe von Dateien enthalten sind
GOTO	Setzt die Ausführung innerhalb einer Stapeldatei an einer Sprungmarke fort
IF	Führt eine Entscheidung durch, wobei eine Reihe von Operatoren (z.B. == oder *GTR*) zur Verfügung stehen. Über *IF EXIST* wird geprüft, ob eine Datei existiert. ▶

Befehl	Bedeutung
MORE	Erzeugt eine seitenweise Ausgabe. *More* wird über den Pipe-Operator übergeben (Filter).
PAUSE	Hält die Ausführung der Stapeldatei an und setzt sie erst nach Eingabe einer Taste fort
SETLOCAL	Richtet einen neuen Bereich für Umgebungsvariablen innerhalb der Stapeldatei ein, der mit *ENDLOCAL* beendet wird
SHIFT	Verschiebt die beim Aufruf der Stapeldatei übergebenen Argumente innerhalb der Platzhalter *%0* bis *%9* um eine Position, sodass z.B. der Wert in *%1* in den Platzhalter *%0* aufrückt
SORT	Sortiert Text. *SORT* wird über den Pipe-Operator übergeben (Filter)

Tabelle B.1 Die Kernbefehle für Stapeldateien

StapelBefehl	PowerShell-Pendant
@ECHO OFF	Hat bei der PowerShell keine Bedeutung. Sollen Kontrollmeldungen von Fall zu Fall nicht ausgegeben werden, kann dies z.B. über *Write-Debug* oder *Write-Verbose* und die entsprechenden Variablen *$WarningPreference* und *$VerbosePreference* gesteuert werden.
SET *Varname=*	Variablen werden über *$<Varname>* definiert und können überall angesprochen werden
GOTO	Kein Pendant
FOR	Kann durch die Befehle *for*, *foreach*, *do* und *while* oder durch das *ForEach-Object*-Cmdlet ersetzt werden, die alle einen Befehlsblock eine bestimmte Anzahl oft wiederholen
ERRORLEVEL	*$LASTEXITCODE*

Tabelle B.2 Die wichtigsten Stapelbefehle und ihre PowerShell-Pendants

Tipps für eine (mögliche) Umstellung

Die folgenden Seiten verstehen sich nicht als eine vollständige Gegenüberstellung der Stapeldateibefehle mit ihren PowerShell-Pendants. Es sollen nur die wichtigsten Stapeldateibefehle herausgegriffen und gezeigt werden, wie sich diese bei der PowerShell ersetzen lassen.

Kommentare

Das Pendant zum *REM*- bzw. *::*-Kommentarbefehl einer Stapeldatei ist das *#*-Zeichen bzw. für mehrzeilige Kommentare seit Version 2.0 der PowerShell ein *<# #>*-Paar.

Variablen

Variablen in einer Stapeldatei sind gleichzeitig Umgebungsvariablen, die über den *SET*-Befehl ihren Wert erhalten. PowerShell-Variablen stellen Namen dar, die mit einem »$« beginnen und die nur innerhalb des Skripts bzw. bei globalen Variablen innerhalb der PowerShell-Sitzung existieren. Soll die Variable auch außerhalb der PowerShell-Sitzung abfragbar sein, muss sie als Umgebungsvariable angelegt werden (Kapitel 13).

Ausgabe von Werten

Ein indirektes Pendant des *ECHO*-Befehls ist bei der PowerShell das *Write-Output*-Cmdlet, das oft auch entfallen kann. Ein

```
"Heute ist $(Get-Date -Format dddd)"
```

führt genauso zur Ausgabe des Wochentags wie ein

```
Write-Output "Heute ist $(Get-Date -Format dddd)"
```

Ein direktes Gegenstück zum *ECHO*-Befehl ist *Write-Output* allerdings nicht, da die Ausgabe über die Pipeline in der Konsole erfolgt und dadurch in den Ausgabekanal geschrieben wird. Es gibt bei der PowerShell gleich mehrere *Ausgabebefehle*, was nicht nur am Anfang ein wenig irritierend sein kann. Gerade Anfänger verwirrt, dass ein

```
Write-Output "abc" > Out.txt
```

funktioniert, indem der Text ausgegeben und in die Datei umgeleitet wird, ein

```
Write-Host "def" > Out.txt
```

dagegen nicht dazu führt, dass die Ausgabe auch in der Datei landet. Der Hintergrund ist, dass der *Write-Host*-Befehl direkt in das Ausgabefenster des Hosts schreibt und nicht in den Ausgabestream – deswegen besteht bei *Write-Host* auch die Möglichkeit, die Farbe einzustellen.

Eingabe von Werten

Das Pendant zu einem *SET /p*, das einen Wert entgegennimmt, ist das *Read-Host*-Cmdlet. Auch hier gilt, dass die Eingabe bei *Read-Host* einer Variablen zugewiesen wird, die im Allgemeinen nur so lange existiert, wie das Skript läuft.

Parameterübergabe an eine Stapeldatei

Stapeldateien erhalten ihre Parameter beim Aufruf der Stapeldatei und sprechen sie über die feste Notation *%0, %1, %2* usw. an *(%0* steht dabei für den Namen der Stapeldatei). Das Pendant ist bei der PowerShell die *$Args*-Variable, über welche die übergebenen Werte in Gestalt eines Arrays angesprochen werden.

Der folgende PowerShell-Befehl gibt alle Argumente aus, die beim Aufruf des Skripts übergeben wurden:

```
$Args | Foreach-Object { $_ }
```

Aufruf weiterer Stapeldateien

Eine Stapeldatei ruft eine andere Stapeldatei über den *CALL*-Befehl auf, auf den der Name bzw. Pfad der Stapeldatei folgt (*CALL* kann aber auch entfallen). Ein direktes Pendant zu *CALL* gibt es bei der PowerShell nicht. Ein PowerShell-Skript ruft ein anderes PowerShell-Skript grundsätzlich durch Angabe des Pfadnamens auf, wobei der Pfadname vollständig sein muss, wenn sich die aufzurufende Skriptdatei nicht im Verzeichnis der aufrufenden Datei befindet. Auch beim Aufruf weiterer Stapeldateien können natürlich Parameter übergeben werden, die ebenfalls wieder über die Platzhalter *%1*, *%2* usw. »abgegriffen« werden. Das PowerShell-Pendant ist auch in diesem Fall die Variable *$Args* bzw. explizit deklarierte Parameter zu Beginn des Skripts.

Sprünge mit GOTO

Per *GOTO*-Befehl wird in einer Stapeldatei die Reihenfolge der Befehlsausführung verändert. Auf *GOTO* folgt der Name einer Sprungmarke, die jene Stelle innerhalb der Stapeldatei markiert, an der die Ausführung fortgesetzt werden soll. Ein Pendant zu *GOTO* gibt es bei der PowerShell nicht.[1] Die Ablaufsteuerung in einem Skript wird über Befehle wie *if*, *for*, *foreach*, *do* oder *try* und Cmdlets wie *Where-Object* und *ForEach-Object* realisiert.

Fehlerbehandlung mit ERRORLEVEL

Eine Stapeldatei besitzt keine eigene Funktionalität, die zu Fehlern bei der Ausführung führen könnte – eine Ausnahme sind Syntaxfehler, die zum Ergebnis haben, dass die gesamte Stapeldatei nicht ausgeführt wird. Wenn ein Fehler bei der Abarbeitung der Stapeldatei auftritt, wird er durch den Aufruf eines Befehlszeilentools verursacht. Um festzustellen, ob ein Aufruf erfolgreich war oder nicht, wird die (Umgebungs-)Variable *ERRORLEVEL* abgefragt, die automatisch den Rückgabewert der zuletzt aufgerufenen Exe-Datei erhält.

Da es bei Stapeldateien keinen Else-Befehl gibt, ist es üblich, als Reaktion auf eine *ERRORLEVEL*-Abfrage zu einer anderen Stelle der Stapeldatei zu springen, an der z. B. eine entsprechende Meldung ausgegeben und die Ausführung beendet wird, indem anschließend kein Befehl mehr folgt. Das erledigt der *GOTO*-Befehl, auf den wie bereits erwähnt der Name eines Labels folgt, das jene Stelle markiert, an der die Ausführung fortgesetzt werden soll.

Das folgende Beispiel für eine Stapeldatei ruft *Ping.exe* auf und bezieht sich auf aktuellere Windows-Versionen (ab Windows XP):

```
@ECHO OFF
REM Fehlercode auswerten
REM ping -n 1 -a GibtEsNicht.local > null
ping -n 1 -a localhost > null
ECHO Ping-Return=%ERRORLEVEL%
IF ERRORLEVEL == 1 GOTO PingError
Echo Host hat geantwortet
GOTO Fertig
:PingError
Echo Host nicht erreichbar
:Fertig
```

[1] Zum Glück.

Je nachdem, welcher der beiden Hosts »angepingt« wird, wird eine entsprechende (Fehler-)Meldung ausgegeben. Die kleine Stapeldatei macht zwei grundsätzliche Besonderheiten beim Auswerten von Returncodes deutlich:

1. Jeder Block von Befehlen wird durch eine Sprungmarkierung ausgezeichnet und entsprechend per *GOTO*-Befehl angesprungen.
2. Sobald der Befehlsblock abgearbeitet wurde, folgt ein *GOTO* am Ende der Stapeldatei. Eine Ausnahme liegt natürlich vor, wenn keine Befehle mehr folgen.

Das *IF*-Befehl prüft nicht, ob der Wert von *ERRORLEVEL* gleich dem angegebenen Wert ist, sondern ob er größer oder gleich ist. Aus diesem Grund kommt es auch auf die Reihenfolge an, in der verschiedene Werte abgefragt werden.

Das folgende kleine PowerShell-Skript ist eine Eins-zu-eins-Umsetzung der Stapeldatei aus dem letzten Beispiel, auch wenn sie nicht den »modernen« PowerShell-Stil verwendet:

```
# ---------------------------------------------------------------
# Fehlercode auswerten
# ---------------------------------------------------------------
#ping -n 1 -a GibtEsNicht.local > null
 ping -n 1 -a localhost > null
"Ping-Return=$LASTEXITCODE"
if ($LASTEXITCODE -eq 0)
{ "Host hat geantwortet" }
else
{ "Host nicht erreichbar" }
```

Ein wenig »moderner« ist die folgende Variante, wobei modern nicht automatisch besser bedeutet:

```
# ---------------------------------------------------------------
# Fehlercode auswerten (modernere Variante)
# ---------------------------------------------------------------
try
{
  #Test-Connection -Computername localhost -Count 1 -Ea Stop | Out-Null
  Test-Connection -Computername GibtEsNicht.local -Count 1 -Ea Stop  | Out-Null
  "Host hat geantwortet"
}
catch
{
  "Host nicht erreichbar. ($_)"
}
```

Entscheidungen

Der *IF*-Befehl in einer Stapeldatei ist ein typischer Entscheidungsbefehl. Dabei kann einem positiven Vergleich nur ein einziger Befehl folgen. Sollen jedoch mehrere Befehle ausgeführt werden, kann man sich mit dem Negieren der Bedingung per *NOT* behelfen. Der unmittelbar folgende Befehl wird dann für den Fall eines negativen Ergebnisses ausgeführt, und die nachstehenden Befehle gelangen zur Ausführung, wenn die Bedingung *erfüllt* ist. Bei der PowerShell führt der *if*-Befehl stets einen kompletten Befehlsblock aus, was die Übersichtlichkeit verbessert. Für das Prüfen auf das Vorhandensein einer Datei mithilfe von *EXIST* gibt es bei der PowerShell mit dem *Test-Path*-Cmdlet ein direktes Pendant.

Der Befehl

```
IF NOT EXIST Install.log Echo Anwendung wurde nicht installiert.
```

prüft, ob die Datei *Install.log* existiert.

Bei der PowerShell ist diese Abfrage ein wenig umständlicher, da hier Syntaxformalismen eine etwas größere Rolle spielen:

```
if (-not (Test-Path "Install.log")) { "Anwendung wurde nicht installiert."}
```

Wiederholungen mit FOR

Mit dem *FOR*-Befehl bieten Stapeldateien einen leistungsfähigen Befehl an, der zwar häufig im Zusammenspiel mit Dateien und dem Inhalt von Verzeichnissen eingesetzt wird, aber auch als universeller Schleifenbefehl verwendet werden kann.

Das folgende Beispiel soll lediglich demonstrieren, dass es auch in einer Stapeldatei eine simple Zählschleife geben kann:

```
@Echo Off
:: Beispiel für For
FOR /L %%i IN (1,1,10) DO ECHO %%i
```

Die folgende kleine Stapeldatei listet zwar lediglich die Ps1-Dateien im aktuellen Verzeichnis auf, allerdings kann im Rahmen des *DO*-Blocks mit jeder Aktion eine beliebige andere Aktion ausgeführt werden, wie z.B. die Ausgabe des Besitzers der Datei über das Freeware-Tool *Fileacl.exe*:

```
@ECHO OFF
REM Beispiel für FOR - Ps1-Dateien auflisten
SET AnzahlPS1=0
FOR /f %%D in ('Dir *.ps1 /b') DO (
 ECHO %%D
 FILEACL %1\%%D /Owner
 SET /A AnzahlPS1+=1
)
ECHO Anzahl Ps1-Dateien: %AnzahlPS1%
SET AnzahlPS1=
```

Bei der PowerShell wird eine solche Abarbeitung einer Folge von Dateien dank der Objektpipeline deutlich einfacher gelöst:

```
Get-ChildItem -Path *.ps1 | Foreach-Object {
 FileACL $_.FullName
}
```

Verarbeiten von Text

Ein Bereich, in dem der *FOR*-Befehl wirklich sehr flexibel ist, ist das Splitten von Textdateien.

Die folgende Stapeldatei liest den Inhalt der Textdatei *Shares.txt*, die wie folgt aufgebaut ist:

```
C:\Verzeichnis1;ShareName1
C:\Verzeichnis2;ShareName2
C:\Verzeichnis3;ShareName3
```

Die Stapeldatei soll den Inhalt benutzen, um über den *Net Share*-Befehl Freigaben automatisiert anzulegen.

Die folgende Stapeldatei legt über *Net Share* eine Freigabe an oder gibt, sollte dies aus irgendeinem Grund fehlschlagen, eine entsprechende Fehlermeldung aus.

```
@ECHO OFF
:: Beispiel für FOR
FOR /F "tokens=1,2 delims=;" %%i IN (Shares.txt) DO ( CALL :SetShare %%i %%j)
GOTO :Fertig
:SetShare
 ECHO Sharename=%2 Pfad=%1
 Net Share %2=%1 >> ShareLog.txt
 IF ERRORLEVEL == 1 GOTO :ShareErr
 ECHO Freigabe wurde angelegt.
 GOTO :Fertig
:ShareErr
 ECHO Fehler beim Anlegen der Freigabe.
 TYPE ShareLog.txt
:Fertig
```

Auch diese Stapeldatei kann bei der PowerShell dank der Objektpipeline zwar insgesamt deutlich kompakter realisiert werden, das Auswerten von Textdateien über vordefinierte *Delimiter* ist bei der PowerShell jedoch nicht so ohne Weiteres möglich. Man muss auf den *split*-Operator zurückgreifen, um den Textinput aufzuteilen.

Das folgende PowerShell-Skript entspricht der Stapeldatei aus dem letzten Beispiel:

```
# -------------------------------------------------------------
# Shares anlegen - Vorsicht: Zugriffsverletzung kann nicht abgefangen werden
# -------------------------------------------------------------
Get-Content C:\PsKurs\Batch\Shares.txt | ForEach-Object {
   Net Share "$(($_ -split ";")[1])=$(($_ -split ";")[0])" 2>> ShareErrLog.txt
   if ($LASTEXITCODE -eq 0)
   { "Freigabe wurde angelegt. (Returncode: $LASTEXITCODE)" }
   else
   { "Freigabe konnte nicht angelegt werden (Returncode: $LASTEXITCODE)."
     "Fehlermeldung: $(Type ShareErrLog.txt -TotalCount 1)"
   }
}
```

Dass dieses Skript gleich so umfangreich geworden ist und auf den ersten Blick nicht mehr viel mit der Stapeldatei gemeinsam hat, hat einen einfachen Grund: Die PowerShell kann Fehler nicht abfangen, die durch *Net.exe* (bzw. allgemein durch Befehlszeilentools) ausgelöst werden – weder mit dem *trap*-Befehl noch über den mit Version 2.0 eingeführten *try*-Befehl. Als Rettungsanker bleibt daher nur das Umleiten der Fehlermeldung vom Fehlerkanal 2 in eine Textdatei und die Abfrage des Returncodes über *$LASTEXITCODE*.[2]

Das Beispiel ist aber auch eine Art Negativbeispiel für eine versuchte Eins-zu-eins-Umsetzung einer Stapeldatei, die mit relativ viel Aufwand zu einem erfolgreichen Abschluss gebracht wurde. Grundsätzlich spricht nichts dagegen, *Net.exe* oder ein anderes Befehlszeilentool von einem PowerShell-Skript aus aufzurufen, aber es gibt oft eine elegantere und PowerShell-typischere Methode, die in diesem Fall im Aufruf der WMI-Klasse *Win32_Share* und dem *Invoke-WmiMethod*-Cmdlet besteht.

Das folgende PowerShell-Skript legt ebenfalls Freigaben an. Es verzichtet dieses Mal auf den Aufruf von *Net.exe* und setzt stattdessen auf WMI und das mit der PowerShell 2.0 eingeführte *Invoke-WmiMethod*-Cmdlet, was vor allem die Fehlerbehandlung deutlich vereinfacht:

```
# -------------------------------------------------------------
# Shares anlegen mit WMI
# -------------------------------------------------------------
Get-Content C:\PsKurs\Batch\Shares.txt | Foreach-Object {
    $Ret = Invoke-WmiMethod -Class Win32_Share -Name Create -Argument @($null, "", 5,
        ($_-split";")[1],"",($_-split";")[0], 0)
    if ($Ret.ReturnValue -eq 0)
    { "Freigabe wurde angelegt." }
    else
    { "Freigabe konnte nicht angelegt werden (Return-Code: $($Ret.ReturnValue))" }
}
```

Ein kleiner Nachteil ist aber auch hier, dass man die WMI-Returncodes interpretieren muss (in dem Beispiel werden sie einfach nur ausgegeben). Fazit: Dies ist eine jener Situationen, bei denen eine funktionierende Stapeldatei durchaus noch ihre Vorzüge besitzt.

Die Pipeline

Wie bereits erwähnt wurde, gibt es auch bei *Cmd.exe* eine Pipeline. Im Unterschied zur PowerShell können aber nur bestimmte *Befehle* Werte über die Pipeline entgegennehmen. Dies sind externe Befehle wie *Find.exe*, *Sort.exe* oder *More.exe*. Solche Pipeline-Konstruktionen können eins zu eins bei der PowerShell übernommen werden, da die PowerShell-Pipeline natürlich auch mit Text klar kommt.

Der folgende Cmd-Befehl durchsucht die Namen aller Freigaben nach einem bestimmten Wort:

```
Net Share | Findstr "Kurs"
AberHallo    C:\PsKurs                        Nur ein Test
Pskurs       C:\PsKurs
```

Wird derselbe Befehl in der PowerShell ausgeführt, führt es zum exakt selben Ergebnis (auch wenn intern natürlich String-Objekte involviert sind).

2 Bei Fehlercode 5, den Net.exe bei einer Zugriffsverletzung auslöst, handelt es sich laut Microsoft sogar um einen Bug in der PowerShell 2.0.

Ein abschließendes Beispiel

Zum Abschluss wird eine kleine Stapeldatei aus der Praxis in ein PowerShell-Skript umgesetzt, das dieselbe Aufgabe erledigt.

Die folgende Stapeldatei liest die Einträge aus der *HOSTS*-Datei und prüft über eine Adressauflösung, ob die einzelnen Hosts erreichbar sind:

```
@ECHO OFF
::Auslesen der Datei HOSTS
IF NOT EXIST %windir%\System32\drivers\etc\hosts goto KeinHOST
FOR /f "tokens=1,2" %%x IN (%windir%\System32\drivers\etc\hosts) DO CALL :TESTHOST %%x %%y

GOTO Ende

:TESTHOST
::Auf leeres Argument prüfen
IF [%2]==[] GOTO Ende
:: Auf Kommentarzeile prüfen
ECHO %1 | FIND "#" > nul
IF NOT errorlevel 1 GOTO Ende
ECHO %1 | FIND "::" > nul
IF NOT errorlevel 1 GOTO Ende
ECHO Pruefe %1
nslookup -type=A %2 2>nul | FIND /c "Address" | FIND "2" > nul
ECHO %2 ok
GOTO Fertig

:KEINHOST
ECHO HOSTS Datei existiert nicht...

:Fertig
ECHO Fertig... (%time%)

:Ende
```

Das PowerShell-Pendant zur Stapeldatei aus dem letzten Beispiel, bei dem die Abfrage auf einen nicht aufgelösten Hostnamen ein wenig modifiziert wurde, wird im Folgenden vorgestellt. Am Ende wird die Dauer, welche die Abfrage benötigt hat, und nicht die aktuelle Uhrzeit ausgegeben:

```
# ------------------------------------------------------------
# DNS-Auflösen der HOSTS-Einträge
# ------------------------------------------------------------
$StartZeit = Get-Date
$HostPath = "$Env:Windir\System32\Drivers\etc\hosts"
if (!(Test-Path $HostPath))
{ "HOSTS-Datei existiert nicht";exit}
Get-Content $HostPath | Foreach-Object {
   if ($_ -ne "" -and $_ -NotLike "#*" -and $_ -Notlike "::*")
   {
     $_
      $Hostname = (-split $_)[1]
      $IP = (-split $_)[0]
```

```
        "Prüfe $Hostname mit IP $IP"
        if ((nslookup -type=A $Hostname 2>> Err.txt) -match "Nicht-autorisierende Antwort")
        { "Host OK" }
        else
        { "Host not OK" }
    }
}

"Fertig... $((Get-Date).Subtract($Startzeit).TotalSeconds)s"
```

Ist diese PowerShell-Variante nun besser als die Stapeldatei? Das ist eine Frage der Betrachtung und des Standpunkts. Die PowerShell-Umsetzung ist auf alle Fälle aufgrund ihres etwas klarer strukturierten Aufbaus ein wenig einfacher nachvollziehbar und leichter in verschiedene Richtungen erweiterbar. Und das kann bereits eine Menge wert sein.

Zusammenfassung

Stapeldateien werden für Administratoren trotz PowerShell auch in den kommenden Jahren ihre Bedeutung nicht komplett verlieren und z. B. als Login-Skripts im Einsatz bleiben. Vor allem kommen Stapeldateien für diejenigen Administratoren infrage, die das Know-how bereits seit vielen Jahren besitzen und in der Lage sind, eine Aufgabenstellung über eine Stapeldatei zu realisieren. Anwender, die keine Erfahrung im Umgang mit Stapeldateien haben, sollten in jedem Fall die PowerShell als modernere und flexiblere Lösung vorziehen. Die Vorteile der PowerShell sind ein einheitlicher Ansatz, eine leichte Erlernbarkeit und die konsequente Verwendung von Objekten, welche die Weitergabe des Befehlsoutputs eines Befehls an den nächsten Befehl über die Pipeline auf eine sehr viel flexiblere Grundlage stellt.

Anhang C

Das Prinzip der Typenerweiterung

Eine der Vorzüge der PowerShell ist ihr flexibler Umgang mit Typen. Das mag für den gelegentlichen PowerShell-Anwender relativ uninteressant klingen, dahinter steckt jedoch ein enormes Potenzial, das angehende PowerShell-Profis schnell zu schätzen lernen werden. Bei der PowerShell kann ein Typ auf zwei verschiedene Weisen erweitert werden:

- Über eine Typendefinitionsdatei. Hier wird festgelegt, welche zusätzliche Member die PowerShell Objekten dieses Typs verleihen soll.
- Über eine Typenformatdefinitionsdatei. Hier wird festgelegt werden, auf welche Weise Objekte des Typs über die verschiedenen Format-Cmdlets *Format-Table*, *Format-List* und *Format-Wide* ausgegeben werden.

Die PowerShell arbeitet in erster Linie mit Typen, die in der .NET-Klassenbibliothek definiert sind, erweitert diese aber in der Regel um zusätzliche Member. Ein anschauliches Beispiel bietet das *Process*-Objekt, das von einem *Get-Process* pro laufendem Prozess zurückgegeben wird. Von den insgesamt 65 Property-Membern sind nur 51 »wahre« Properties, die durch den Basistyp *System.Diagnostics.Process* definiert sind. Die restlichen 14 Properties werden durch eine Typenerweiterung der PowerShell hinzugefügt.

Ein

```
Get-Process | Gm -Membertype Noteproperty, ScriptProperty, AliasProperty
```

listet diese nachträglich hinzugefügten Member auf, bei denen es sich um *NoteProperty-*, *ScriptProperty-* und *AliasProperty-*Member handelt.

Doch warum macht sich die PowerShell die Mühe und fügt die Member hinzu? Weil sie dem Anwender etwas mehr Komfort beim Umgang mit dem jeweiligen Objekt bieten. So liefert ein

```
Get-Process | Select Name, Company
```

zusätzlich zum Namen eines Prozesses auch den Namen des *Herstellers*, was ohne die nachträglich hinzugefügte Company-Property ein wenig umständlicher wäre:

```
Get-Process | Select Name, { $_.MainModule.FileVersionInfo.CompanyName }
```

Was hinter einer nachträglich hinzugefügten Property steht, verrät jedes Mal ein Aufruf von *Get-Member*:

```
Get-Process | Get-Member Company | Select-Object Definition | Format-List
```

HINWEIS Jedes PowerShell-Objekt verfügt über das *psbase*-Member. Es stellt das nicht erweiterte *Basisobjekt* zur Verfügung. Beim *Process*-Objekt besitzt das Objekt nur jene Member, die durch die .NET Framework-Definition definiert werden.

Die Grundlage für Typenerweiterungen – die Typendefinitionsdateien

Die Typenerweiterungen sind nicht fest verdrahtet, sondern in *Typendefinitionsdateien* definiert, die bei jedem Start der PowerShell geladen werden. Dies sind schlichte Textdateien im XML-Format mit der Erweiterung *.Ps1xml*. Die Typendefinitionsdateien der PowerShell befinden sich im *$PsHome*-Verzeichnis. Nicht jede Ps1Xml-Datei ist jedoch eine Typendefinitionsdatei, es gibt als zweite Gattung noch die Formatdefinitionsdateien, die sich durch ein *Format* im Dateinamen auszeichnen (wenngleich dies keine Voraussetzung ist). Diese Formatdateien werden im Folgenden nicht behandelt.

Die wichtigste Typendefinitionsdatei ist *Types.ps1xml*, da hier alle Typen erweitert werden, mit denen die PowerShell-Cmdlets arbeiten. Ein kurzer Auszug aus dieser Datei zeigt die Erweiterung für den *System.Diagnostics.Process*-Typ, die ein wenig verkürzt wurde, da alleine dieser Abschnitt fast 100 Zeilen umfasst:

```
<Type>
  <Name>System.Diagnostics.Process</Name>
    <Members>
       <AliasProperty>
         <Name>Name</Name>
           <ReferencedMemberName>ProcessName</ReferencedMemberName>
        </AliasProperty>
         <AliasProperty>
             <Name>VM</Name>
              <ReferencedMemberName>VirtualMemorySize</ReferencedMemberName>
           </AliasProperty>
           <ScriptProperty>
               <Name>Company</Name>
               <GetScriptBlock>$this.Mainmodule.FileVersionInfo.CompanyName</GetScriptBlock>
           </ScriptProperty>
           <ScriptProperty>
               <Name>CPU</Name>
               <GetScriptBlock>$this.TotalProcessorTime.TotalSeconds</GetScriptBlock>
           </ScriptProperty>
        </Members>
    </Type>
```

Der kurze Ausschnitt aus der Definition macht deutlich, wie über Alias-Properties lange Property-Namen verkürzt und über Script-Properties zusätzliche Member zur Verfügung gestellt werden, die das *Process*-Objekt um eine bestimmte Funktionalität erweitern. Das konkrete Objekt wird dabei über *$this* referenziert.

Eigene Typendefinitionserweiterungen

Es ist kein allzu großer Aufwand, die Typendefinitionen der PowerShell zu erweitern, sodass z. B. bei Objekten eines bestimmten Typs, etwa *FileInfo*, welches eine Datei repräsentiert, zusätzliche Properties angezeigt werden. Da die von Microsoft zur Verfügung gestellten Typdefinitionsdateien signiert sind, können sie nicht nachträglich geändert werden. Microsoft empfiehlt, die Typendefinitionsdatei zu kopieren und in der Kopie zuerst alle Elemente zu löschen, die keine Rolle spielen und anschließend die Änderung durchzuführen.

Doch wie erfährt die PowerShell von dem neuen Typ? Dafür gibt es das *Update-TypeData*-Cmdlet, das in einer PowerShell-Sitzung eine Typendefinitionsdatei nachträglich lädt. Entweder, nachdem die Typendefinitionsdateien der PowerShell geladen wurden oder davor.

Im Folgenden soll der bekannte *FileInfo*-Typ, der eine einzelne Datei repräsentiert, um eine *HasComment*-Property erweitert werden, die über einen *$true*/*$false*-Wert angibt, ob die Datei, sofern es eine Ps1-Datei ist, mit einer Kommentarzeile beginnt.

Dazu wird als erstes eine neue Typendefinitionsdatei angelegt. Zum Beispiel in Notepad. Die Typendefinition lautet wie folgt, wobei die Abstände lediglich der besseren Lesbarkeit dienen und es auf die Groß-/Kleinschreibung der Namen innerhalb der geschweiften Klammern ankommt (es muss z. B. *<SriptProperty>* heißen und nicht *<scriptproperty>*).

```
<!-- Typ-Erweiterungen für FileInfo -->
<Types>
    <Type>
       <Name>System.IO.FileInfo</Name>
          <Members>
              <ScriptProperty>
                  <Name>HasComment</Name>
                  <GetScriptBlock>
                     if ($this.Extension -eq ".ps1")
                     {
                       $Zeile = Get-Content $this.Fullname -TotalCount 1
                       $Zeile -like "#*"
                     }
                  </GetScriptBlock>
              </ScriptProperty>
          </Members>
    </Type>
</Types>
```

Die Typendefinitionsdatei wird gespeichert, z. B. unter *FileInfoType.ps1xml.* Weder das Verzeichnis noch der genaue Name spielen eine Rolle, lediglich die Erweiterung sollte *.Ps1xml* lauten. Zum Schluss wird die Typendefinitionen über das *Update-TypeData-Cmdlet* geladen:

```
Update-TypeData –PrependPath $PsHome\FileInfoType.ps1xml
```

In diesem Fall wird davon ausgegangen, dass sich die Typendefinitionsdatei im *$PsHome*-Verzeichnis befindet, und sie nachdem alle übrigen Typendefinitionsdateien geladen wurden, geladen werden soll.

Ging alles gut, steht die Typerweiterung zur Verfügung. Ein

```
Get-Childitem *.Ps1 | Select Name, HasComment
```

listet bei allen Ps1-Dateien danach den Namen und den Wert der *HasComment*-Property auf. Für die PowerShell ist *HasComment* eine Property wie jede andere auch.

Der folgende Befehl listet alle Ps1-Dateien auf, die nicht mit einer Kommentarzeile beginnen.

```
Get-Childitem *.Ps1 | Where-Object {!$_.HasComment }
```

Dieses kleine Beispiel zeigt, welches Potenzial in einer Typenerweiterung steckt.

HINWEIS Die Typendefinitionsdatei kann pro PowerShell-Sitzung auch mehrfach geladen werden, etwa, nachdem eine Änderung durchgeführt wurde. Da zu diesem Zeitpunkt aber der Pfad der Ps1xml-Datei intern bereits bekannt ist, muss der Dateiname beim Aufruf von *Update-TypeData* entfallen. Ansonsten ist eine Fehlermeldung die Folge, die suggerieren könnte, die Typinformation ließe sich nicht mehr aktualisieren. Eine Möglichkeit, die geladenen Typinformationen aufzulisten, gibt es nicht.

TIPP Die PowerShell-Hilfe beschreibt das Thema unterlegt mit Beispielen unter *help about_types.ps1xml* ausführlich. Ein interessantes Anwendungsbeispiel für eine Typenerweiterung des *FileInfo*-Objekts gibt es unter *http://thepowershellguy.com/blogs/posh/archive/2007/01/27/powershell-accessing-alternative-data-streams-of-files-on-an-ntfs-volume.aspx*. Es zeigt, wie sich der *Alternate Data Stream* (ADS) einer Datei unter NTFS ansprechen lässt. Grundlage ist eine Assembly-Bibliothek, die diese Information zur Verfügung stellt, die aber zuerst kompiliert werden muss, was sich über zwei Zeilen PowerShell-Befehle erledigen lässt. In dem Blog-Eintrag wird auch gezeigt, wie sich über einen Zugriff auf den ADS eine aus dem Internet heruntergeladene Ps1-Datei »entblocken« lässt, sodass sie in Bezug auf die Ausführungsrichtlinie nicht mehr als *Remote-Datei* gilt.

Anhang D

Die PowerShell bei Microsoft Server-Produkten

In diesem Anhang:

Die PowerShell ist mehr als nur eine Betriebssystemsshell, sie ist bei Microsoft inzwischen auch ein »strategisches Werkzeug«, das im Mittelpunkt der Administration der eigenen Server-Produkte steht. Beim Exchange Server ist die PowerShell seit der Version *Exchange Server 2007* in Gestalt der *Exchange-Verwaltungsshell* die primäre Administrationsschnittstelle, bei *SharePoint* seit *SharePoint Server 2010*, und bei SQL Server besteht seit *SQL Server 2008* die Möglichkeit, im Rahmen von *SQL Server Management Studio* eine (allerdings funktional etwas eingeschränkte) PowerShell zu laden, um über einen eigenen Provider die Datenbanken des Servers ansprechen zu können. Eine zentrale Bedeutung für die Administration und Konfiguration nimmt die PowerShell beim *System Center Operations Manager 2007* ein, dem Nachfolger des *Microsoft Operation Managers* (MOM). Weitere Infos zur Rolle der PowerShell bei diesem Produkt gibt es unter *http://blogs.msdn.com/scshell.*

Beim *Windows Server 2008 R2* spielt die PowerShell nicht mehr die »Da gibt es auch noch diese neue Shell«-Rolle, sie soll nach den Plänen von Microsoft inzwischen aktiv für die tägliche Systemadministration eingesetzt werden. Ein Beispiel ist das *ServerManager*-Modul beim *Windows Server 2008 R2*, das die Cmdlets *Add-WindowsFeature*, *Get-WindowsFeature* und *Remove-WindowsFeature* umfasst. Mit ihrer Hilfe ist es möglich, eine theoretisch beliebig große Anzahl an Servern im Netzwerk mit bestimmten Features auszustatten. Eine Aufgabe, die ohne Automatisierung deutlich zeitaufwändiger und vor allem fehlerträchtiger wäre. Es ist wichtig zu verstehen, dass Microsoft aber nicht alleine auf PowerShell-Skripts setzt, sondern diese lediglich einen optionalen Baustein darstellen. Auch in Zukunft werden Administratoren in erster Linie mit *GUI-Tools* arbeiten, nur werden diese auf PowerShell-Cmdlets aufsetzen.

In diesem kurzen Anhang sollen die Rolle der PowerShell bei den drei wichtigsten Server-Produkten *Exchange Server*, *SharePoint Server* und *SQL Server* kurz beleuchtet werden. Die wichtigste Aussage in diesem Zusammenhang ist, dass alle Server-Produkte mit der »Original-PowerShell« ausgestattet sind, entweder in der Version 1.0 oder 2.0. Die zusätzliche Funktionalität wird stets über Snap-Ins hinzugefügt, die spezialisierte Cmdlets enthalten.

Exchange Server 2007

Beim *Exchange Server 2007* steht die PowerShell 1.0 unter dem Namen *Exchange-Verwaltungsshell* zur Verfügung, die (über das Snap-In *Microsoft.Exchange.Management.PowerShell.Admin*) um 394 Cmdlets erweitert wurde. Die Shell kann im Rahmen der *Exchange Server Administration Tools* grundsätzlich auf jedem Windows-Client (auch 32-Bit) installiert werden. Die *Exchange Server 2007 Management Tools* sind unter *http://www.microsoft.com/downloads* verfügbar (allerdings ist der Download mit knapp 700 MB nicht gerade ein Leichtgewicht). Im Folgenden wird an ein paar Beispielen gezeigt, wie sich einfache Abfragen, die z. B. die vorhandenen Postfächer auflisten, und Aktionen wie das Anlegen eines neuen Postfachs durchführen lassen. Die wichtigste Botschaft in diesem Zusammenhang ist, dass die PowerShell auch im Exchange Server zur Verfügung steht und sich daher alle in diesem Buch beschriebenen Techniken eins zu eins unter dem Exchange Server ausführen lassen. Es muss dabei lediglich berücksichtigt werden, dass die PowerShell 2.0 erst ab der Version Exchange Server 2010 bereitsteht.

Die Exchange-Verwaltungsshell präsentiert sich ein wenig ansprechender als die »nackte« PowerShell, denn nach dem Start der Verwaltungsshell wird eine nette Willkommensnachricht angezeigt, die nicht nur die Beispiele für die nützlichsten Cmdlets, sondern auch einen Tipp des Tages enthält, die man alle der Reihe nach ausprobieren sollte.

Der Befehl

```
Get-MailboxDatabase -Status | Format-Table Name, Server, Mounted
```

gibt die Eckdaten aller Postfachdatenbanken aus. Ein

```
Get-Mailbox
```

listet die Eckdaten aller Postfächer auf. Das Resultat ist ein umfangreiches *Mailbox*-Objekt pro Postfach (Namespace *Microsoft.Exchange.Data.Directory.Management.Mailbox*) mit 102 Properties.

Der folgende Befehl legt ein neues Postfach an, wobei sich die angegebenen Daten auf eine konkrete Exchange Server-Installation beziehen und das Kennwort nachträglich angegeben werden muss:

```
New-Mailbox -UserPrincipalName pemo@pemobooks.de -alias Pemo -FirstName Peter -LastName Asthon -
DisplayName "Peter Ashton" -Database "Mailbox Database" -Name Pemo
```

Das ist natürlich nur ein extrem kurzer Ausschnitt aus dem Spektrum der Möglichkeiten, das Exchange Server-Administratoren durch die neue PowerShell erhalten. Weitere Beispiele gibt es z.B. im Rahmen der Hilfedatei des Exchange Server 2007, in der natürlich auch die Verwaltungskonsole mit ihren Cmdlets vorgestellt wird.

SQL Server 2008

Bei *SQL Server 2008* spielt die PowerShell nur eine Nebenrolle, da es bei diesem Server keinen Mangel an Administrationswerkzeugen gibt. Mit den verfügbaren Werkzeugen kommen Datenbankadministratoren seit vielen Jahren bestens aus. Datenbankskripts basieren bekanntlich auf T-SQL, sodass es auch hier keine echte Notwendigkeit für ein neues Werkzeug oder eine neue Skriptsprache gibt.[1] Entsprechend vorsichtig positioniert Microsoft die PowerShell daher bei SQL Server und empfiehlt sie als Werkzeug für jene Situationen, in denen ein Administrator Dinge erledigen möchte, die mit T-SQL alleine zu aufwändig oder nicht möglich wären. Ein Bereich, in dem die PowerShell ihre Vorteile gegenüber T-SQL klar ausspielen kann, ist z.B. die Verwaltung mehrerer Server. Bei einer SQL Server 2008-Installation werden gleich zwei Varianten der PowerShell installiert:

---

[1] Die Entscheidung des SQL Server-Teams, die PowerShell auf diese Weise zu integrieren, hat in der SQL Server-Community im Vorfeld der Einführung von SQL Server 2008 zu einigen hitzigen Diskussionen und Fragen bezüglich der Vorteile gegenüber T-SQL geführt. Mittlerweile haben sich die Wogen wieder geglättet.

- Eine so genannte *Minishell*, die einer PowerShell 1.0 entspricht, die (aus Sicherheitsgründen) nicht per Snap-Ins erweitert werden kann. Diese Variante wird direkt aus dem SQL Server-Management Studio aufgerufen, indem im Kontextmenü eines Objekts der Eintrag *PowerShell starten* gewählt wird. Hier wird der Provider für den (Lese-) Zugriff auf den SQL Server und seine Datenbanken mitgeladen.
- Eine reguläre PowerShell 1.0.

Ganz stimmig ist die Unterscheidung nicht, da es theoretisch (und praktisch natürlich auch) kein Problem ist, aus der Minishell heraus die reguläre PowerShell zu starten und dort Snap-Ins hinzuzufügen.

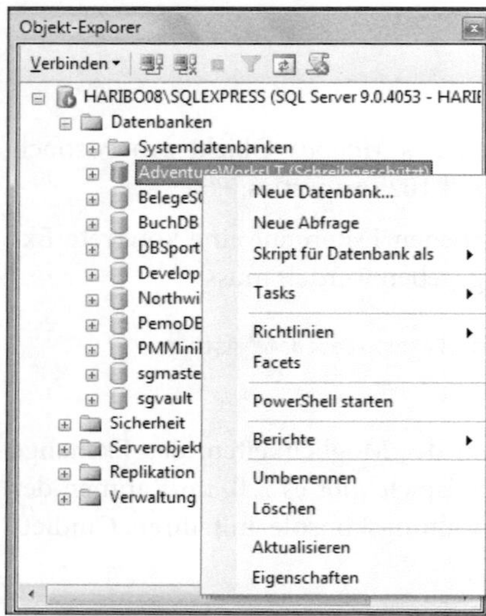

Abbildung D.1 Die PowerShell wird in SQL Server 2008 aus dem SQL Server Management Studio heraus gestartet

Die Minishell verfügt mit *Invoke-PolicyEvaluation* und *Invoke-Sqlcmd* lediglich über zwei Cmdlets und einen Provider, der auf den SMO-Objekten basiert und das Navigieren innerhalb des Servers und seiner Datenbanken wie in einer hierarchischen Ablage erlaubt.

Die folgende Befehlsfolge beschreibt das Prinzip der *Navigation* durch eine Datenbank am Beispiel der *Northwind*-Datenbank (die natürlich erst einmal installiert werden muss).

```
cd Sqlserver:\Servername\InstanzName
cd Databases
cd Northwind
cd Tables
```

Neue Datenbankobjekte lassen sich mit dem Provider nicht anlegen, dafür müssen die SMO-Objekte direkt angesprochen werden.

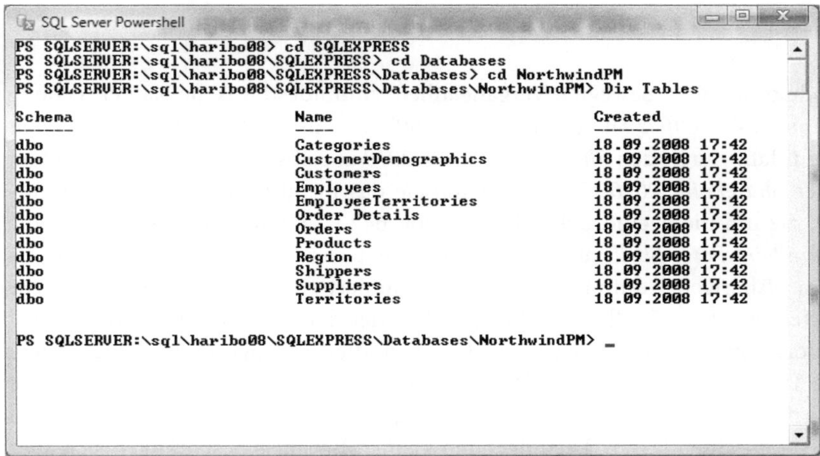

Abbildung D.2 Auf Entdeckungsreise im SQL Server

Die folgende Befehlsfolge listet alle SQL Server-Instanzen auf:

```
[System.Reflection.Assembly]::LoadWithPartialname("Microsoft.SqlServer.Smo")
[Microsoft.SqlServer.Management.Smo.SmoApplication]::EnumAvailableSqlServers()
```

Damit der Aufruf etwas zurückgibt, muss der SQL Server-Browser-Dienst laufen. Das Laden der Assembly *Microsoft.SqlServer.Smo* ist innerhalb der SQL Server-PowerShell nicht erforderlich.

Über das *Invoke-Sqlcmd*-Cmdlet lassen sich T-SQL-Befehle ausführen:

```
Invoke-Sqlcmd "Select * From Employees"
```

Das Anlegen einer Datenbank geht mithilfe der SMO deutlich einfacher als, wie in Kapitel 12 beschrieben, über SQL-Anweisungen. Die folgende Befehlsfolge legt eine neue Datenbank mit dem Namen *TestDB* an.

```
$Cn = New-Object –Type System.Data.SqlClient.SqlConnection "Integrated Security=SSPI; Data
Source=(local)\SQLEXPRESS"
$SrvCn = New-Object –Type Microsoft.SqlServer.Management.Common.ServerConnection $Cn
$Db = New-Object –Type Microsoft.SqlServer.Management.Smo.Database $Srv, "TestDB"
$Db.Create()
$DbNeu = $Srv.Databases("TestDB")
$DBNeu.CreationDate
```

Das Anlegen eines *ServerConnection*-Objekts, das die Anmeldeinformation aus einem zuvor angelegten *SqlConnection*-Objekt bezieht, ist nur dann erforderlich, wenn das die Befehlsfolge in einem Kontext ausgeführt, in dem eine explizite Anmeldung auf dem SQL Server erforderlich ist.

SharePoint 2010

SharePoint ist ein Microsoft-Produkt mit einer bewegten Vergangenheit, zumindest, was die Namensgebung betrifft. Die noch aktuelle Version ist der *Office SharePoint Server 2007*, der als Nachfolger des *SharePoint Portal Server 2003* noch in diesem Jahr durch den *SharePoint Server 2010* abgelöst wird. Ab dieser Version ist die PowerShell in Gestalt der *SharePoint 2010-Verwaltungskonsole* das primäre Administrationswerkzeug. Es ist eine Powershell 2.0, die um die beeindruckende Zahl von 642 (!) Cmdlets erweitert wird, die über das Snap-In *Microsoft.SharePoint.PowerShell* zur Verfügung gestellt werden, und die Microsoft als Nachfolger und Alternative zum bisherigen Admintool *Stsadm* positioniert (das natürlich weiterhin zur Verfügung steht). Der Hauptvorteil der PowerShell gegenüber *Stsadm* oder der webbasierten Zentraladministration ist nicht nur der Komfort, sondern auch eine enorme Geschwindigkeitssteigerung – insbesondere dann, wenn eine Farm mehrere Tausend Server umfasst. Die PowerShell spielt bei *SharePoint* weniger die Rolle eines Abfragetools, sondern in erster Linie die eines Werkzeugs zur »Provisionierung«, mit deren Hilfe sich auch komplette Farmen einrichten lassen. Die folgenden kleinen Beispiele beschränken sich aber trotzdem auf das Abfragen von Details zu einer SharePoint-Farm.

Der folgende Befehl listet alle Server der aktuellen Farm auf:

```
Get-SPFarm | Select-Object Servers
```

Der folgende Befehl listet alle Webs in allen Sites auf:

```
Get-SPSite | Get-SPWeb
```

Der folgende Befehl listet alle Webs auf, die nach dem 1.1.2010 angelegt wurden:

```
Get-SPSite | Get-SPWeb | Where-Object { $_.Created -gt (Get-Date 1.1.2010) }
```

Der folgende Befehl listet alle Service Applications der Farm auf:

```
Get-SPServiceApplication
```

Anlegen einer Site

Einer der Haupteinsatzbereiche der PowerShell wird das Anlegen kompletter Sites sein. Das folgende Beispiel kann dies nur andeuten.

Der folgende Befehl legt eine neue SharePoint-Site an. Dabei kommt es darauf an, dass für den *Url*-Parameter eine Adresse des SharePoint-Server angegeben wird, unter der neue Sites angelegt werden können.

```
New-SpSite –Url http://localhost/my/personal/TestSite –OwnerAlias ROOT\administrator –Template "STS#0" –
Name TestSite
```

Zusammenfassung

Die PowerShell ist in der Welt der Microsoft-Server-Administration angekommen. Bei Exchange Server 2007 und bei SharePoint Server 2010 ist sie bereits die primäre Administrationsschnittstelle, weitere Server werden mit Sicherheit folgen. Das bedeutet natürlich nicht, dass die Administratoren sich wieder an das Keyboard und kleine Fenster mit schwarzem Hintergrund und grüner Schrift gewöhnen müssen. Wie es in dem Buch bereits mehrfach erwähnt wurde, ist die Befehlszeile lediglich eine Option. Bei der nächsten Server-Generation werden komfortable GUI-Tools zur Verfügung stehen, die intern auf PowerShell-Funktionalität basieren.

Stichwortverzeichnis

A

B

C

D

E

F

G

H

I

J

K

L

M

N

O

P

Q

R

S

T

X

Z